Die **KUNST** des ZEICHNENS

TIERE

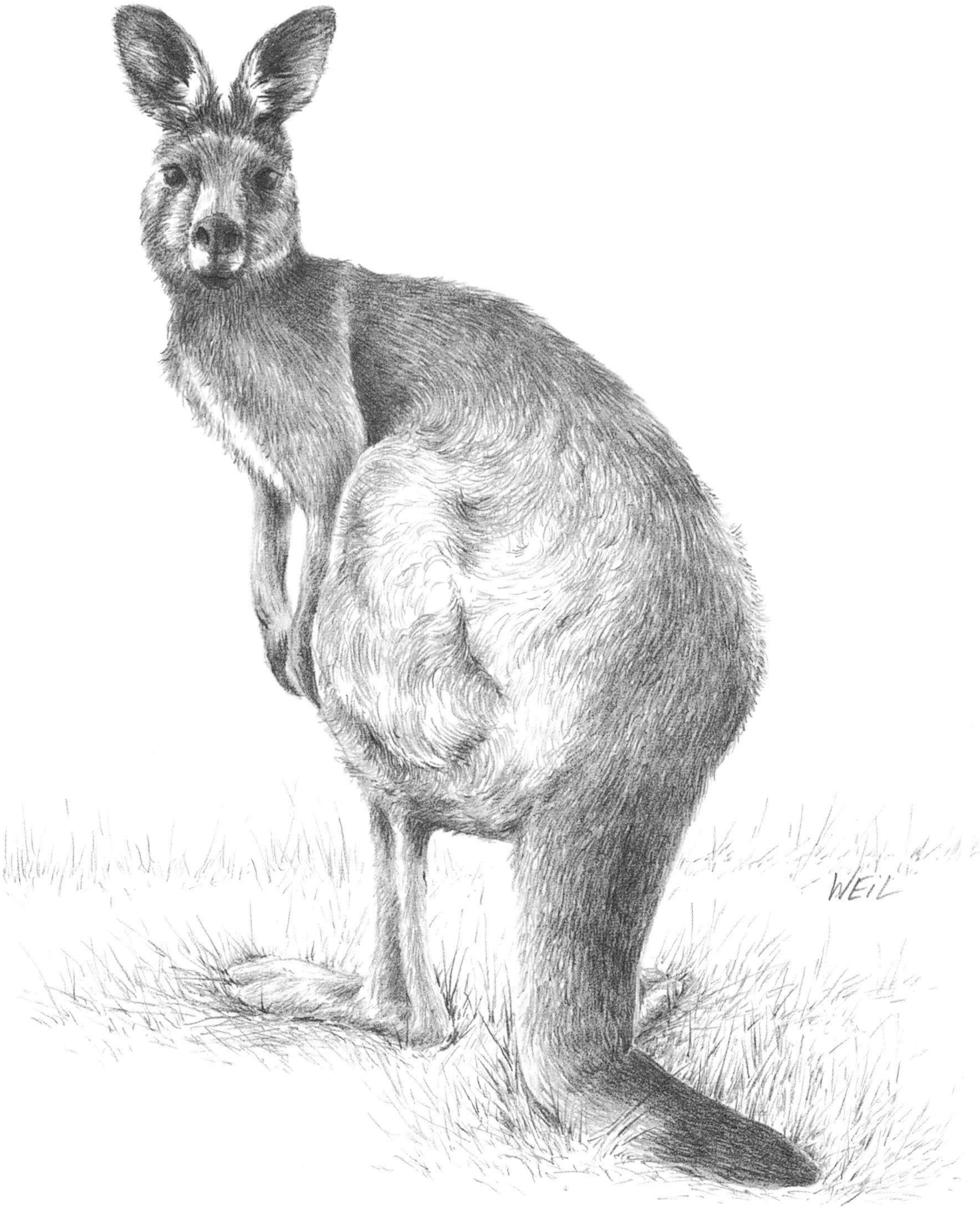

Inhaltsverzeichnis

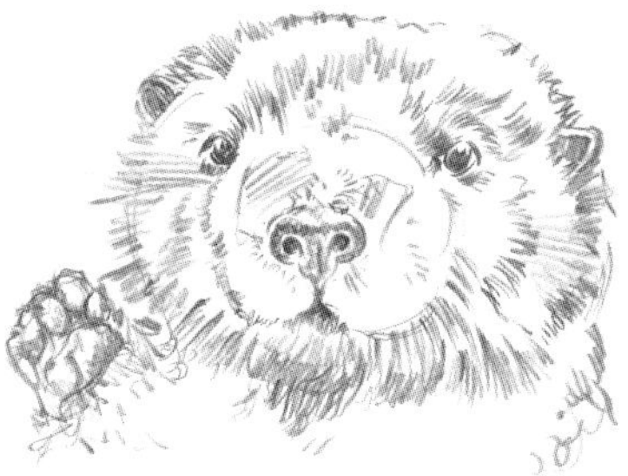

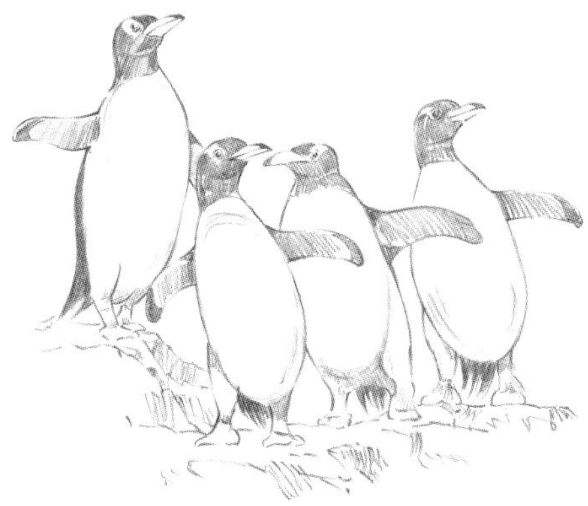

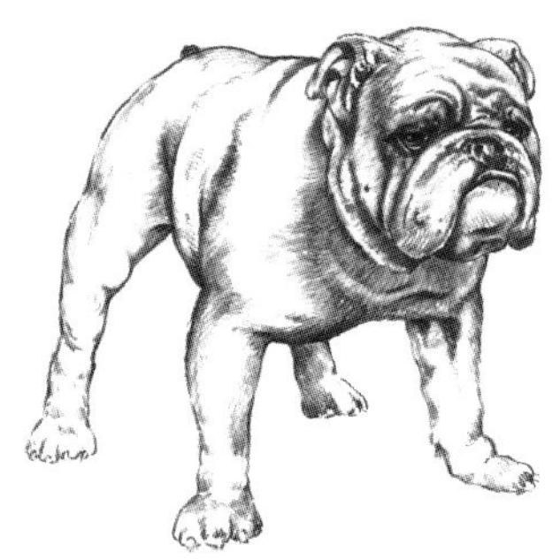

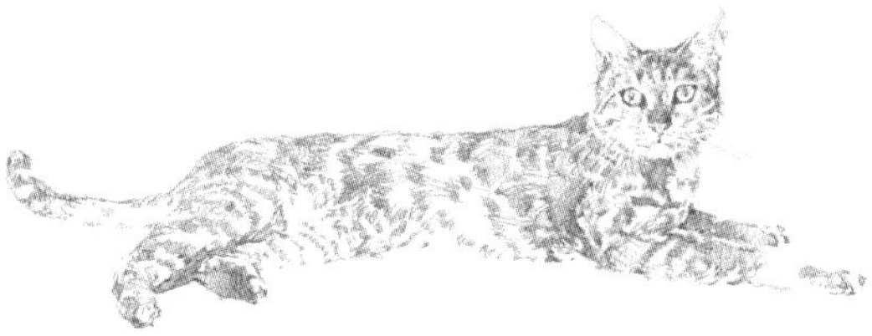

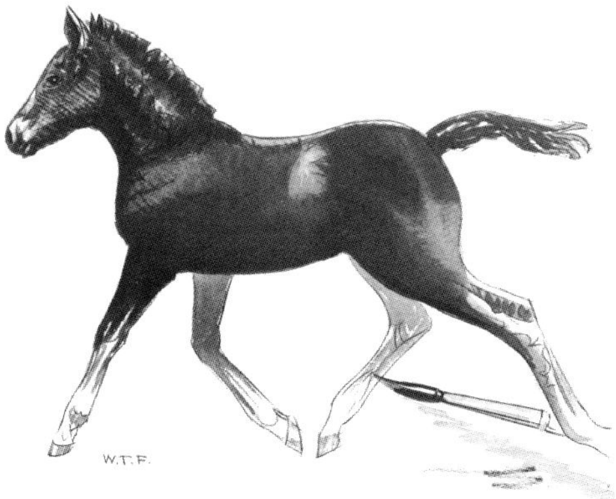

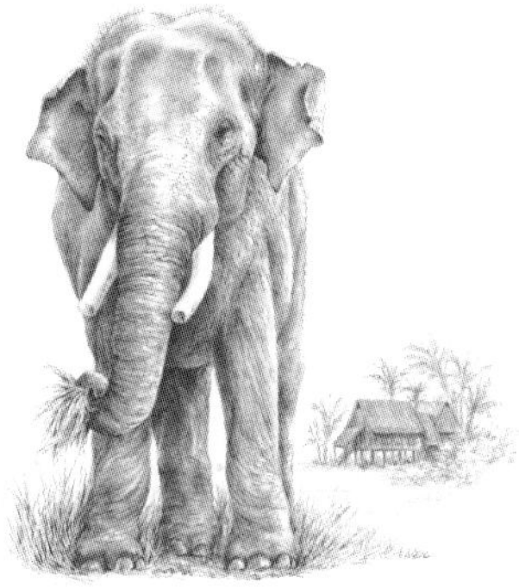

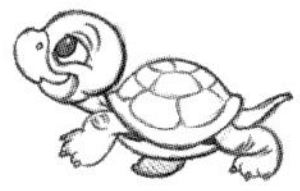

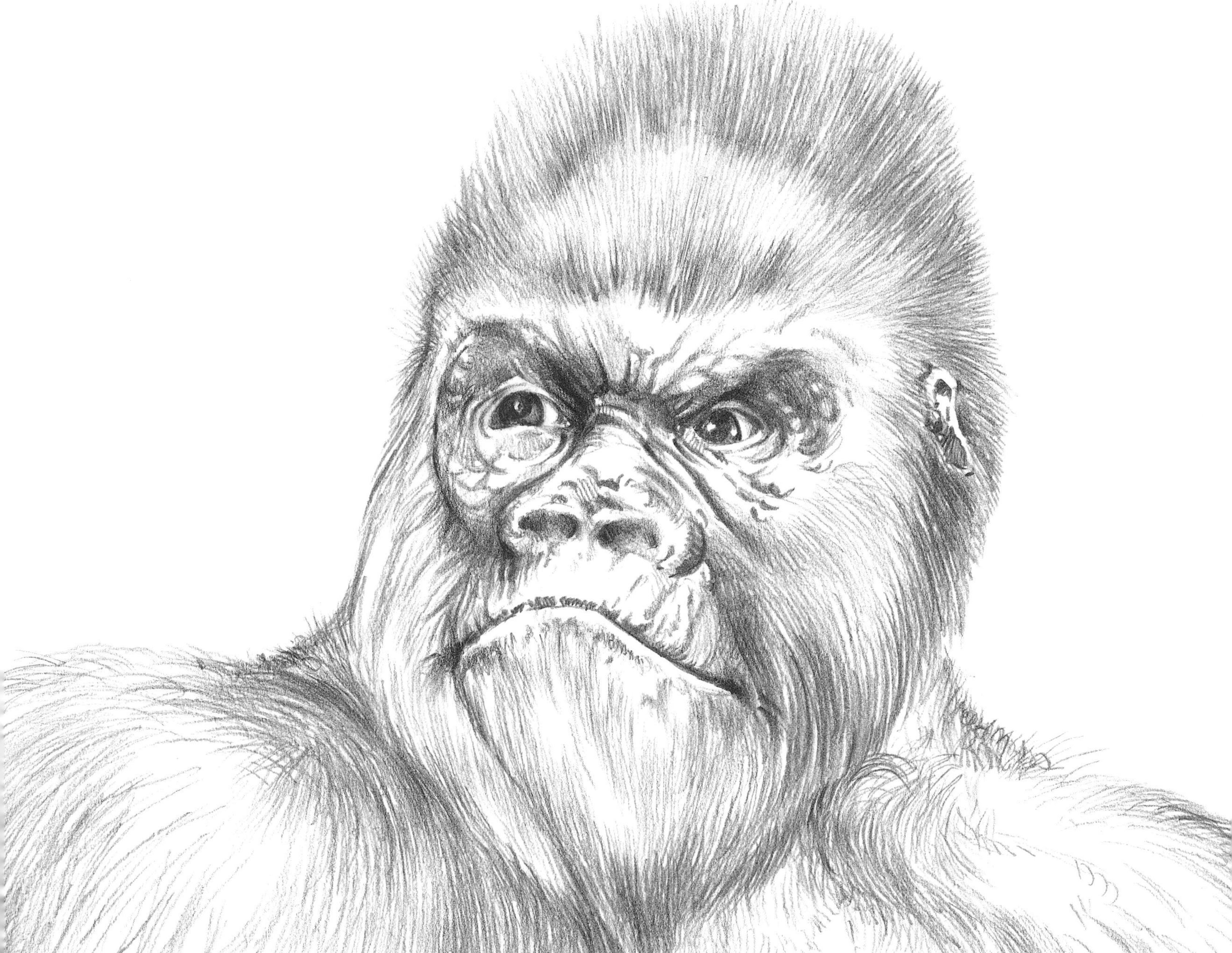

TIERE beobachten und zeichnen

Wenn Sie gerne Tiere zeichnen, haben Sie sich ein wunderbares Gebiet ausgesucht! Tiere sind nicht nur zoologisch unglaublich vielfältig: Säugetiere, Fische, Vögel und selbst Insekten faszinieren nicht allein durch ihre Gestalt. Tiere in Bewegung einzufangen, ist eine Herausforderung, die auch erfahrene Zeichner immer wieder fesselt. Doch wer ein wirklich guter Tierzeichner werden will, muss zunächst sein Handwerkszeug kennen. Gleichzeitig gilt es, das eigene Auge zu schulen. Nur durch Beobachtung, Geduld und fleißiges Üben kann es gelingen, die Persönlichkeit und ganz typischen Bewegungen eines individuellen Tieres für immer so auf Papier zu bannen, dass lebensnahe und packende Bilder entstehen.

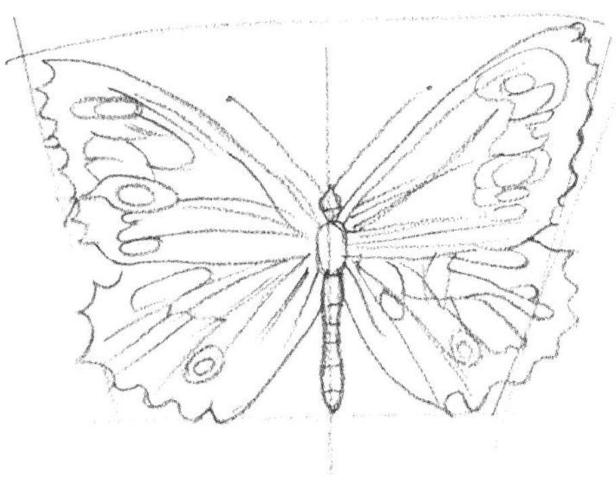

Material

Zeichnen macht Freude! Zudem ist es eine der wichtigsten Kunstformen – und es hat den großen Vorteil, dass Sie im Grunde immer und überall künstlerisch tätig sein können. Außerdem ist das Material überaus erschwinglich. Beginnen Sie am besten mit einer günstigen Grundausstattung und kaufen Sie sich nach und nach besseres Material dazu.

Damit Sie aber von Anfang an schöne Bilder zeichnen können, sollten Sie wissen, welche Ausstattung besonders für Anfänger geeignet ist. Etwas Materialkunde hilft Ihnen auch, gleich zu Beginn solides Material zu erstehen.

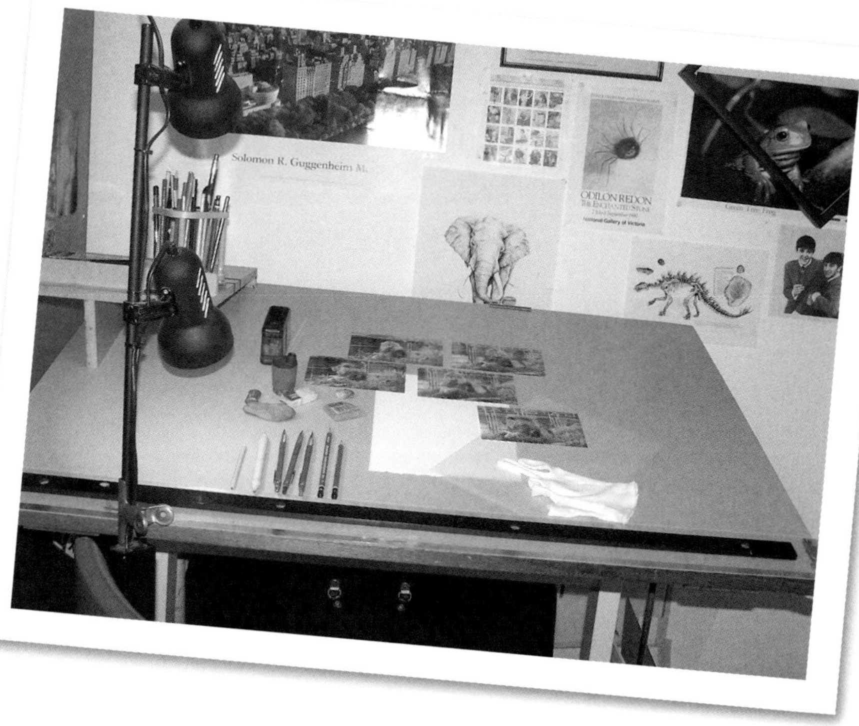

Arbeitsplatz Am besten ist es, wenn Sie sich einen Platz am Fenster mit genug Ablagefläche für Ihr Material einrichten. Ideal sind natürlich ein eigenes Zimmer mit Licht von Norden und ein Zeichentisch. Nur wenn Sie nachts arbeiten, brauchen Sie eine Glühbirne mit sanftem gelblichem Licht und eine Quelle für bläulichweißes Licht.

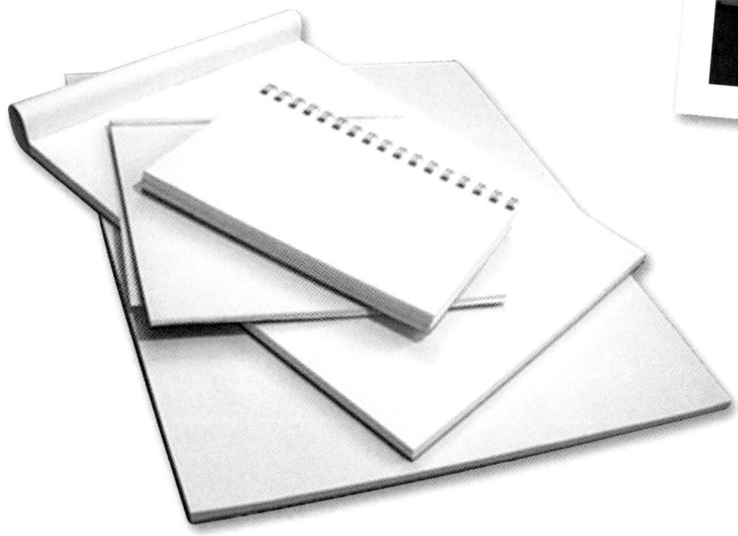

Skizzenbücher Skizzenhefte mit praktischer Bindung erhalten Sie in vielen Größen und mit unterschiedlichem Papier. Für zu Hause eignen sich große Formate, auf denen Sie ein Bild in Ruhe vorzeichnen können. Auf Reisen und für die Arbeit im Freien ist ein kleines Heft ideal. Eine gute Wahl sind Blöcke mit Spiralbindung und schwach gekörntem Papier von mittlerem Papiergewicht.

Kohlepapier Beim Zeichnen mit Kohle haften die Kohlepartikel nur lose auf dem Zeichengrund; sie verwischen also leichter als Bleistiftzeichnungen. Für Kohle eignen sich am besten spezielle Papiersorten, die Sie im Fachhandel finden. Viele haben eine raue Oberfläche, die Zeichnungen noch interessanter macht.

Zeichenpapier Für die Reinzeichnung Ihres Motivs wählen Sie ein Einzelblatt. Diese sind in unterschiedlicher Ausführung erhältlich. Von feinstem weißem Papier mit leichter Körnung bis zu Papier mit hohem Holzgehalt und grober Körnung gibt es viele Zwischenstufen und Varianten. Sie haben die Wahl.

Ein großer Vorteil von Bleistift, Zeichenkohle oder schwarzer Aquarellfarbe besteht darin, dass man diese Materialien bequem mitnehmen kann, um beispielsweise im Freien zu zeichnen. Außerdem kosten sie nicht sonderlich viel. Wenn Sie verschiedene Zeichentechniken ausprobieren, werden Sie herausfinden, womit Sie am besten zurechtkommen. Die folgenden Werkzeuge und Materialien stellen eine solide Grundausstattung dar. Experimentieren Sie aber unbedingt auch mit anderen Stiften, Papieren und Techniken – es gibt mehr als eine richtige Zeichenmethode.

Pinsel So einen Pinsel (A) bekommt man preiswert im Haushaltswarengeschäft, denn eigentlich ist es ein Backpinsel. Er ist ideal, um Radierkrümel und andere Partikel vom Papier zu „fegen". Dazu eignet er sich bestens!

Radierstift Mechanische Stifte mit nachfüllbaren Radiersträngen (B) sind zum präzisen Arbeiten sehr praktisch. Man kann sie auch zusammen mit einer Radierschablone benutzen.

Stift-Verlängerung Stifte, die durch häufiges Anspitzen kurz geworden sind, liegen mit so einer Verlängerung (C) wieder besser in der Hand.

Papierwischer Diese Stifte aus aufgerolltem Papier (D) verwendet man zum Verwischen von Grafit und Zeichenkohle. Wenn die Spitze schmutzig wird, einfach über einen Knet-Radiergummi reiben, um sie zu säubern.

Knetgummi Knetbare Radiergummis (E) sind sehr praktisch. Zum punktuellen Radieren kann man sie spitz formen. Flach gelegt nehmen sie Grafit oder Kohle vom Papier, ohne dessen Oberfläche zu beschädigen. Obendrein hinterlassen sie keine lästigen Krümel.

Radierschablone Die Schablone (F) auflegen, um Bereiche zu schützen, die nicht ausradiert werden sollen.

Kunststoffradierer Die weißen Radierer (G) sind nützlich, um größere Flächen auszuradieren oder Lichter in dunklen Flächen zu setzen. Vorsichtig verwenden, um das Papier beim Radieren nicht zu beschädigen.

Anspitzer Ein kleiner Anspitzer (H) ist vollkommen ausreichend. Stifte werden mit der Spitze aufgesetzt, um feine Linien und Details zu zeichnen. Zeichnet man mit der Seite der Mine, erzeugt sie breite Striche. Mit einem Minenschärfblock (I) lässt sich die Form der Spitze genauer kontrollieren. Den Stift vorsichtig darüberrollen, um eine gleichmäßig runde Spitze zu erhalten – oder senkrecht aufsetzen, um sie stumpf und breit zu formen.

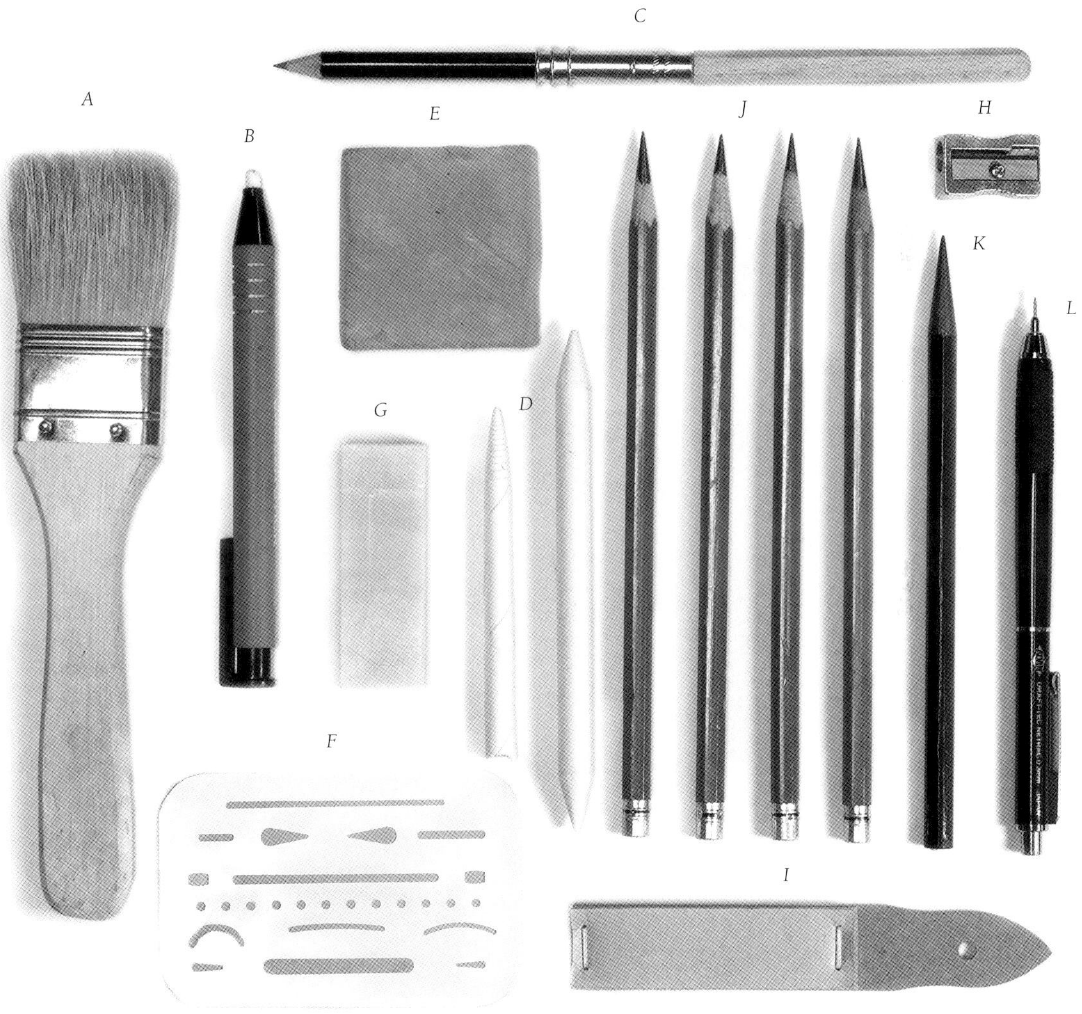

Bleistifte Bleistifte gibt es in vielen Ausführungen. Probieren Sie verschiedene Typen aus, um diejenigen zu finden, die sich für Ihren Zeichenstil am besten eignen. Es gibt Stifte mit Holzmantel (J), ohne Holzmantel (K) sowie verschiedene Arten von Druckbleistiften (L). Außerdem sind verschiedene Härtegrade erhältlich. Der Buchstabe H steht für „hart". Diese Stifte eignen sich am besten für feine Skizzen. Der Buchstabe B bezeichnet weiche Bleistifte, die sich zum Schattieren verschiedener Motivbereiche empfehlen. Je höher die Zahl vor dem Buchstaben, desto härter oder weicher ist der Stift. Ein Bleistift 4H ist sehr hart und erzeugt nur einen zarten Grauton. Ein Bleistift 9B ist sehr weich und zeichnet einen sehr dunklen Strich.

Harte Bleistifte sollten immer mit ganz leichter Hand geführt werden, damit keine Abdrücke auf dem Papier entstehen. Zum Vorzeichnen eignet sich der neutrale Härtegrad HB am besten. Die Härtegrade, die man beim Arbeiten am häufigsten braucht, sind HB, 3B, 4B, 6B und 9B. Mit ihnen lassen sich viele verschiedene Tonwerte gestalten. Die Härten 6B und weicher sollten nur für die dunkelsten Motivbereiche verwendet werden.

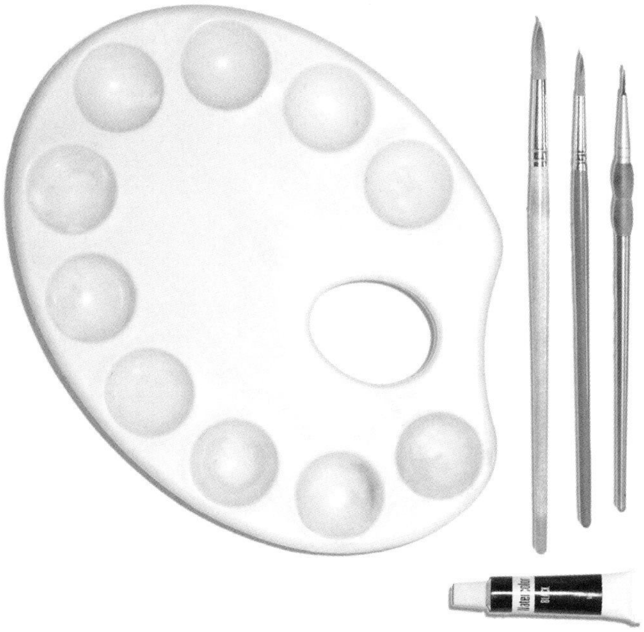

Aquarellfarben Vielleicht möchten Sie Ihre Zeichnungen mit lasierend (dünn und transparent) aufgetragener Aquarellfarbe etwas lebendiger gestalten? Dafür brauchen Sie nur einige Pinsel, zum Beispiel aus Rotmarderhaar, eine Tube schwarze Aquarellfarbe und eine Palette zum Mischen verschiedener Grautöne. Halten Sie Küchenpapier bereit, um überschüssiges Wasser vom Pinsel abzutupfen. Es ist sinnvoll, zuerst auf einem Reststück Papier verschiedene Maltechniken auszuprobieren, ehe Sie mit dem Pinsel in Ihre Zeichnung eingreifen.

Zeichenkohle Wie Bleistifte wird auch Zeichenkohle in verschiedenen Ausführungen angeboten. Kohlestifte gibt es in mehreren Härtegraden, jedoch ist die Bandbreite kleiner als bei Bleistiften. Man kann Kohlestäbchen ohne Holzmantel kaufen, und einige Zeichner verwenden sogar Kohlestücke aus dem Kamin. Zum Verwischen benutzt man die gleichen Werkzeuge wie für Grafit.

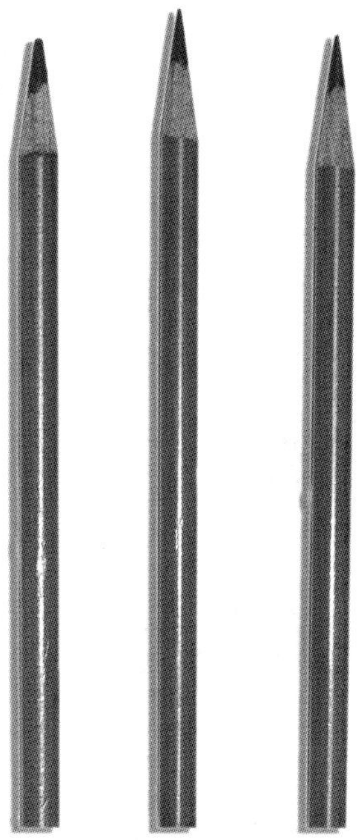

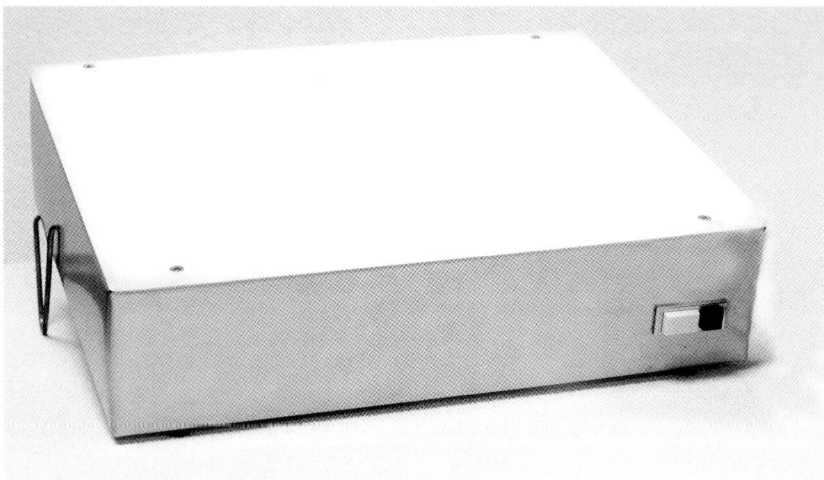

Leuchtpult Ein praktisches Hilfsmittel zum Übertragen der Vorzeichnung auf ein sauberes Blatt Papier ist ein Leuchtpult. Sie können auch erste Skizzen auf ein neues Blatt durchpausen, um sie anschließend weiter auszuarbeiten.

Den Stift halten

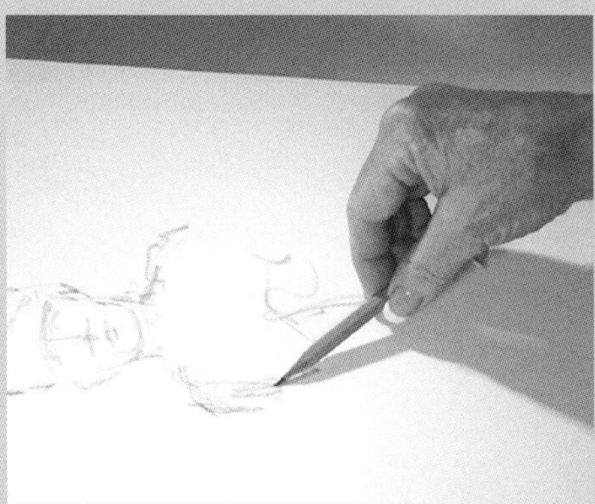

Locker Aus der Hand und mit locker gehaltenem Stift zeichnen Sie kräftige Linien von verschiedener Stärke – je nachdem, wie stark Sie aufdrücken. Obwohl Sie so präzisere und detaillierte Striche zeichnen können, wirken diese immer noch relativ locker und frei. Diese Technik ist geeignet, um schnelle Skizzen vor Ort anzufertigen oder um kleinere Flächen zu schraffieren.

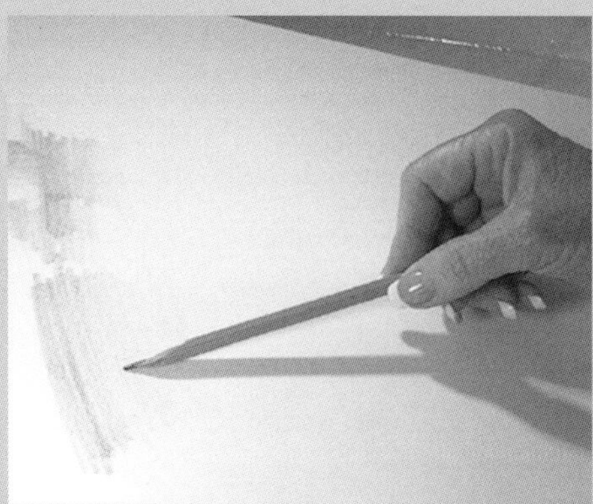

Aus dem Handgelenk Wenn Sie aus dem Handgelenk arbeiten, können sich Ihr Arm und Ihre Hand frei bewegen. Das ist notwendig für große, lockere Striche. Sie brauchen das vor allem, wenn Sie Tiere nach der Natur zeichnen. Aus dem Handgelenk können Sie auch wunderbar flache Striche ziehen, mit denen Sie größere Flächen wie Fell oder Haut schraffieren können. Auch für den Hintergrund ist diese Technik geeignet.

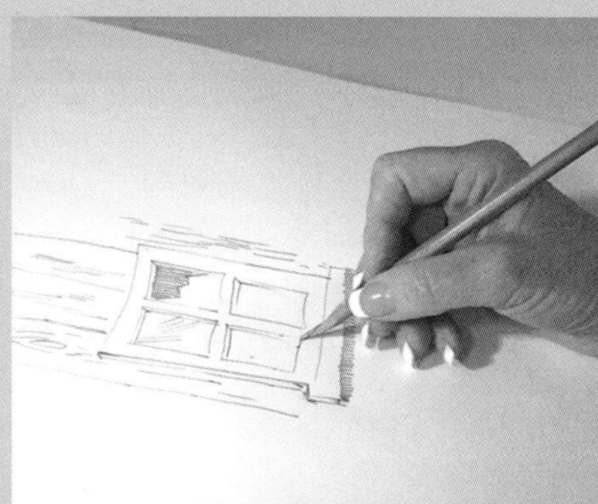

Im Schreibstil Den Bleistift so zu halten wie beim Schreiben ermöglicht die beste Kontrolle. Sie gestalten damit feine, präzise Linien für Details und Akzente. Legen Sie ein Stück sauberes Papier unter den Handballen, damit Sie Ihre Zeichnung nicht selbst verschmieren. Spitzen Sie den Stift oft, damit die Linien klar und scharf bleiben.

Mit dem Stift spielen

Linien kann man nicht nur mit einem spitzen Bleistift ziehen – es ist oft sogar besser, mit der stumpfen Mine zu arbeiten, denn so lassen sich sehr interessante Effekte erzielen. Und je breiter die Bleistiftmine ist, umso schöner sind die Effekte zu sehen. Probieren Sie unbedingt verschiedene Bleistifttypen aus, um selbst zu erleben, was Sie alles damit machen können. Nehmen Sie beim Ausprobieren einmal den spitzen Bleistift, einmal den stumpfen und zeichnen Sie alle Linien und Punkte, die Ihnen einfallen. Lassen Sie sich von den Beispielen auf dieser und der nächsten Seite inspirieren.

Beim Experimentieren mit Linien und Formen werden Sie merken, dass Sie bei einigen Kritzeleien plötzlich an bestimmte Dinge denken – so erinnern kleine Vs an fliegende Vögel oder Wellenlinien an Wasser.

Mit dem gespitzten Bleistift zeichnen

Nehmen Sie sich Zeit, einen spitzen Stift und Papier. Beginnen Sie mit einfachen parallelen Strichen. Variieren Sie im nächsten Feld die Striche und zeichnen Sie nach und nach das ganze Blatt voll mit den unterschiedlichsten Strichen und Mustern wie im Beispiel rechts.
Zeichnen Sie anschließend alle Varianten mit einem spitzen Bleistift. Selbst wenn Sie genau denselben Griff verwenden und alle Striche gleich setzen – Sie werden den Unterschied erkennen, sobald Sie den Stift wechseln. Vergleichen Sie nur einmal diese Beispiele.

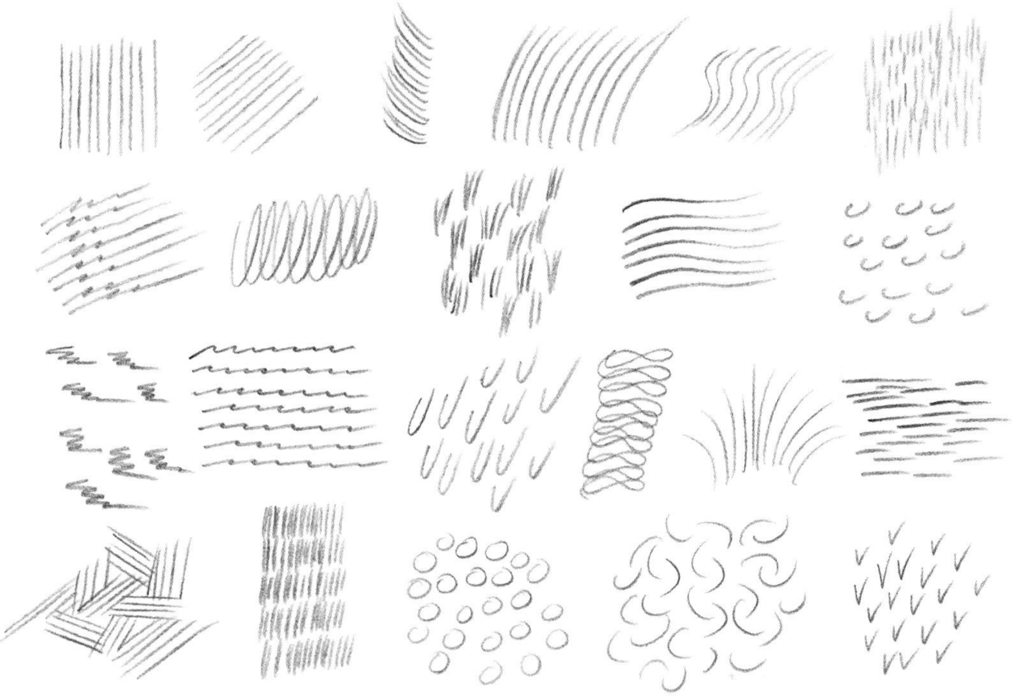

Radierer

Beim Radieren leistet ein elektrischer Radierer gute Dienste. Mit der rotierenden Spitze lassen sich auch Linien und Muster sehr gut aus einer schraffierten Fläche herausradieren. Anfänger sollten mit dem Gerät allerdings erst einmal ein wenig experimentieren.

ÜBUNG

Zeichnen mit dem stumpfen Bleistift

Fangen Sie wieder mit einfachen parallelen Strichen an – zuerst senkrecht, dann waagerecht und dann in unterschiedlichen Winkeln. Zeichnen Sie geschwungene Linien sowie kurze und lange Striche. Alle Linien lassen sich kreuzen – versuchen Sie es! Probieren Sie aus, wie Sie eine Spirale zeichnen können, und bündeln Sie dann unterschiedliche kurze und lange Striche. Versuchen Sie, längere Striche zu zeichnen und die Linien beim Zeichnen dicker oder dünner zu halten. Auch O, V und U werden beim Zeichnen oft verwendet.
Ihr Bleistift bekommt rasch eine stumpfe Spitze, wenn Sie den Stift senkrecht halten und ihn auf Sandpapier reiben.

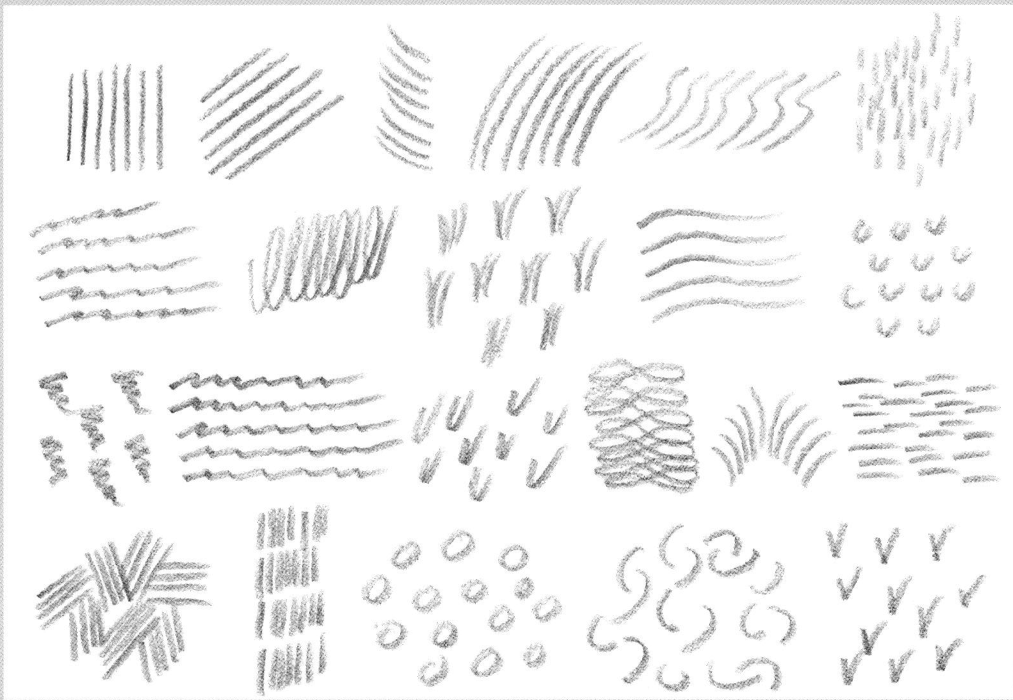

Mit dem Bleistift „malen“

Wenn Sie den Bleistift locker im Schraffurgriff halten (Seite 8) können Sie ihn ähnlich wie einen Pinsel benützen und eher mit dem ganzen Arm als nur aus dem Handgelenk heraus zeichnen. Bei dieser Technik wird viel Grafit verbraucht, aber wenn Sie den Stift öfter drehen, müssen Sie nicht so häufig spitzen. Je breiter die Spitze Ihres Bleistifts ist, desto breiter werden die einzelnen Striche, und je weicher der Stift, desto malerischer der Effekt. Die folgenden Beispiele wurden alle mit einem Bleistift in Härte 6B, also mit einem sehr weichen Stift, auf weichem Papier angefertigt. Experimentieren Sie auch mit hartem, gekörntem Papier!

Einfaches zu Beginn Fangen Sie mit senkrechten, waagerechten und etwas geschwungenen Strichen an. Setzen Sie die Striche dicht nebeneinander und drücken Sie den Stift bei den ersten Strichen fest auf. Dann weniger Druck geben.

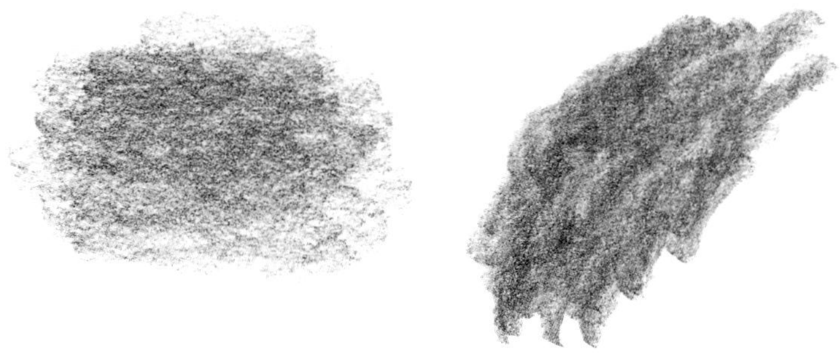

Den Druck variieren Lassen Sie den Stift wie zufällig übers Papier gleiten und probieren Sie aus, wie sich unterschiedlicher Druck auswirkt. Verkrampfen Sie sich dabei nicht.

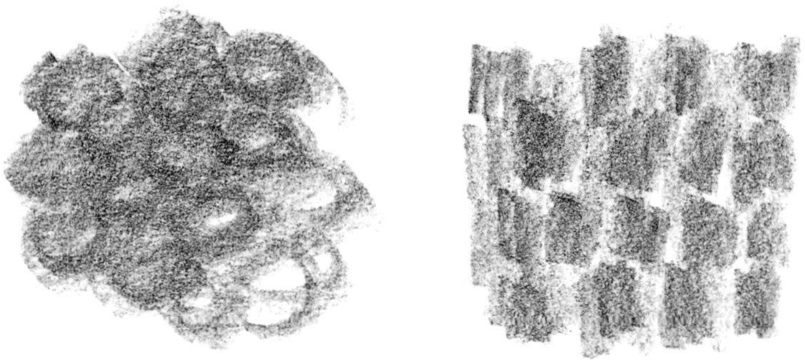

Kleine Muster Für ein Muster wie das linke verwenden Sie kleine Kreise. Wenn Sie innerhalb der Kreise den Druck variieren, erinnert die Fläche an eine Tier- oder Reptilienhaut. Mit senkrechten und waagerechten Strichen können Sie auf diese Weise die Anmutung von Steinen oder Ziegeln erschaffen.

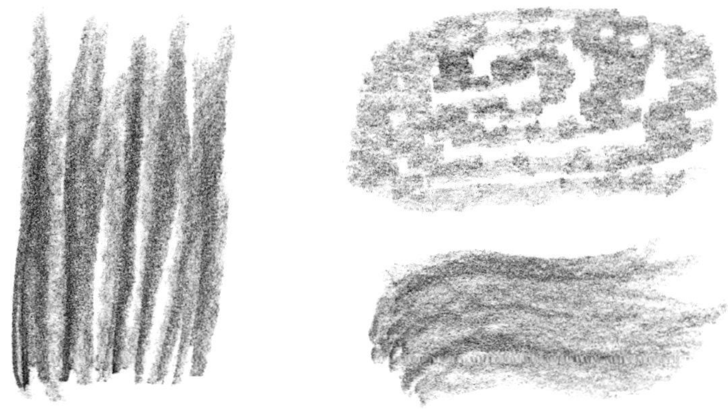

Immer schön locker Solche langen senkrechten Striche mit unterschiedlichem Druck brauchen Sie, wenn Sie zum Beispiel Gras zeichnen wollen (links). Mit lockeren Bewegungen lässt sich auch Wasser darstellen – rechts sehen Sie kurze Kringel wie für bewegtes Wasser (oben). Unten erkennen Sie fließendes Wasser – entstanden durch wellenartige Striche und unterschiedlichen Druck.

ÜBUNG

Den Stift auf Papier spüren

Mit der Zeit werden Sie ein feines Gespür dafür entwickeln, wie sich der Stift in Ihrer Hand bei den unterschiedlichen Schraffuren anfühlt. Auch der Druck, mit dem Sie arbeiten, wird Ihnen in Fleisch und Blut übergehen, wenn Sie immer wieder einmal zur Übung solche grafischen Figuren entstehen lassen: Zeichnen Sie zuerst so ein kunstvolles Gebilde aus verschiedenen Kreisen und Ovalen. Füllen Sie die Flächen und Räume anschließend mit unterschiedlichen Schraffuren oder Grautönen. Das Wichtigste ist, dass Sie Routine beim Arbeiten mit den Stiften entwickeln. Das sichere Handhaben Ihres Werkzeugs gibt Ihnen wachsende Sicherheit.

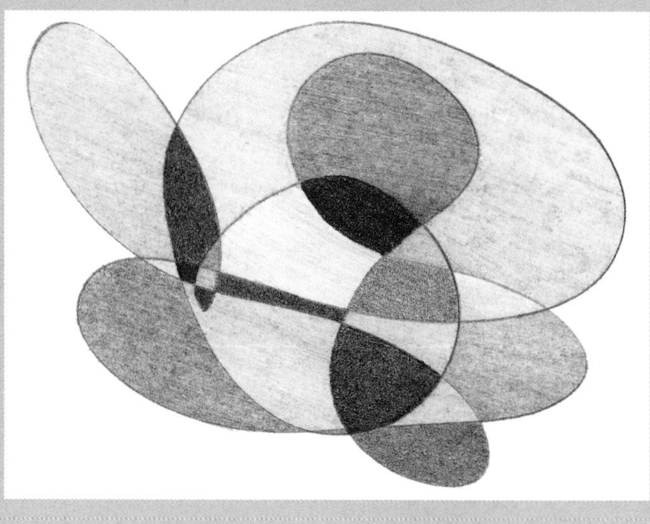

Linien und Strukturen mit dem Bleistift zeichnen

Als Anfänger ist es wichtig und lohnend, sich mit dem Vorgang des Zeichnens selbst zu beschäftigen. Das Fertigstellen eines gelungenen Bildes kommt später, wenn Sie wissen, wie man einen Stift führt oder Zeichenkohle so gut und sicher in der Hand hält, dass die Linien wie von selbst entstehen. Man muss lernen, wie man einen einfachen und direkten Zugang zum Motiv findet. Beginnen Sie mit der äußeren Form oder dem Umriss und zeichnen Sie einige wenige Hilfslinien dort ein, wo Sie Ihnen sinnvoll und nützlich erscheinen. Wenn Sie so weit sind, konzentrieren Sie sich darauf, das Wesentliche des Motivs in wenigen Strichen oder Schraffuren festzuhalten. Alle Künstler haben mit unsicheren Linien angefangen, ihre spätere Meisterschaft und die ruhige Hand haben auch sie sich durch Üben erworben. Sehen Sie sich die unterschiedlichen Oberflächen und Linien auf dieser Seite an und versuchen Sie sie nachzuzeichnen und abzuwandeln. Der Fisch könnte Schuppen erhalten, die Mauer noch ein paar Steine oder die Bäume Blätter.

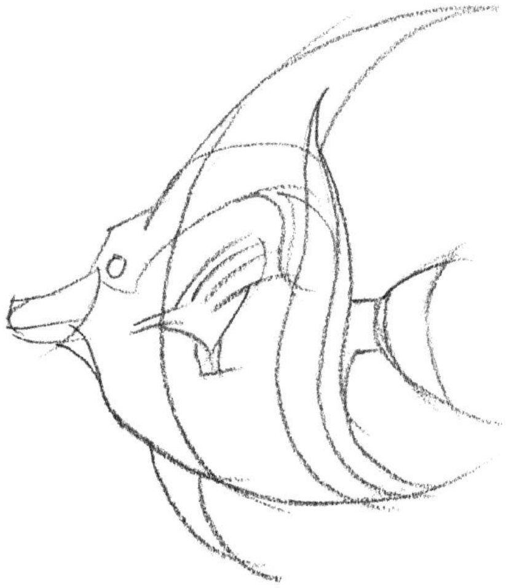

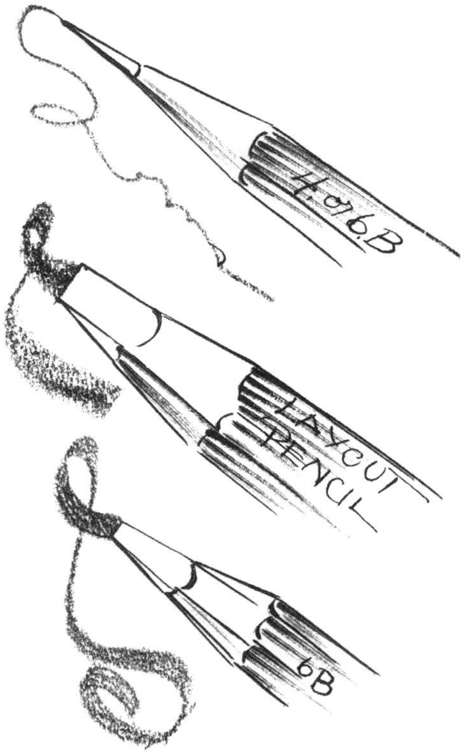

Je nach Stift werden die Striche schmaler oder breiter.

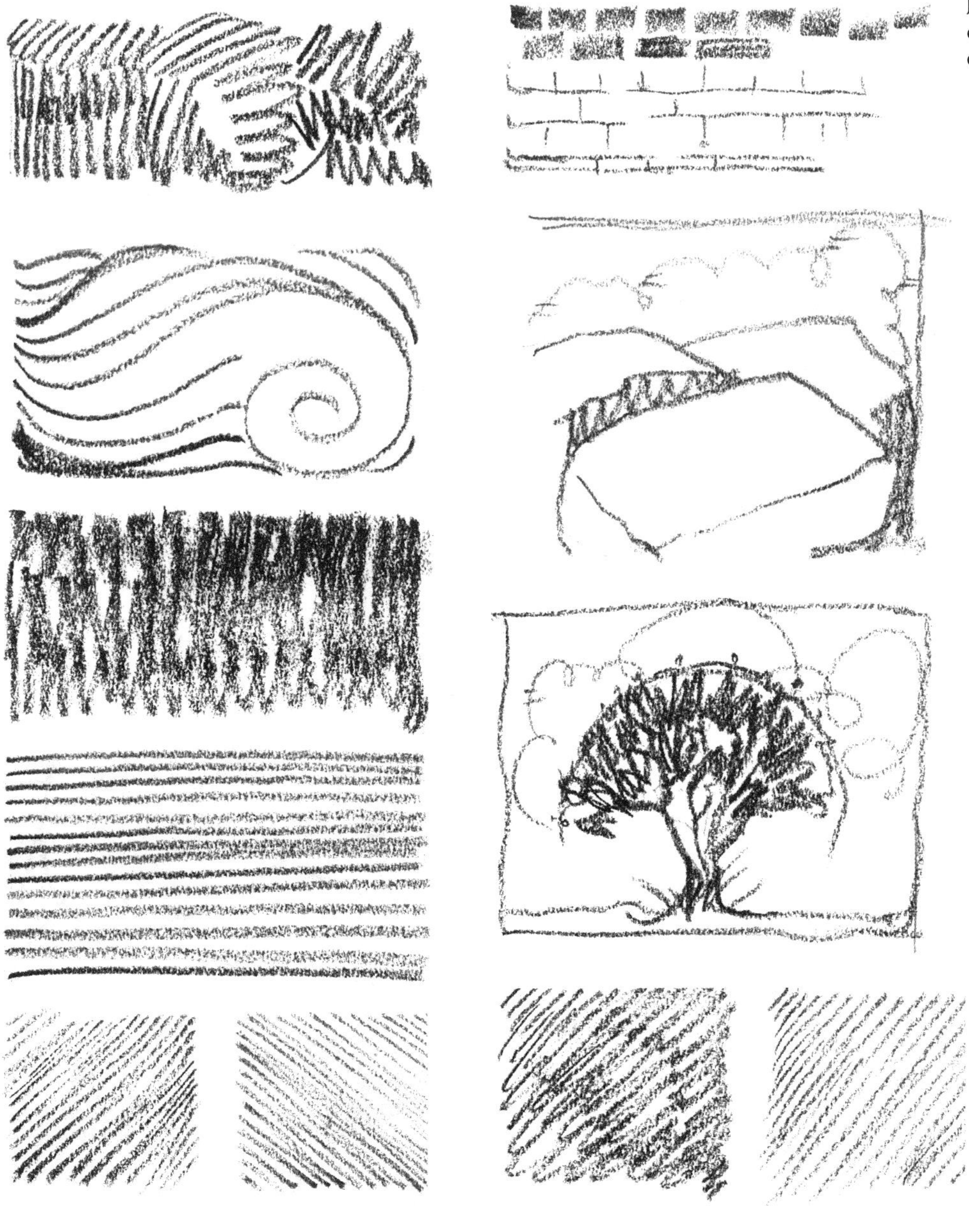

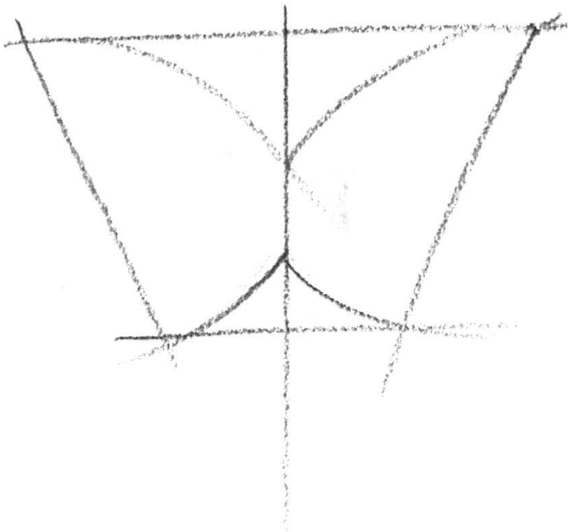

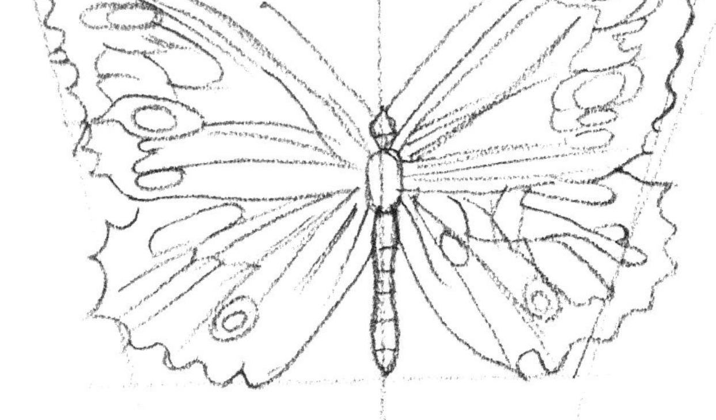

Grauwerte

Wenn Sie etwas Übung darin haben, mit dem Bleistift Flächen gleichmäßig auszufüllen, probieren Sie verschiedene Härtegrade aus, um die Variationen des Tonwerts kennenzulernen. Der Tonwert ist die relative Helligkeit oder Dunkelheit einer Farbe, bei Schwarz spricht man auch von Graustufen. Durch Schatten (dunkle Tonwerte) und Lichter (helle Tonwerte) entstehen Tonwertvariationen, die Ihre Zeichnungen plastischer und realistischer wirken lassen.

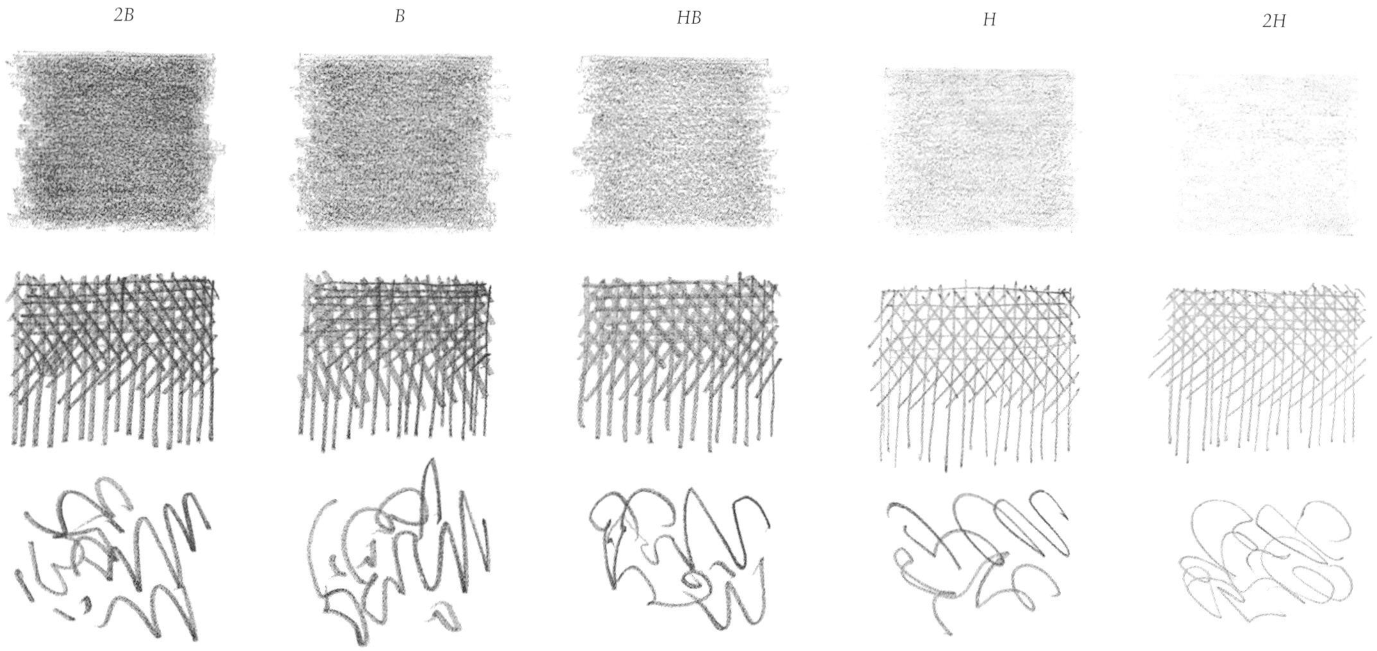

Eine Musterkarte anlegen Wählen Sie mehrere Bleistifte verschiedener Härte (in diesem Fall 2B, B, HB, H und 2H) und zeichnen Sie mit jedem Stift kleine Flächen in verschiedenen Techniken, etwa gerade Striche, Kreuzschraffuren und lockere Kritzel-Linien. Arbeiten Sie stets mit demselben Druck. Notieren Sie sich auch die Härtegrade, mit dem die Beispiele gezeichnet wurden. So eine Musterkarte ist hilfreich bei der Wahl der richtigen Härte für verschiedene Tonwerte und Effekte.

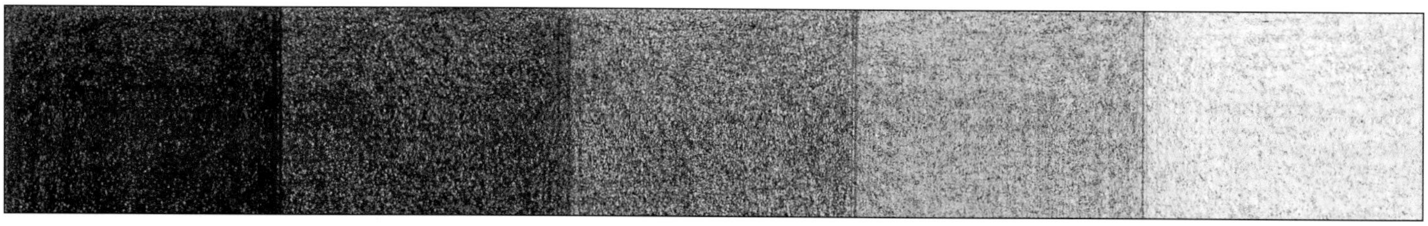

Graustufen-Skala Durch das Zeichnen einer Graustufen-Skala werden Sie mit den Tonwerten vertraut. Legen Sie mehrere Bleistifte bereit (in diesem Fall 2B, B, HB, H und 2H). Zuerst wird ein Feld mit waagerechten Strichen mit dem Bleistift 2B ausgefüllt. Für das nächste Feld nehmen Sie die Härte B. Jeweils den nächsthärteren Stift verwenden und das letzte Feld mit dem Bleistift 2H ausfüllen.

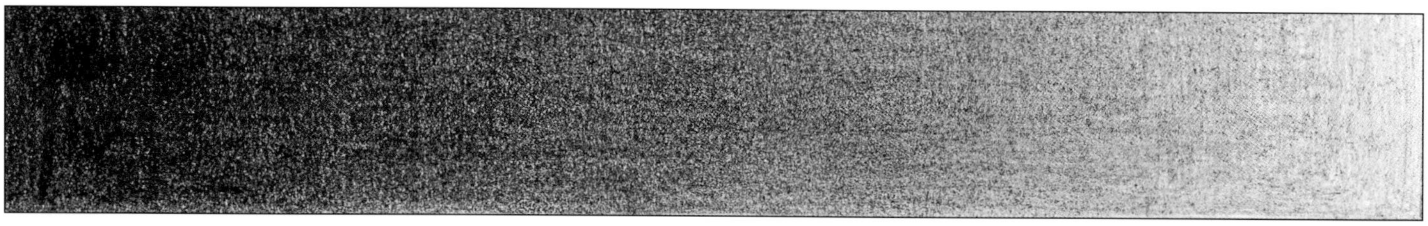

Graustufen-Verlauf Bei dieser Skala werden die Übergänge zwischen den einzelnen Tonwert-Feldern mit einem Papierwischer fließend verwischt. Ganz links mit Härte 2B beginnen, dann fortlaufend härtere Stifte verwenden, bis die letzte Fläche mit 2H ausgefüllt wird. In der rechten Hälfte des letzten Feldes nur ganz leicht aufdrücken, sodass ein fließender Übergang zum weißen Papier am äußersten rechten Rand entsteht.

ÜBUNG Schraffuren auftragen

Durch das Zeichnen unterschiedlicher Schraffuren verwandeln Künstler Linien und Striche auf dem Papier in räumliche Gegenstände. Unterschiedliche Grautöne entstehen durch das mehr oder weniger starke Verteilen heller und dunkler Stellen mit dem Bleistift. Mithilfe der Grautöne nehmen Gegenstände und Lebewesen mehr Form an als durch ihren Grundriss. Um dieses Ziel zu erreichen, kann man ganz unterschiedliche Techniken verwenden, wie die hier gezeigten.

Flache Schraffuren erhalten Sie, wenn Sie mit einem Stift in der Unterhand-Position größere Flächen gleichmäßig grau einfärben.

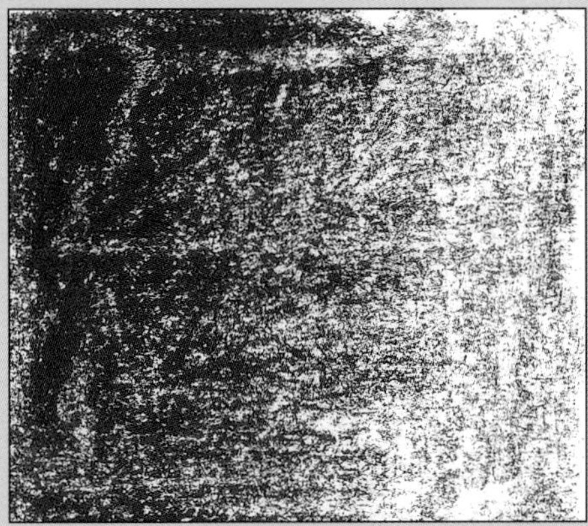

Abstufungen Mit dem Stift in der Unterhand-Position drücken Sie leicht (rechts) oder stärker (links) auf.

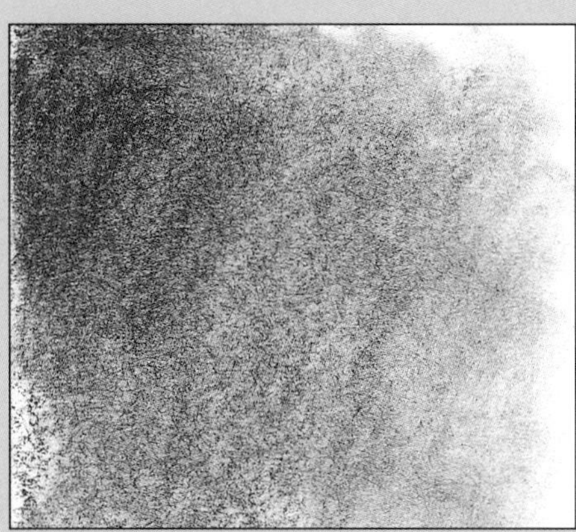

Verreiben Sehr feine Übergänge schaffen Sie, wenn Sie eine schraffierte Stelle mit dem Finger oder mit dem Papierwischer verreiben.

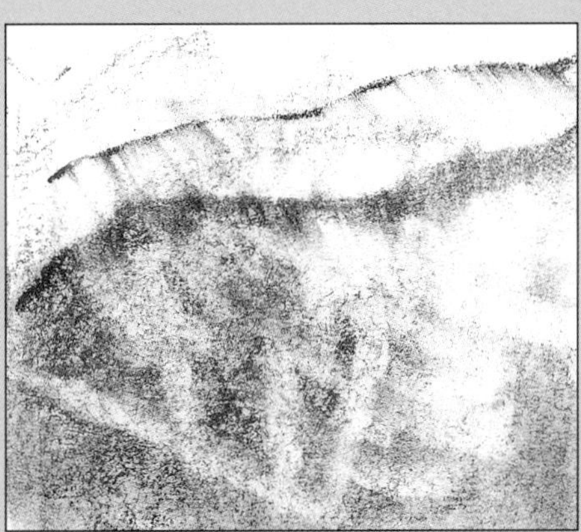

Radiergummi-Striche Um scharfe Kanten abzuschwächen oder um die Grautöne einer Linie zu durchbrechen, nehmen Sie den Radiergummi.

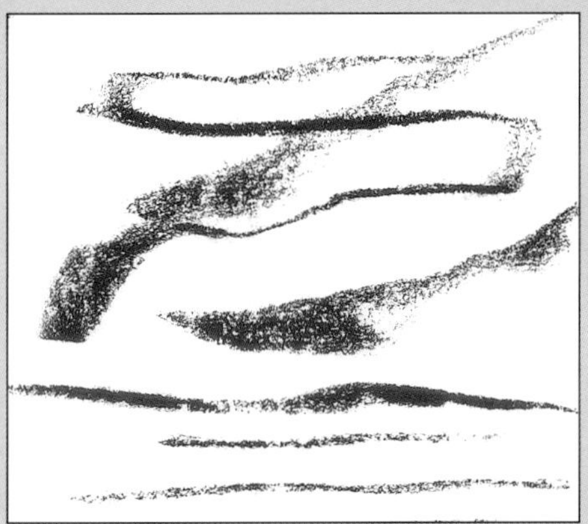

Starke Linien Dynamische, bewegte Linien zeichnen Sie aus der Mittelhand-Position; drehen, ziehen, kreisen Sie mit dem Stift und mit unterschiedlichem Druck.

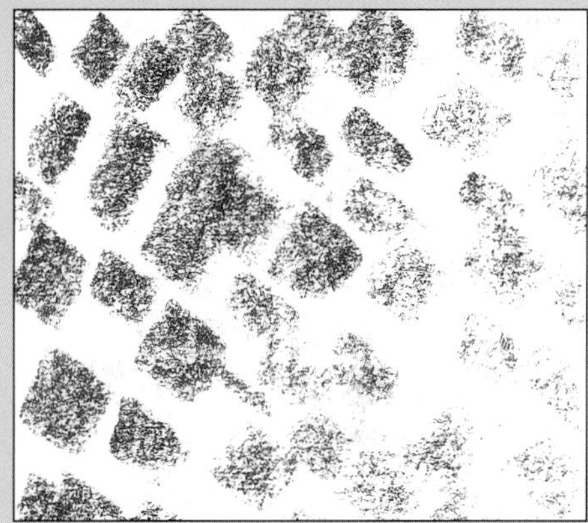

Flecken Einen Teppich oder eine Wand im Hintergrund schraffieren Sie mit solchen kleinen unregelmäßigen Flecken in unterschiedlicher Stärke.

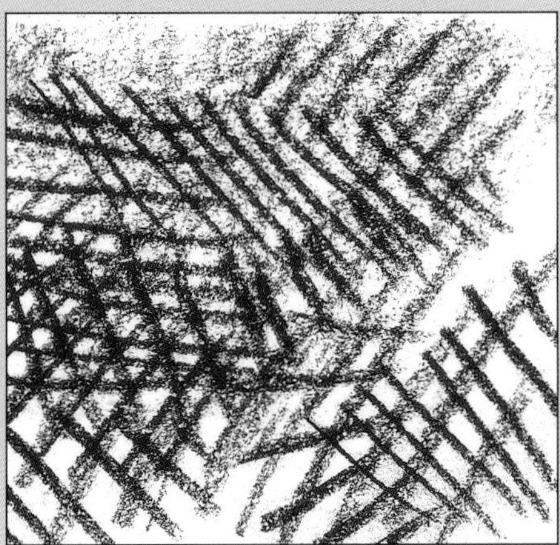

Kreuzschraffuren Sie verstärken Schatten oder verdeutlichen Formen mit Kreuzschraffuren. Je mehr Striche sich überlappen, desto dunkler wird der Bereich.

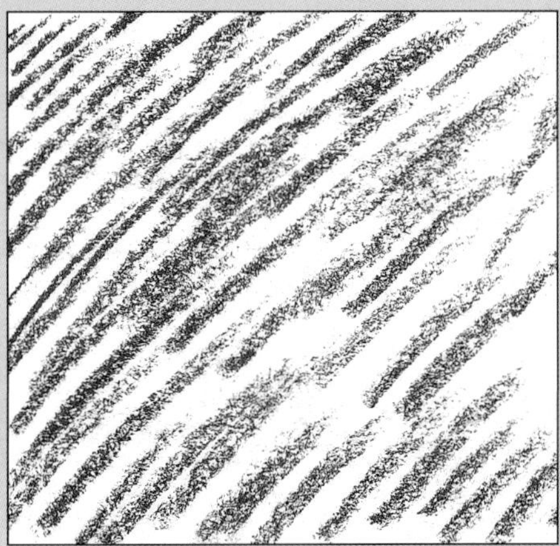

Klassische Schraffur Mit parallelen Strichen können Sie fast jede Form, Wölbung sowie Wuchs- oder Fließrichtung einer Oberfläche zeichnen. Durch unterschiedlich starken Druck erzielen Sie unterschiedliche Grautöne.

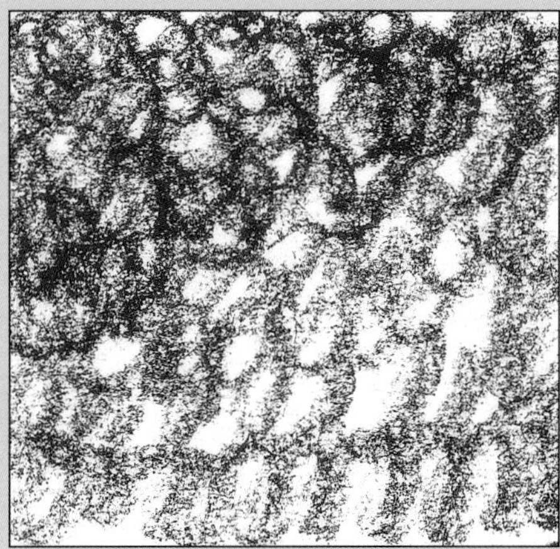

Gekritzel Lockere kleine Kreise oder Kritzellinien bringen Leben in jede Oberfläche. Wer solche Flächen gut zeichnen kann, wird immer interessante Oberflächen gestalten.

Licht und Schatten

Wir sehen Formen dreidimensional, weil ihre Oberflächen das Licht unterschiedlich reflektieren. Für eine realistische Zeichnung muss das Objekt so beleuchtet sein, dass seine wahre Form erkennbar wird. Wird ein Objekt direkt von vorn angestrahlt, sieht man die hinter ihm liegenden Schatten nicht, und das Objekt wirkt flach. Wird es hingegen schräg von vorn beleuchtet, entstehen Schatten verschiedener Tiefe, die seine dreidimensionale Form verdeutlichen.

Grundsätzlich unterscheiden wir zwischen Schlagschatten und Formschatten. Den Schlagschatten wirft das Objekt auf andere Oberflächen. Formschatten zeigen sich auf seiner eigenen Oberfläche. Sie helfen uns, die Form eines Gegenstands oder eines Lebewesens zu erkennen. Formschatten werden mit zunehmender Entfernung von der Lichtquelle dunkler.

Eine Zeichnung mit starken Unterschieden zwischen Licht und Schatten (sehr dunklen Schatten und sehr hellen Lichtreflexen) ist kontrastreich. Bewegen sich dagegen die meisten Tonwerte im mittleren Bereich, ist eine Zeichnung kontrastarm. Kontraste sorgen dafür, dass eine Zeichnung ins Auge fällt und ausgeprägt plastisch erscheint. Andererseits sehen „weiche" Motive wie eine Löwin, die ihre Jungen säugt, mit sanfteren Kontrasten stimmiger aus. An den folgenden Beispielen sind die Unterschiede zwischen kontrastarmen und kontrastreichen Motiven gut zu erkennen.

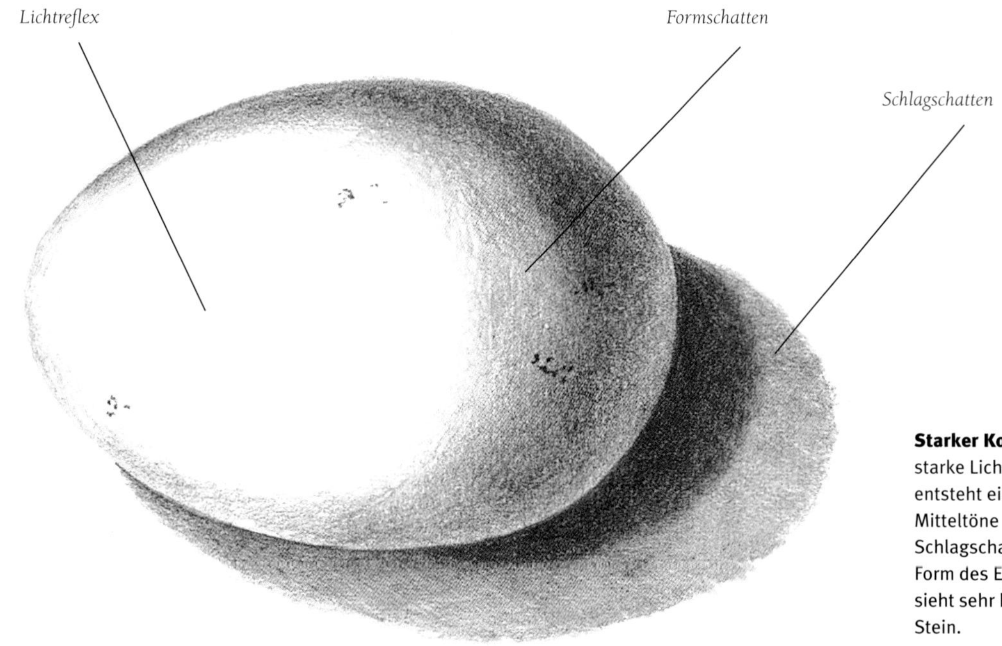

Starker Kontrast Auf dieses Ei ist eine starke Lichtquelle gerichtet. Dadurch entsteht ein sehr heller Lichtreflex, die Mitteltöne sind dunkel und der Schlagschatten ist sehr dunkel. Die Form des Eis ist gut erkennbar, aber es sieht sehr hart aus, als bestünde es aus Stein.

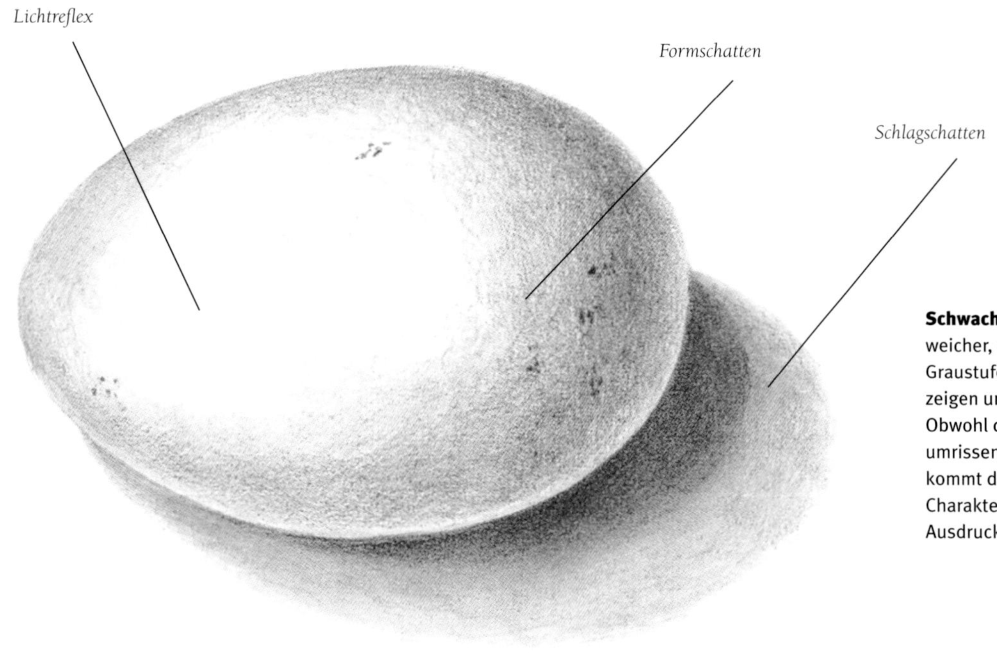

Schwacher Kontrast Hier ist das Licht weicher, sodass sich mehr mittlere Graustufen auf der Oberfläche des Eis zeigen und die Schatten heller ausfallen. Obwohl die Schatten weniger klar umrissen sind als im oberen Beispiel, kommt der natürliche, organische Charakter des Eis so besser zum Ausdruck.

Arbeiten mit den Grundformen

Wer gelernt hat, ein Motiv in einfachste Grundformen zu zerlegen, kann eigentlich alles zeichnen. Es gibt kein Motiv, das sich nicht in Kreise, Rechtecke, Quadrate und Dreiecke zerlegen lässt. Wenn man eine Linie um das Motiv herum zeichnet, erhält man seinen Umriss. Um aber die Räumlichkeit (also die 3. Dimension) wiederzugeben, muss man die geometrischen Körper herausarbeiten: Erst wer aus einem Kreis eine Kugel zeichnen kann, aus einem Rechteck einen Quader oder Zylinder, aus einem Quadrat einen Würfel oder aus einem Dreieck einen Kegel, kann Gegenstände formen oder Lebewesen wirklich zum „Leben erwecken". Deshalb ist es der erste Schritt, diese Formen zu erkennen und zu zeichnen. So beginnt die Zeichnung eines Balls oder einer Grapefruit mit einer Kugel. Ein Fass oder ein Baumstumpf sind im Grunde Zylinder, so wie in einer Schachtel oder in einem Haus simple Quader „versteckt" sind. Bäume oder Trichter beruhen auf Dreiecken. Haben Sie diese Grundformen erkannt und gezeichnet, besteht der Rest der Arbeit nur noch aus den Details.

Körper So werden Umfang und Form gezeichnet: Die Ellipsen zeigen die Vor- und Rückseiten von Kugel, Zylinder und Kegel. Der Würfel entsteht durch die Verbindung von zwei Quadraten mit Seitenlinien.

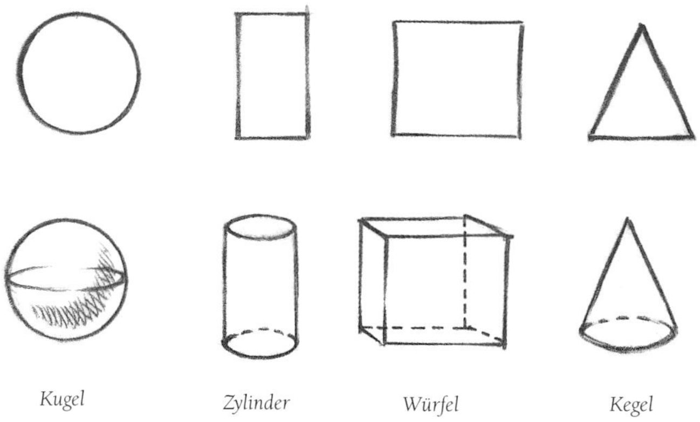

Grundform Der Anfang ist ganz einfach: Sie beginnen mit einer Art „Lebenslinie". Dann bauen Sie, wie hier beim Küken oder beim Hund, die Grundform aus einfachen Kreisen, Dreiecken und Ovalen auf. Zum Schluss diese Formen mit Strichen verbinden.

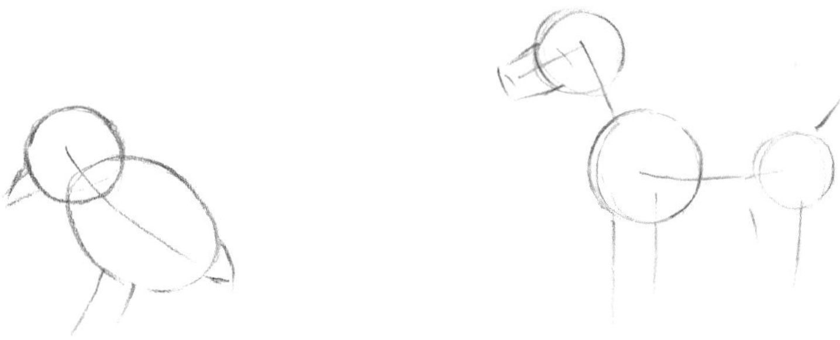

Körper Sobald die Umrisse stehen, zeichnen Sie Kugeln, Kegel usw. daraus – und schon entstehen Tiefe und Dimension.

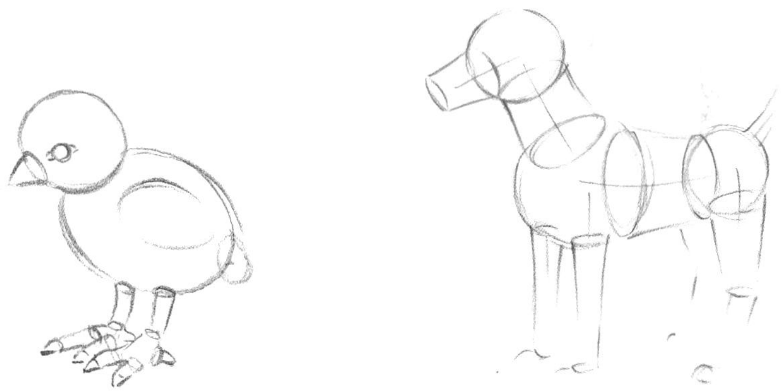

Durchzeichnen Wenn Sie die Formen miteinander verbinden und die Hilfslinien einzeichnen, die später überzeichnet oder radiert werden, entsteht das Motiv in seiner ganzen Körperlichkeit. Beim Küken brauchen Sie nur ein paar Striche für die Daunen, der Hund erhält eine Andeutung von Fell.

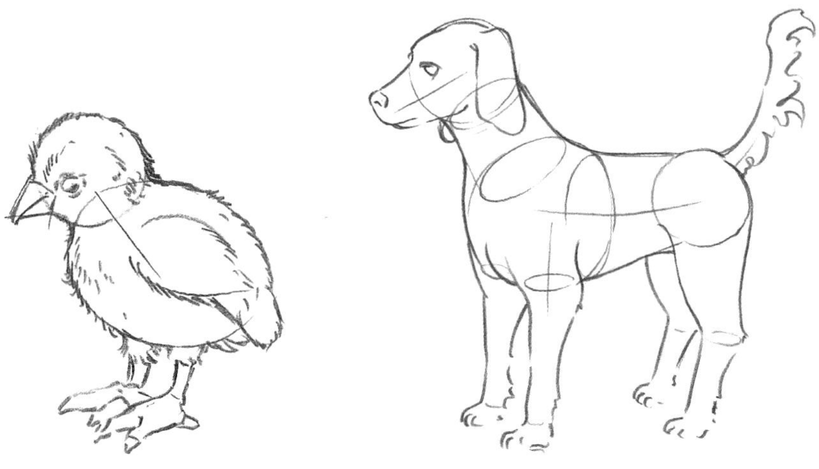

Grundformen sehen lernen

Für Anfänger ist es oft schwierig und verwirrend, lebende Tiere zu zeichnen. Die ersten Versuche haben meist wenig Ähnlichkeit mit dem Tier, das sie darstellen sollen. Geben Sie nicht auf! Möglicherweise versuchen Sie, Ihre Vorstellungen darüber zu Papier zu bringen, wie das Tier aussehen soll, statt es so zu zeichnen, wie es tatsächlich aussieht. Um diesen Fehler zu vermeiden, empfiehlt es sich zunächst gar nicht das Tier zu zeichnen, sondern seine Grundformen zu erfassen. Indem man es in einfache Kreise, Ovale, Quadrate oder Dreiecke auflöst, wird die verwirrende Gestalt klarer und es gelingt leichter, Körperbau und Proportionen korrekt einzufangen.

Unten sehen Sie, wie sich verschiedene Tiere in Grundformen wie Zylinder, Kreise und Ovale „zerlegen" lassen. Wenn Sie Ihr Skizzenbuch mit ins Freie nehmen, fangen Sie mit solchen einfachen Linien und Formen an. Arbeiten Sie zügig, mutig und mit einfachen Strichen. Und wenn das Tier sich bewegt, fangen Sie einfach auf der nächsten Seite noch einmal an. Wenn das Tier später zu seiner vorherigen Position zurückkehrt, können Sie die angefangene Zeichnung fortsetzen. Füllen Sie Ihre Seiten mit Ansichten aus verschiedenen Blickwinkeln. Halten Sie sich vorerst nicht mit Details auf, sondern versuchen Sie, ein Gefühl für das Tier und seine Grundgestalt zu entwickeln. Das Ziel sind schnelle „Schnappschüsse" mit Bleistift.

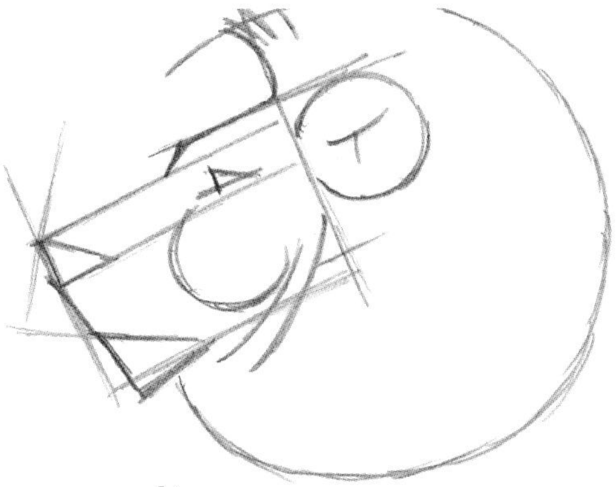

Löwe

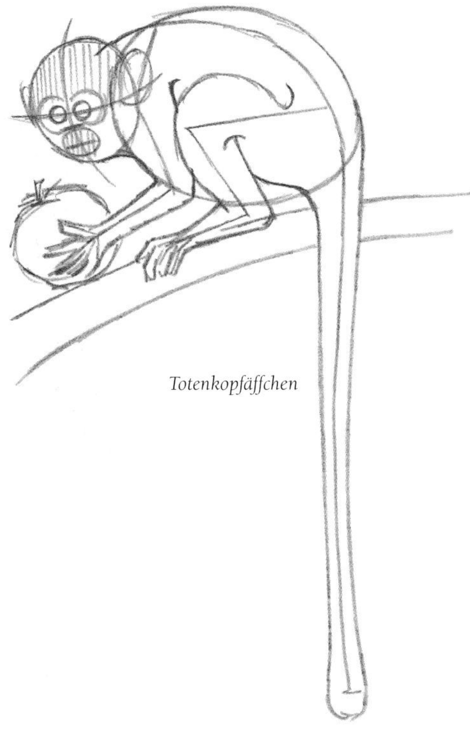

Totenkopfäffchen

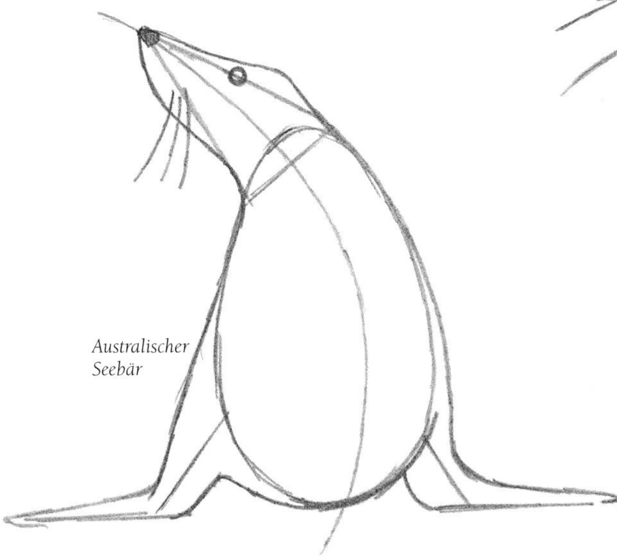

Australischer Seebär

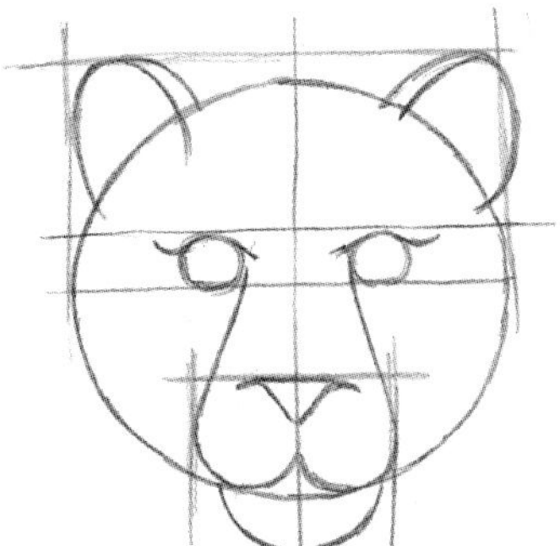

Sumatra-Tiger

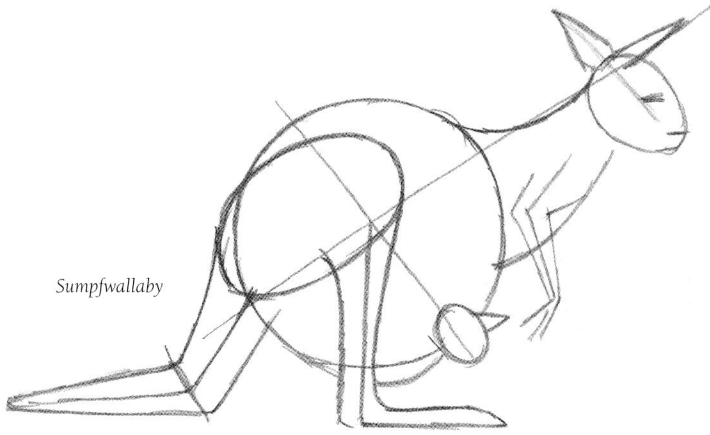

Sumpfwallaby

Akkurat zeichnen

Tiere wirken nur realistisch, wenn sie akkurat gezeichnet werden. Bei eher impressionistischen Zeichnungen kommt es auf Genauigkeit nicht so sehr an, doch selbst dann muss ein gewisses Maß an Realismus gewahrt bleiben, damit das Bild auf den Betrachter glaubwürdig wirkt. Hier sehen Sie eine Methode, wie Sie das Profil einer Löwin realistisch zeichnen können.

Aus freier Hand

Das Zeichnen aus freier Hand ist eine Fähigkeit, die jeder Künstler üben muss, denn sie hilft dabei, Form und Aufbau eines Motivs zu erkennen und zu analysieren. Nur durch viel Übung gewinnen Sie Sicherheit. Wenn Sie aus freier Hand zeichnen wollen, sollten Sie Ihr Modell zuerst ganz genau ansehen. Dann lösen Sie das Motiv in vereinfachte Formen und Hilfslinien auf.

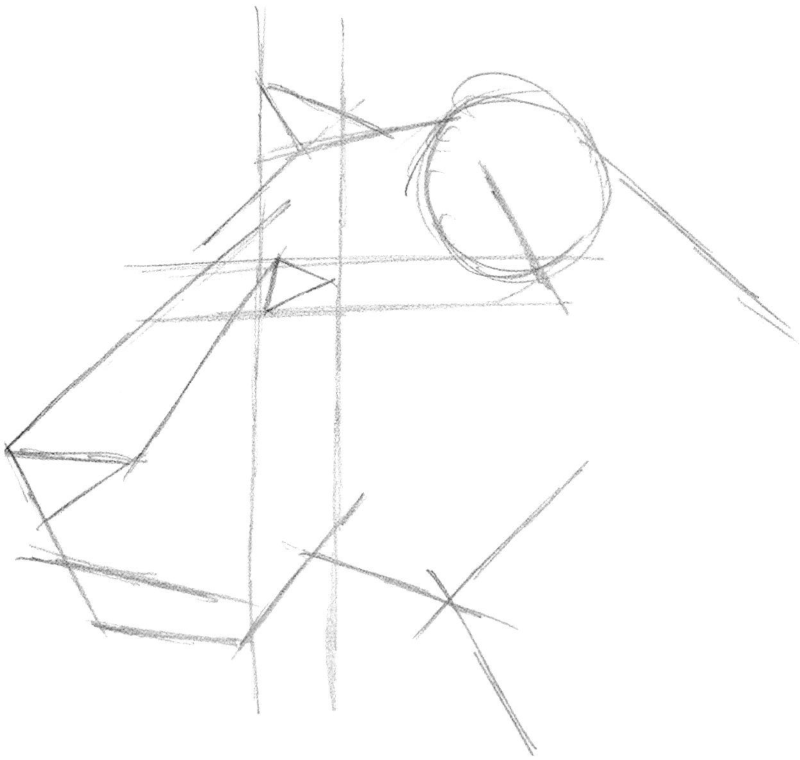

Einfach anfangen Das Profil lässt sich in eine Kombination verschiedener Dreiecke, Keile, Kreise und Linien zerlegen. Zuerst zeichnen Sie zwei senkrechte Lotlinien, die von zwei waagerechten Hilfslinien gekreuzt werden. In dem Viereck, das sich aus den Kreuzungen ergibt, deuten Sie mit einem Dreieck das Auge an. Mit verschiedenen geraden Linien umreißen Sie dann die Winkel und Positionen von Kopf und Gesichtszügen. Damit ist die Grobskizze auch schon fertig.

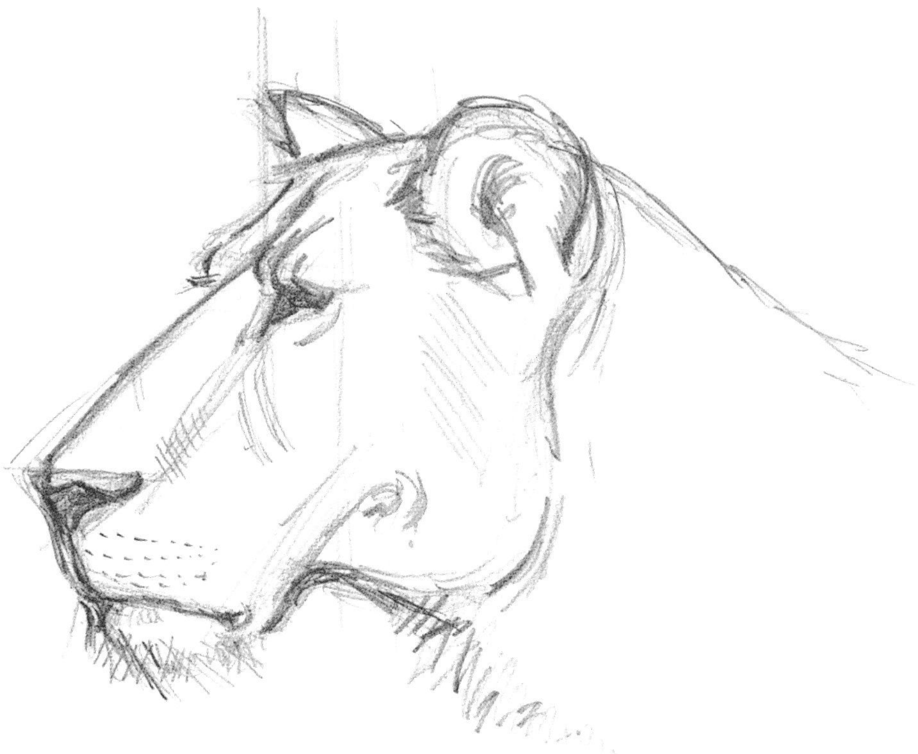

Ausarbeitung Mit kräftigen Strichen geben Sie der Kopfform klarere Konturen – dabei immer wieder einen Blick auf die Fotovorlagen werfen. Radieren Sie nicht gleich alle Hilfslinien aus, Sie können sie als Basis verwenden, wenn Sie nach besseren Proportionen suchen. Die Linien, die Ihnen am richtigsten zu sein scheinen, zeichnen Sie dann deutlicher nach. Dadurch kristallisiert sich allmählich die Form des Tieres heraus, das Sie zeichnen wollen. Es macht nichts, wenn die Zeichnung durch das Herantasten etwas unsauber wirkt, denn der Blick des Betrachters wird an den dunkleren, korrekten Linien hängen bleiben. Für dieses Profil aus freier Hand müssten etwa 15 Minuten Arbeitszeit reichen.

Einfache Linien zu Beginn

Vögel eignen sich hervorragend, um das Zeichnen mit Linien zu üben. Ebenso wie die Ente auf dieser Seite und der Kranich rechts besitzen alle Vögel einfache, klare Grundformen und es liegt ganz am Zeichner, ob man sie bis ins letzte Detail ausarbeiten will oder nicht. Als Erstes ein Oval oder einen einfachen Kreis zeichnen und dann die übrige Gestalt auf der Grundform aufbauen.

Legen Sie eine Sammlung von interessanten Vogel-Motiven an. Es ist viel leichter, nach solchen Vorlagen zu zeichnen, als einem der kleinen gefiederten Gesellen zu erklären, dass er still sitzen soll.

2

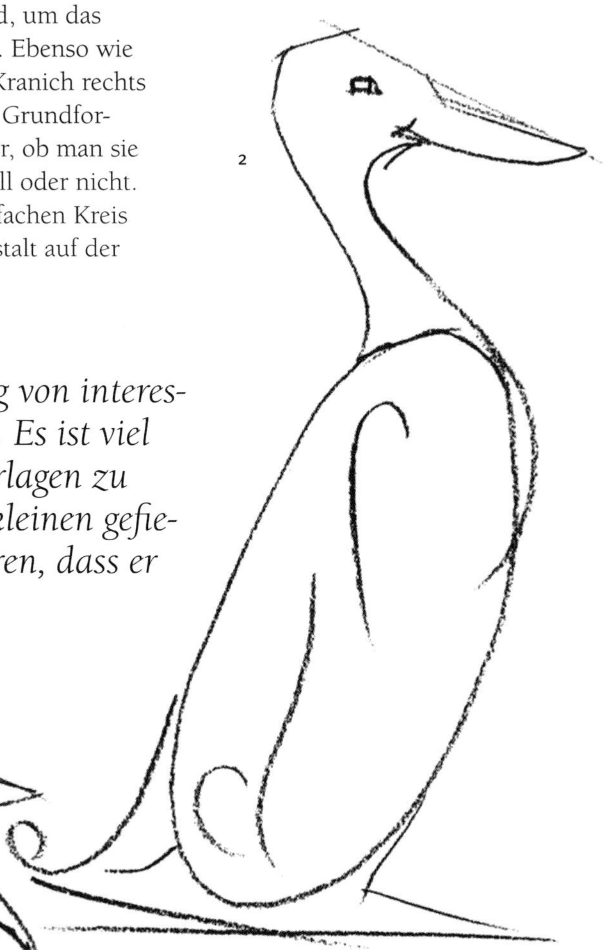

An dieser Ente lassen sich auch Proportionen gut studieren. Unter Proportion versteht man das Verhältnis von Körperpartien zueinander und zum Ganzen. Der Körper der Ente ist doppelt so lang wie Kopf und Hals zusammen. Der Schnabel hat etwa die Länge des Kopfes. Wenn Sie sich beim Zeichnen diese Proportionen vor Augen halten, sollte schon die erste Skizze gut gelingen.

1

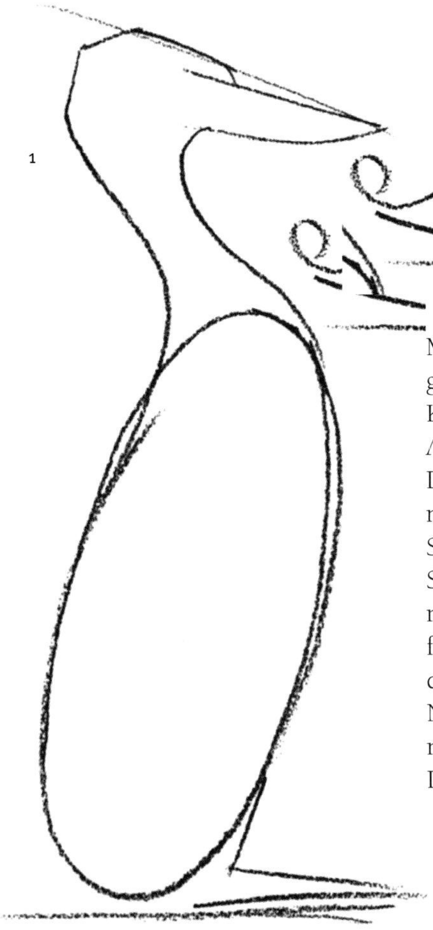

Mit einem Bleistift in Härte HB ein lang gezogenes Oval formen – das wird der Körper der Ente. Den Scheitel deutet in Abbildung 1 ein schräger Strich an. Dazwischen verlaufen die geschwungenen Bögen des Halses und die Linien des Schnabels, der ein wenig an einen Schiffsrumpf erinnert. Zum Schluss noch das Auge und ein paar Linien für die Flügel und die Schwanzfedern ergänzen wie in Schritt 2. Nun noch den Umriss nacharbeiten und einige Details zeichnen.

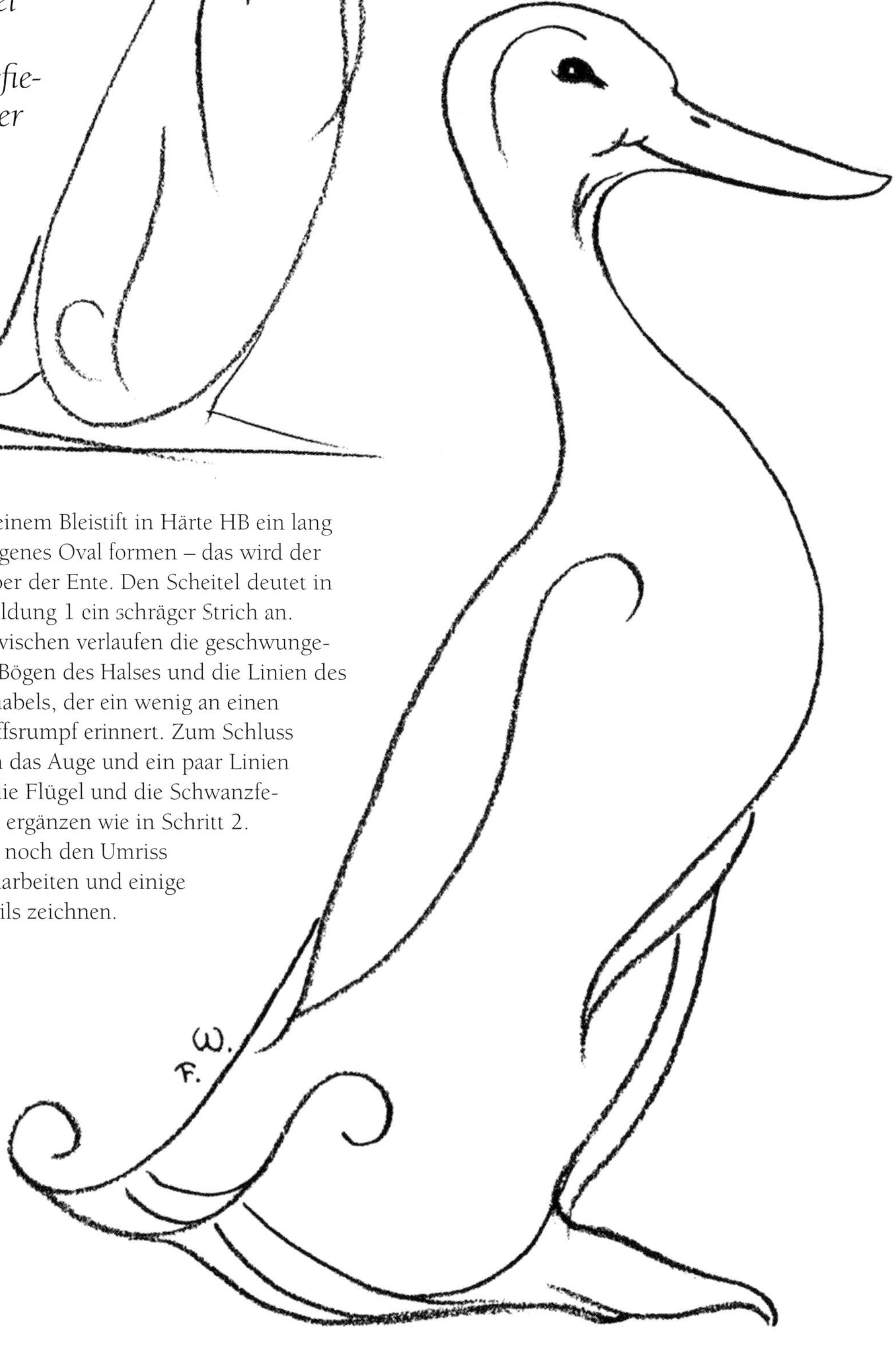

Mit wenigen Strichen entsteht diese Ente.

Mit Tusche und Feder

Mit ihren langen Beinen, dem lang gezogenen Schnabel und der herrlichen Flügelspannweite sind Kraniche äußerst elegante Geschöpfe. Diese Vögel lassen sich hervorragend mit wenigen Linien einfangen. Als Werkzeug eignen sich einfache Bleistifte, aber auch Feder und Tusche. Beginnen Sie mit einem liegenden Oval wie in Abbildung 1. Dann die Umrisse der Flügel daraufsetzen und die Position von Kopf und Beinen festlegen. Den Umriss besser ausarbeiten und einige der Schwungfedern andeuten.

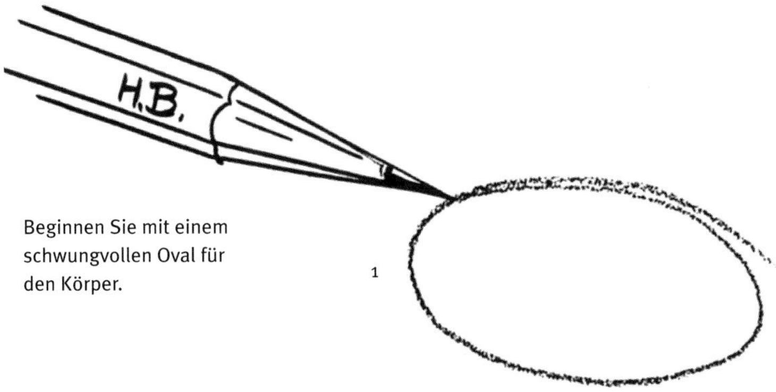

Beginnen Sie mit einem schwungvollen Oval für den Körper.

1

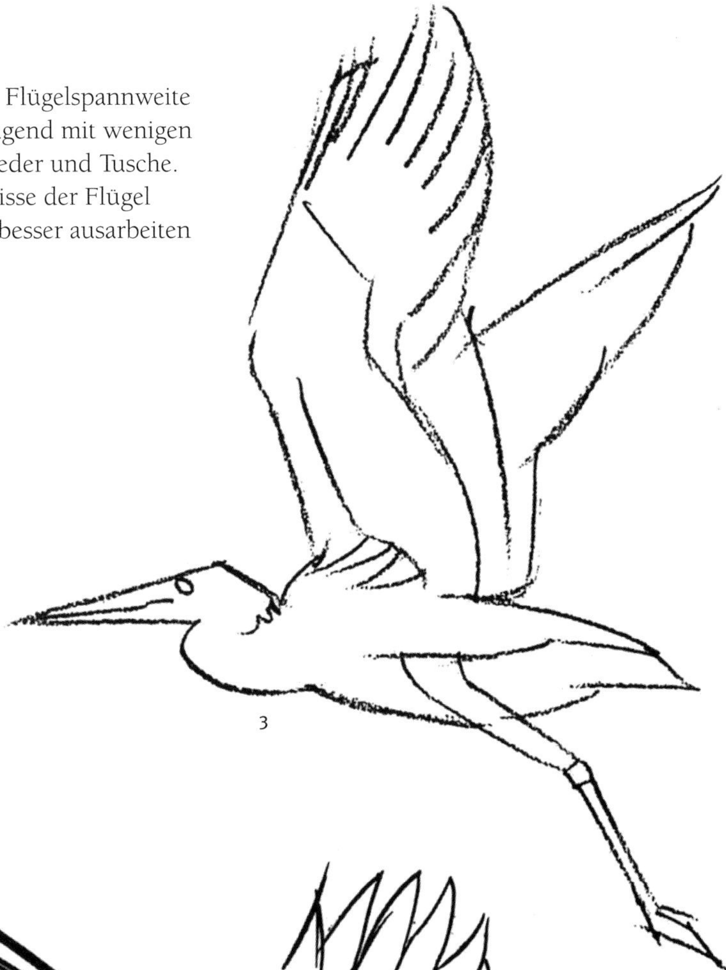

3

Nun können Sie entweder mit einem Bleistift weiterarbeiten oder Tusche und Feder ausprobieren – ein Material, mit dem sich die Stärke und die Breite eines Strichs besser variieren lässt. Nehmen Sie einen Pinsel in Stärke 3 für feine Linien und einen in Stärke 6 für breite Linien. Vermischen Sie Wasser und Tusche in unterschiedlichen Mengen und probieren Sie aus, welche Ergebnisse Sie mit den verschiedenen Mischungen erzielen können.

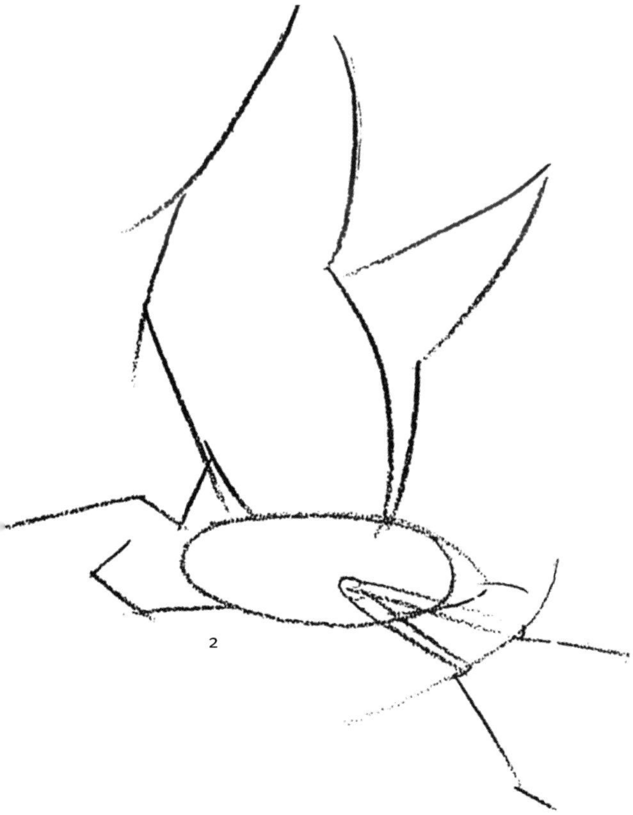

2

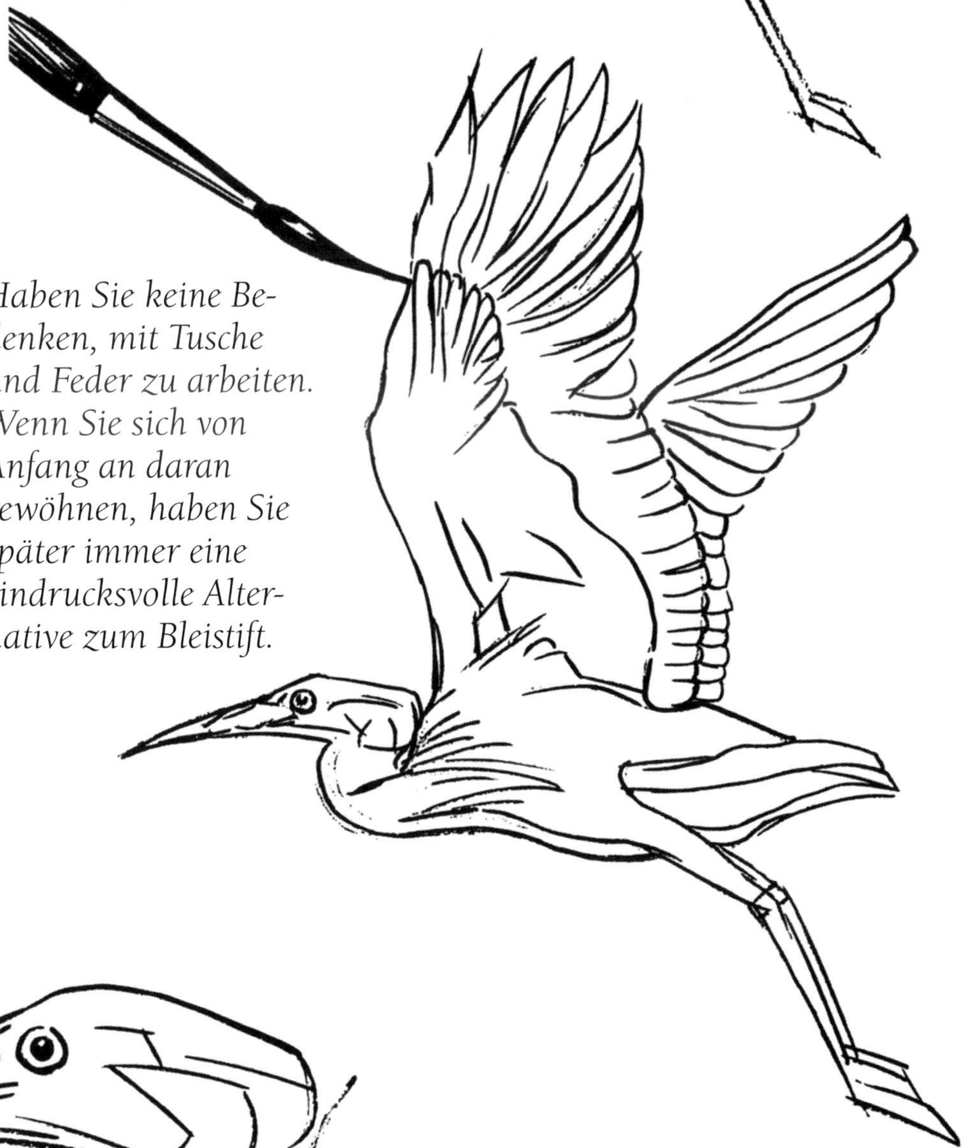

Haben Sie keine Bedenken, mit Tusche und Feder zu arbeiten. Wenn Sie sich von Anfang an daran gewöhnen, haben Sie später immer eine eindrucksvolle Alternative zum Bleistift.

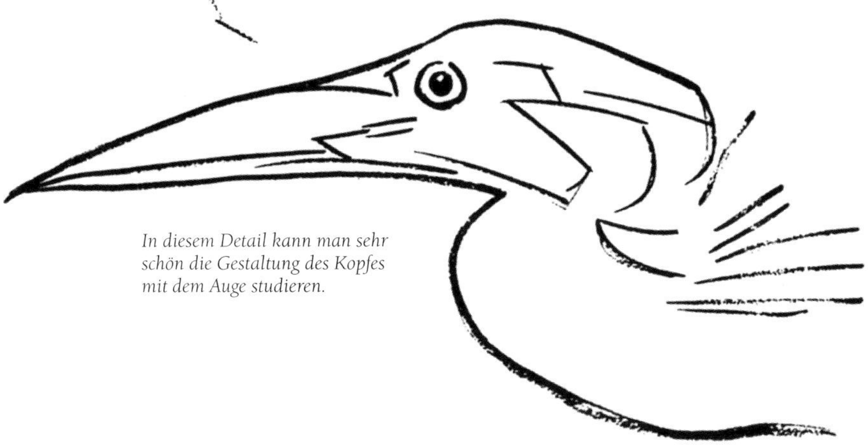

In diesem Detail kann man sehr schön die Gestaltung des Kopfes mit dem Auge studieren.

Naturgetreue Darstellung

Es ist für jeden Zeichner spannend, Tiere zu zeichnen, denn die Natur hat auf den Hautoberflächen einige der interessantesten Strukturen überhaupt geschaffen. Jedes Tier besteht aus ganz unterschiedlichem „Material" – denken Sie nur einmal an das elastische Gefieder, den harten, schimmernden Schnabel, die zarten Beine und die glänzenden Augen eines Spatzen: Künstlerherz, was begehrst du mehr? In jedem Vorgarten lässt sich eine ganze Welt entdecken und mit dem Stift festhalten.

Federn

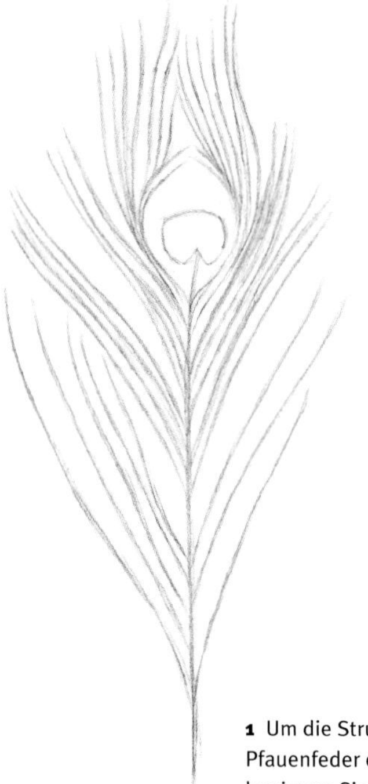

1 Um die Struktur der zarten Pfauenfeder einzufangen, beginnen Sie mit feinen Linien, die – in der Wuchsrichtung der Feder – von einer senkrechten Linie wegführen. Für das Auge der Pfauenfeder zeichnen Sie einen Kreis am oberen Ende und darum herum die Linien, die am Auge vorbeischwingen.

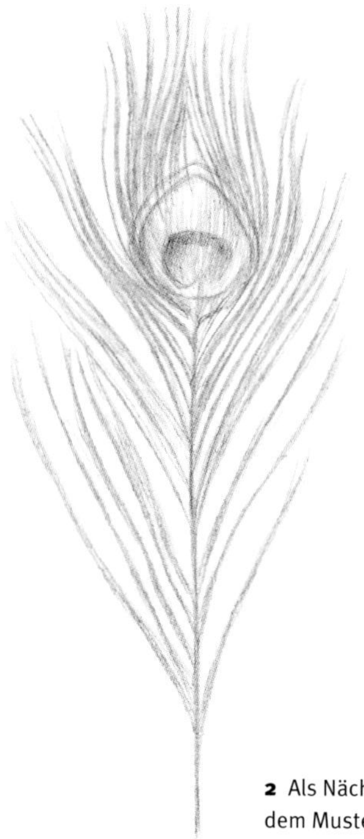

2 Als Nächstes folgen Sie dem Muster der Pfauenfeder und dunkeln das Zentrum des Auges ab. Einige Fasern der Federn ums Auge herum bleiben absichtlich sehr fein und leicht, damit die Feder nicht schwer wirkt, andere werden dunkler, um das Muster weiterzuführen.

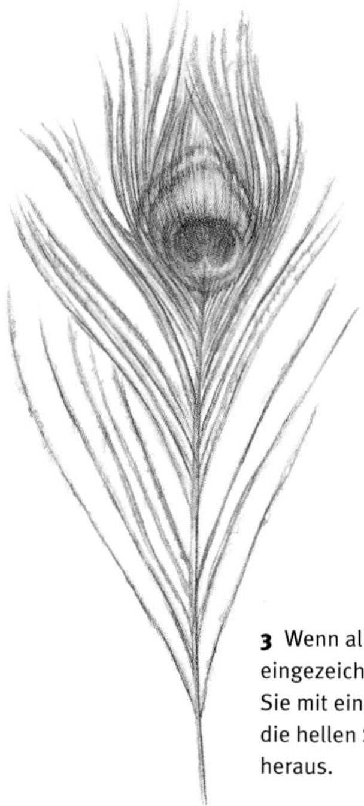

3 Wenn alle dunklen Stellen eingezeichnet sind, radieren Sie mit einem Radiergummi die hellen Stellen im Auge heraus.

Feder mit dem Radiergummi gestalten

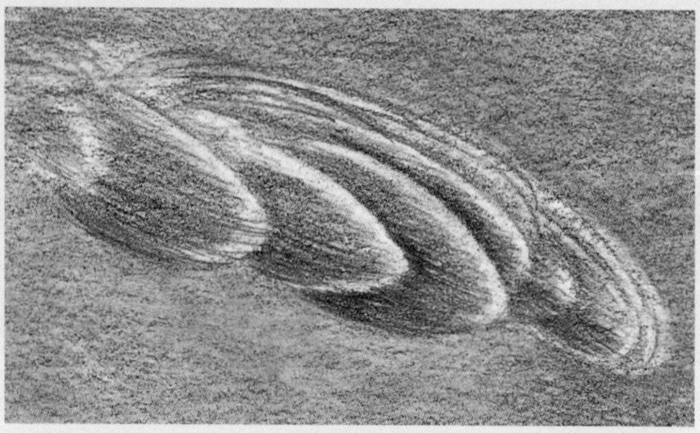

Auch hier wurden die weißen Stellen der Feder nachträglich mit dem Radiergummi herausgearbeitet. Anschließend bearbeiten Sie die Ränder zwischen den hellen und den dunklen Stellen im Muster der Feder nochmals nach – der Kontrast soll hier deutlich und fast hart wirken. Mit Strichen in der Wuchsrichtung der Federn können Sie die Struktur jeder einzelnen Feder noch stärker sichtbar machen. Hellen Sie zum Schluss mit dem Radiergummi den Hintergrund auf – so heben sich die Federn noch besser ab.

Hautoberflächen

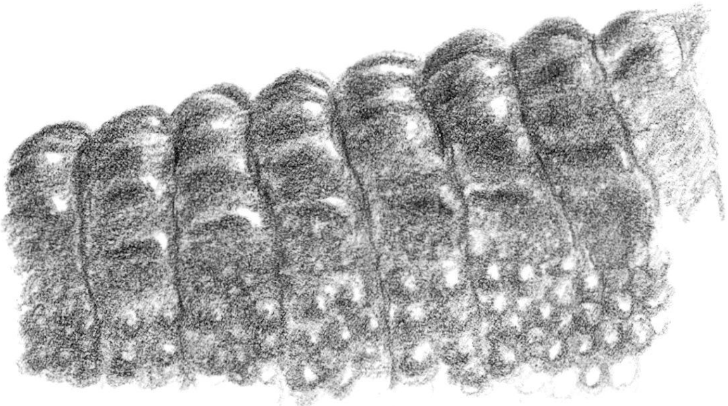

Alligator Wählen Sie einen Zimmermannsbleistift und weiches, beschichtetes Papier, damit die harte, unebene Haut des Reptils besonders gut zur Wirkung kommt. Beim Zeichnen von solchen Strukturen muss man immer daran denken, von wo das Licht kommt: Die Haut des Alligators besteht aus vielen kleinen Erhebungen: Jede einzelne sowie der Schatten, den sie wirft, muss klar zu erkennen sein, damit die Alligatorhaut realistisch wirkt.

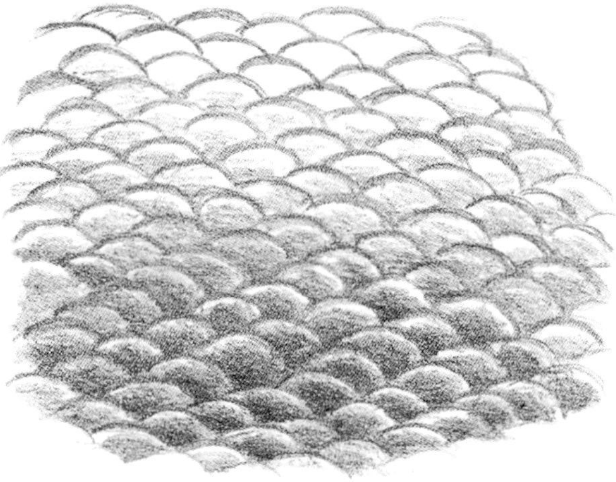

Fisch Als Erstes zeichnen Sie hier die einzelnen Bögen – achten Sie darauf, dass sie nicht künstlich und „ausgedacht" wirken. Dann schraffieren Sie jede Schuppe an der Basis, wo sie sich treffen, dunkler und werden zum Bogen hin heller. Sehen Sie, dass jede einzelne Schuppe einen Lichtreflex zeigt? Durch diesen „Trick" sieht es so aus, als würde die Haut des Fisches schimmern.

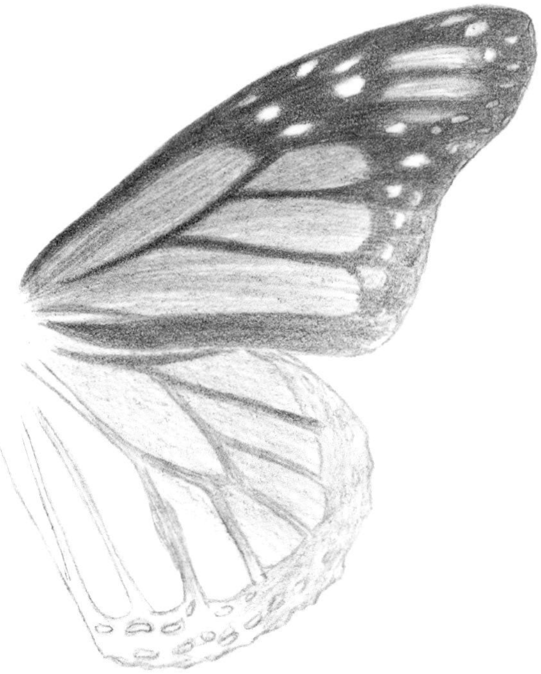

Schmetterling Als Erstes zeichnen Sie die Umrisse des Flügels mit einem frisch gespitzten Bleistift in Härte HB. Mit feinen, langen Linien folgen die Adern im Flügel. Anschließend tragen Sie eine erste Lage feinstes Grau in den Feldern zwischen den Adern auf. Dann nehmen Sie einen 2B-Bleisfift zur Hand und tönen die Adern dunkler ab – dabei zunehmend fester aufdrücken und immer in der Richtung zeichnen, in der die Adern verlaufen. Mit dem HB-Bleistift gehen Sie dann behutsam nochmals über die hellen Kammern zwischen den dunklen Adern und intensivieren das Grau – dabei die Töne variieren wie in der Zeichnung zu sehen. Für die weißen Punkte lassen Sie das Papier weiß – nur wenn Ihnen der Kontrast zu scharf ist, legen Sie sehr helles Grau darüber.

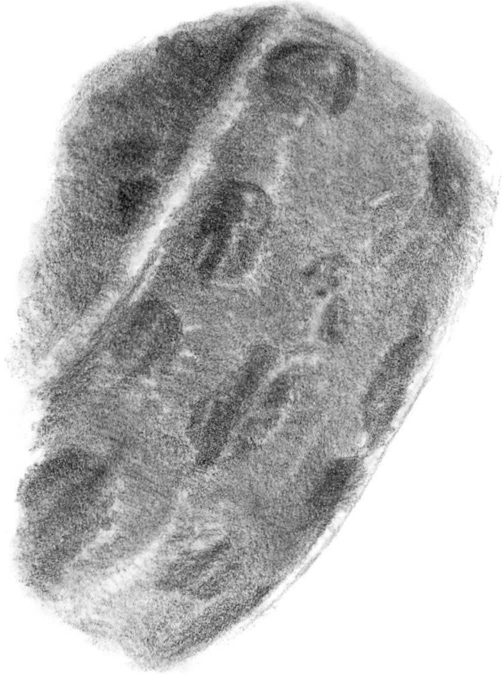

Frosch Um die immer feuchte Haut der kleinen Amphibie zu zeichnen, arbeiten Sie mit einem Bleistift und dem Papierwischer. Die dunklen Hubbel auf der Froschhaut erhalten ein tieferes Grau als die Umgebung. Mit dem Radierer gestalten Sie die helleren Stellen, damit die Haut schlüpfrig wirkt.

Hautoberflächen Schritt für Schritt

Wenn Sie sich mit dem Körperbau eines Tieres vertraut gemacht haben, müssen Sie es mit Fell oder Haut „bekleiden". Um die Struktur von Fell oder Haut realistisch darzustellen, können verschiedene Techniken angewandt werden. Hier sehen Sie jeweils – in drei Arbeitsschritten – die genaue Herangehensweise für sechs ganz verschiedene Arten von Fell und Haut. Auf diese Techniken können Sie immer wieder zurückgreifen. Wenn Sie die Schritt-für-Schritt-Anleitungen nachzeichnen, können Sie jederzeit zu dieser Seite zurückblättern.

Kurzes Fell

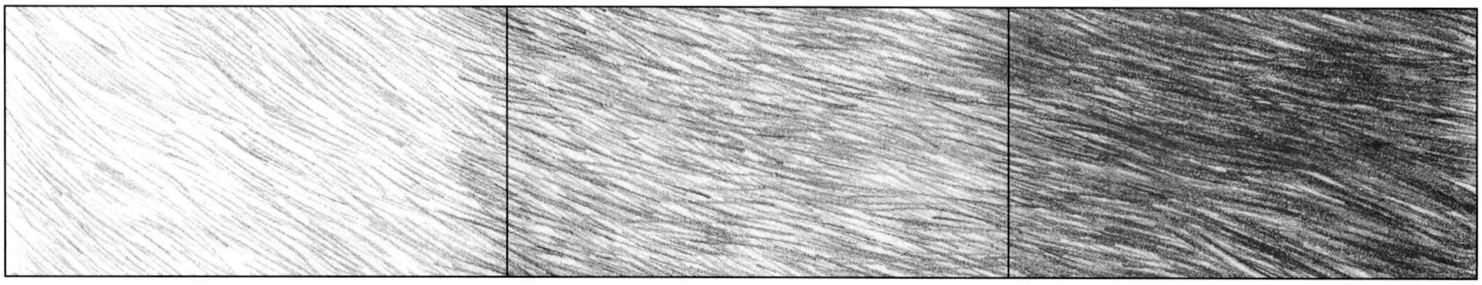

1 Das helle „Unterfell" zeichnen Sie mit kurzen, leichten Strichen mit einem sehr spitzen, dünnen Bleistift in Härte 2H. Noch besser eignet sich ein Druckbleistift derselben Härte mit einer 0,5-mm-Mine. Legen Sie die Striche in der Wuchsrichtung des Fells an, aber achten Sie darauf, dass kein erkennbares Muster entsteht.

2 Die nächsten Haare zeichnen Sie wie in Schritt 1, jedoch mit einem spitzen Bleistift in Härte HB. Die Fläche ist nicht ganz ausgefüllt. Hier und da schimmert das weiße Papier zwischen den Strichen durch – das sind die Lichtreflexe.

3 Nun fügen Sie nochmals kurze, rasche Striche mit dem Bleistift in Härte 2B ein. Dadurch wird das Fell dunkler und bekommt eine realistische Struktur. Das dunkle Grau sorgt dafür, dass die weißen Bereiche nun wie einzelne, helle Haare wirken. Diese Methode benötigen Sie für das Fell des Kängurus auf Seite 176.

Kurzes Fell mit Muster

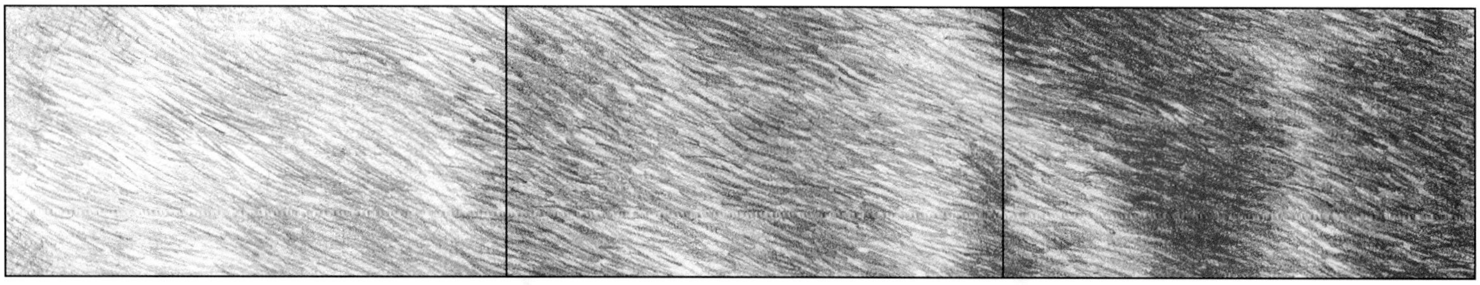

1 Mit einem stumpfen Bleistift tönen Sie die einzelnen Bereiche ganz schwach, aber flächig ein. Dann fügen Sie mit einem Bleistift in Härte 2H (wie in Schritt 1 beim kurzen Fell, oben) einzelne Haare ein. Stellenweise die Striche sehr eng setzen, um dunkle Fellbereiche anzudeuten.

2 Jetzt folgen kurze Striche mit dem Bleistift HB – immer in der Wuchsrichtung. Im Bereich der dunklen Flecken stehen die Striche eng, in den hellen Bereichen sind die Abstände größer. Um auch Lichter zu erhalten, lassen Sie hier und da das Papier durchscheinen.

3 Die dunklen Bereiche arbeiten Sie mit einem spitzen Bleistift in Härte 2B und vielen dicht an dicht gesetzten Strichen nach – dabei ständig den Druck variieren. Die hellen Bereiche dunkeln Sie mit einem spitzen Bleistift in Härte HB etwas ab.

Langes Fell

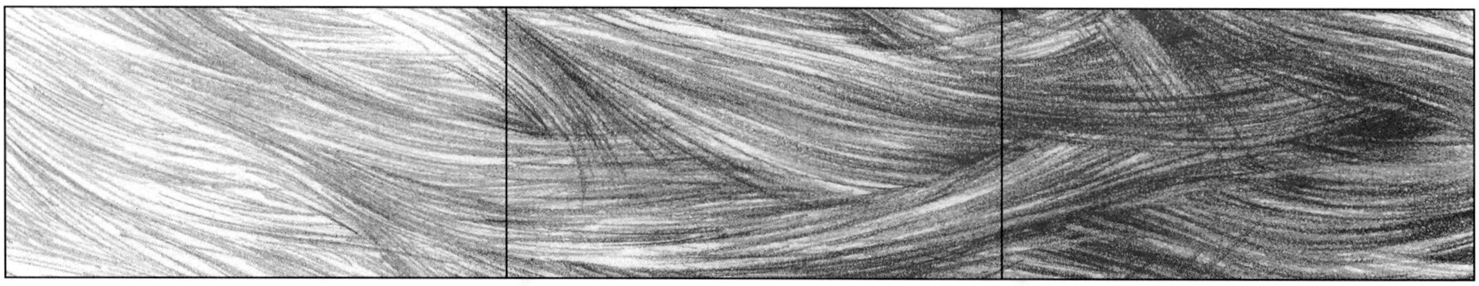

1 Mit einem sehr spitzen Bleistift oder besser noch einem Druckbleistift HB mit 0,5-mm-Mine zeichnen Sie zuerst „Strähnen" aus jeweils 20 bis 30 leicht geschwungenen Linien, die gleich lang sind und in einer einheitlichen Richtung verlaufen. Von Strähne zu Strähne ändert sich die Laufrichtung, teilweise überlappen die Strähnen einander.

2 Wie beim kurzen Fell arbeiten Sie dann mit dem spitzen Bleistift in Härte HB weiter. Die Striche sind aber ungleichmäßiger angelegt als beim kurzen Fell. Lassen Sie auch hier zwischen den Strichen hin und wieder weißes Papier durchscheinen.

3 Dann mit langen Strichen mit einem Bleistift in Härte 2B die dunkle Partien herausarbeiten – vor allem neben hellen Bereichen und dort, wo dunkle Schatten erwünscht sind. Durch die Kontraste entsteht der Eindruck natürlicher „Haare" mit Lichtreflexen.

Weißes Fell

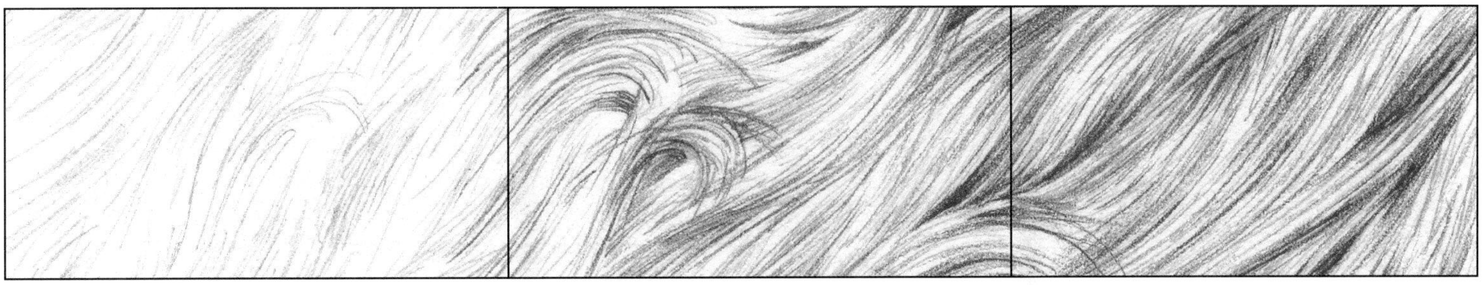

1 Viele Zeichner vermeiden es, weißes Fell darzustellen – dabei geht es ganz einfach, denn das weiße Papier übernimmt den Großteil der Arbeit. Eigentlich muss man nur Schatten und negative Bereiche hinzufügen. Für das „Unterfell“ verwenden Sie auch hier einen spitzen Bleistift in Härte 2H, und ganz dünne, zarte Striche in den Bereichen der Schlagschatten.

2 Mit einem spitzen Bleistift in Härte HB arbeiten Sie die Schatten der Haare weiter aus. Dabei folgen Sie der Wuchsrichtung. Zu viele Striche dürfen es aber nicht werden, denn es muss ja ein großer Anteil Weiß erhalten bleiben.

3 Dunkeln Sie mit einem spitzen Bleistift in Härte 2B die tiefsten Schatten nochmals ab. Das dunkle Grau bildet einen starken Kontrast zum Weiß des Papiers und erzeugt die Illusion weißer Haare. Mit der Spitze des Bleistifts in Härte 2H fügen Sie hier und da noch leichte Striche ein, damit die Haare etwas lebendiger wirken. Diese Technik benötigen Sie für die hellen Fellpartien des Koalas auf Seite 186.

Raue, faltige Haut

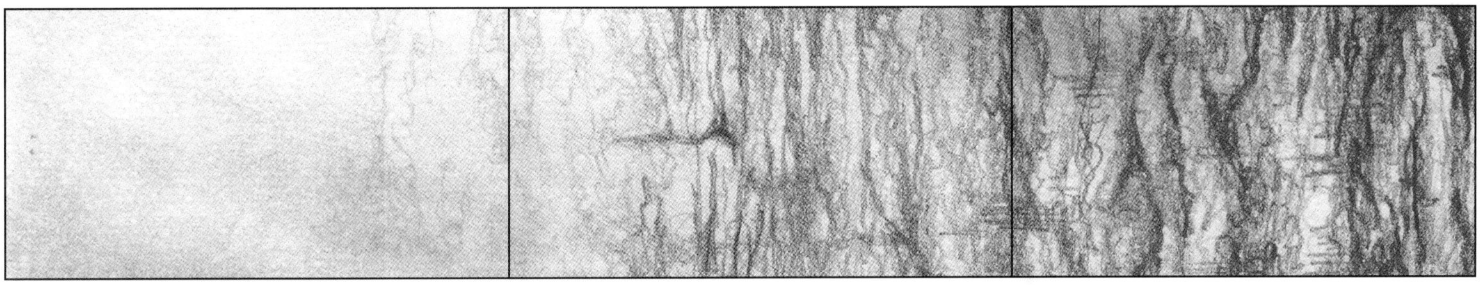

1 Zuerst schraffieren Sie das Papier mit einem stumpfen Bleistift in Härte F schwach grau und verwischen die Striche dann mit einem sauberen Papierwischer, bis die Oberflächenstruktur des Papiers kaum noch zu erkennen ist. Damit die Fläche nicht ganz einfarbig erscheint, tönen Sie einige Bereiche dunkler ein, während andere heller bleiben.

2 Die Runzeln stellen Sie nun dar, indem Sie in unregelmäßigen, fein gewellten und gezackten Linien mit einem spitzen Bleistift in Härte 2H über das Papier fahren, und zwar ohne abzusetzen. Lassen Sie die Mine „herumwandern“, um eine buckelige Oberfläche anzudeuten. Dann fügen Sie mit einem Bleistift in Härte HB etwas dunklere, senkrechte Linien ein, deren Länge variiert. Dies sind die tieferen Falten.

3 Jetzt überdecken Sie abwechselnd mit Bleistiften der Härte HB und 2B mit leichter Hand und weiteren unregelmäßigen Kritzel-Linien die bestehenden Flächen. Diese Technik eignet sich gut für die Haut von Elefanten, Nashörnern und manchen Reptilien. Man kann sie aber auch für ledrige Nasen oder Pfoten anwenden, wenn das Unterfell mit einem dunkleren Bleistift in Härte B gezeichnet wurde.

Reptilienhaut

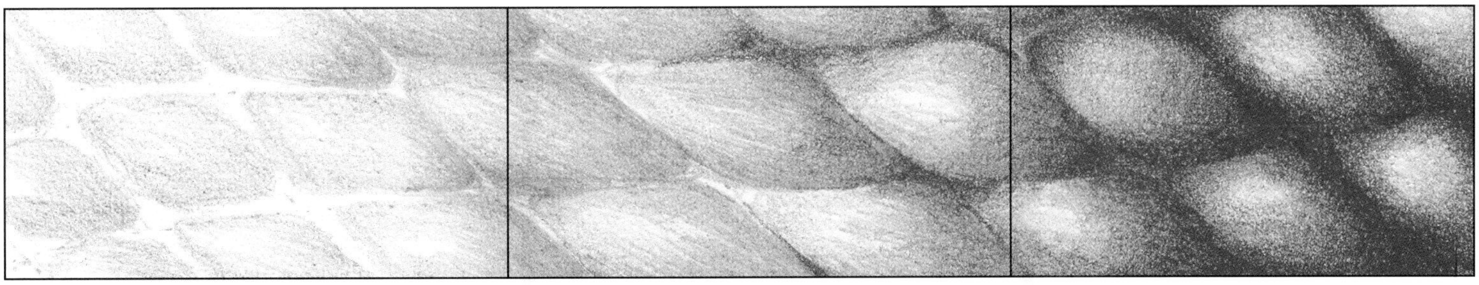

1 Mit einem Bleistift in Härte 2H zeichnen Sie immer in eine Richtung kurze, leichte Linien. Dann wechseln Sie die Richtung, sodass ein Rautenmuster entsteht. Mit kurzen, engen Strichen und mit einem stumpfen Bleistift in Härte F füllen Sie die einzelnen Rauten aus, lassen aber die Konturen und einen Lichtreflex in der oberen linken Ecke jeder Raute weiß stehen.

2 Mit dem Bleistift in Härte 2H zeichnen Sie kurze Striche, die in entgegengesetzter Richtung zu denen verlaufen, die Sie mit dem F-Bleistift gezeichnet haben. Dadurch entstehen weiche Übergänge, ohne dass Sie einen Papierwischer verwenden müssen. Im unteren rechten Bereich jeder Raute fügen Sie mit dem Bleistift in Härte HB gekrümmte Striche ein. Zeichnen Sie auch die Konturen der Rauten mit dem Bleistift in Härte HB dunkel nach, um Schatten zwischen den Schuppen anzudeuten.

3 Zum Schluss arbeiten Sie mit dem Bleistift in Härte 2B die dunkelsten Schatten am unteren rechten Rand jeder Raute aus. Zum Schluss noch mit einem Bleistift in Härte HB die gekrümmten Striche des vorigen Arbeitsganges nachziehen, um den Grauton anzugleichen.

Fell gestalten

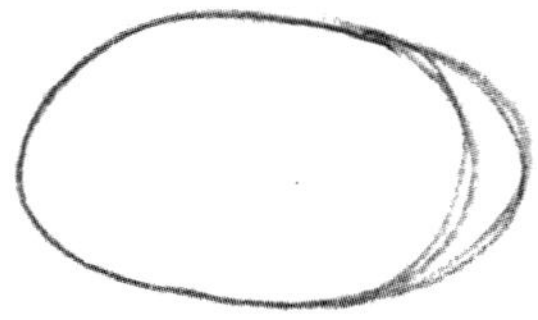

1

Sehr viele Tiere tragen Fell – der Bärenpelz ist sogar sprichwörtlich geworden. Wie man selbst so ein dickes Fell zeichnet, sehen Sie hier. Bären zeichnen sich durch einen großen Kopf, ihren behäbig wirkenden Körper, massive Hüften und kurze, aber sehr kraftvolle Beine aus. Ihre langen, scharfen Klauen sind perfekte Werkzeuge, um im Boden zu graben. Doch man darf sich nicht täuschen lassen. Bären sind wendige Tiere, die blitzschnell reagieren und schnell laufen können. Gewöhnen Sie sich an, jede Körperpartie eines Tieres aufmerksam zu betrachten, ehe Sie mit dem Zeichnen beginnen. Versuchen Sie immer auch, die Persönlichkeit eines Tieres einzufangen und achten Sie auf jede Linie – sie ist Teil des Ganzen.

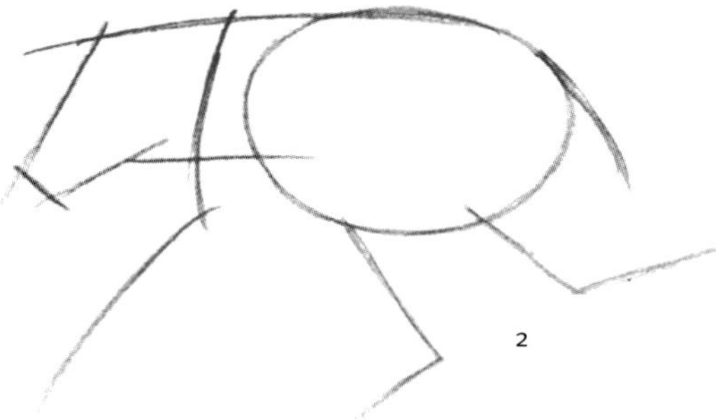

2

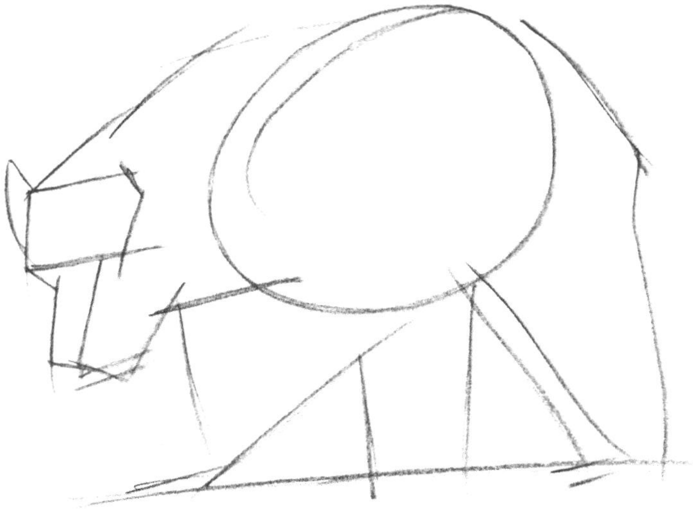

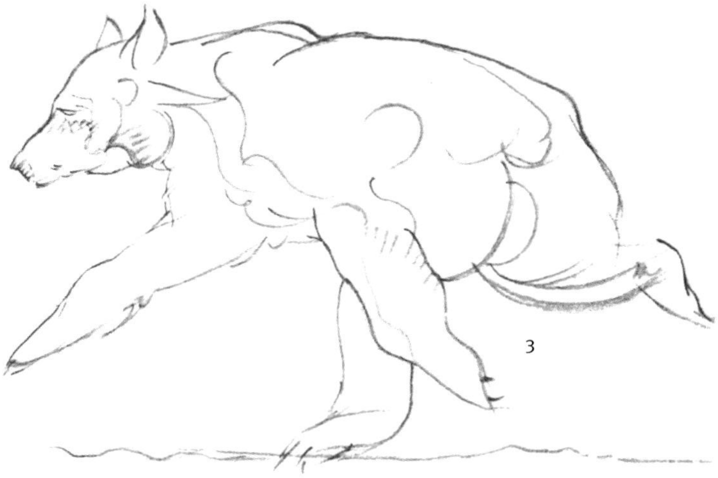

3

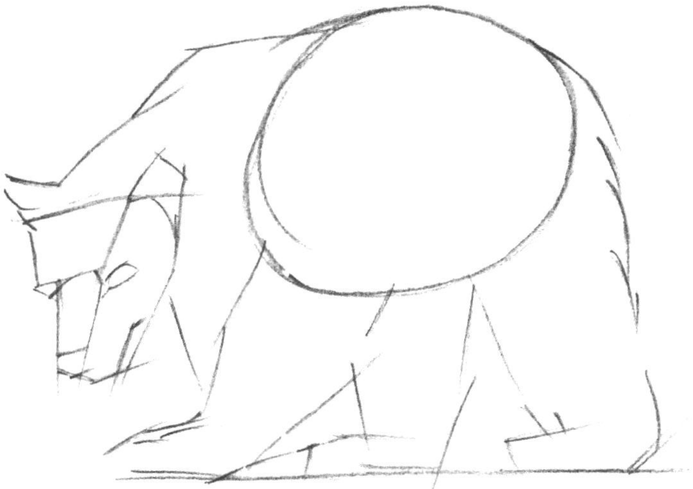

Die Skizzen oben und links zeigen schön, wie man auch die Zeichnung einer komplexeren Tiergestalt in Ruhe und Aktion beginnt. Erst wenn Sie die Körperhaltung gefunden haben, die Sie am meisten anspricht, folgen die Details und die Schraffuren.

Mit solchen einfachen Linien und Kringeln lässt sich, mit ein wenig Übung, die Struktur von Fell sehr gut darstellen.

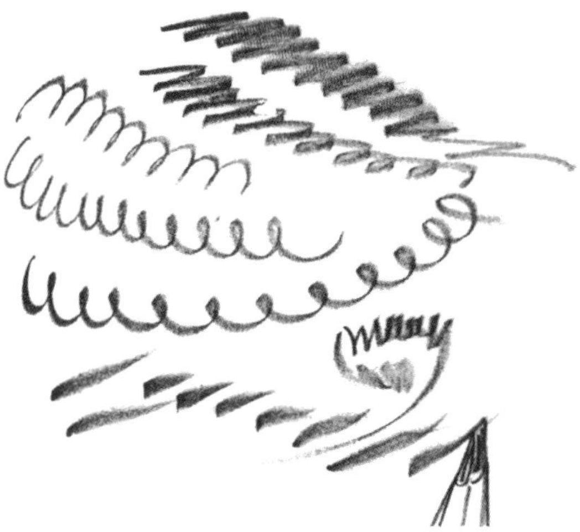

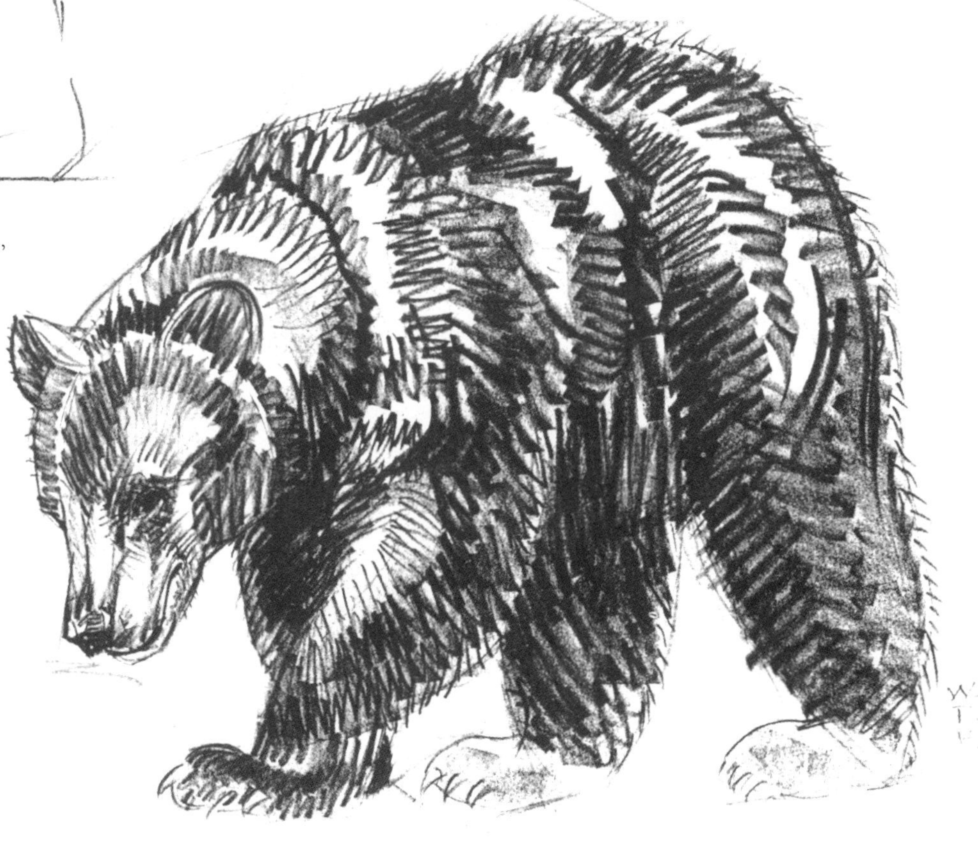

ÜBUNG Haar- und Federkleider zeichnen

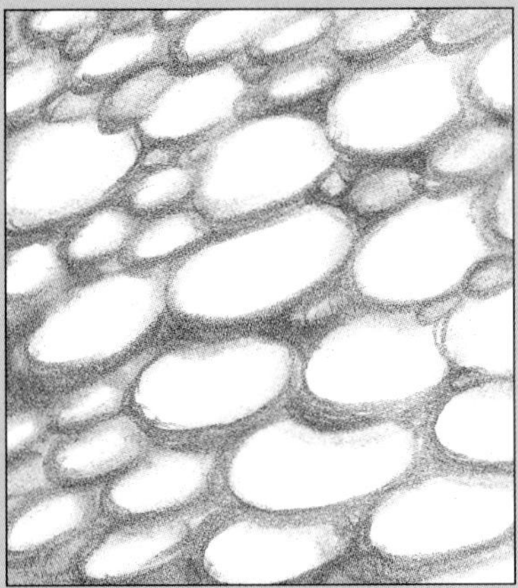

Weiche Schuppen Zeichnen Sie zunächst kleine Ovale in unterschiedlicher Größe; dann schraffieren Sie die Zwischenräume dunkler. Da Schuppen sich immer überlappen, müssen Sie darauf achten, dass jede Schuppe ein wenig von einer anderen bedeckt wird.

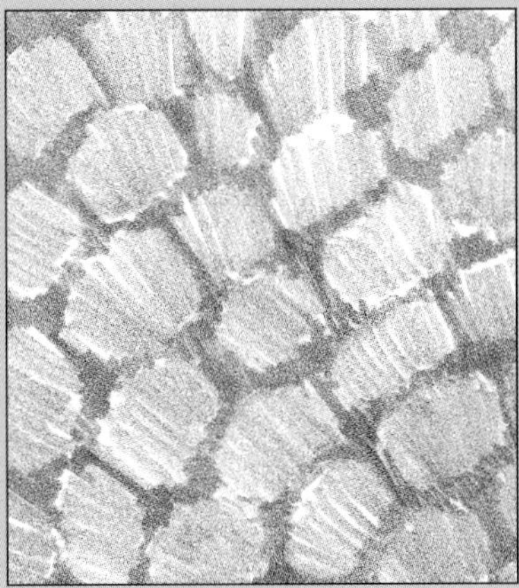

Raue Schuppen werden mit unregelmäßigen Flecken dargestellt, die in einer angedeuteten Bogenform angeordnet sind. Schraffieren Sie die Zwischenräume dunkler und gehen Sie danach zusätzlich mit leichten Strichen über die gesamte Struktur.

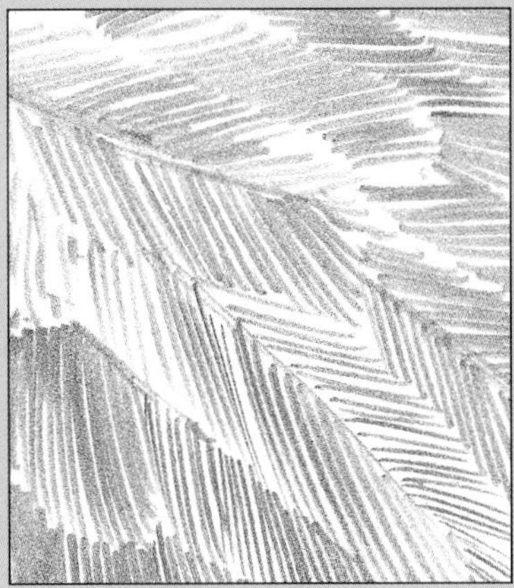

Zarte Federn Leichte daunenartige Federn bestehen aus dünnen parallelen Linien, die V-förmig links und rechts vom Federkiel angeordnet sind. Bemühen Sie sich, keine harten Umrisse entstehen zu lassen. Diese harten Linien zerstören den Eindruck des Leichten.

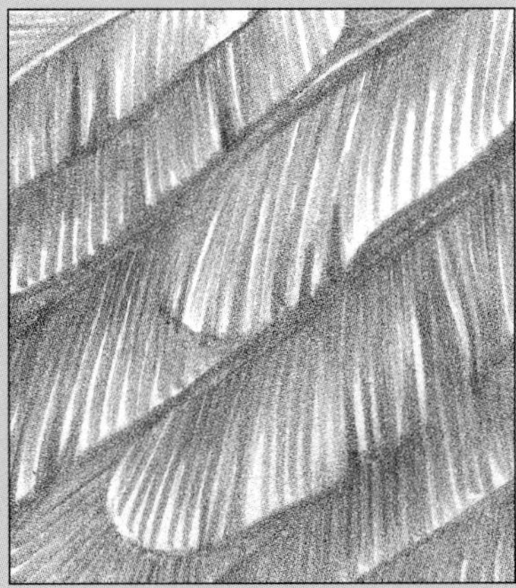

Große Federn Für stabilere Federn verwenden Sie kräftigere parallele Striche und den Papierwischer. Am dunkelsten sollten die Zwischenräume zwischen den Federn sein.

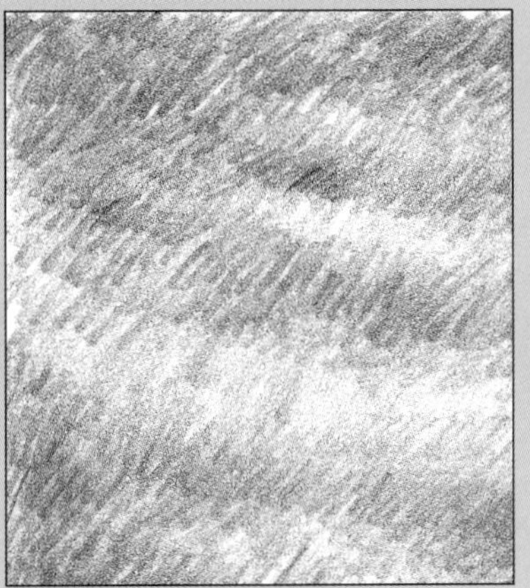

Fell Ganz kurzes, schimmerndes Fell zeichnen Sie mit kleinen Strichlein und der Breitseite Ihres Stiftes. Kleine Falten entstehen, wenn Sie einige waagrechte Bänder hinzufügen, die heller sind als das restliche Fell.

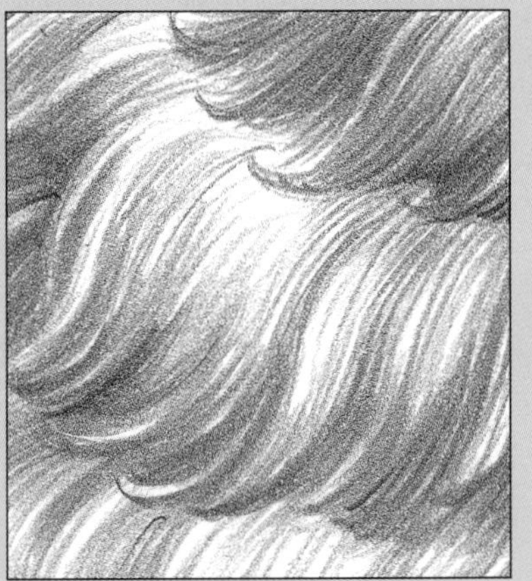

Lockiges Fell Schichten von lockigem, weichem Fell zeichnen Sie mit S-förmigen Strichen, die am Ende einen kleinen Bogen haben. Die Lichtreflexe lassen Sie weiß, dort wo das Fell dunklere Stellen hat, drücken Sie mit dem Stift fester auf.

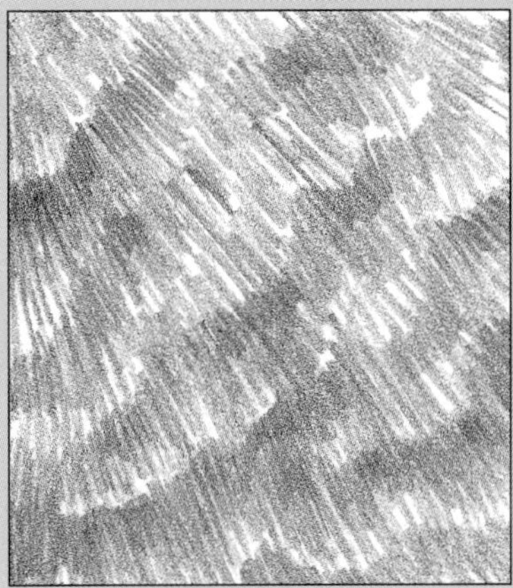

Gestreiftes Kurzhaar Für die Darstellung von gestreiftem Fell zeichnen Sie zunächst kurze Striche in Wuchsrichtung. Dann tragen Sie unregelmäßige dunklere Bänder auf. Für die Lichtreflexe radieren Sie hier und da das Grau wieder aus.

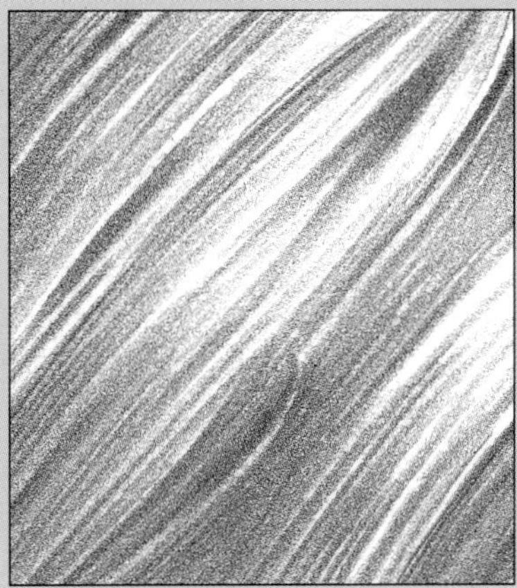

Weiches Fell Fließende weiche Linien nebeneinander schaffen den Eindruck von weichem, seidigem Fell. Lassen Sie die Stellen mit den Lichtreflexen weiß. Verwenden Sie dabei abwechselnd die Spitze und der Breitseite Ihres Stifts.

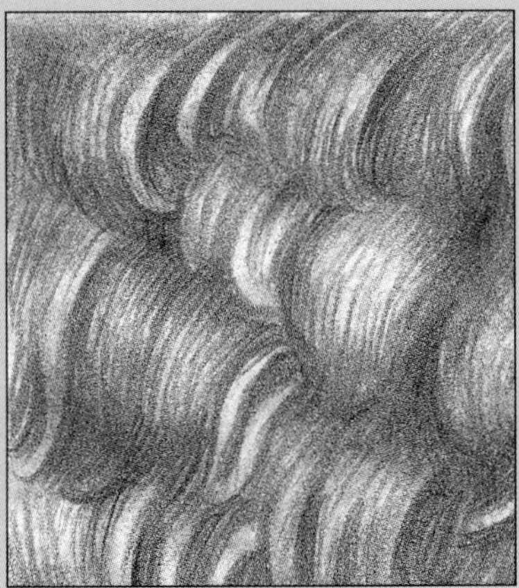

Lockiges Fell Dichtes lockiges Haarkleid zeichnen Sie mit welligen Strichen, die ineinander übergehen und in der Härte variieren. Damit das Fell natürlich und weich wirkt, zeichnen Sie die Locken unterschiedlich und radieren einige Stellen aus.

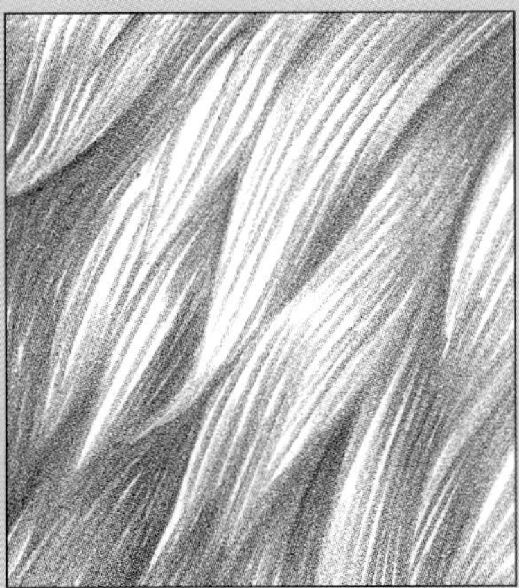

Lange Haare Schwanz, Mähne und andere lange Haare im Fell eines Tieres zeichnen Sie mit längeren, weichen Strichen, die leicht gebogen sind und spitz zulaufen.

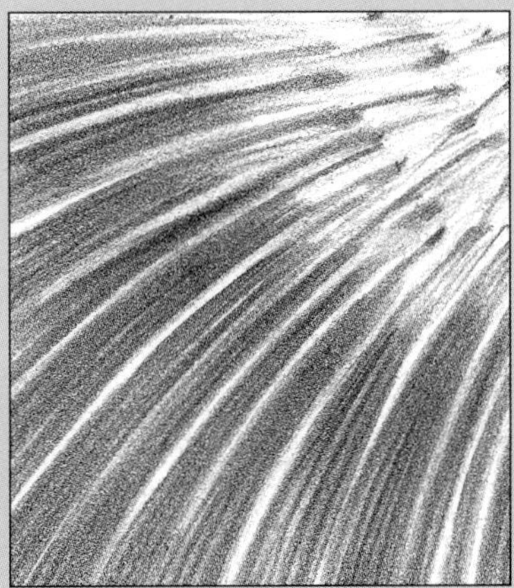

Schnurrbarthaare Zuerst zeichnen Sie rund um die Schnauze kleine Punkte. Dann gestalten Sie das Fell dort ebenso wie in der übrigen Zeichnung. Zum Schluss nehmen Sie einen Knetradiergummi und radieren sauber lange gebogene Linien aus.

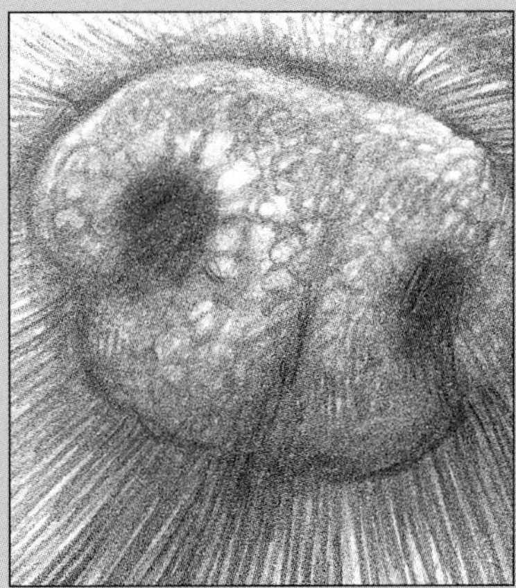

Die Nase Oft besitzen Tiere eine weiche Nase mit rauer Oberfläche, die sich gut mit einem ganz leichten Muster mit unterschiedlichen Grautönen darstellen lässt. Geben Sie einen Schatten unterhalb der Nase hinzu und radieren Sie helle Stellen aus.

Aquarelltechnik

Für diesen kleinen Kerl wurde eine besondere Aquarelltechnik verwendet. Dazu müssen Sie sich zunächst den Kopf ohne das weiche Fell vorstellen und die Umrisse, wie in Schritt 1 gezeigt, mit 6 Strichen in der angegebenen Reihenfolge skizzieren. Machen Sie dann wie gezeigt weiter, bis Sie in Schritt 3 die Grundformen zu Papier gebracht haben.
Für das Fell legen Sie sich zunächst einen 3-er Rundpinsel, Tusche und eine Schale mit Wasser bereit.

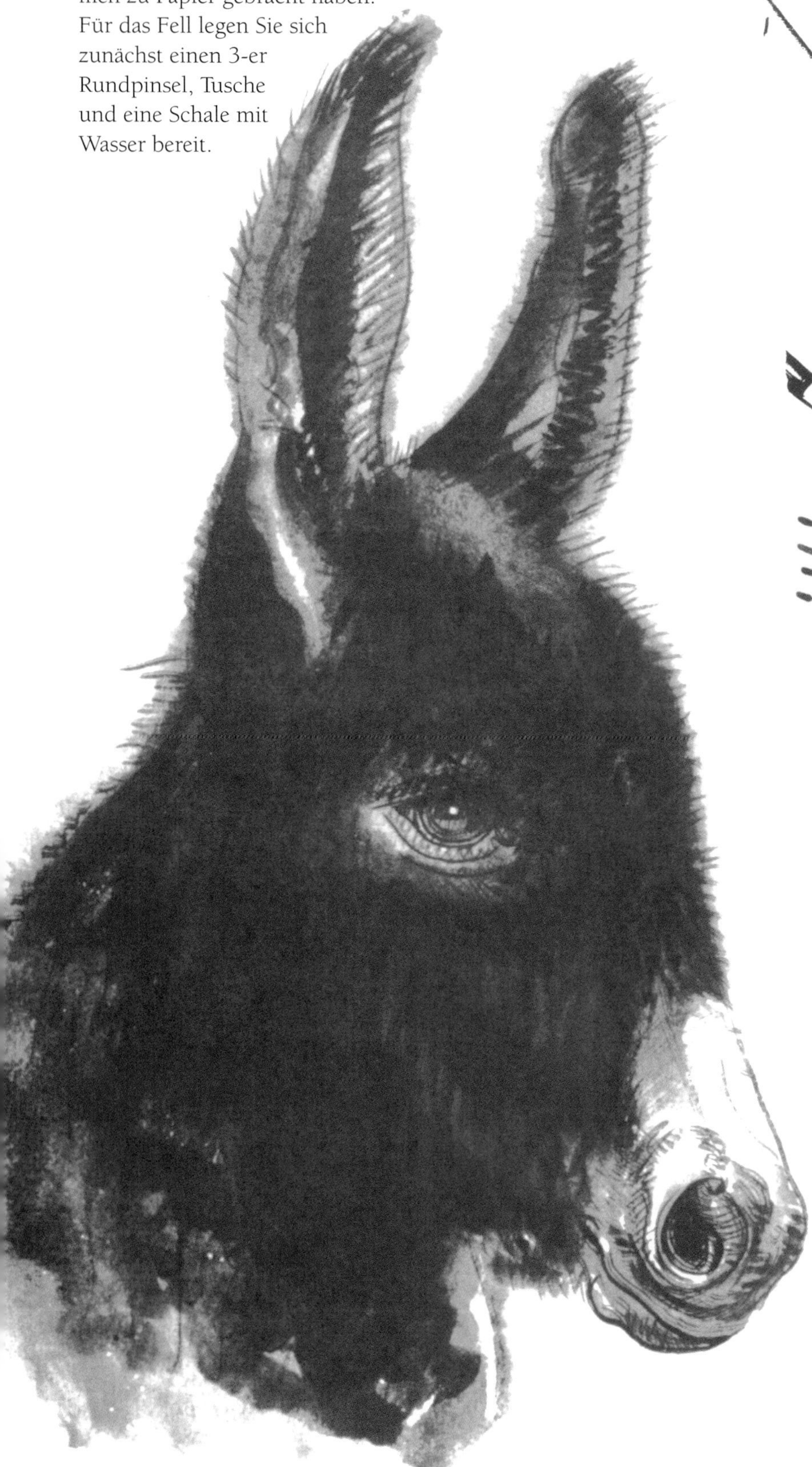

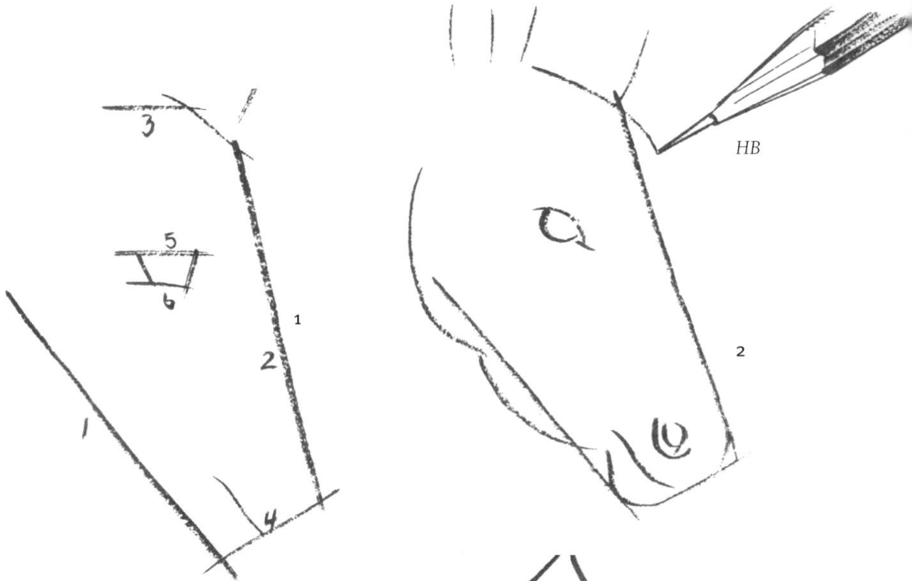

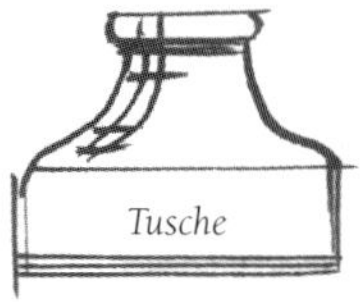

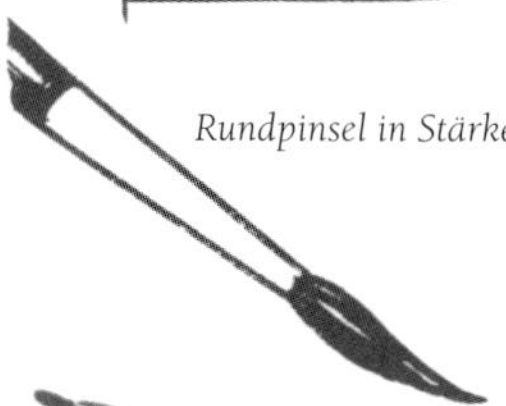

Rundpinsel in Stärke 3

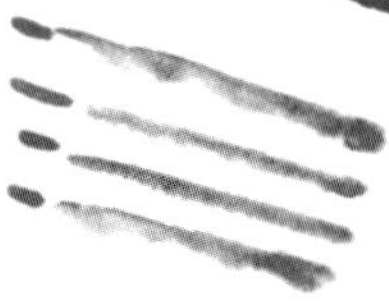

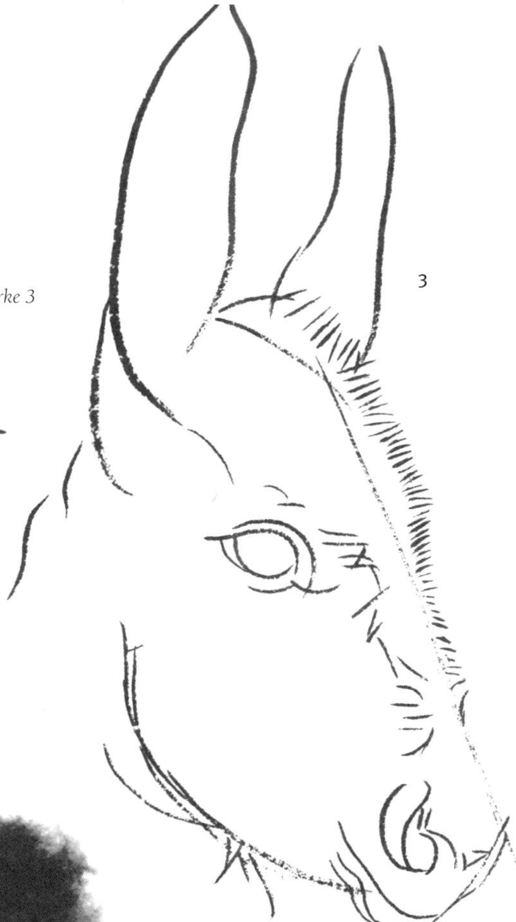

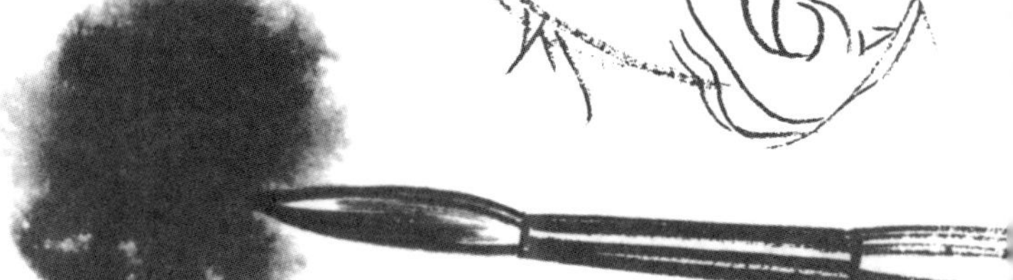

Rundpinsel in Stärke 6

Feuchten Sie das Papier an und tragen Sie mit dem Pinsel die Tusche oder eine andere Farbe auf. Sie sollten das zunächst auf einem separaten Stück Papier ausprobieren, um den Effekt dieser Aquarelltechnik besser kennenzulernen. Sobald Sie sicher sind, dass Sie das Fell auf diese besonders lebendig wirkende Weise abbilden können, wenden Sie sich wieder Ihrem Bild zu.

Nachdem Sie die Farbe aufgetragen haben, heben Sie das Papier an und lassen die Farbe in verschiedene Richtungen ausbluten.

Technik-Mix

Die Zeichnung eines Eichhörnchens unterscheidet sich schon auf den ersten Blick grundsätzlich vom Bild des Esels auf der linken Seite. Das liegt an den grundverschiedenen Techniken, in denen die beiden Zeichnungen angefertigt wurden. An sich ist das Eichhörnchen nicht schwierig zu zeichnen. Sie müssen nur darauf achten, dass schon beim Skizzieren die ersten Striche stimmen. Sehen Sie, dass das Gesicht nicht direkt von vorne zu sehen ist, sondern leicht von der Seite? Deshalb ist das rechte Auge nicht ganz zu sehen.

1

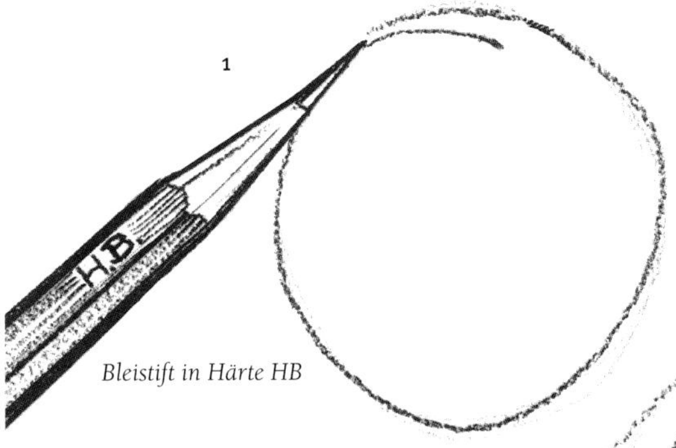

Bleistift in Härte HB

2

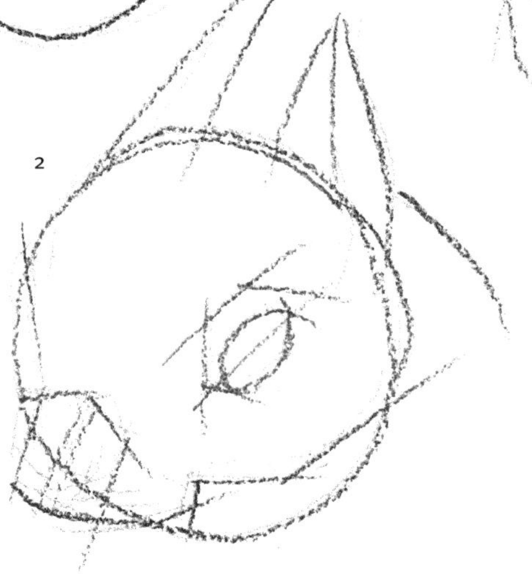

3

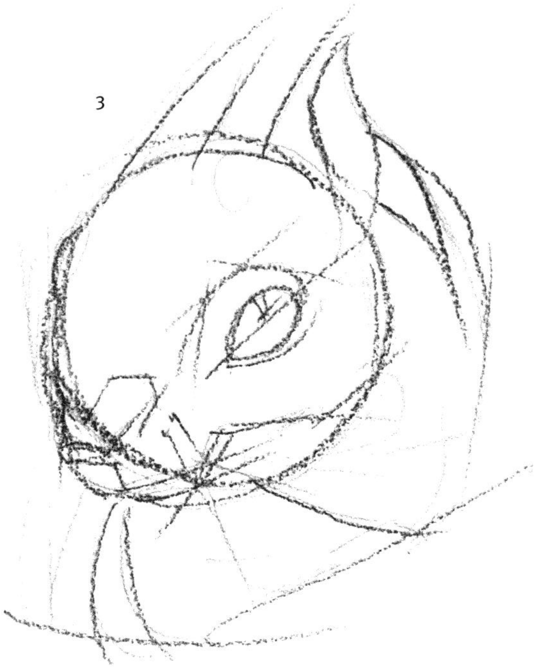

4

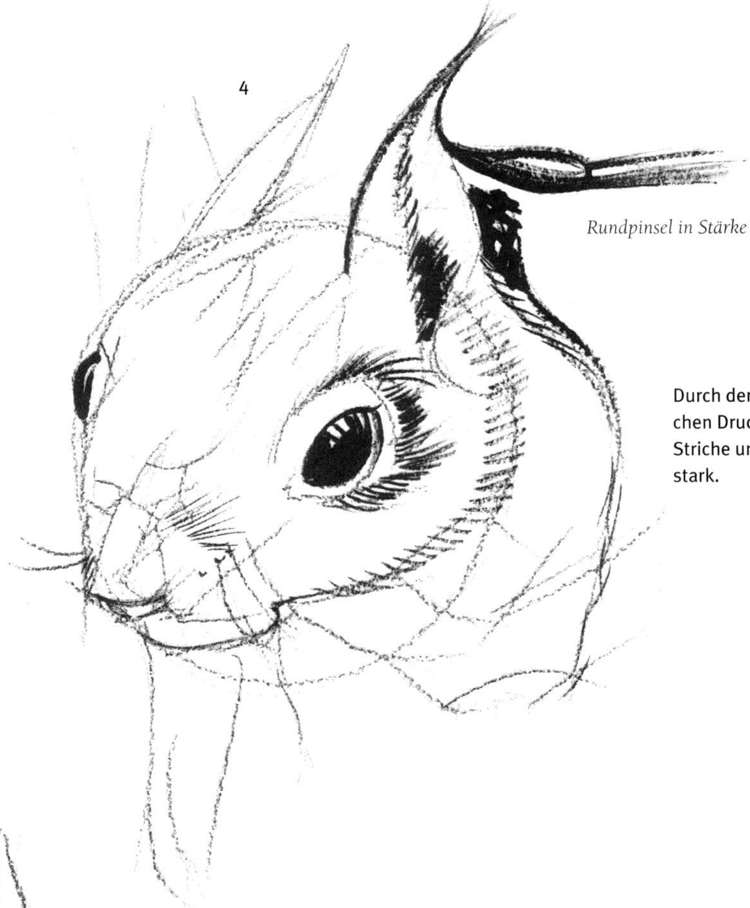

Rundpinsel in Stärke 3

Durch den unterschiedlichen Druck werden die Striche unterschiedlich stark.

Pinsel in Stärke 3B oder 6B

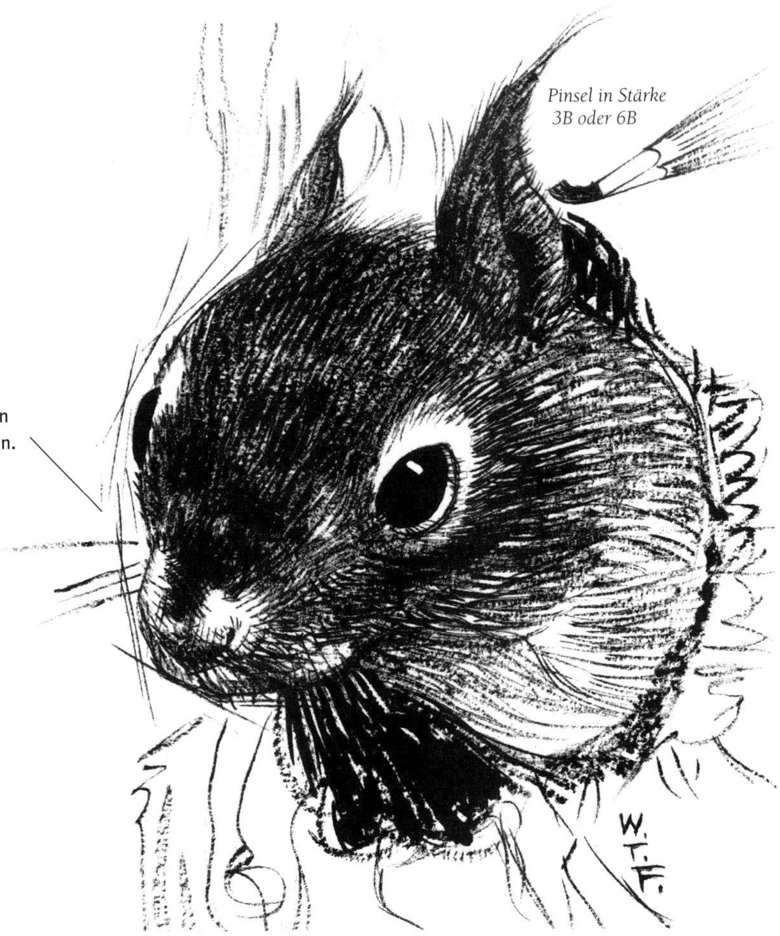

In diesem Bereich sollten alle Striche in eine Richtung weisen.

Experimente

Zeichnen ist eine sehr kreative Tätigkeit und das Experimentieren mit neuen Materialien ist eines der besten Mittel, um die Fantasie anzuregen. Sehen Sie sich die Abbildungen auf dieser Doppelseite an. Sie erhalten einen kleinen Eindruck davon, was man mit herkömmlichen Bleistiften und Buntstiften, mit Tinte oder mit Tusche, aber auch mit Kohle und mit Kreidestiften alles darstellen kann. Doch diese Zeichnungen sollen Sie nur dazu anregen, selbst immer neue Wege zu gehen.

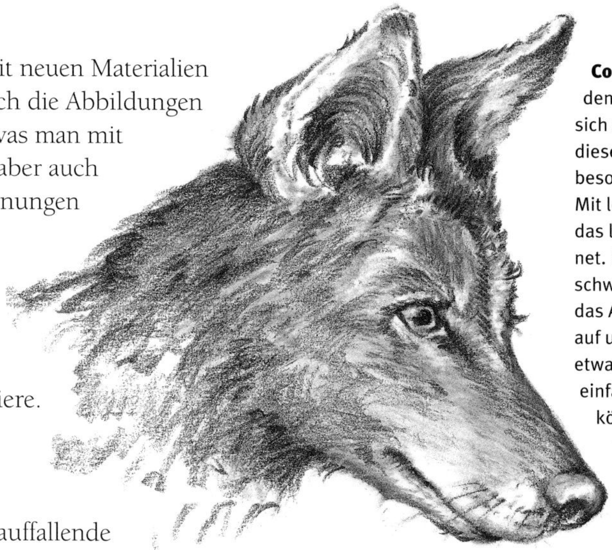

Conté-Kreide Mit den Pastell-Kreiden lässt sich z. B. das raue Fell dieses jungen Kojoten besonders gut darstellen. Mit lockeren Strichen wird das längere Haar gezeichnet. Dann tragen Sie die schwarze Kreide rund um das Auge und im Gesicht auf und verwischen sie etwas. Nehmen Sie dafür einfach Ihre Finger. Sie können auch mit einer weißen Kreide über die schwarze gehen.

Tiere zeichnen

Tiere sind nicht nur faszinierende Lebewesen mit unterschiedlichem Charakter – jedes ist auch auf seine ganz eigene Weise schön. Es gibt zierliche und winzige Wesen, aber auch Kolosse und machtvolle Raubtiere. Ihre Federn, ihr Fell, ihre Schuppen, Schnurrbarthaare usw. stellen für einen Zeichner teilweise große Herausforderungen dar. Versuchen Sie einmal selbst, das struppige Fell eines jungen Kojoten oder die Mähne eines erwachsenen Löwen, die Zickzack-Streifen eines Zebras oder die auffallende Schwarz-Weiß-Zeichnung eines Pandas möglichst ausdrucksvoll abzubilden.

Tusche Mit Tusche und Wasser können Sie solche lebhaften Tierzeichnungen anfertigen. Je nachdem, mit wie viel Wasser Sie die Tusche verdünnen, können Sie mehr oder weniger Dichte erzielen. Der Panda wurde zunächst mit stark verdünnter Tusche und der Seite des Pinsels vorgezeichnet. Danach lassen sich die dunkleren Partien gut mit weniger verdünnter Tusche und einem kleinen Rundpinsel ausarbeiten.

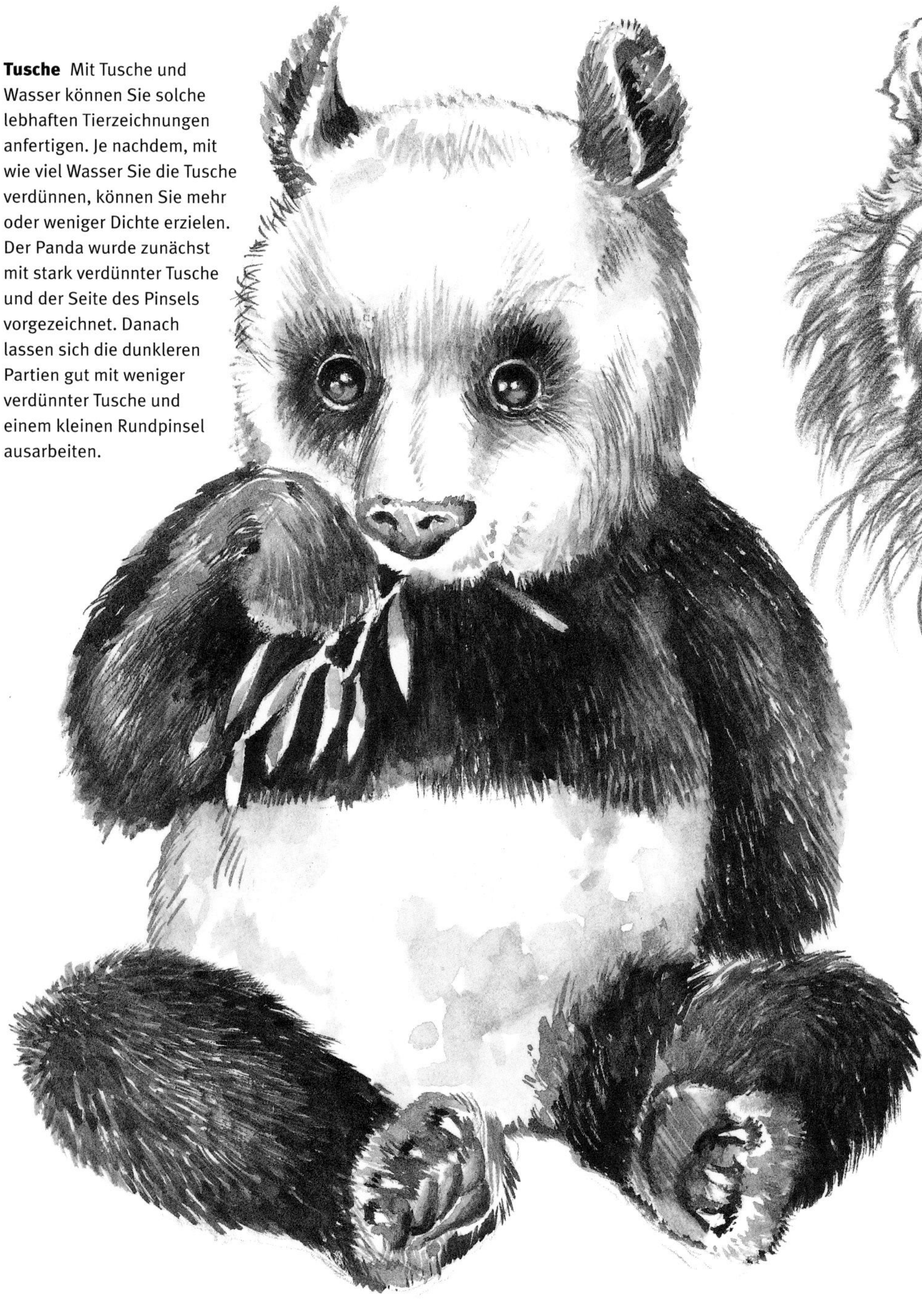

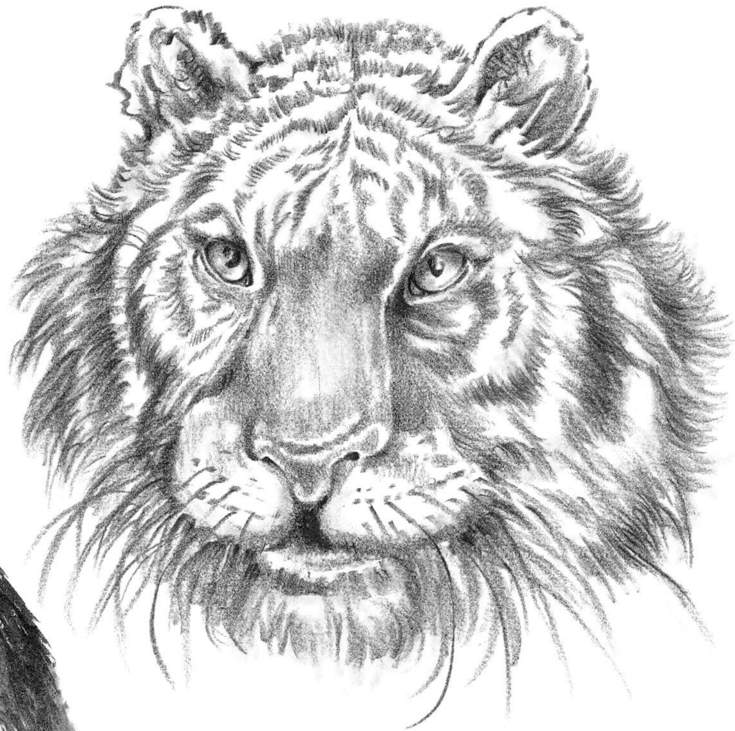

Kreide Dieser Tigerkopf wurde mit einer schwarzen Kreide gezeichnet. Arbeiten Sie am besten mit der Seite der Kreide, die Sie in der lockeren Position halten, damit die dunklen Stellen des Fells so weich aussehen wie hier. Papierwischer sind für Kreiden nicht gut geeignet – deshalb wurde nur an den Augen sehr vorsichtig verwischt.

Reisen Sie viel, seien Sie neugierig und sammeln Sie wichtige Momente Ihres Lebens. So wächst Ihr Reichtum an inneren Bildern unaufhörlich.

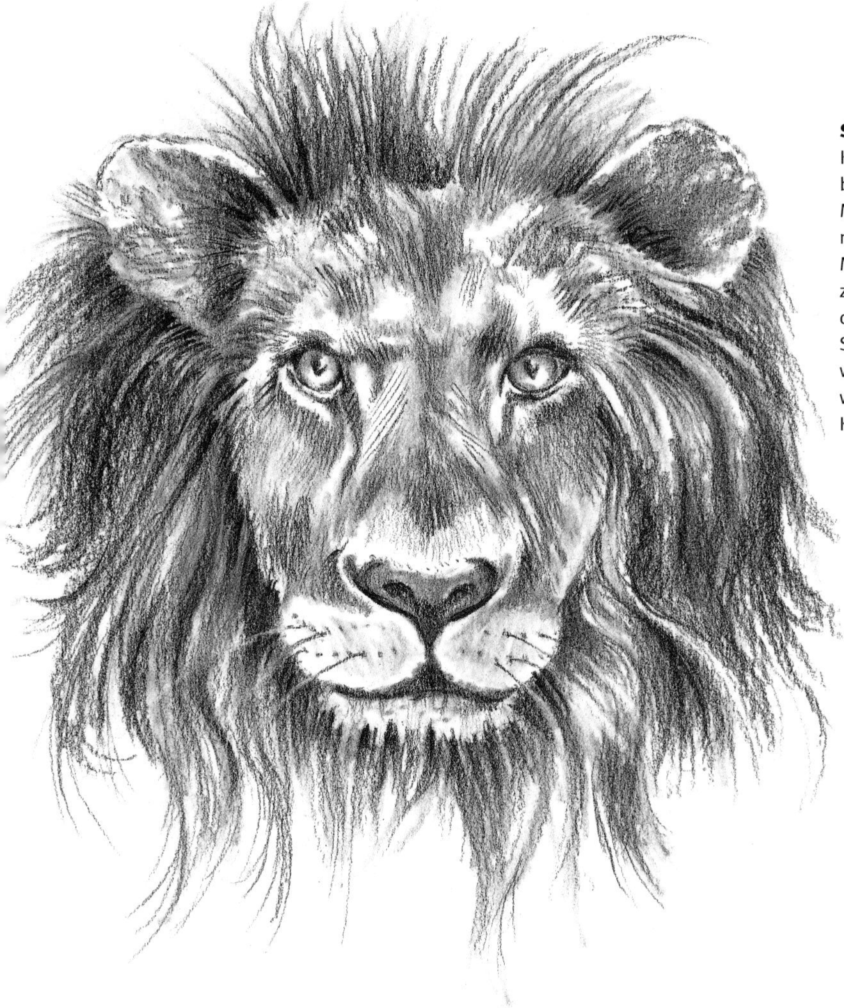

Sanfte Übergänge Mit Kohlestiften entstand das beeindruckende Porträt eines Mähnenlöwen. Kohle macht es möglich, die starken Effekte in der Mähne und im Gesicht zielsicher zu gestalten. Das Tüpfelchen auf dem i sind die hellen grauen Stellen an den Wangen. Sie wurden nachträglich mit einer weißen Zeichenkreide über die Kohle gelegt.

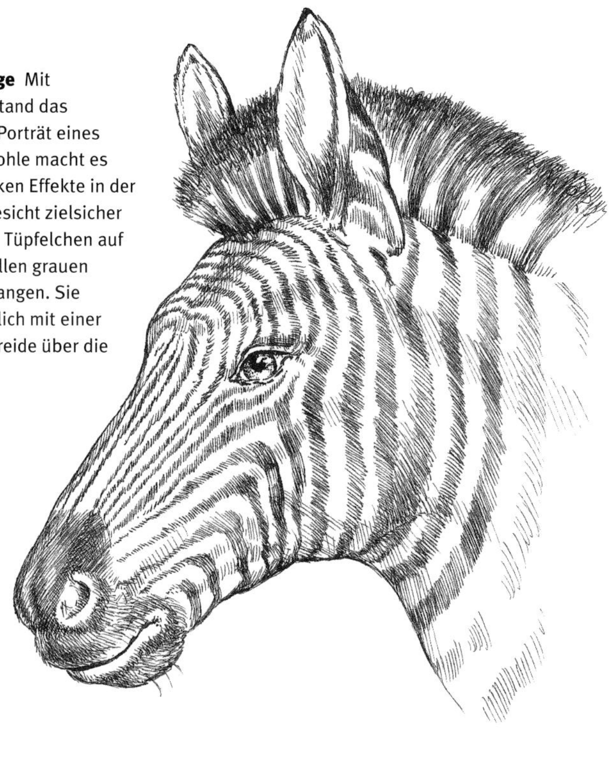

Tuschefüller Die Besonderheit des Tuschefüllers sind die identischen Striche. Durch die spezielle Bauart des Füllers werden alle Striche gleich stark. Wenn Sie allerdings schnelle parallele Striche zeichnen, können Sie den optischen Eindruck bestimmen: Je enger nebeneinander die Striche stehen, desto dunkler wirken die Haarpartien. Zum Zeichnen einzelner Haare oder so klarer Streifen wie bei diesem Zebra ist dieses Zeichengerät unübertroffen.

Schlussgedanken

Wählen Sie in erster Linie Motive, die Ihnen am Herzen liegen. Nur dann haben Sie ganz selbstverständlich die Liebe und Geduld, um so lange an einem Bild zu arbeiten, bis es wirklich fertig und gut gelungen ist. Für Stillleben arrangieren Sie z. B. persönliche Andenken. Als Landschaften wählen Sie ein Motiv voll schöner Erinnerungen. Auch wenn es keinerlei Ersatz für (viel) Üben gibt, so zeigt sich doch die Liebe zu einem Motiv im Bild. Wenn Sie sich bei der Motivwahl von Ihren Hobbys, Interessen und persönlichen Ambitionen leiten lassen, werden Sie große Zufriedenheit erfahren. Viel Glück und viel Freude am Zeichnen!

Kugelschreiber Mit nichts als einem Kugelschreiber mittlerer Stärke entstand diese Löwin. Die Linien variieren Sie über die Stärke, mit der Sie beim Zeichnen aufdrücken. Auch wie Sie den Stift halten (④ Seite 8) wirkt sich aus. Vergleichen Sie den unterschiedlichen Charakter der Striche hier mit denen im Porträt des Zebras. Wichtig bei Kugelschreibern: Legen Sie ein Blatt Papier unter den Handballen, um die Zeichnung beim Arbeiten nicht zu verschmieren.

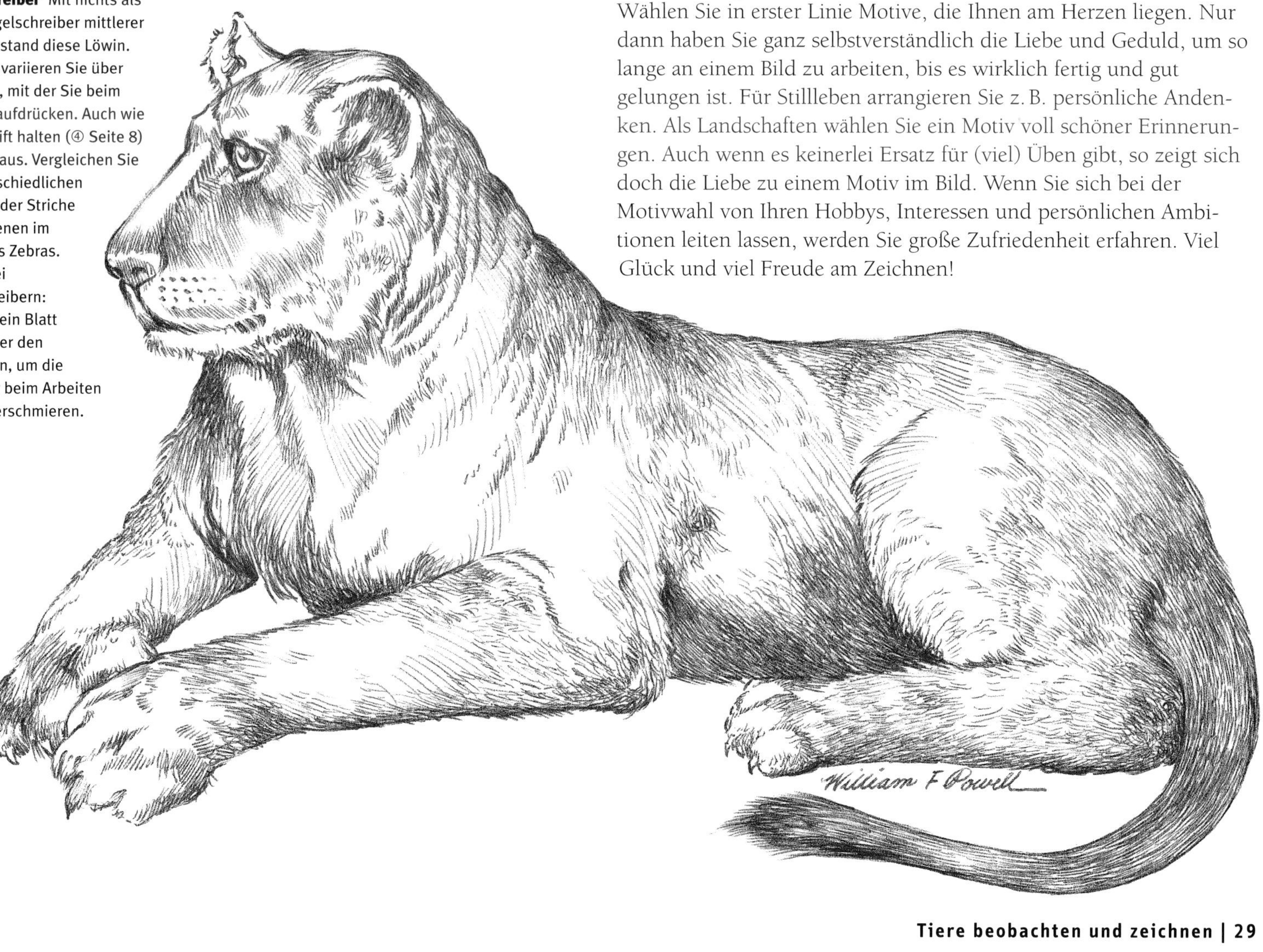

Freude an der eigenen Kreativität

Dieser Papagei ist in einem auffallenden, kontrastreichen Stil dargestellt, der perfekt zu der kecken Persönlichkeit dieses Vogels und zu den starken Farben seines Gefieders passt. Im Mittelpunkt der Darstellung steht der große, gebogene Schnabel. Dieser wichtige Teil des Papageis muss auch im Mittelpunkt der Zeichnung stehen.

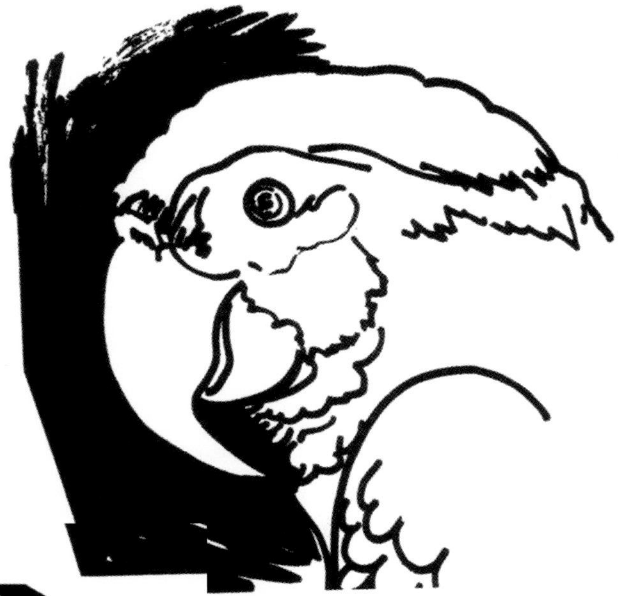

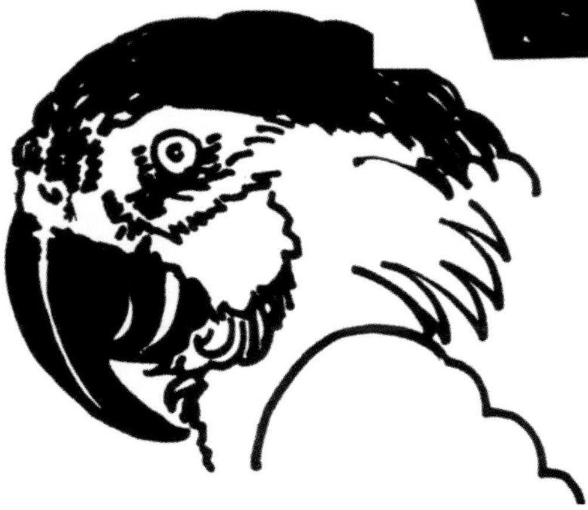

Experimentieren Sie herum: Zeichnen Sie mal den Schnabel schwarz vor weißem Hintergrund, mal einen weißen Schnabel vor tiefscharzem Hintergrund. Vielleicht gefällt Ihnen auch ein schwarzer Schnabel mit einem klaren weißen Trennstrich zwischen oberer und unterer Schnabelhälfte am besten?

1

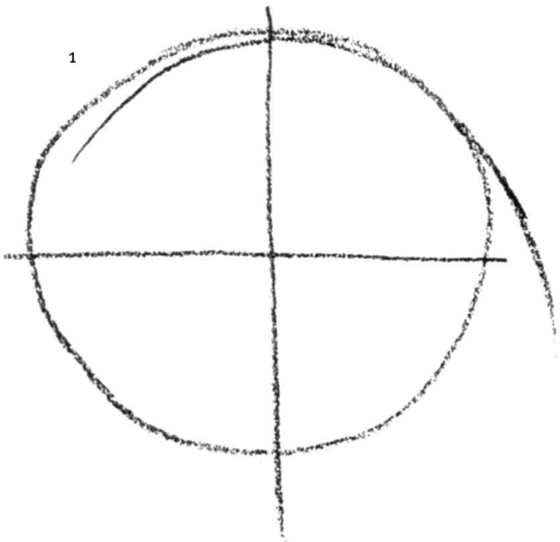

Zeichnen Sie zuerst einen einfachen Kreis, dann teilen Sie den Kreis mit Hilfslinien in Viertel. Dieses Gerüst hilft Ihnen dabei, Schnabel und Auge an die richtige Stelle zu setzen.

2

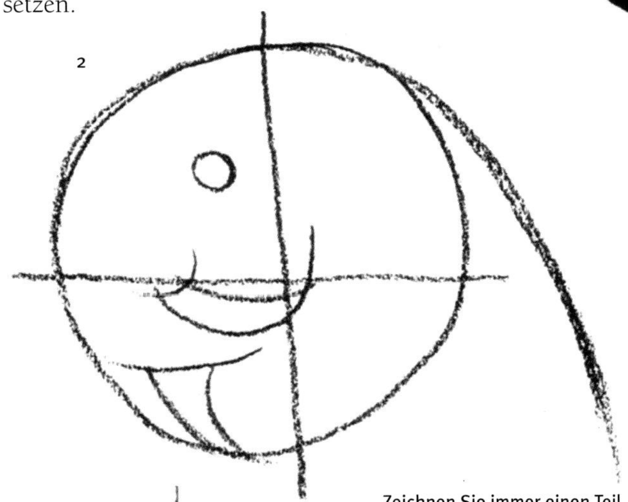

Zeichnen Sie immer einen Teil des Tierkörpers mit – der Kopf alleine hat keinen Halt auf dem Blatt.

3

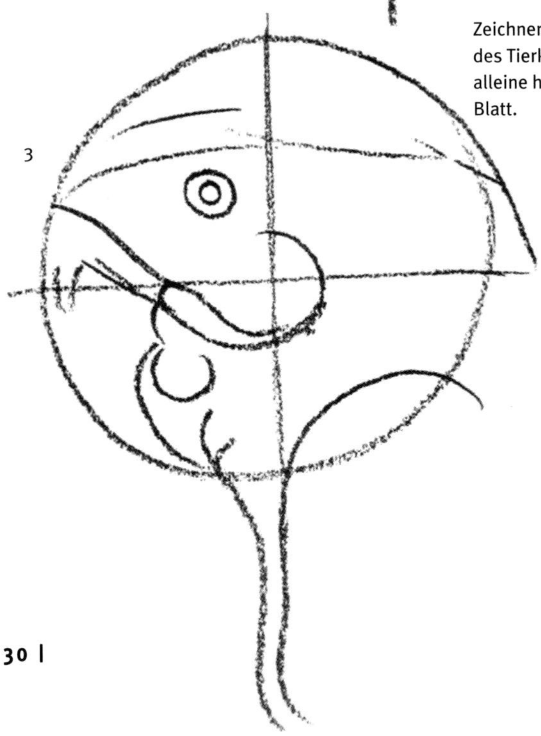

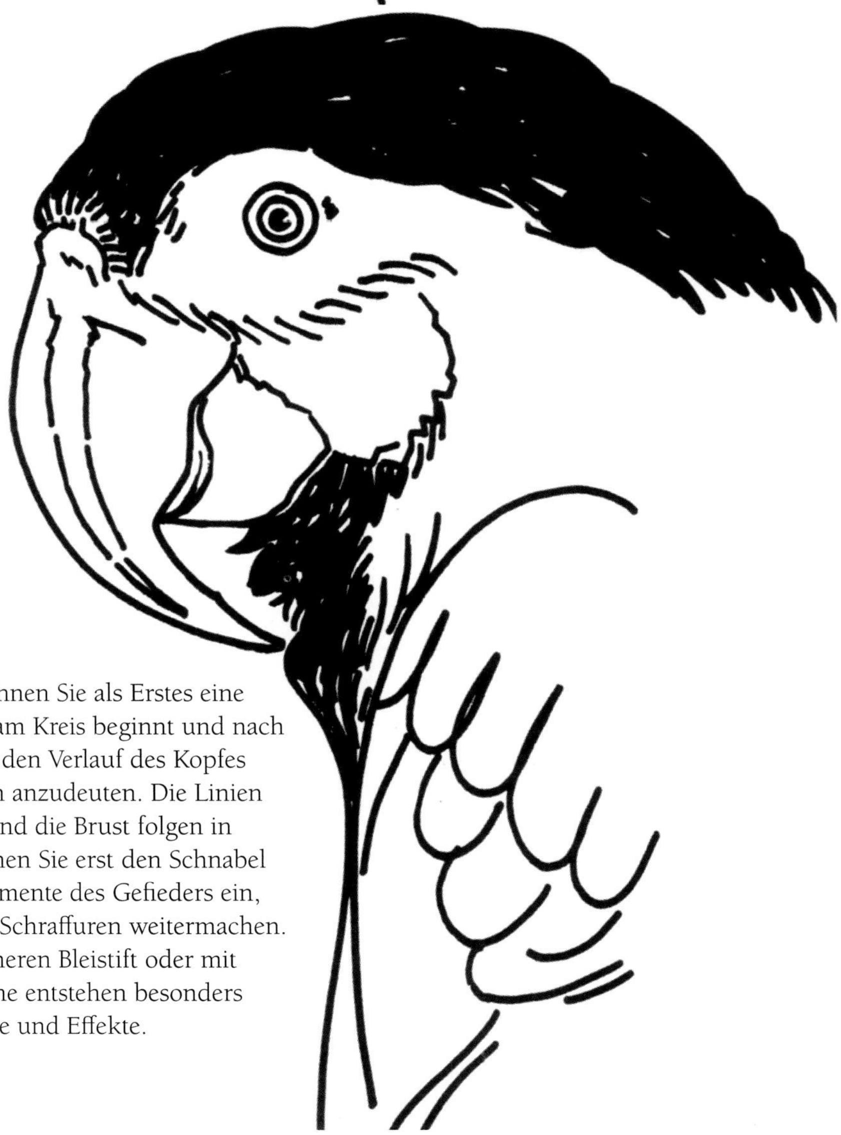

In Schritt 2 zeichnen Sie als Erstes eine Linie, die oben am Kreis beginnt und nach rechts läuft, um den Verlauf des Kopfes und den Nacken anzudeuten. Die Linien für den Flügel und die Brust folgen in Schritt 3. Zeichnen Sie erst den Schnabel und die Farbsegmente des Gefieders ein, ehe Sie mit den Schraffuren weitermachen. Mit einem weicheren Bleistift oder mit Feder und Tusche entstehen besonders schöne Kontraste und Effekte.

Die wahre Kunst - Sehen lernen

Mit dem Zeichenstift vertrauter zu werden und die eigenen Zeichenkünste auf dem Blatt zu entwickeln ist die beste Vorbereitung, um Tiere packend und interessant abbilden zu können. Zusätzlich aber ist Ihr Zeichenstift das beste Medium, um sich einem Tier zu nähern, um es zu beobachten und besser kennenzulernen. Für einen Künstler ist dies ein lebenslanger Weg und eine schöne Herausforderung. Obwohl Sie dabei Ihren ganz eigenen Weg finden werden, gibt es doch einige Punkte, auf die Sie vor allem zu Beginn achten sollten. Dabei kommt es nicht nur darauf an, formal von Anfang an möglichst viel richtig zu machen. Noch wichtiger ist die inhaltliche, die persönliche Auseinandersetzung mit dem Tier, das Sie zeichnen wollen. Ideen und hilfreiche Ansätze finden Sie auf den nächsten Seiten.

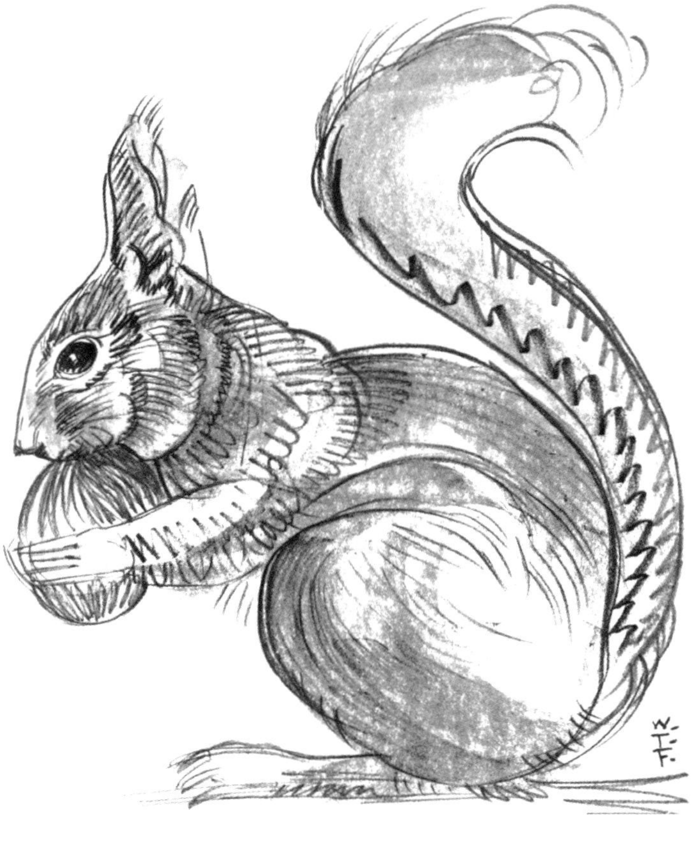

Tiere beobachten - Rehe

Zu den wilden Tieren (ab Seite 51) gehören auch Rehe, Hirsche und andere Bewohner von Wildgehegen, an denen wir unsere Beobachtungsgabe schulen können. Suchen Sie sich zunächst einen guten Platz, um zu arbeiten, wählen Sie dann ein bestimmtes Tier aus und konzentrieren Sie sich darauf, bestimmte Körperteile zu studieren und zu skizzieren. Zu Hause können Sie die Skizzen dann in Ruhe ausarbeiten.

Proportionen sind wichtig, wenn man den Körperbau eines Tieres in der richtigen Reihenfolge zeichnen will. Auch wenn Sie einzelne Körperpartien skizzieren, sollten Sie immer an deren Zugehörigkeit zum ganzen Körper denken und sie in der richtigen Relation zum Ganzen im Kopf haben. So sind hier die Ohren zwar groß, stimmen aber im Gesamtbild; die Beine dagegen scheinen viel zu lang und zu dünn für den Körper zu sein.
Erst wenn Sie mit der Darstellung der einzelnen Partien zufrieden sind, fügen Sie sie in einem Bild zusammen. Versuchen Sie von Anfang an Bewegungsstudien zu zeichnen wie in der Abbildung unten A und B.

4

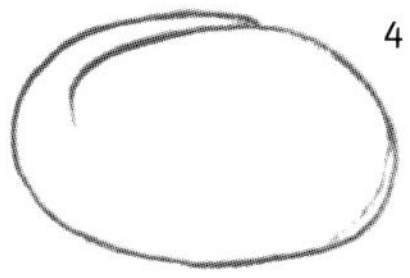

5

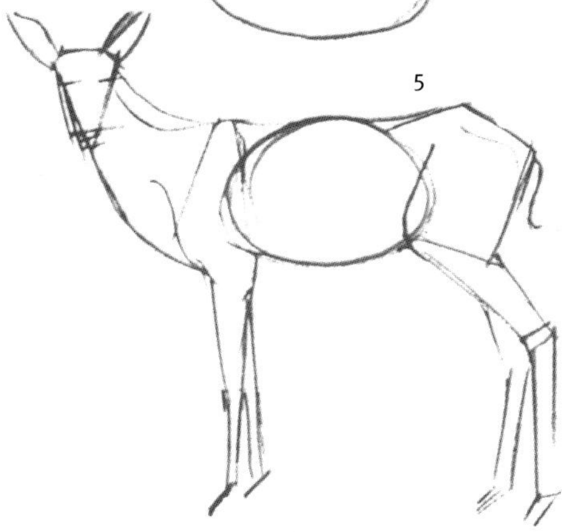

1

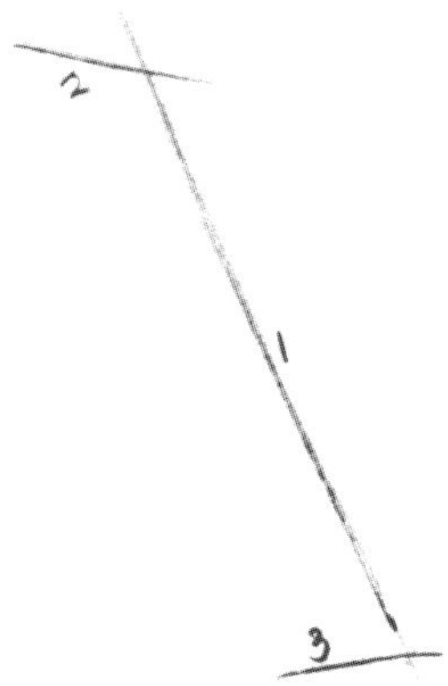

6

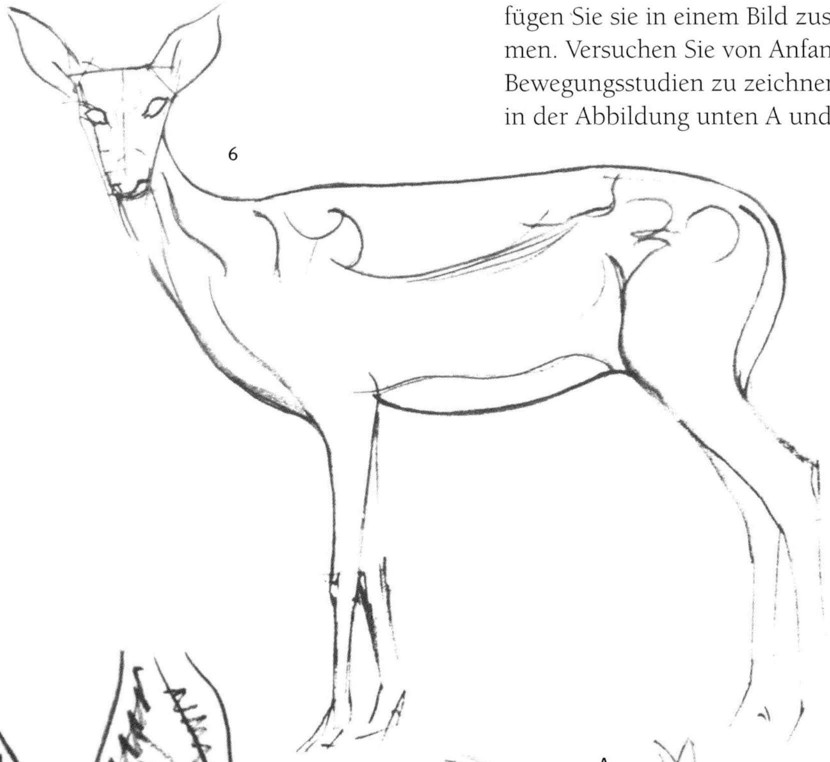

2

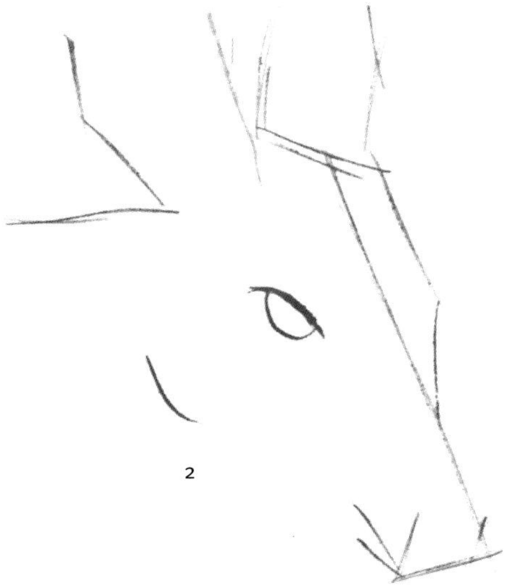

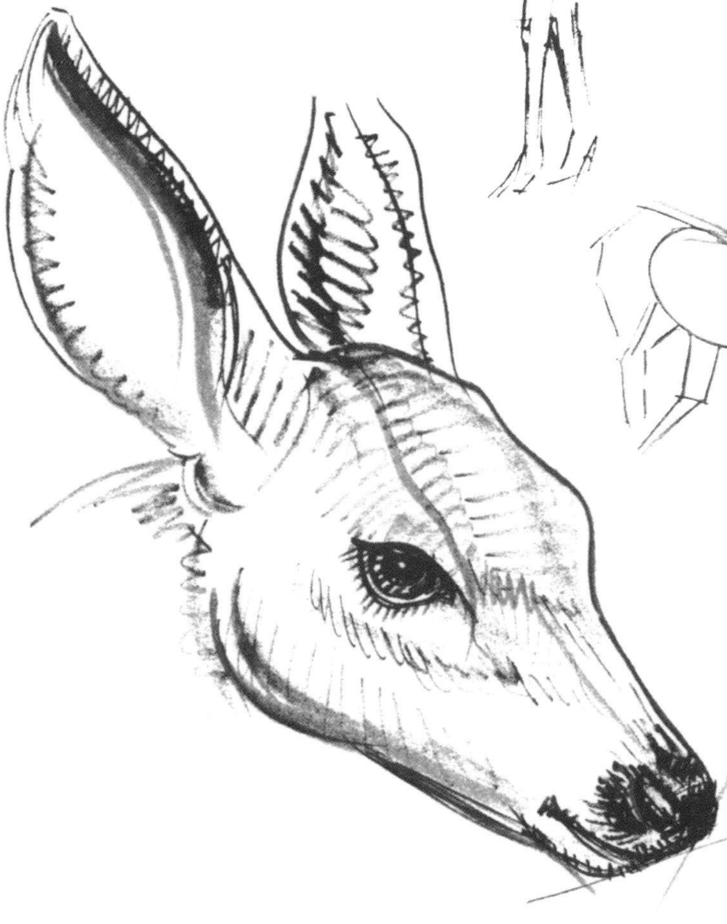

A

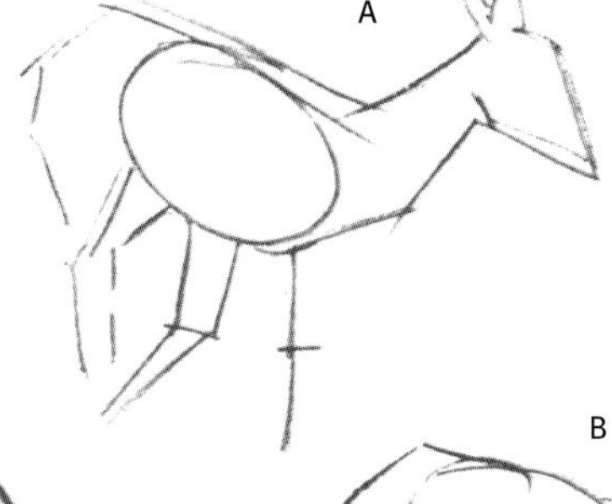

B

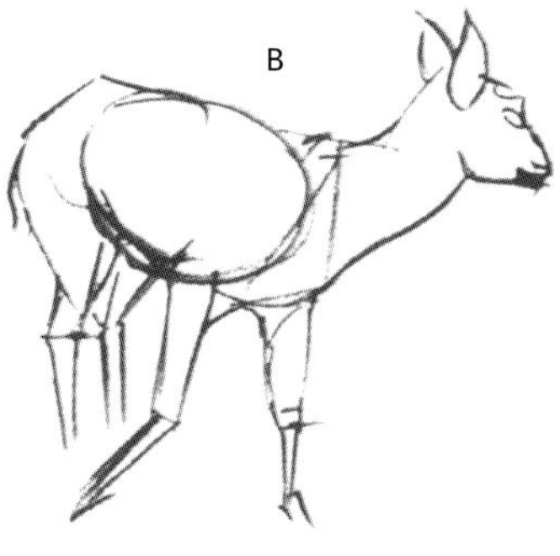

3

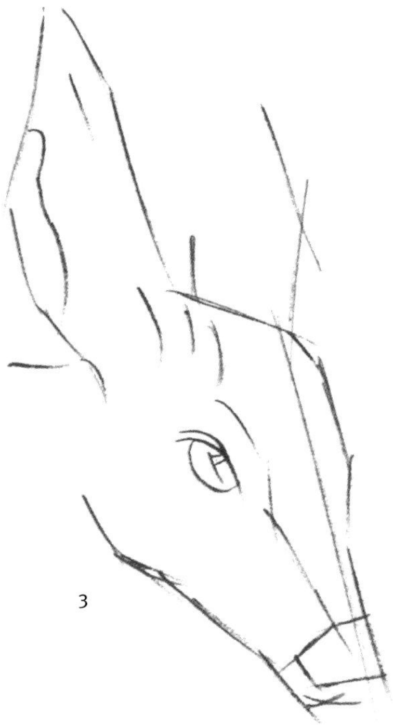

Folgen Sie den Schritten 1 bis 3, um die Proportionen des Kopfes richtig zu treffen.

Rehe haben wunderschöne große und ausdrucksstarke Augen. Vor dem Zeichnen sollten Sie sich genau ansehen, wo am Kopf sie liegen und aus welchem Blickwinkel Sie sie zeichnen werden. In den drei Schritten unten sehen Sie, wie man bei Augen erst die Form skizziert und dann die Details schrittweise richtig wiedergibt. Die Lichtreflexe verleihen den Augen Leben und dem Blick Ausdruckskraft. Das Zeichnen von Augen üben Sie am besten auf einem Extrablatt und fügen sie ins Bild ein, wenn Sie etwas sicherer geworden sind.

A

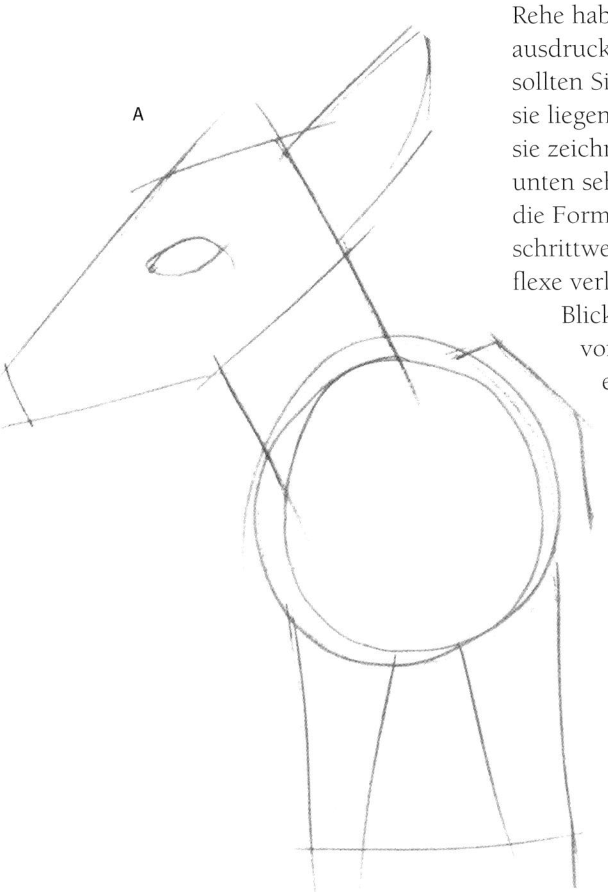

A

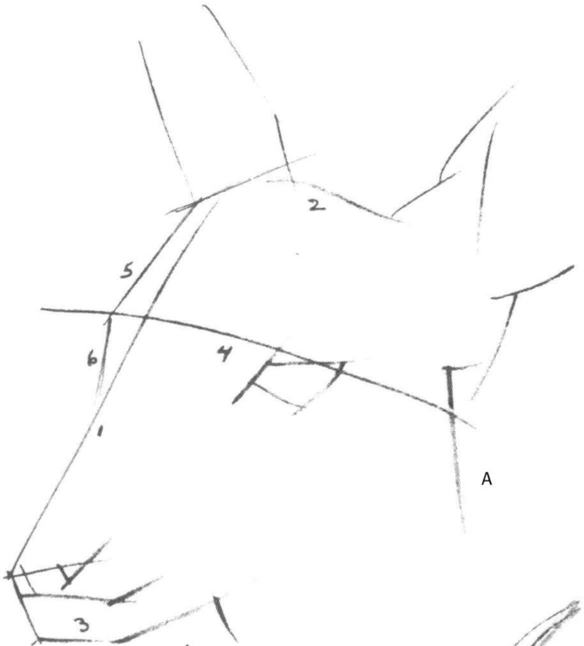

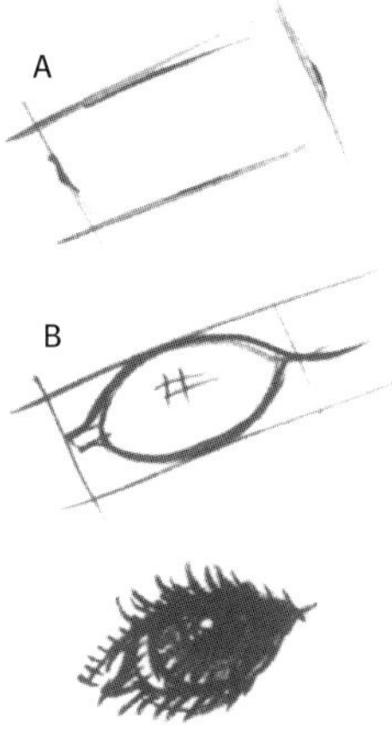

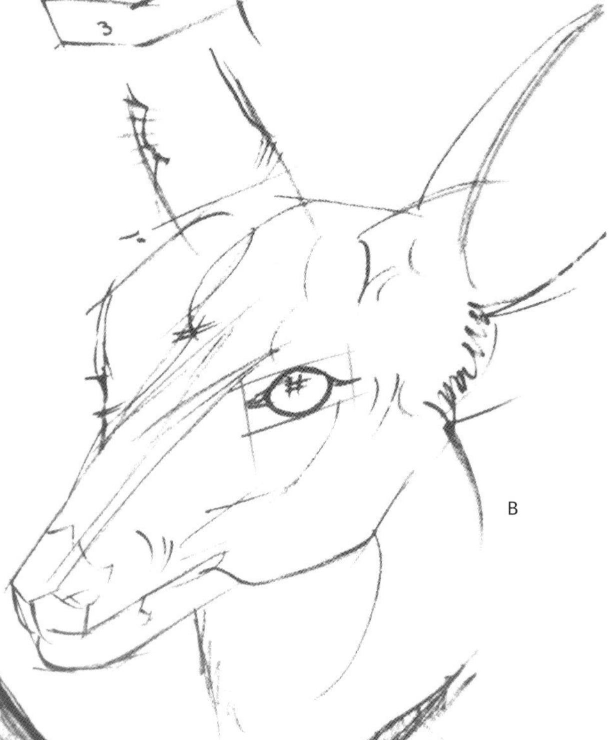

B

B

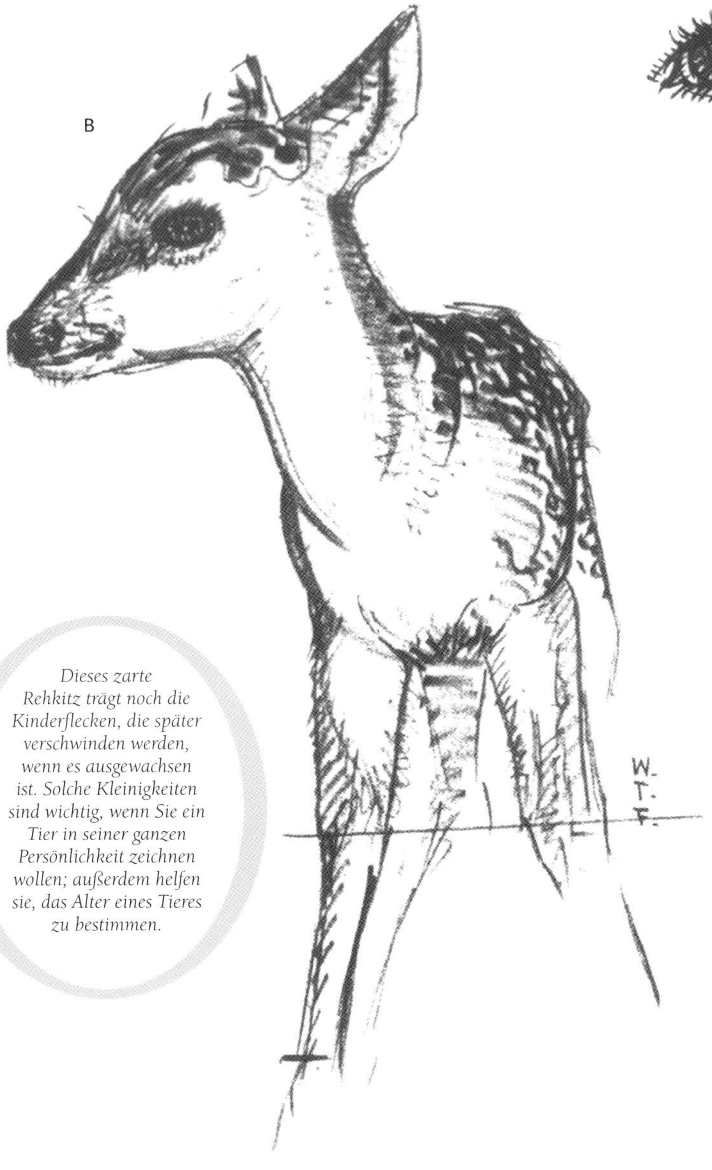

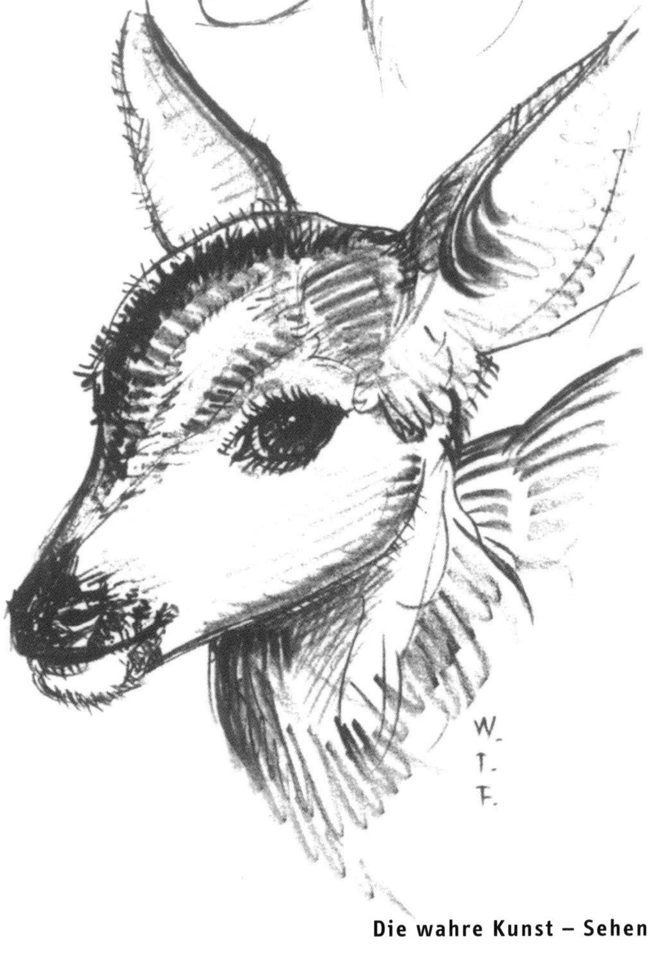

Dieses zarte Rehkitz trägt noch die Kinderflecken, die später verschwinden werden, wenn es ausgewachsen ist. Solche Kleinigkeiten sind wichtig, wenn Sie ein Tier in seiner ganzen Persönlichkeit zeichnen wollen; außerdem helfen sie, das Alter eines Tieres zu bestimmen.

Die äußere Form erfassen

Alle Tiere haben wunderschöne Körperformen – und das Eichhörnchen bildet keine Ausnahme. Mit nur wenigen harmonischen Linien fangen Sie die Grundform des Eichhörnchens am besten ein.

Skizzieren Sie den zierlichen Nager mit solchen weichen, harmonischen Linien wie in Schritt 1. In Schritt 2 und 3 arbeiten Sie die Gestalt weiter aus. Um das Volumen des Körpers sichtbar zu machen, nehmen Sie die Seite eines schwarzen Buntstifts und einen Bleistift. Mit diesen unterschiedlichen Strichen wird das Fell lebendiger.

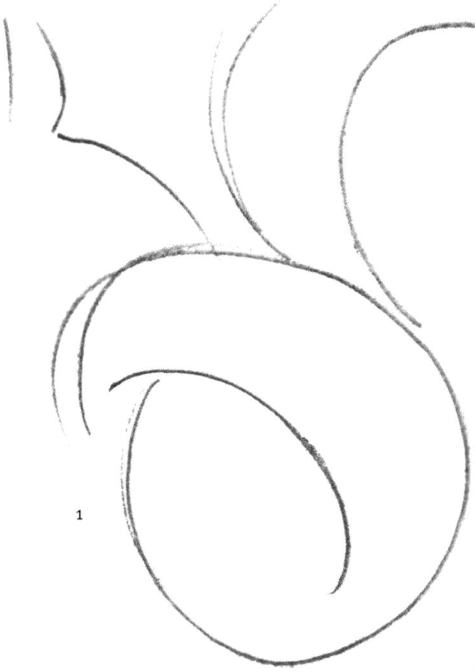

1

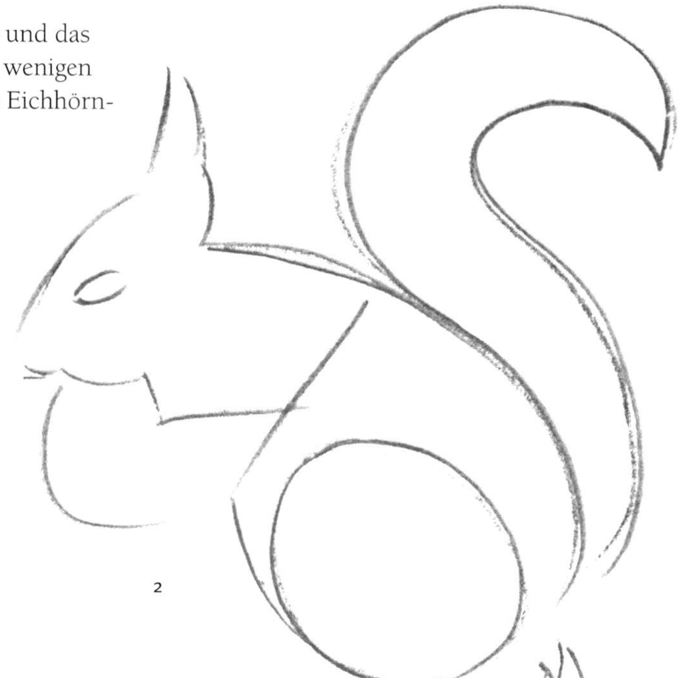

2

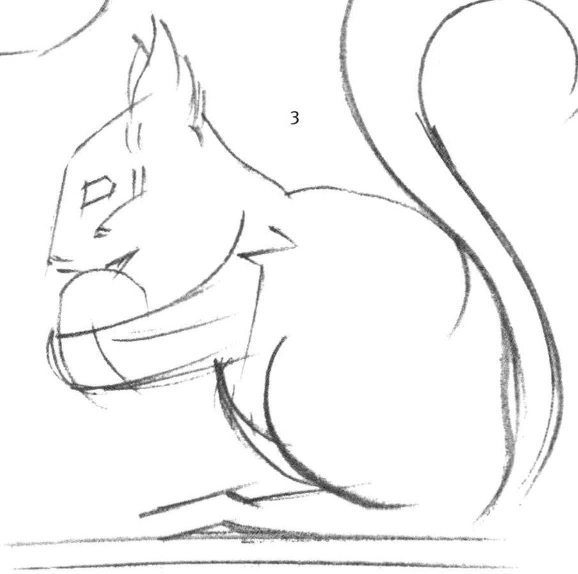

3

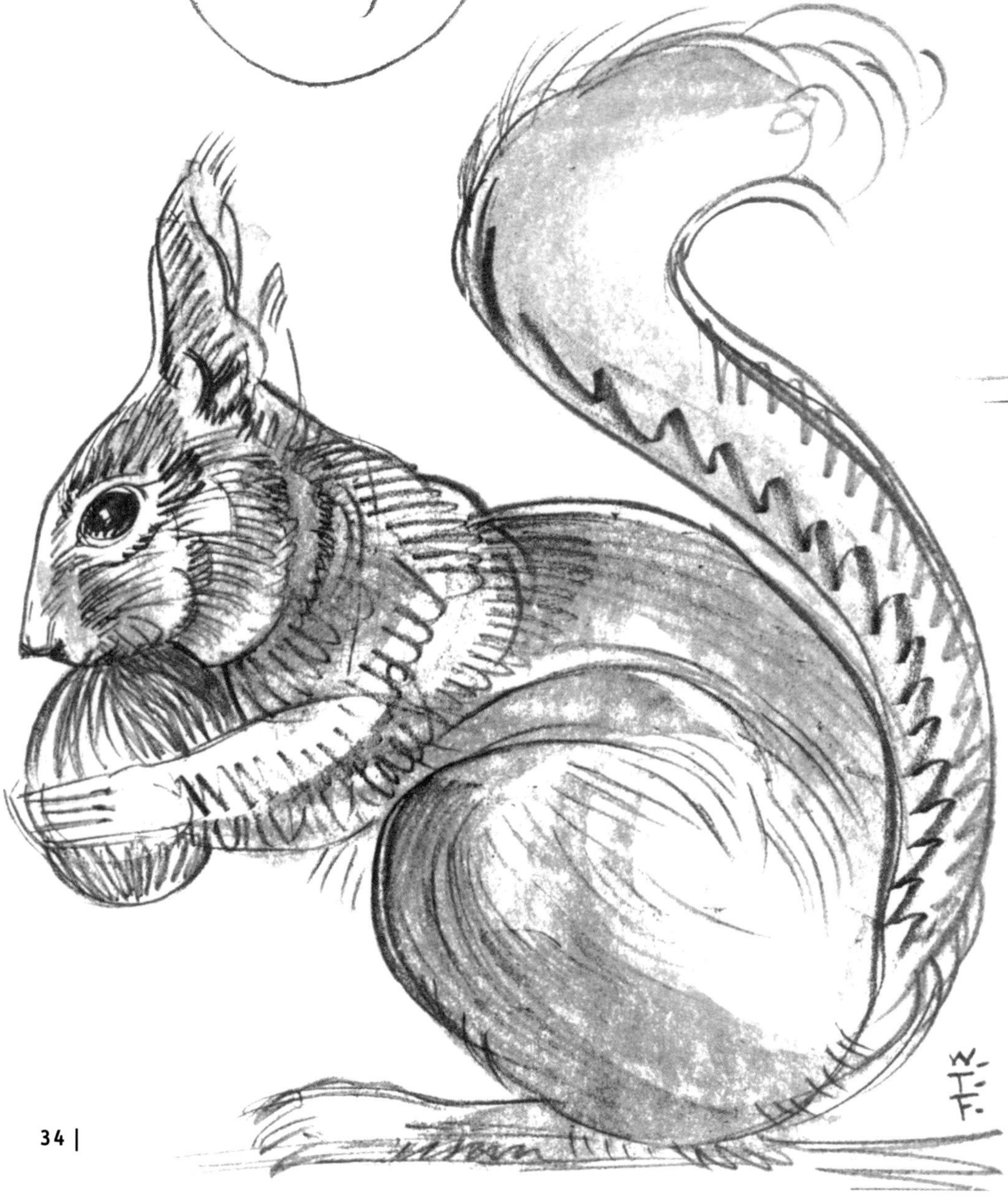

Anfänger sollten Tiere nicht aus dem Gedächtnis zeichnen. Nehmen Sie sich besser Bücher, Fotografien oder Zeitschriften. Trotzdem sollten Sie die Motive nicht einfach kopieren, sondern sie nur als Grundlage für eine Zeichnung nach Ihren Wünschen nehmen.

A

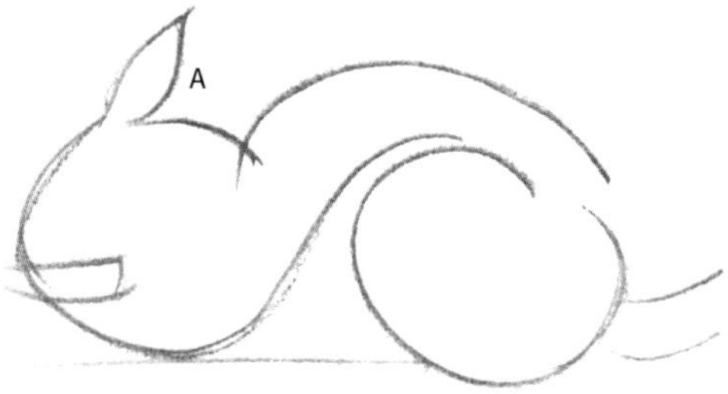

B

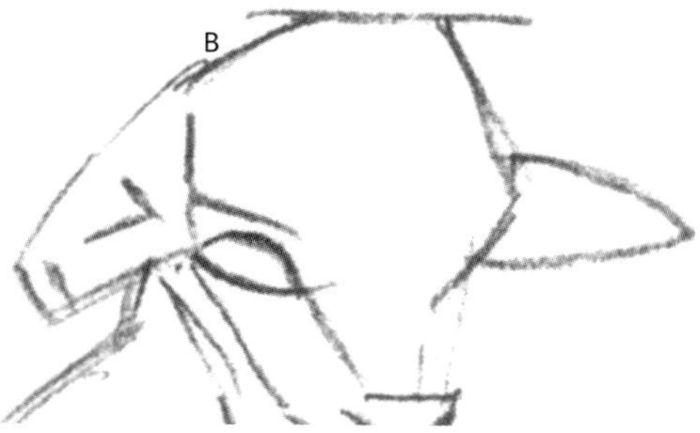

Emotionen zeichnen

Ein weiterer wichtiger Aspekt ist die Pose, in der Sie ein Tier zeichnen, denn durch die Haltung drücken Tiere wie Menschen auch ihren inneren Zustand aus. Ein geübter Tierkenner sieht gleich, ob sich ein Tier wohlfühlt, ob es angespannt oder verunsichert ist. Meisterliche Tierkenner können sogar im Gesichtsausdruck „lesen". Schulen Sie Ihr Auge für die Körpersprache der Tiere, achten Sie auf seine Emotionen – und Ihre Bilder werden lebendig.

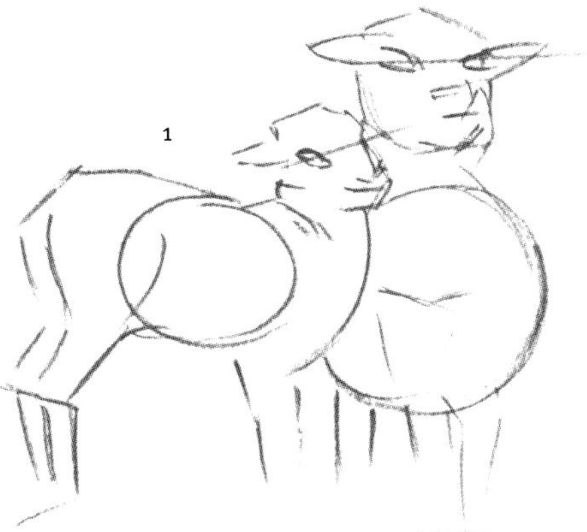

1

In dieser Pose liegt alle Zuneigung zwischen dem Mutterschaf und dem Lämmchen. Machen Sie sich vorher Gedanken über das, was Sie zeigen wollen, dann finden Sie auch die richtige Vorlage und können ein überzeugendes Bild anfertigen.

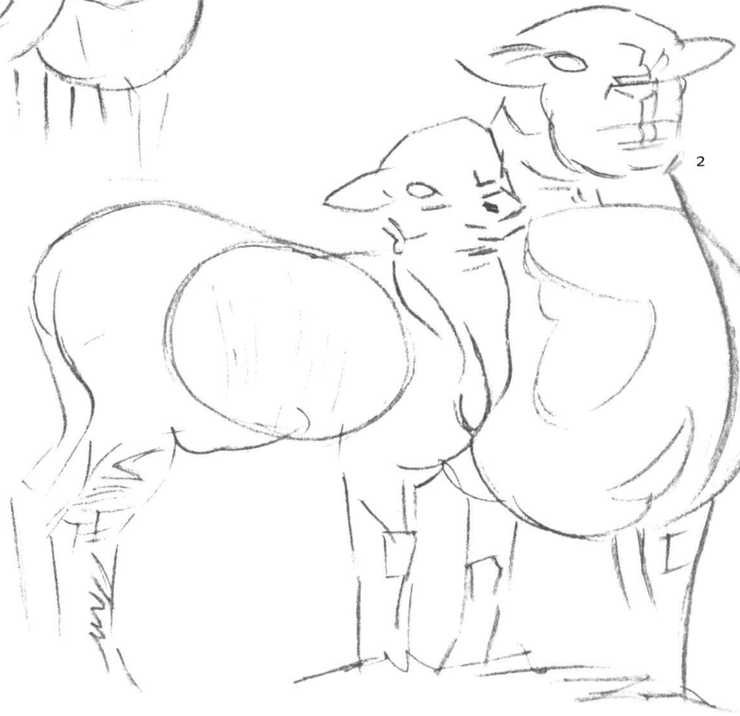

2

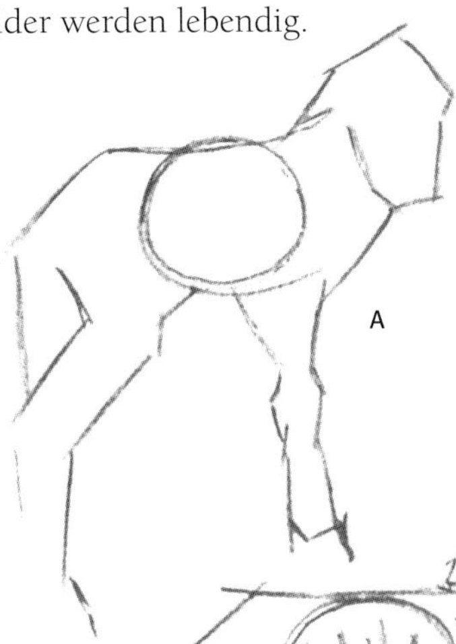

A

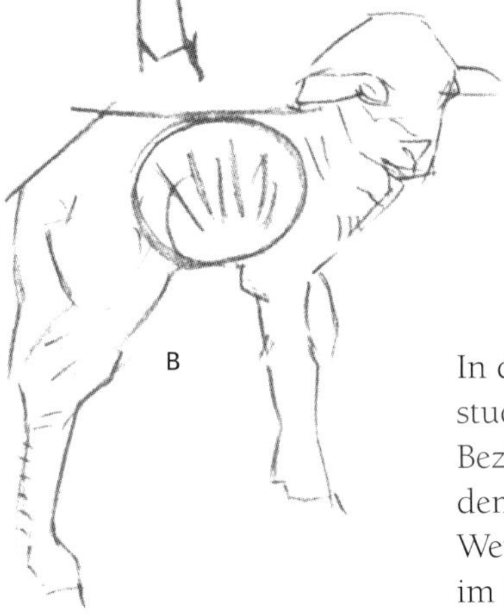

B

In den Schritten 1 und 2 oben können Sie studieren, wie Sie von Anfang an die Beziehung zwischen dem Muttertier und dem Lamm zeichnerisch richtig anlegen. Wenn Sie die Emotionen richtig deuten und im Bild betonen, lassen sich auch die Gefühle von Tieren überzeugend zeigen.

In den Schritten 1 und 2 unten können Sie studieren, wie man das Gesicht des Lamms ganz aus der Nähe einfängt.

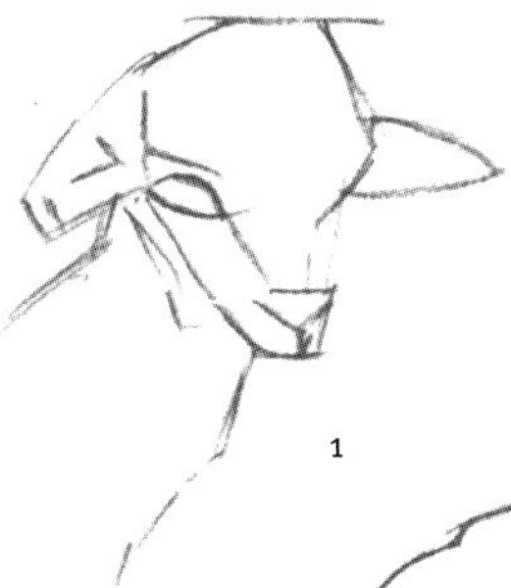

1

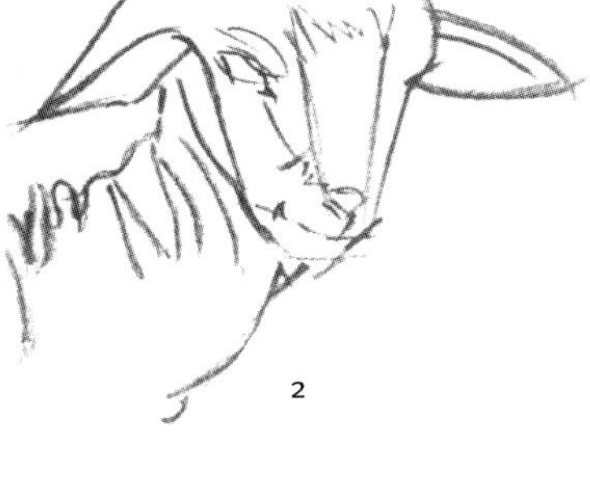

2

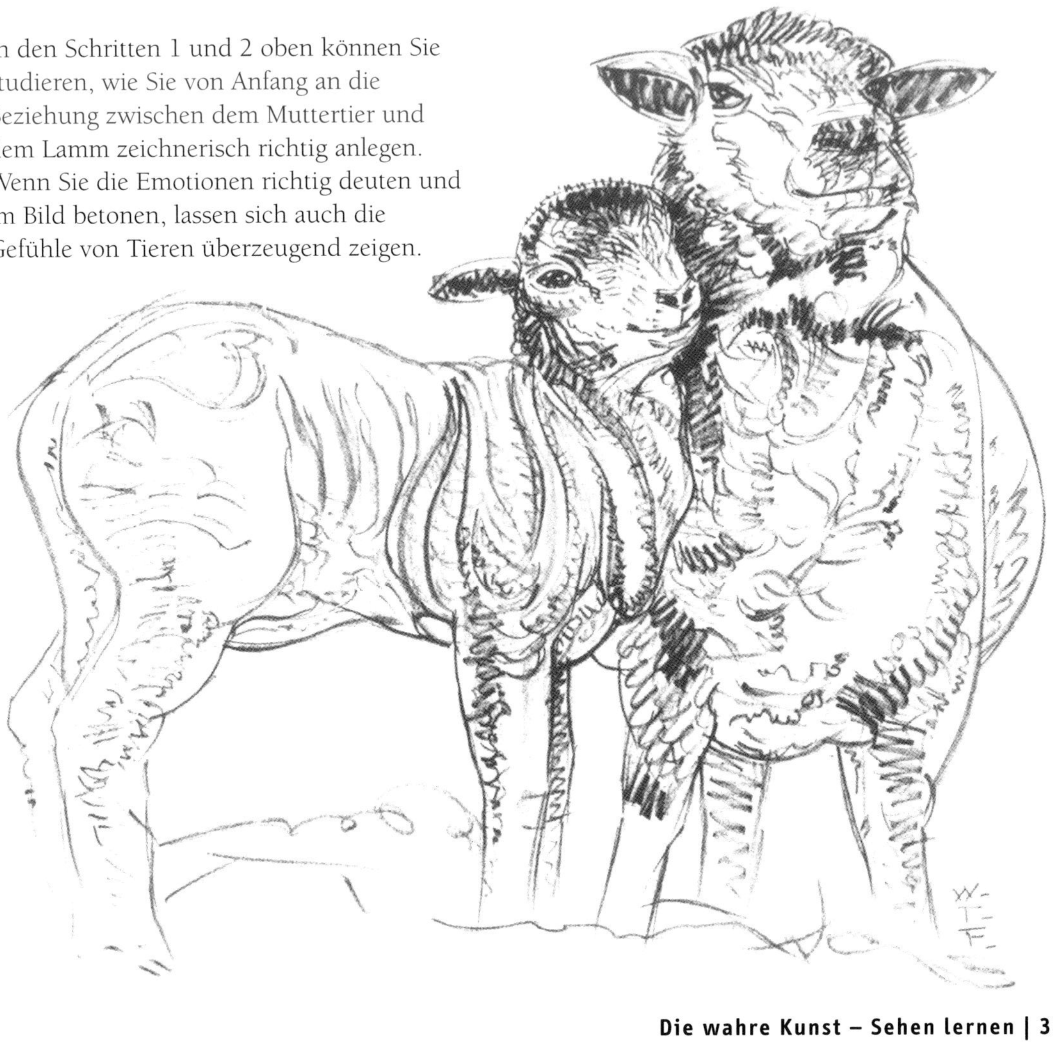

Jedes Tier hat Persönlichkeit

Für dieses ausdrucksstarke Porträt eines Hahns brauchen Sie Aufmerksamkeit und etwas Vorbereitung, damit es richtig gut wird. Hähne sind kompakt gebaute und energische Tiere. Dies sollte sich im Porträt spiegeln. Greifen Sie zunächst die Umrisse auf wie in Schritt 1 zu sehen, dann arbeiten Sie die Skizze weiter aus wie in Schritt 2. Nehmen Sie dann ein Papier zur Hand und probieren Sie unterschiedliche Schraffurtechniken aus, um die Effekte zeichnen zu können, die Sie im fertigen Bild sehen. Erst wenn Sie sich Ihrer Sache sicher sind, sollte Sie mit dem Schraffieren des Kopfes beginnen.

2

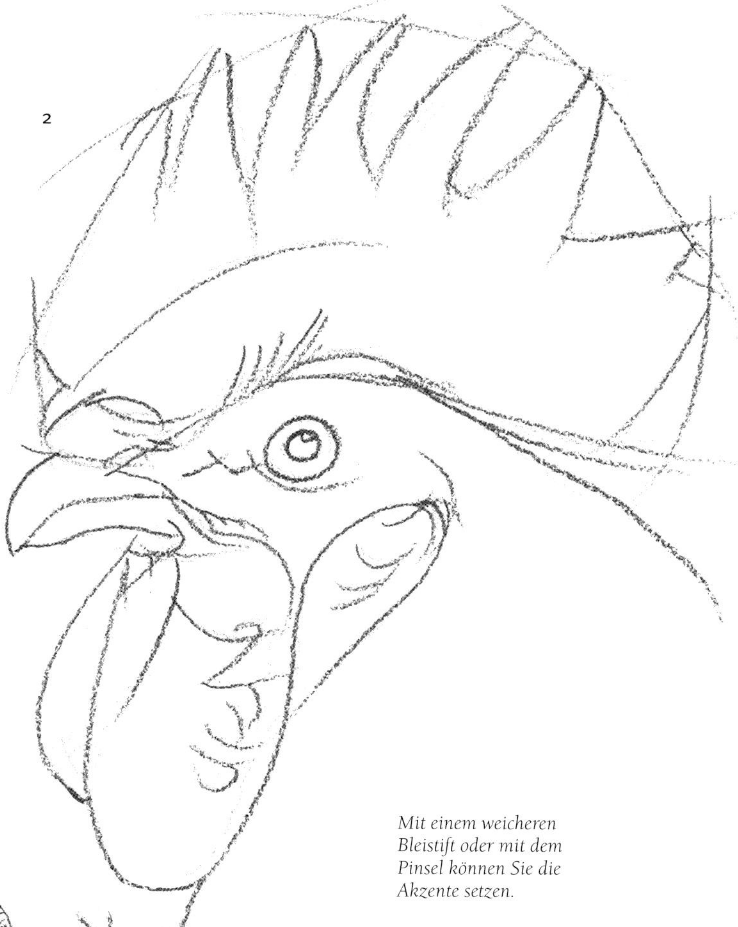

1

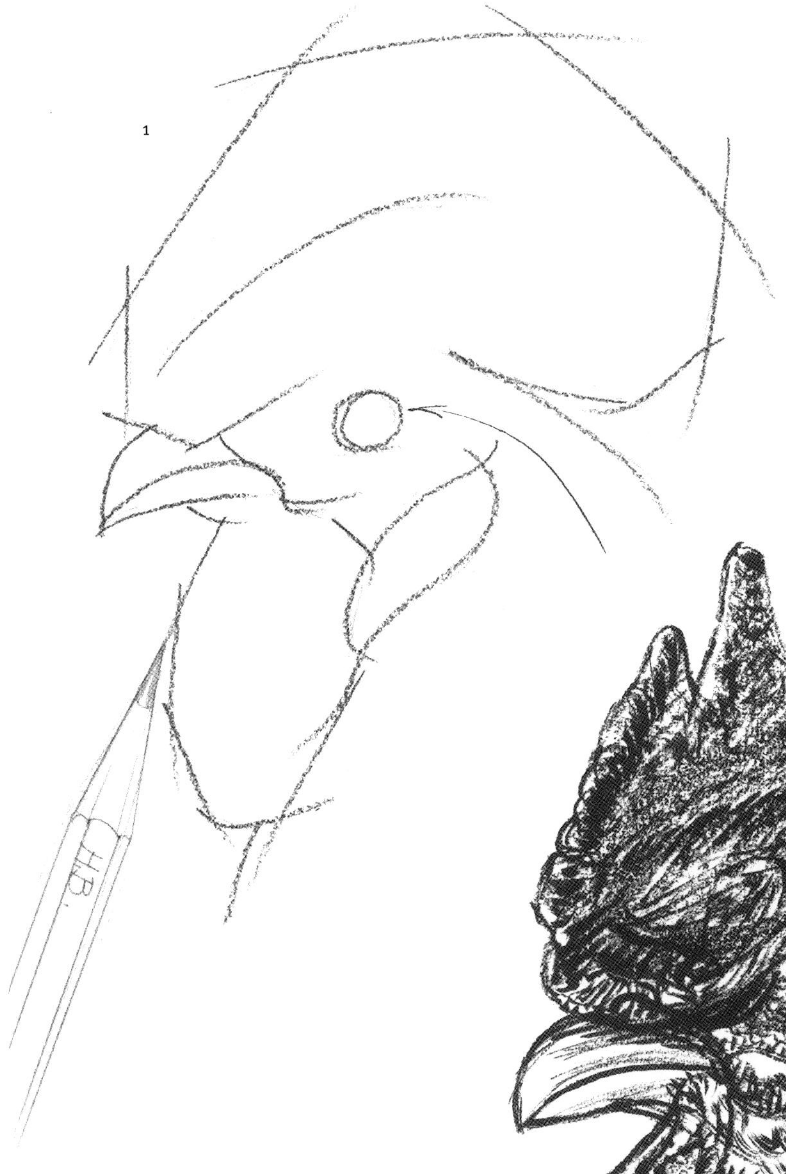

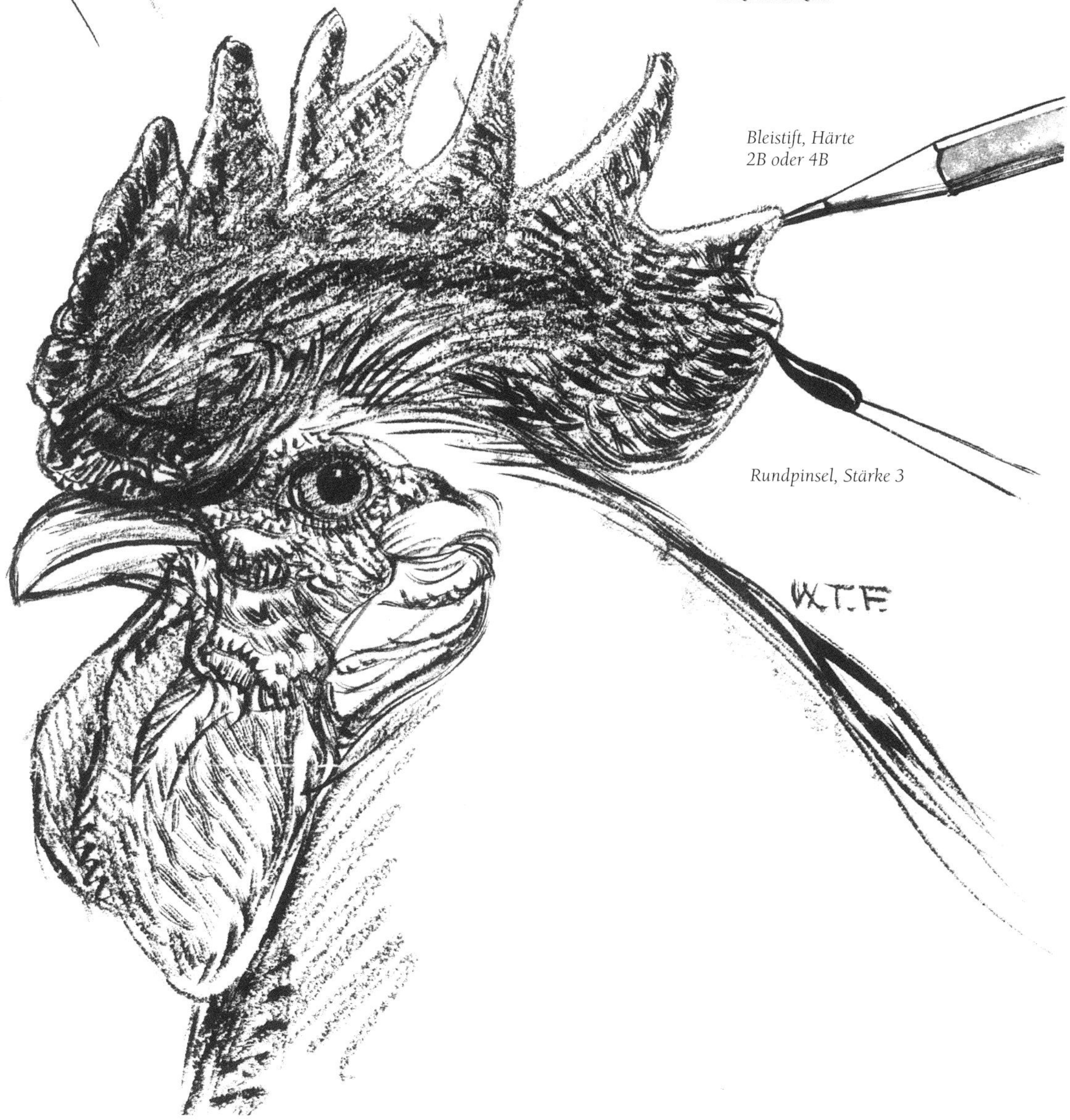

Zeichnen lernt man nicht nur durch fleißiges Üben. Auch wenn man gut hinsieht und Objekte, Menschen und Tiere genau betrachtet oder Kunstbücher liest und in Ausstellungen geht, erweitert man sein Wissen immer mehr.

Mit dem Herzen dabei sein

Schönheit liegt immer im Auge des Betrachters. Wagen Sie sich deshalb auch an Interpretationen heran und heben Sie in Ihren Porträts zunehmend das Spezielle hervor, das Sie an einem Tier fesselt.
Diese Skizzen zeigen einen künstlerisch freien Ansatz. Sie selbst werden diese Art zu zeichnen in dem Maß entwickeln, in dem Sie sicherer werden.

Im ersten Schritt entwerfen Sie die eckigen Formen für das Profil des Collies mit einem Bleistift in Härte HB. Achten Sie darauf, dass das Auge an der richtigen Stelle ist, sonst wird die Zeichnung nicht wahrheitsgetreu. Im nächsten Schritt skizzieren Sie ganz leicht die Nase, das Maul und die Ohren vor. Sorgen Sie sich in diesem Stadium nicht um die Details. Das meiste entsteht erst, wenn Sie das Fell gestalten: Dafür nehmen Sie nur die vorderste Spitze eines Rundpinsels und zeichnen mit Tusche dünne, lockere Striche.

1

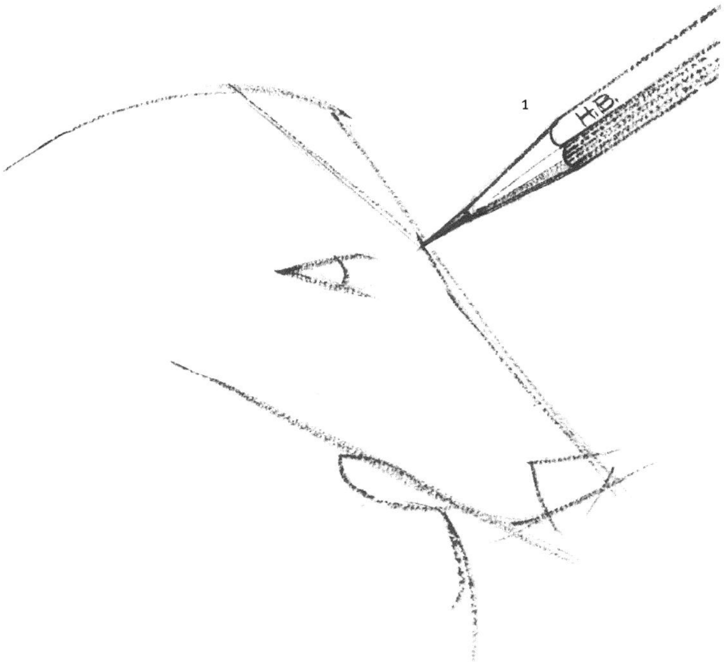

Der berühmteste Collie ist und bleibt wohl für alle Zeiten Lassie, der Star vieler Filme und Fernsehfolgen.

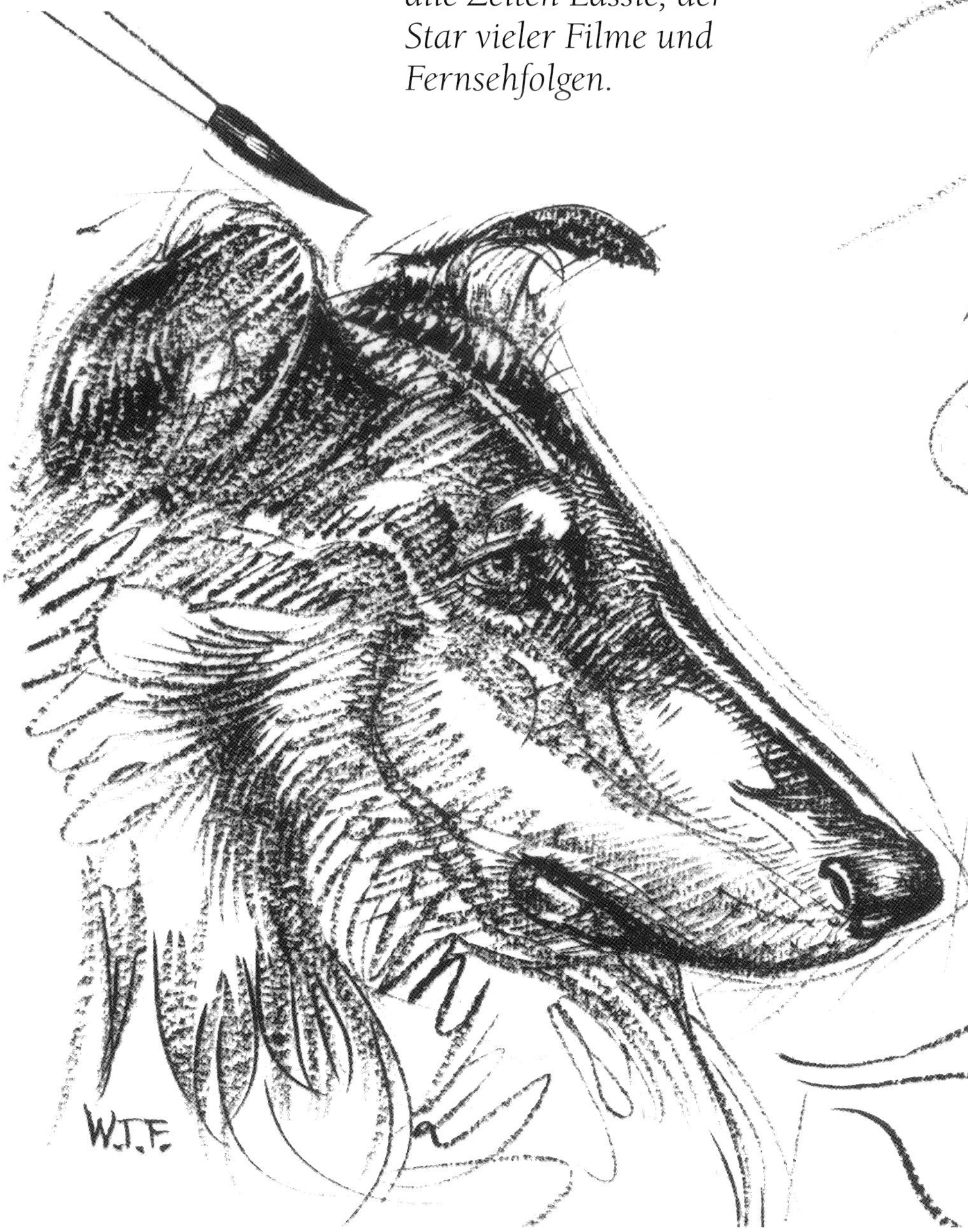

2

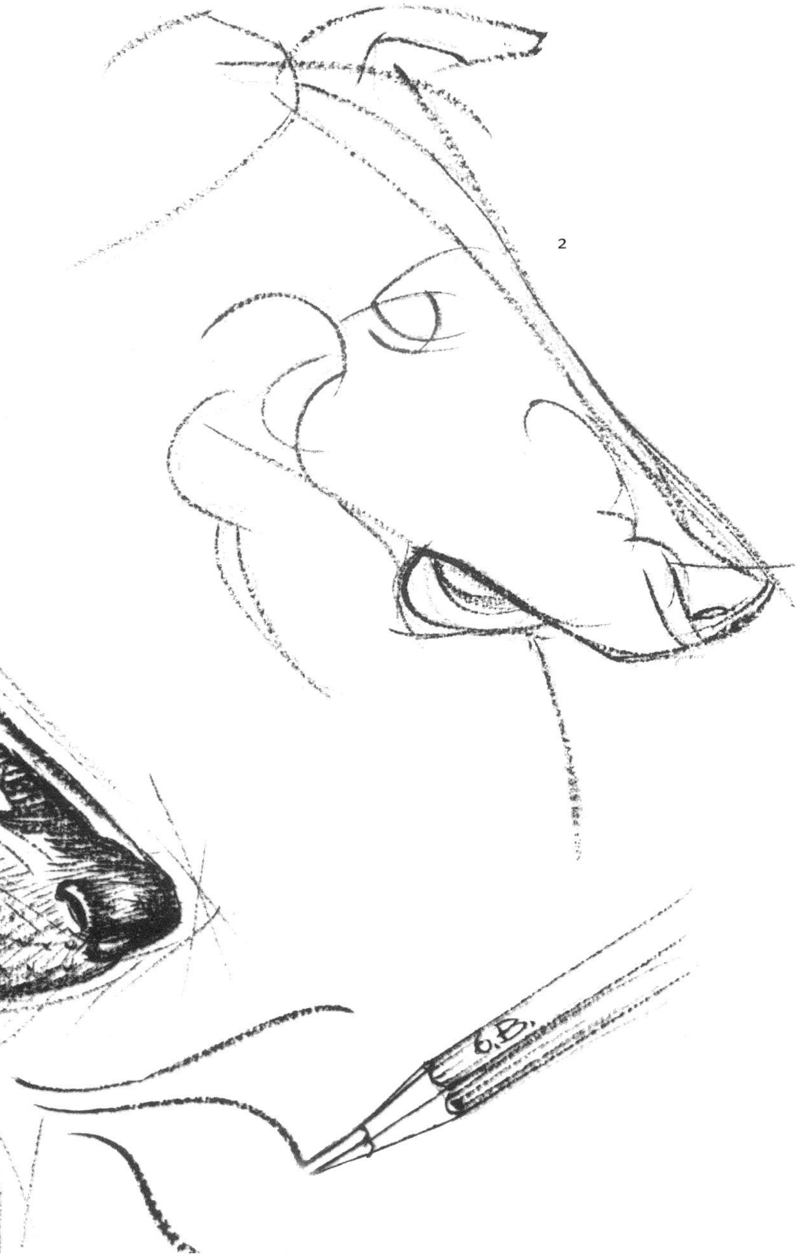

Aus dem Skizzenbuch

Im Zoo oder Wildpark sollten Sie Kamera und Skizzenbuch immer dabeihaben. Versenken Sie sich ruhig einmal in den Anblick der Tiere, das schult den Blick – und allmählich wird sich das Skizzenbuch mit unvollendeten Zeichnungen, Studien und festgehaltenen Beobachtungen der Körperformen und Verhaltensweisen füllen. Bei jedem Besuch gibt es Neues zu entdecken.

Alpha-Pavian Das Leittier einer Pavian-Sippe hat ein prächtiges Fell, das von seinem Harem sorgsam gepflegt wird. Die dunklen Augen liegen tief, und insgesamt ist der Affe eine stolze, stattliche Erscheinung.

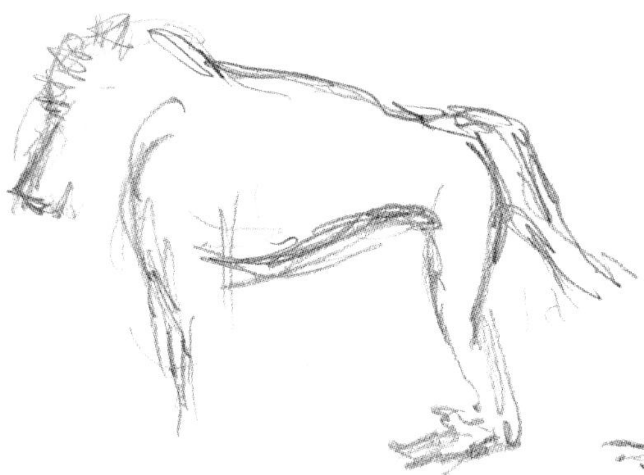

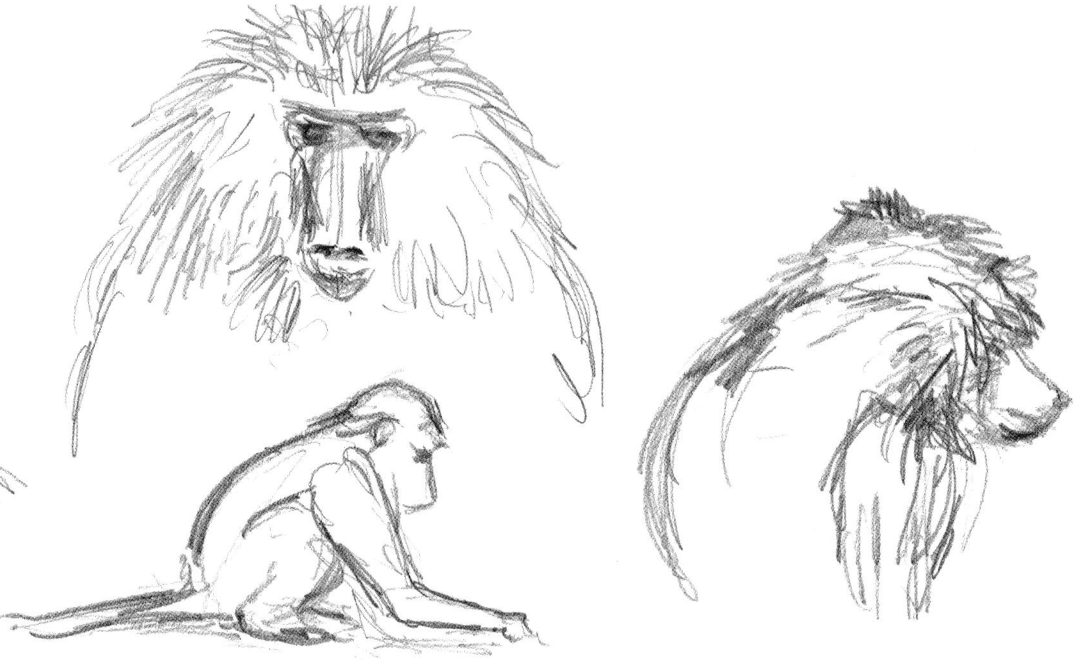

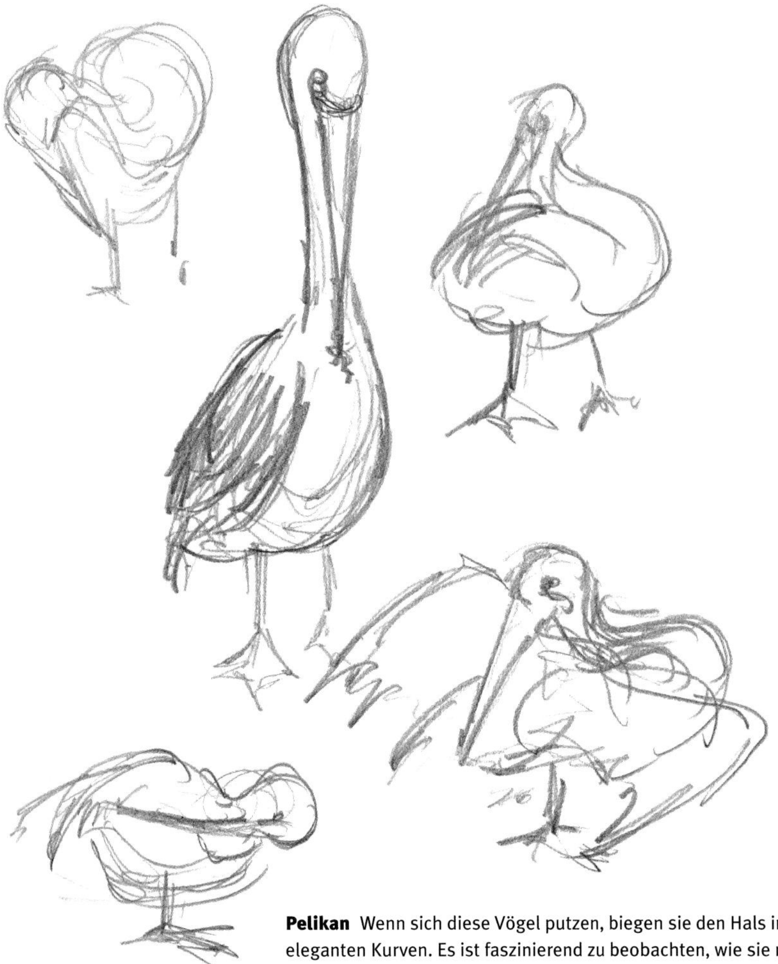

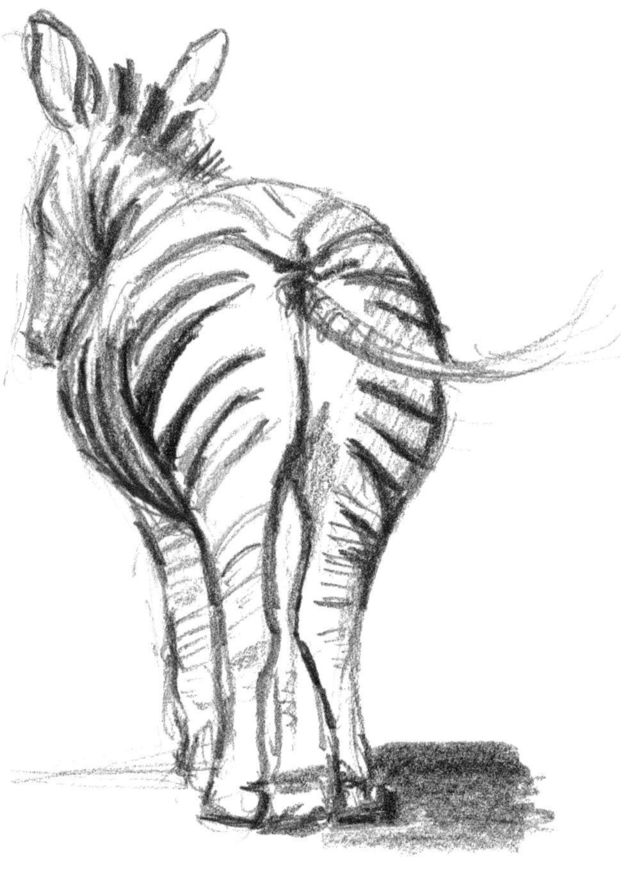

Pelikan Wenn sich diese Vögel putzen, biegen sie den Hals in eleganten Kurven. Es ist faszinierend zu beobachten, wie sie mit ihrem recht plumpen Schnabel jeden Winkel ihres Körpers erreichen können.

Zebra Zebras sind manchmal sehr entgegenkommend und stehen mehrere Minuten still. Vielleicht genießen sie die Frühlingssonne ebenso wie der Zweibeiner mit dem Stift in der Hand.

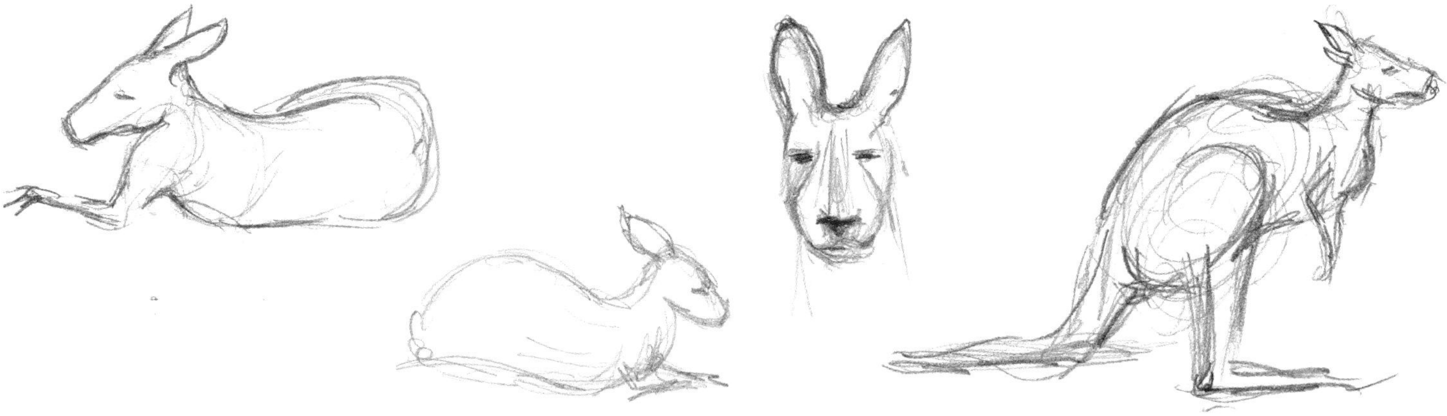

Rotes Riesenkänguru Kängurus, die von den Aboriginies den Titel „die Alten aus der Wüste“ erhalten haben, besitzen einen massigen, kompakten Kopf mit aufrechten, großen Ohren. Schultern und Vorderbeine sind ausgeprägt muskulös. Die Tiere wirken in der Bewegung groß und geschmeidig, in der Ruhehaltung dagegen eher träge.

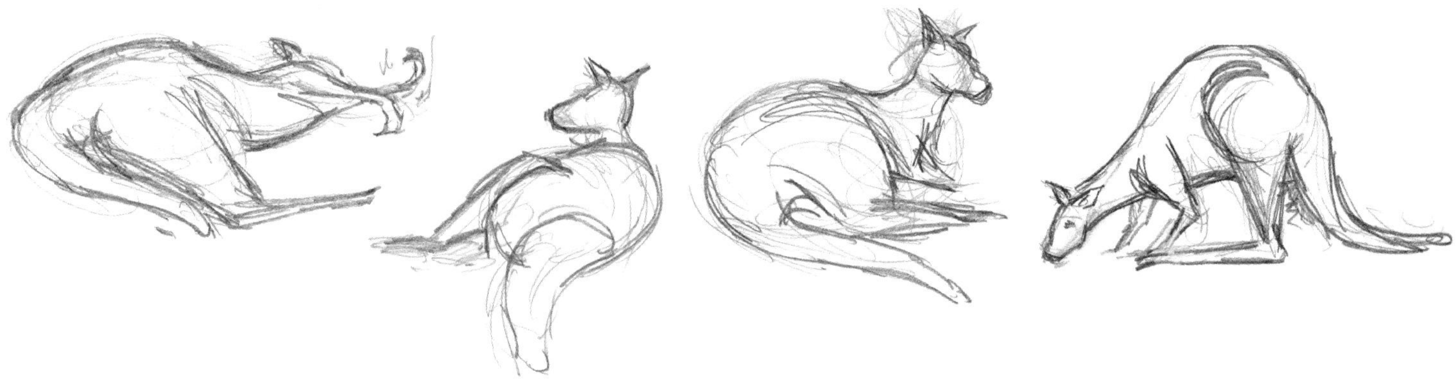

Tamar-Wallaby Im Körperbau ähneln Wallabys den Kängurus, allerdings sind sie insgesamt kleiner, haben einen rundlicheren Körper und einen kleineren Kopf.

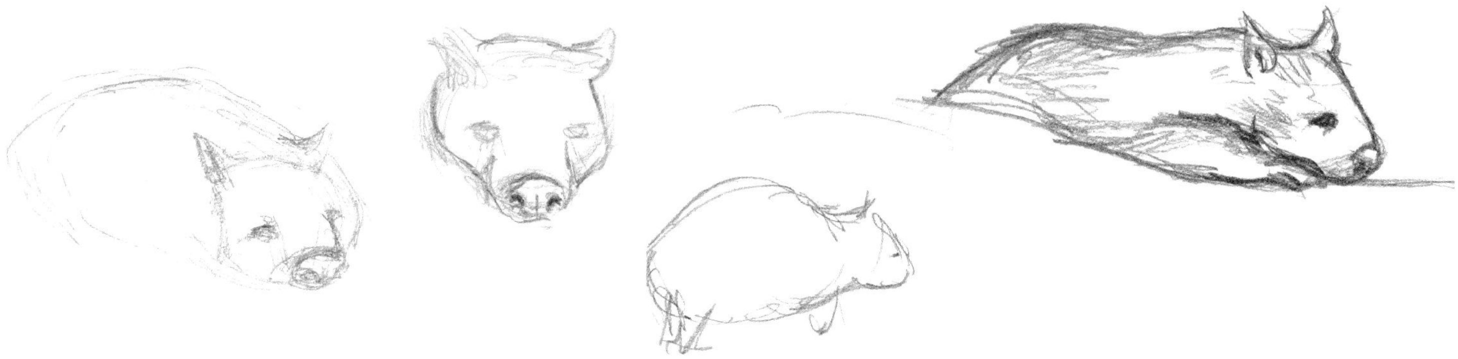

Haarnasenwombat Wombats werden manchmal spaßeshalber „Bulldozer des Urwalds“ genannt, weil sie sich mit ihrem stämmigen, runden Körper durch fast jedes Dickicht einen Weg bahnen können.

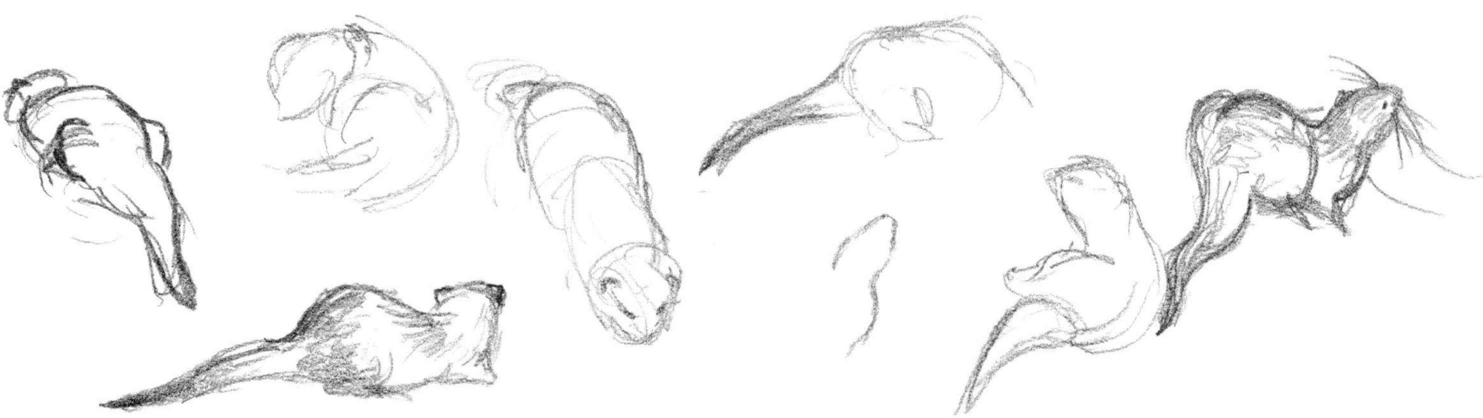

Otter Otter sind faszinierend zu beobachten, nur leider sitzen sie nie still. Allerdings nehmen sie immer wieder ähnliche Haltungen ein, darum könnten Sie gleich mehrere auf einer Seite skizzieren und die Zeichnungen in Etappen weiter ausarbeiten. So gelingt es leichter, ihren wendigen Körper zeichnerisch festzuhalten.

Tiere in Bewegung

Alle Zeichner – Anfänger wie Fortgeschrittene – haben viel davon, Tiere zu zeichnen, die sich frei bewegen: Man muss schnell sein, genau hinsehen und so viele Informationen wie möglich in kurzer Zeit aufnehmen und zu Papier bringen. Es gibt kein besseres Training, um zu lernen, wie man sich auf das Wesentliche konzentriert und es gekonnt darstellt. Zu den lebhaftesten Tieren gehören Otter und Klammeraffen – beide sind fast ununterbrochen in Bewegung, solange sie wach sind. Zeichnen Sie die munteren Kerlchen mit schnellen, fließenden Linien – es genügen ein paar Striche, um Schatten und Umgebung anzudeuten. Versuchen Sie sich ruhig auch als Anfänger an den unterschiedlichsten Posen. Zunächst scheint es unmöglich, einen Affen im Sprung zu treffen – aber das heißt nicht, dass es Ihnen nicht gelingt! Und so wächst nach und nach Ihr Selbstvertrauen und Sie werden sich beherzt an anderen noch schwierigeren Posen versuchen. Es ist wie immer eine Sache der Übung: Je mehr Sie üben, umso sicherer werden Sie und umso natürlicher und bewegender sind dann die Bilder, die Sie von Tieren in Bewegung zeichnen.

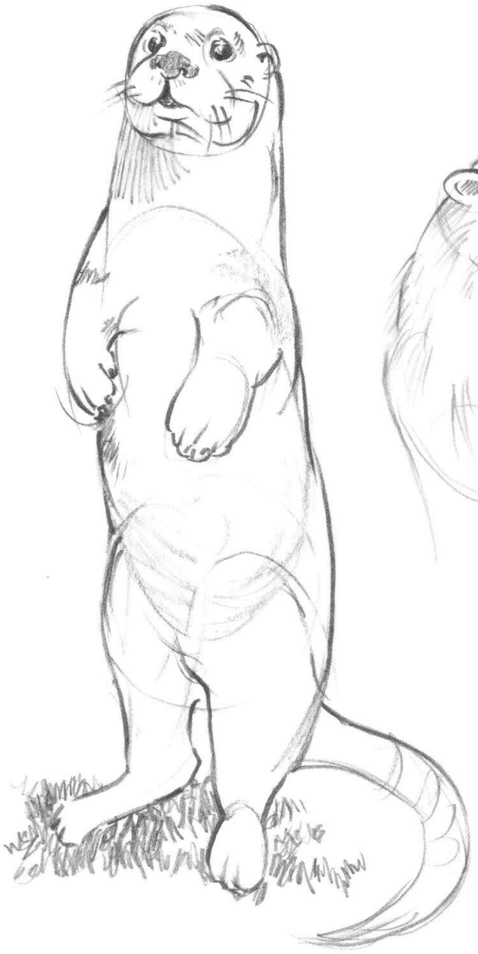

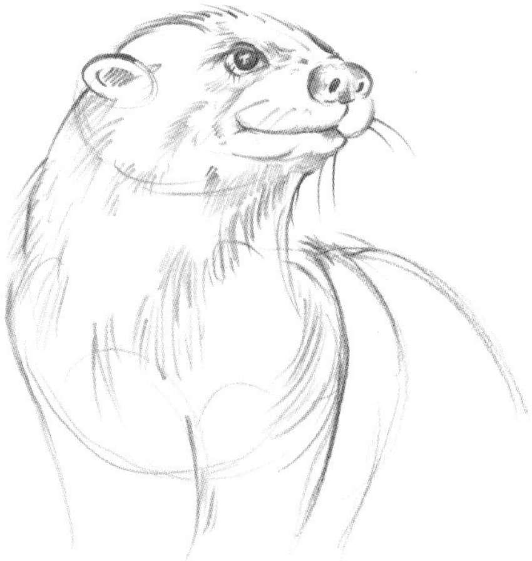

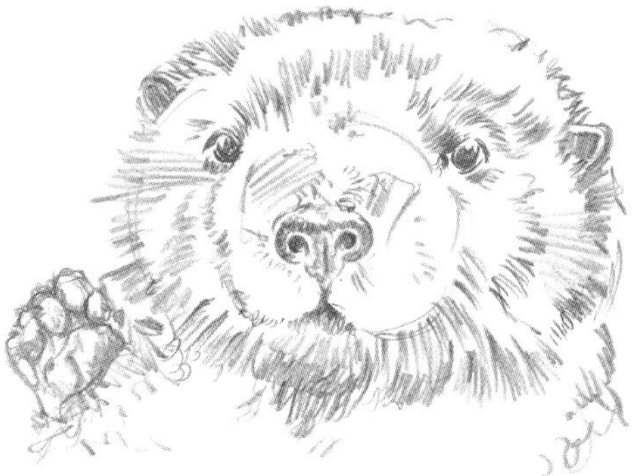

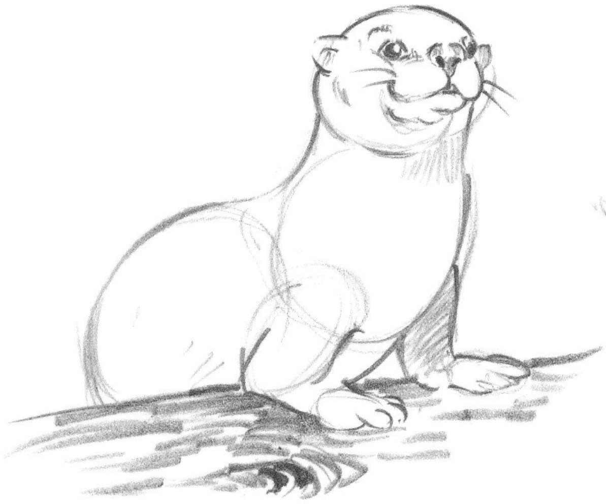

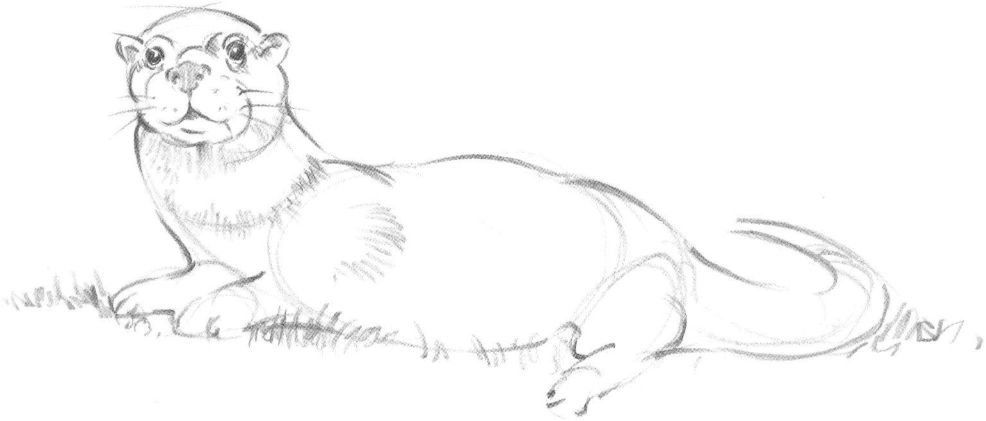

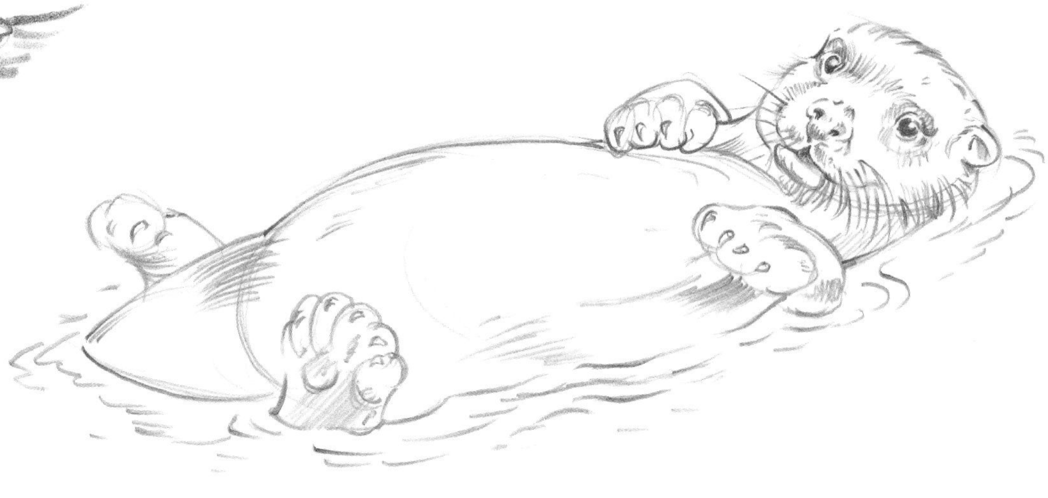

Otter Kopf und Körperformen der Otter mit lockeren Kreisen oder Ovalen vorzeichnen, dann Arme, Beine und den Schwanz an der richtigen Stelle platzieren. Wenn die Umrisse des Tieres gelungen sind, können Sie Details wie Ohren, Augen und Pfoten ganz leicht darstellen.

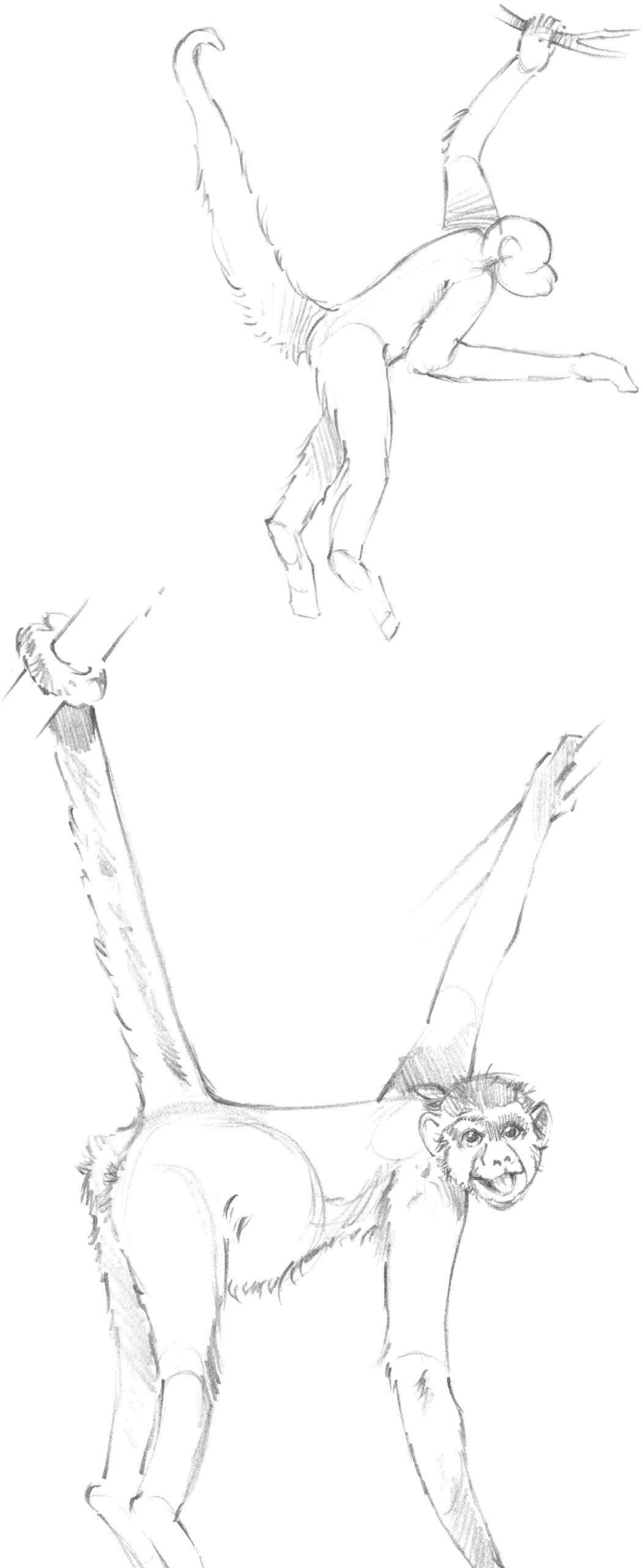

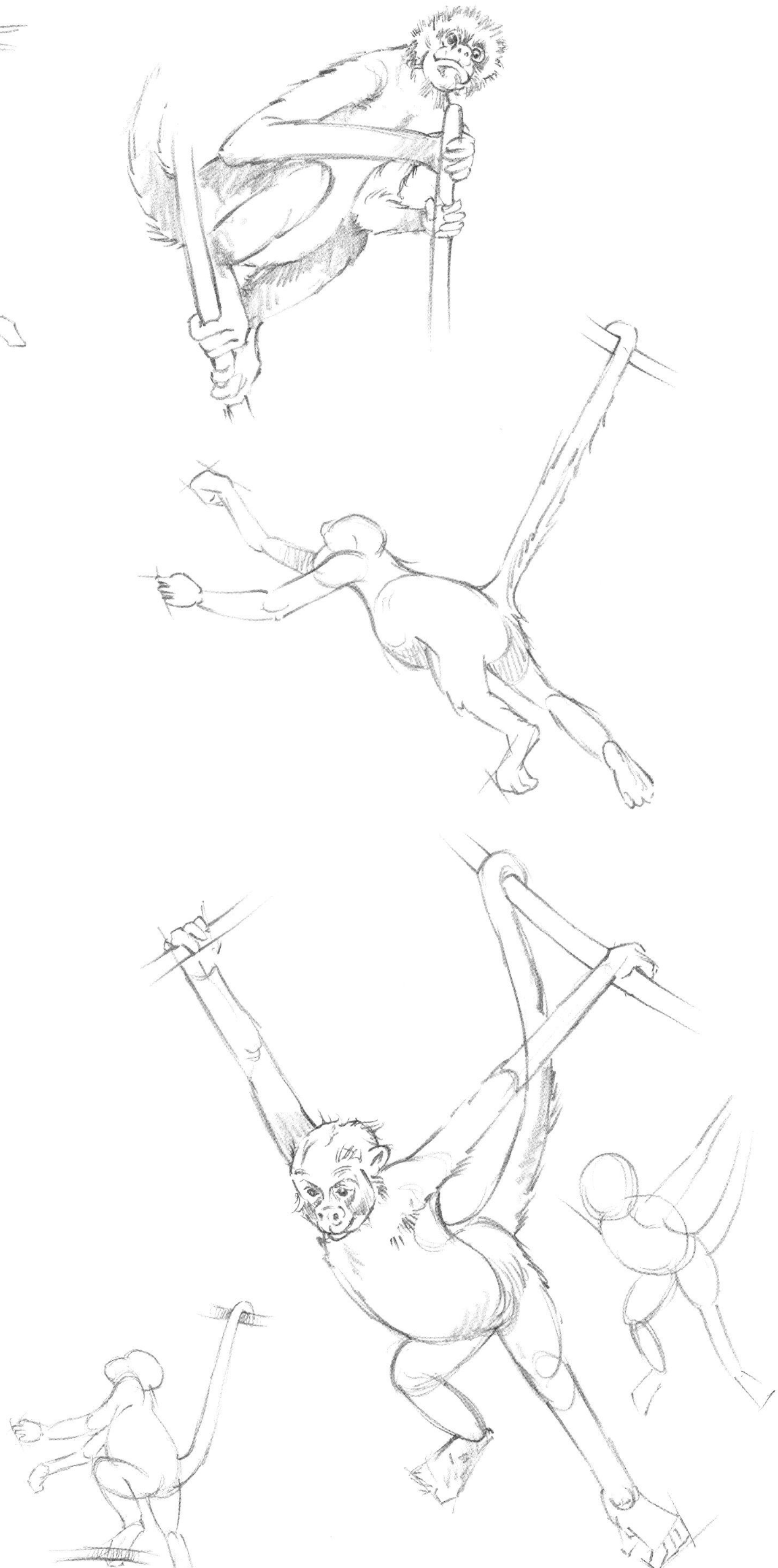

Affen Obwohl der Körper eines Klammeraffen schmal und schlank wirkt, sollten Sie als Erstes runde Formen zeichnen, um Kopf und Rumpf anzudeuten. Die Form von Armen und Beinen mit kurzen, weichen Linien nachempfinden und einige Schraffuren mit der Seite der Mine anbringen.

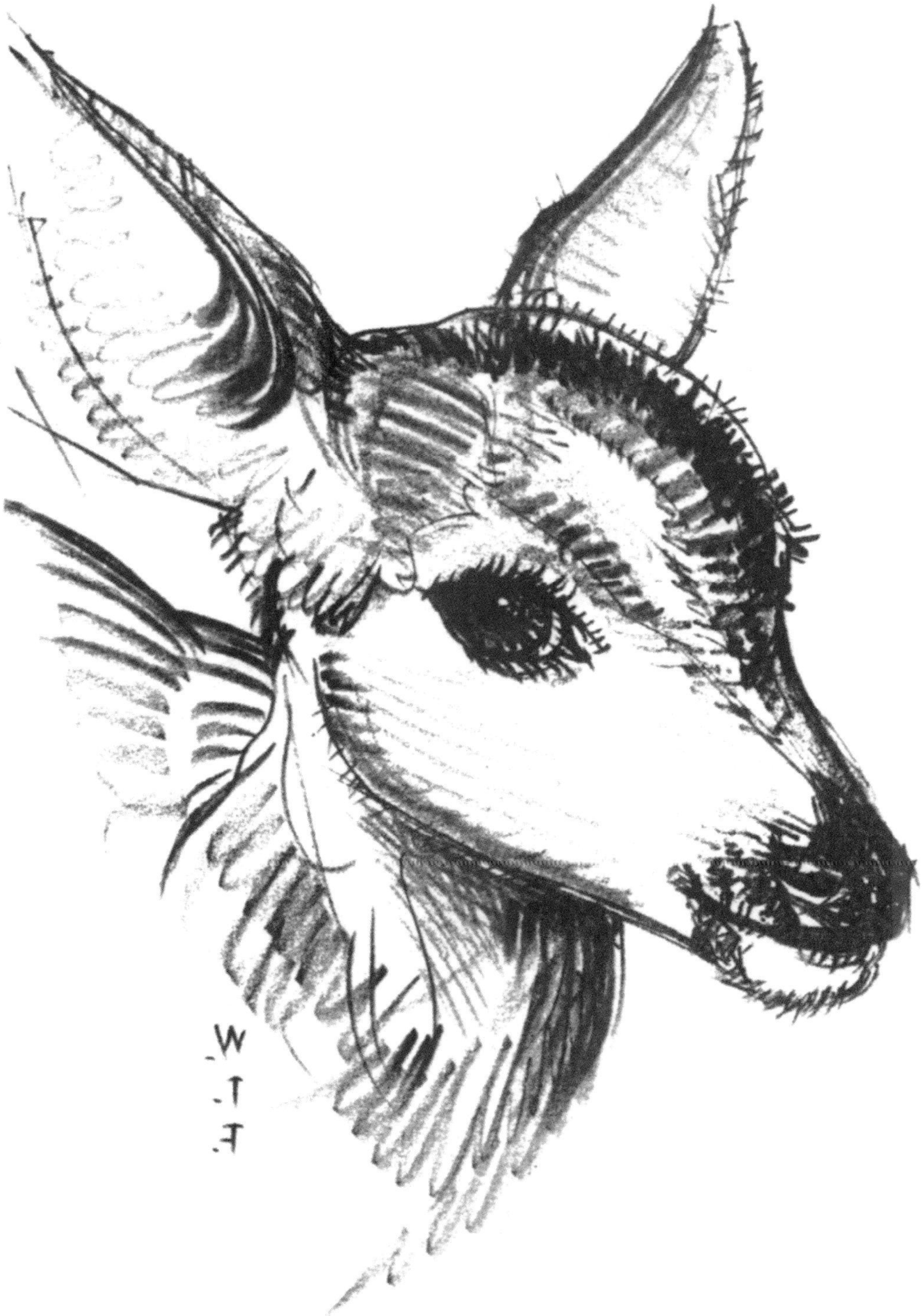
W.T.F.

TIERE aus aller Welt

In diesem Kapitel finden Sie eine große Auswahl an wunderschönen Tiermotiven: Haustiere, Wildtiere, Geschöpfe des Regenwaldes, schwergewichtige Pflanzenfresser, agile Jäger, kecke Vögel und niedliche Jungtiere können Sie in ihrer Umgebung betrachten und mit der bewährten Schritt-für Schritt-Methode sicher zeichnen lernen.

Wie Sie sich Tieren am besten nähern, liegt auch an Ihren persönlichen Möglichkeiten – nicht jeder hat schließlich einen großen Tierpark in der Nähe! Fotos sind immer eine gute Alternative, auch deshalb, weil das Tier darauf ganz still hält ...

Wenn Sie aber die Möglichkeit haben, Tiere in ihrem natürlichen Lebensraum oder im Zoo in Ruhe zu beobachten und zu zeichnen, dann sollten Sie das unbedingt tun.

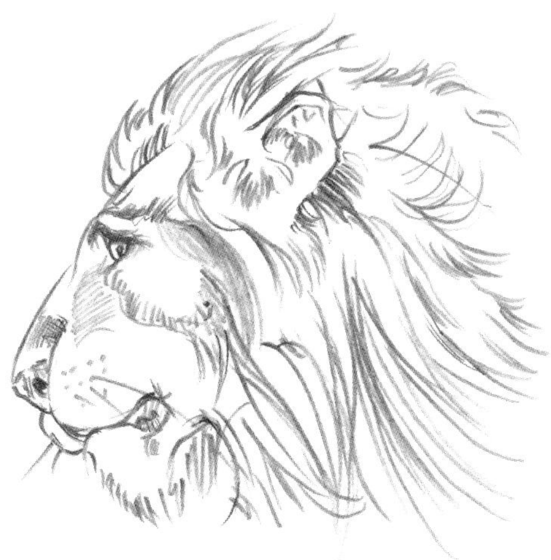

Tiere zeichnen leicht gemacht

Tiere sind faszinierende Geschöpfe, und man kann viele Stunden mit dem Skizzenheft im Tierpark verbringen und ihre Bewegungen, ihr Fell und den Bau ihres Körpers studieren. Da der Bleistift ein so vielseitiges Instrument ist, können Sie schnell eine Ziege mit dickem Haarkleid auf Papier festhalten oder ein sorgfältiges Porträt eines Rehs mit seinem schimmernden kurzen Fell anfertigen.

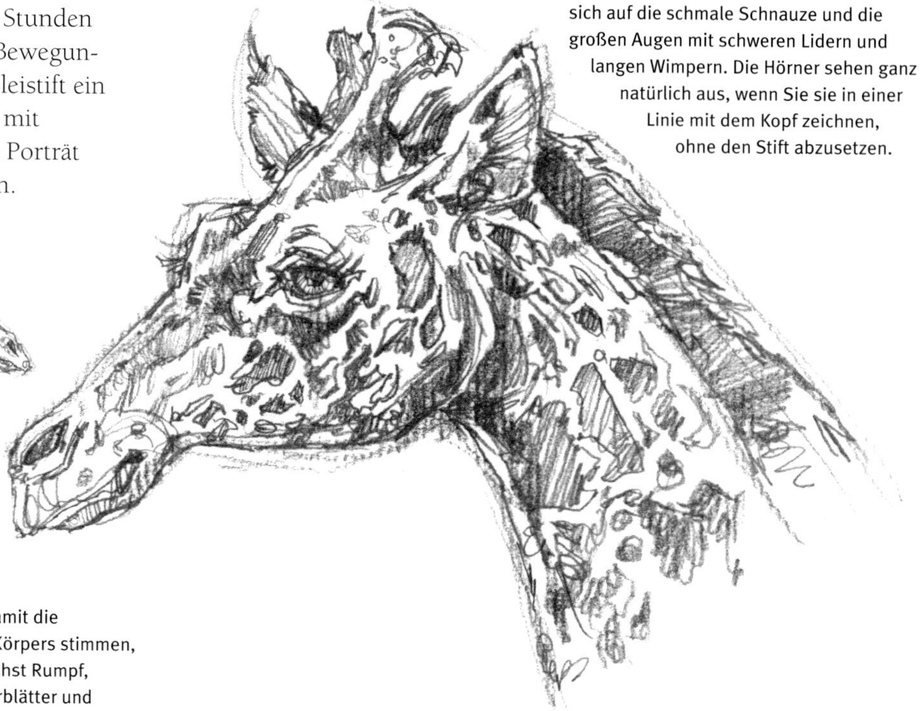

Studie des Kopfes Giraffen haben sehr interessante Gesichter. Konzentrieren Sie sich auf die schmale Schnauze und die großen Augen mit schweren Lidern und langen Wimpern. Die Hörner sehen ganz natürlich aus, wenn Sie sie in einer Linie mit dem Kopf zeichnen, ohne den Stift abzusetzen.

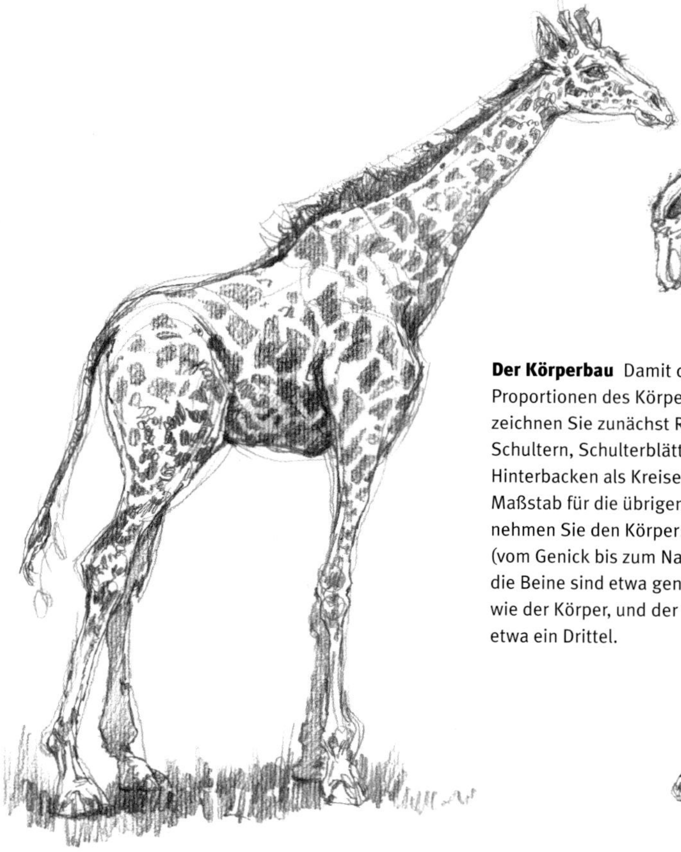

Der Körperbau Damit die Proportionen des Körpers stimmen, zeichnen Sie zunächst Rumpf, Schultern, Schulterblätter und Hinterbacken als Kreise vor. Als Maßstab für die übrigen Partien nehmen Sie den Körper: Der Hals (vom Genick bis zum Nacken) und die Beine sind etwa genauso lang wie der Körper, und der Kopf ist etwa ein Drittel.

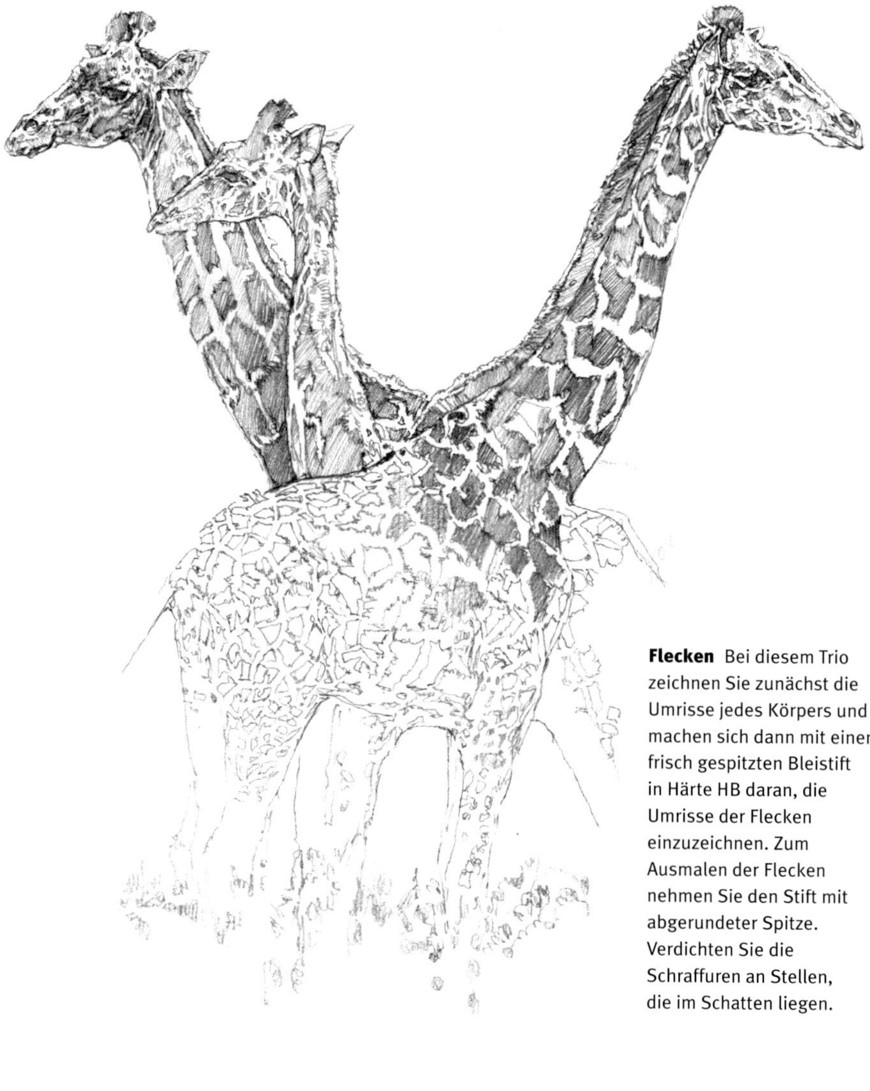

Flecken Bei diesem Trio zeichnen Sie zunächst die Umrisse jedes Körpers und machen sich dann mit einem frisch gespitzten Bleistift in Härte HB daran, die Umrisse der Flecken einzuzeichnen. Zum Ausmalen der Flecken nehmen Sie den Stift mit abgerundeter Spitze. Verdichten Sie die Schraffuren an Stellen, die im Schatten liegen.

Fell, Pelz und Haare zeichnen

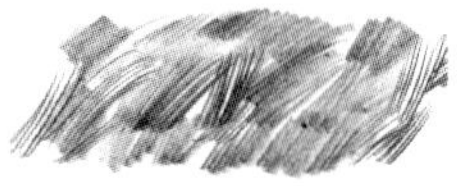

Weiches Fell Die Unterwolle mit der gerundeten Spitze eines 2B zeichnen, einzelne längere Haare mit einem spitzen HB.

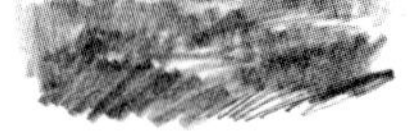

Hartes Fell Mit der Seite der Mine Partien in unterschiedlicher Richtung und mit unterschiedlichem Druck schraffieren.

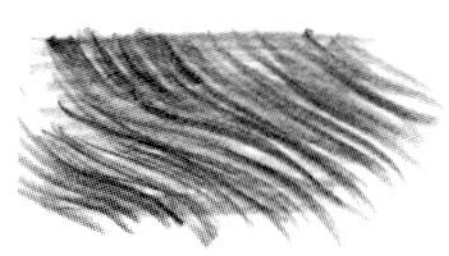

Langes Haar Längere wellige Striche in der Wuchsrichtung des Haars ziehen, den Stift am Ende des Strichs abheben.

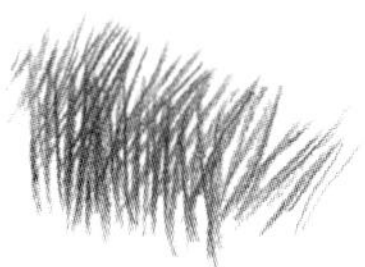

Kurzhaar Mit der gerundeten Spitze eines Bleistifts Härte HB kurze Striche zeichnen, die sich überlappen.

Das Besondere betonen

Angenommen, Ihnen gefällt ein Tier und Sie wollen es zeichnen. Dann fragen Sie sich vorher: „Was genau ist das Besondere?“ So gleichen sich zwar Schafe, Pferde und Giraffen im Körperbau und sie stehen auch alle auf Hufen. Doch ein Dickhornschaf ist dank seiner großen gewundenen Hörner und seines windzerzausten Haarkleids einzigartig. Pferde haben samtig schimmerndes Fell und sind sehr beweglich. Eine Giraffe ist unverkennbar durch den überlangen Hals und die auffallenden Flecken. Wenn Sie beim Zeichnen auf diese Unterscheidungsmerkmale achten, wird Ihr Tierbild lebendig und glaubwürdig.

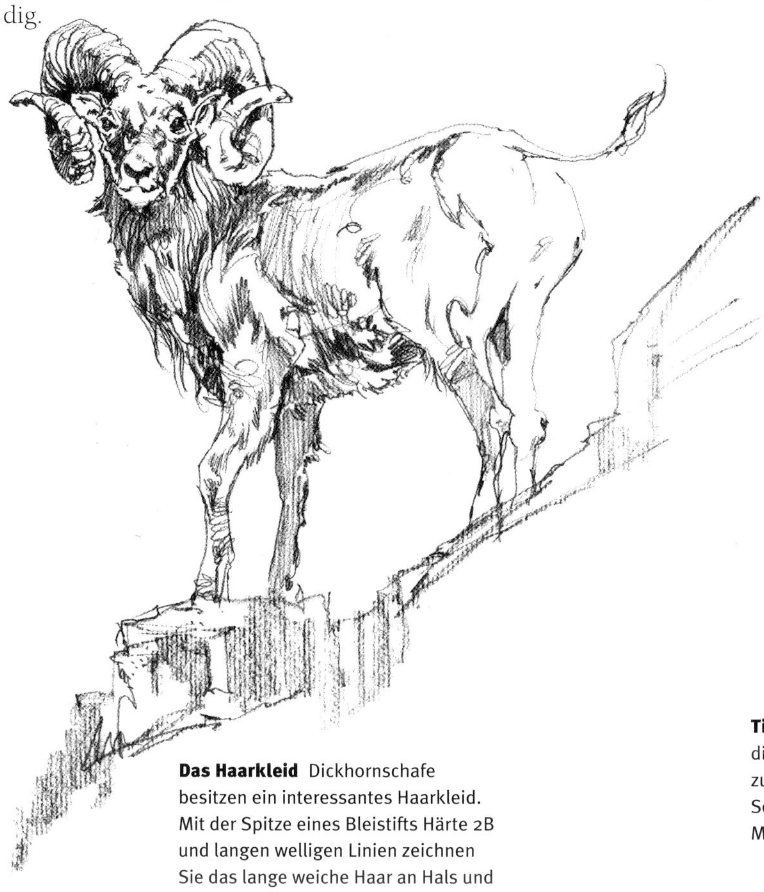

Das Haarkleid Dickhornschafe besitzen ein interessantes Haarkleid. Mit der Spitze eines Bleistifts Härte 2B und langen welligen Linien zeichnen Sie das lange weiche Haar an Hals und Brust. Mit kleinen kurzen Strichen nimmt das kurze Fell an Rücken, Bauch und Beinen Form an.

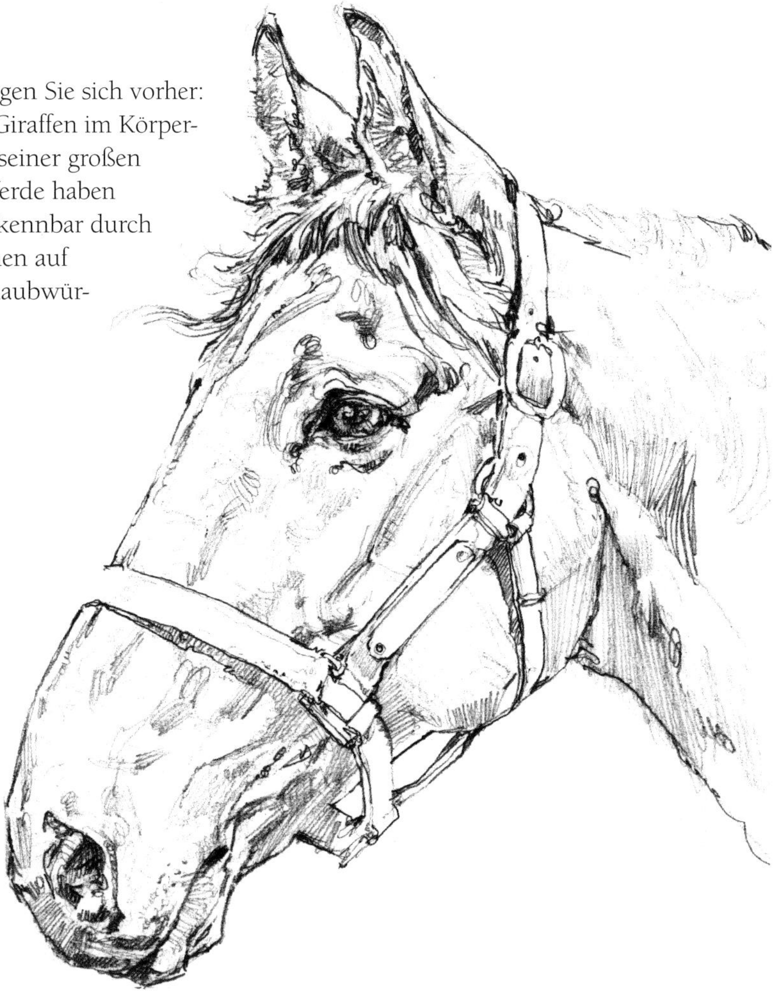

Tierporträts Ein Pferdekopf unterscheidet sich durch die weiten Nüstern, die großen Augen und die starken Wangenknochen deutlich vom Kopf eines Schafs oder einer Giraffe. Zeichnen Sie zunächst die Umrisse und die Details mit einem spitzen Bleistift, dann setzen Sie Schatten mit der Seite der Mine. Zum Schluss gehen Sie mit der gerundeten Spitze über das Porträt und arbeiten die Muskeln besser heraus. Durch die weißen Stellen im Bild schimmert das Fell samtweich.

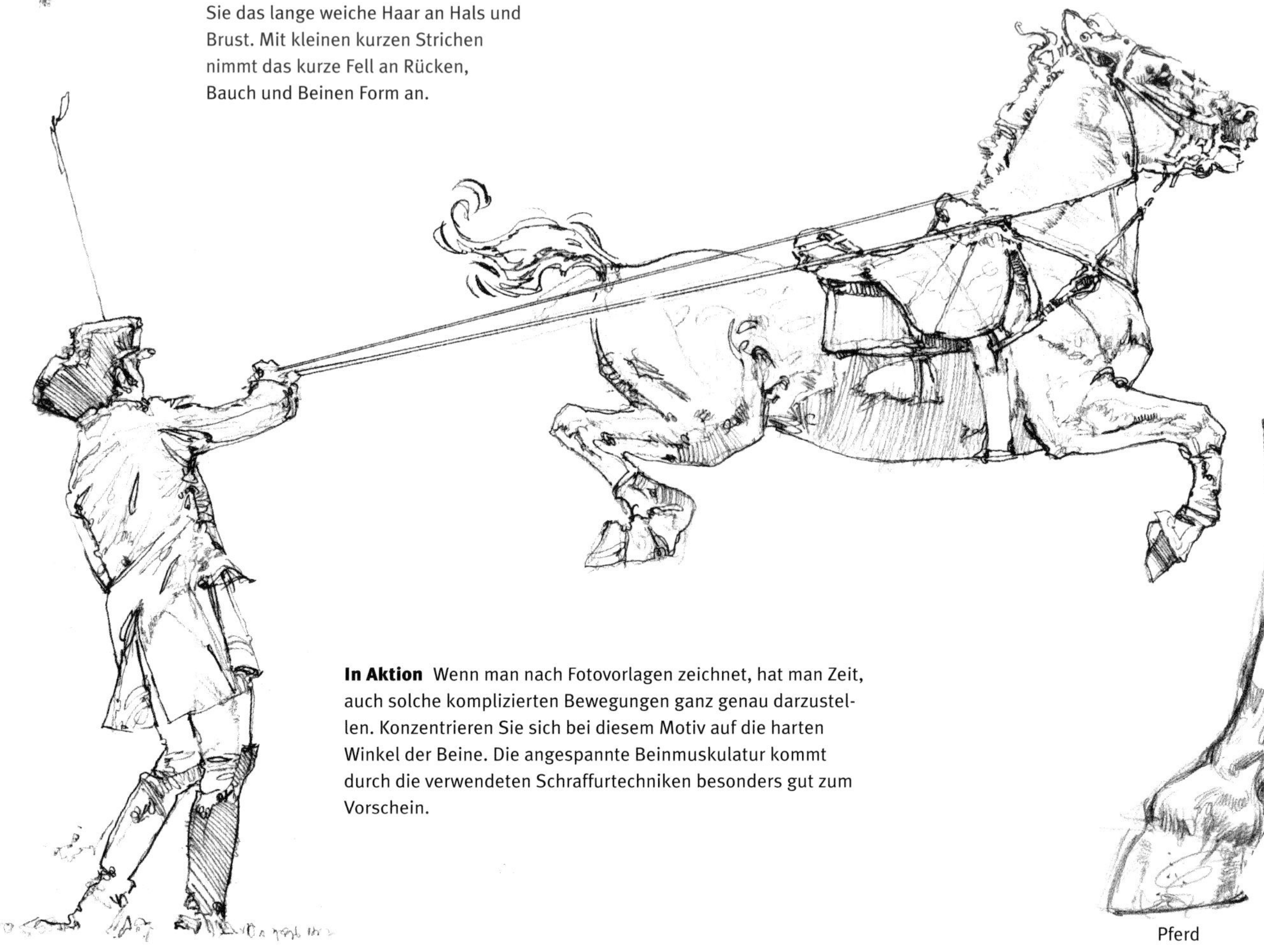

In Aktion Wenn man nach Fotovorlagen zeichnet, hat man Zeit, auch solche komplizierten Bewegungen ganz genau darzustellen. Konzentrieren Sie sich bei diesem Motiv auf die harten Winkel der Beine. Die angespannte Beinmuskulatur kommt durch die verwendeten Schraffurtechniken besonders gut zum Vorschein.

Hufe Sehen Sie einmal genau hin: Pferde haben Hufe. Giraffen, Schafe und Rinder stehen dagegen auf zwei Zehen. Der Pferdehuf ist auch runder und die Zehen der Giraffe sind nicht gleich.

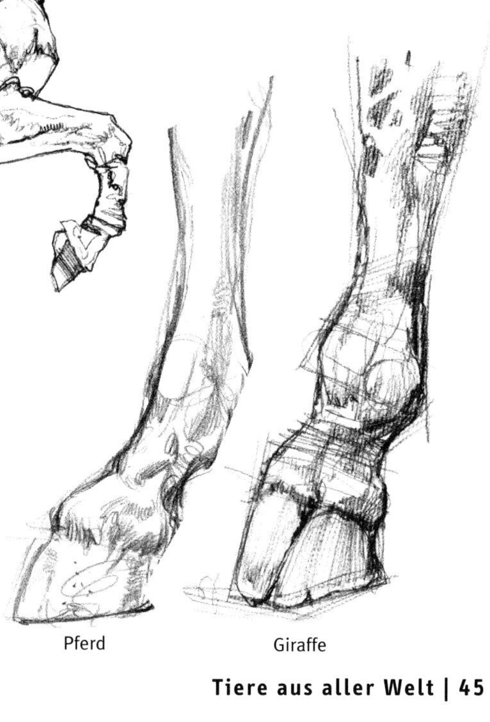

Pferd

Giraffe

Zeichnungen nach einem Foto

Fotos von Tieren sind wunderbare Vorlagen, nach denen man sehr gut zeichnen kann. Wenn Sie die Aufnahmen selbst machen, versuchen Sie einen Moment zu erhaschen, in dem das Tier eine Bewegung macht, die ganz typisch ist, wie z. B. einen Schimpansen, kurz bevor er springt, oder einen Gibbon, der gerade dabei ist, sich von Ast zu Ast zu schwingen. Seien Sie einfach darauf gefasst, im nächsten Moment einen tollen Schnappschuss zu bekommen, und machen Sie möglichst viele Aufnahmen vom selben Tier. Es ist nicht ganz einfach, die unverwechselbare und faszinierende Persönlichkeit eines Tieres auf Zelluloid oder digital festzuhalten, aber das Warten lohnt sich immer!

Wenn Sie sich an Ihre Zeichnung machen, holen Sie alle Fotos hervor und wählen Sie dasjenige aus, das Ihnen am besten gefällt. Denken Sie nicht, dass Sie nur ein Motiv verwenden dürfen - im Gegenteil! Es ist ja gerade die große Freiheit eines Künstlers, sich inspirieren zu lassen. Sie können ohne Weiteres das Gesicht zeichnen, wie es auf einem Foto zu sehen ist, und den Körper von einem anderen Foto nehmen, auf dem Sie ihn besser getroffen haben. Und natürlich können Sie den Hintergrund ganz nach Ihrem Belieben gestalten.

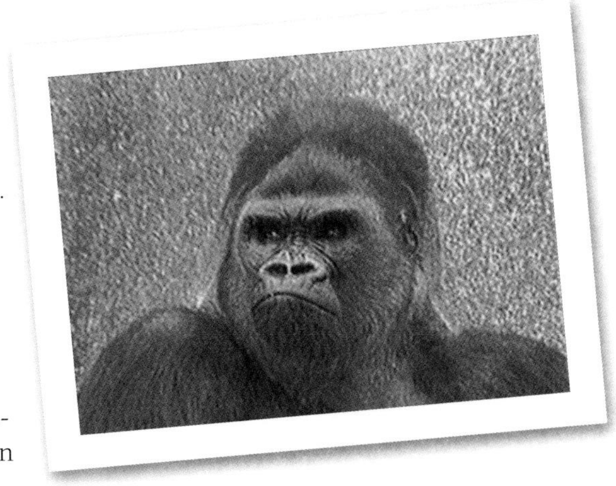

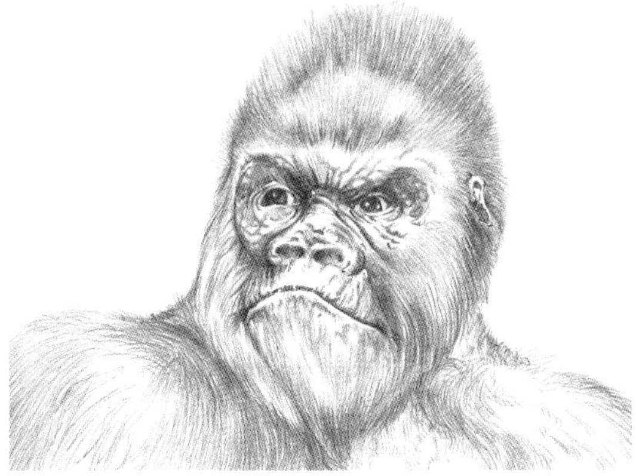

Tierporträt nach dem Foto Diese Zeichnung wurde nach dem Foto oben angefertigt. Es zeigt den stolzen und starken Charakter eines Gorillas sowie seine körperliche Kraft. Da das Foto so treffend ist, konnte die Zeichnung ihm detailgetreu folgen.

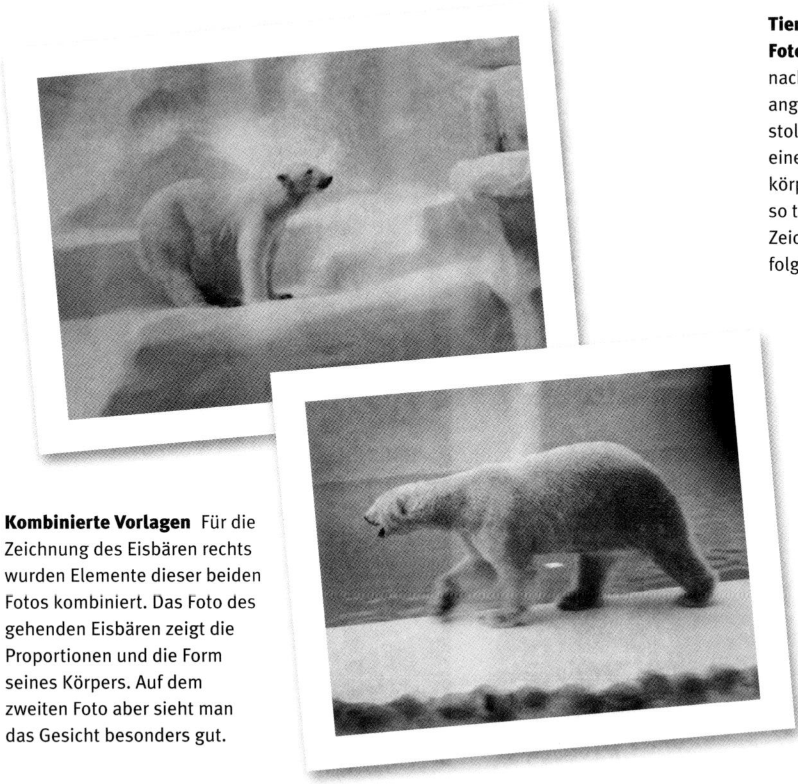

Kombinierte Vorlagen Für die Zeichnung des Eisbären rechts wurden Elemente dieser beiden Fotos kombiniert. Das Foto des gehenden Eisbären zeigt die Proportionen und die Form seines Körpers. Auf dem zweiten Foto aber sieht man das Gesicht besonders gut.

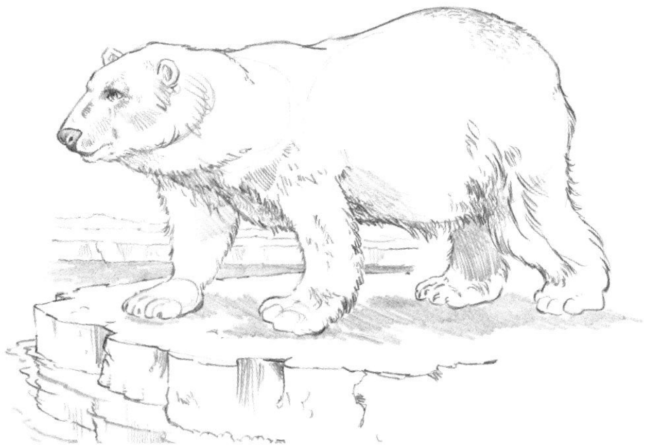

Eine Sammlung anlegen

Je besser Ihnen Ihre Zeichnungen gelingen und je mehr unterschiedliche Tiere Sie interessieren, desto mehr Vorlagen werden sie zur Hand haben wollen. Viele Künstler haben ein Archiv angelegt, indem sie Fotoabzüge, Dias und digitales Bildmaterial aufbewahren. Auf diese Weise ergänzen sie ihre Skizzen (④ Seite 38) und haben mehr Informationen über Fellstrukturen, Proportionen usw. zur sofortigen Verfügung. Sie können in Ihrer Sammlung auch Ausschnitte aus Zeitschriften, Postkarten oder anderes Material archivieren. Sie müssen sich nur immer klarmachen, dass Sie diese immer nur als Inspiration verwenden und nicht 1:1 kopieren, denn damit würden Sie die Nutzungsrechte verletzen.

Heutzutage können Künstler umfangreiche Sammlungen zu Hause haben – dank der digitalen Medien. Tausende von Fotografien lassen sich platzsparend auf CDs speichern und sind innerhalb von Sekunden auf dem Monitor abrufbar. Wenn Sie lieber herkömmliche Ordnungssysteme nutzen, hat es sich bewährt, das Material nach einem alphabetischen System zu archivieren, das einen schnellen und unkomplizierten Zugriff ermöglicht.

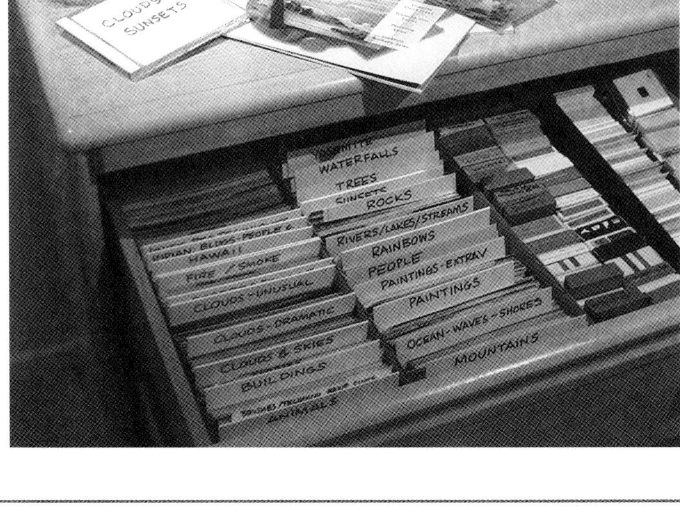

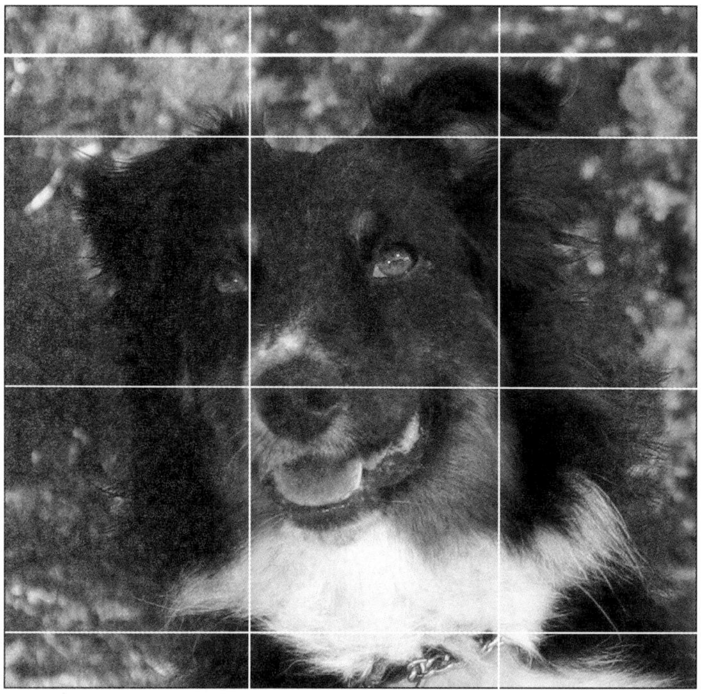

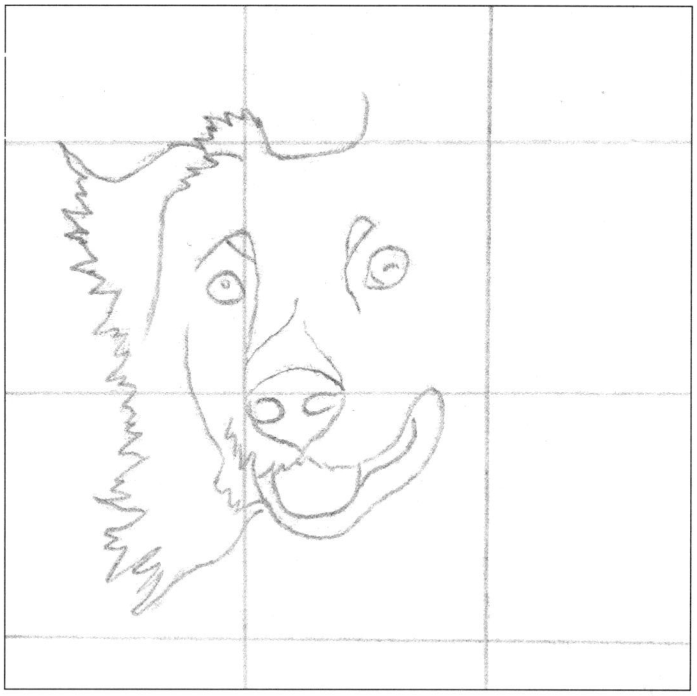

Rastermethode Wenn Sie sich an den Rasterlinien orientieren, können Sie die Gesichtszüge Ihres Motivs exakt platzieren. Zeichnen Sie das Raster nur ganz schwach, damit es sich leicht ausradieren lässt, wenn das Motiv übertragen ist.

Was wollen Sie übernehmen?

Nur selten zeigt eine Fotovorlage das Motiv genau so, wie Sie es zeichnen wollen. Meist möchte man etwas hinzufügen oder übernehmen, um die Wirkung zu verbessern, die wichtigsten Elemente zu betonen oder die Stimmung des Bildes zu manipulieren.

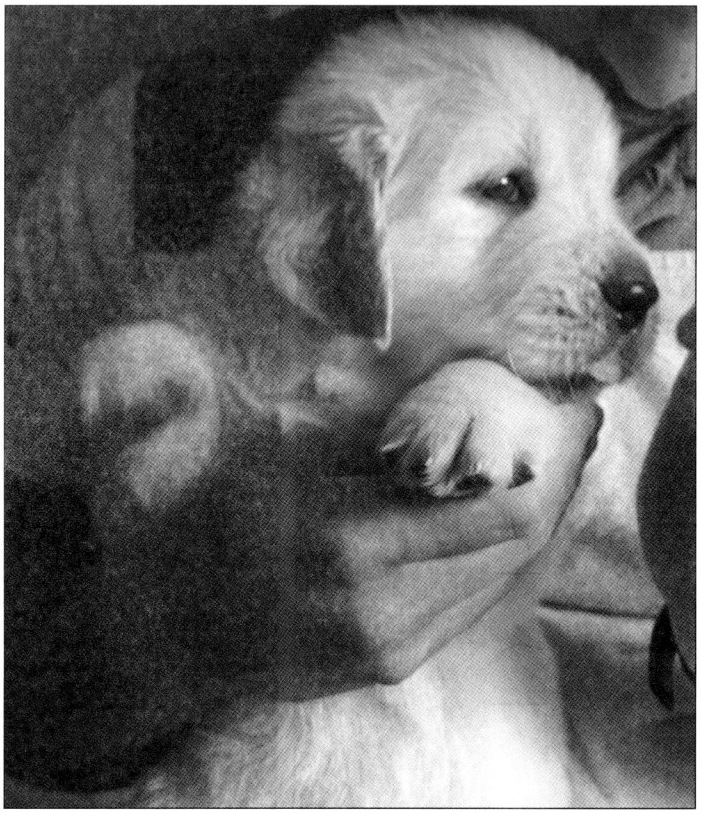

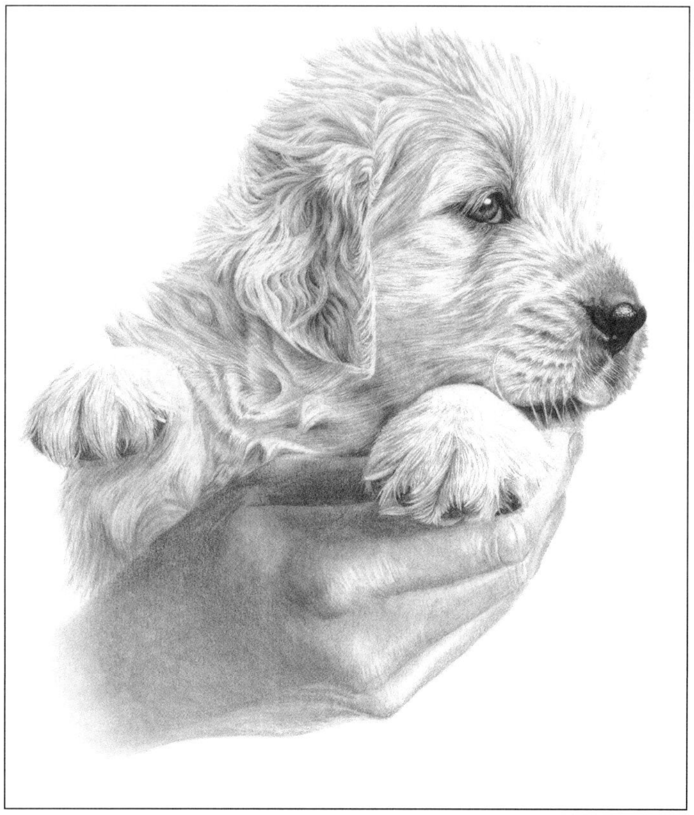

Abweichungen vom Foto Bei diesem Foto (oben links) hat dem Zeichner die Hand gut gefallen, die den Golden-Retriever-Welpen hält. Da der Rest der Person für die Zeichnung aber keine Bereicherung darstellt, wurde der menschliche Körper einfach weggelassen. Dafür entstand ein weißer Hintergrund, durch den das Motiv weich wirkt. Weil der Welpe ein sehr helles Fell hat, bildet die dunklere Hand einen effektvollen Kontrast. Die rechte Pfote des Hundes ist auf dem Foto verwackelt, denn ein Jungtier hält niemals ganz still. In der Zeichnung wurde sie natürlich gut sichtbar ausgearbeitet.

Durchpausen und Rastermethode

Obwohl das Zeichnen aus freier Hand eine gute Möglichkeit darstellt, die Form von Tieren kennenzulernen und exakt wiederzugeben, gibt es zwei schnellere Wege zur perfekten Genauigkeit: das Durchpausen und die Rastermethode. Beide Methoden sind anerkannt und werden seit Jahrhunderten von Künstlern angewandt – mit Mogelei haben sie nichts zu tun. Sie erhalten mit diesen Verfahren eine akkurate Kontur, aber Bildkomposition und die Ausarbeitung erfordern trotzdem Geschick und technisches Können. Legen Sie dennoch kein zu großes Gewicht auf diese Methoden, denn sie können das freihändige Zeichnen nicht ersetzen. Achten Sie auch auf Verzerrungen, die in der Fotografie beispielsweise durch Weitwinkelobjektive auftreten können. Diese sollten Sie in Ihrer Zeichnung korrigieren.

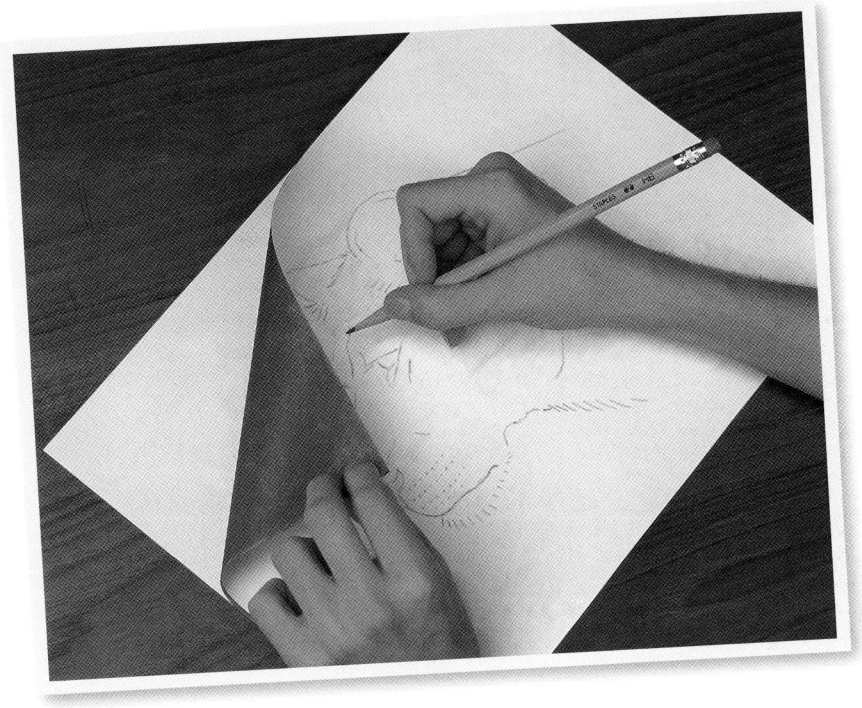

Wie in der Schule: Durchpausen Fotokopieren Sie das Motiv, das Sie durchpausen wollen, oder drucken Sie es aus. Dabei können Sie es auch nach Wunsch vergrößern oder verkleinern. Kleben Sie ein Stück Transparentpapier auf Ihre Vorlage und zeichnen Sie auf einem Leuchtpult sorgfältig die Kontur und die wesentlichen Gesichtszüge des Tiers durch. Wenn Sie kein Leuchtpult haben, drehen Sie das Papier mit Ihrer Vorlage um und bedecken Sie die Rückseite mit einer gleichmäßigen Schicht Grafit. Legen Sie das Blatt dann mit der Grafit-Seite nach unten auf Ihr Zeichenpapier. Zeichnen Sie die wichtigsten Linien des Motives sorgfältig mit einem Bleistift HB nach, um sie auf das darunterliegende Zeichenpapier zu übertragen.

Schritt für Schritt: die Rastermethode Zeichnen Sie auf eine Fotokopie Ihrer Vorlage ein Raster aus Linien in Abständen von 2,5 x 2,5 cm. Auf ein Stück Skizzenpapier zeichnen Sie ein entsprechendes Muster. (Es ist auch möglich, das Raster auf das endgültige Zeichenpapier zu zeichnen, doch dabei riskiert man, das Papier beim späteren Ausradieren zu beschädigen.) Beide Raster müssen dieselbe Anzahl von Feldern haben, um die Proportionen zu wahren. Die Feldgröße kann jedoch unterschiedlich sein. Zeichnen Sie dann Feld für Feld die Konturen des Motivs ab. Danach übertragen Sie diese auf Ihr endgültiges Zeichenpapier.

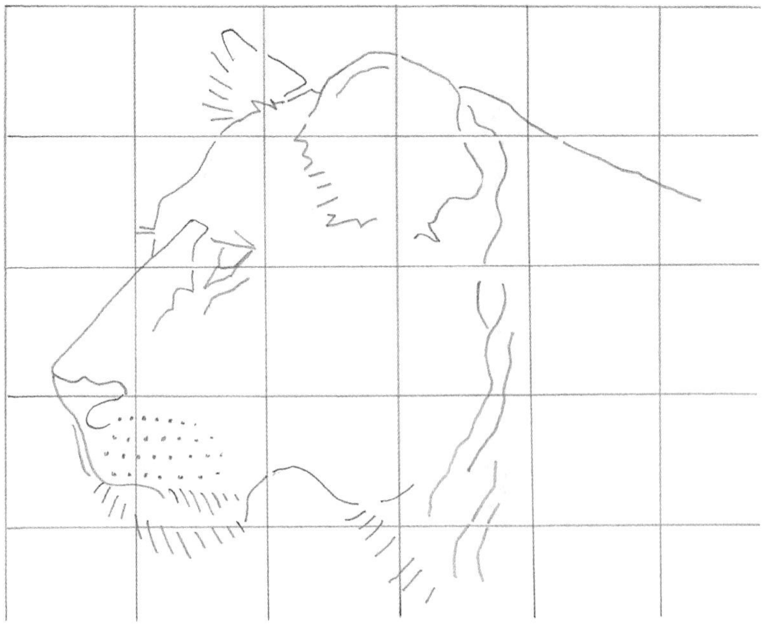

Lebende Tiere

Wer realistische Tiere zeichnen möchte, sollte sie eingehend beobachten und das Skizzieren am lebenden Modell üben. Wesen und Aussehen lassen sich leichter darstellen, wenn man weiß, wie sich Tiere bewegen und mit ihrer Umgebung oder Artgenossen interagieren. Es ist schwierig und manchmal gefährlich, Tiere in freier Natur zu zeichnen, aber auch im Zoo, im Wildpark oder Tierheim kann man lebende Modelle finden. Zur Not genügt sogar ein Video, wenngleich es viel eindrucksvoller ist, die Tiere nicht nur zu sehen, sondern auch zu hören und zu riechen.

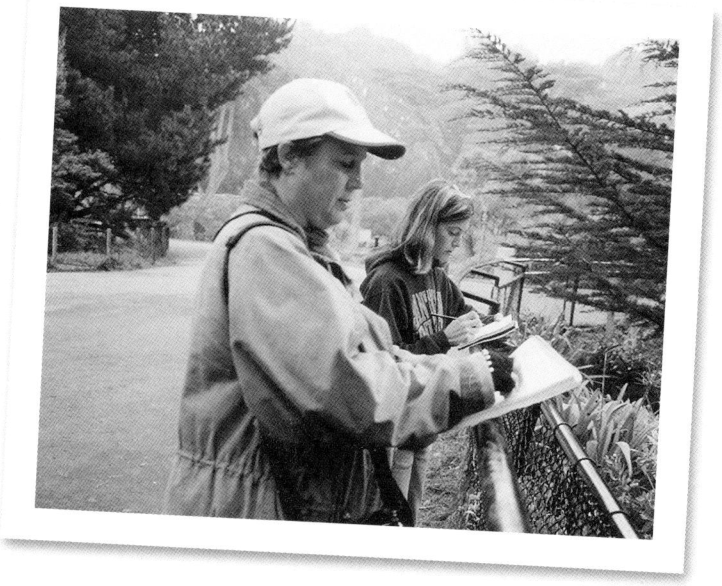

Zeichnen vor Ort Die Tierzeichnerin Linda Weil (links) und ihre Nichte (rechts) bei der Arbeit im Zoo von San Francisco.

Was müssen Sie mitnehmen?

Was Sie mitnehmen, hängt letztlich davon ab, was Sie tragen wollen. Diese Utensilien haben sich beim Zeichnen vor Ort bewährt:

1. Verschiedene Bleistifte (mindestens HB und 2B)
2. Skizzenbuch
3. Praktische Kleidung und eine Kopfbedeckung
4. Insektenschutz
5. Sonnenschutzcreme
6. Eine Flasche Wasser
7. Anspitzer
8. Kamera (wenn Sie ein Tier zeichnen, das Sie noch nie gesehen haben oder von dem Sie wenige Vorlagen besitzen)
9. Etwas zum Sitzen (Sie werden eine ganze Weile bei den Tieren verbringen)

Worauf müssen Sie achten?

1. Unkooperative Tiere Wenn Sie ein bestimmtes Tier zeichnen wollen, passiert es recht häufig, dass gerade dieses sich den ganzen Tag nicht zeigt oder aus dem Bestand des Zoos genommen wurde. Falls Sie sich also auf eine spezielle Tierart festgelegt haben, sollten Sie sich vorher telefonisch im Zoo erkundigen, ob es überhaupt vorhanden ist. Wenn es sich dann versteckt, haben Sie zwar Pech, ersparen sich aber die Enttäuschung, wenn Sie ausgerechnet an dem Tag in den Zoo zu gehen, an dem „Ihr" Tier nicht zu sehen ist, weil seine tierärztliche Untersuchung ansteht.

2. Gewohnheiten der Tiere Viele Tiere sind am frühen Morgen aktiv und verschlafen den Nachmittag in ihrem Versteck. Falls Sie ein nachtaktives Tier beobachten wollen, erkundigen Sie sich beim Pfleger, wann die besten Chancen bestehen. Fragen Sie nach den Fütterungszeiten und planen Sie Ihren Besuch entsprechend. Vielleicht können Sie auch einen Besuch außerhalb der Öffnungszeiten verabreden.

3. Haben Sie Geduld Wenn das Tier bei ihrer Ankunft nicht zu sehen ist, warten Sie ein Weilchen. Tiere leben nach ihrem eigenen Rhythmus, nicht nach dem Zeitplan der Menschen. Meist zahlt Geduld sich aus.

4. Seien Sie flexibel Die Geduld hat nicht zum Erfolg geführt? Dann schauen Sie sich doch in den Nachbargehegen um. Wenn Sie die Augen offen halten, werden Sie bestimmt etwas Interessantes entdecken.

5. Rechnen Sie mit Zuschauern Menschen sind normalerweise neugierig, vor allem Kinder werden zuschauen wollen, was Sie tun. Wenn Ihnen Publikum unangenehm ist, suchen Sie sich einen versteckten Platz. Manche Leute werden vielleicht mehr Interesse zeigen und Fragen stellen. Erzählen Sie ruhig von Ihren Zeichnungen. Wer selbstbewusst genug ist, hat ein paar Visitenkarten dabei. Wer weiß – vielleicht ergibt sich ein Auftrag?

6. Seien Sie höflich Tiere sind oft scheu oder schreckhaft. Klopfen Sie bitte nicht an das Glas und rudern Sie nicht mit den Armen, um ein Tier auf sich aufmerksam zu machen. Sie könnten dadurch das Tier erschrecken – oder sich zum Narren machen, vor allem, wenn das Tier Sie mit Nichtachtung straft. Besetzen Sie auch nicht die besten Beobachtungspunkte, sondern lassen Sie genug Platz für andere Besucher, besonders für Kinder. Bemühen Sie sich lieber, das Interesse anderer zu wecken, und zeigen Sie ihnen, was Sie so intensiv beobachten.

Zeichnungen nach der Natur

Wenn Sie Menschen, Landschaften, Bäume oder Tiere nach der Natur zeichnen, werden diese Bilder einzigartige Originale mit ungewöhnlichen Motiven, denn jeder Ausschnitt, jede Bewegung und jedes Motiv sind neu und noch nie da gewesen! Natürlich ist es schwierig, ein Bild gleich vor Ort ins Reine zu zeichnen: Vielleicht können Sie nicht so lange bleiben, bis alles fertig gezeichnet ist, oder das Licht wechselt zu schnell … Außerdem halten Tiere meist nicht lange genug still, bis Sie alles „im Kasten“ haben. Deshalb sollten Sie es gar nicht erst versuchen. Viel besser ist es, zunächst Skizzen anzufertigen und dort alle Informationen und Beobachtungen festzuhalten, die Sie für die Fertigstellung der Zeichnung brauchen können. Arbeiten Sie dabei schnell und locker; konzentrieren Sie sich auf die Gestalt Ihres Modells, auf seine Gesichtszüge und seine Gesten. Nehmen Sie den ganzen Arm und die Schulter zu Hilfe, zeichnen Sie nicht nur aus dem Handgelenk. Passen Sie die Haltung des Stiftes immer wieder an. Machen Sie sich auch kurze Notizen. Wenn Sie zu Hause das Bild ausarbeiten, werden Sie sich wundern, wie oft Sie im Skizzenbuch nachsehen!

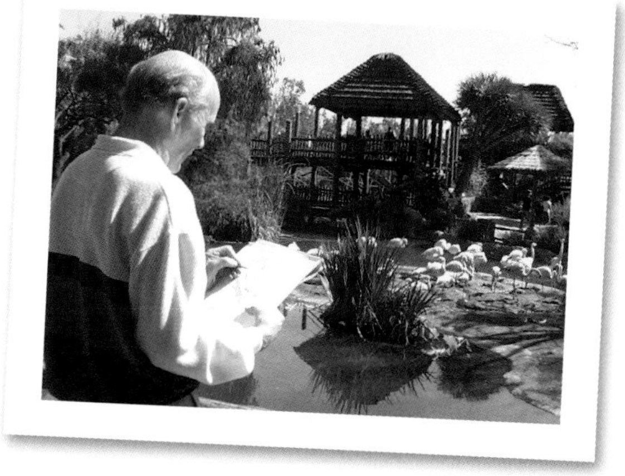

Zeichnen im Zoo Ein Tierpark ist der ideale Ort für Tierzeichner. Ehe Sie ein Tier zeichnen, beobachten Sie es eine Weile lang gut. So prägen sich seine Gestalt und sein Verhalten besser ein. Je mehr Sie über ein Tier wissen, desto treffender werden Ihre Porträts ausfallen.

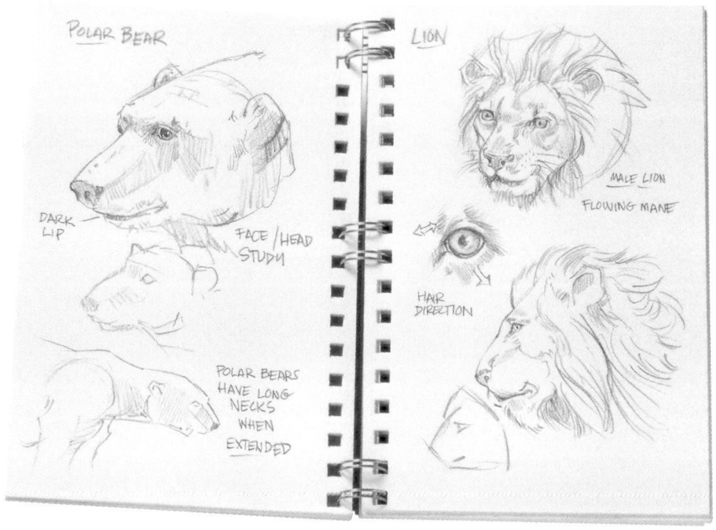

Das Skizzenbuch richtig verwenden Wenn Sie sich draußen Skizzen für ein Bild machen, notieren Sie bitte alles über den Lichteinfall, die Tageszeit und alle anderen Dinge, die Sie vergessen könnten. Wenn Sie ein Detail wie hier das Auge oder ein Gesichtsausdruck besonders interessiert, machen Sie mehrere Skizzen aus unterschiedlichen Blickwinkeln. Auch wenn Sie es nicht wollen, wird vieles von dem, was Sie beim Skizzieren sehen, nach und nach in Ihrem Gedächtnis verblassen.

Der Bildausschnitt

Wenn Sie sich nicht so recht entscheiden können, wie Sie das Objekt oder die Objekte, die Sie zeichnen möchten, auf dem Blatt arrangieren sollen, formen Sie einfach mit Daumen und Zeigefinger ein L. Sie können den Ausschnitt auch mithilfe einer Schablone bestimmen, wie Sie sie hier im Foto sehen. Betrachten Sie das Objekt nun von allen Seiten, wechseln Sie die Position und so weiter, bis Sie den idealen Ausschnitt gefunden haben.

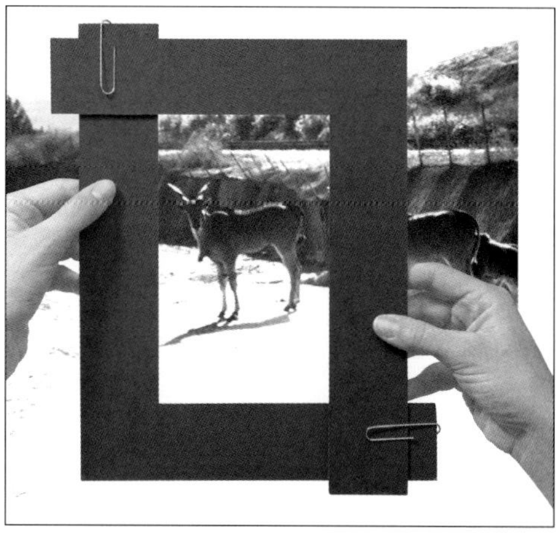

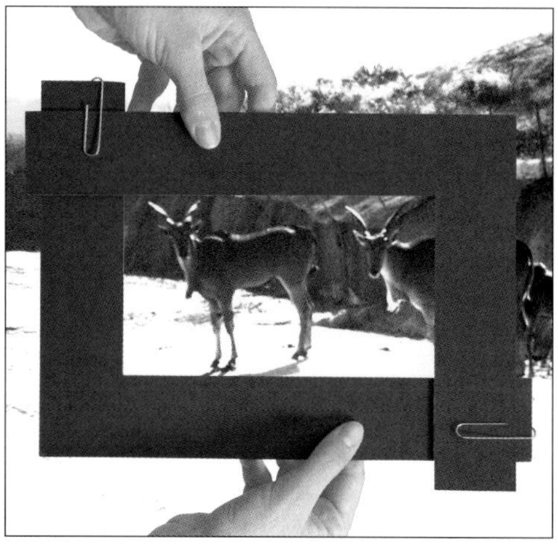

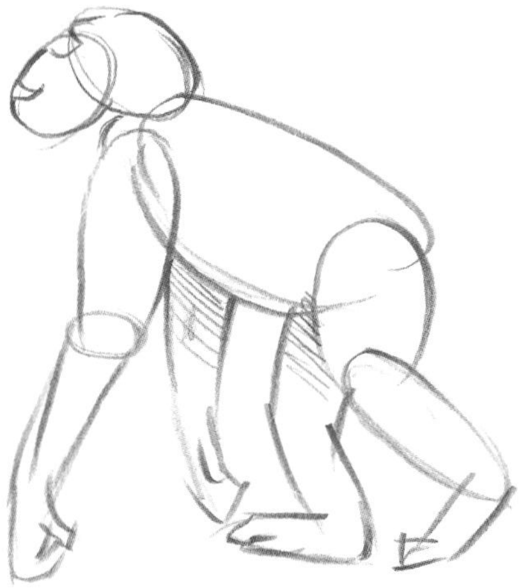

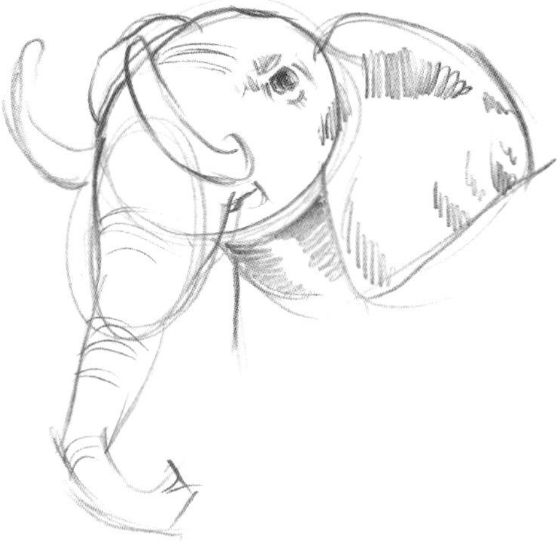

Die Grundformen Ihre Skizzen müssen nicht so akkurat sein wie auf den Beispielseiten eines Skizzenbuches oben. Viel wichtiger ist es, dass Sie auch vor Ort ein Objekt in seine einfachsten Grundformen „zerlegen“ und sie dann ins Buch übertragen können. Die Skizze des Schimpansen links bestand zunächst nur aus verschiedenen Ovalen. Hände, Füße und Gesicht sind kaum angedeutet. Das Zentrum des Elefantenporträts ist ein einfacher Kreis. Es folgten ein Oval und einige dreieckige Formen; dann war es ganz einfach, den Rüssel und die Stoßzähne und den Rest zu zeichnen.

Wilde Tiere

Wir haben die Beziehung zu „Bruder Tier" noch nicht ganz aufgeben: Tierparks, Zoos, Wildparks, Hirschgehege usw. erlauben es uns, Tieren nah zu sein und sie in ihrer Umgebung und in ihrer Interaktion miteinander zu erleben. Auch wenn dies nicht das natürliche Umfeld der Tiere ist, so leben die Tiere hier doch geschützt und meist entspannt, was es dem Zeichner erlaubt, sie in relativer Ruhe zu studieren, ihnen näher zu kommen und lebensnahe Bilder zu zeichnen.

In diesem Kapitel zeigen wir Ihnen einen guten Querschnitt durch die Tierarten, damit Sie draußen vor Ort schon ein wenig Übung haben und wissen, worauf es ankommt, wenn Sie einen Python, einen Löwen, eine Giraffe oder einen Tukan zeichnen wollen.

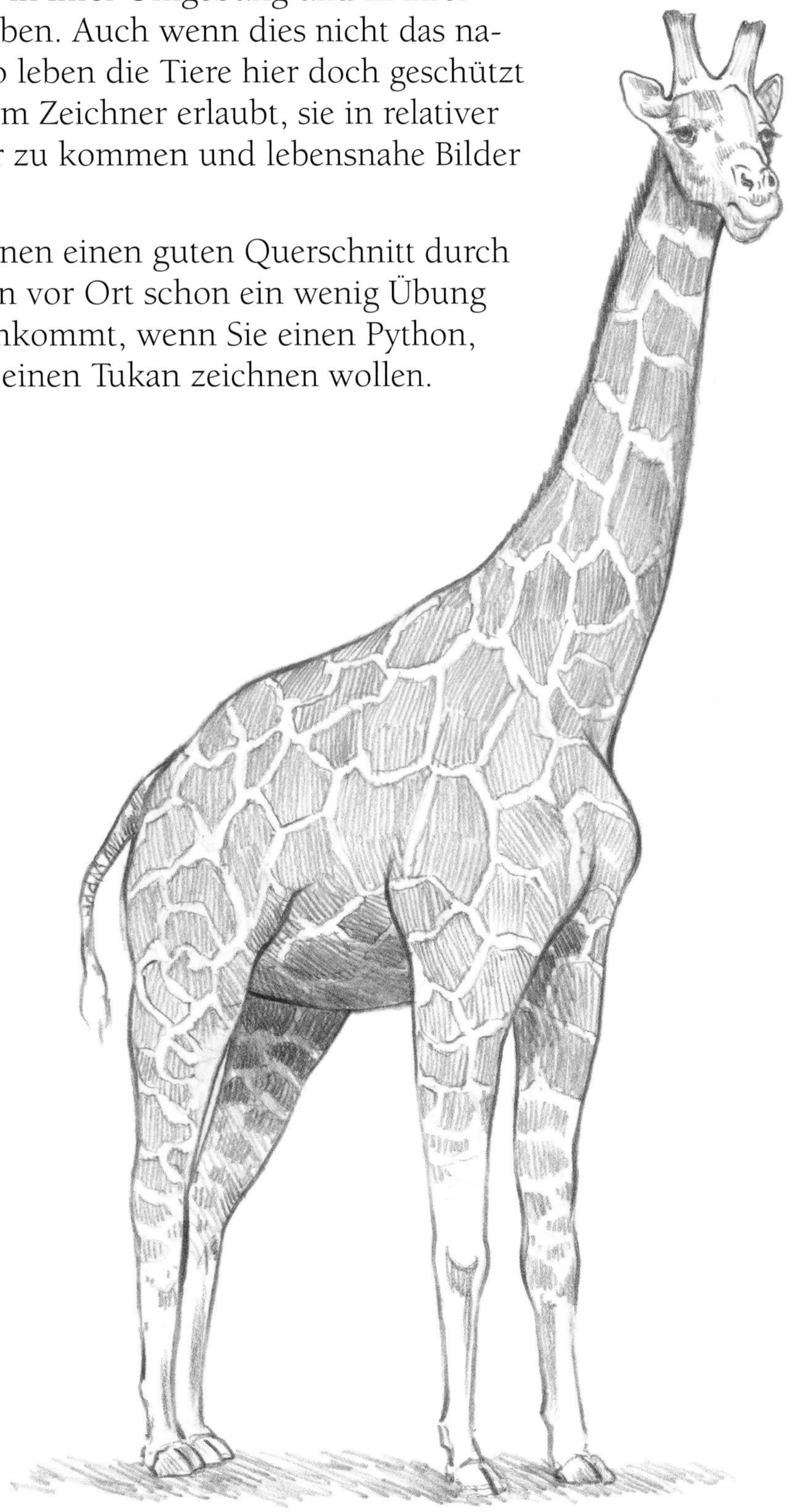

Elefant

Einen Elefanten sollten Sie ganz genau studieren, ehe Sie ihn zum ersten Mal zeichnen. Er ist ein besonders interessantes Tier, das viel beweglicher ist, als man denkt: Ist Ihnen zum Beispiel aufgefallen, dass er seine Hinterbeine genauso beugt und streckt wie ein Mensch, der geht?

Mit den richtigen Schraffuren können Sie die Körperformen des Elefanten ganz leicht herausarbeiten: Zeichnen Sie lange Querstriche für den Hals, eine Kombination von Strichen in unterschiedlicher Richtung für den Bauch und kräftige senkrechte Striche oben am Rücken – so erhält der Elefant Masse und Präsenz.

1

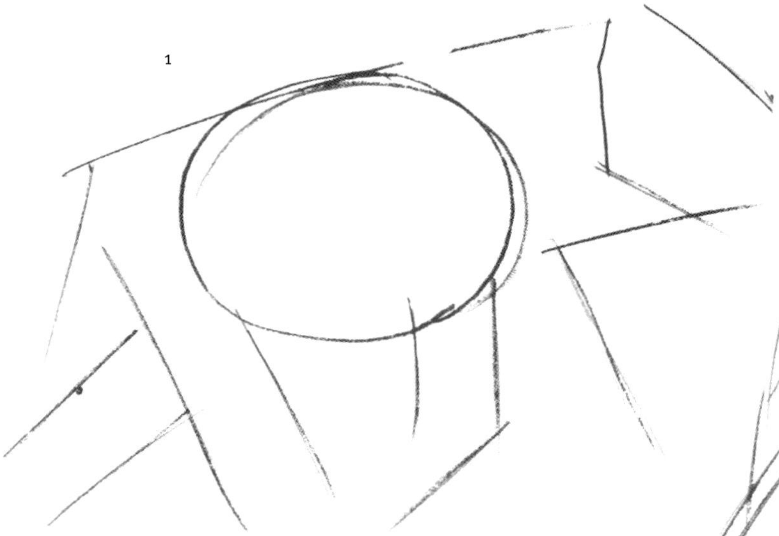

2

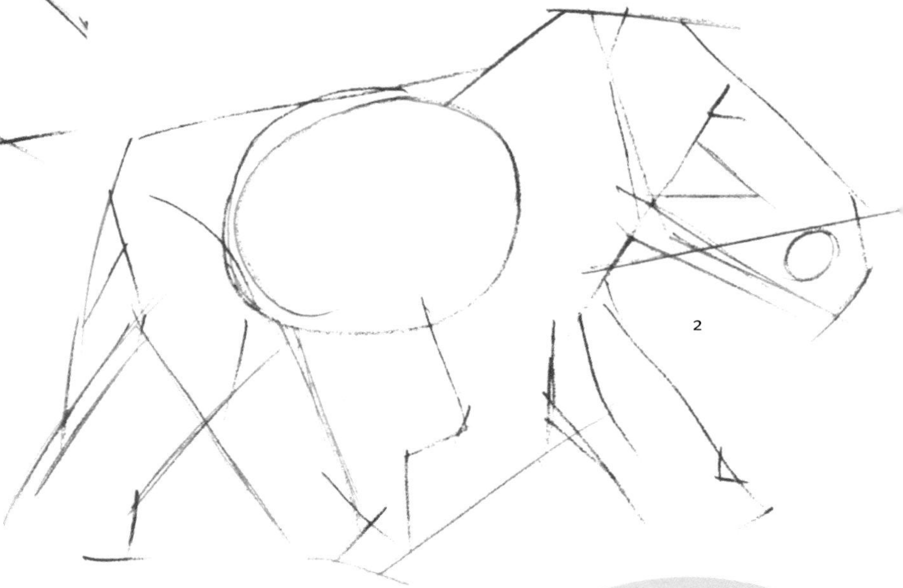

Beim Zeichnen wie in Schritt 1 mit einem Oval für den Bauch anfangen und dann die Umrisse ansetzen, wie in Schritt 2 zu sehen. Um dem massiven Körper Struktur zu geben, schon in Schritt 2 auch die auffallendsten Hautfalten einzeichnen. Beim Schraffieren drücken Sie bei tieferen Falten einfach stärker mit dem Bleistift auf als bei kleinen Falten. Denken Sie daran, eher kurze, kräftige Striche zu verwenden, um die rau wirkende Haut zeichnerisch gut zu treffen.

Elefanten können ihren Rüssel wie eine Hand benutzen. Er dient ihnen aber auch als Wasserschlauch oder sogar als Knüppel.

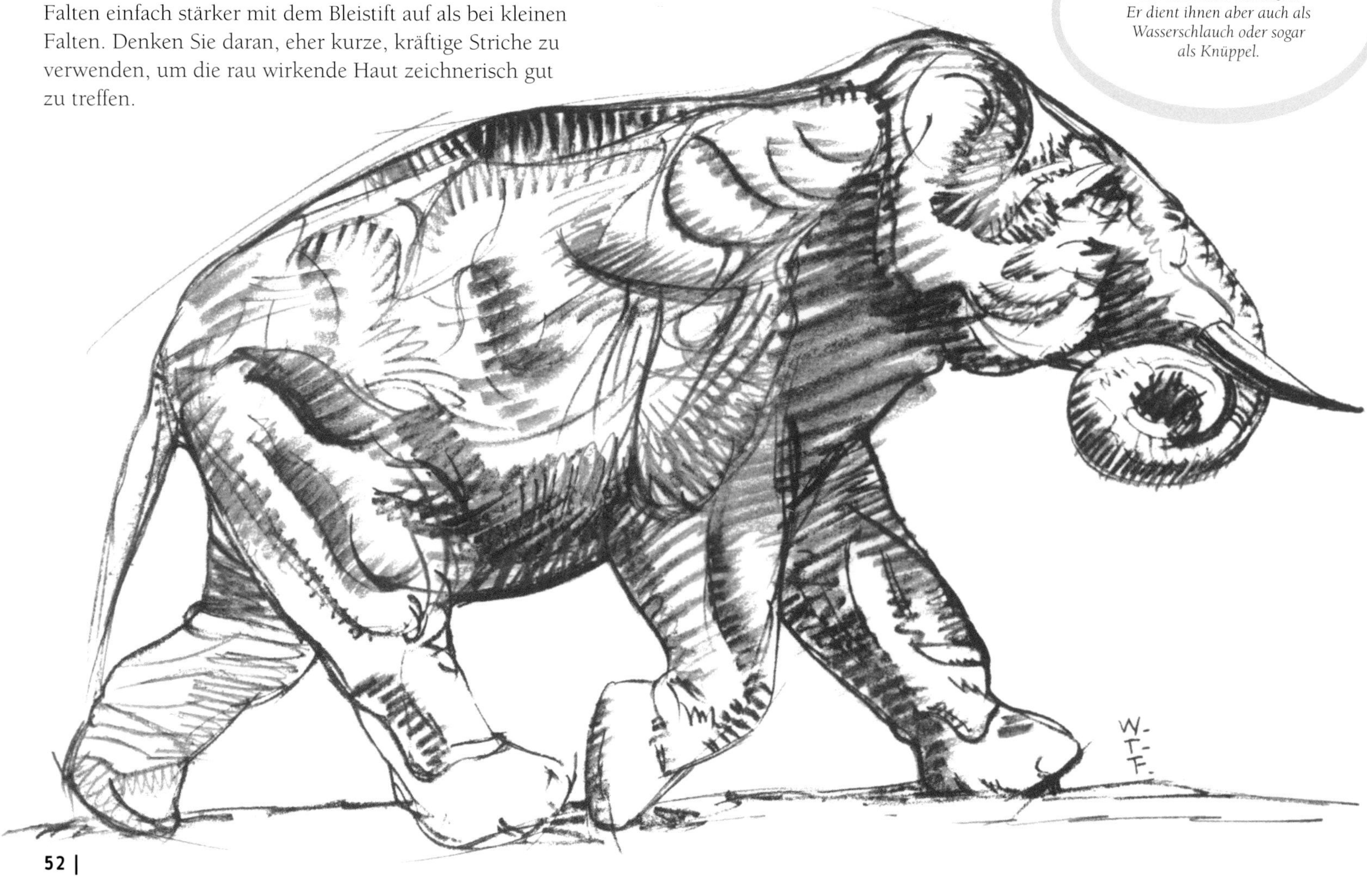

Gazellen

Diese Gazellen sehen in der ruhigen Bewegung ebenso elegant und leichtfüßig aus, wie wenn sie sich auf die Hinterbeine erheben. Sehen Sie genau hin, wie unterschiedlich sich die beiden Tierposen schon von den ersten skizzenhaften Strichen an entwickeln.

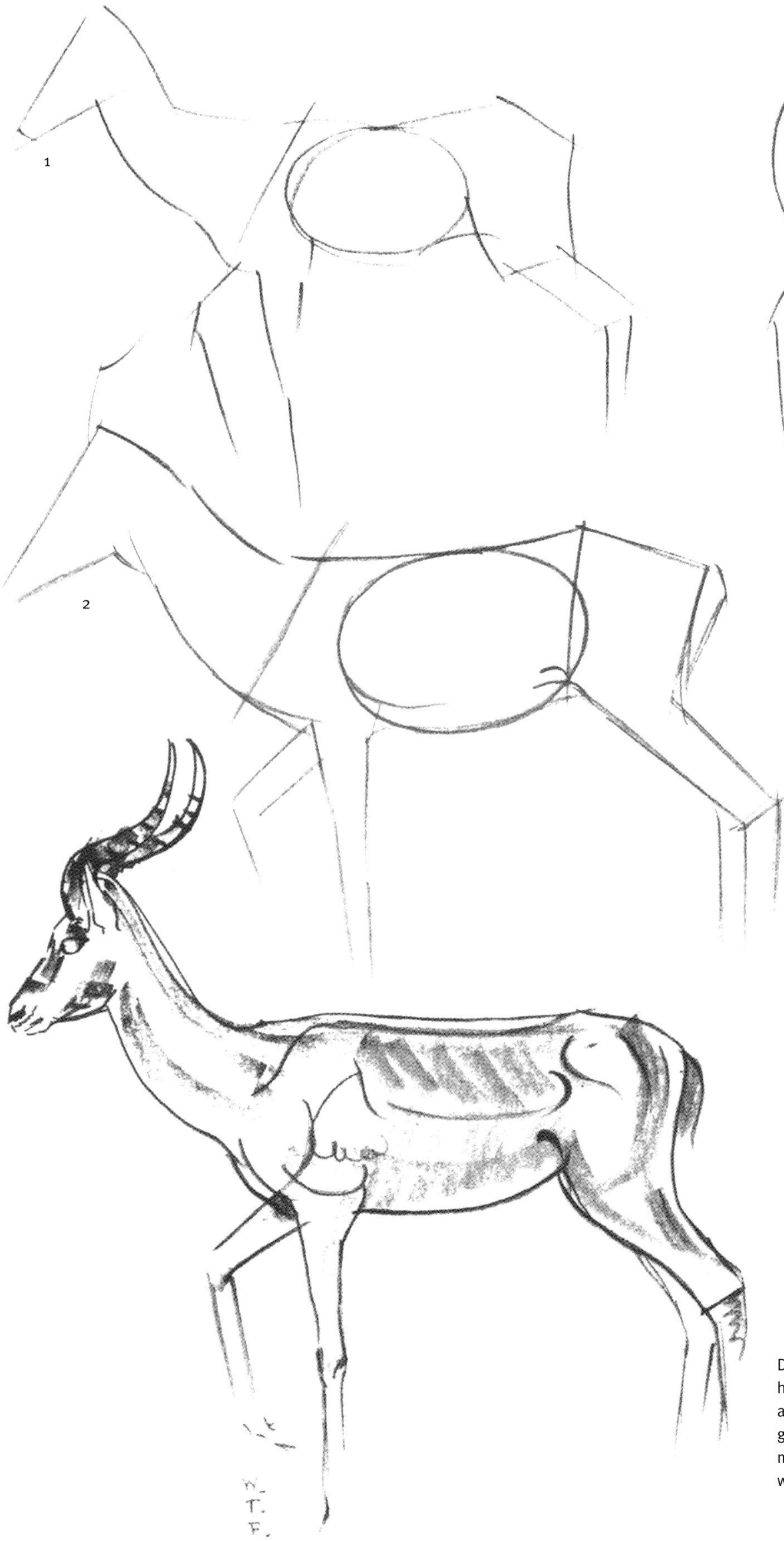

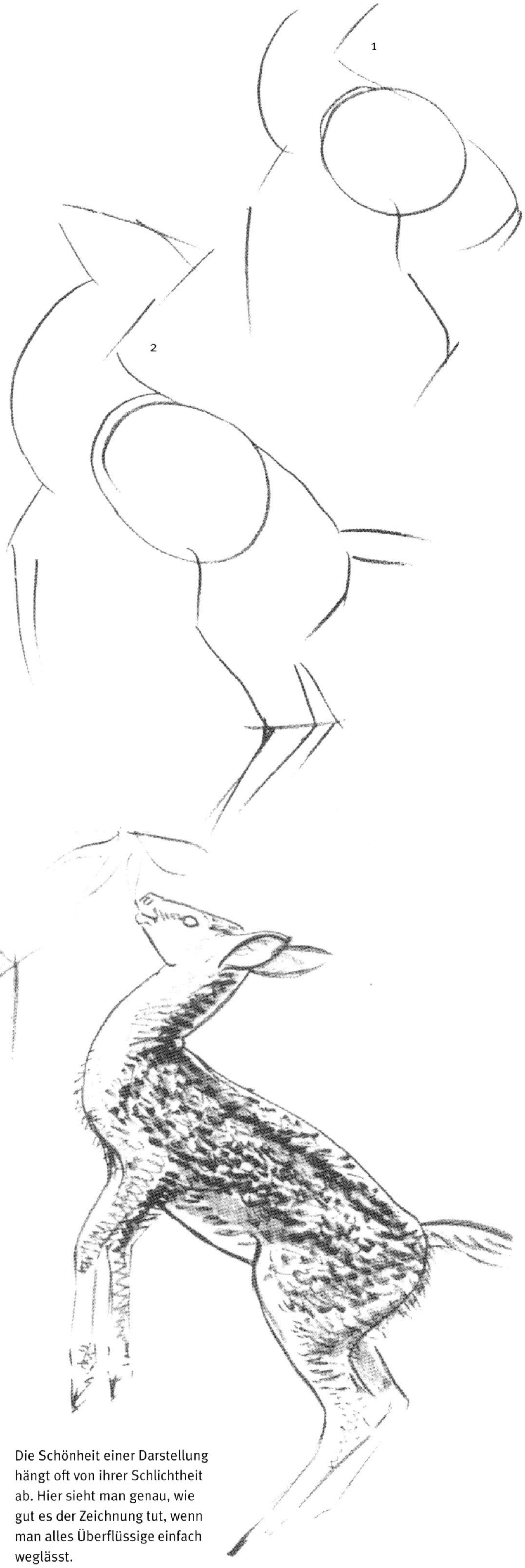

Die Schönheit einer Darstellung hängt oft von ihrer Schlichtheit ab. Hier sieht man genau, wie gut es der Zeichnung tut, wenn man alles Überflüssige einfach weglässt.

Giraffe

Bei der Giraffe müssen die Proportionen stimmen. Bedenken Sie, wie es aussehen würde, wenn die Beine zu kurz oder der Hals zu dick wären! Nehmen Sie den Kopf als Maß, um schon den Grundaufbau des Tieres in den richtigen Proportionen zu zeichnen (④ Seite 88); zählen Sie zum Beispiel ab, wie viele Köpfe der Hals lang ist.

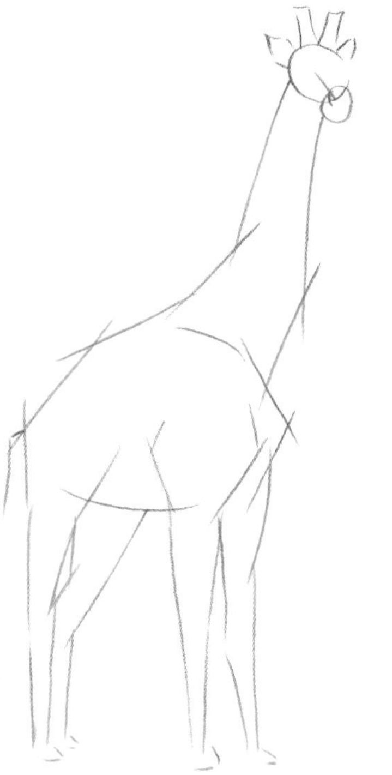

1 Beginnen Sie mit dem Grundriss und korrigieren Sie die Linien, bis die Proportionen stimmen: Vor allem darf der Hals nicht länger als die Beine sein und der Rücken fällt stark nach unten ab.

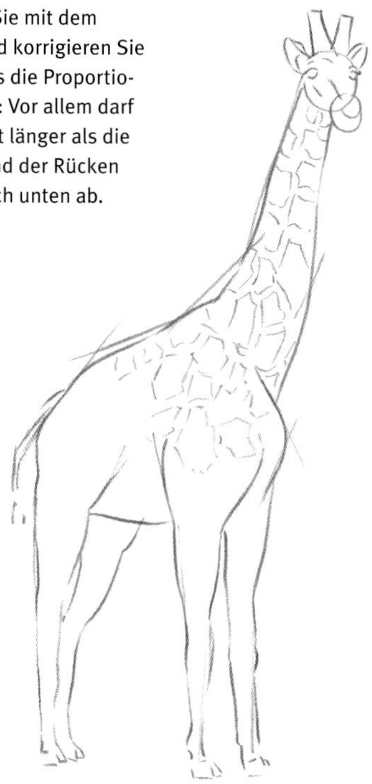

2 Nun folgen die genauen Formen der Beine und des Rumpfes. Die Umrisslinien arbeiten Sie nach und zeichnen die Gesichtsmerkmale ein. Achten Sie beim Fell auf die Eigenheit dieser Giraffenart: Ihre Flecken sind groß, aber unregelmäßig und sind durch schmale helle Zwischenräume voneinander getrennt.

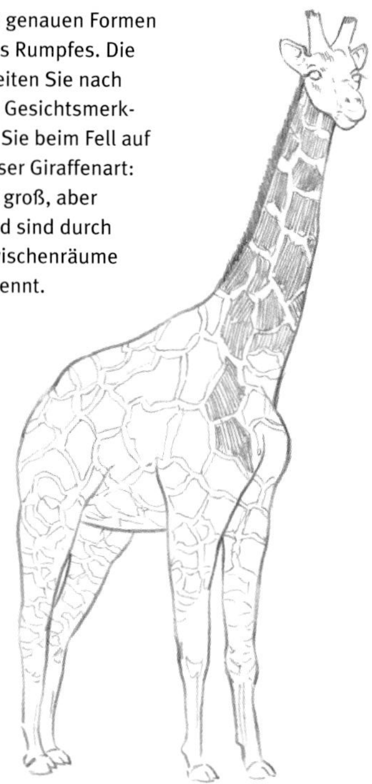

3 Radieren Sie alle überflüssigen Hilfslinien aus und konzentrieren Sie sich jetzt ganz auf das Gesicht der Giraffe (④ Details im Kasten unten). Dann füllen Sie die Flecken aus und zeichnen mit einem Stift in Härte 2B und kurzen kleinen Strichen die kurze Mähne ein.

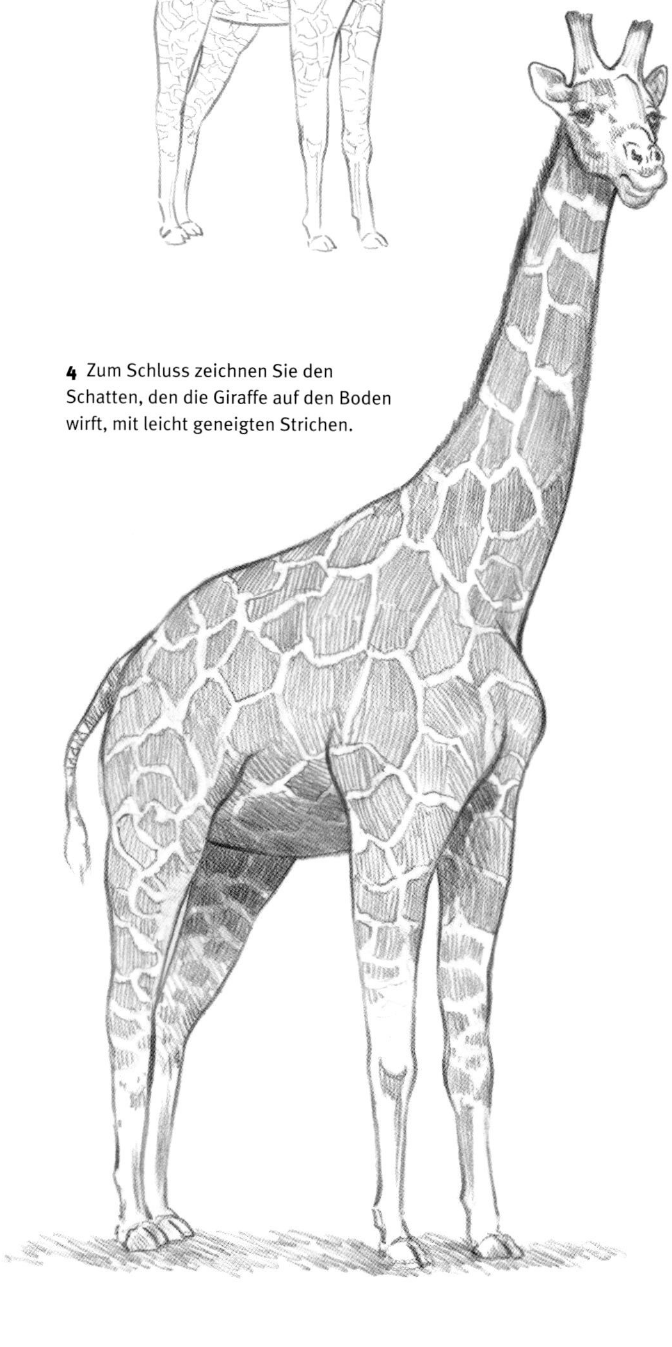

4 Zum Schluss zeichnen Sie den Schatten, den die Giraffe auf den Boden wirft, mit leicht geneigten Strichen.

Gesicht und Kopf

Zeichnen Sie zuerst einen größeren Kreis für den Kopf und zwei kleinere für das Maul; dann folgen Ohren und Hörner. Zeichnen Sie die geschwungene Kinnlinie, die Augen und Wimpern und das Innere der Ohren. Mit einem weichen Bleistift schraffieren Sie die Zeichnung – achten Sie darauf, die Schraffuren zu variieren.

1

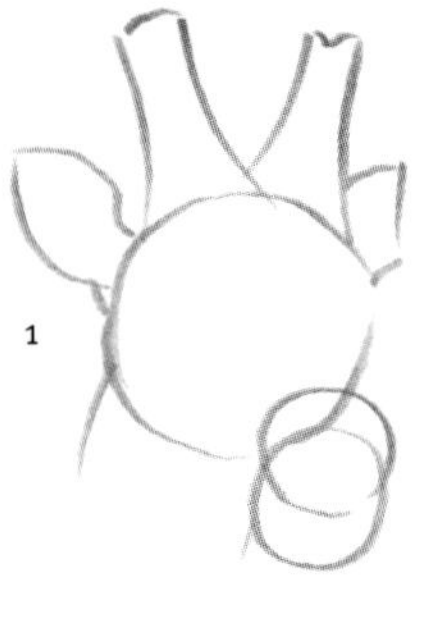

2

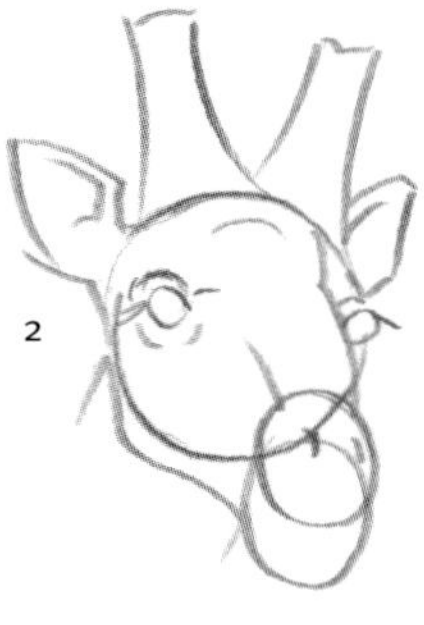

3

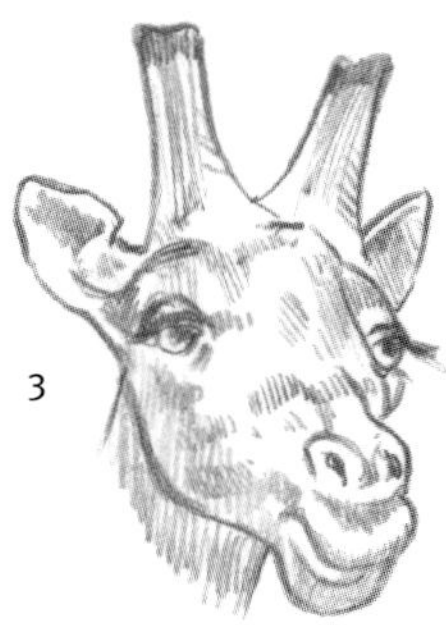

Leguan

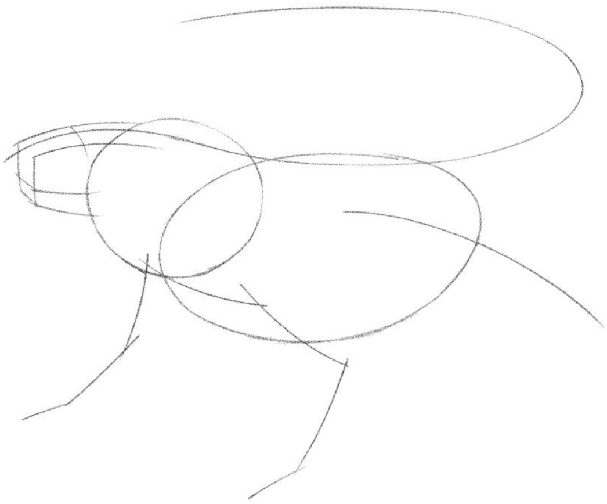

1 Die Zeichnung dieses Leguans kurz vor dem Sprung beginnen Sie mit einigen Hilfslinien: eine für jedes sichtbare Bein und eine, die vom Kopf bis zur gebogenen Schwanzspitze reicht. Dann skizzieren Sie Kopf, Körper, das eckige Maul und die Nase des Reptils.

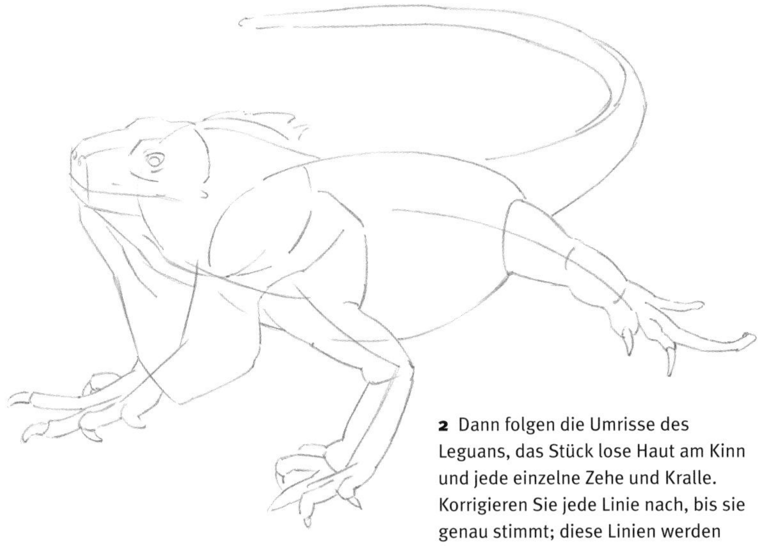

2 Dann folgen die Umrisse des Leguans, das Stück lose Haut am Kinn und jede einzelne Zehe und Kralle. Korrigieren Sie jede Linie nach, bis sie genau stimmt; diese Linien werden später wegradiert, wenn Sie die Zeichnung mit Feder und Tusche fertigstellen.

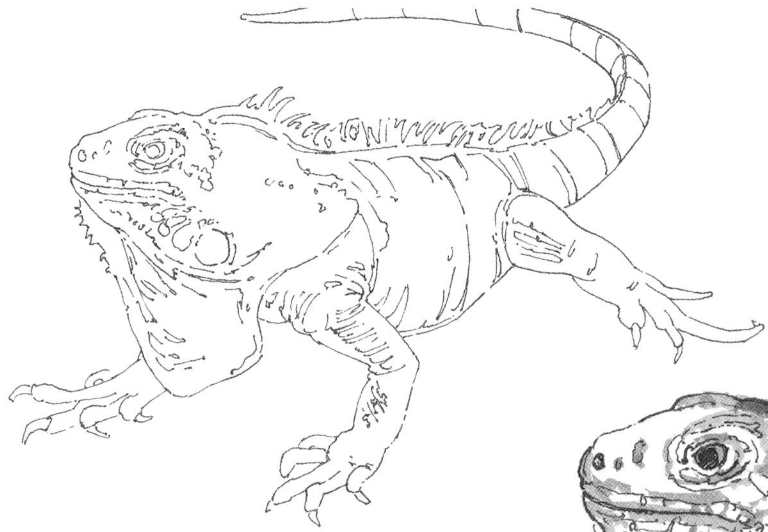

3 Als Nächstes ziehen Sie die Umrisse mit einem wasserfesten Faserschreiber nach. Zeichnen Sie jetzt auch die Streifen auf Schwanz und Rückenkamm. Mit ein paar Strichen deuten Sie die raue Haut des Leguans an sowie den Hautsack am Kinn. Wenn die Tusche vollständig trocken ist, radieren Sie die Bleistiftlinien aus.

4 Mit einer besonderen Technik erzielen Sie die lebhaften Schatten. Vermischen Sie Tusche mit etwas Wasser. Da Sie in Schritt 3 einen wasserfesten Stift verwendet haben, können diese Teile der Zeichnung nicht verschwimmen. Mit einem frischen Rundpinsel und wenig Tusche malen Sie zuerst die Partien aus, auf denen nur leichte Schatten liegen. Nach und nach nehmen Sie mehr Tusche auf und malen die dunkleren Partien wie die Falten im Hautsack oder die rechte Klaue vorne aus. Damit die Schatten im Ton genau stimmen, probieren Sie jede Wasser-Tusche-Mischung auf einem extra Stück Papier aus.

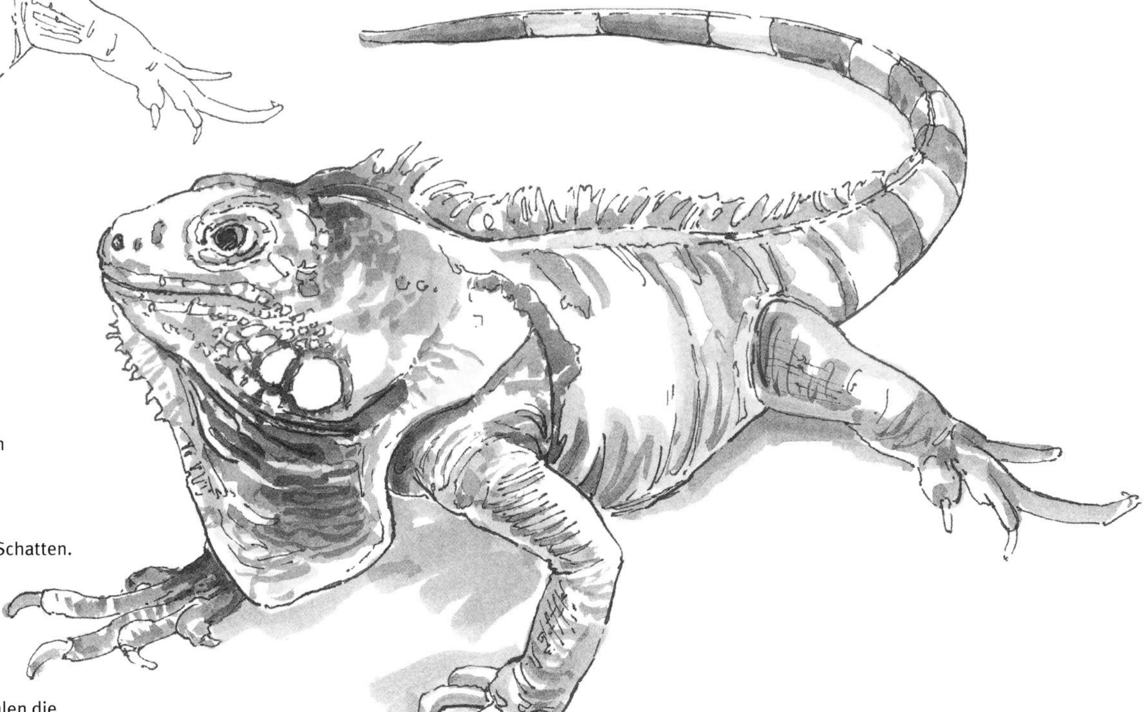

Unterschiedlich starke Schatten malen

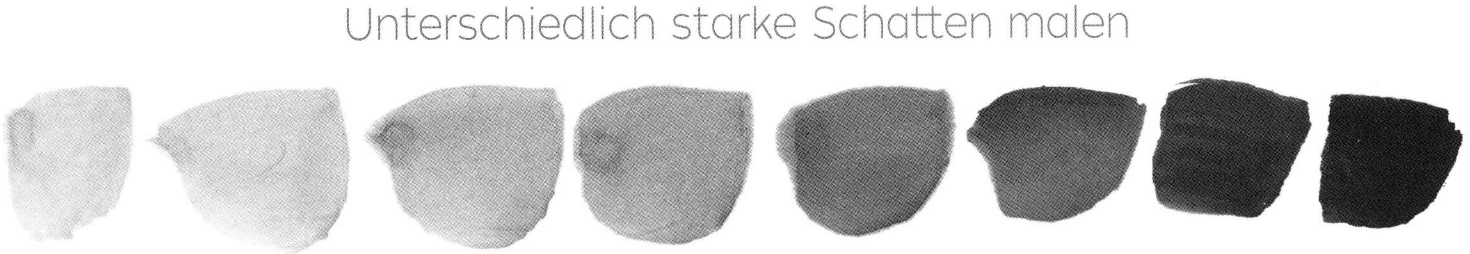

Wenn man unterschiedlich viel Tusche in eine Wasser-Tusche-Mischung gibt, kann man auf ganz einfache Weise unterschiedliche Töne in Grau und Schwarz erzielen. Dabei ist es am sinnvollsten, zunächst möglichst wenig Tusche in die Mischung zu geben. Das ist besser, als später viel Tusche mit Wasser zu verdünnen. Um sich diese Technik anzueignen, probieren Sie sie auf einem Stück Papier aus. Es soll eine Skala von Tönen entstehen wie die, die Sie oben sehen.

Pavian

1 Mit einem spitzen Bleistift in Härte HB zeichnen Sie die fragende Haltung dieses Pavians vor. Beginnen Sie mit den groben Umrissen des Kopfes sowie Hilfslinien für die wichtigsten Gesichtsmerkmale. Dann folgen die Umrisse von Körper, Armen und Beinen und zum Schluss noch die Bögen für den Schwanz.

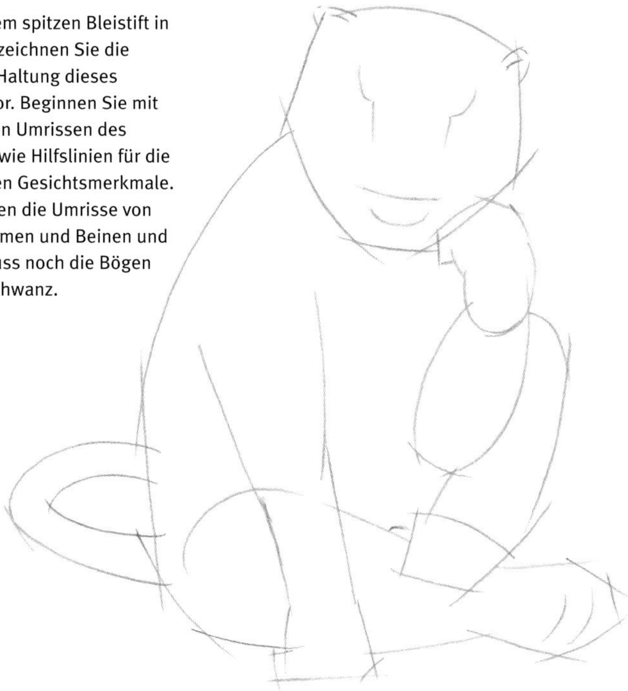

2 Konzentrieren Sie sich als Nächstes ganz auf das Gesicht und setzen Sie mit einem fast stumpfen Bleistift in Härte HB erste Schraffuren rund um die Augen und die Nase – denken Sie dabei an die natürliche Wuchsrichtung der Haare. Dann zeichnen Sie an Händen und Füßen die Finger und Zehen ein.

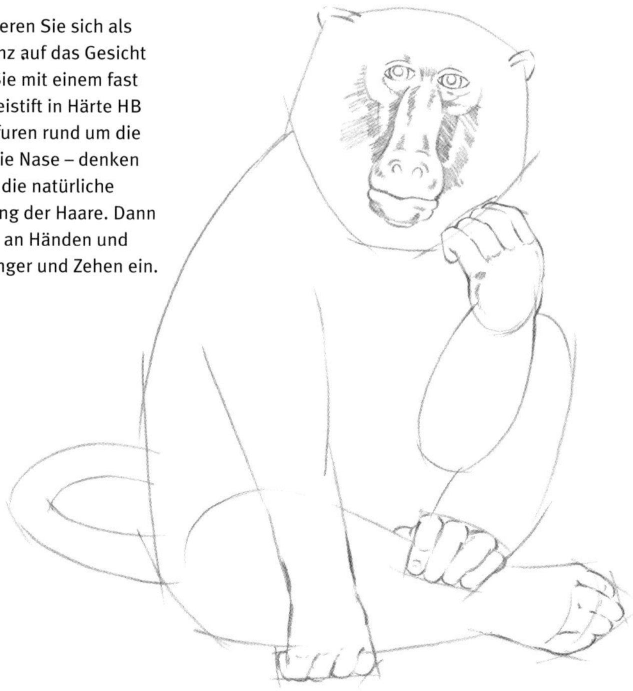

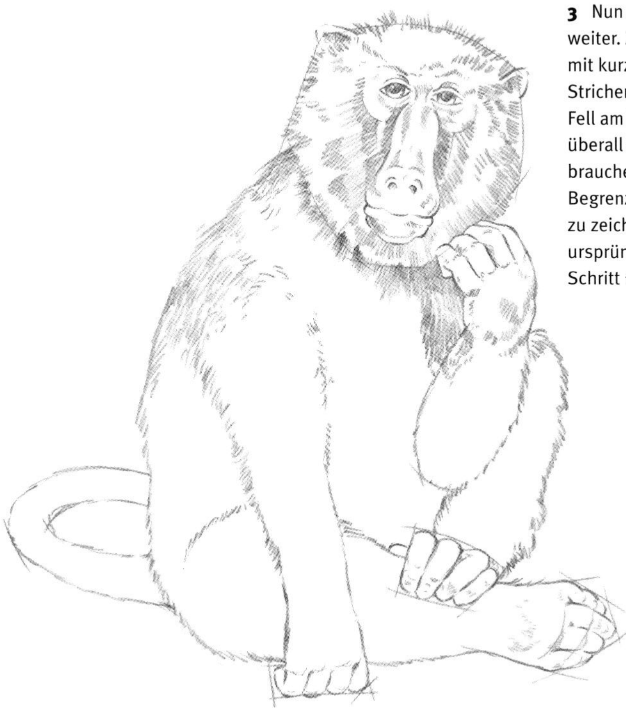

3 Nun arbeiten Sie am Fell weiter. Zunächst zeichnen Sie mit kurzen, parallel gesetzten Strichen die Mähne und das Fell am Rücken. Da der Pavian überall ein Fellkleid trägt, brauchen Sie keine harten Begrenzungslinien für das Fell zu zeichnen. Es reicht, den ursprünglichen Umriss aus Schritt 1 auszufüllen.

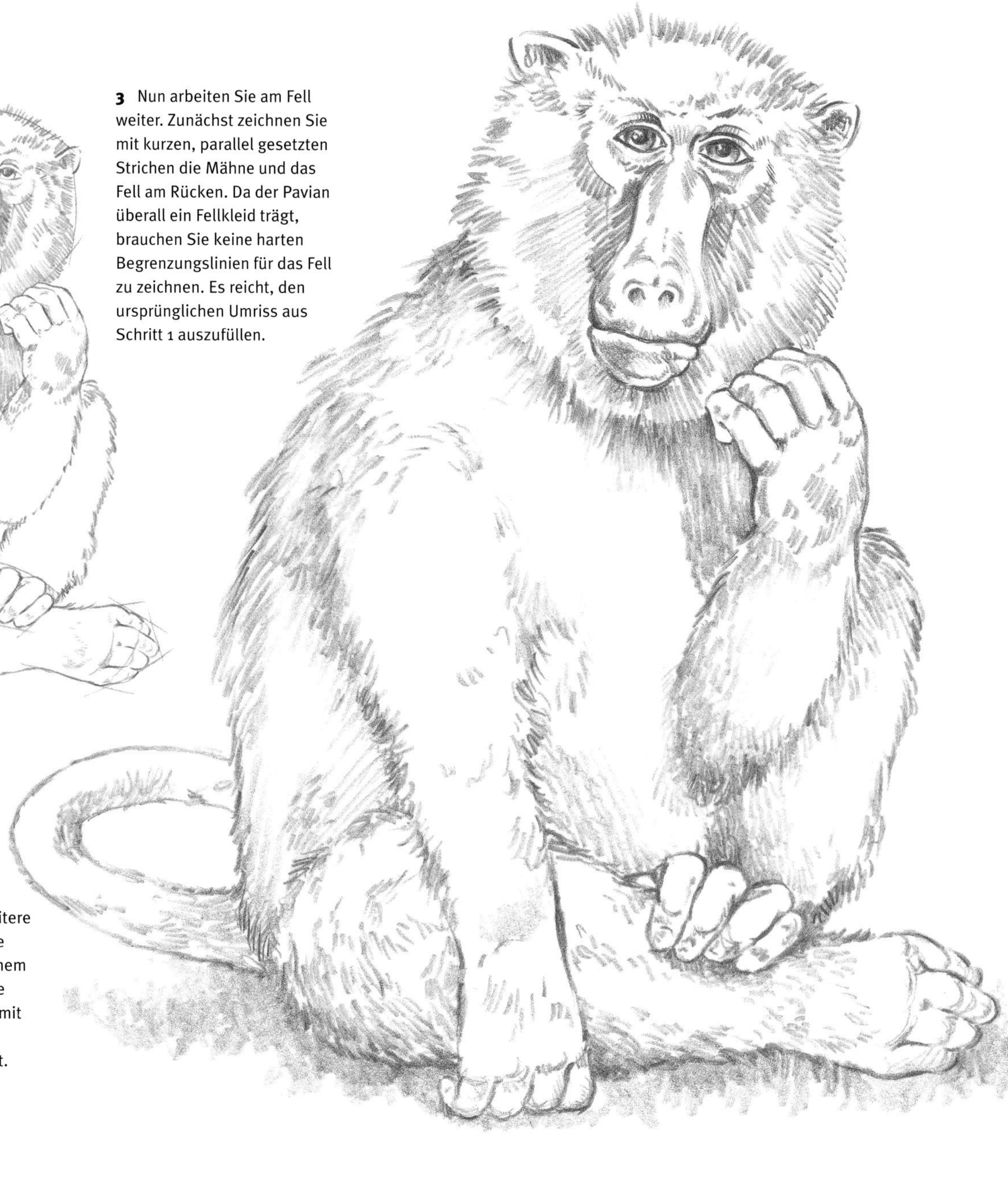

4 Beenden Sie die Arbeit am Körper, indem Sie einerseits an den dunkelsten Stellen weitere Schraffuren hinzufügen und andererseits die entsprechenden Partien weiß lassen. Mit einem Bleistift in Härte HB mit abgerundeter Spitze umgeben Sie den Pavian zum Schluss noch mit einem Schatten, damit er nicht zusammenhangslos auf dem Blatt zu schweben scheint.

Antilope

1 Gerade weil eine Antilope so lange Beine hat, sollten Sie hier mit den Grundformen für Maul, Kopf, Hals, Brust, Bauch und Hinterteil anfangen. Hier müssen zunächst die Proportionen gut aufeinander abgestimmt sein.

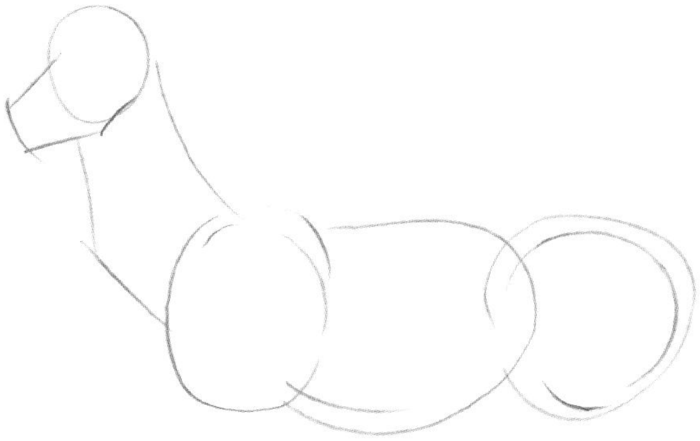

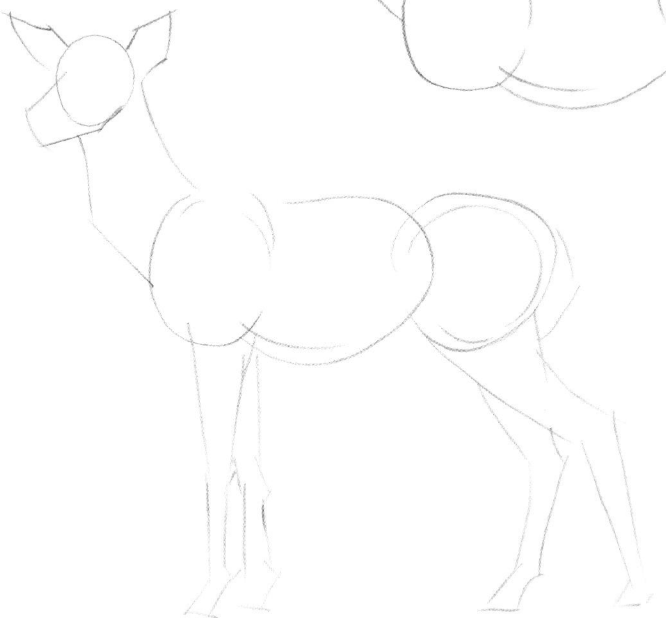

2 Jetzt kommen die Beine: Alle sind gleich lang und entsprechen dem Abstand zwischen Brust und Hinterteil. Anhand der Kreise für Brust und Hinterteil lassen sich die Beine ganz exakt im richtigen Winkel darstellen.

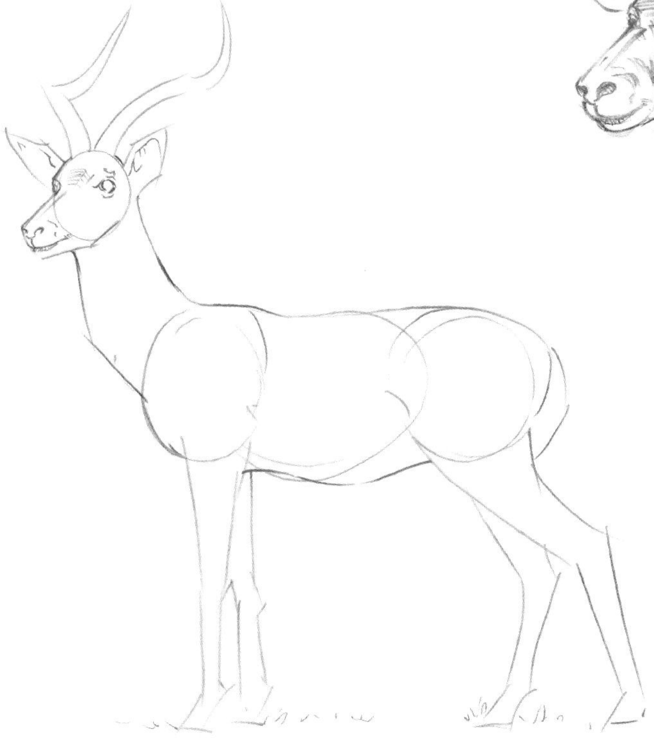

3 Danach die einzelnen Grundformen des Körpers zu einem Umriss mit weicher Kontur zusammenfügen. Einige Grashalme geben eine Vorstellung des Bodens, auf dem die Antilope steht. Mit ersten Details Augen, Nase, Maul und Hörner einzeichnen und darauf achten, dass alle Elemente des Gesichts an der richtigen Stelle positioniert sind.

Die Hörner im Detail

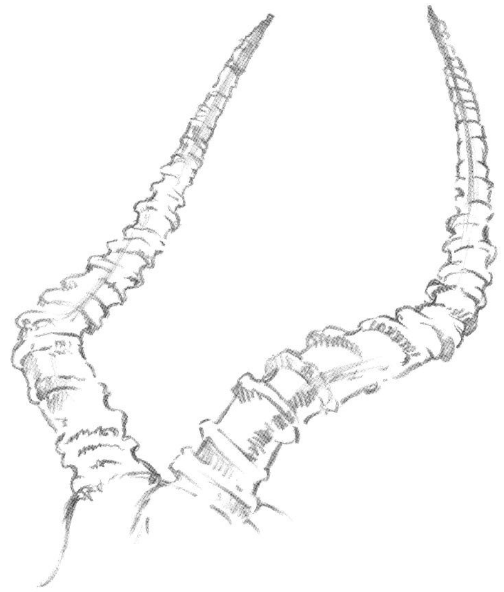

Diese Antilopenart trägt Hörner, die bis zur Spitze aus einzelnen Abschnitten bestehen, die einzeln gestaltet werden. Das geht am besten, wenn Sie auf jedem Horn erst die einzelnen Segmente abteilen und dann jeweils einen Schatten unter die Verdickung zeichnen.

4 Schon wenige Schraffuren lassen das Gesicht, die Hörner und bestimmte Bereiche des Körpers klarer hervortreten. Auch die Stellen, die im Schatten liegen, wie der Bauch und die oberen Innenseiten der Beine erhalten dunkle Schraffuren. Zum Schluss noch die schönen Details der Hörner ausarbeiten sowie die Augen und die Ohren betonen und etwas mehr Gras einzeichnen, um den Gesamteindruck zu verbessern.

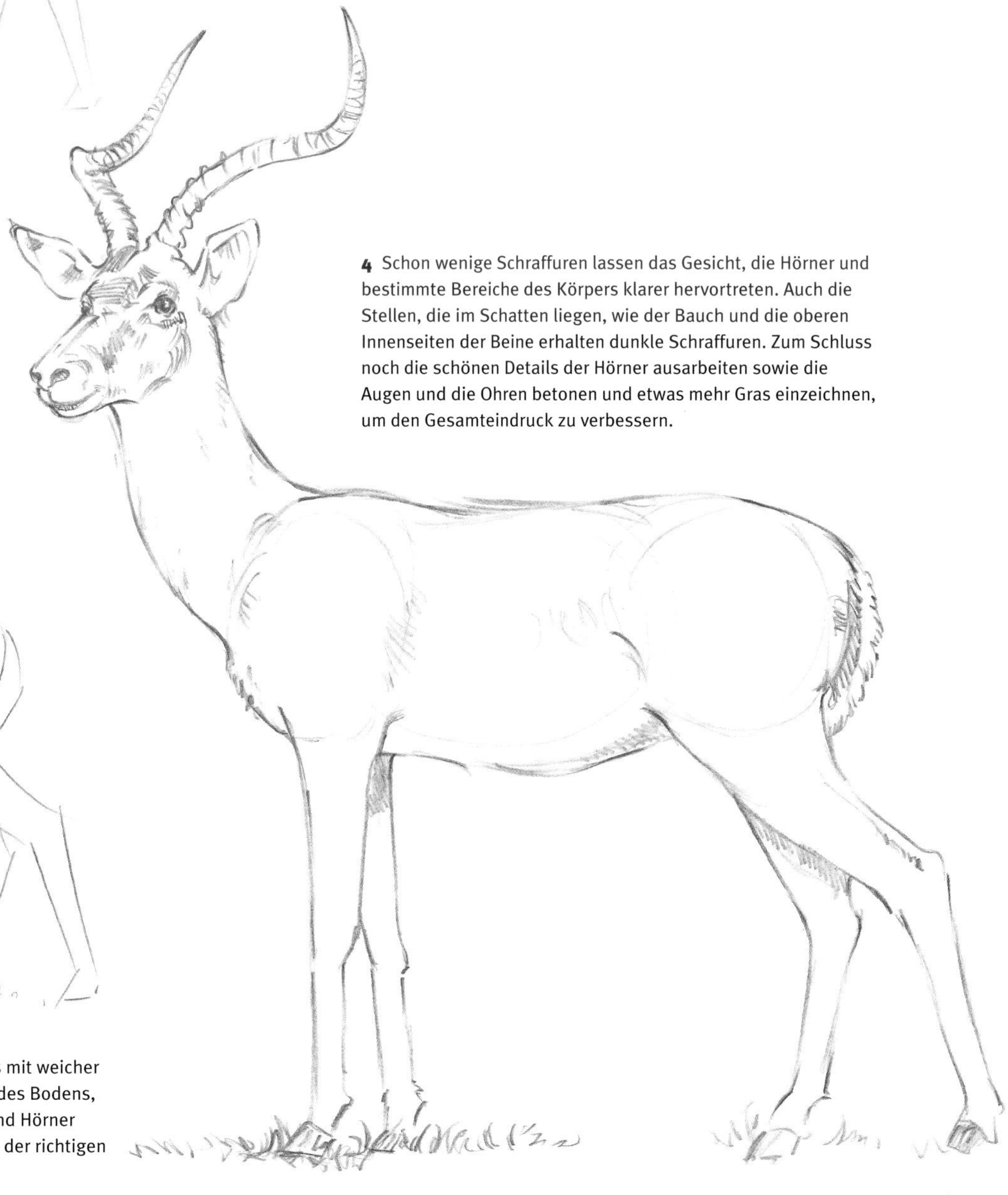

Flamingo

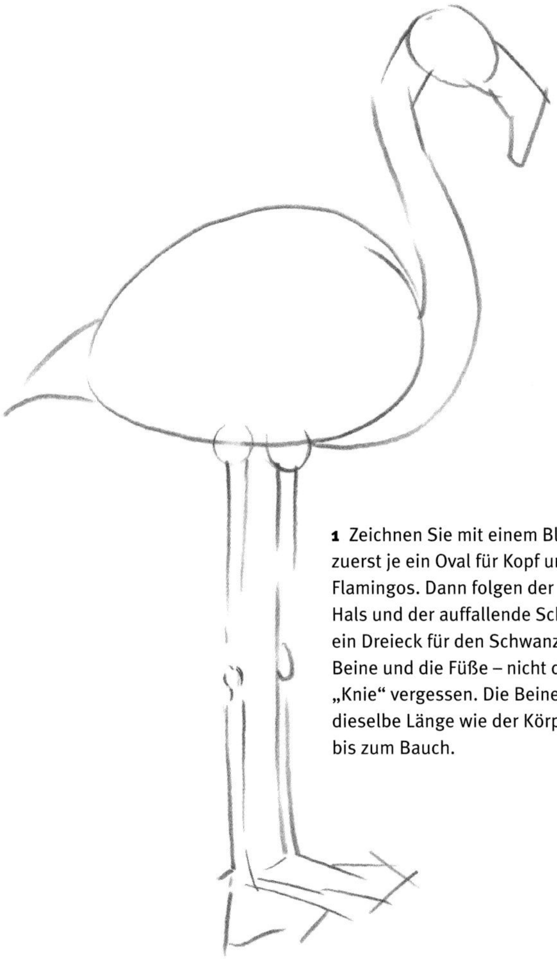

1 Zeichnen Sie mit einem Bleistift in Härte HB zuerst je ein Oval für Kopf und Körper des Flamingos. Dann folgen der lange S-förmige Hals und der auffallende Schnabel. Es folgen ein Dreieck für den Schwanz, die Striche für die Beine und die Füße – nicht die Ovale für die „Knie" vergessen. Die Beine haben in etwa dieselbe Länge wie der Körper vom Scheitel bis zum Bauch.

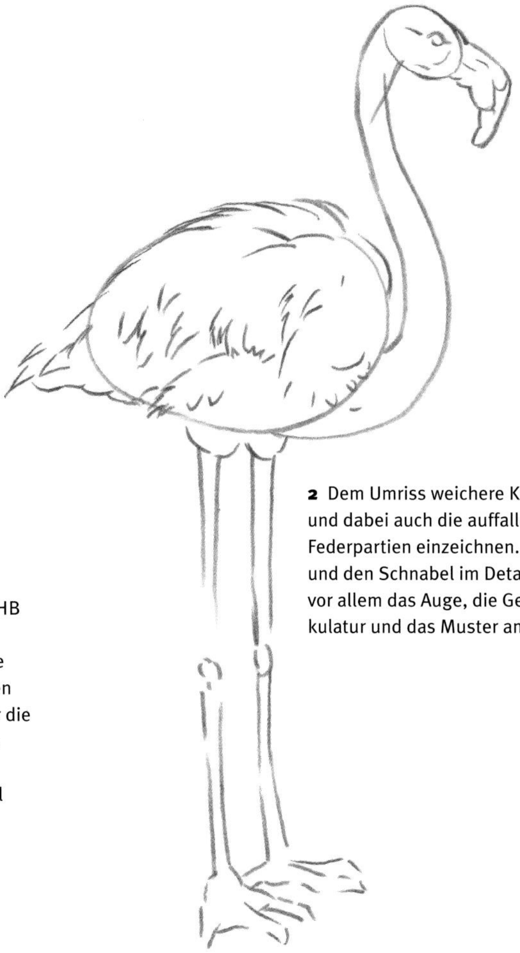

2 Dem Umriss weichere Konturen geben und dabei auch die auffallendsten Federpartien einzeichnen. Dabei den Kopf und den Schnabel im Detail ausarbeiten – vor allem das Auge, die Gesichtsmuskulatur und das Muster am Schnabel.

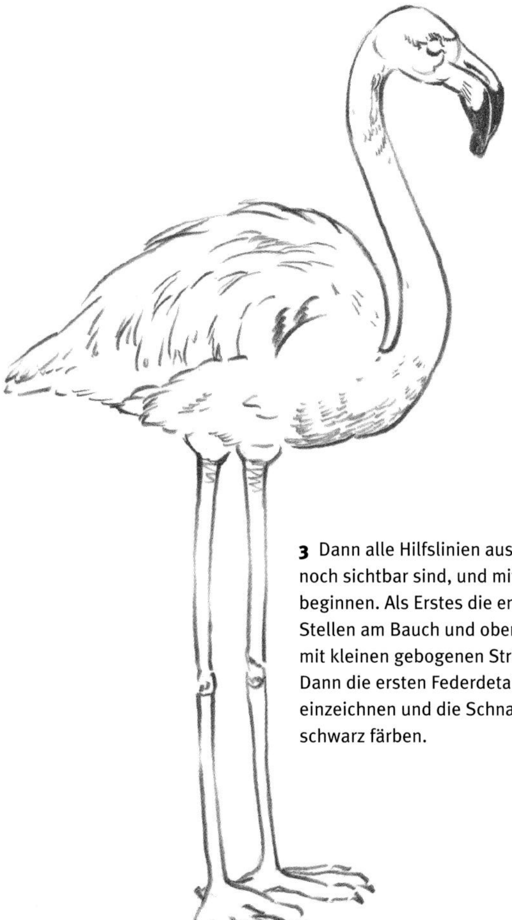

3 Dann alle Hilfslinien ausradieren, die noch sichtbar sind, und mit den Schraffuren beginnen. Als Erstes die entsprechenden Stellen am Bauch und oben an den Beinen mit kleinen gebogenen Strichen abdunkeln. Dann die ersten Federdetails am Kopf einzeichnen und die Schnabelspitze schwarz färben.

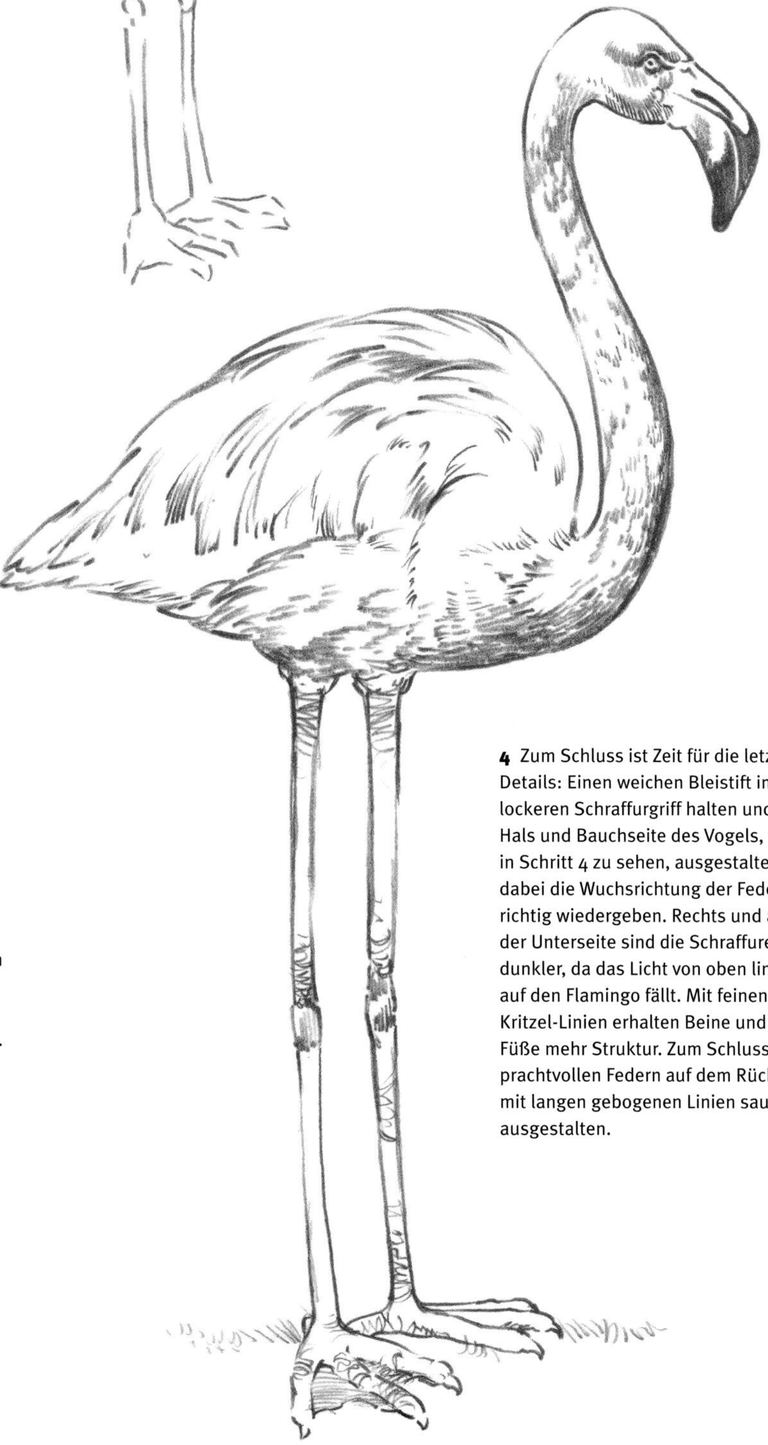

4 Zum Schluss ist Zeit für die letzten Details: Einen weichen Bleistift im lockeren Schraffurgriff halten und Hals und Bauchseite des Vogels, wie in Schritt 4 zu sehen, ausgestalten – dabei die Wuchsrichtung der Federn richtig wiedergeben. Rechts und auf der Unterseite sind die Schraffuren dunkler, da das Licht von oben links auf den Flamingo fällt. Mit feinen Kritzel-Linien erhalten Beine und Füße mehr Struktur. Zum Schluss die prachtvollen Federn auf dem Rücken mit langen gebogenen Linien sauber ausgestalten.

Tukan

Vögel existieren in einer fast unglaublichen Vielfalt. Für die langen, glatten Federn dieses Tukans brauchen Sie lange, weiche Striche. Und es sind auch weiche Schraffuren nötig, um die glatte Oberfläche des Schnabels richtig zu zeichnen.

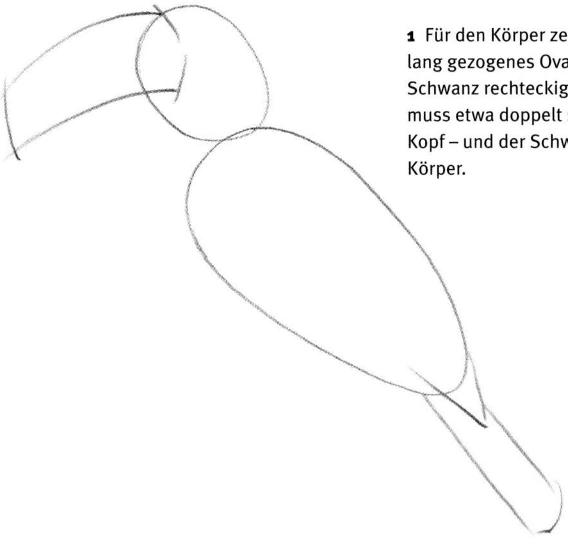

1 Für den Körper zeichnen Sie zunächst ein lang gezogenes Oval, dann für Schnabel und Schwanz rechteckige Formen. Der Schnabel muss etwa doppelt so lang sein wie der Kopf – und der Schwanz halb so lang wie der Körper.

2 Nun folgen die Beine und die Füße, die einen Ast umklammern. Diese Linien zeichnen Sie ganz leicht, denn Sie benötigen unter Umständen mehrere Versuche, bis der Vogel und seine Beine ausbalanciert sind. Zeichnen Sie die Öffnung im Schnabel und das Auge an der richtigen Stelle ein.

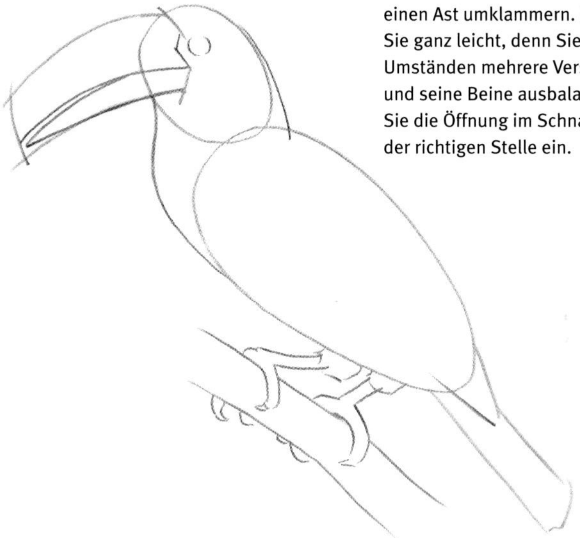

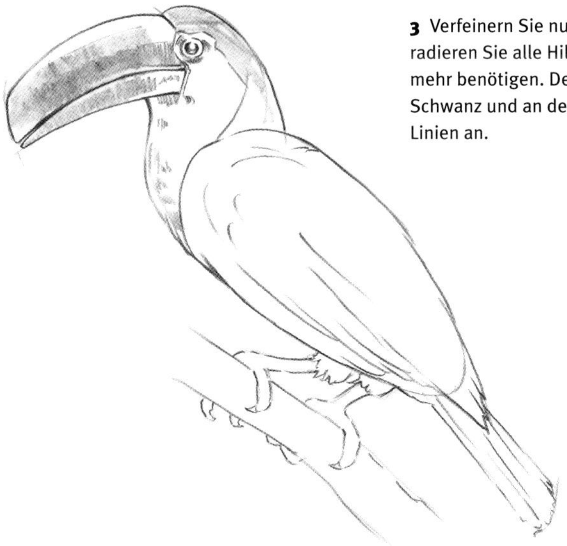

3 Verfeinern Sie nun die Umrisse und radieren Sie alle Hilfslinien aus, die Sie nicht mehr benötigen. Deuten Sie die Federn am Schwanz und an den Flügeln mit einigen Linien an.

4 Die Schwingen und die Schwanzfedern schraffieren Sie in der Richtung, in der die Federn wachsen, mit der Bleistiftseite. Am dunkelsten soll die Unterseite der Schwingen werden. Mit den Details an den Füßen und am Zweig, deren zylindrische Form Sie schön herausarbeiten, beenden Sie das Bild.

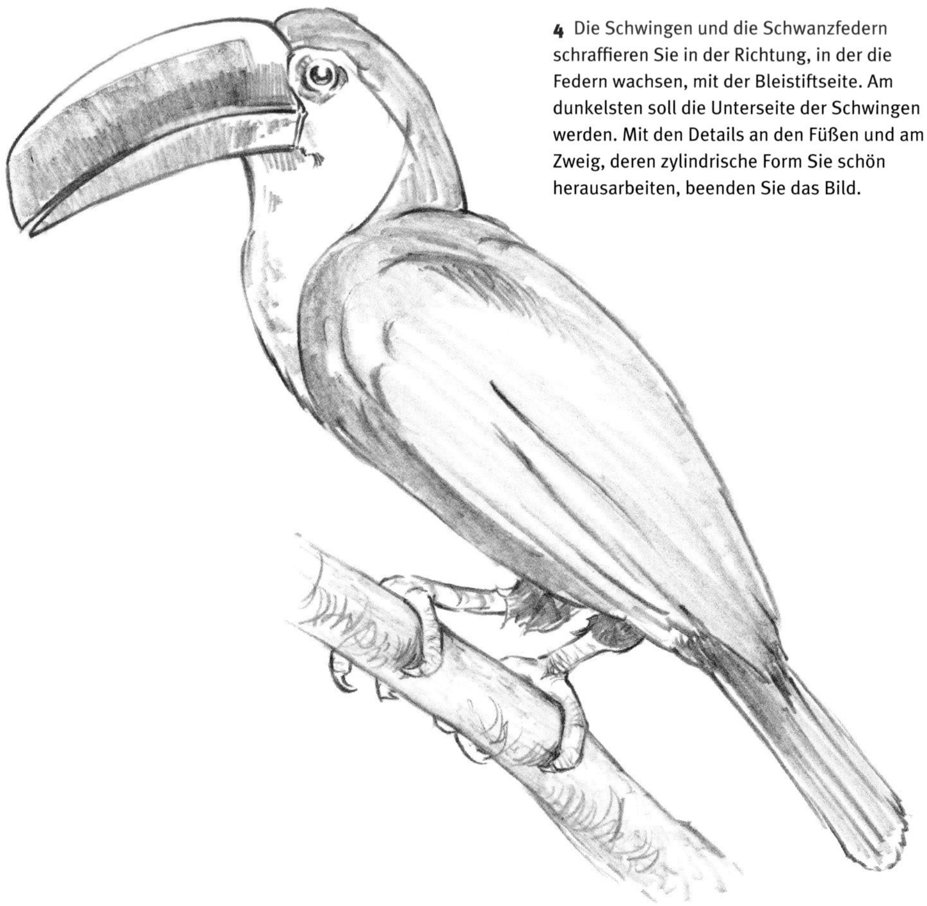

Ein anderer Blickwinkel

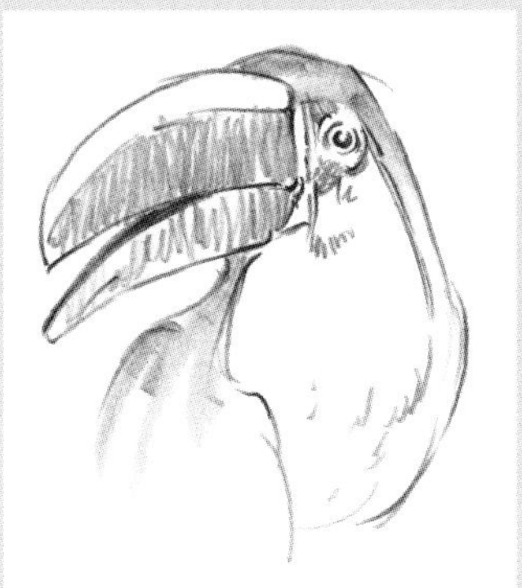

Ein Tukan ist auch als Dreiviertelansicht ein interessantes Motiv. Aus dieser Sicht kann man so den eindrucksvollen Schnabel und die breite Brust besser in Szene setzen. Insgesamt entsteht so ein noch spannenderes Porträt.

Schimpansen

1 Mit unterschiedlichen Kreisen und einem Bleistift in Härte HB zeichnen Sie die Grundformen der Schimpansen. Achten Sie auf die Arme. Sie sind – anders als bei uns Menschen – länger als die Beine.

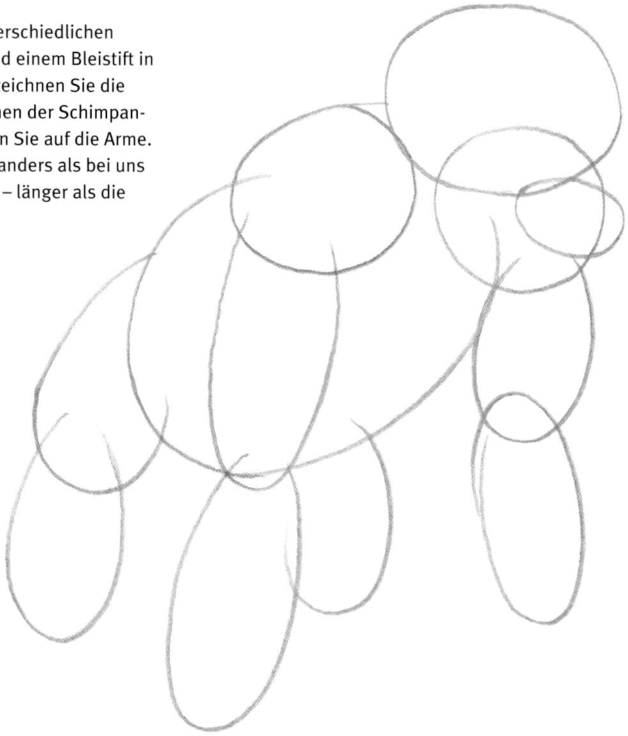

2 Mit kurzen, geraden Strichen deuten Sie dann die Umrisse von Händen und Füßen an – ebenso auch die Gesichtsmerkmale: Nase, Lippen, Augen, Augenbrauen und Ohren.

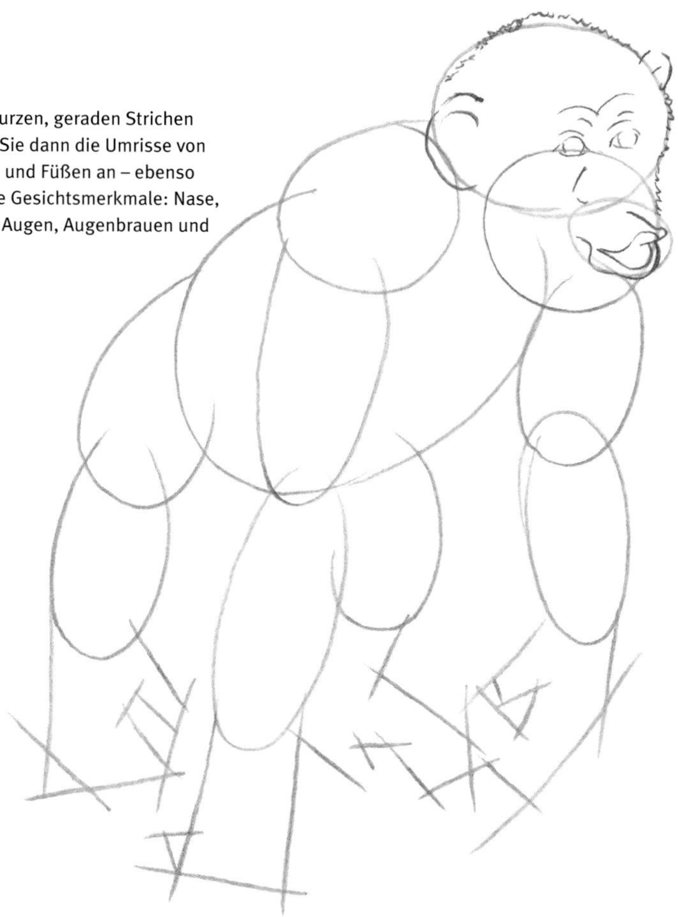

3 Jetzt nehmen Sie den Umrisslinien ihre Härte, indem Sie die Linien mit ganz feinen Strichlein überzeichnen. Dabei muss das Fell aber noch haarig und etwas borstig und unordentlich wirken. Dann arbeiten Sie die Hände und Füße besser aus.

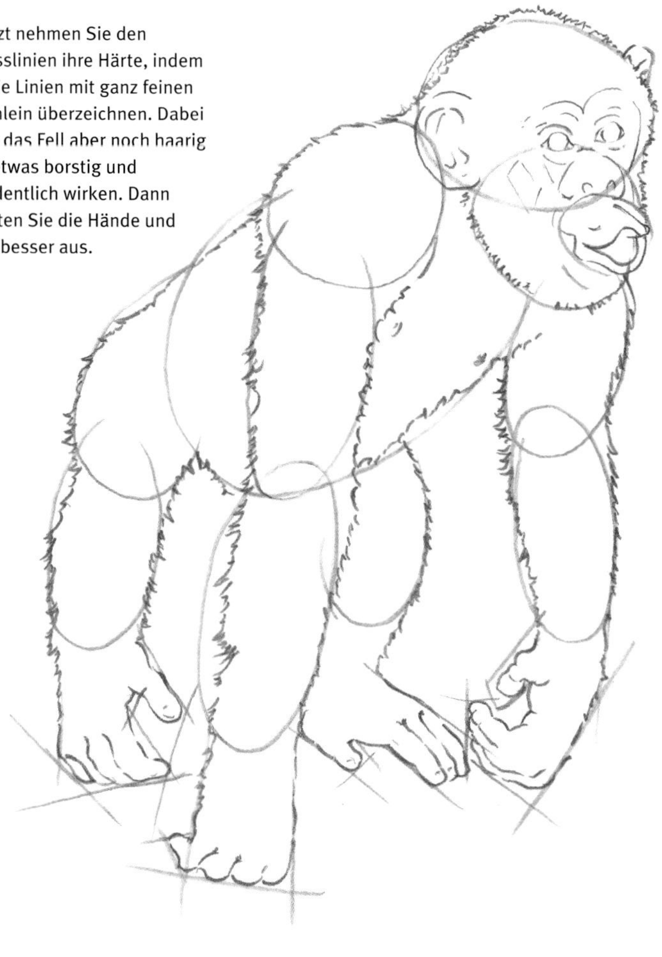

4 Jetzt können Sie schon alle Hilfslinien, die man noch sieht, ausradieren und mit einem weicheren Bleistift das Fell zeichnen. Tragen Sie kurze Striche in der natürlichen Wuchsrichtung des Haarkleids auf: Dort, wo das Fell heller ist, setzen Sie nur wenige Schraffuren – wo es dunkler ist, schraffieren Sie viel.

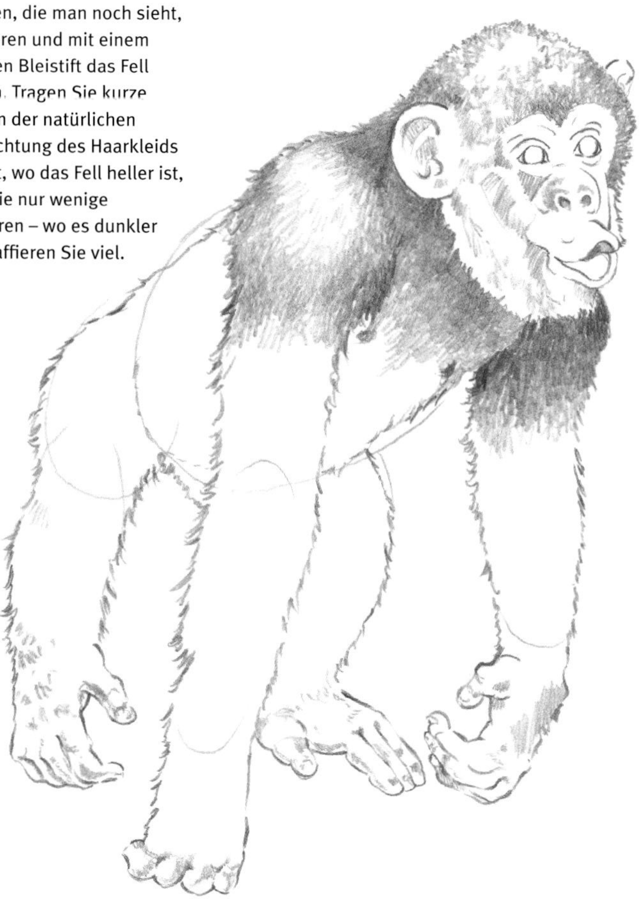

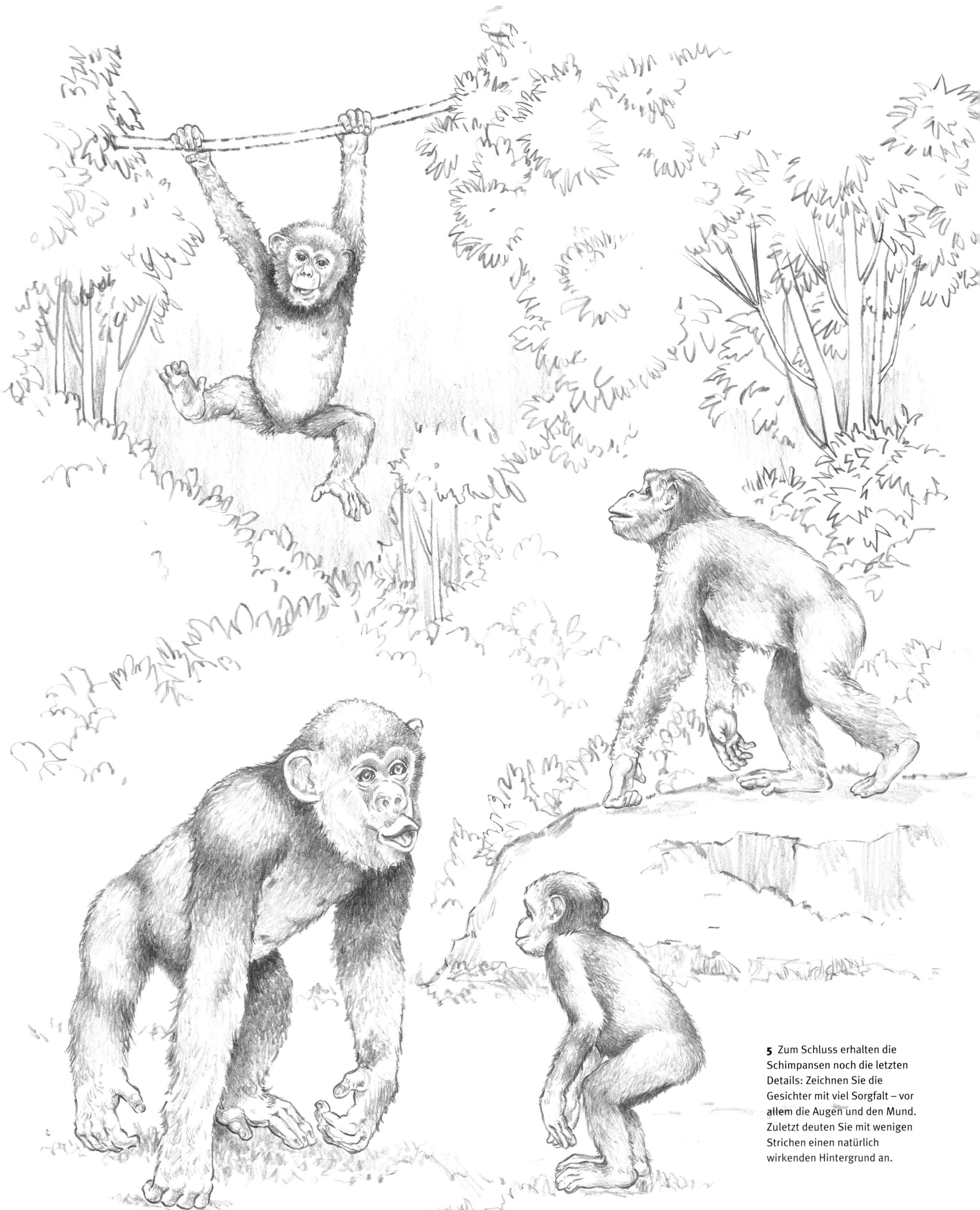

5 Zum Schluss erhalten die Schimpansen noch die letzten Details: Zeichnen Sie die Gesichter mit viel Sorgfalt – vor allem die Augen und den Mund. Zuletzt deuten Sie mit wenigen Strichen einen natürlich wirkenden Hintergrund an.

Löwe

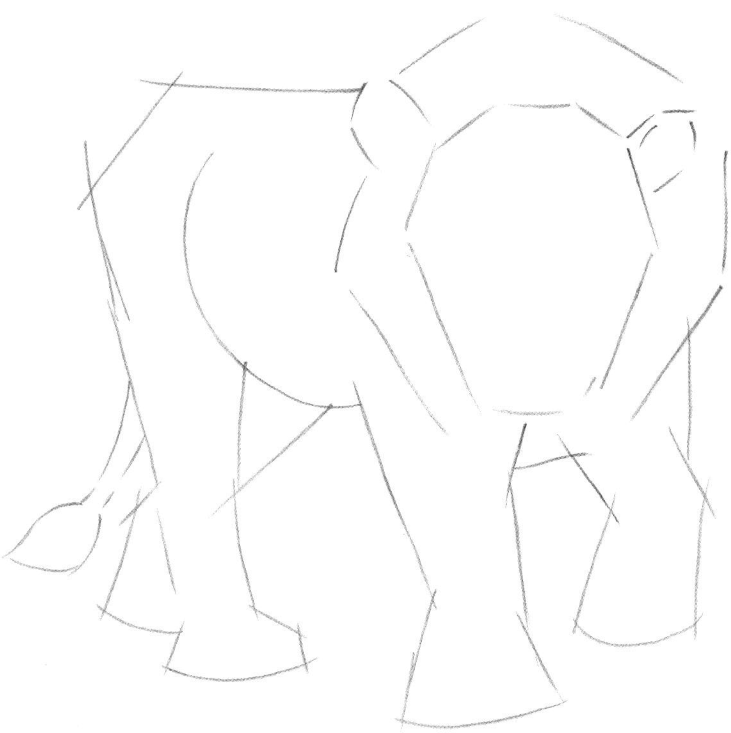

1 Aus kurzen, aber kräftigen Linien entsteht die erste grobe Form des Löwenkörpers. Wählen Sie hierfür einen Bleistift in Härte HB, damit Sie die Linien leicht wieder ausradieren können. Stimmen Sie die Proportionen so genau wie möglich ab, ehe Sie zum nächsten Schritt weitergehen.

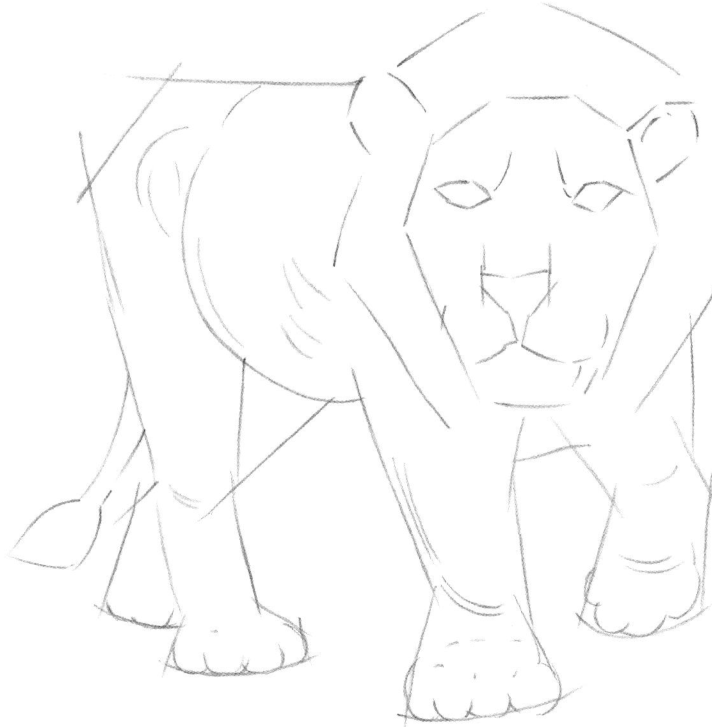

2 Mit demselben Bleistift die Lage von Augen, Nase und Maul einzeichnen. Die Nase liegt in der unteren Hälfte des Gesichts, die Augen liegen im oberen Drittel. Einige weitere Linien, die Ihnen später beim Schraffieren gute Dienste leisten werden, kennzeichnen den Bauch, die Oberschenkel und die Hüfte des Löwen.

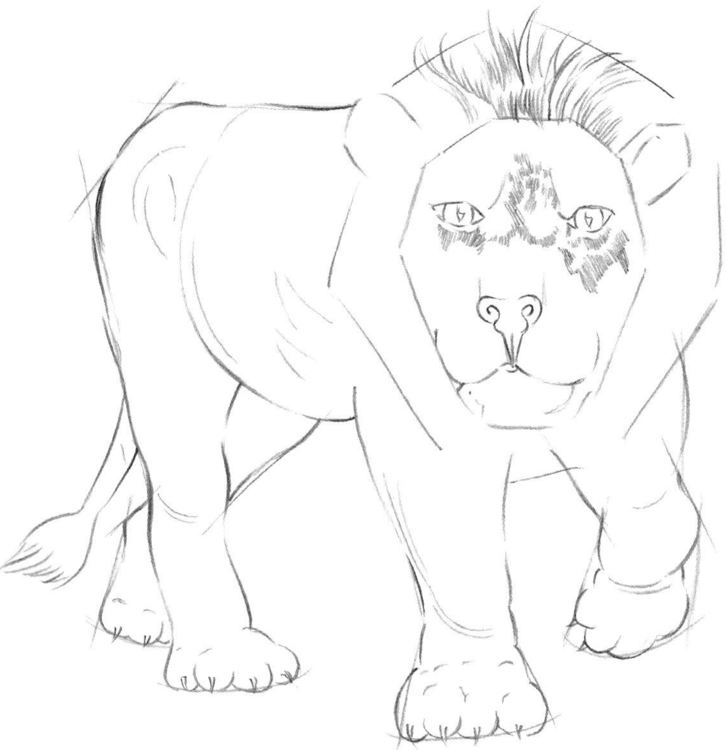

3 Wenn Sie als Nächstes die harten Striche und Kanten, mit denen Sie die Beine vorgezeichnet hatten, runder gestalten, wirkt der Löwe sofort lebendiger. Die Mähne setzen Sie mit energischen Strichen über der Stirn an – immer vom Gesicht weg nach außen zeichnen. Schon mit den ersten Parallelschraffuren entsteht ein besserer Eindruck vom Gesicht.

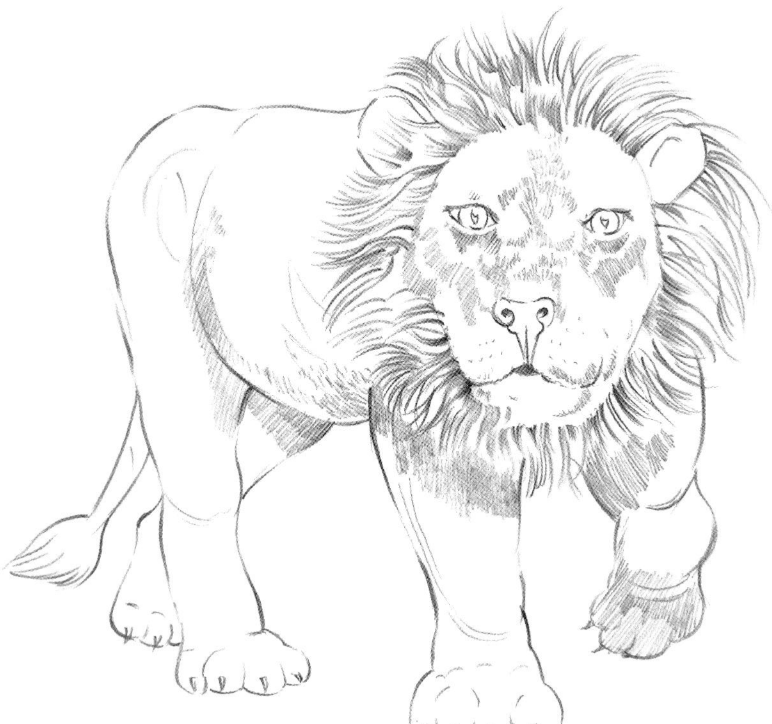

4 Die Mähne zeichnen Sie mit Strichen fertig, die enger nebeneinanderstehen, und dabei variieren Sie den Druck des Bleistifts, damit die Haarbüschel natürlich wirken und damit die Mähne trotz eines relativ geringen Aufwands voll und kräftig wirkt. Dann werden alle Hilfslinien ausradiert und das Gesicht weiter mit Schraffuren ausgeformt. Den Körper nicht vergessen und die ersten Stellen am Bauch, an den Beinen, am Rücken und an der erhobenen Pranke abdunkeln.

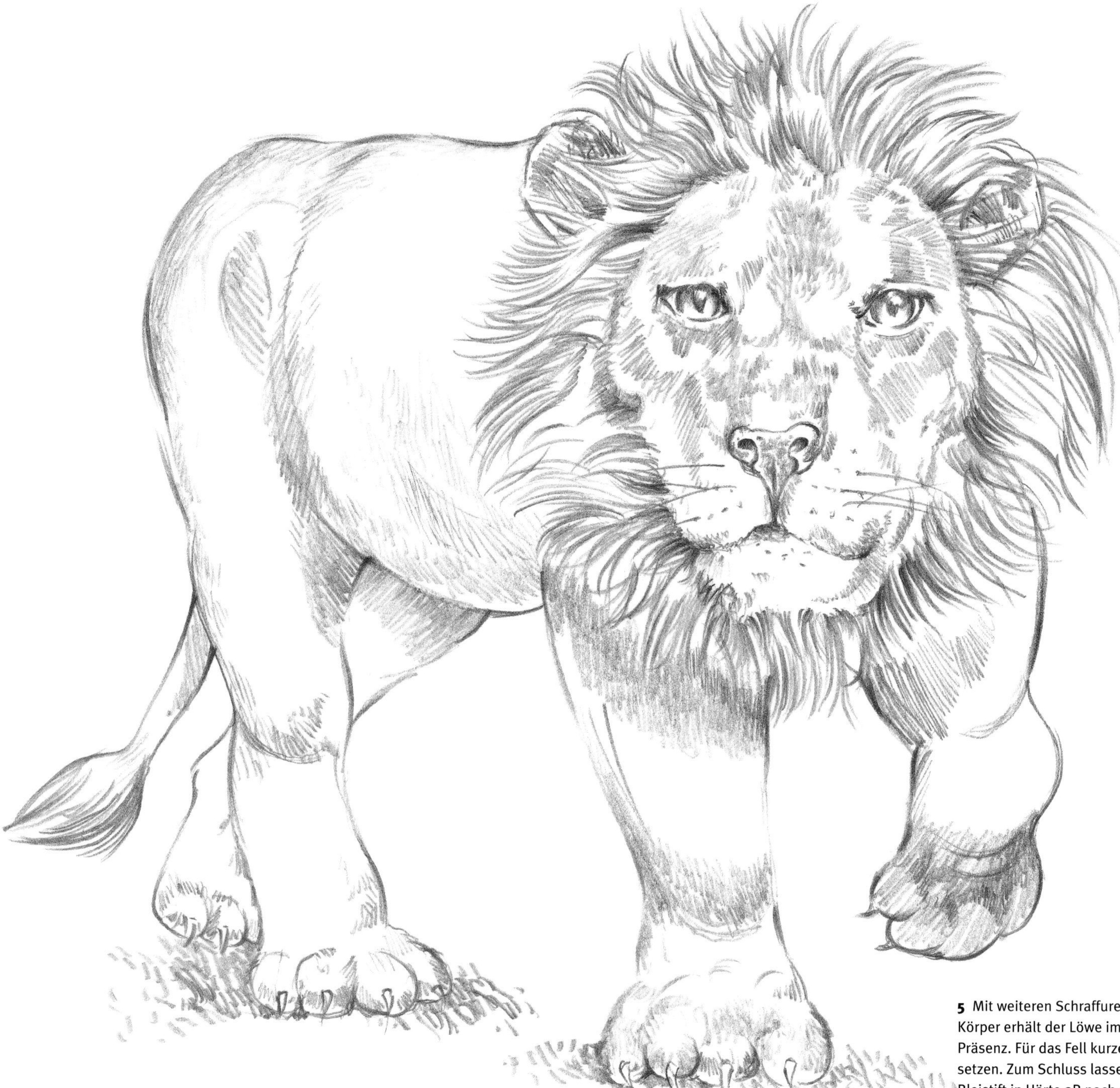

5 Mit weiteren Schraffuren auf Gesicht und Körper erhält der Löwe immer mehr Präsenz. Für das Fell kurze, gerade Striche setzen. Zum Schluss lassen sich mit einem Bleistift in Härte 2B noch die letzten Details wie die dunklen Schnurrbarthaare, die Schwanzspitze und die Augen betonen. Es braucht zuletzt nur einige wenige kurze Striche neben den Pfoten – und schon ergänzt das Auge des Betrachters eine afrikanische Savannenlandschaft.

Löwe und Löwin im Vergleich

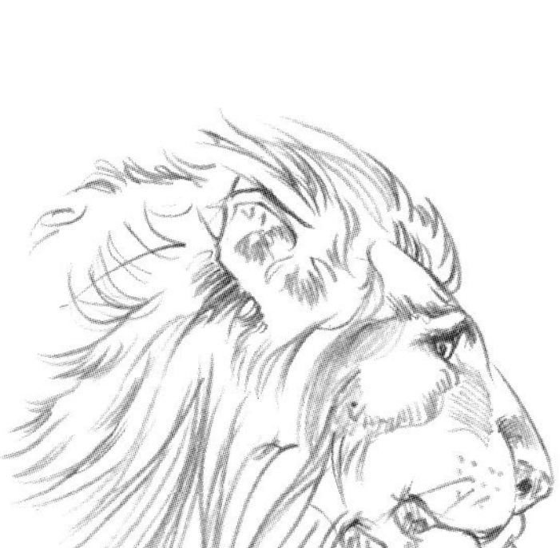

Männliche Löwen haben einen sehr viel größeren Kopf als die Weibchen und tragen eine wilde Mähne. Ihre Kiefer sind kräftig und die Nase breit, sodass sie einen gefährlicheren Eindruck machen.

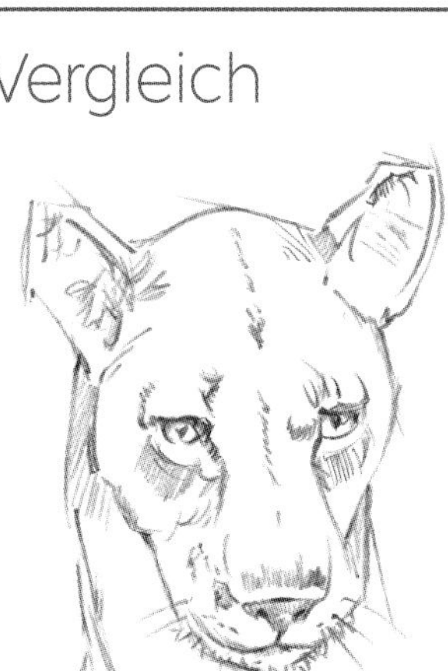

Da weibliche Löwen keine Mähne tragen, kann man sie zum einen sofort von den Männchen unterscheiden, zum anderen wirkt ihr ganzer Kopf dadurch feiner und schlanker.

Großer Panda

Ein Panda ist einfach zu zeichnen, wenn Sie schrittweise vorgehen und mit Kreisen für Kopf und Körper beginnen. Es folgen Ovale für Arme, Beine und Pranken sowie Details wie Augen, Nase oder die Bambusblätter. Mit weichen, kurzen Strichen sieht der Pelz dieses Bären dick und knuffig aus.

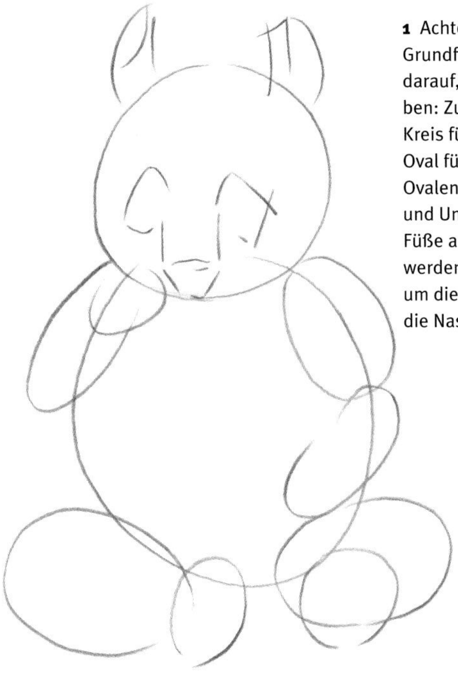

1 Achten Sie beim Skizzieren der Grundformen des Pandabären darauf, die Pose richtig wiederzugeben: Zuerst zeichnen Sie einen Kreis für den Kopf und ein größeres Oval für den Bauch. Mit kleineren Ovalen legen Sie die Beine, Ober- und Unterarme und die beiden Füße an. Mit einigen Strichen werden die Position der „Maske“ um die Augen sowie die Ohren und die Nase festgelegt.

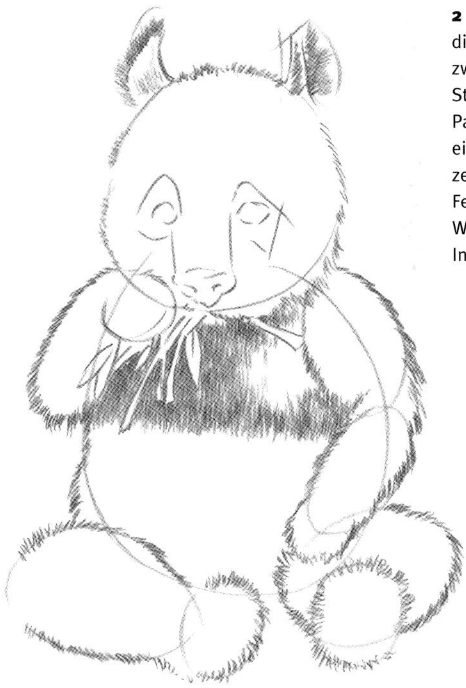

2 Skizzieren Sie die Augen vor, die Nase und den Bambuszweig. Mit kurzen, weichen Strichen bedecken Sie den Panda ringsum mit Fell. Mit einem Bleistift in Härte HB zeichnen Sie die dunklen Fellpartien der Brust (auf die Wuchsrichtung achten) und das Innere der Ohren.

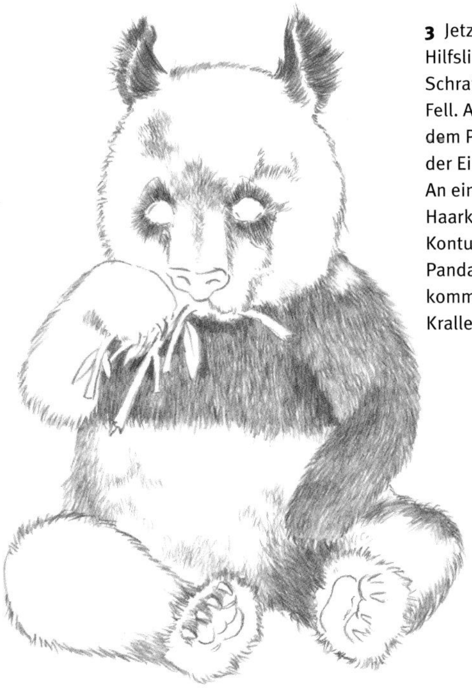

3 Jetzt werden alle überflüssigen Hilfslinien ausradiert, dann geht es ans Schraffieren der schwarzen Stellen im Fell. Anschließend verwischen Sie mit dem Papierwischer die Striche, damit der Eindruck von weichem Fell entsteht. An einigen Stellen verdichten Sie das Haarkleid mit dem Stift, das gibt Konturen und lässt die Muskeln des Pandabären ahnen. Zum Schluss kommen die Zehenballen und die Krallen an die Reihe.

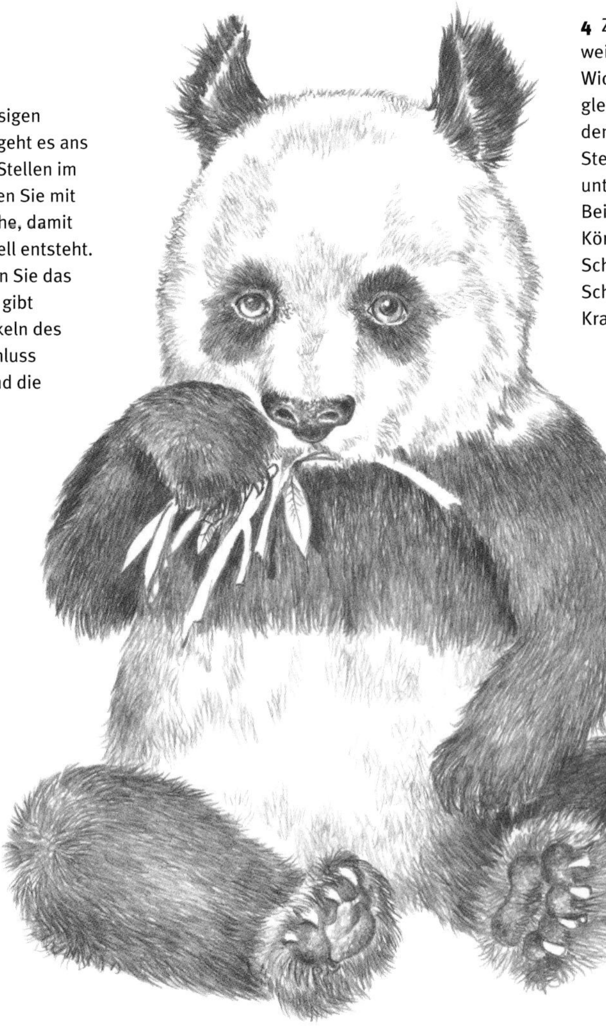

4 Zeichnen Sie das Fell mit weichen, kurzen Strichen. Wichtig ist dabei, nicht ganz gleichmäßig zu schraffieren, denn durch helle und dunkle Stellen formen Sie den Körper unter dem Fell, wie zum Beispiel zwischen Armen und Körper, wo sehr dunkle Schatten entstehen. Ganz zum Schluss arbeiten Sie Füße, Krallen, Nase und Augen aus.

Rothirsch

Um einen so prachtvollen Hirsch wie diesen zu zeichnen, nehmen Sie unbedingt ein Foto als Vorlage (▶ Seite 46).

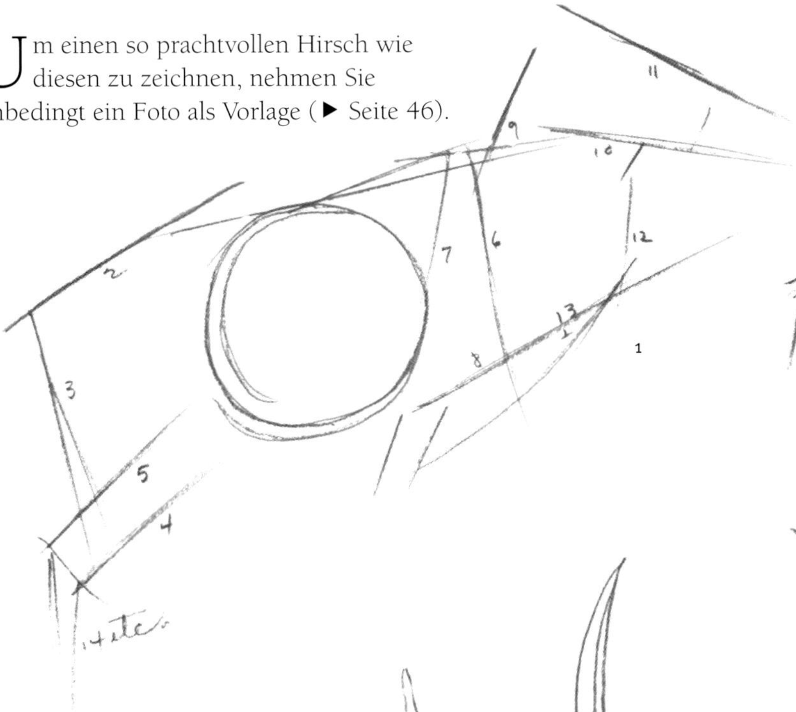

1

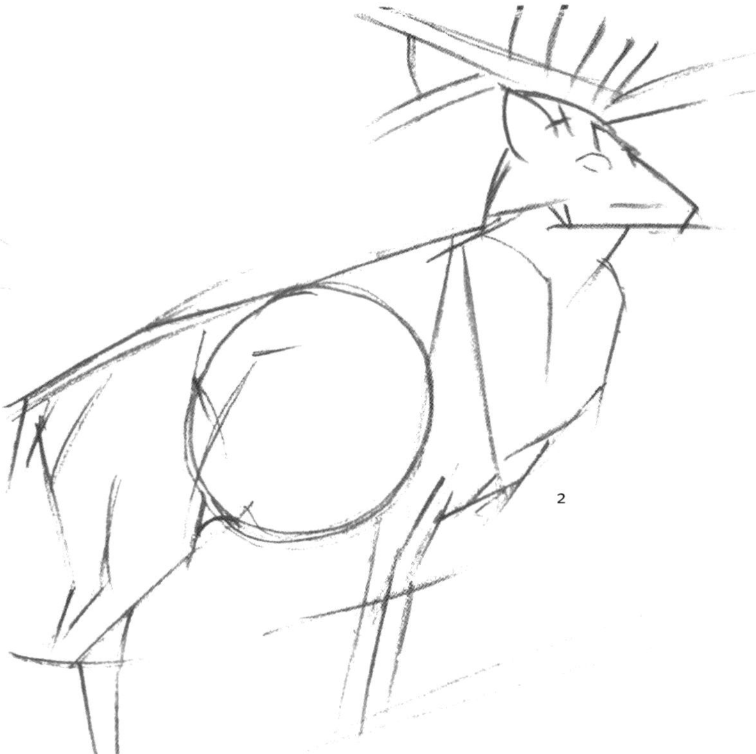

2

Wie bei vielen anderen Tieren zeichnen Sie bei Schritt 1 zuerst einen Kreis. Dann folgen die übrigen Grundformen am besten in der Reihenfolge, die hier nummeriert ist. In Schritt 2 arbeiten Sie langsam die stolze Haltung des Tieres heraus. Dabei unbedingt darauf achten, dass nicht nur jeder Körperteil in sich stimmt, sondern dass er im richtigen Verhältnis zum Rest des Körpers steht. Dann die charakteristischen Wesenszüge des Hirsch zeichnen – das mächtige Geweih mit seinen Stangen, das markante Gesicht und die kräftigen Muskeln.

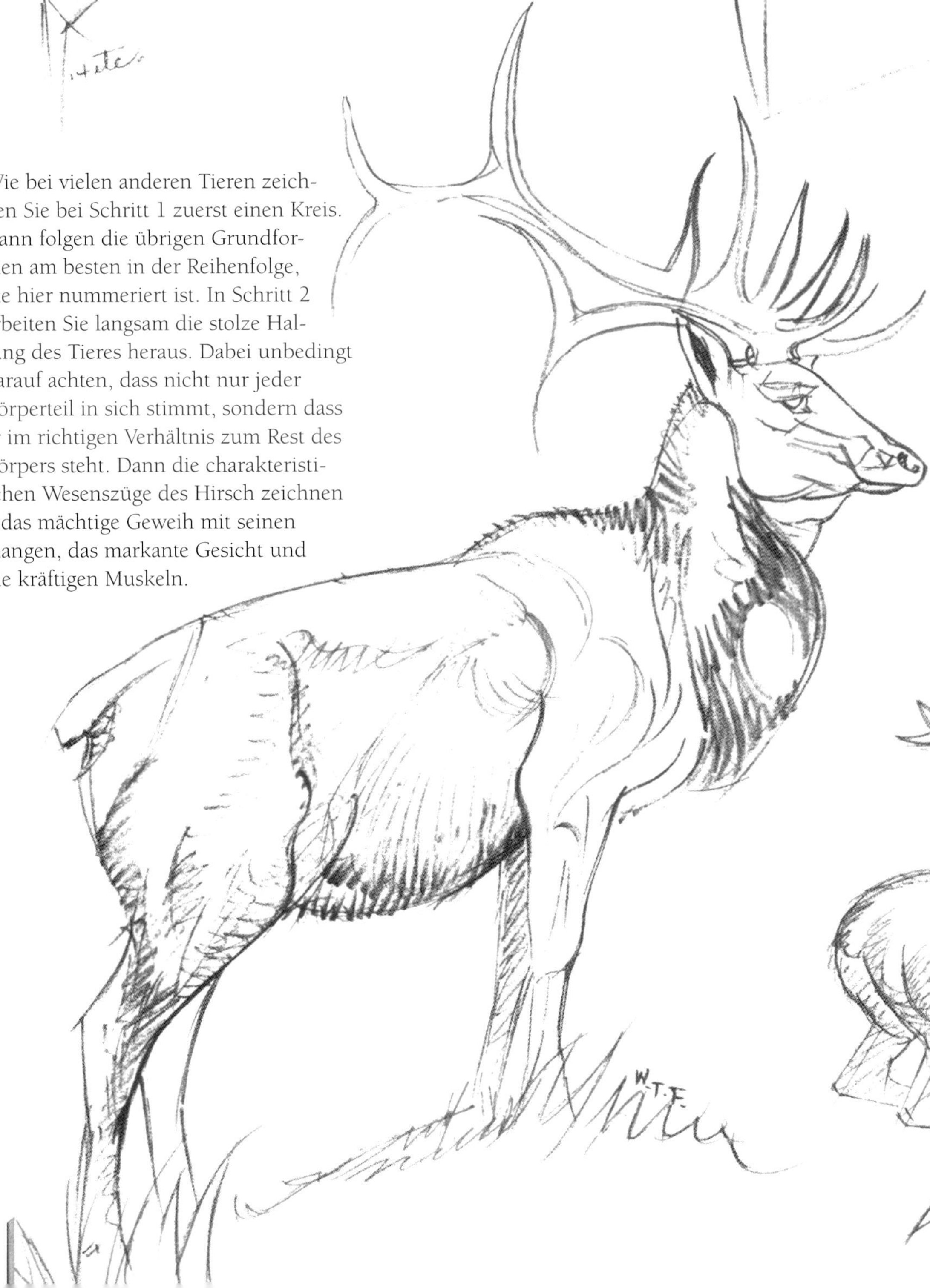

Die Abbildungen A und B zeigen, wie ein Hirsch aussieht, wenn er rennt.

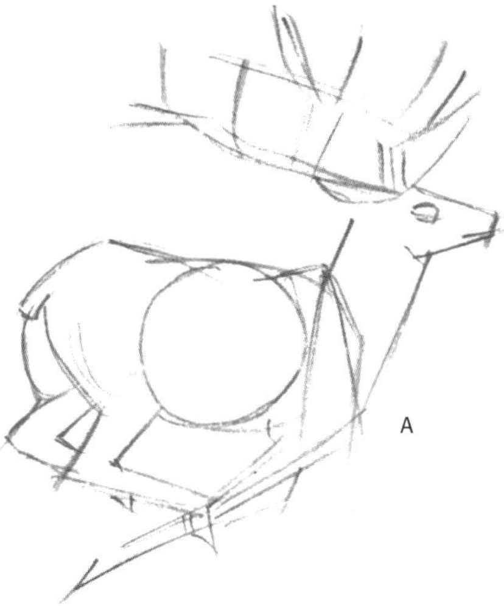

A

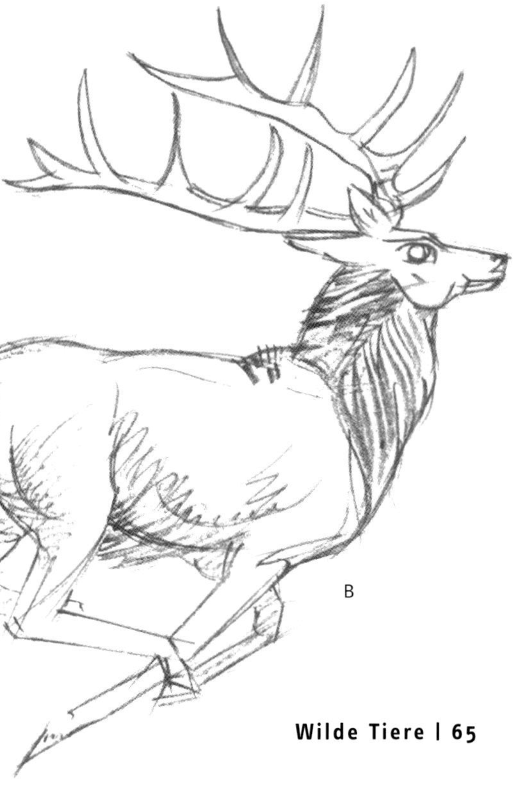

B

Elche

Elche haben einen schweren Körperbau, hohe Schultern und lange Beine – wobei die Vorderbeine länger sind als die Hinterbeine. Ihr Fell ist meist von einem tiefen Braun, nur die Beine sind heller. Der Nacken ist kurz und bei Männchen und Weibchen findet sich ein Bart, ein Stück lose Haut, das am Hals herabhängt. Das weibliche Tier trägt weder Hörner noch Schaufeln, doch der Körperbau ist dem des Männchens sehr ähnlich.
Zeichnen Sie als Erstes ein liegendes Oval wie in Schritt 1. In den nächsten beiden Schritten arbeiten Sie die Pose weiter aus und zeichnen die ersten elementaren Formen ein: Dann erst mit den Schraffuren beginnen.

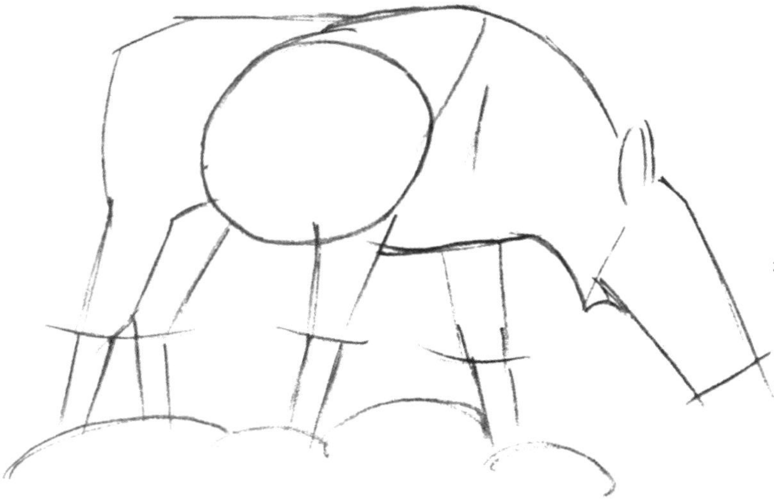

2

1

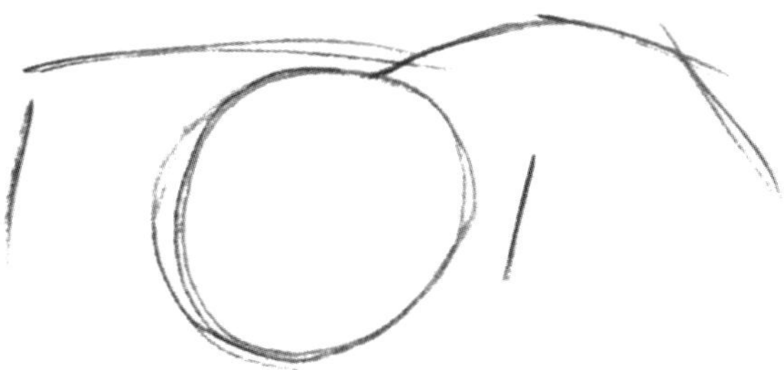

Das Besondere an diesem Bild ist die friedliche Haltung der weidenden Elchkuh. Nur die gerade aufgestellten Ohren verraten, dass sie immer auf der Hut ist. Es sind diese „Kleinigkeiten“ und Details, auf die es ankommt, damit die Gesamtaussage eines Tierporträts stimmt.

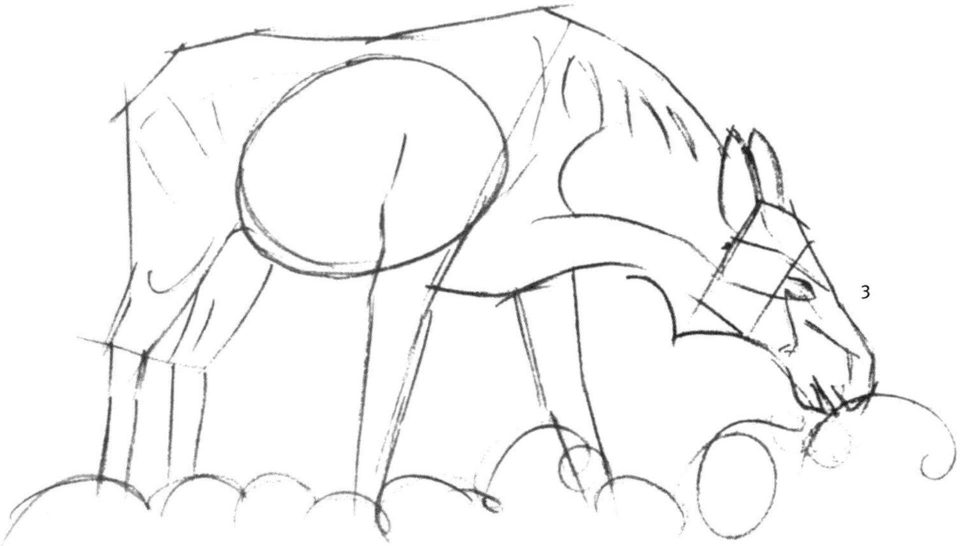

3

Die Zeichnung ist nicht vollständig ausgearbeitet, sondern hat einen skizzenhaften Charakter behalten. Der Rücken wurde kaum schraffiert, denn die Gestaltung von Kopf, Hals und Brust reicht aus, um einen in sich stimmigen Gesamteindruck zu schaffen.

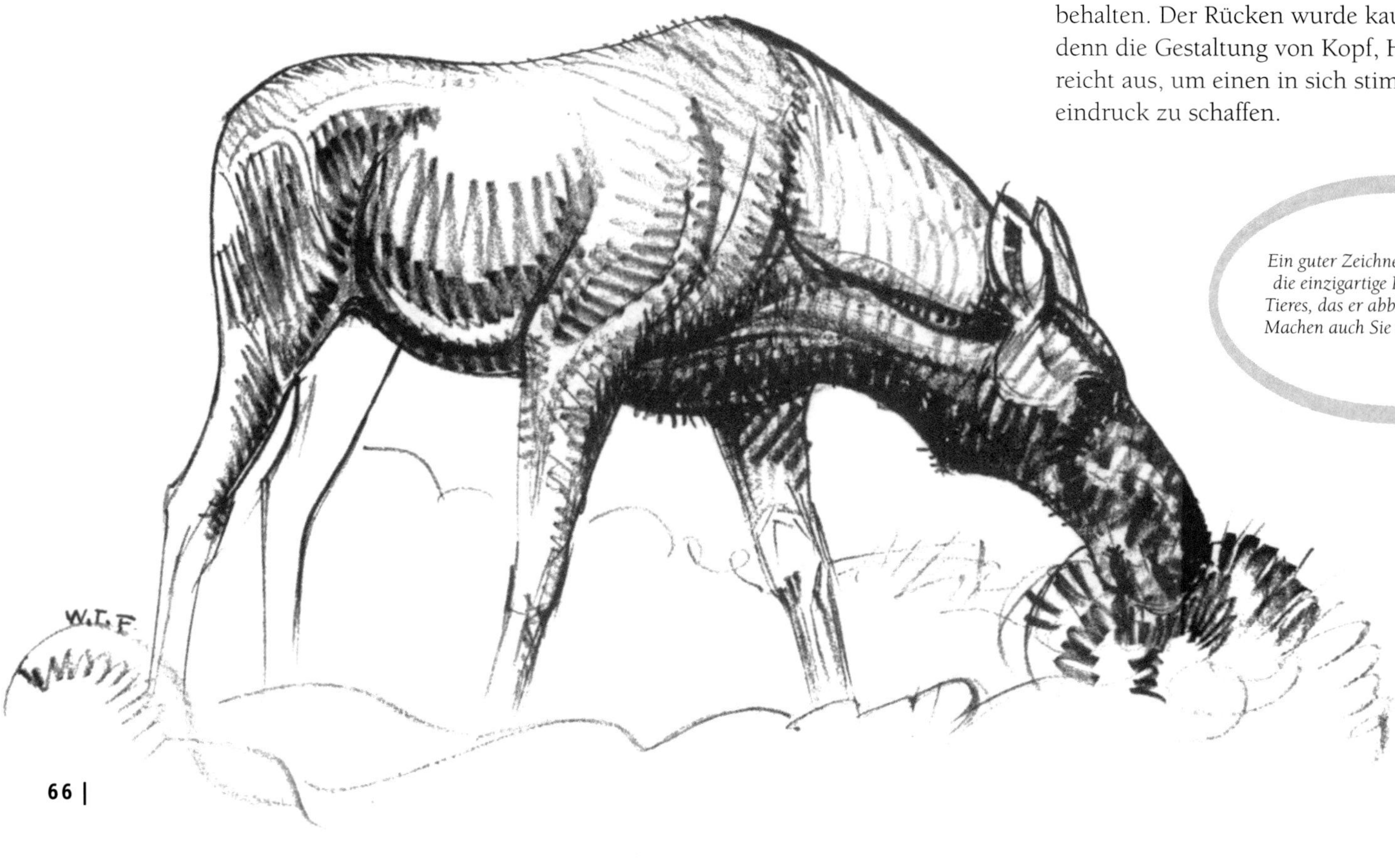

Ein guter Zeichner versucht immer, die einzigartige Persönlichkeit des Tieres, das er abbildet, einzufangen. Machen auch Sie sich diese Mühe …

Wie schon weiter vorne gesagt: Beginnen Sie immer mit ganz einfachen Grundformen. Auch hier ist der erste Schritt ein schlichtes Oval – aber denken Sie daran: Diese einfache Form ist das Herzstück des Bildes und ihre Form hat Auswirkungen auf den Gesamteindruck.

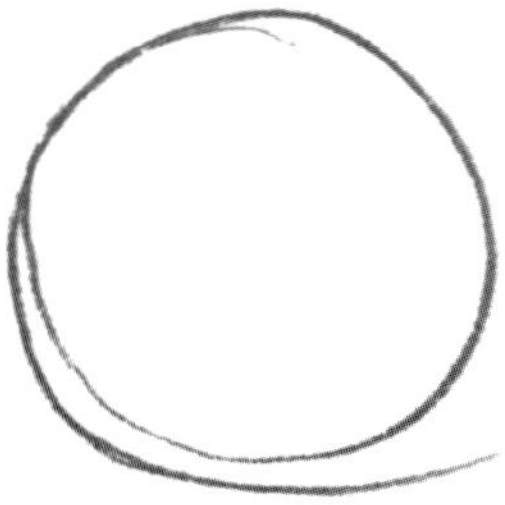

1

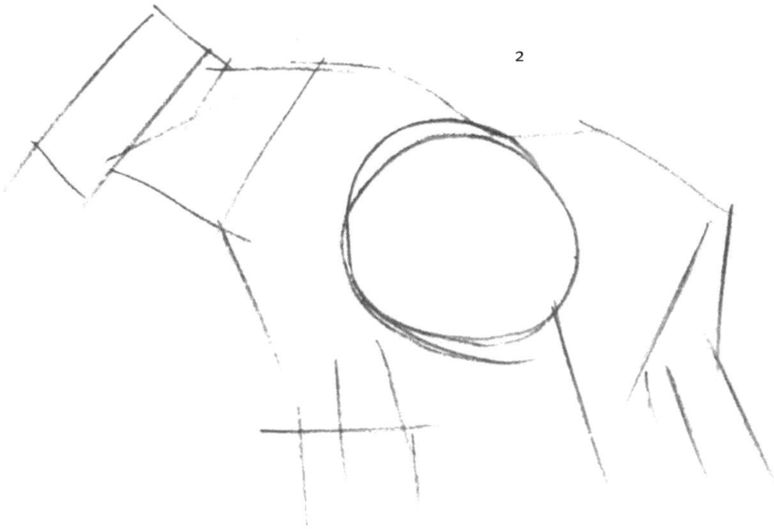

2

Die Schritte 2 und 3 zeigen, wie sich auf der Grundform nach und nach die Form des Tieres aufbaut. Dabei ist es ganz wichtig, darauf zu achten, wo genau die Beine beginnen. Jedes Tier hat eine ganz eigene Art zu stehen, deshalb müssen die Beine an die richtige Stelle gesetzt werden – und das gelingt nur, wenn Sie Ihr Modell genau studieren.

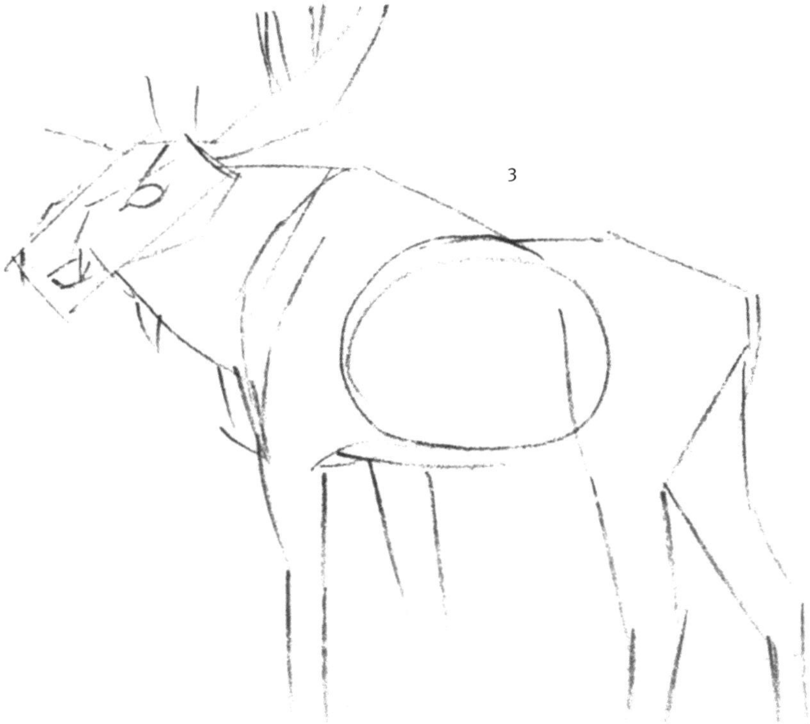

3

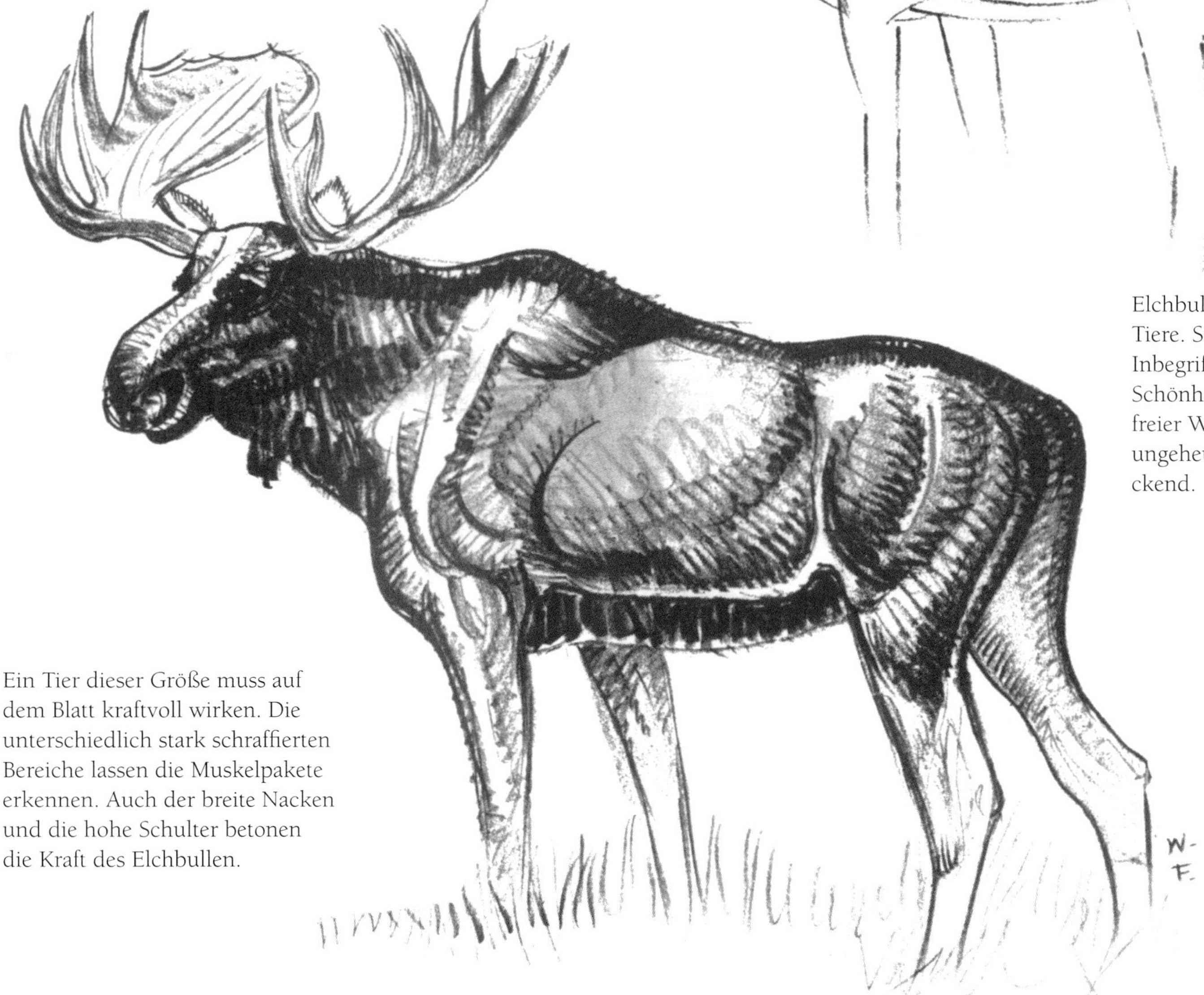

Elchbullen sind mächtige Tiere. Sie mögen nicht der Inbegriff von Eleganz und Schönheit sein – aber in freier Wildbahn sind sie ungeheuer beeindruckend.

Ein Tier dieser Größe muss auf dem Blatt kraftvoll wirken. Die unterschiedlich stark schraffierten Bereiche lassen die Muskelpakete erkennen. Auch der breite Nacken und die hohe Schulter betonen die Kraft des Elchbullen.

Bison

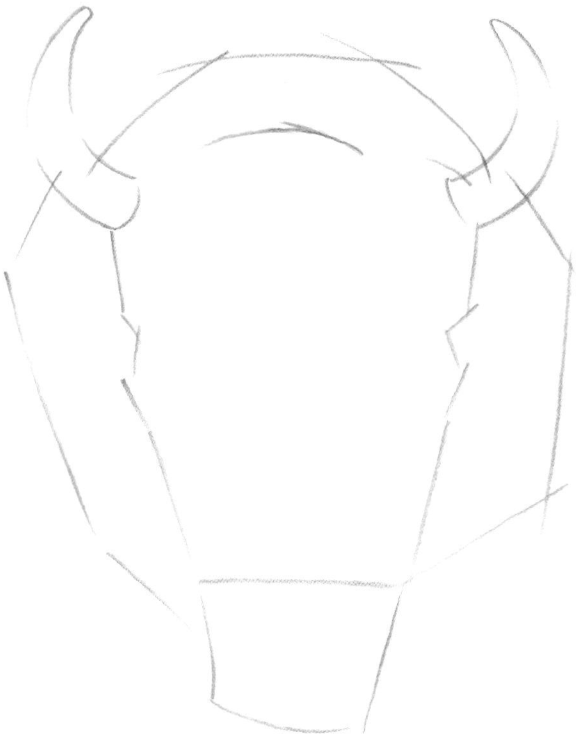

1 Einen Bleistift in Härte HB mit abgerundeter Spitze auswählen und die ersten Umrisse des Bisonkopfes aufzeichnen. Da dies eine ganz gerade Frontalansicht wird, müssen Sie unbedingt darauf achten, schon den ersten Umriss so symmetrisch wie nur möglich zu halten. Zwei kleine Einkerbungen unterhalb der Hörner markieren den Sitz der Augen. Und dort, wo das Gesicht endet und der „Bart" beginnt, zeichnen Sie eine waagerechte Hilfslinie.

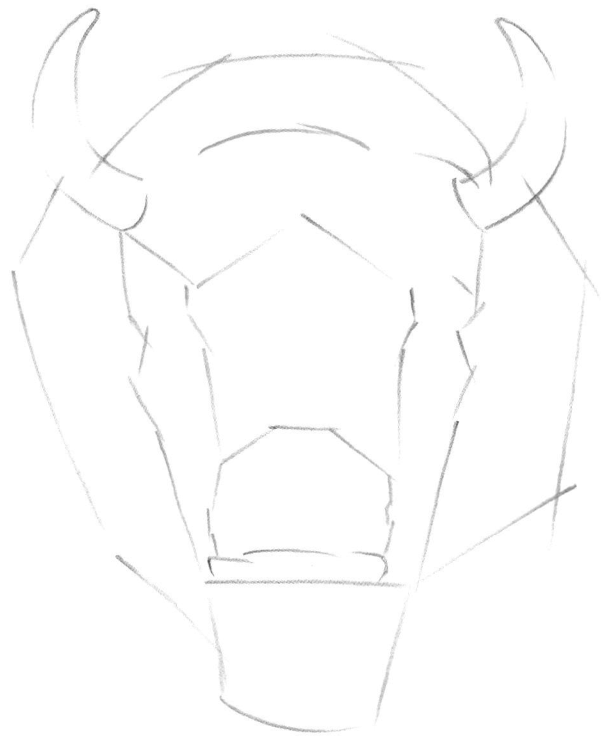

2 Dann folgen schon die verschiedenen Flächen des Gesichts wie die abfallende breite Stirn, die Nase und das Maul. Diese Hilfslinien werden später beim Schraffieren mit kleinen und kurzen Strichen überzeichnet, bis sie ihren harten und markanten Charakter verlieren.

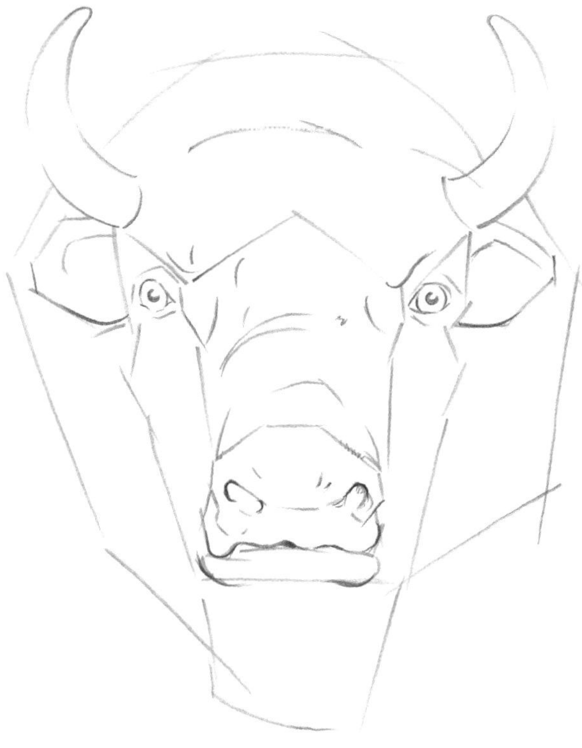

3 Als Nächstes wird das Gesicht weiter eingeteilt und dann erhält der Bison Augen, Ohren und Nüstern. Die Ohren fangen direkt unterhalb der Hörner an und enden auf Höhe der Unterlider. Die Augen stehen sehr weit auseinander – sie beginnen etwas außerhalb der Breite des Mauls. Dann mit ersten feinen Linien die Nase und das Maul genauer ausformen.

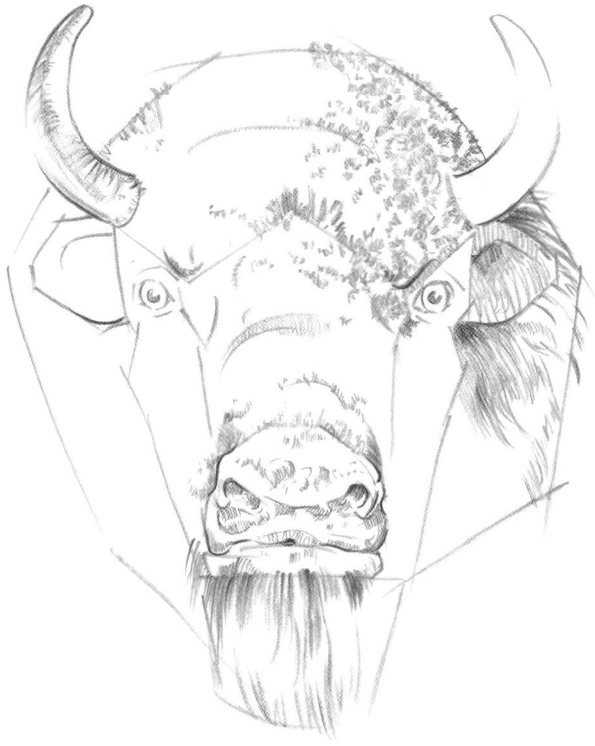

4 Jetzt folgen schon mit ersten Schraffuren die unterschiedlichen Fellarten am Kopf, am Hals und im Gesicht des Bisons: Der weiche Behang am Kinn wird mit längeren Wellenlinien gezeichnet, die direkt am Ansatz etwas stärker sind. Nehmen Sie einen Bleistift mit abgerundeter Spitze zur Hand und zeichnen Sie das klein gelockte Fell im Gesicht und am Kopf des mächtigen Bisons mit der Seite der Bleistiftmine und mit kleinen Strichen und Kritzeln. Die Hörner mit halbrunden Linien in Form bringen.

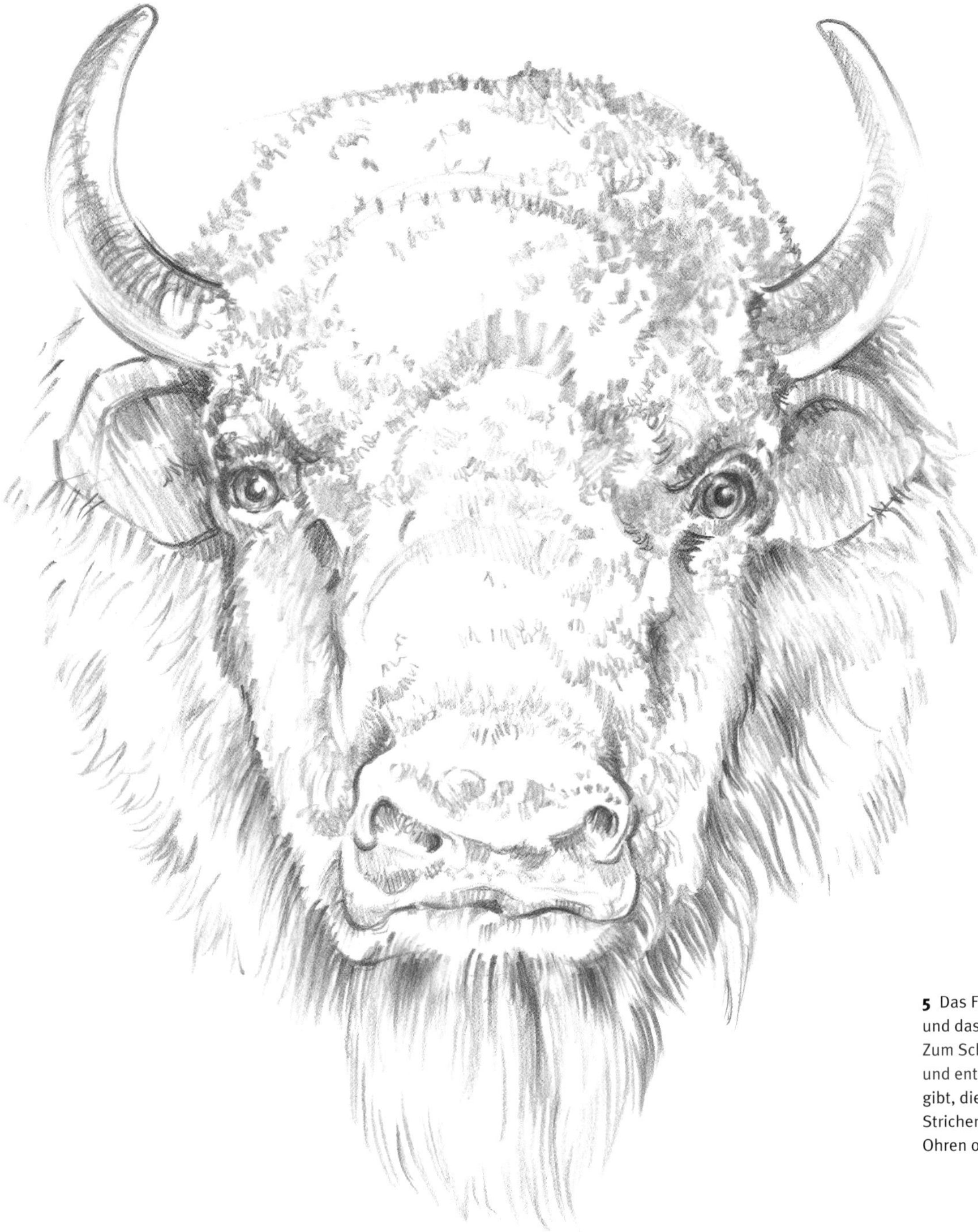

5 Das Fell nach und nach in Ruhe fertig ausarbeiten und das Auge im Detail zeichnen (③ Kasten unten). Zum Schluss treten Sie ein Stück vom Bild zurück und entscheiden, ob es noch Stellen am Porträt gibt, die Sie mit einigen weichen und dunkleren Strichen betonen könnten wie etwa das Kinn, die Ohren oder die Augen.

Den Körperbau erfassen

Von der Seite erkennt man die flache Stirn des Bisons, seine kurzen Vorderbeine, die mächtige Schulter und den tief liegenden Kopf besonders gut. Er ist ein Tier mir sehr urtümlichem Charakter.

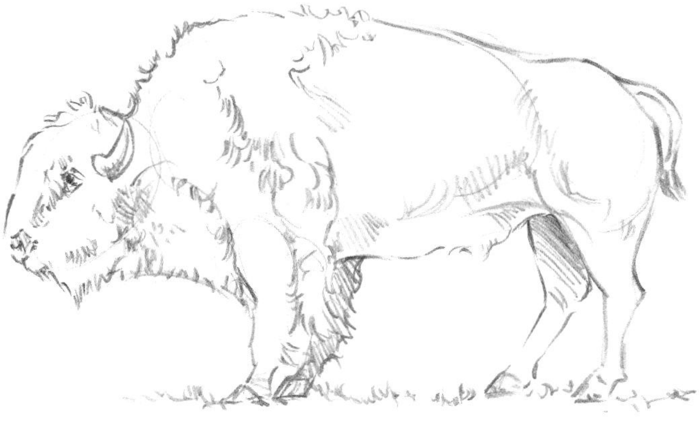

Das Auge im Detail

Zeichnen Sie zunächst mit feinen Linien die Lider, die Pupille, die Iris und die Augenbrauen nur ganz leicht vor. Dann folgt im zweiten Schritt das Ausarbeiten der dunklen Pupille mit dem weißen Lichtreflex. Zum Schluss die übrigen Partien des Auges schraffieren. Mit einem Papierwischer alle harten Linien und abrupten Übergänge absoften.

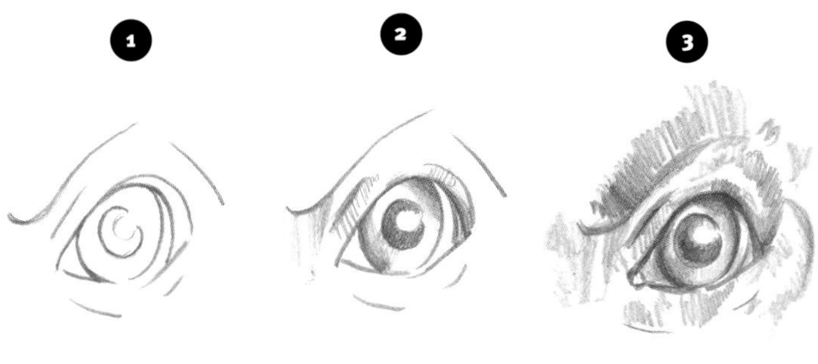

Wolf

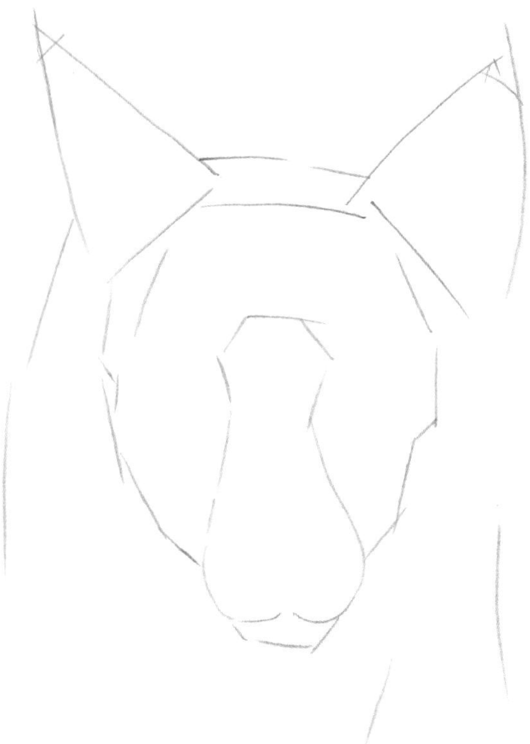

1 Mit einem Bleistift Härte HB und nur wenigen leichten Strichen zeichnen Sie die Grundformen von Kopf und Gesicht des Wolfs vor. Zum Schluss folgen die runde Form der Schnauze und zwei Dreiecke für die Ohren.

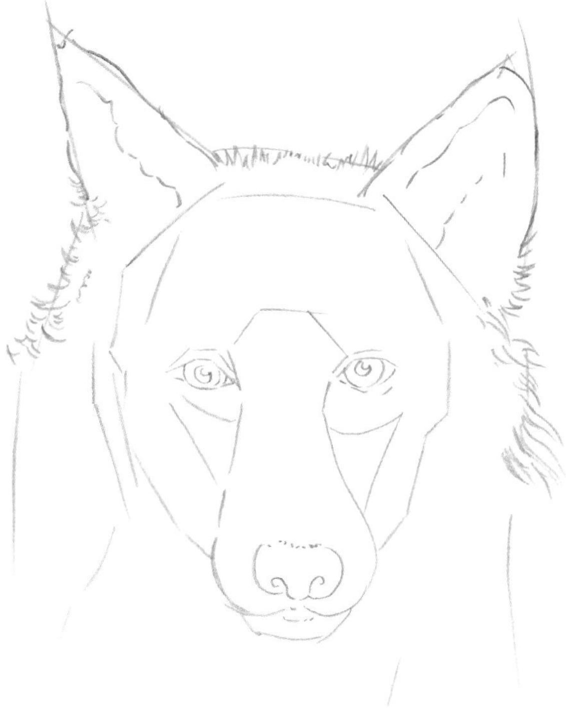

2 Zeichnen Sie die Augen und die Wangenpartie an der richtigen Stelle vor. Die Ohren erhalten erste Details und mit kurzen Strichen und einigen Wellen deuten Sie das Fell an.

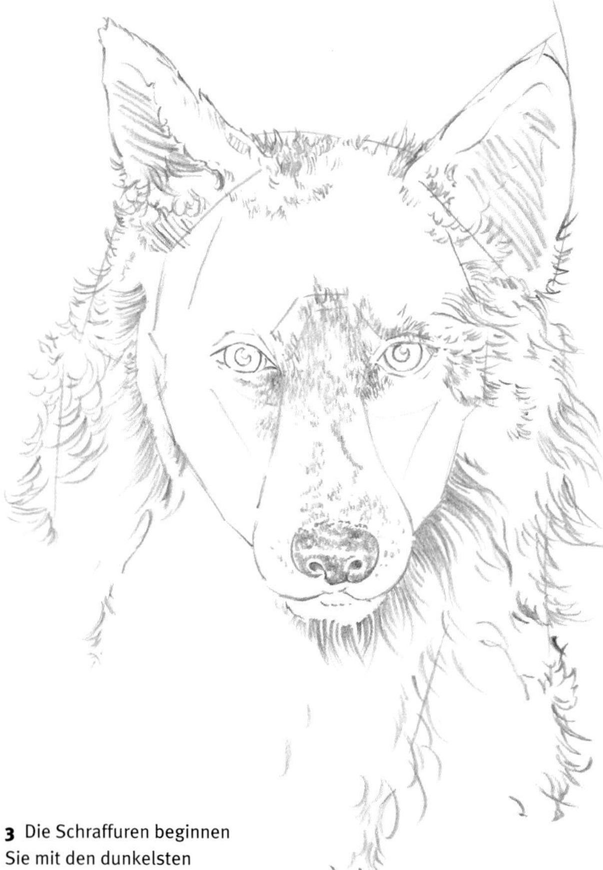

3 Die Schraffuren beginnen Sie mit den dunkelsten Tönen an Stellen wie innen in den Ohren oder unter der Schnauze. Das Fell gestalten Sie mit verschiedenen Grautönen und unterschiedlichen Strichen und Linien, um die Fellpartien möglichst naturgetreu wiederzugeben.

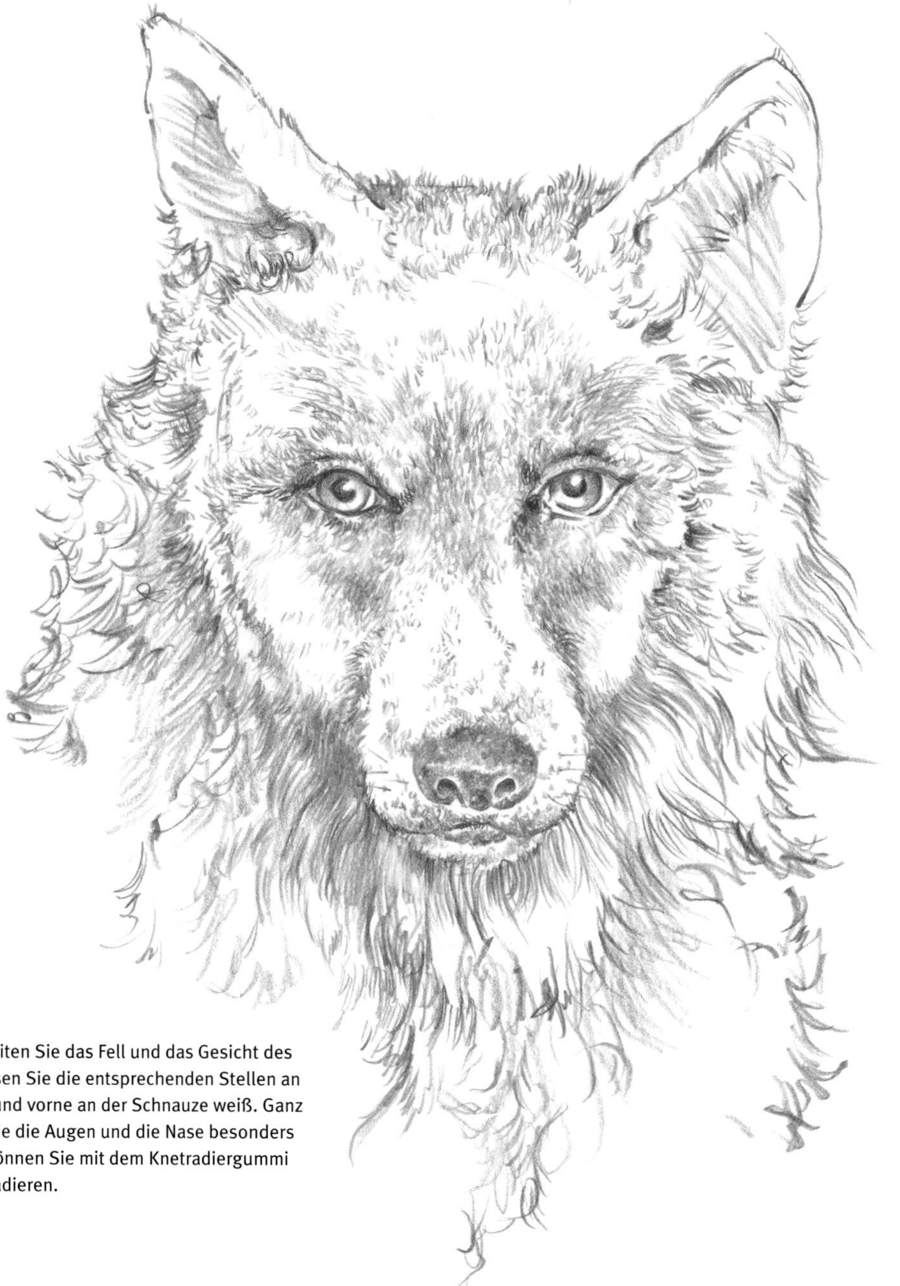

4 Im letzten Schritt arbeiten Sie das Fell und das Gesicht des Wolfs ganz fein aus. Lassen Sie die entsprechenden Stellen an den Ohren, an der Stirn und vorne an der Schnauze weiß. Ganz zum Schluss gestalten Sie die Augen und die Nase besonders sorgfältig. Lichtreflexe können Sie mit dem Knetradiergummi anschließend noch ausradieren.

Klapperschlange

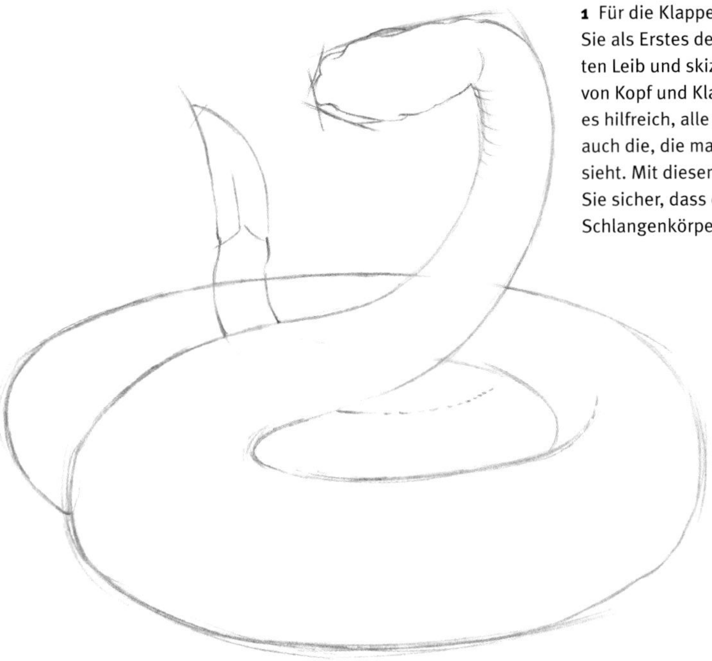

1 Für die Klapperschlange zeichnen Sie als Erstes den zusammengeringelten Leib und skizzieren die Position von Kopf und Klapper. Beim Körper ist es hilfreich, alle Linien einzuzeichnen, auch die, die man später nicht mehr sieht. Mit diesem kleinen Trick stellen Sie sicher, dass die Anatomie des Schlangenkörpers stimmt.

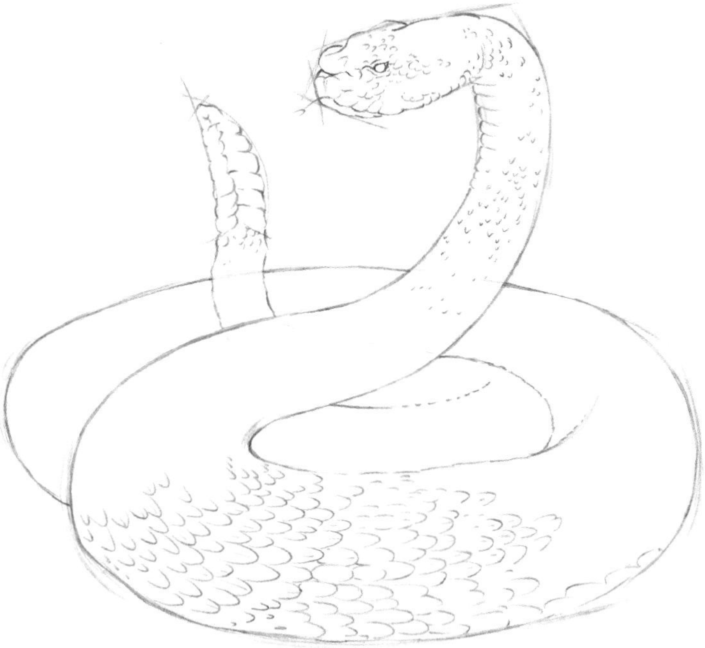

2 Dann die Augen und das Maul einzeichnen und die gespaltene Zunge ansetzen. Um die Schuppen abzubilden, zeichnen Sie lang gezogene c-förmige Kringel. Die Schuppen liegen am engsten dort nebeneinander, wo das Hauptaugenmerk des Betrachters hinfällt.

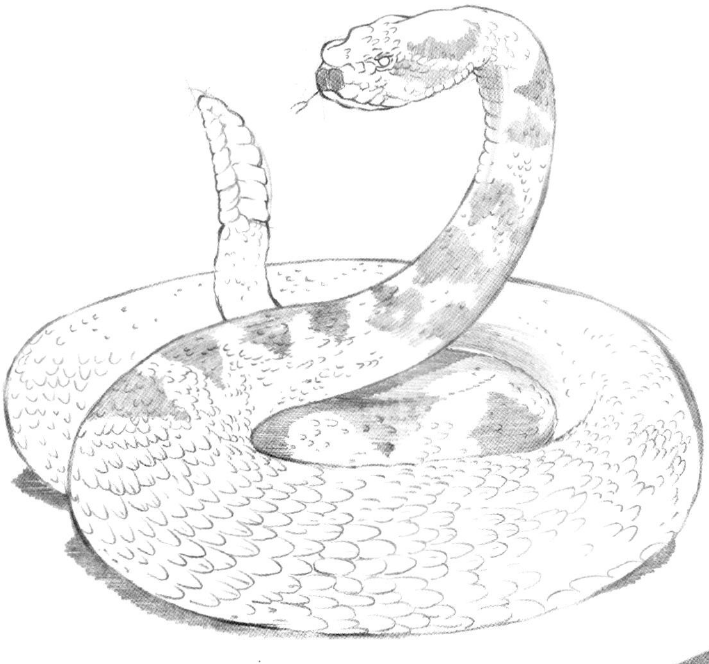

3 Zeichnen Sie weitere Schuppen ein und arbeiten Sie dann am diamantförmigen Muster auf dem Kopf der Schlange. Dann alle Hilfslinien ausradieren, die nicht mehr gebraucht werden, und die ersten Schatten zwischen den Windungen des Körpers legen.

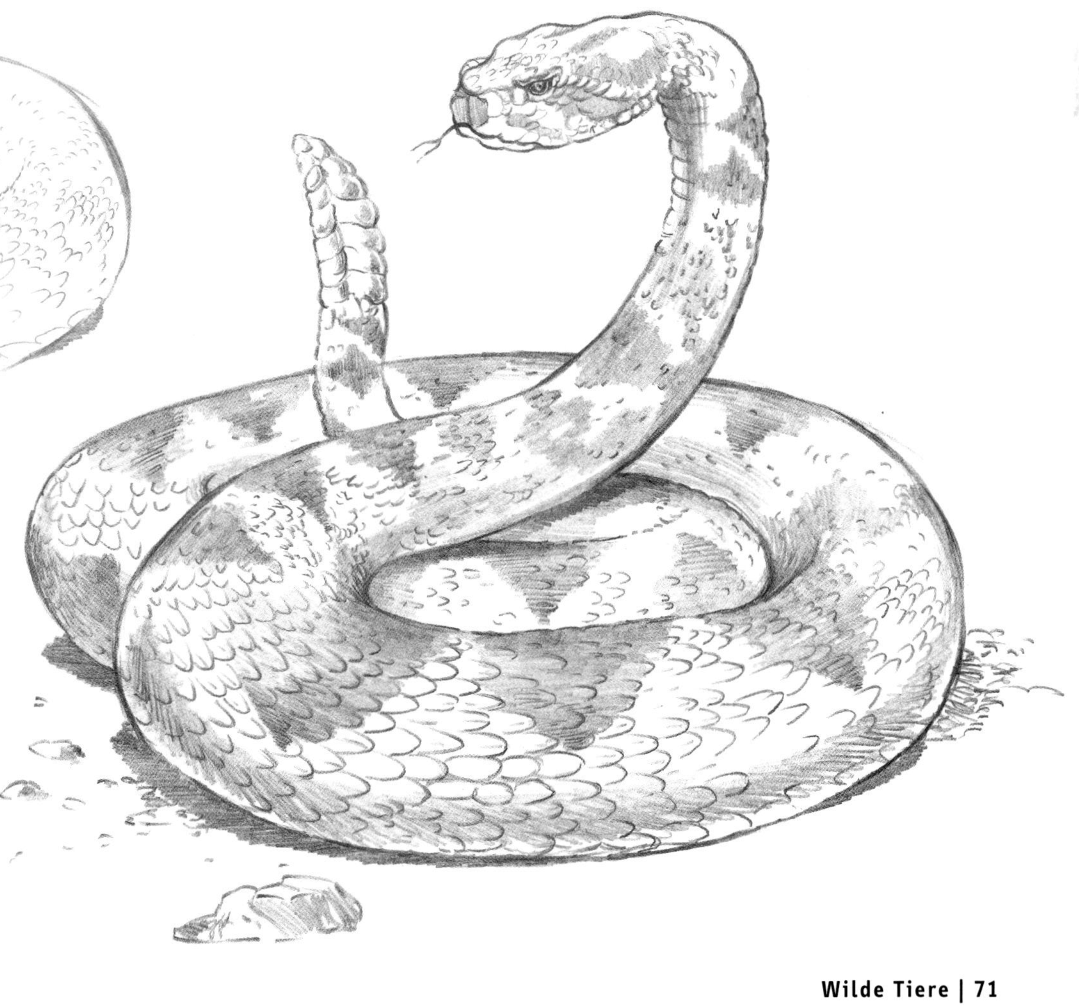

4 Alle Segmente des Musters der Schlange zu Ende bringen und die Details des Kopfes fertigstellen. Dann wenden Sie sich dem unteren Drittel des Schlangenkörpers zu und betonen noch die zylindrische Form, damit er optisch richtig fest auf dem Boden aufliegt. Den Boden selbst gestalten Sie mit einer Andeutung von kleinen Steinen und trockener Erde.

Eisbär

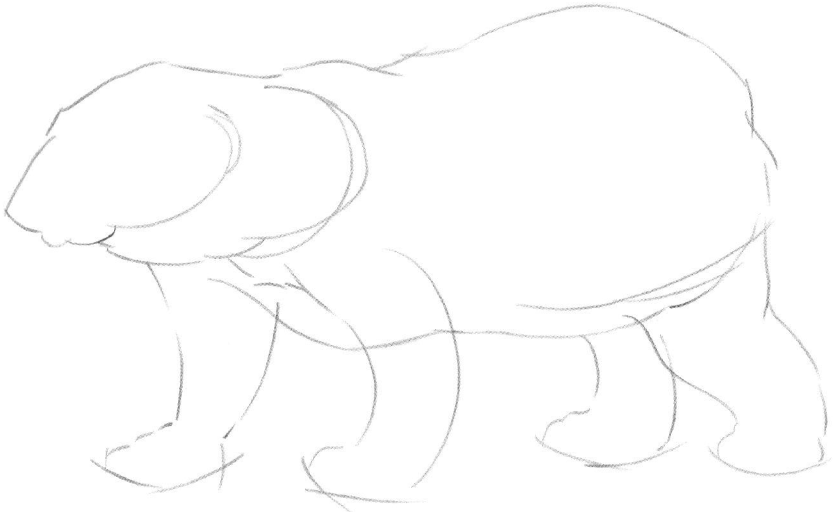

1 Zuerst die Körperformen des Eisbären mit wenigen Strichen grob umreißen. Dabei darauf achten, dass Kopf, Körper und Beine im richtigen Verhältnis zueinander stehen. Den Hals und die mächtige Brust ebenfalls nur andeuten. Sehen Sie, dass der Kopf ein wenig tiefer ist als der Rücken und dass die Vorderbeine leicht nach innen gebogen sind?

2 Die Ohren mit zwei Halbkreisen andeuten, die Nase dagegen kantig aus Strichen aufbauen. Die Eisscholle unter den Füßen des Bären jetzt schon andeuten: Dazu eine Art offenes Halboval zeichnen und ein zweites daruntersetzen. Beide mit senkrechten Strichen verbinden.

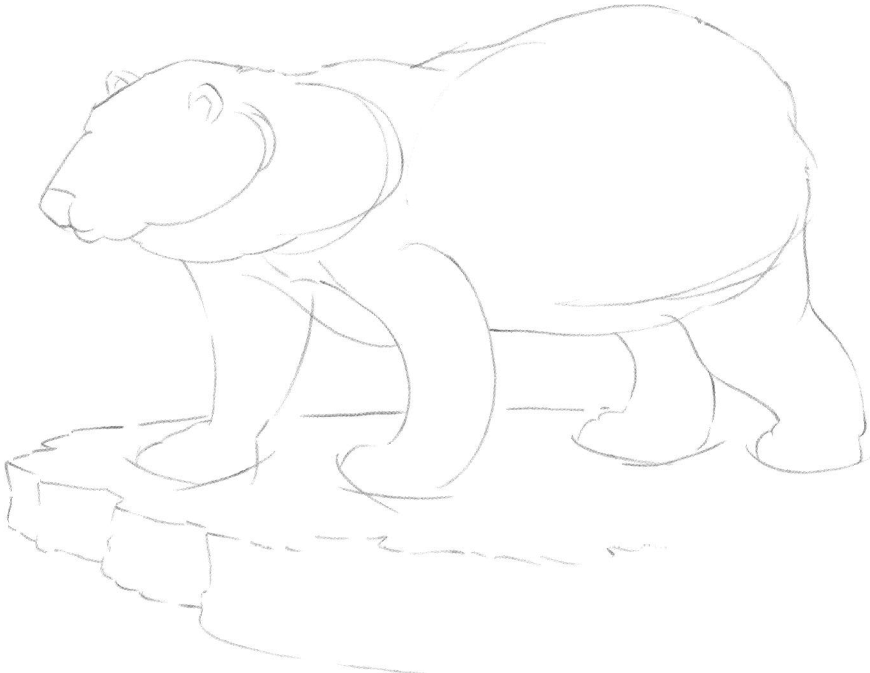

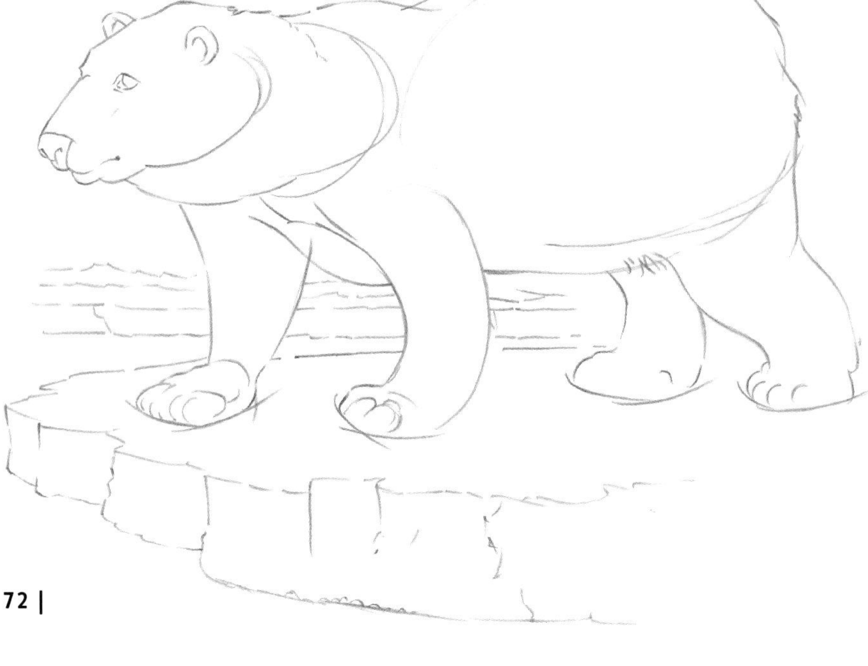

3 Das Auge einzeichnen und die dicken Pranken mit Kreisen vorformen. Die mächtigen Eisformationen hinter dem Bären schon jetzt mit leicht gezackten Linien ins Bild bringen.

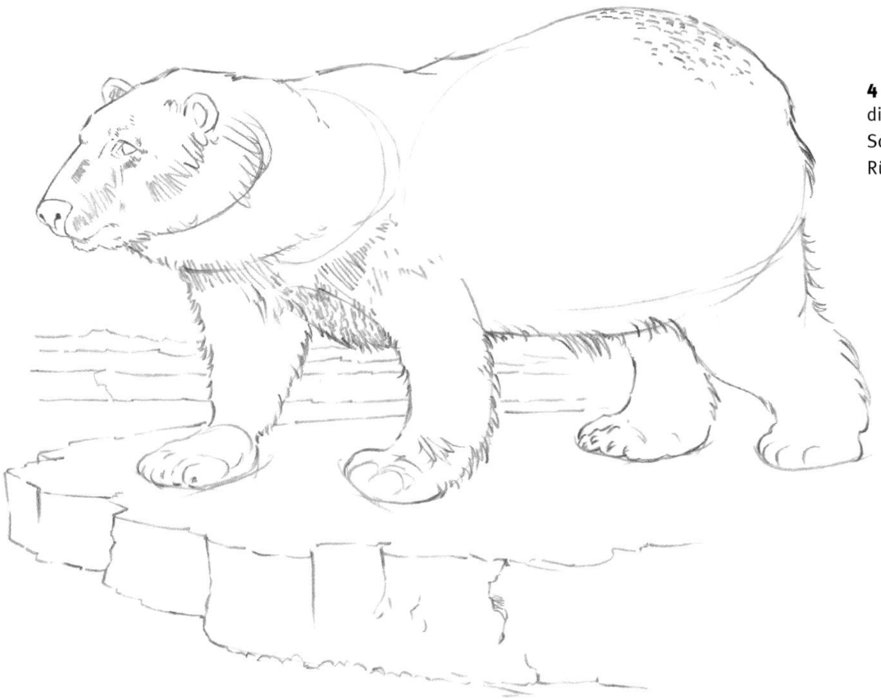

4 Die Arbeiten am Fell beginnen mit kurzen, weichen Strichen, die den natürlichen Wuchs des Pelzes zeigen. Nicht zu viele Schraffuren zeichnen. Es reichen Andeutungen am Bauch, am Rücken und im Gesicht, denn der Bär hat ein weißes Fell.

5 Zum Schluss noch die letzten Details zeichnen und die Umrisse deutlicher gestalten. Dazu einen Bleistift in Härte HB zur Hand nehmen und das Wasser sowie den Schatten, den der Bär auf die Scholle wirft, schraffieren. Mit einem abgerundeten Bleistift in Härte HB die Wellen und die Schatten vor der Eisscholle anbringen. Dann die schwarze Nasenspitze, das Auge und das Innere des Ohrs ausarbeiten. Als Letztes noch das Fell mit einigen stärkeren Strichen akzentuieren.

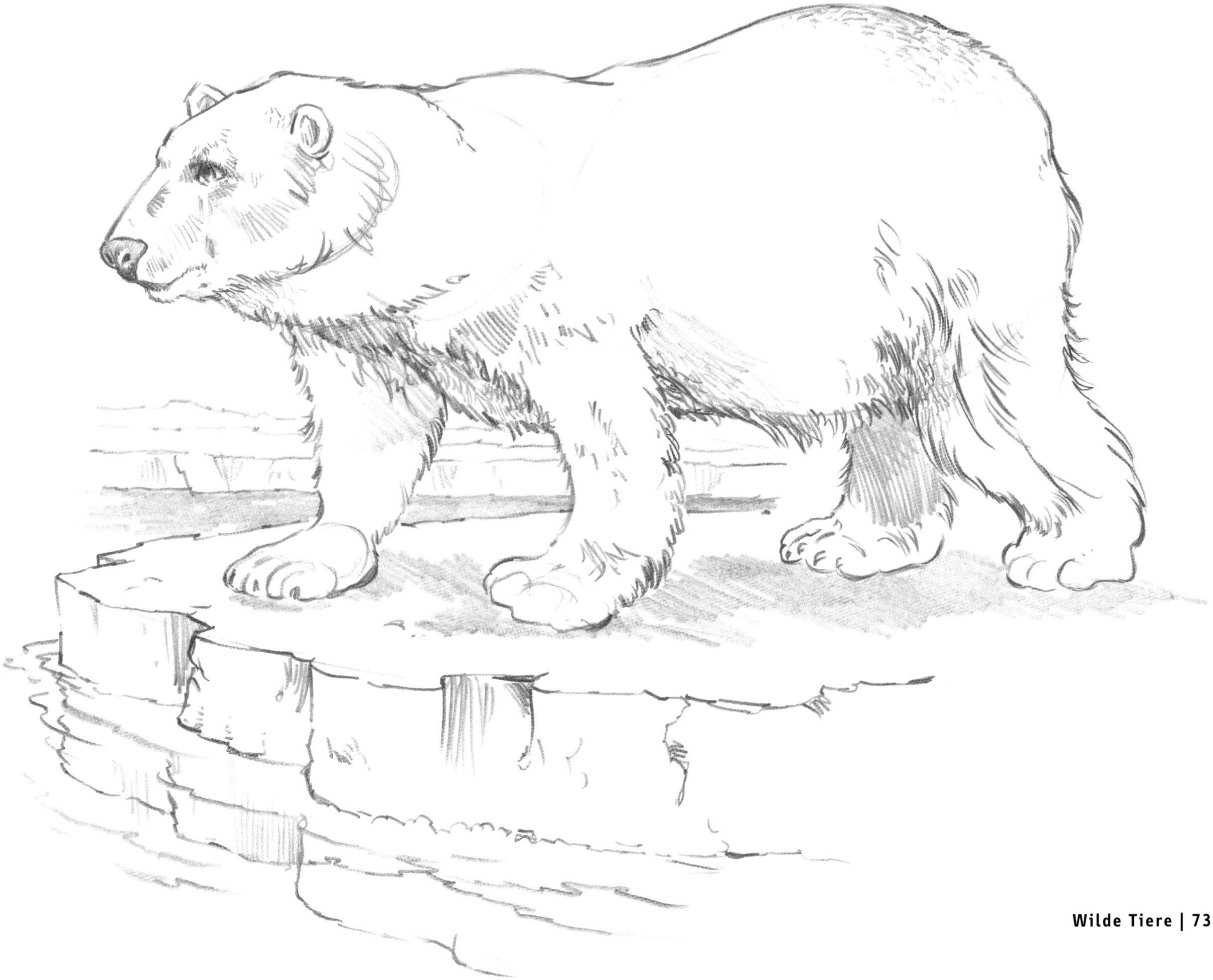

Pinguine

1 Zeichnen Sie zunächst mit einem Bleistift in Härte HB ein Oval für den Kopf und eines für den Körper jedes einzelnen Pinguins. Wenn die Pinguine wie hier U-förmig und nicht in einer Reihe angeordnet sind, ziehen Sie den Blick des Betrachters noch besser auf das Motiv.

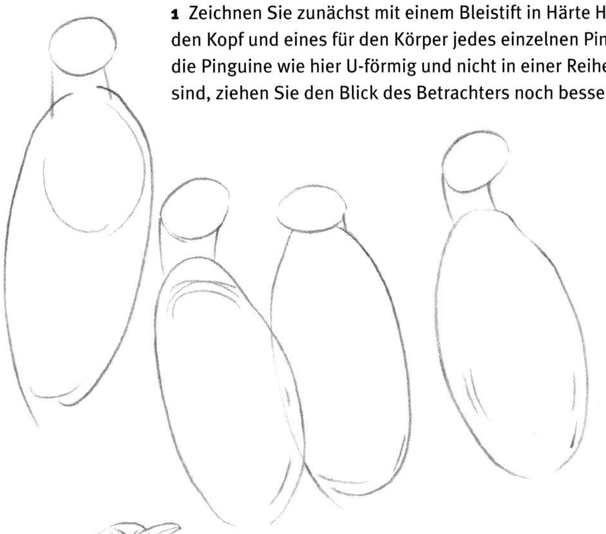

2 Jeder Pinguin erhält einen Schnabel aus gebogenen und geraden Linien, der etwas rechts von der Mitte am Kopf angesetzt ist. Skizzieren Sie auch schon die kurzen Beine und die Füße – dabei die Schwimmflossen zwischen den Zehen nicht vergessen! Mit einigen wenigen Strichen noch die Felsen andeuten, auf dem die Pinguine stehen.

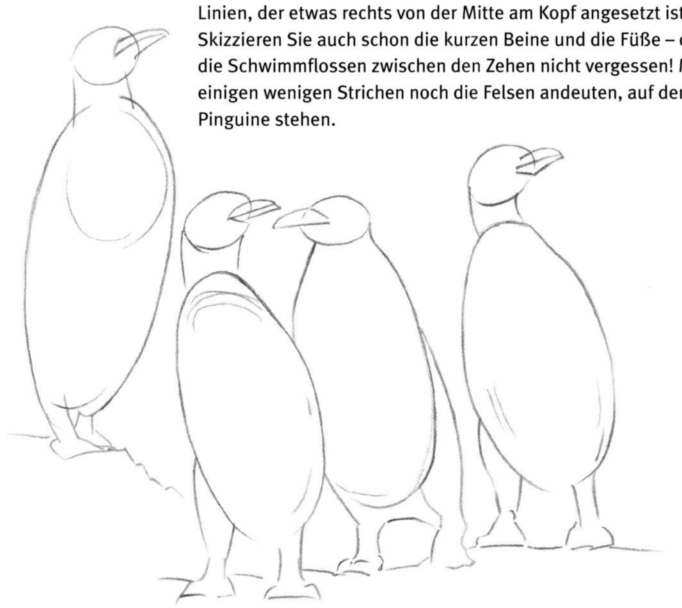

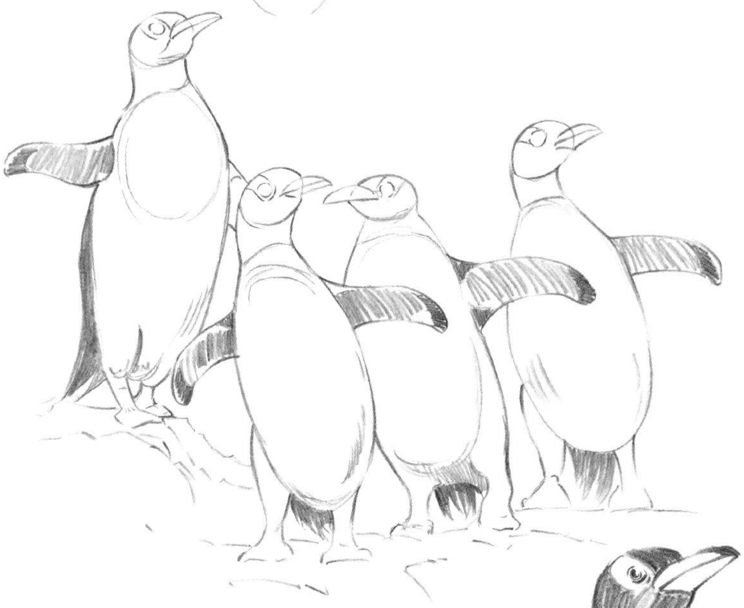

Tiere individuell gestalten

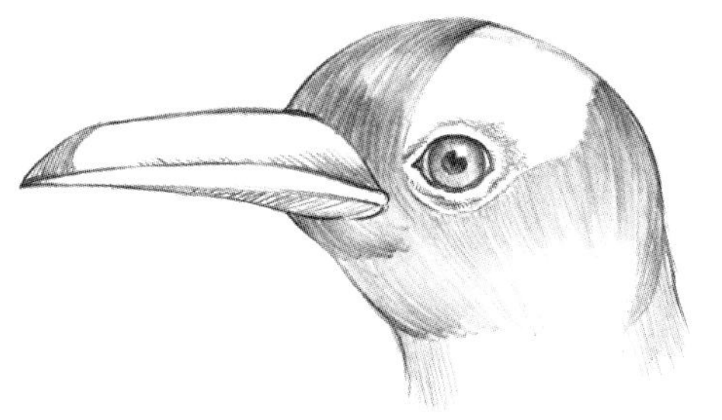

Die Zeichnungen am Kopf sind von Art zu Art verschieden. Dieser Eselspinguin trägt einen weißen Streifen, der am unteren Augenlid beginnt und über den Kopf läuft. Das Auge selbst ist ringsum von einem zarten unregelmäßigen grauen Rand umgeben.

3 Als Nächstes folgen die Augen, die Flügel und der Schwanz: Alle mit einem abgerundeten Bleistift in Härte 2B schraffieren. Mit zarten, geriffelten und gewellten Linien den Felsen weitergestalten.

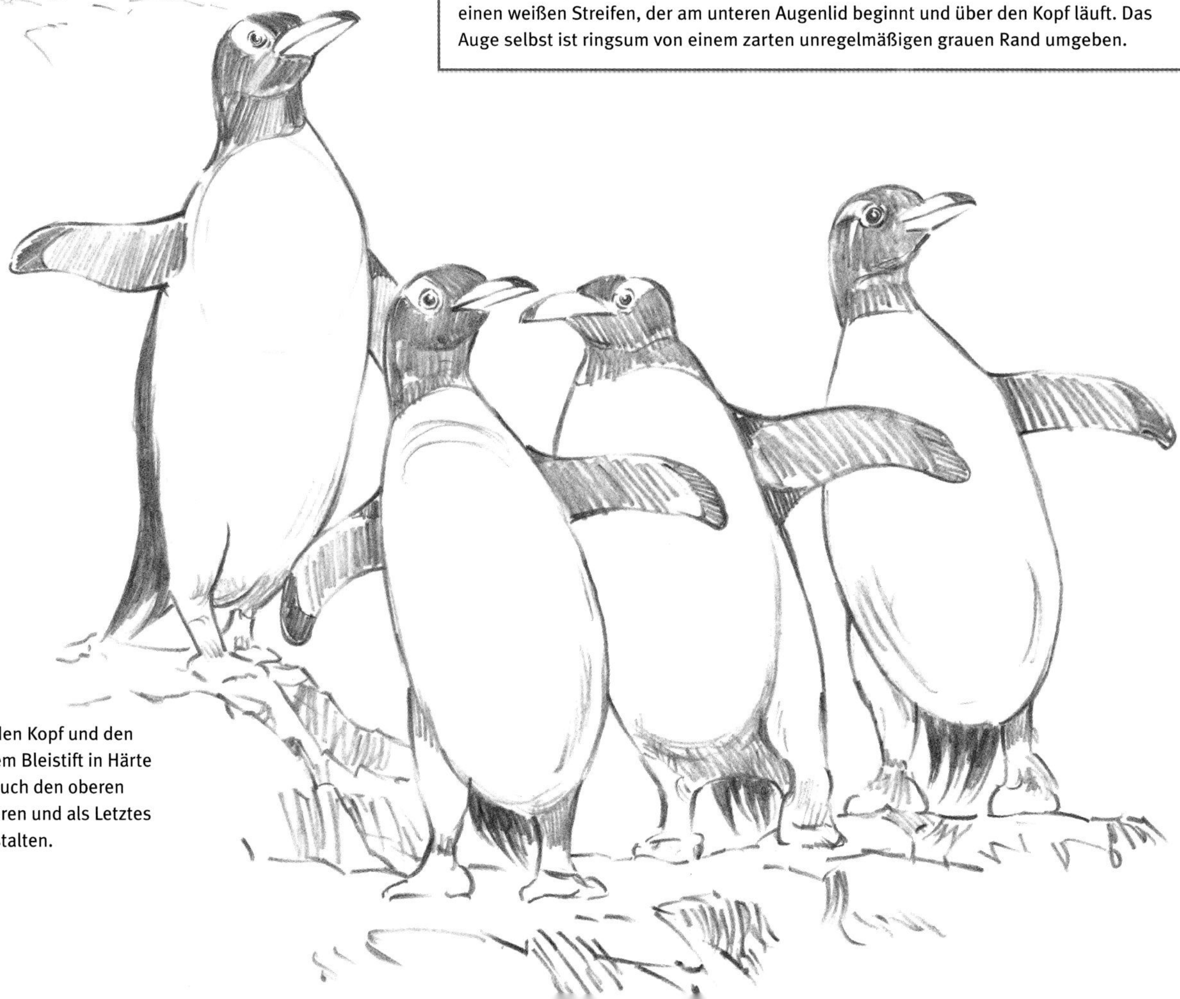

4 Zum Schluss schraffieren Sie den Kopf und den Schnabel jedes Pinguins mit einem Bleistift in Härte 2B und mit parallelen Strichen. Auch den oberen Bereich der Beine leicht schraffieren und als Letztes die Felsen etwas detaillierter gestalten.

Tägliche Gefährten: Unsere Haustiere

Millionen von Tieren leben weltweit mit uns in engster Gemeinschaft und kennen uns fast ebenso gut wie wir sie … Haustiere sind nicht nur für Kinder enge Lebensgefährten und Freunde. Man weiß heute, dass Singles, die ein Tier halten, länger leben und glücklicher sind als Menschen ohne Tier. Wenn auch Sie Ihren kleinen Hausgenossen mit dem Zeichenstift verewigen wollen, dann können Sie anhand der Motive in diesem Kapitel Körperbau, Eigenheiten und typische Posen betrachten und zeichnen lernen.

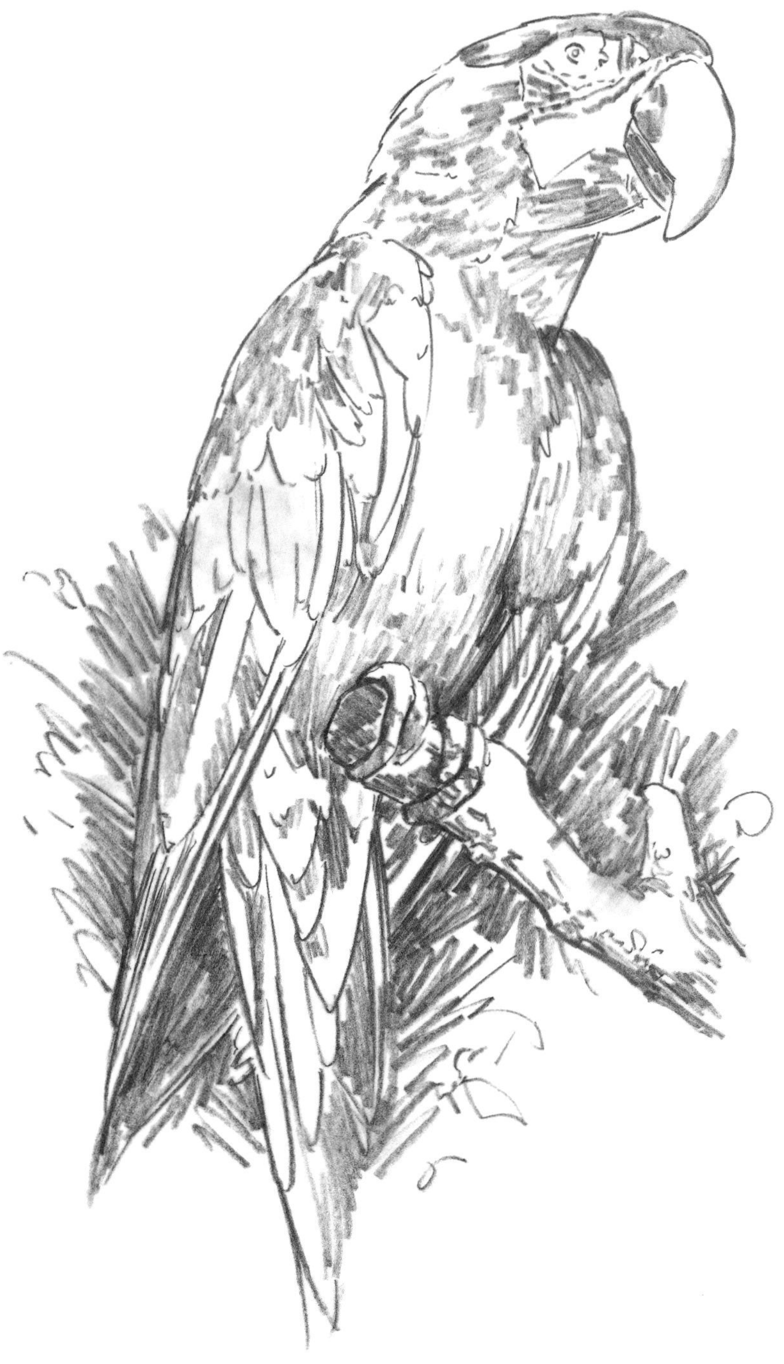

Hasen

Jedes Tier, das Sie darstellen wollen, müssen Sie gut beobachten. Sehen Sie z. B., dass hier beim Hasen in Schritt 1 die Ohren nicht stimmen? Sie sind zu klein und müssen verbessert werden.

Wenn Sie eine bestimmte Rasse darstellen möchten, müssen Sie vorher recherchieren, damit die Details stimmen. Material finden Sie in der Bibliothek.

1

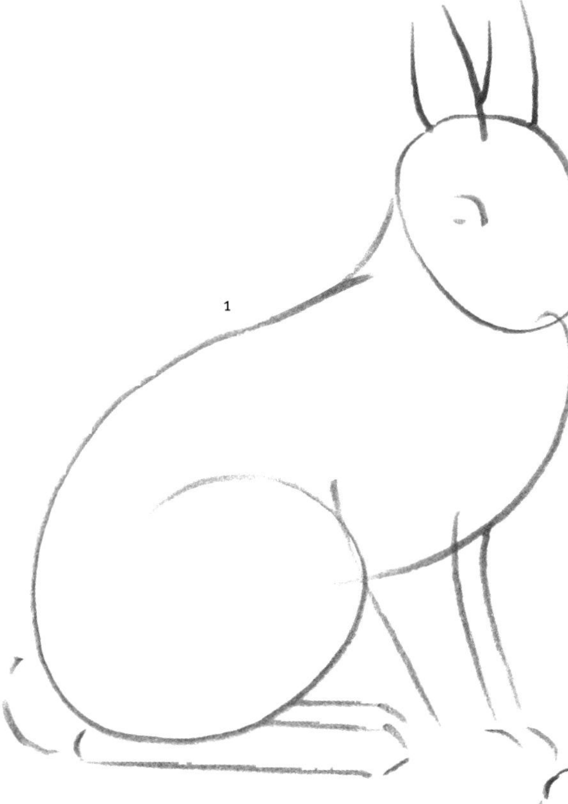

2

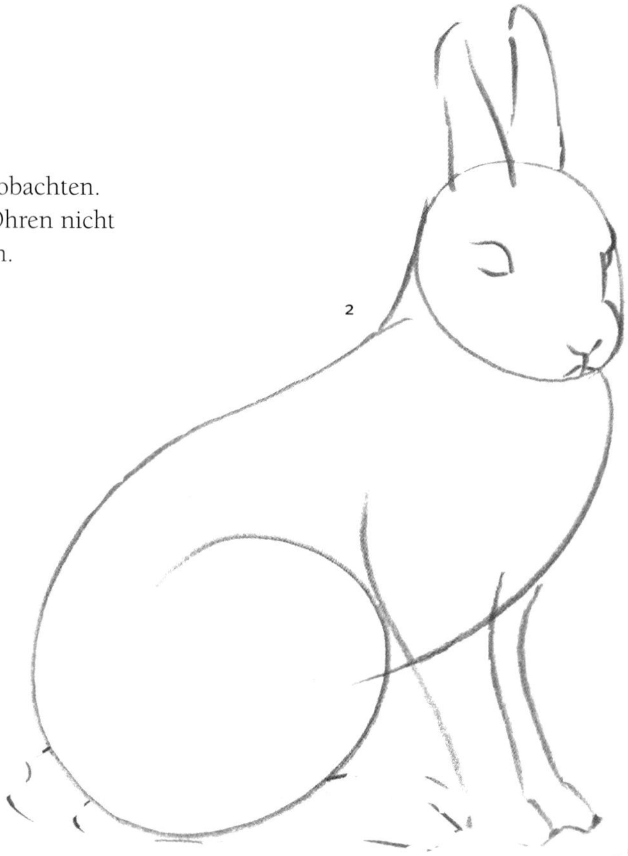

3

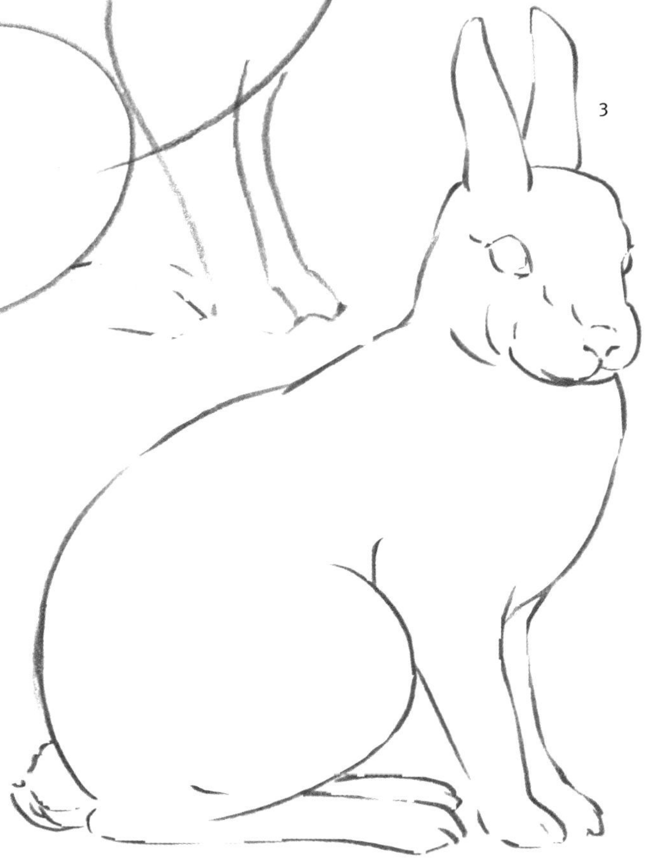

In den ersten Schritten (1 und 2) scribbeln Sie zunächst nur die Grundform des Tieres locker aufs Papier. Versuchen Sie dabei schon, die Körperhaltung und die Stimmung des Tieres einzufangen.

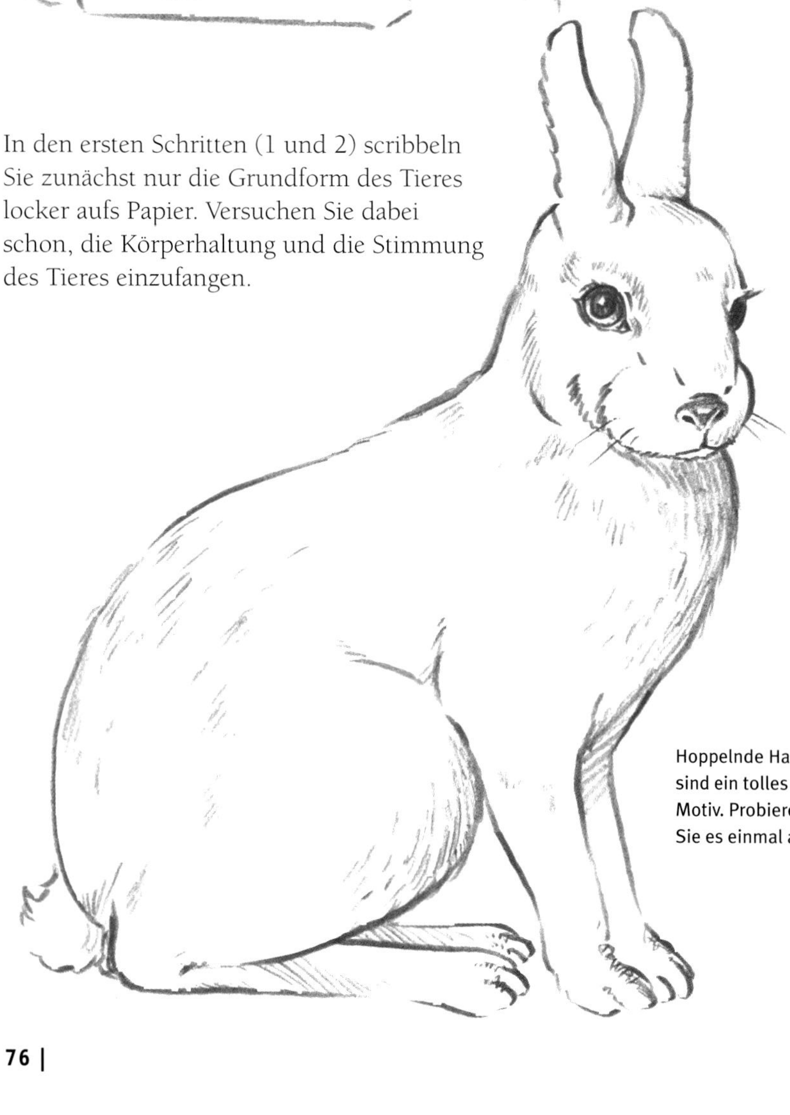

Erst wenn der Grundaufbau stimmt, zeichnen Sie, wie in Schritt 3, die ersten Details ein. Danach beginnen die Schraffurarbeiten, für die Sie hier am besten gestreckte Striche unterschiedlicher Länge wählen. Halten Sie manche Stellen heller, andere dunkler, um die Gestalt des Tieres zu zeigen. Mit das wichtigste Element einer Tierdarstellung sind die Augen, die Sie mit großer Sorgfalt zeichnen sollten, wie im fertigen Bild links zu sehen.

Hoppelnde Hasen sind ein tolles Motiv. Probieren Sie es einmal aus!

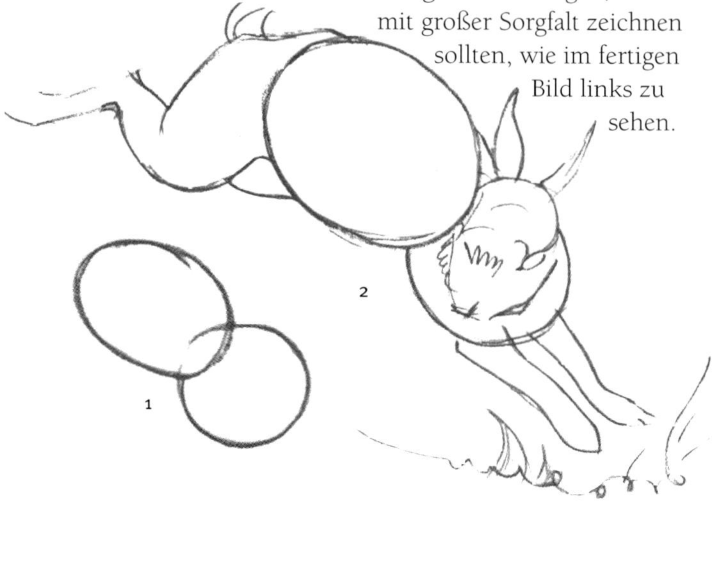

1

2

Schritt 1 zeigt, wie Sie mit wenigen klar gezeichneten Ovalen den Körperbau des sitzenden Hasen einfangen.

In Schritt 2 sind die Striche weniger genau gezeichnet. Sie wurden eher locker gesetzt. Trotzdem: Auch mit diesem Arbeitsstil kommen Sie zu einem guten Ergebnis.

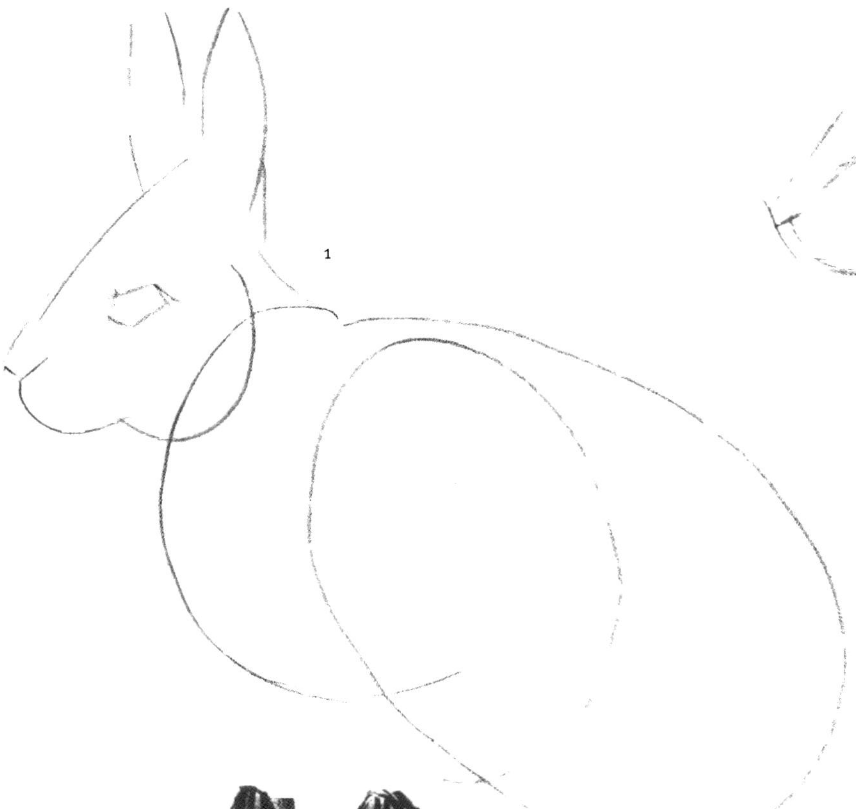

1

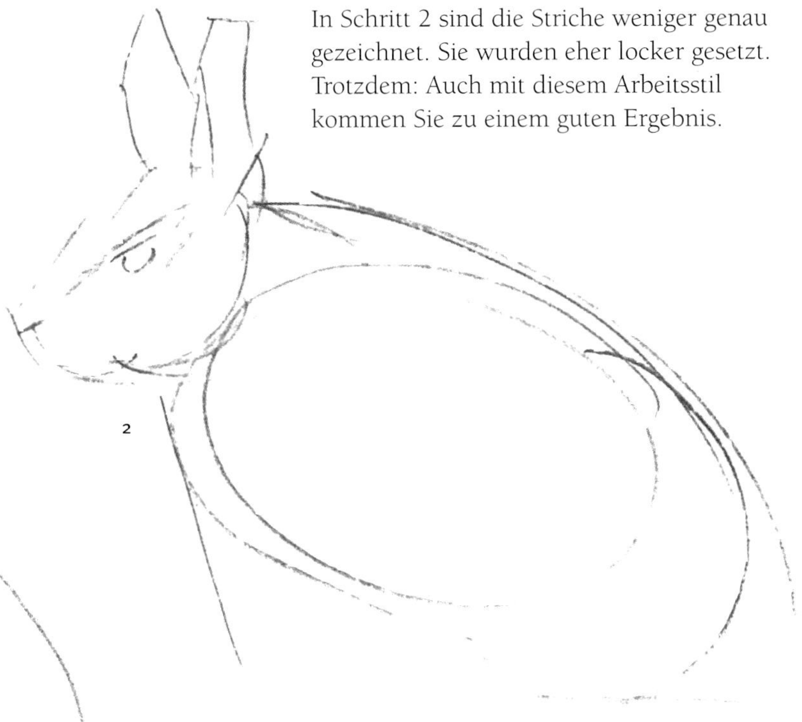

2

Wenn Sie nach dem Grundaufbau mit den Schraffuren beginnen, dann nehmen Sie am besten einen Bleistift in Härte 6B zur Hand. Mit ihm können Sie die Details und die dunkelsten Stellen herausarbeiten. Mit der Seite der Mine schraffieren Sie größere Flächen. So entstehen feine, leichte Grautöne.

Sehen Sie die Tiefe des Blicks und wie weich das Fell in den Abbildungen unten wirkt? Um solche Effekte zu erzielen, müssen Sie mit unterschiedlichen Schraffurtechniken arbeiten können.

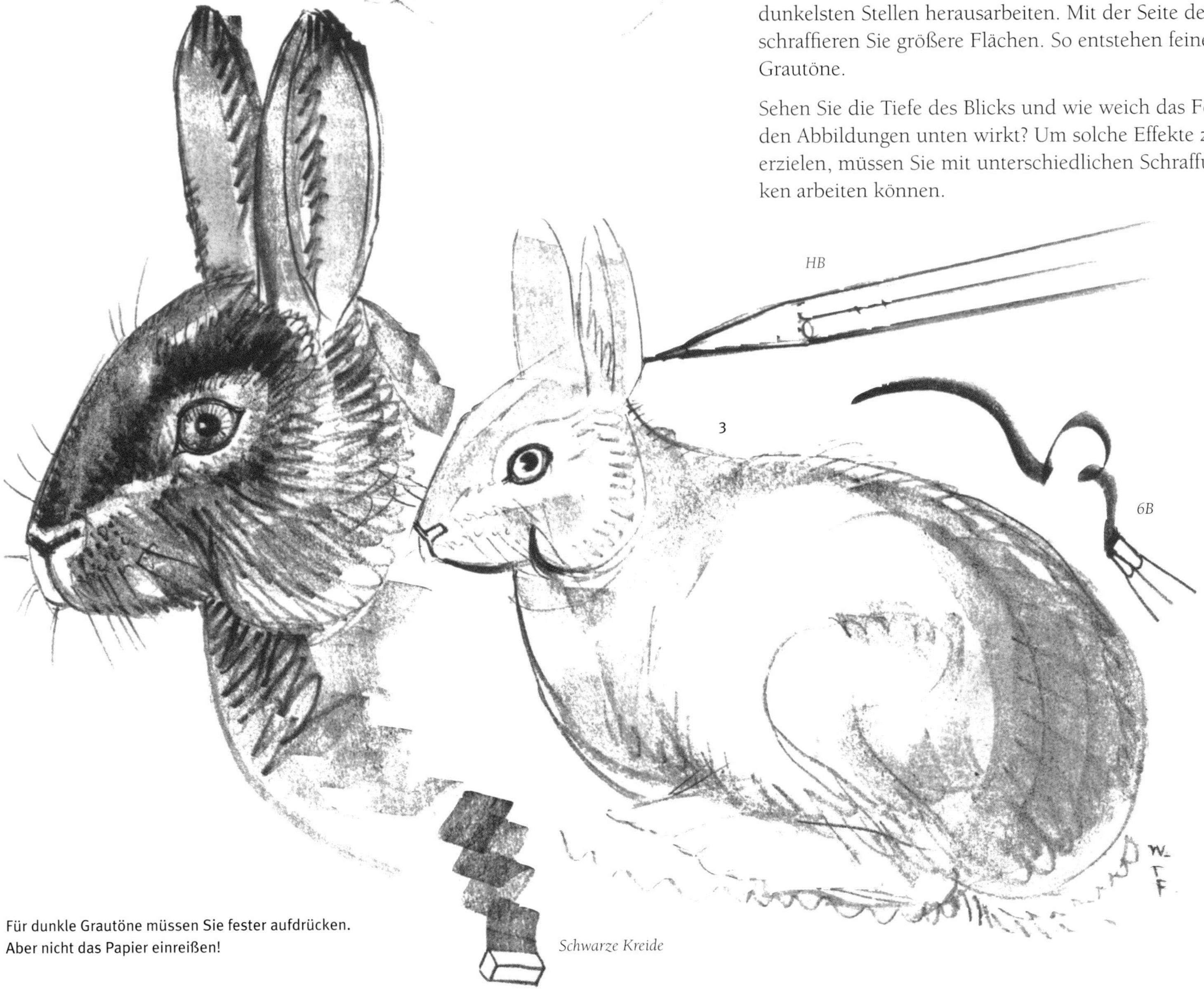

3

Für dunkle Grautöne müssen Sie fester aufdrücken. Aber nicht das Papier einreißen!

Meerschweinchen

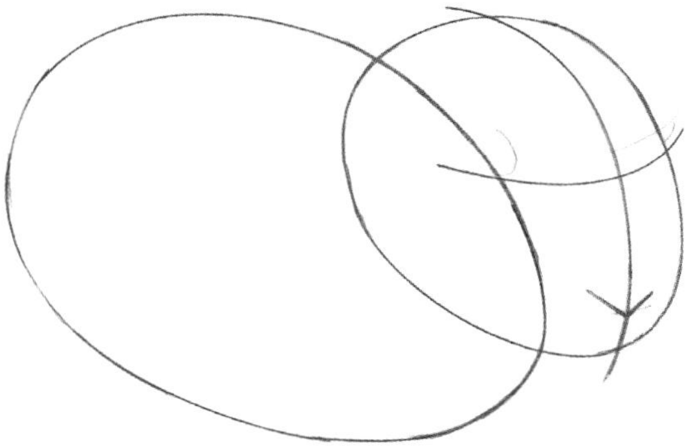

1 Zeichnen Sie zwei eiförmige Kreise übereinander, um Bauch und Kopf des kleinen Tieres zu skizzieren. Mit wenigen Hilfslinien markieren Sie das Gesicht, das Sie bei dieser Dreiviertelansicht in vier Quadranten zerlegen. Es folgt noch ein V für die Nase.

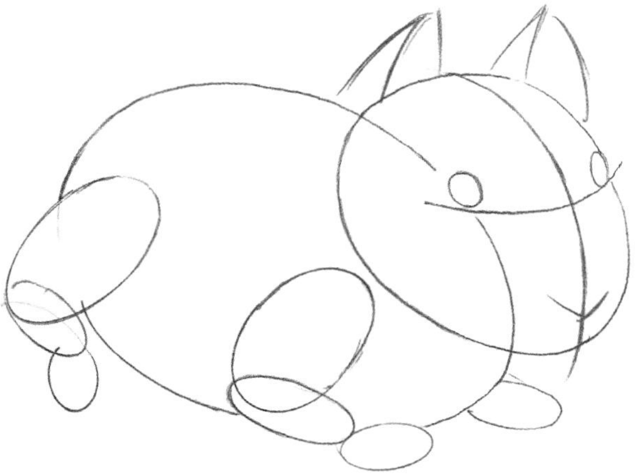

2 Zeichnen Sie dann Ovale für die Pfoten und Beine des Meerschweinchens. Die Ohren sitzen oben am Kopf, bei den Augen folgen Sie der Hilfslinie.

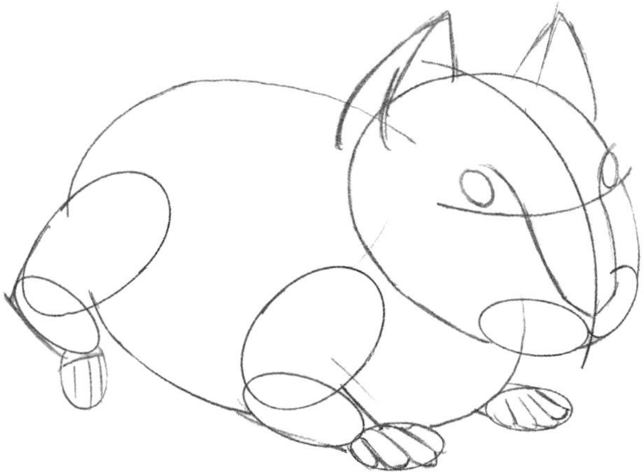

3 Als Nächstes zeichnen Sie die Zehen an den Pfoten ein. Ein lang gestrecktes U hilft, die Nasenpartie sicher zu positionieren, und kleine Ovale deuten die Wangen an.

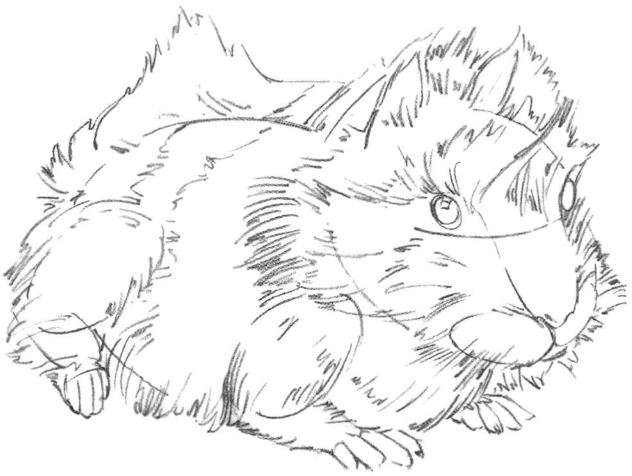

4 Auf die gezeichnete Basis setzen Sie mit kurzen Strichen unterschiedlicher Länge das dichte Fell. Es ist viel leichter, Fell auszuarbeiten, wenn man weiß, wie das Tier darunter gestaltet ist.

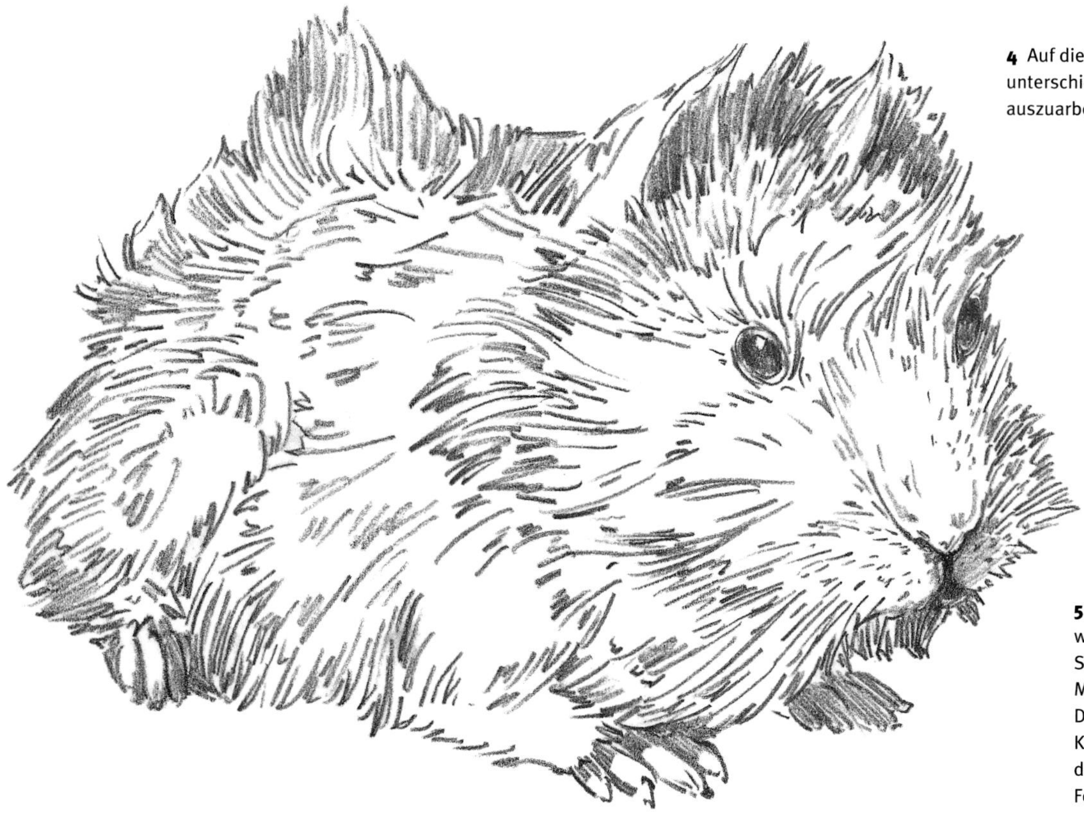

5 Radieren Sie alle Hilfslinien aus, die nicht mehr gebraucht werden, und arbeiten Sie weiter am Fell. Mit der breiten Seite des Bleistifts setzen Sie Schatten rund um das Meerschweinchen, um seine runden Formen zu betonen. Die Zeichnung kann etwas einfacher gehalten sein, denn die Körperformen eines Meerschweinchens lassen sich unter dem Fell nur erahnen. Stattdessen lohnt sich die Mühe, die Fellbüschel möglichst naturgetreu wiederzugeben.

Wellensittiche

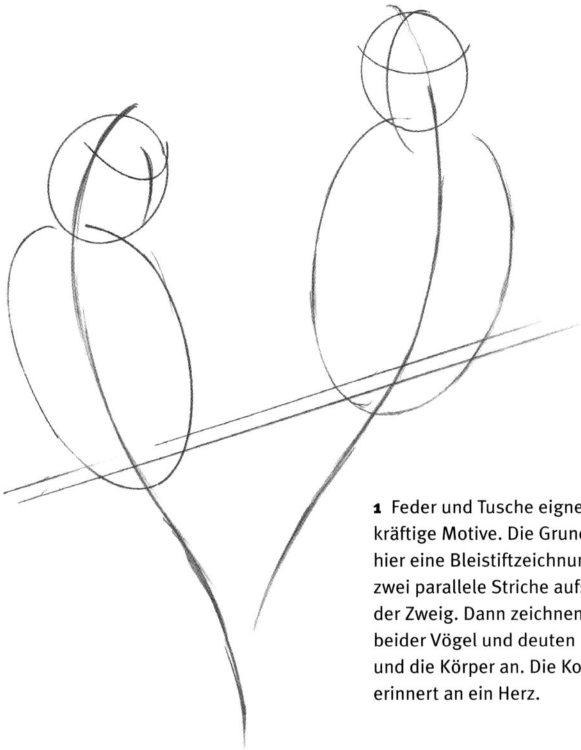

1 Feder und Tusche eignen sich wunderbar für kräftige Motive. Die Grundlage aber ist auch hier eine Bleistiftzeichnung. Zuerst kommen zwei parallele Striche aufs Papier – das wird der Zweig. Dann zeichnen Sie die Grundhaltung beider Vögel und deuten mit Ovalen die Köpfe und die Körper an. Die Komposition als Ganzes erinnert an ein Herz.

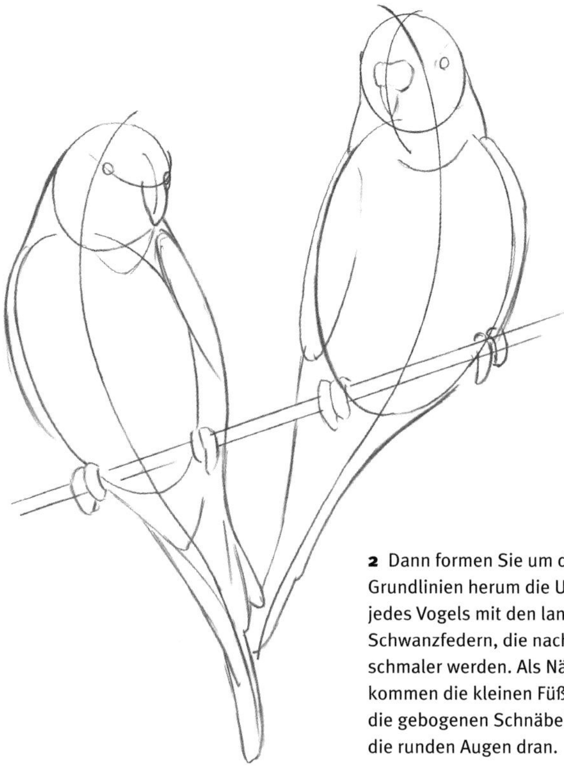

2 Dann formen Sie um die Grundlinien herum die Umrisse jedes Vogels mit den langen Schwanzfedern, die nach unten schmaler werden. Als Nächstes kommen die kleinen Füßchen, die gebogenen Schnäbel und die runden Augen dran.

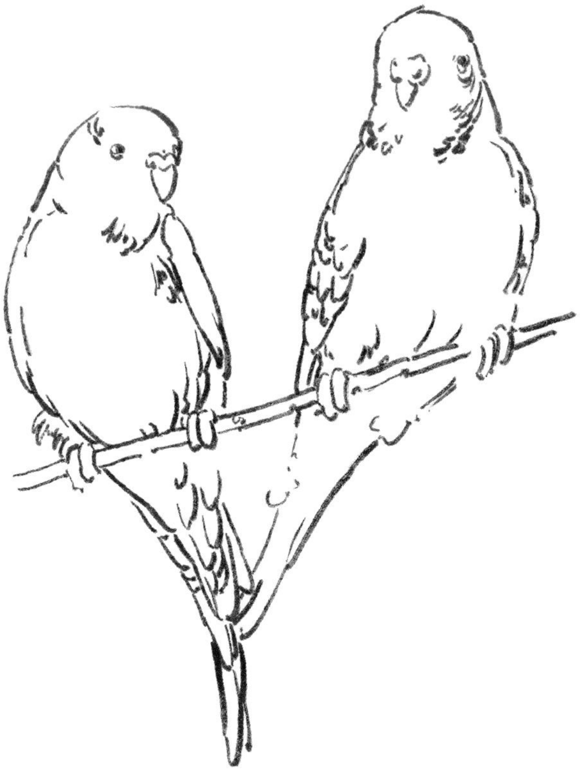

3 Wenn die Grundformen stehen, beginnen Sie mit der Tusche. Verwenden Sie einen Tuschefüller und zeichnen Sie als Erstes die Umrisse. Mit dem Druck auf den Stift können Sie bestimmen, wie hart oder weich die Linien werden. Die Linien sind alle leicht unterbrochen, damit das zarte Federkleid natürlich aussieht. Zeichnen Sie jetzt auch schon einzelne Federn mit u-förmigen Linien ein. Sobald die Tusche völlig trocken ist, radieren Sie die alten Bleistiftstriche aus.

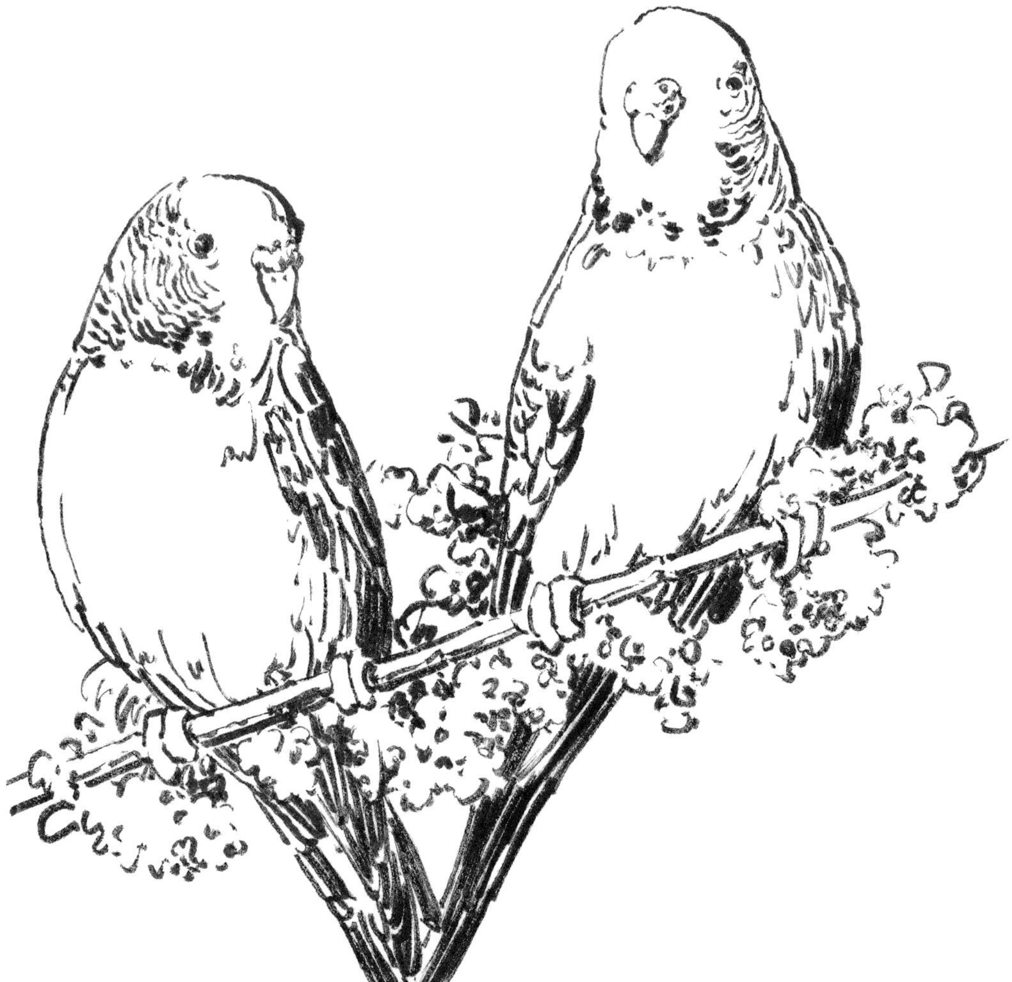

4 Damit die feinen Federchen auf dem Kopf und am Bauch besonders leicht aussehen, halten Sie nun den Stift wie einen Bleistift, denn so haben Sie mehr Kontrolle. Die Blüten am Zweig zeichnen Sie mit freien Bewegungen – dafür den Stift weiter oben anfassen (④ Seite 8).

Kaninchen

Kaninchen unterscheiden sich von Hasen äußerlich durch den runderen Körperbau und die weniger spitzen Ohren. Auch ist ihre Lebensweise eine andere: Kaninchen leben in Rudeln und graben Erdbauten, während die Hasen lieber einzeln oder paarweise zusammenleben.

Zeichnen Sie dieses Motiv auf Pauspapier: Seine weiche Oberfläche nimmt das Grafit nicht so gut auf und alle Linien erscheinen leicht und sanft – was zum Wesen des Kaninchens sehr gut passt.

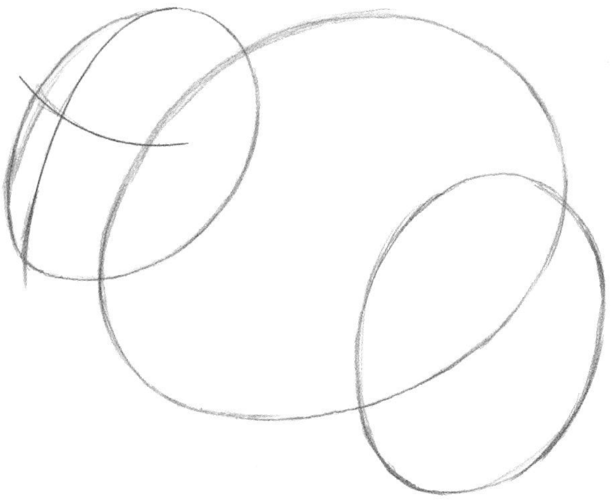

1 Zeichnen Sie für Kopf, Körper und Hinterbeine des Kaninchens drei Ovale, die sich teilweise überlappen. Das Gesicht erhält zwei sich kreuzende Hilfslinien, die gebogen sind.

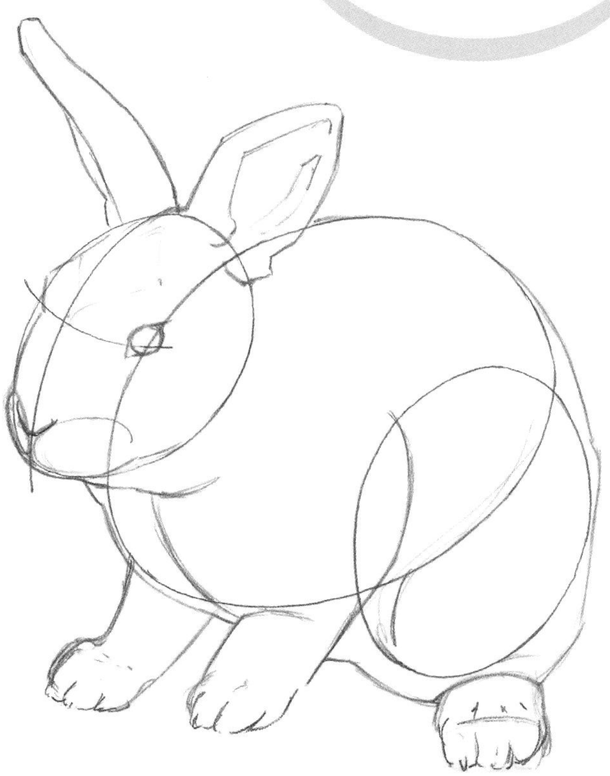

2 Fügen Sie mit wenigen Linien die Ovale zu einem Umriss zusammen und skizzieren Sie die Beine, Pfoten und Ohren. Auch Augen und Nase können Sie schon anhand der Hilfslinien positionieren.

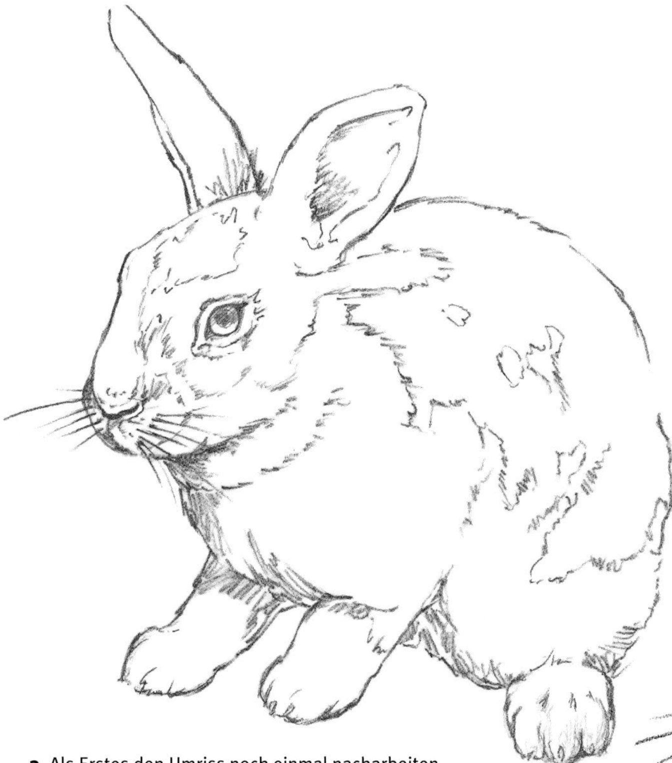

3 Als Erstes den Umriss noch einmal nacharbeiten. Ziehen Sie eine lebendig wirkende unterbrochene Linie, die mal dicker und mal dünner ist. Das wirkt echter als die ersten akkuraten Linien. Auch die unregelmäßigen Flecken der Fellzeichnung jetzt mit kurzen, unregelmäßigen Strichen umreißen. Das Auge und die Tasthaare können Sie schon im Detail ausarbeiten. Die Bauchseite und die Ohren erhalten schon erste Schraffuren.

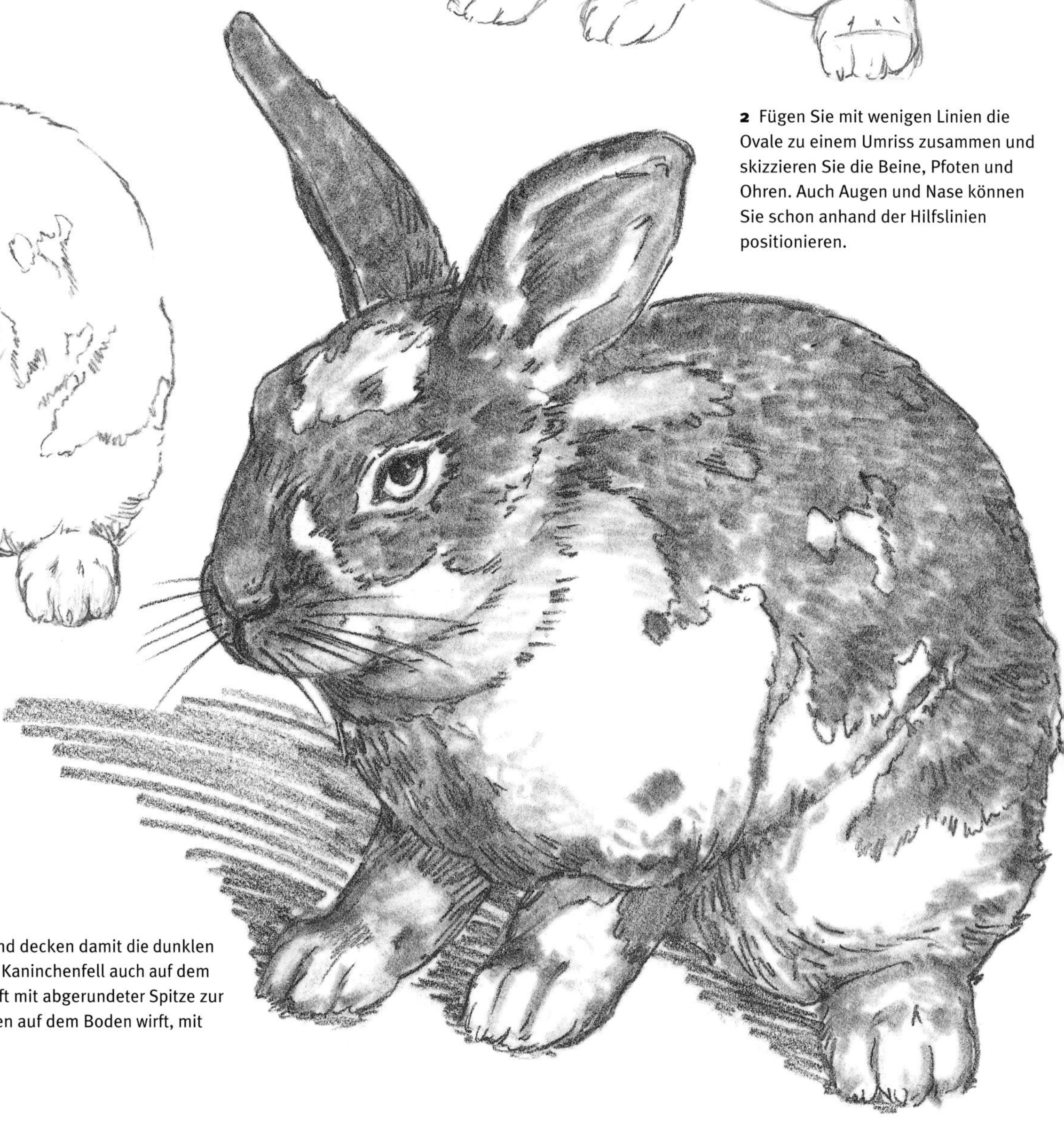

4 Nun tauchen Sie einen Papierwischer in Grafitstaub und decken damit die dunklen Stellen des Kaninchenfells ab, denn so wirkt das weiche Kaninchenfell auch auf dem Bild leicht und locker. Nehmen Sie einen weichen Bleistift mit abgerundeter Spitze zur Hand und markieren Sie den Schatten, den das Kaninchen auf dem Boden wirft, mit lockeren, weichen Strichen.

Frettchen

1 Bauen Sie den langen, schmalen Körper dieses Frettchens um ein natürlich geschwungenes S als Grundlinie herum auf. Auf diese Grundlinie setzten Sie die verschiedenen Ovale für den Kopf, den Hals, den Leib, die Arme und Beine. Überzeugen Sie sich davon, dass alles harmonisch ist, ehe Sie weiterarbeiten.

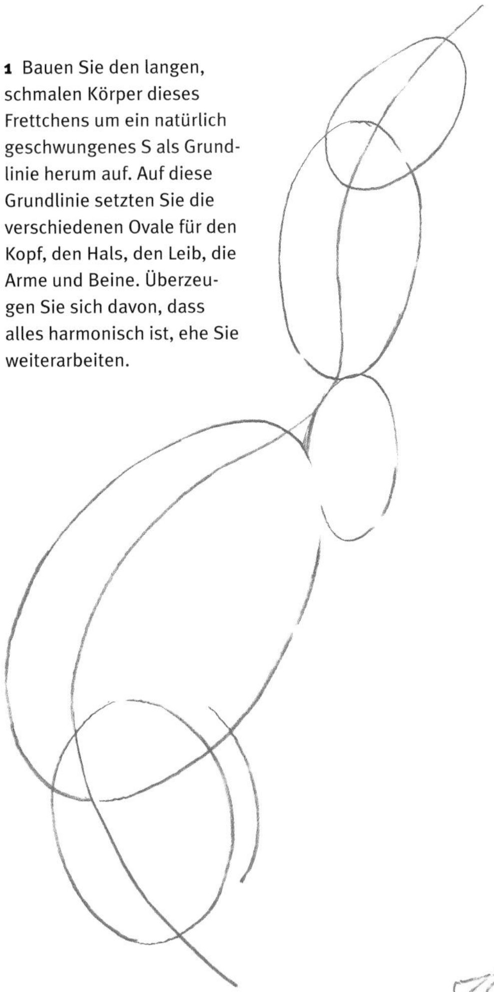

2 Verbinden Sie die Ovale zu einem Körper. Es folgen der gebogene Schwanz und alle vier Pfoten. Skizzieren Sie auch schon die Wangen und ein Ohr.

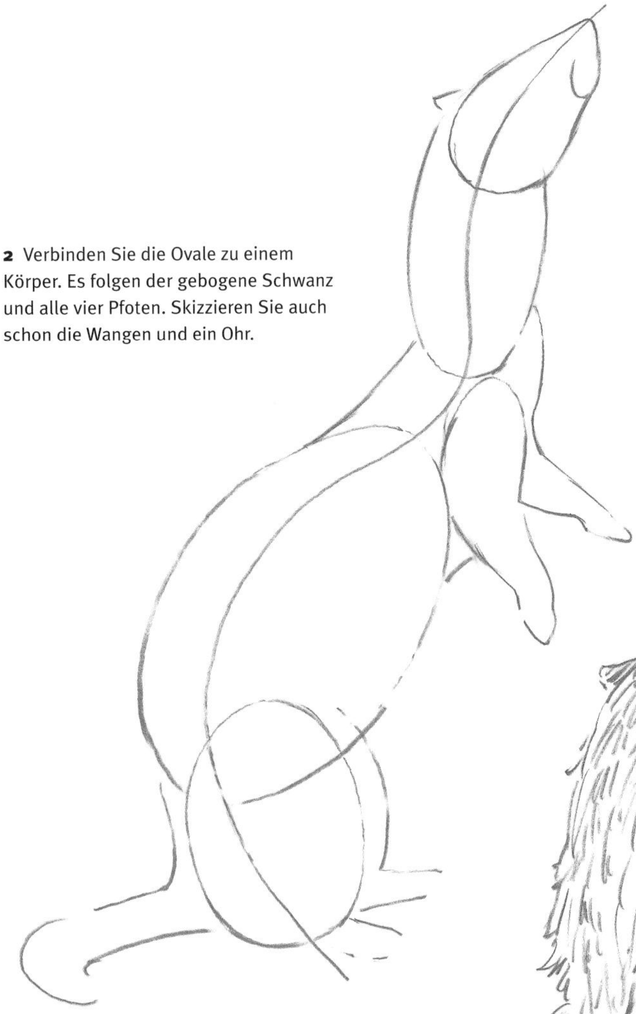

3 Jetzt kommt das Fell. Dazu umgeben Sie den ganzen Körper des Frettchens mit gebrochenen Strichen, damit der Eindruck eines zerzausten Pelzes entsteht. Radieren Sie die zuvor eingezeichneten Hilfslinien aus, und zeichnen Sie die Augen, beide Ohren und die Nase ein. Dann arbeiten Sie an den Pfoten und an den einzelnen Krallen.

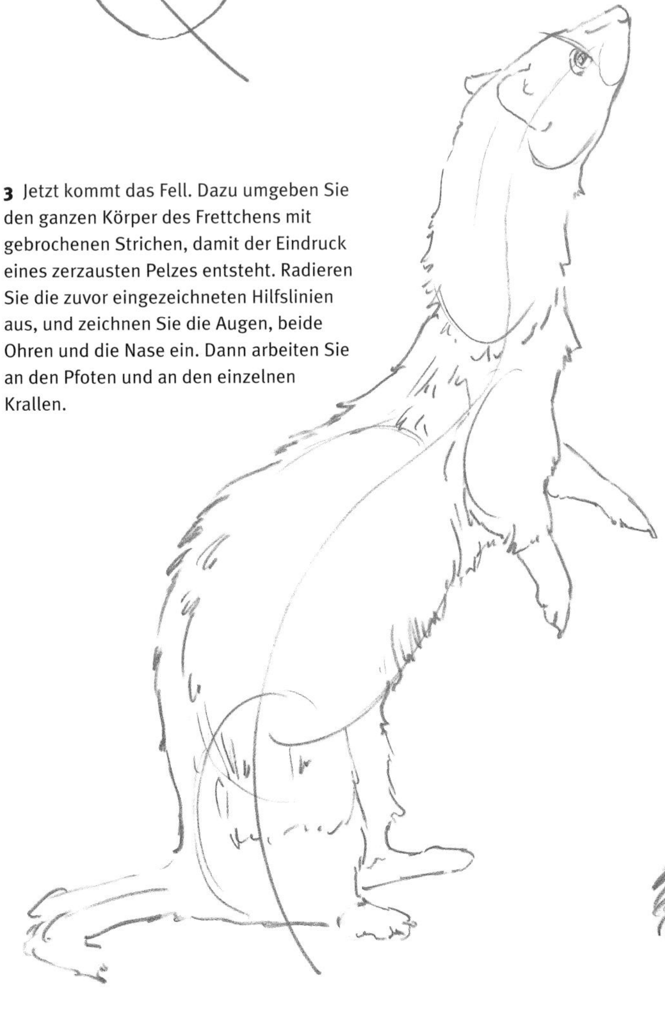

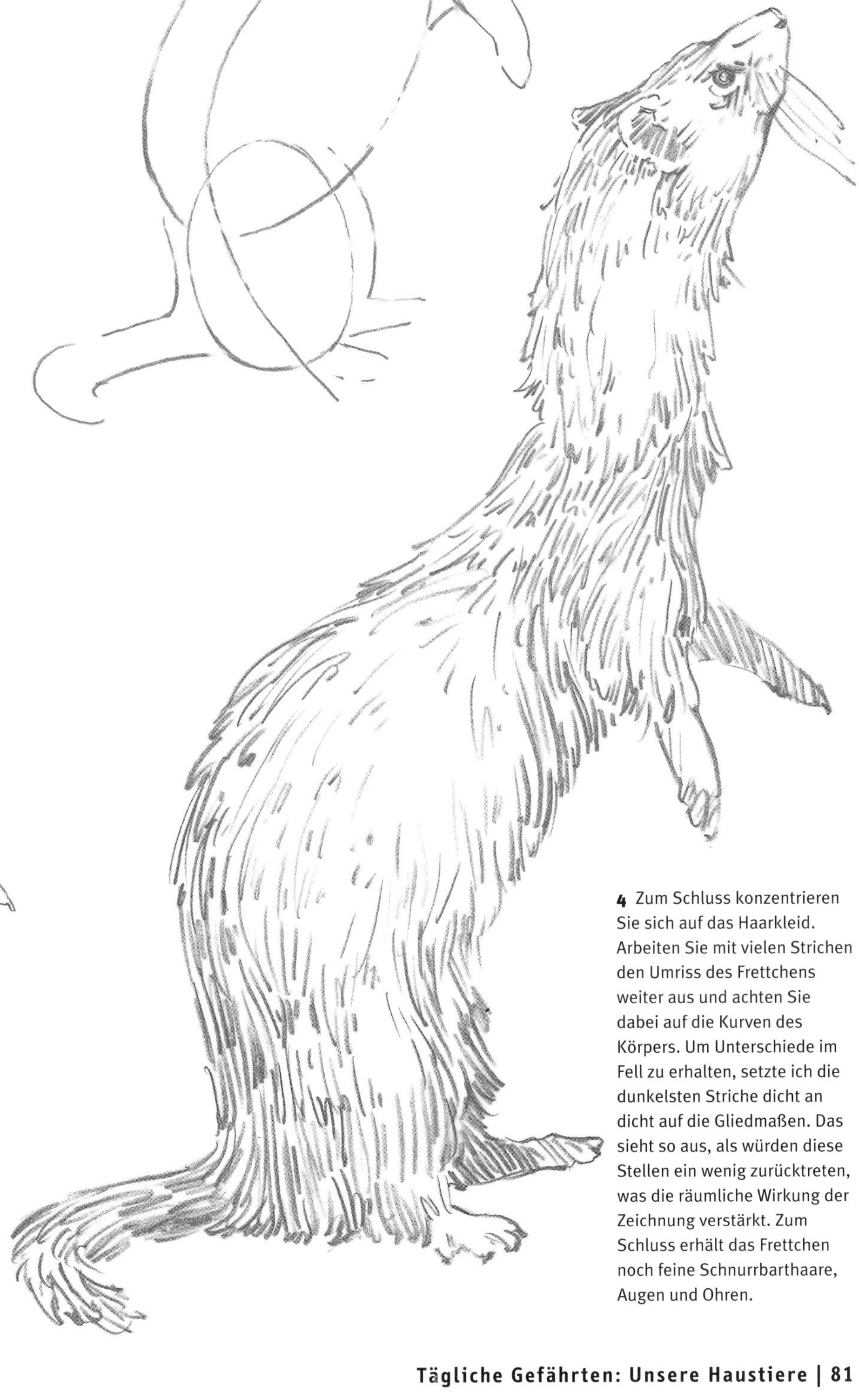

4 Zum Schluss konzentrieren Sie sich auf das Haarkleid. Arbeiten Sie mit vielen Strichen den Umriss des Frettchens weiter aus und achten Sie dabei auf die Kurven des Körpers. Um Unterschiede im Fell zu erhalten, setzte ich die dunkelsten Striche dicht an dicht auf die Gliedmaßen. Das sieht so aus, als würden diese Stellen ein wenig zurücktreten, was die räumliche Wirkung der Zeichnung verstärkt. Zum Schluss erhält das Frettchen noch feine Schnurrbarthaare, Augen und Ohren.

Papagei

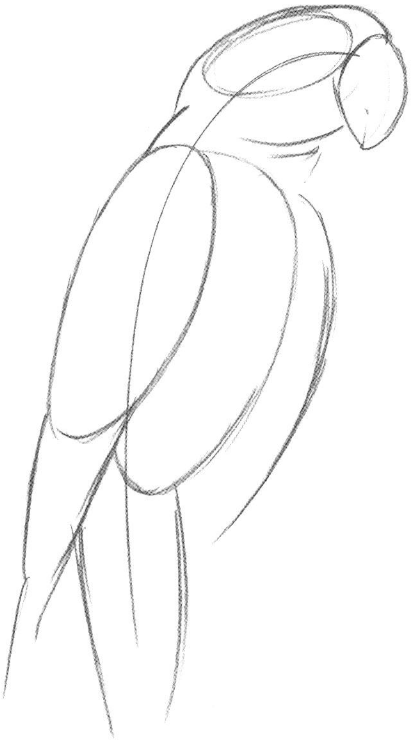

1 Als Erstes ziehen Sie als Hilfslinie einen Bogen mit einem Bleistift in Härte HB, der vom Schnabel bis zum Schwanz reicht. Auf dieser ersten Linie bauen Sie mit Ovalen und nach innen gebogenen Linien den Schnabel, den Kopf, die Brust, die Flügel und den Schwanz auf.

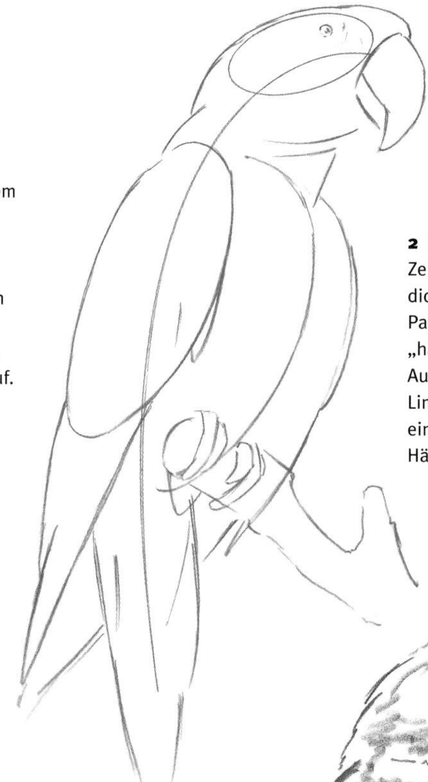

2 Dann skizzieren Sie die Zehen vor sowie einen dicken Ast, damit der Papagei nicht in der Luft „hängt". Zeichnen Sie das Auge ein und die genauen Linien des Schnabels, der eine obere und eine untere Hälfte hat.

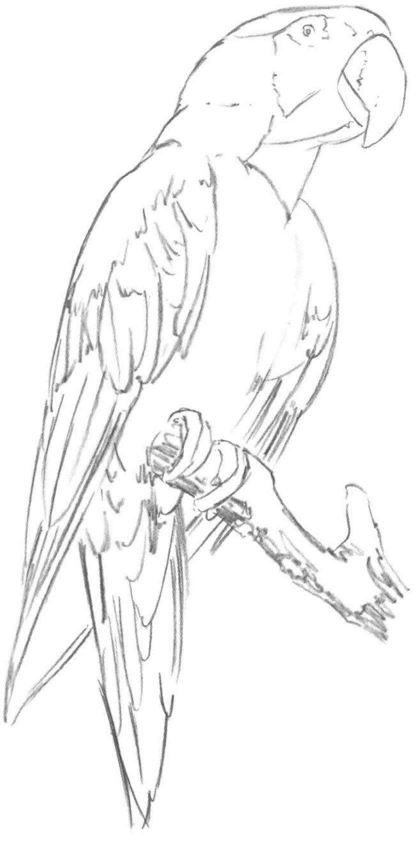

3 Nun können Sie schon alle überflüssigen Hilfslinien ausradieren. Als Erstes erhält nun der Ast mehr Gestalt durch Schraffuren an der Unterseite und an den Enden. Dann widmen Sie sich dem Umriss und den Federn. Achten Sie vor allem darauf, die Schwanzfedern und die Federn der Flügel richtig zu treffen.

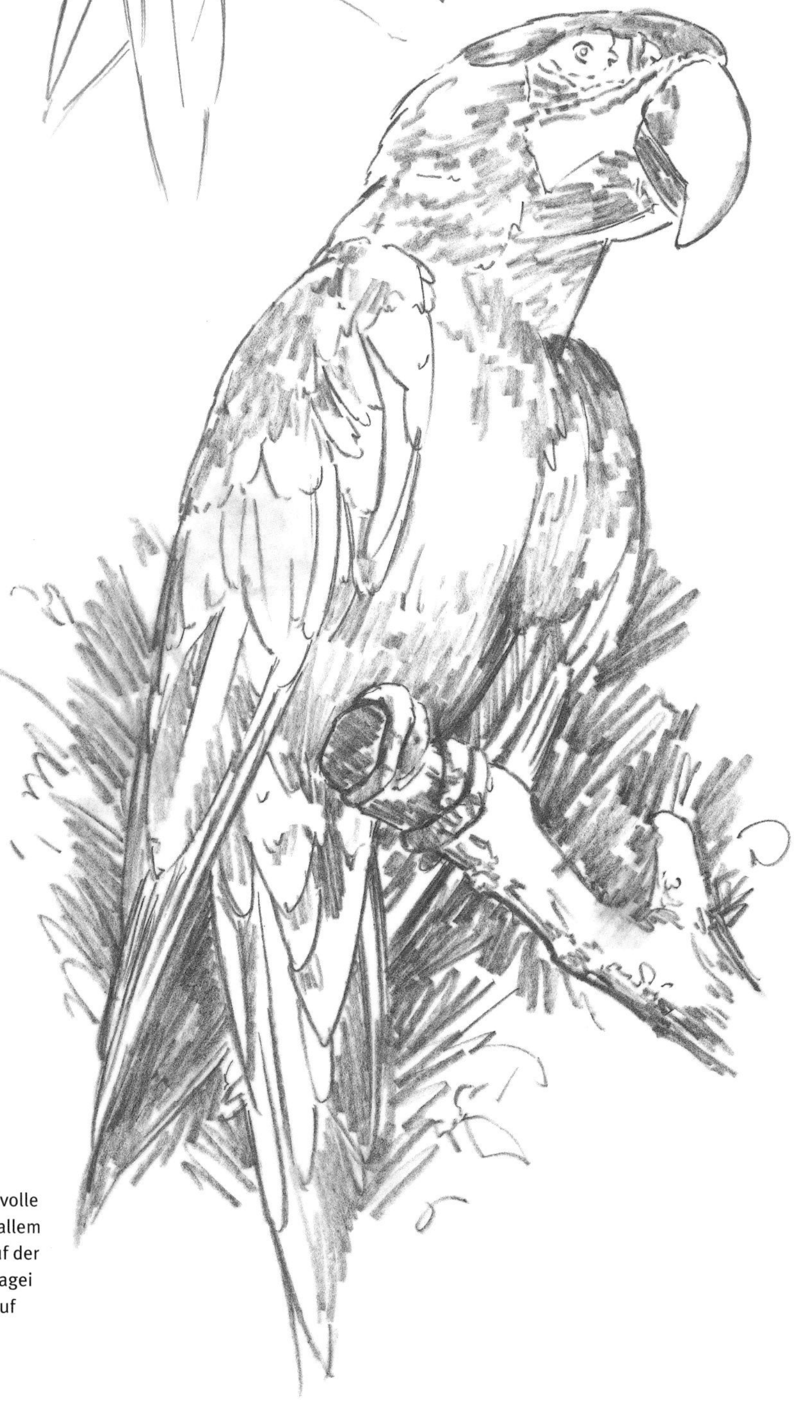

4 Papageien tragen auffallende und lebhafte Farben. Sie können dieses Farbspiel durch kraftvolle breite Striche zeigen, mit denen Sie das Gefieder gestalten. Setzen Sie diese Schraffuren vor allem an den Flügeln ein. Einige Federn schraffieren Sie hell – andere, vor allem am Schwanz und auf der Brust, lassen Sie ganz weiß. Damit das Motiv mehr Dynamik bekommt, umgeben Sie den Papagei mit schnell gezeichneten expressiven Linien, die hinter dem Vogel zu explodieren scheinen. Auf diese Weise fangen Sie die Lebhaftigkeit dieser wunderschönen und intelligenten Vögel ein.

Python

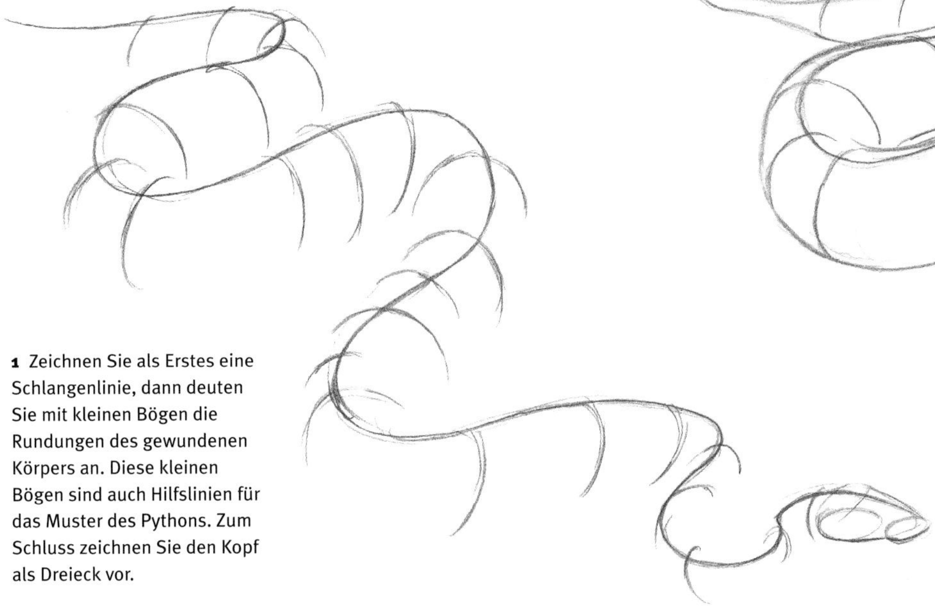

1 Zeichnen Sie als Erstes eine Schlangenlinie, dann deuten Sie mit kleinen Bögen die Rundungen des gewundenen Körpers an. Diese kleinen Bögen sind auch Hilfslinien für das Muster des Pythons. Zum Schluss zeichnen Sie den Kopf als Dreieck vor.

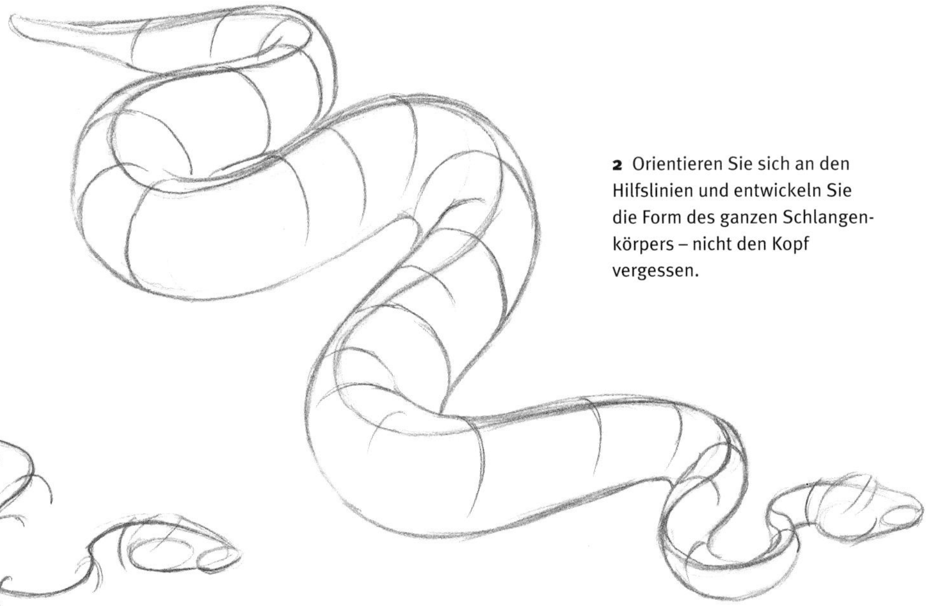

2 Orientieren Sie sich an den Hilfslinien und entwickeln Sie die Form des ganzen Schlangenkörpers – nicht den Kopf vergessen.

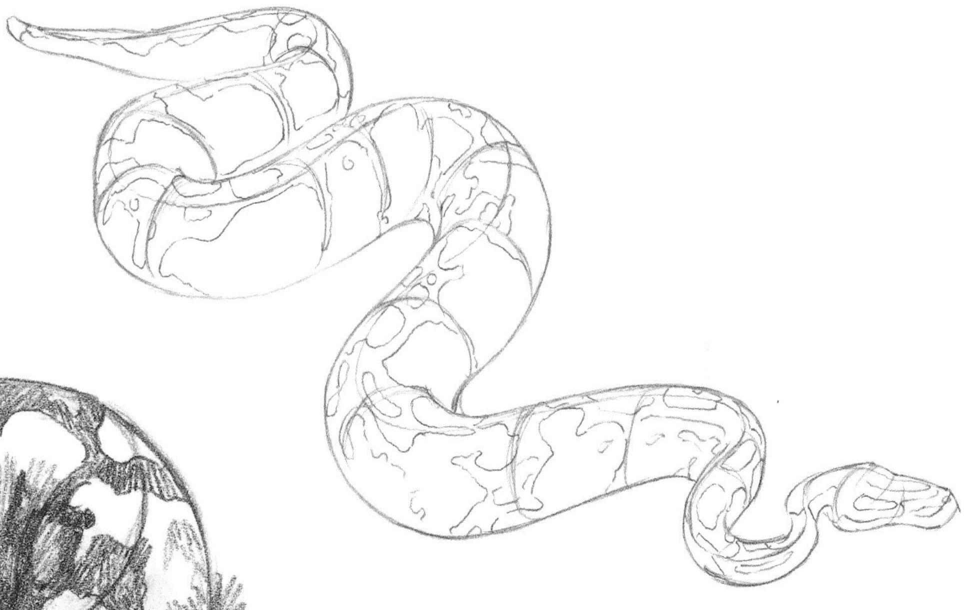

3 Das Muster auf der Schlangenhaut ist in Segmente unterteilt, die in etwa immer zwischen den Hilfslinien liegen.

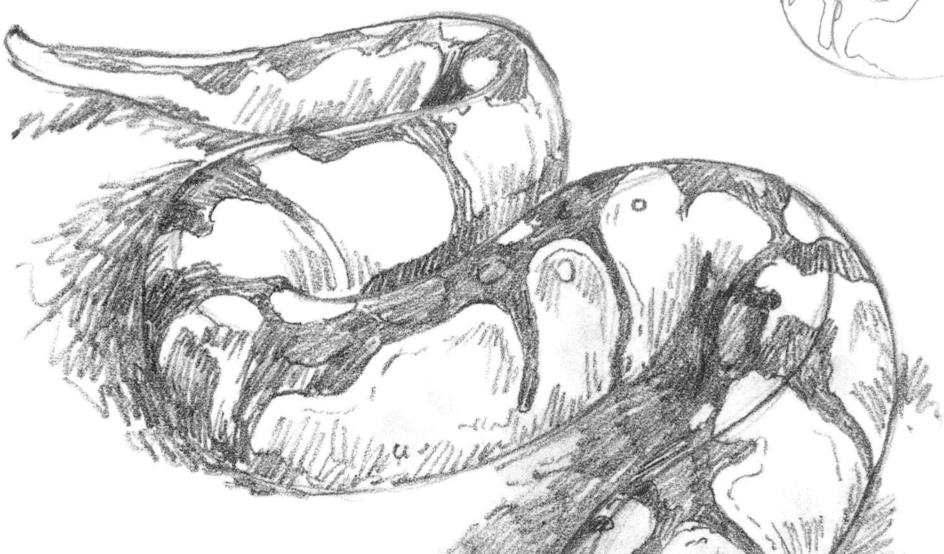

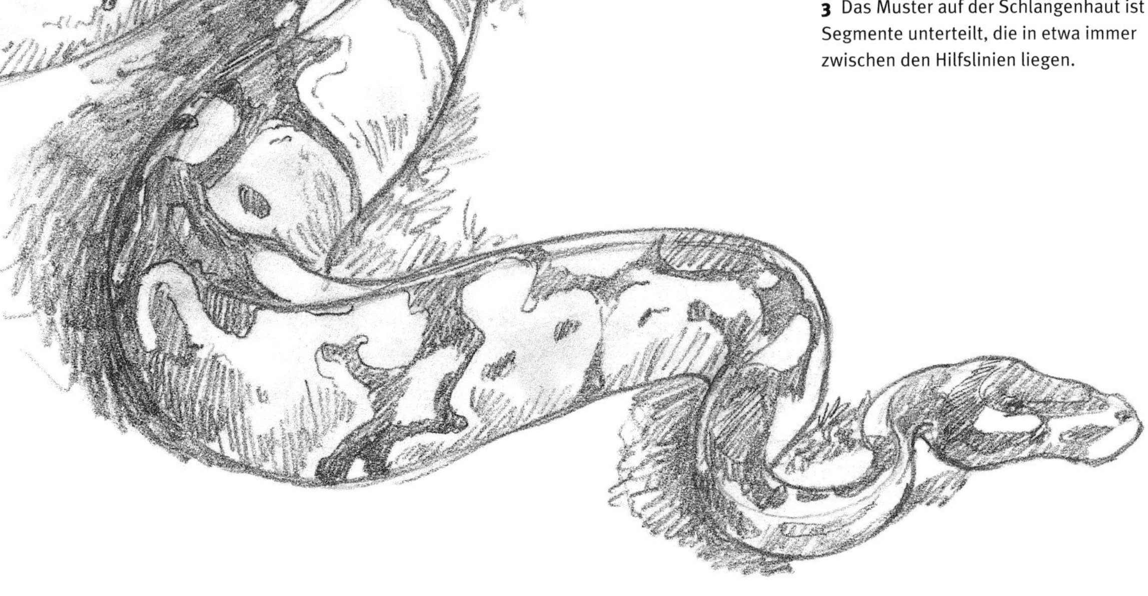

4 Füllen Sie die dunklen Stellen des Musters mit einem scharfen Bleistift in Härte 2B aus. Je weiter oben die Flecken liegen, desto heller sollten sie sein, und umso dunkler, je tiefer unten, wo die Schlange den Boden berührt. Durch die leichten Schraffuren in den hellen Flecken wird die runde Form des Tierkörpers zusätzlich betont. Den Schatten, den der Python auf den Boden wirft, mit kurzen, kraftvollen Strichen gestalten – das wirkt so, als ob sich die Schlange bewegen würde.

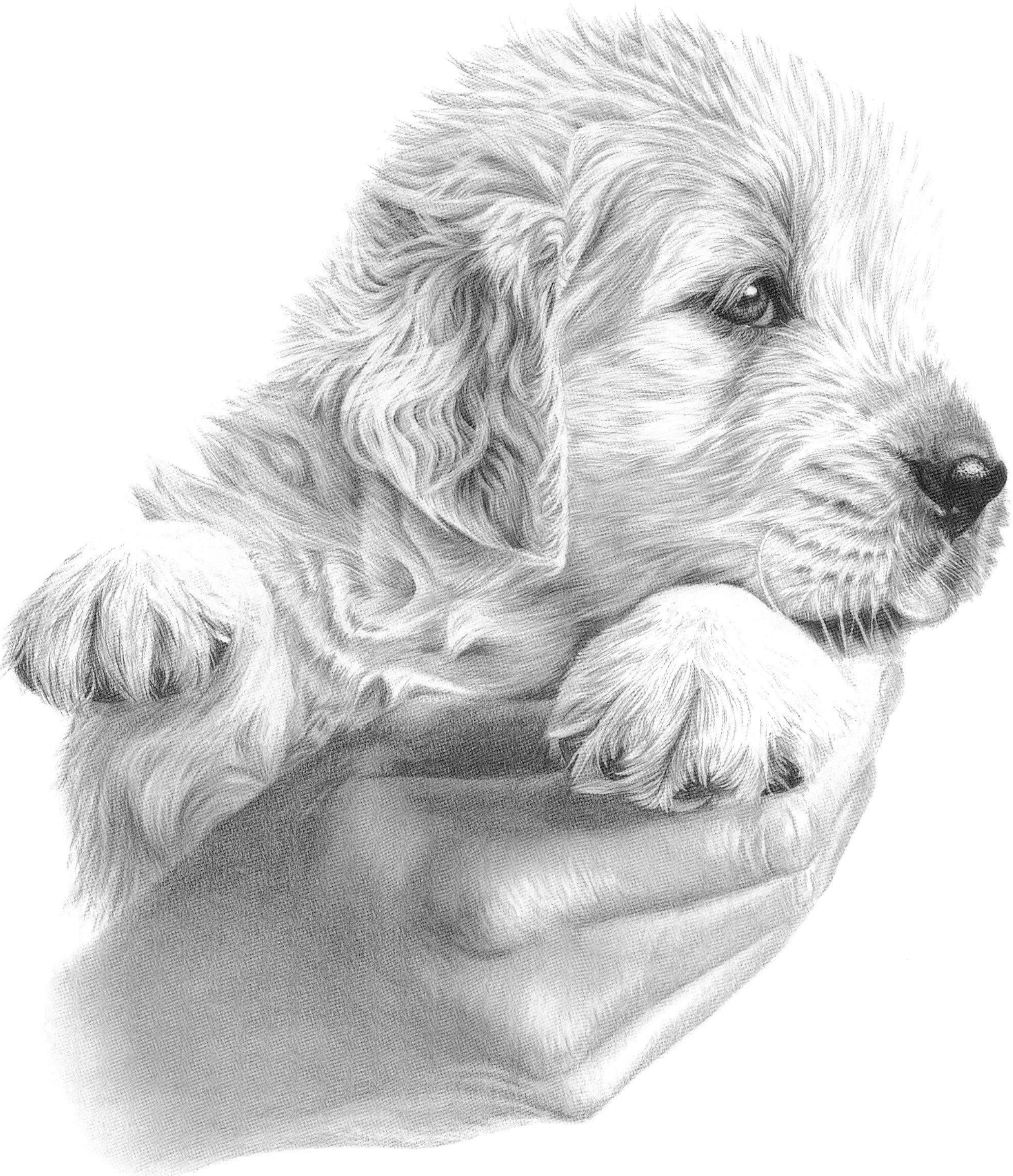

Nicht ohne meinen HUND ...

„Man kann ohne Hund leben, aber es lohnt sich nicht", sagte Heinz Rühmann, und jeder, in dessen Haushalt ein Hund lebt, weiß, was er damit gemeint hat ...
Kein Wunder, dass Hunde bei den meisten Tierzeichnern ganz oben auf der Skala der beliebtesten Motive stehen! Ob kleiner Welpe, riesenhafte Dogge, lebhafter Jack Russell, feinnerviger Setter oder kompakte Bulldogge – sie alle sind in diesem Kapitel versammelt und wollen Sie anregen, sich näher mit diesen liebenswerten und erstaunlichen Geschöpfen zu befassen. Üben Sie anhand der unterschiedlichen Motive, wie Sie die Eigenheiten jeder einzelnen Rasse perfekt einfangen, das Individuelle jedes Tieres erfassen und wiedergeben können und packende Hundeporträts zeichnen, die ein Leben lang an einen besonderen Moment oder an einen treuen Freund erinnern.

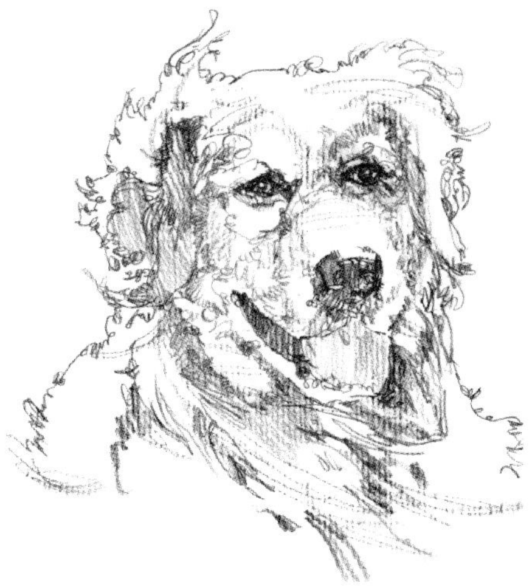

Hunde zeichnen leicht gemacht

Hunde sind nicht nur der beste Freund des Menschen. Sie sind auch ein äußerst beliebtes Thema in der Kunst. Selbst Menschen, die keinen eigenen Hund besitzen, zeichnen und malen sie gerne, weil sie so lebhaft und zugänglich sind. Außerdem existieren so viele verschiedene Größen und Formen, dass man immer wieder ein neues Motiv findet.

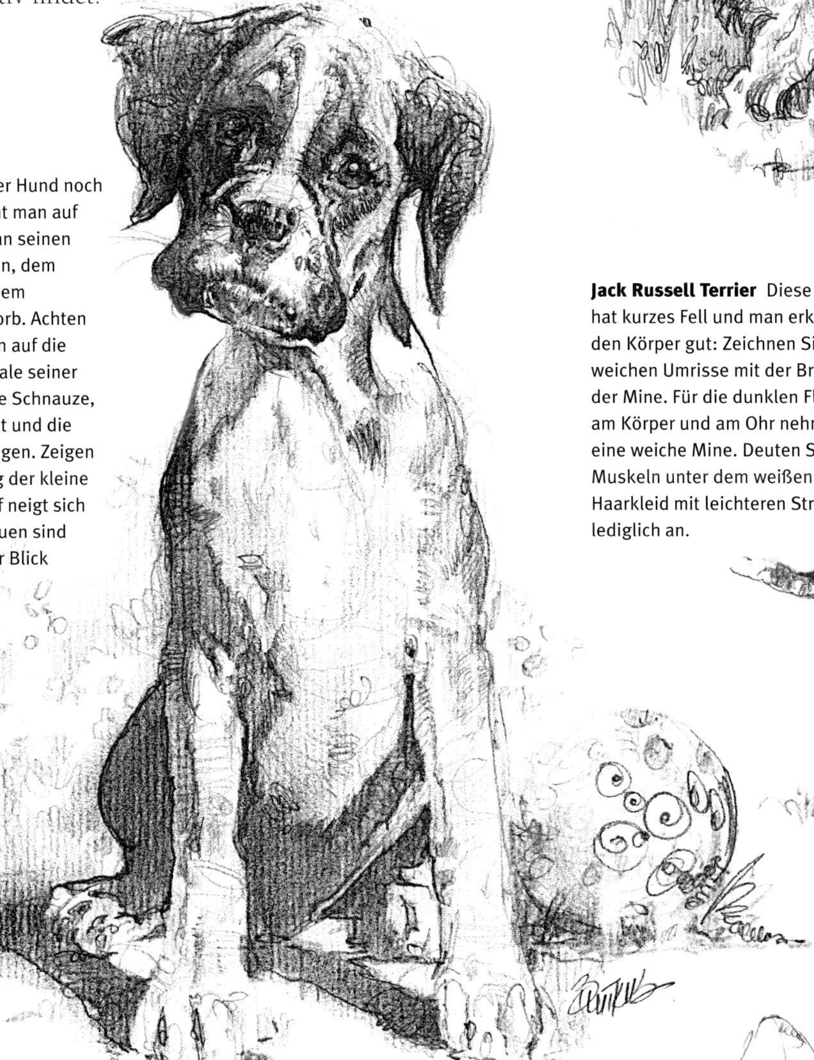

Boxer Dass dieser Hund noch sehr jung ist, sieht man auf den ersten Blick an seinen übergroßen Pfoten, dem zarten Hals und dem schmalen Brustkorb. Achten Sie beim Zeichnen auf die typischen Merkmale seiner Rasse – die eckige Schnauze, das flache Gesicht und die auffallenden Wangen. Zeigen Sie, wie neugierig der kleine Kerl ist: Sein Kopf neigt sich zur Seite, die Brauen sind hochgezogen, der Blick unverwandt.

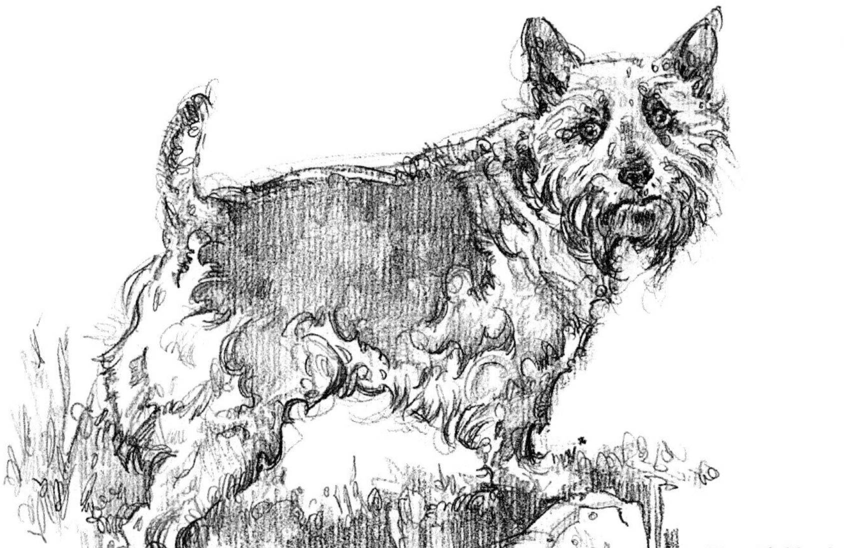

West Highland Terrier Um das lange, lockige Haar dieses rauflustigen Terriers zu gestalten, nimmt man am besten einen ziemlich gu gespitzten Stift und zeichnet das halblange Haarkleid mit frei gewellten Linien. Für die weiche, glattere Partie des Deckhaars nehmen Sie die Breitseite der Mine.

Jack Russell Terrier Diese Rasse hat kurzes Fell und man erkennt den Körper gut: Zeichnen Sie die weichen Umrisse mit der Breitseite der Mine. Für die dunklen Flecken am Körper und am Ohr nehmen Sie eine weiche Mine. Deuten Sie die Muskeln unter dem weißen Haarkleid mit leichteren Strichen lediglich an.

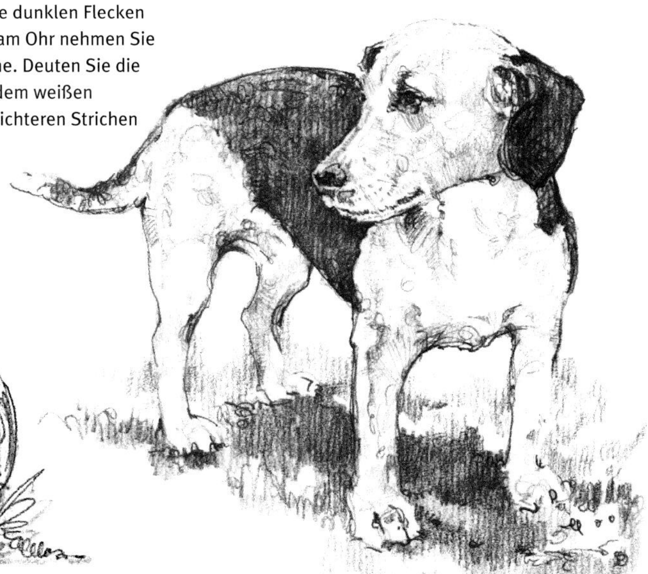

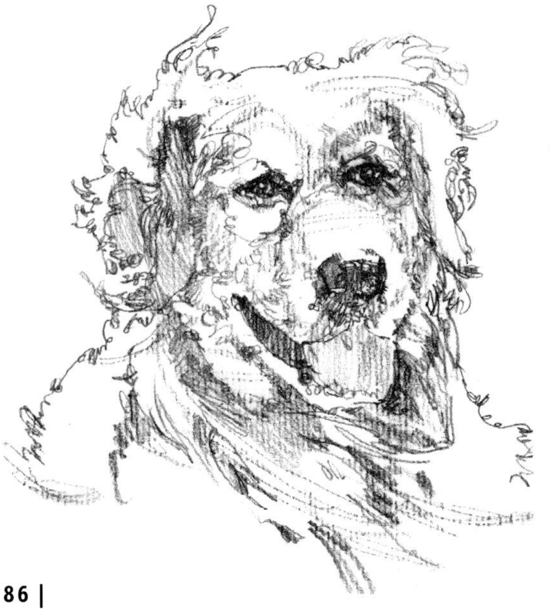

Golden Retriever Diese Rasse besitzt so langes, dichtes Fell, dass man darunter die eigentlichen Formen des Körpers nicht erkennt. Deshalb nimmt man am besten einen Bleistift in Härte HB und zeichnet mit lockeren Strichen das weiche Fell, das im Wind weht. Augen und Nase akzentuieren Sie dann mit einem Bleistift in Härte 2B.

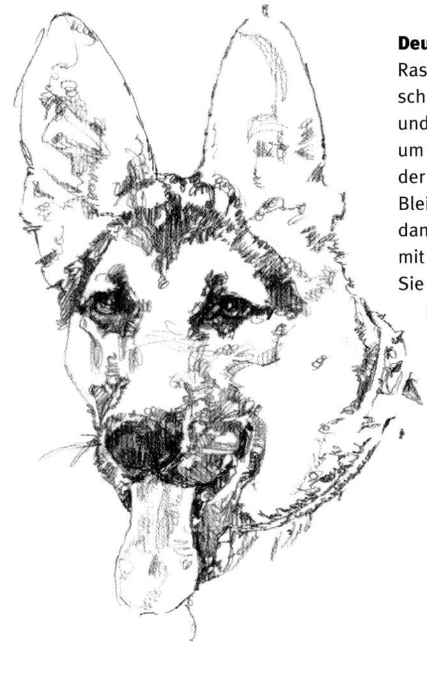

Deutscher Schäferhund Die Rasse besitzt große Ohren, eine schmale Schnauze, dichtes Fell und trägt eine dunkle „Maske" um die Augen. Beginnen Sie in der Mitte des Gesichts mit einem Bleistift in Härte HB. Nehmen Sie dann einen Bleistift in Härte 2B mit stumpfer Mine und gestalten Sie die fast schwarzen Partien im Fell mit kurzen, senkrechten Strichen – und zwar immer in der Wuchsrichtung des Fells, also nach außen.

Gut beobachten

Obwohl sich alle Hunde im Bau des Skeletts ähneln, gibt es doch so viele und so unterschiedliche Rassen, die sich zu zeichnen lohnen. Ganz gleich, ob Sie nach der Natur arbeiten oder nach einem Foto – betrachten Sie den Hund gut, bevor Sie ihn zeichnen, und geben Sie sich Mühe, das Besondere und Charakteristische an ihm genau zu treffen. Ist seine Schnauze spitz oder rund? Ist sein Haar lang und weich oder kurz und glatt? Wenn Sie mit der Zeichnung beginnen, nähern Sie sich Ihrem Motiv schrittweise (④ Kasten unten) und probieren Sie einige der Motivideen aus, die auf der linken Seite beschrieben wurden.

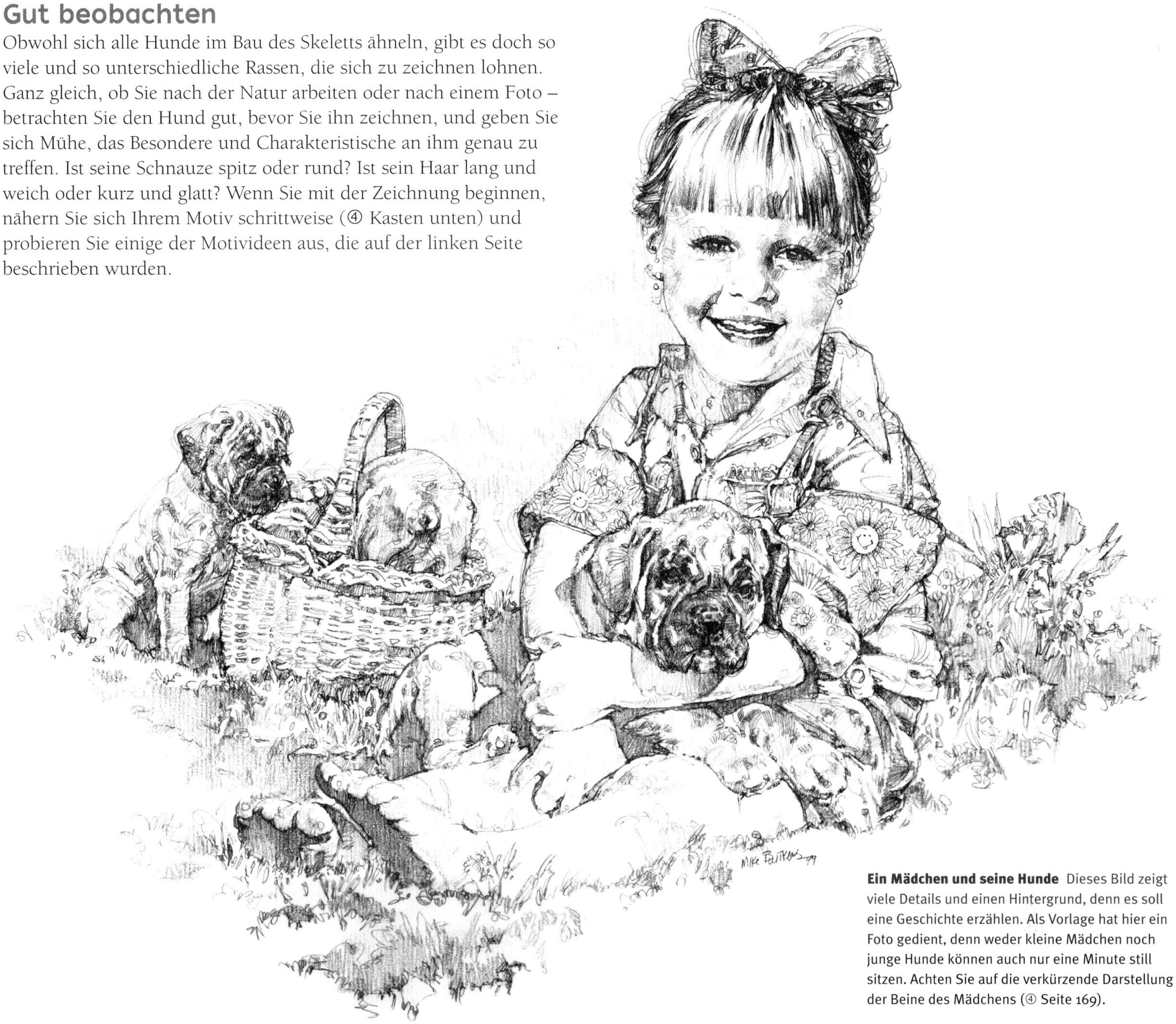

Ein Mädchen und seine Hunde Dieses Bild zeigt viele Details und einen Hintergrund, denn es soll eine Geschichte erzählen. Als Vorlage hat hier ein Foto gedient, denn weder kleine Mädchen noch junge Hunde können auch nur eine Minute still sitzen. Achten Sie auf die verkürzende Darstellung der Beine des Mädchens (④ Seite 169).

Die Proportionen

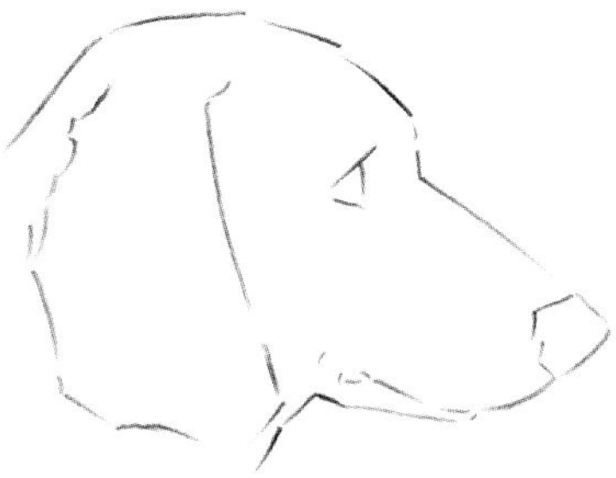

Vorzeichnen Zeichnen Sie zunächst nur ganz leicht die wichtigsten Grundlinien für den Umriss und die Struktur des Kopfes vor. Mit der Seite eines Bleistifts Härte HB zeichnen Sie die Ecken.

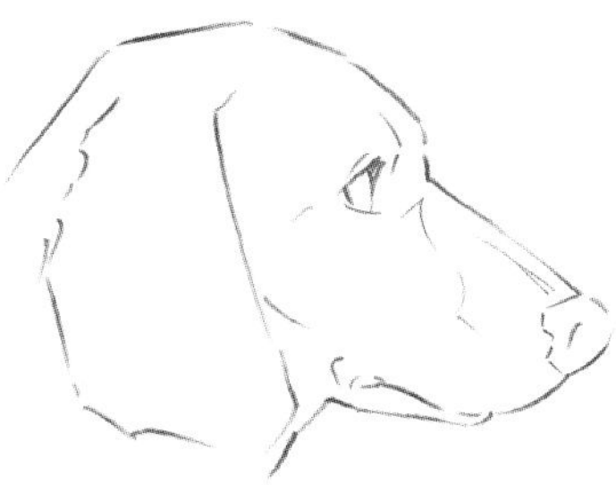

Verfeinern Mit einigen weiteren Strichen in derselben Technik deuten Sie Feinheiten des Gesichts und die Nasenlöcher an.

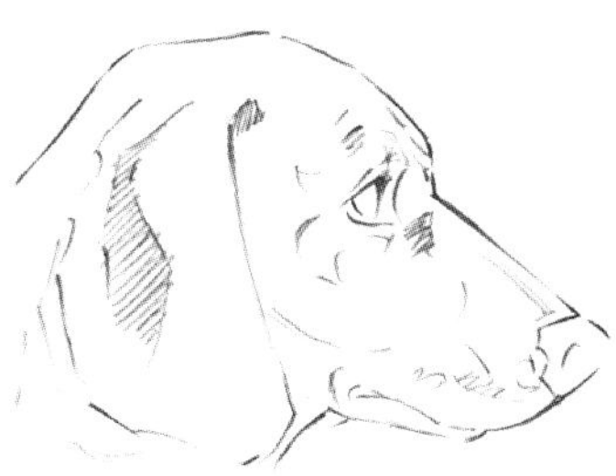

Schraffuren Nun schraffieren Sie die ersten Stellen, um die Gestalt herauszuarbeiten. Dafür verwenden Sie die gerundete Spitze und die Breitseite eines Bleistifts Härte HB.

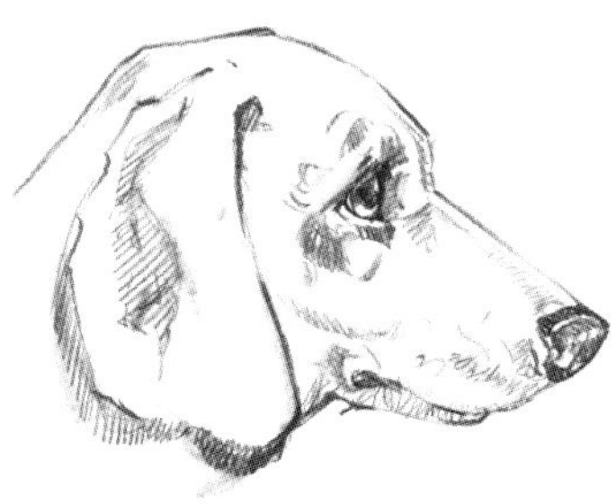

Die Details Mit der Spitze und der Breitseite eines gespitzten Stifts zeichnen Sie zum Schluss einzelne Haarpartien und verdichten die Schraffuren immer weiter. Nehmen Sie einen gut gespitzten Bleistift in Härte 2B für die dunkelsten Stellen.

Proportionen und Anatomie

Um die Gestalt einer Hunderasse naturgetreu wiederzugeben, müssen Sie den Körper in den richtigen Proportionen zeichnen können. Unter Proportion versteht man das Verhältnis zwischen unterschiedlichen Dingen oder zwischen Teilen eines Ganzen. Eine gut funktionierende Methode, um genaue Proportionen zu erhalten, ist diese: Man nimmt ein (Körper-)Teil als Maß für die übrigen. So können Sie zum Beispiel anhand eines Hundekopfes die Höhe und Länge des Tieres definieren. Der Greyhound rechts in der Abbildung ist etwa 4 Köpfe lang und etwa 3 ½ Köpfe hoch. Arbeiten Sie erst dann an Details weiter, wenn die Grundproportionen stimmen.

Auch ein wenig Anatomie hilft, um ein Tier naturgetreu darzustellen. In der Zeichnung unten erkennen Sie die wichtigsten Körperpartien eines Hundes. Wenn Sie beim Zeichnen der folgenden Motive dieses Kapitels darauf achten, wie unterschiedlich diese Teile von Rasse zu Rasse gestaltet sind, werden Ihre Bilder ganz von selbst immer besser.

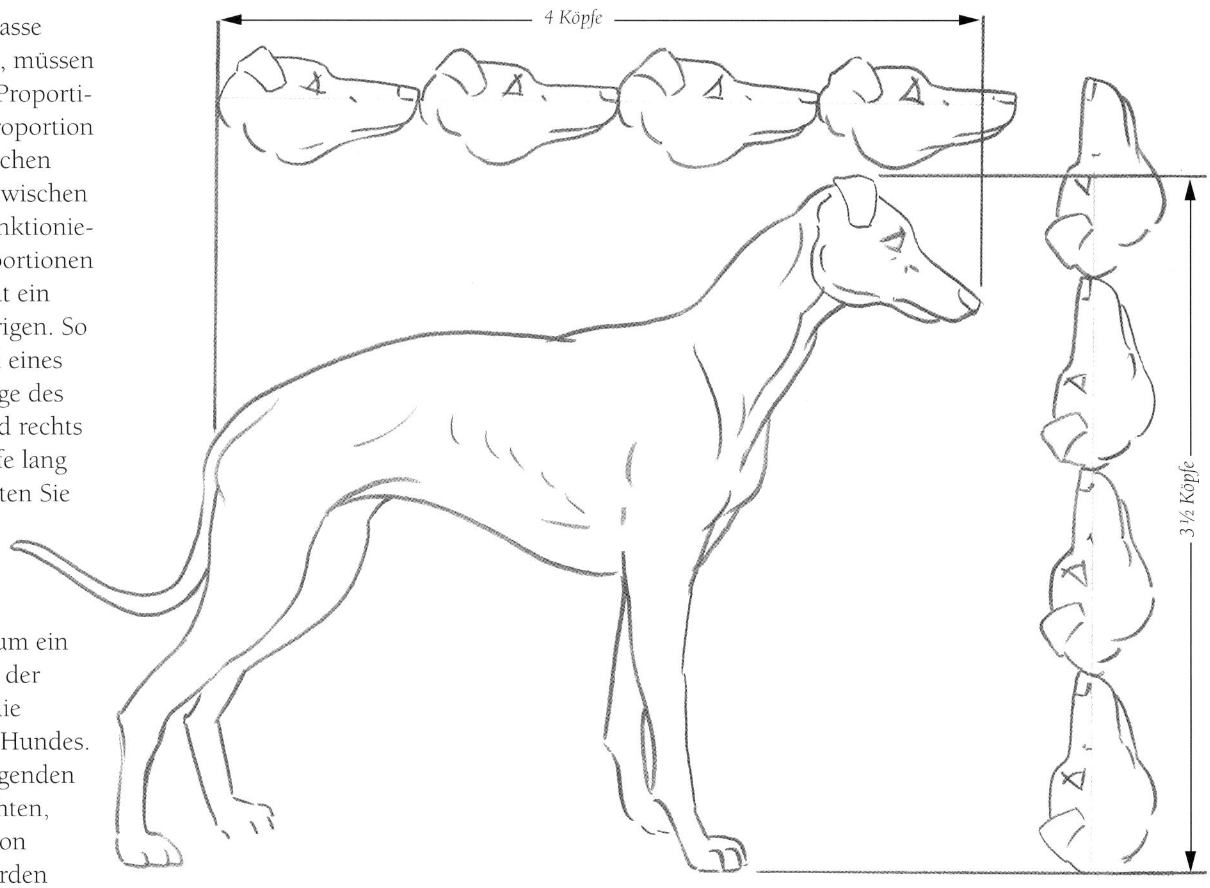

Studieren Sie die Partien, aus denen ein Hundekörper besteht, um Ihr Motiv gut zu verstehen.

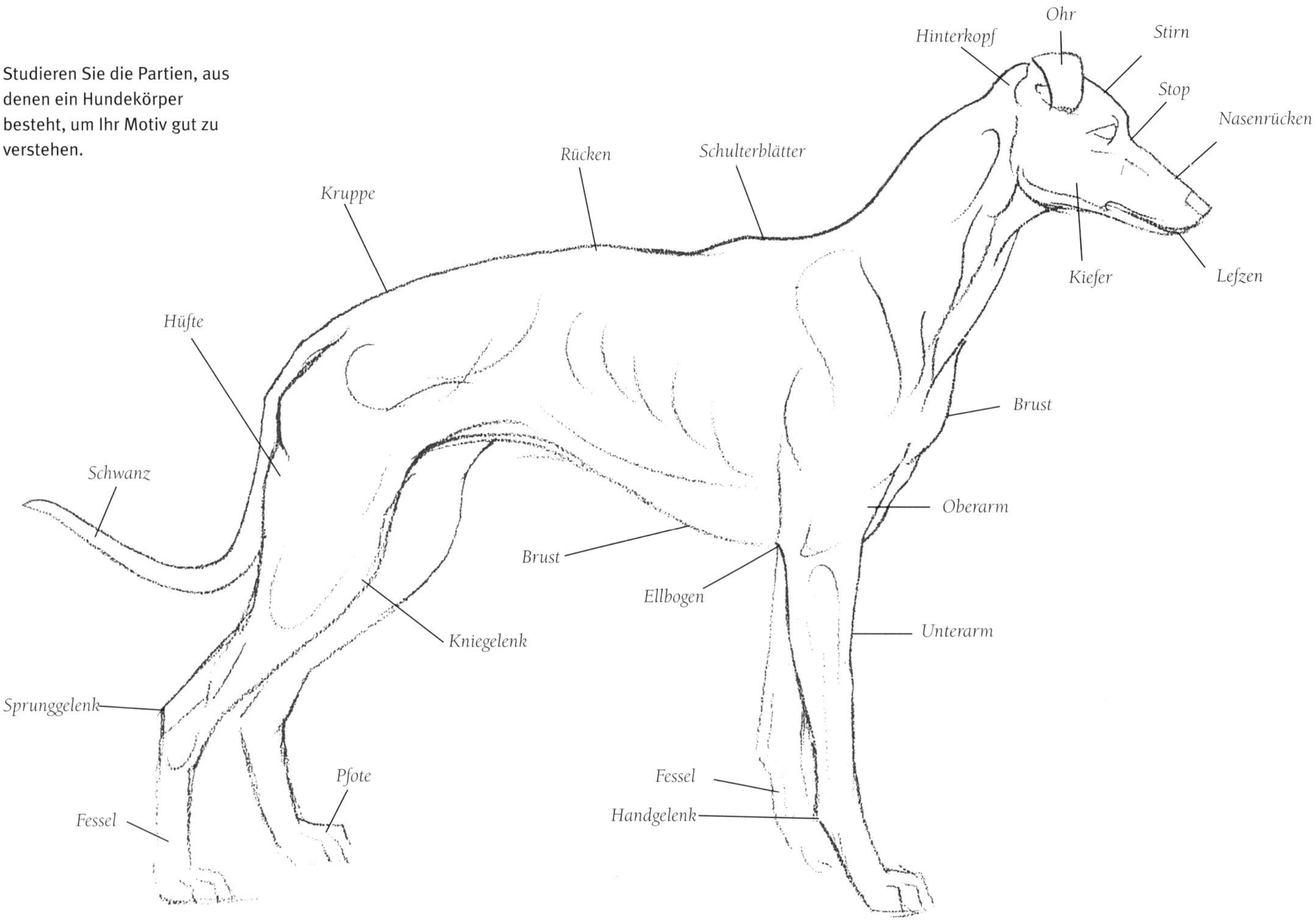

Wissen – sehen – zeichnen

Außer dem Fell gibt es noch andere Details, auf die man beim Zeichnen eines Hundes achten muss, damit er in der Darstellung lebensecht wirkt. Besonders wichtig ist neben den Augen und Pfoten die Anatomie der Muskeln, die man zumindest ein wenig kennen sollte: Da die Formen des Körpers, den wir sehen, von den darunter liegenden Muskeln gebildet wird, sollte man zumindest wissen, wie die Muskelstränge verlaufen, die deutlich sichtbar hervortreten.

Die drei Abbildungen auf dieser Seite zeigen die wichtigsten Muskelpartien eines Hundes. Sehen Sie genau hin und studieren Sie die Lage, den Aufbau und den Verlauf der Muskelstränge. Denken Sie an diese innere Landkarte, wenn Sie zeichnen oder schraffieren.

Erst wenn die Basis gelungen ist, sollten Sie sich an die Ausarbeitung von Augen oder Pfoten machen. Beides sind zwar „nur“ Details, doch sie entscheiden darüber, wie gelungen Ihr Bild ist: Jede Hunderasse hat typisch geformte Pfoten. Die Augen dagegen zeigen den Charakter und das Individuelle eines Hundes besonders deutlich. Sehen Sie sich die Schritte, die hier gezeigt werden, genau an und üben Sie das Zeichnen von Augen und Pfoten immer wieder.

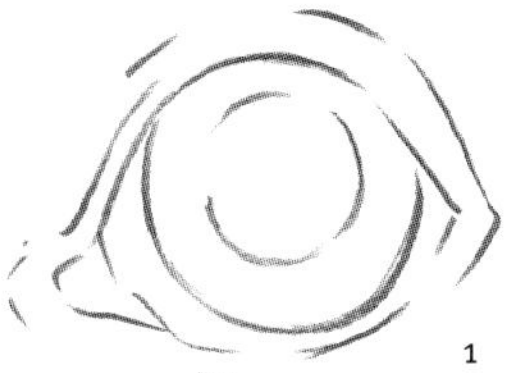

1

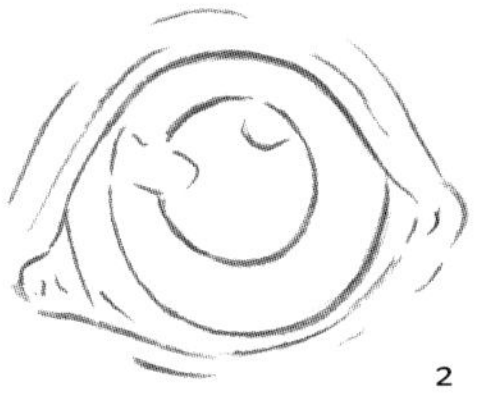

2

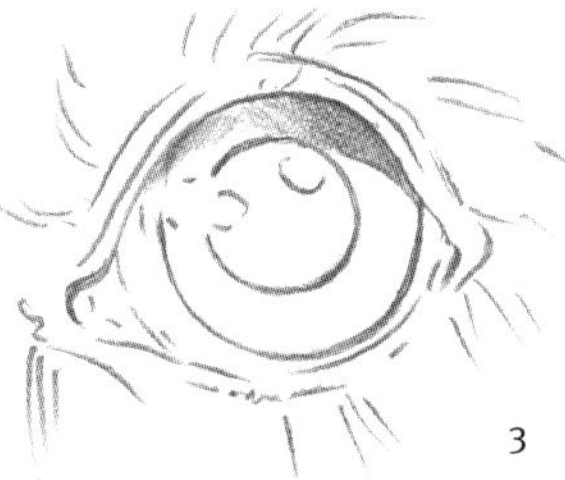

3

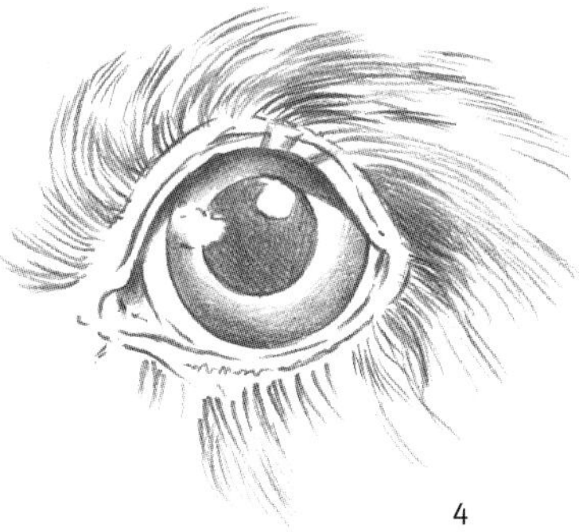

4

Oberschenkel

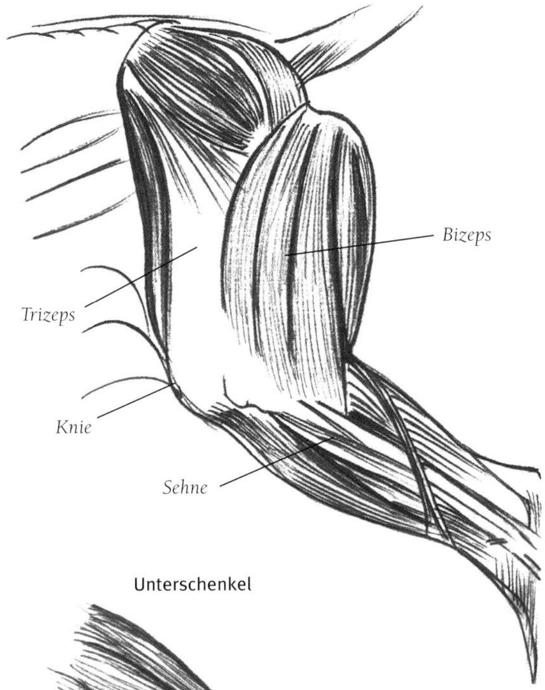

Unterschenkel

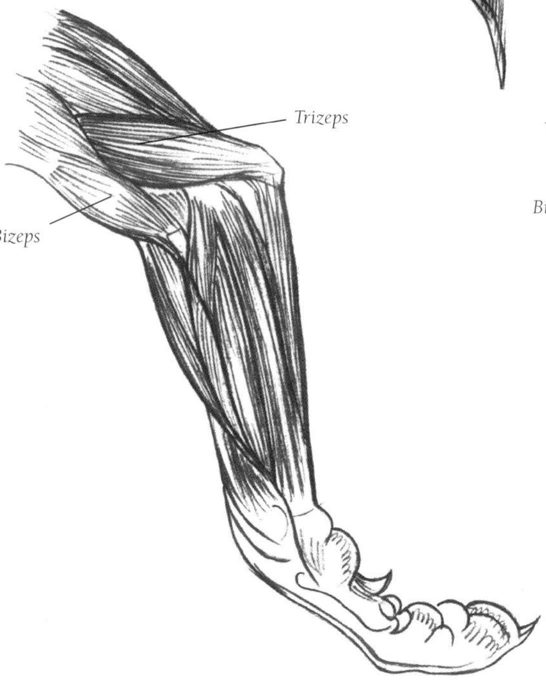

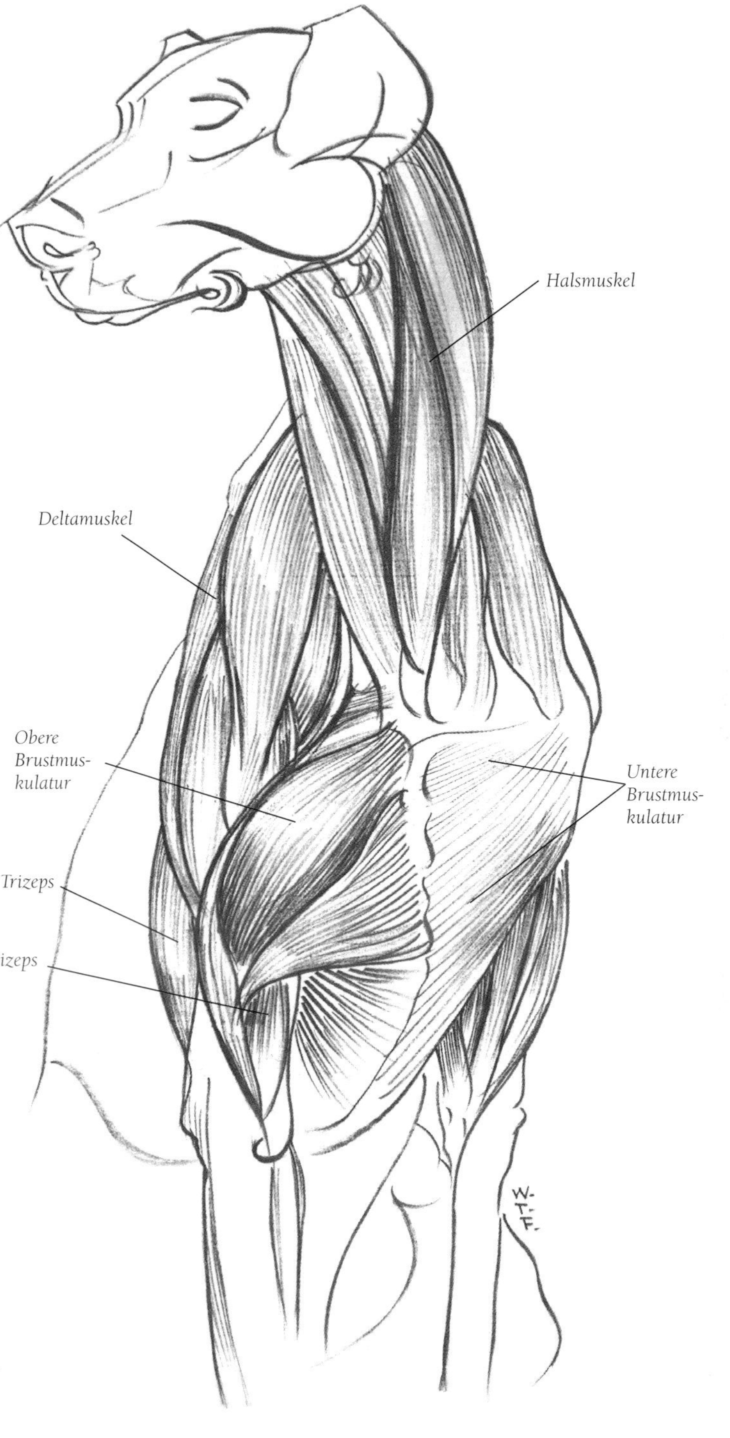

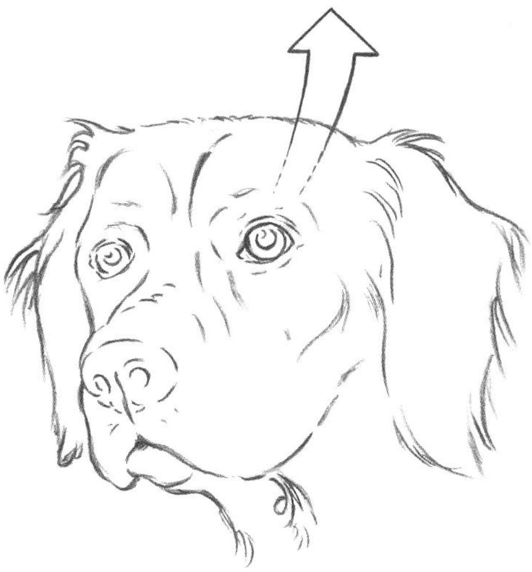

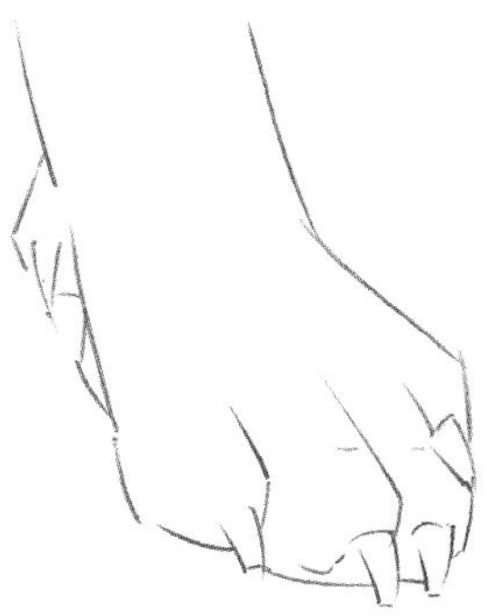

1

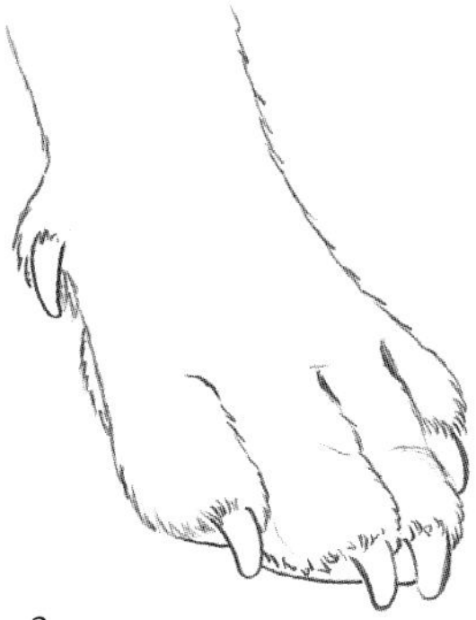

2

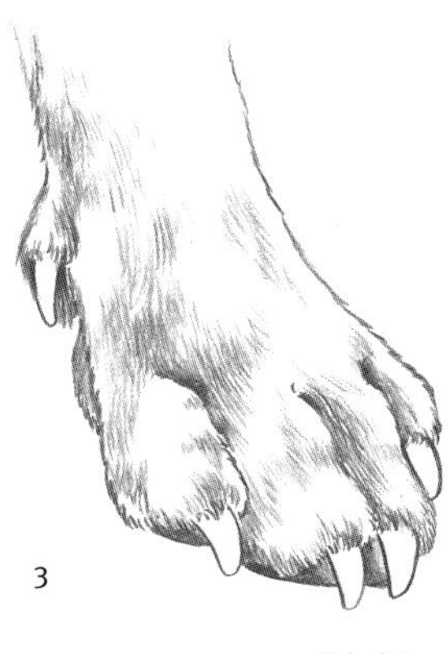

3

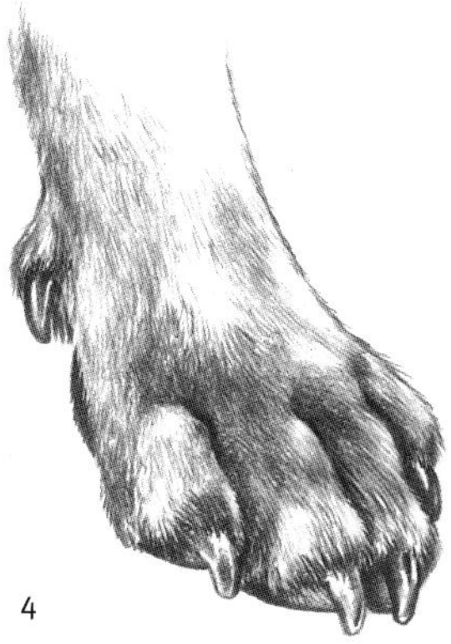

4

Hundefell

Alle Schraffuren sind dazu da, um die Form eines Objektes oder eines Lebewesens zeichnerisch wiederzugeben. Beim Zeichnen eines Hunds brauchen Sie verschiedene Schraffurtechniken, wenn Sie die Fellstruktur richtig darstellen wollen.
Der Hund auf dieser Seite ist ein typischer Mischling. Halten Sie die Augen offen und suchen Sie solche Tiere, denn aufgrund ihrer gemixten Herkunft vereinen sie oft ganz unterschiedliche Felltypen und sind besonders schöne Übungsobjekte.

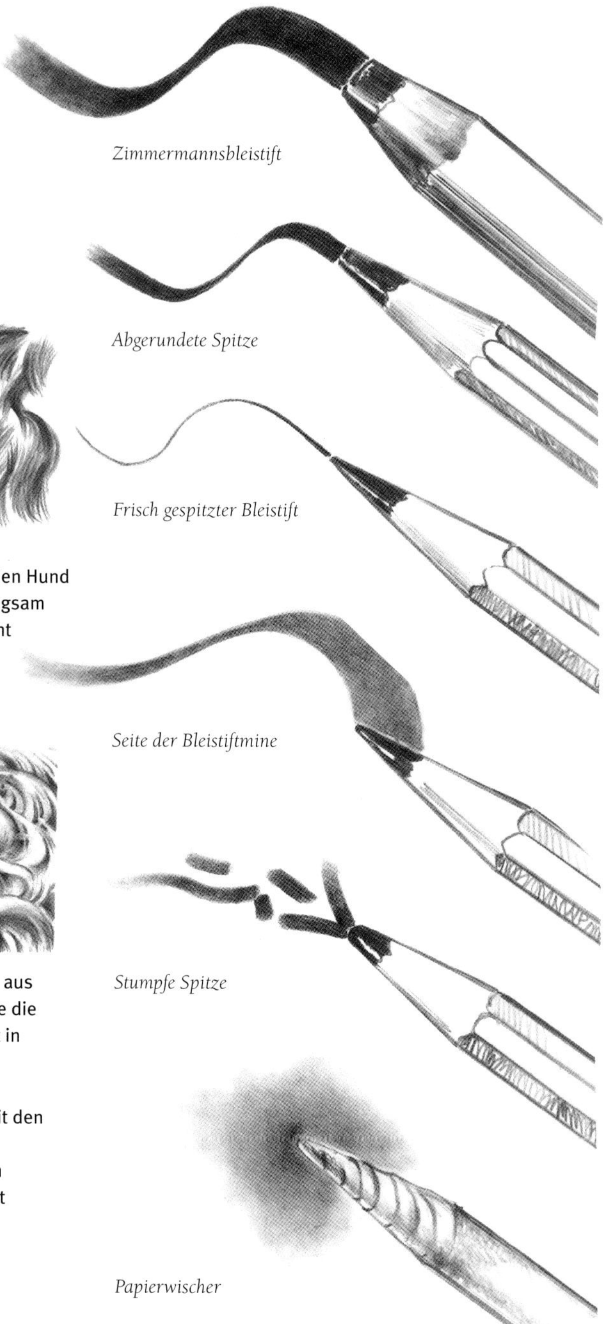

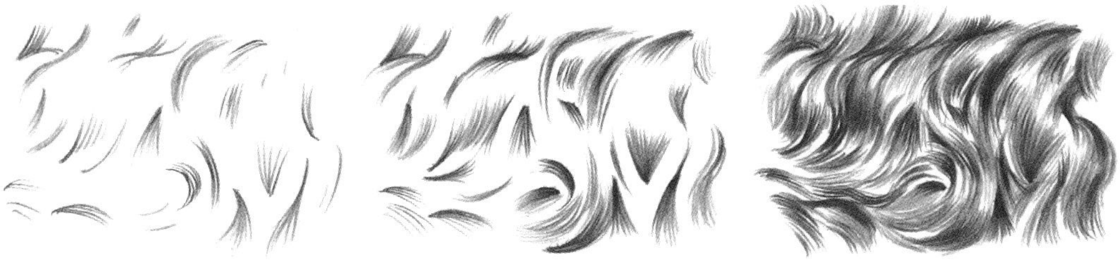

Hat der Hund so dichtes, lockiges Fell, wie oben zu sehen (typisch etwa für Golden Retriever), zeichnen Sie zuerst einige weiche, gebogene Linien, die in verschiedene Richtungen weisen, aufs Papier. Als Nächstes unterlegen Sie die Linien parallel mit dichteren, dunkleren Strichen, sodass optisch Locken oder Strähnen entstehen. Wenn Sie den Hund ganz aus der Nähe darstellen wollen, müssen Sie langsam arbeiten und sich Zeit fürs Fell nehmen, damit es nicht unfertig oder „matschig“ wirkt.

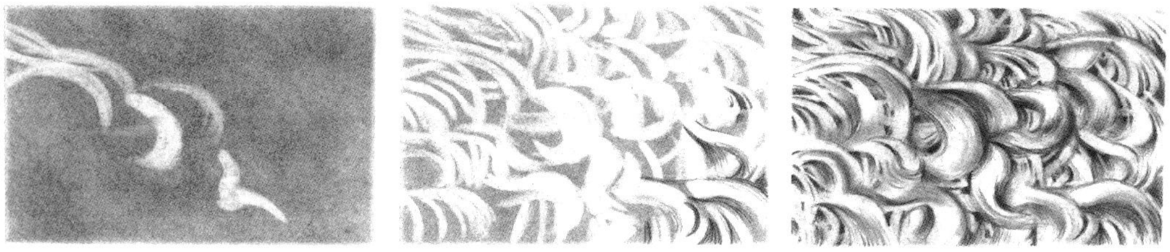

Vor allem Pudel besitzen so feines und dicht gelocktes Fell. Diese Struktur stellen Sie am besten dar, wenn Sie Grafit von einem Bleistift abreiben und es als gleichmäßige graue Fläche auf dem Papier verreiben. Dann nehmen Sie einen spitzen Knetradiergummi und radieren kleine Locken aus dem Grau heraus. Erst ganz zum Schluss zeichnen Sie die Locken-Konturen mit einem frisch gespitzten Bleistift in Härte HB nach.

Machen Sie sich mit den unterschiedlichen Strichen und Linien vertraut, die Sie mit unterschiedlichem Material zeichnen können.

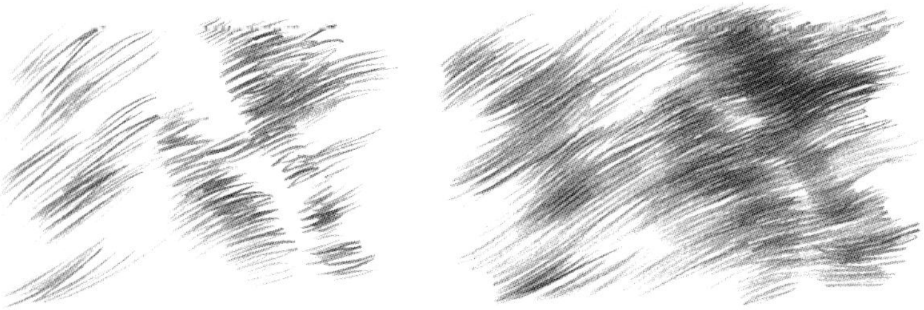

Dalmatiner, Dobermänner oder Labradore haben so kurzes Fell wie oben zu sehen. Diese fast glatte und dennoch weiche Fellstruktur zeichnen Sie, indem Sie unregelmäßige Strichbänder in der natürlichen Wuchsrichtung anlegen. Helle und dunkle Stellen fallen nicht so stark ins Gewicht, weil das Haar nicht so gelockt ist wie bei anderen Hunden.

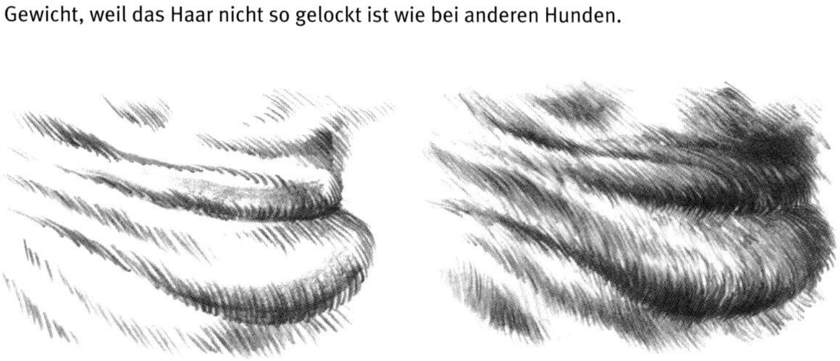

Solche tiefen, losen Falten sind typisch für das Fell von Shar-Peis. Die Falten lassen sich leicht darstellen, denn sie sind innen dunkler als oben und der Übergang entwickelt sich allmählich von dunkel zu hell. Außerdem sollen zwar alle Striche in dieselbe Richtung zeigen – dennoch können Sie individuelle Strukturen im Fell darstellen.

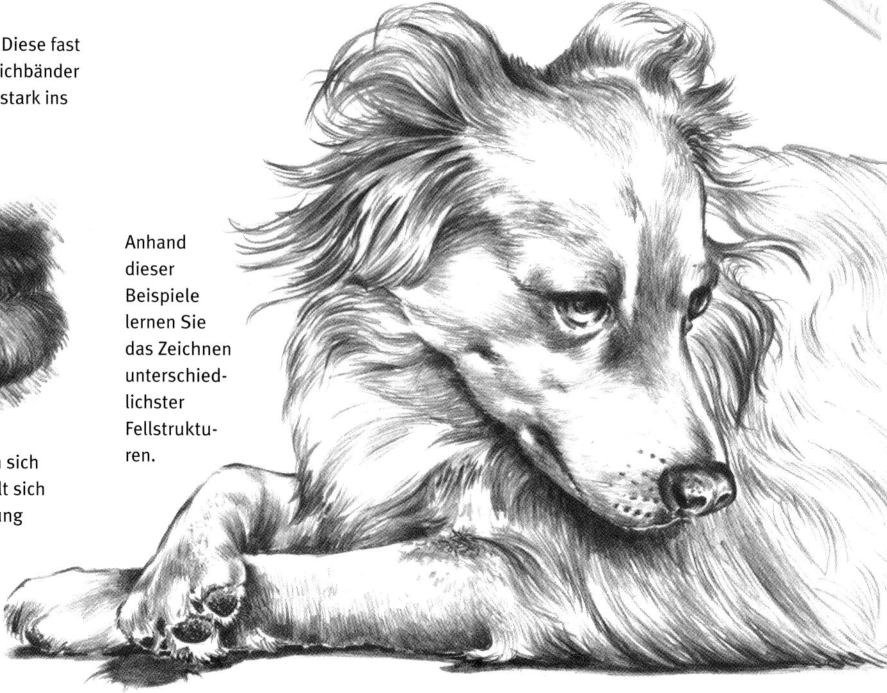

Anhand dieser Beispiele lernen Sie das Zeichnen unterschiedlichster Fellstrukturen.

Die Hundeschnauze

Jede Hunderasse hat eine typische Schnauzenform. Sehen Sie sich einmal die Schnauzen an, die auf dieser Seite „versammelt“ sind. Manche sind lang und schmal, andere kurz und breit. Je genauer Ihr Auge diese Formen wahrnimmt, desto besser gelingt Ihre Zeichnung. Beobachten Sie also Ihr Modell genau.

Sobald die Grundform der Schnauze gelungen ist, folgt die Nase. Skizzieren Sie die groben Umrisse wie in Schritt 1 zunächst mit feinen Strichen. Arbeiten Sie dann wie in Schritt 2 die Linien weiter aus und schraffieren Sie auch die dunklen Stellen in den Nasenlöchern mit einem spitzen Bleistift. Die dunkelsten Stellen sind dort, wo die Rundung des Nasenloches nach innen geht. Dann schraffieren Sie die Nase weiter wie in Schritt 3 und achten dabei darauf, wie sich die Form der Nase herausbildet. Das Fell rund um die Nase soll ein deutlicher Kontrast zur weichen Nase sein. Die Haare wachsen hier ganz deutlich von der Nase weg.

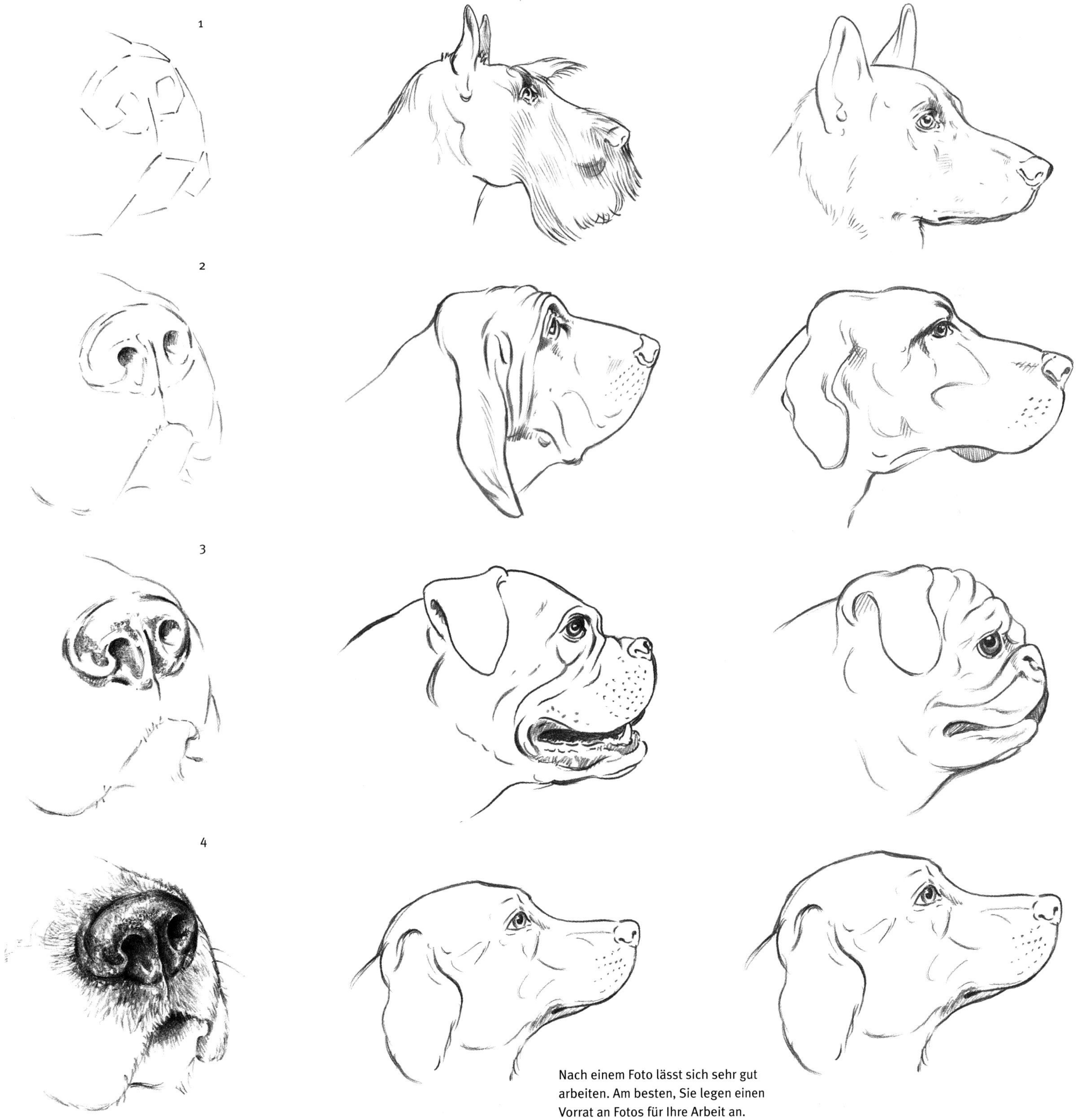

Nach einem Foto lässt sich sehr gut arbeiten. Am besten, Sie legen einen Vorrat an Fotos für Ihre Arbeit an.

Welpen zeichnen

Obwohl es keinen Unterschied macht, ob man einen ausgewachsenen Hund zeichnet oder einen knuddeligen Welpen, geht man auch bei ganz jungen Hunden technisch genauso vor – in Schritten. Wer sich bei diesen Motiven unsicher fühlt, sollte in jedem Fall zuerst mit Bleistift vorzeichnen und dann die Motive eventuell mit Tusche nacharbeiten.

Der Kopf des jungen Cockerspaniels ähnelt einem Sechseck (Hexagon). Zeichnen Sie es mit lockeren und weichen Strichen ein wie in Schritt 1. In Schritt 2 legen Sie mit wenigen Strichen die Position von Augen, Nase und Maul fest. Die Hilfslinien in Schritt 3 teilen das Gesicht zusätzlich in Abschnitte, die helfen, die Gesichtszüge im richtigen Verhältnis zu gestalten – so sitzt der Mund recht genau zwei Augenlängen unterhalb der Augen.

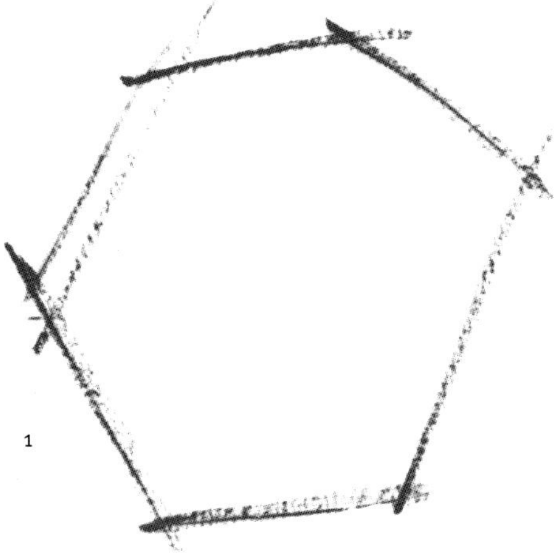

1

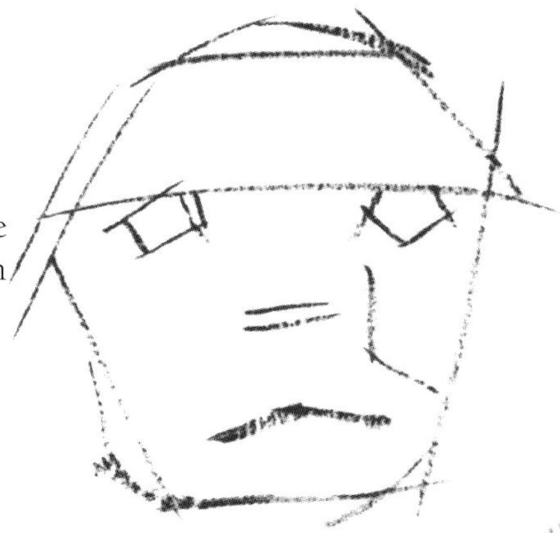

2

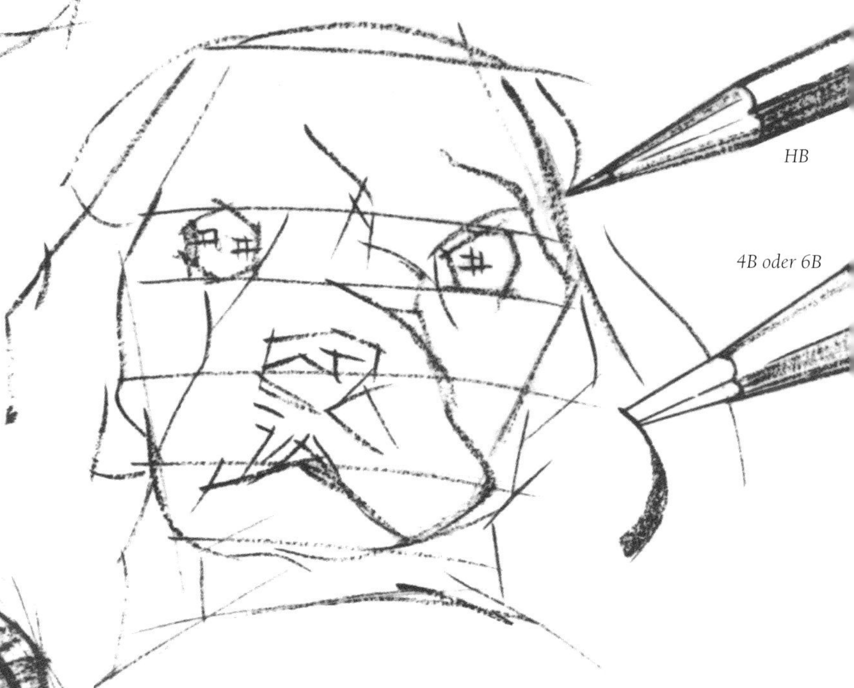

3

Versuchen Sie sich mit unterschiedlichen Materialien an diesem Porträt. Nehmen Sie Bleistift, Wasserfarbe, Pastellkreide oder etwas anderes, mit dem Sie gerne zeichnen.

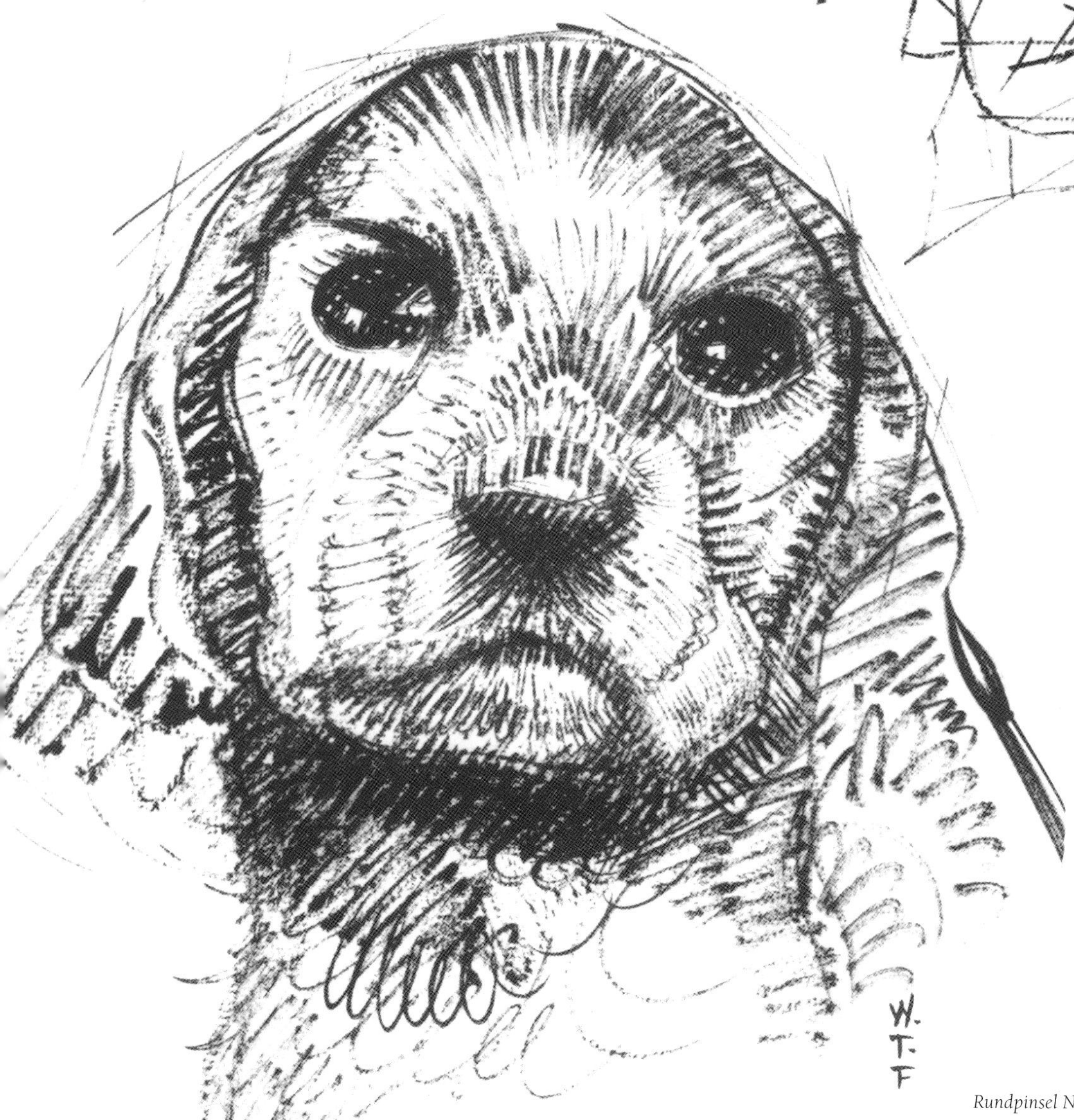

Rundpinsel Nr. 3

Manche Motive nehmen den Zeichner länger gefangen als andere. Ein junger Hund, der langsam größer wird, der die Welt erkundet und ein lebendiges Gesicht hat, kann so ein Motiv sein. Und je besser Sie ihn zeichnen lernen, desto mehr Freude werden Sie an Ihren Bildern und Studien haben.

Beim Zeichnen der Umrisse dieses Welpen, der die linke Pfote hebt, gehen Sie am besten in der empfohlenen Reihenfolge vor und zeichnen die Umrisslinien von 1 bis 9. Denken Sie von Anfang an daran, das Motiv als Ganzes zu erfassen: Der kleine Hund ist insgesamt nur 2 Köpfe hoch. In Schritt 2 heben Sie die Rundungen des zarten Körpers hervor und in Schritt 3 folgen die Details.

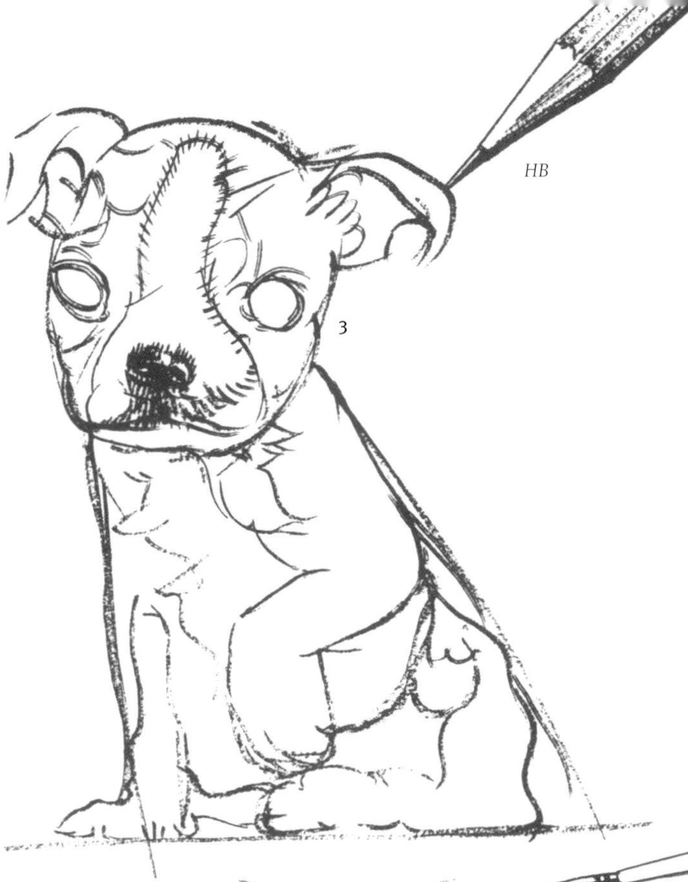

1

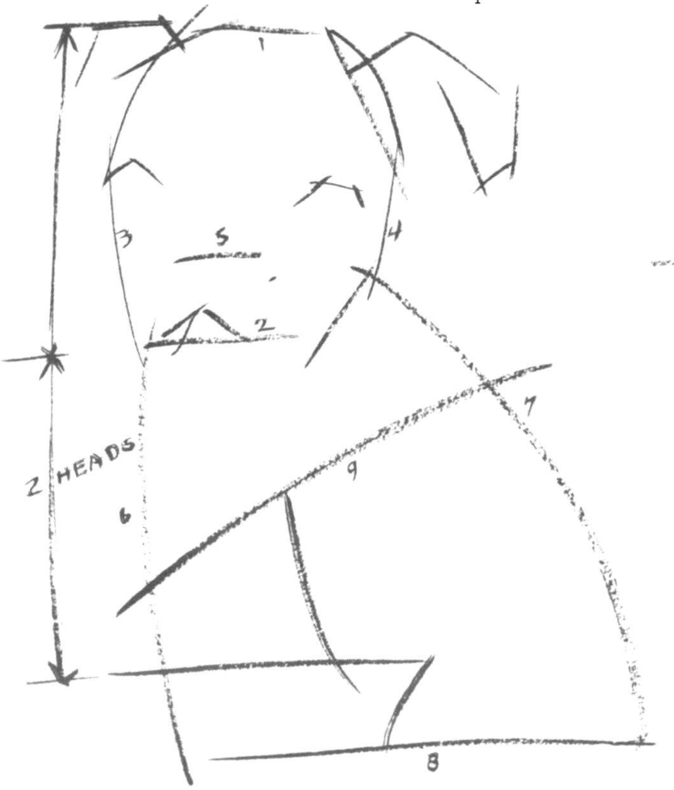

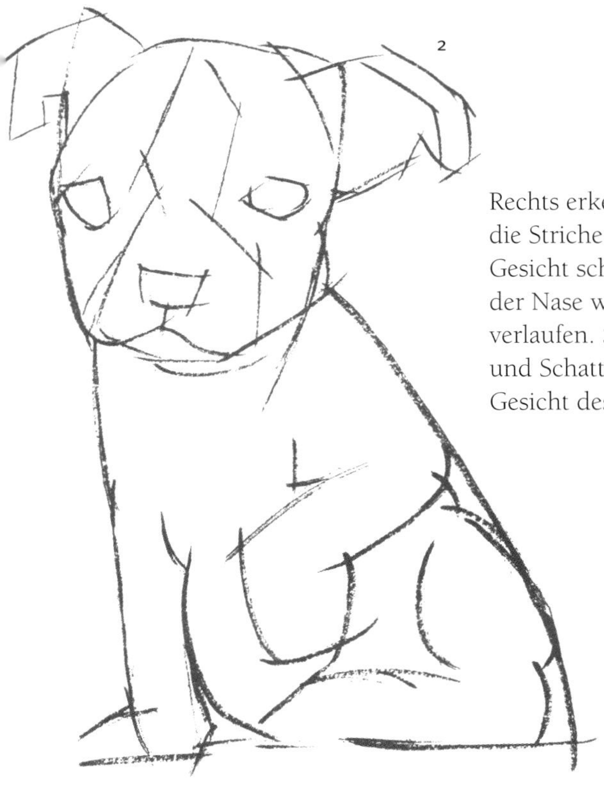

Rechts erkennt man gut, wie die Striche, mit denen das Gesicht schraffiert wurde, von der Nase weg nach außen verlaufen. So wird mit Licht und Schatten das rundliche Gesicht des Welpen geformt.

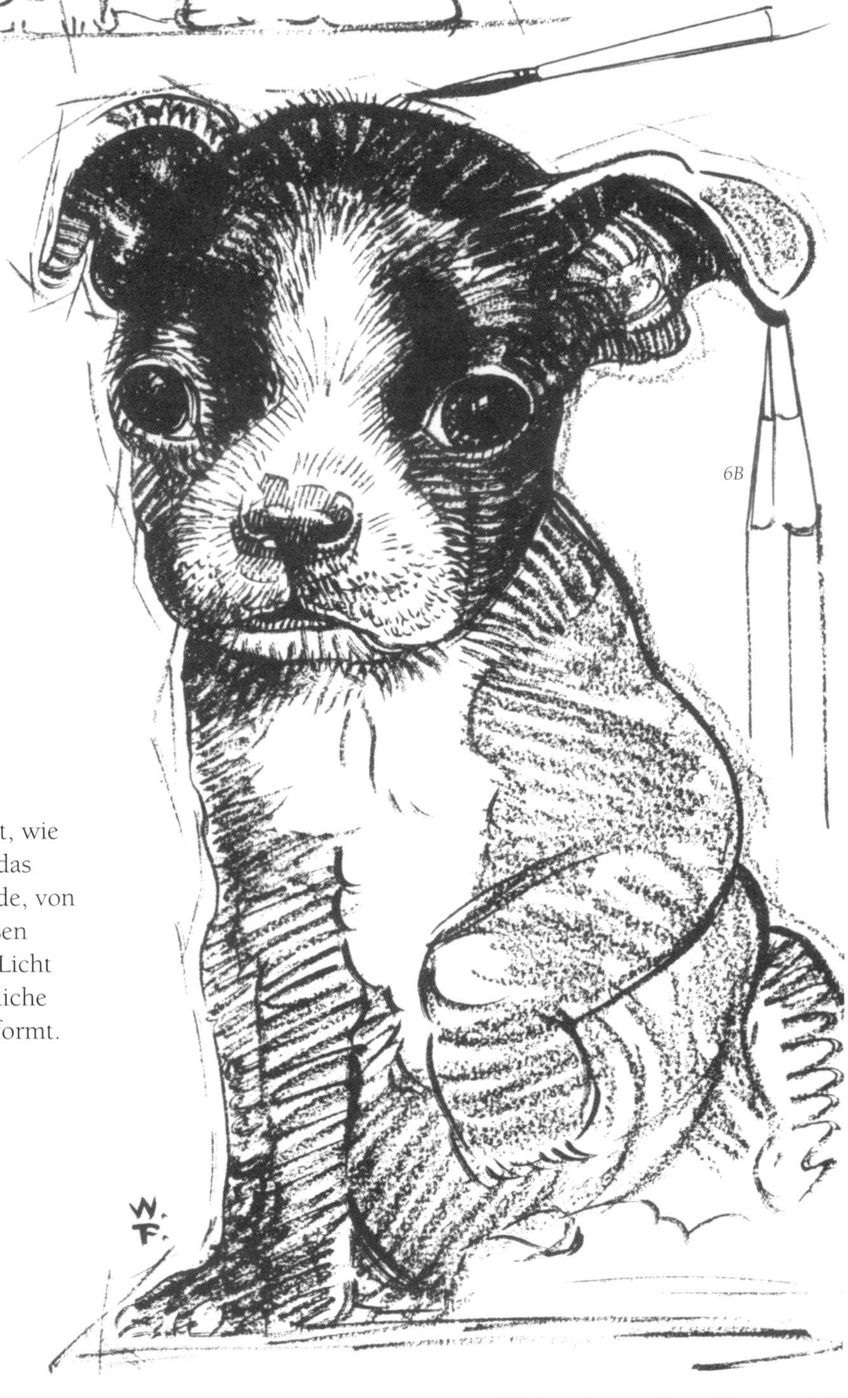

Dänische Dogge

Doggen sind eine elegante Erscheinung und haben einen markanten Kopf. Obwohl manche Rüden über 80 Zentimeter Schulterhöhe erreichen und alleine durch ihre gewaltige Größe furchtsame Naturen einschüchtern können, sind diese Tiere ausgesprochen sanftmütig, liebevoll und außerdem kinderlieb.

2

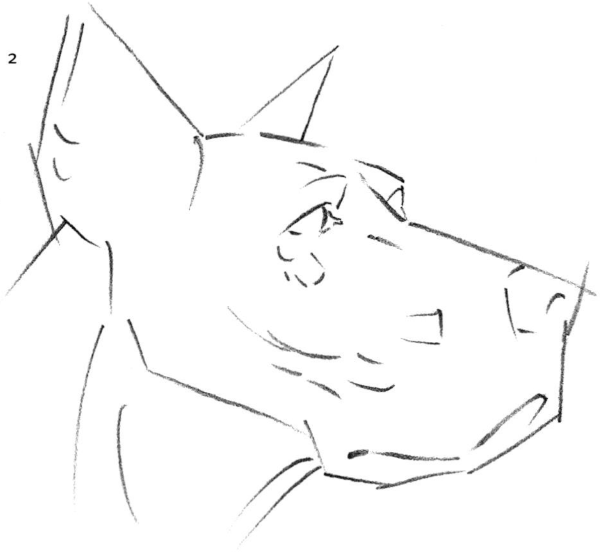

1

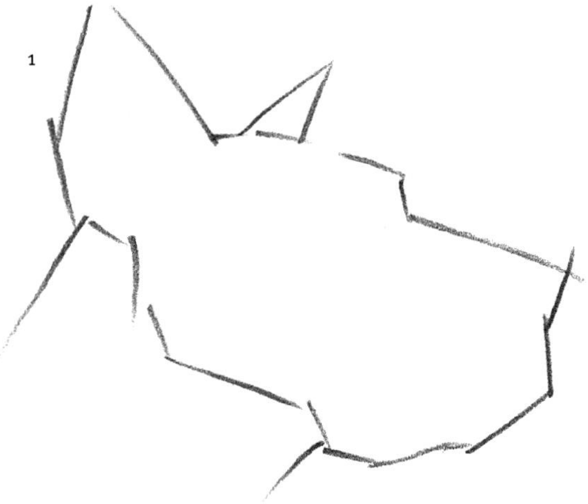

Die aufgestellten Ohren entwickeln Sie aus simplen Dreiecken.

3

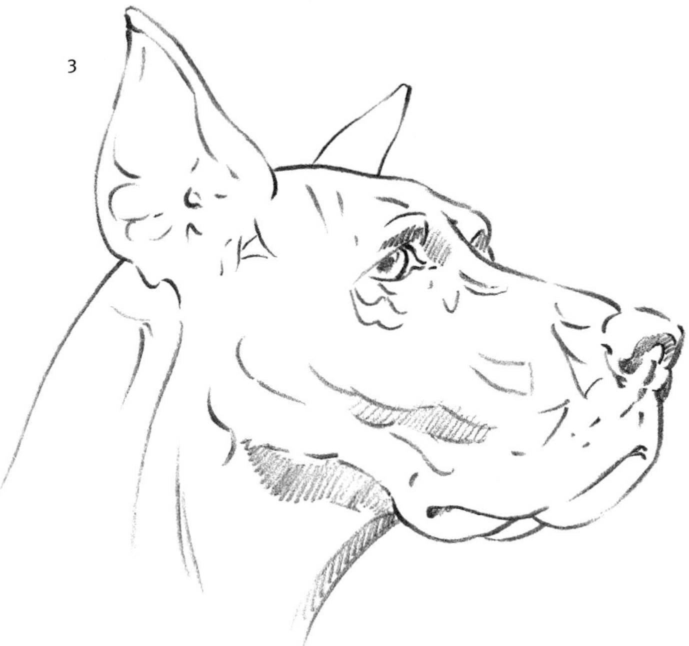

Für die Schritte 1 und 2 nehmen Sie einen Bleistift in Härte HB, um die Umrisse und die Struktur des großen Kopfes vorzuzeichnen. Achten Sie auf die hängenden Lippen und Augenlider, die der Dogge einen bittenden Ausdruck verleihen. Verfeinern Sie in Schritt 3 die Linien mit einem 2B und formen Sie mit ersten Schraffuren auch schon den Kopf ein wenig aus. Das zurückhaltende Schraffieren gibt dem Fell etwas Weiches.

4

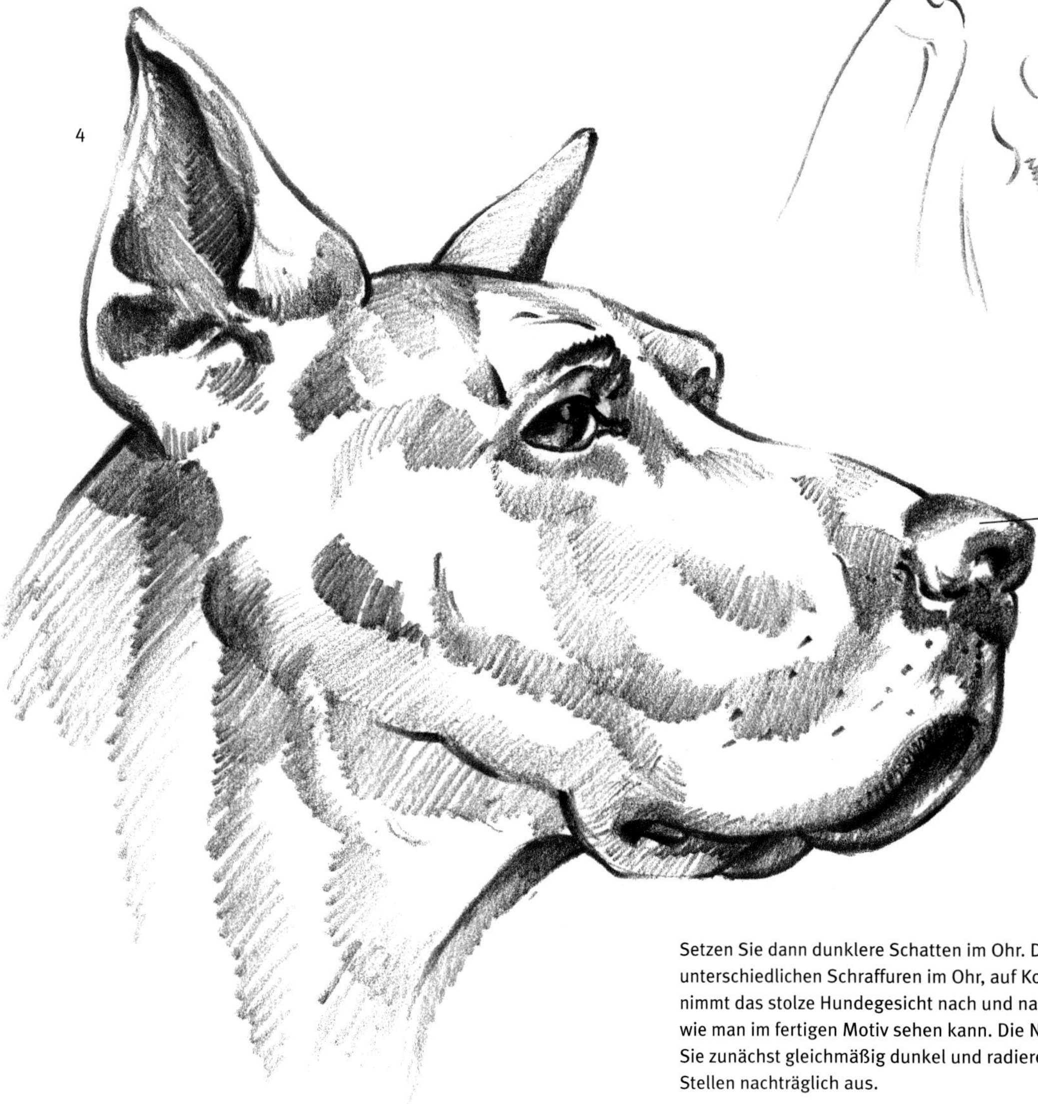

Mit einem Radiergummi setzen Sie den Lichtreflex auf der Nase.

Diese große Rasse hat einen beeindruckenden Stammbaum. Die ältesten Hinweise auf sie finden sich in der chinesischen Literatur um 1121 n. Chr.

Setzen Sie dann dunklere Schatten im Ohr. Durch die unterschiedlichen Schraffuren im Ohr, auf Kopf und Hals nimmt das stolze Hundegesicht nach und nach Gestalt an, wie man im fertigen Motiv sehen kann. Die Nase zeichnen Sie zunächst gleichmäßig dunkel und radieren die hellen Stellen nachträglich aus.

Irischer Setter

Um das Wesen eines so lebhaften Tieres wie eines jungen irischen Setters einzufangen, wäre es am besten, mehrere dieser Hunde in Ruhe zu beobachten, um ein Gefühl für ihre Körpersprache, ihre Mimik und ihre Beweglichkeit zu entwickeln. Obwohl junge Setter ein bisschen schüchtern sind, werden sie rasch zutraulich, wenn Sie geduldig und freundlich mit ihnen umgehen.

Für den ersten Schritt verwenden Sie am besten einen Bleistift in Härte HB und skizzieren die groben Umrisse des Kopfes. Dabei auf den richtigen Sitz der Augen achten, denn bei einer Dreiviertelansicht wie dieser ist ein Auge (in diesem Fall das linke des Hundes) nicht ganz zu sehen. In Schritt 2 modellieren Sie die Gesichtszüge besser heraus und deuten auch das Fell schon an.

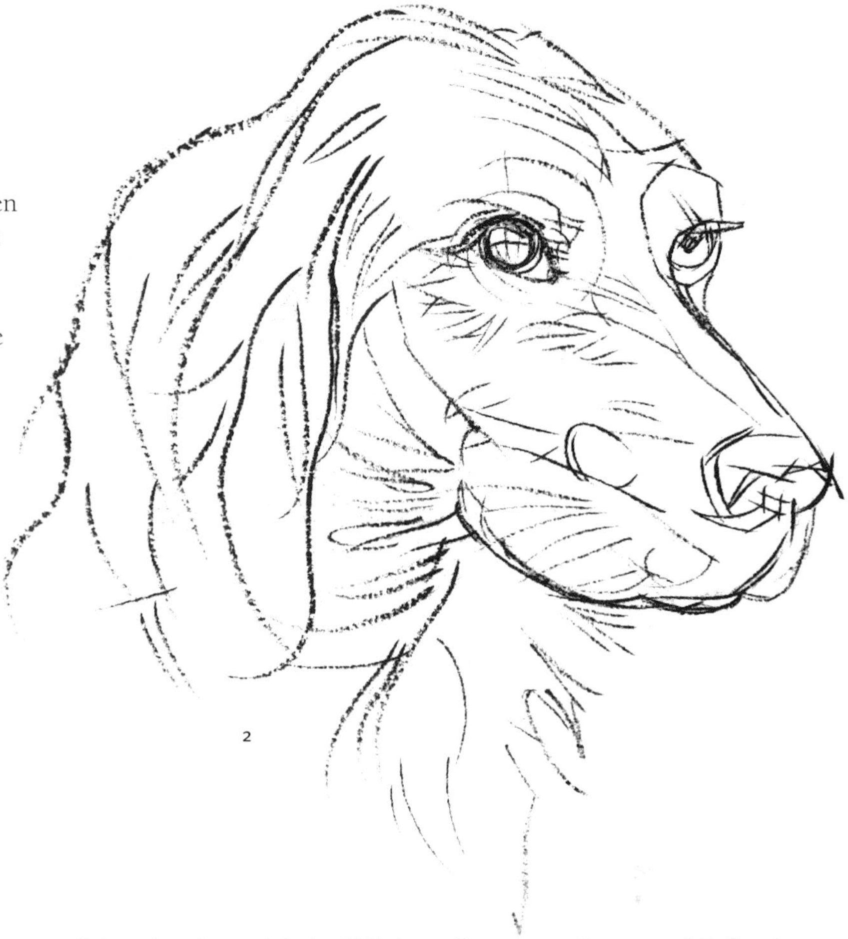

2

1

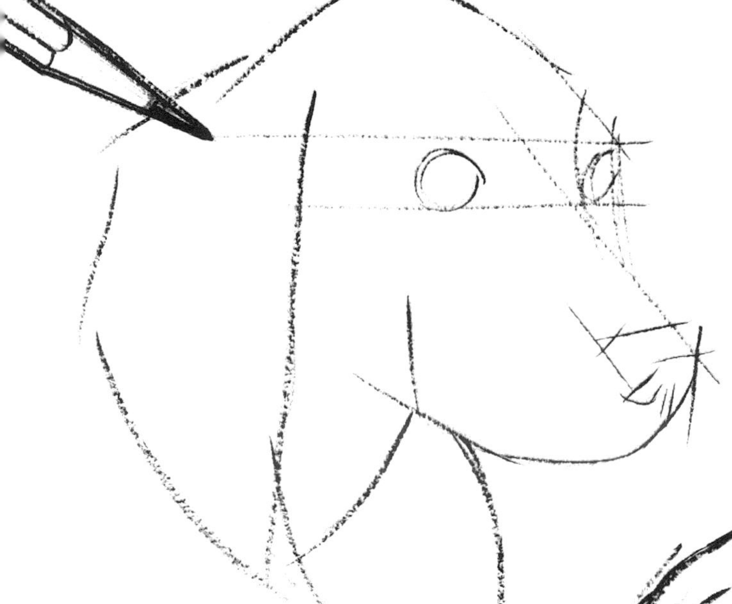

Sehr schön lässt sich das Fell darstellen, wenn Sie es anschließend mit Pinsel und Tusche zeichnen – dabei sollte der Kopf, der von Natur aus schmal ist, nicht zu viel Volumen erhalten. Als Lichtreflexe in den Pupillen lassen Sie einfach weißes Papier stehen. Je besser das gelingt, desto mehr wird das Individuelle jedes Tieres betont.

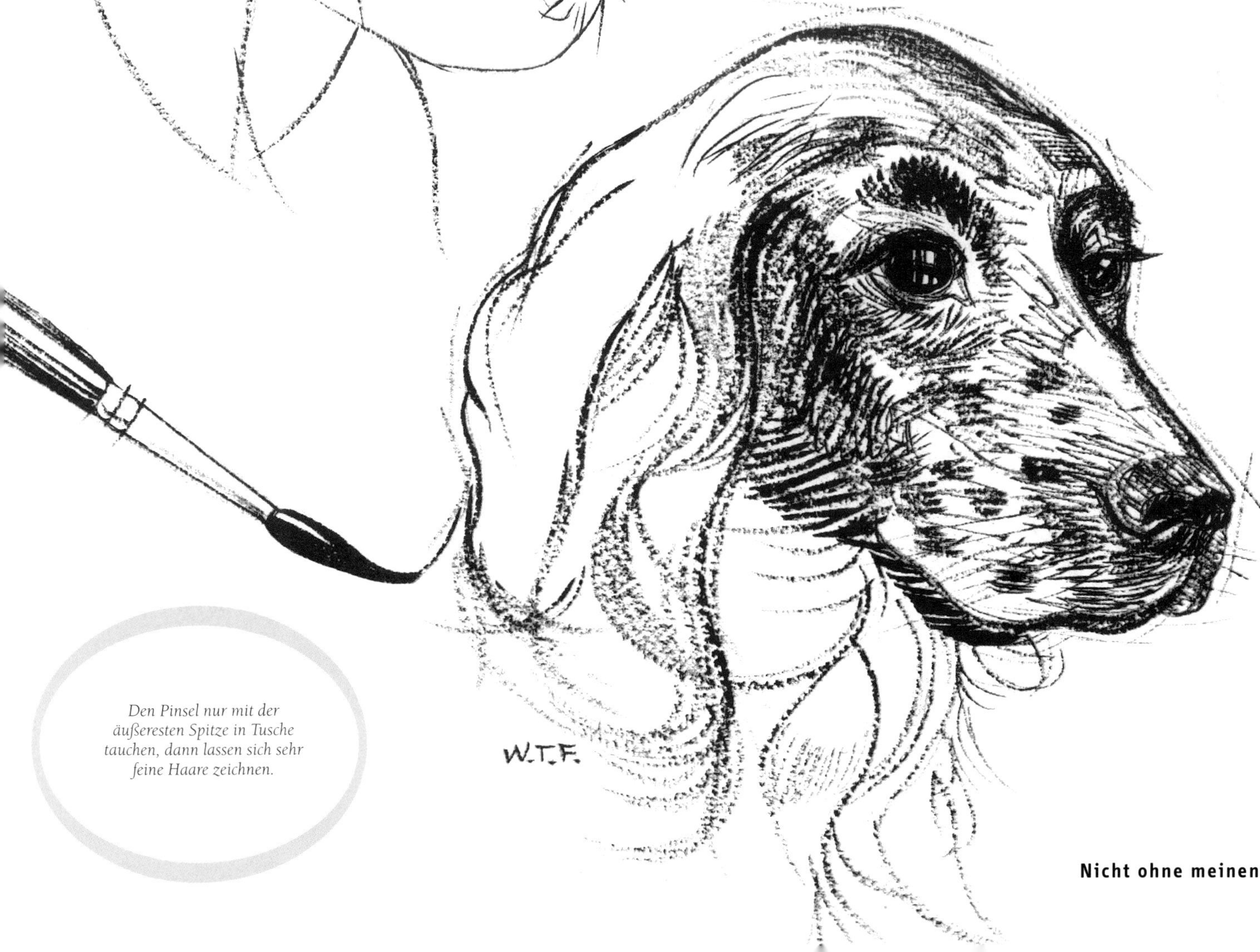

Den Pinsel nur mit der äußeresten Spitze in Tusche tauchen, dann lassen sich sehr feine Haare zeichnen.

Springer Spaniel

Es macht viel Freude, das weiche hübsche Fell und das freundliche Wesen eines Springer Spaniels zu zeichnen. Wählen Sie einen Bleistift in Härte HB für die ersten Umrisse wie in Schritt 1. Arbeiten Sie erst an der Zeichnung weiter, wenn diese ersten Striche richtig gut gelungen sind.

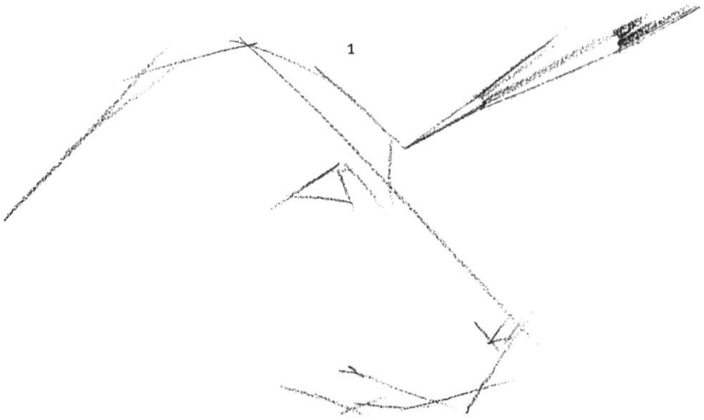

1

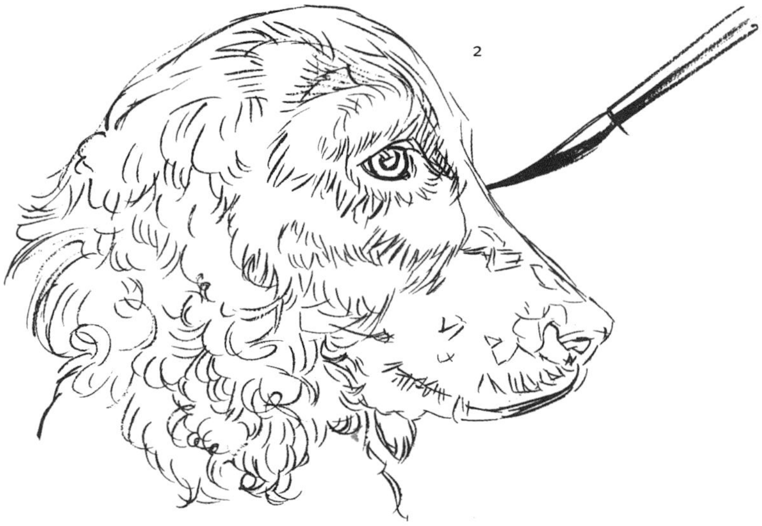

2

Auf den ersten Blick sieht es so aus, als sei das lockige, feine Fell des Spaniels besonders kompliziert zu zeichnen. Doch der Schein trügt. Tauchen Sie einfach einen Rundpinsel Größe 3 in ein wenig Tusche und drücken Sie die Pinselspitze mit den Fingern fest zusammen. Zeichnen Sie dann, wie in Schritt 2 zu sehen, ausschließlich mit der feinen Pinselspitze das Muster des Fells mit klaren Linien aufs Papier. So einfach ist es, mit Pinsel und Tusche zarte Muster zu zeichnen!

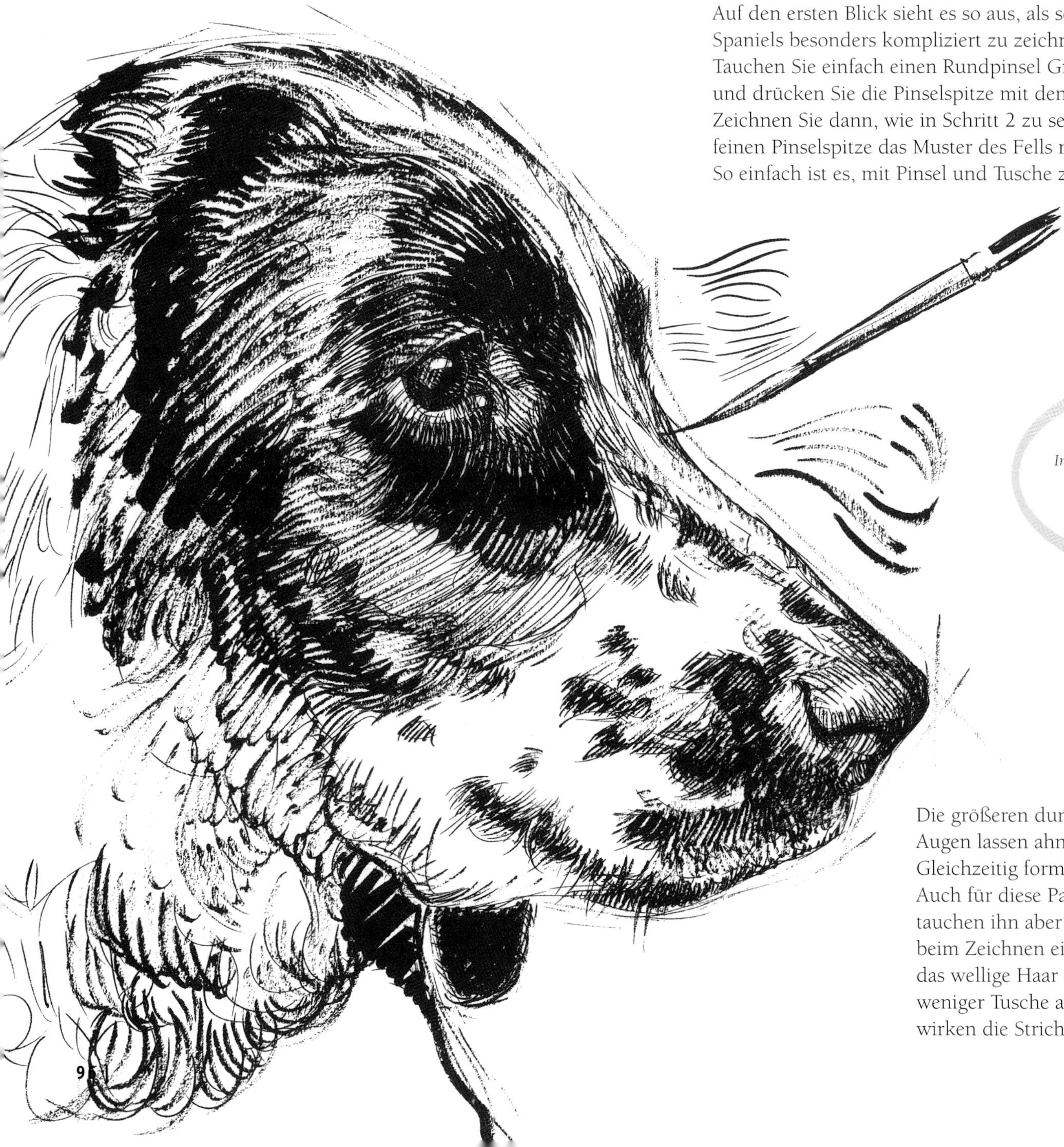

Im Gesicht ist das Fell ganz kurz und gerade, die Ohren tragen dagegen weiches, lockiges Haar.

Die größeren dunkleren Flecken rund um die Augen lassen ahnen, wie dunkel das Fell ist. Gleichzeitig formen sie die Gesichtszüge. Auch für diese Partien nehmen Sie den Pinsel, tauchen ihn aber gut in Tusche und drücken beim Zeichnen ein wenig fester auf. Wenn Sie das wellige Haar an den Ohren mit etwas weniger Tusche auf dem Pinsel gestalten, wirken die Striche wie hingehaucht.

Junger Shar-Pei

Mit seinen vielen Falten sieht der Shar-Pei immer ein wenig besorgt aus. Dies ist vor allem bei den Welpen ein rührender Kontrast. Wenn die Hunde älter werden, füllen sie ihr Fellkleid besser aus. Um das faltige Fell gut darzustellen, verwenden Sie am besten kurze Linien in weiten Winkeln wie in Schritt 1. In Schritt 2 schraffieren Sie erste Schatten und zeichnen die Falten in Richtung Bauch fort. Arbeiten Sie an jeder Falte einzeln, damit der Hund natürlich wirkt. Anschließend arbeiten Sie mit sehr kurzen Strichen am Fell weiter.

2

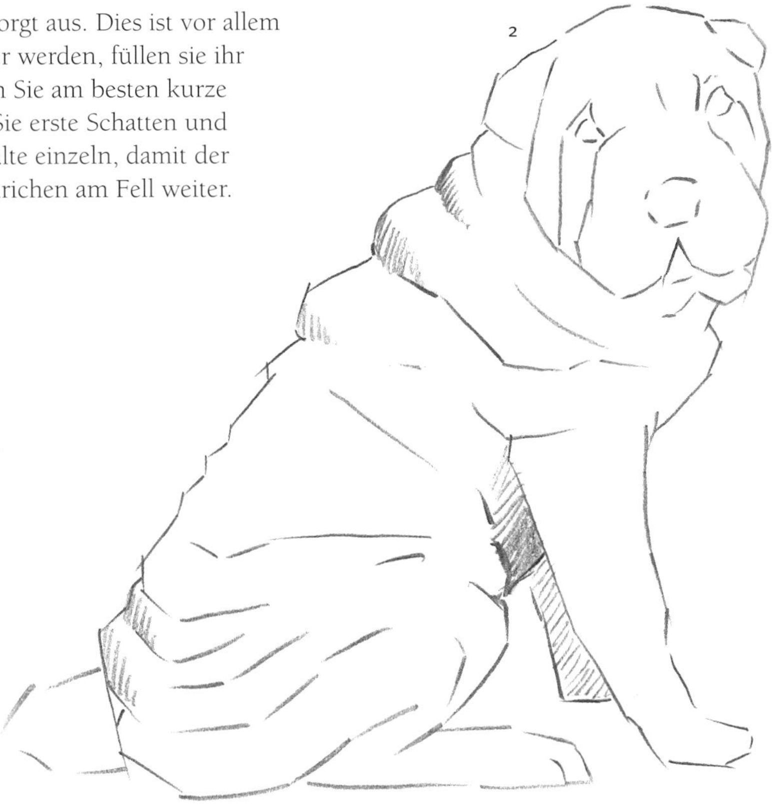

1

Die Falten deuten Sie mit einer Zickzack-Linie an.

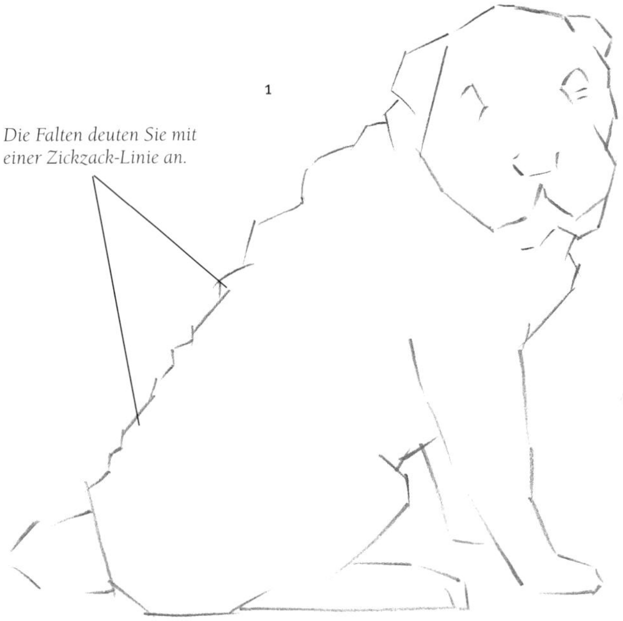

Diese Rasse wurde in China für den Hundekampf gezüchtet.

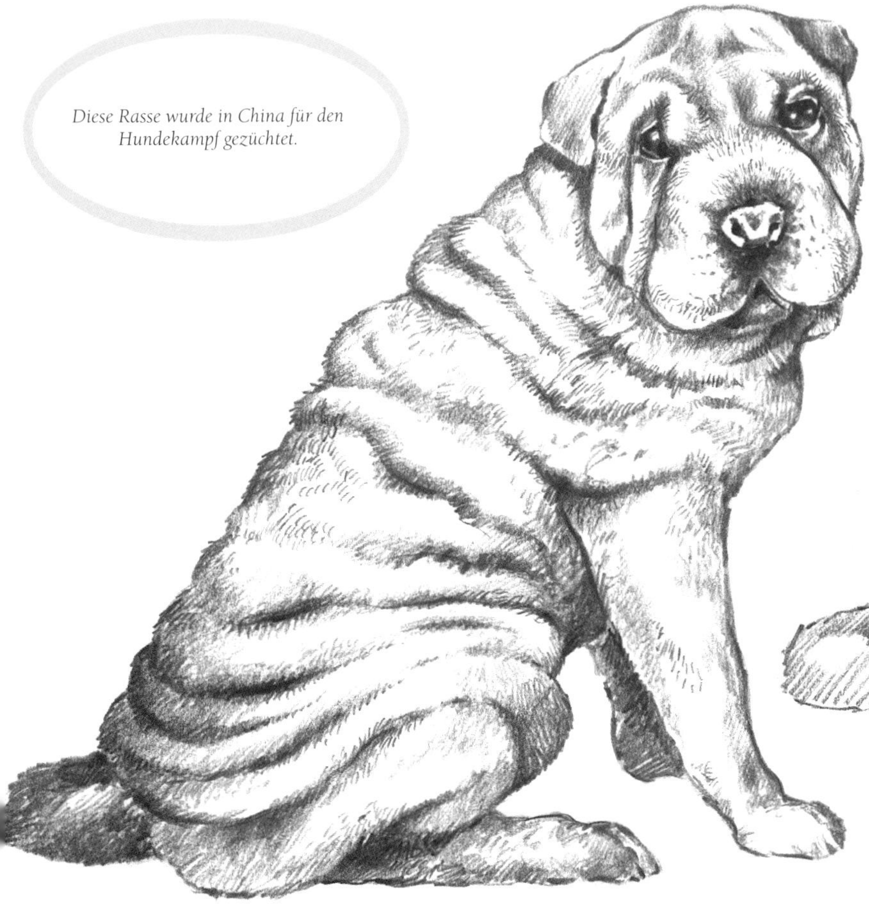

3

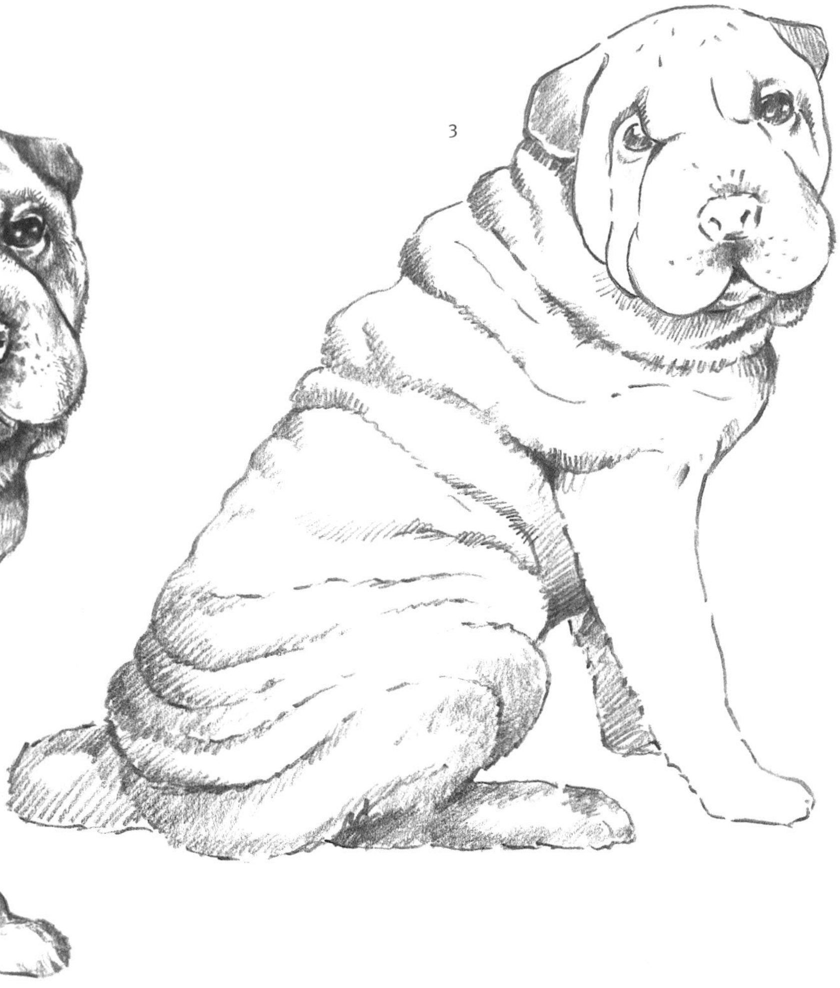

Englische Bulldogge

Den untersetzten, muskulösen Körper einer echten Englischen Bulldogge darzustellen ist eine schöne zeichnerische Herausforderung. Obwohl der Unterkiefer weit vorsteht und dem Hund ein äußerst grimmiges Gesicht verleiht, ist die Bulldogge ein liebenswürdiges und sanftmütiges Tier.

Schon mit den ersten kurzen, kräftigen Strichen wie in Schritt 1 nimmt das kantige Äußere der Bulldogge Gestalt an. Wichtig sind die kurzen, gebogenen Beine, die zu dem kompakten kräftigen Körper gehören. Beim weiteren Ausarbeiten wie in Schritt 2 kommt es auf die richtige Platzierung der Augen und darauf an, die eingedrückte Nase gekonnt an die richtige Stelle zu setzen.

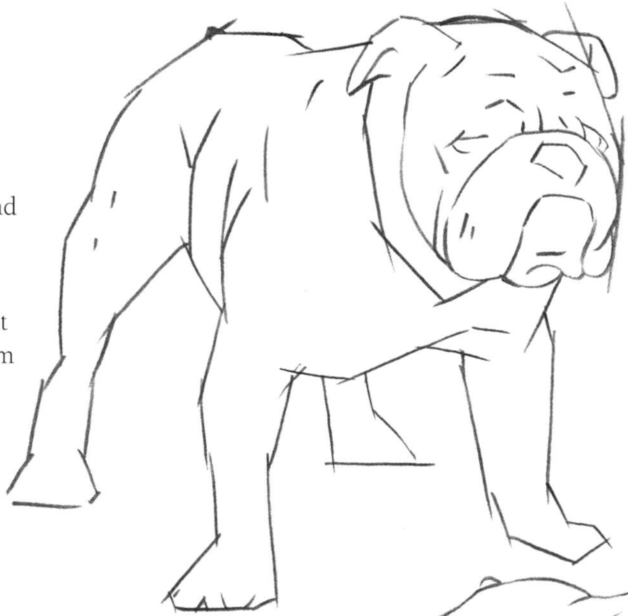

2

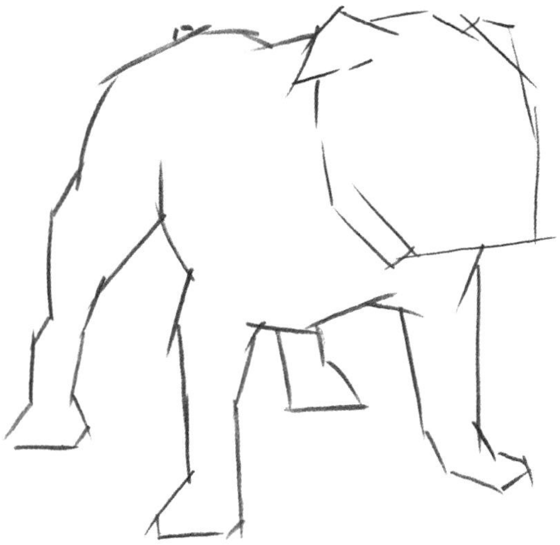

1

3

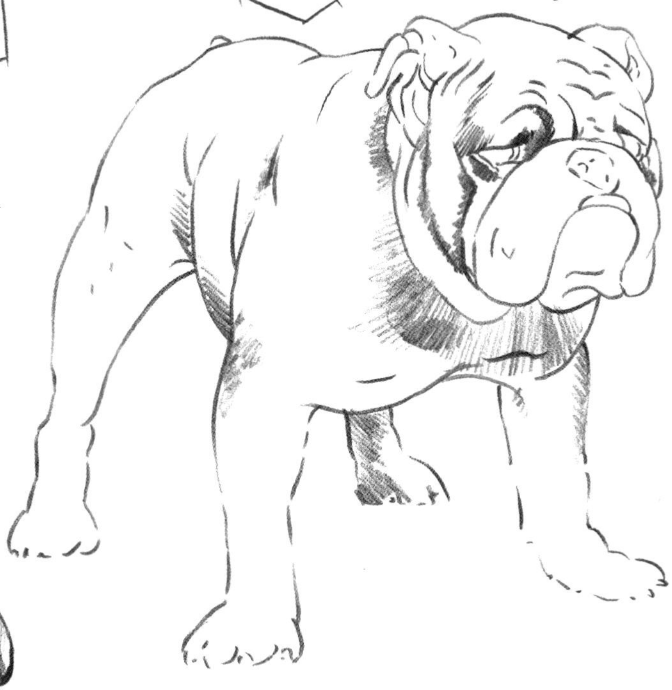

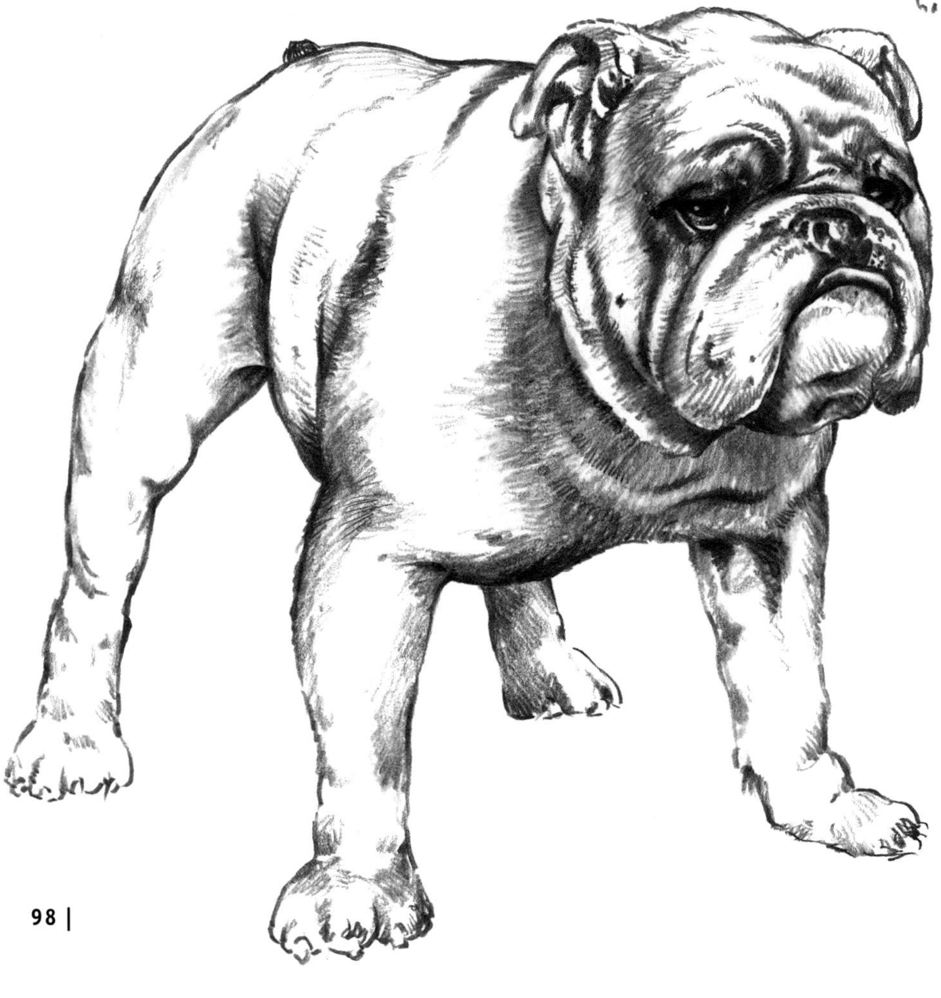

Ab dem nächsten Schritt zunächst mit einem Bleistift in Härte 2B arbeiten und die Falten im Gesicht, den Umriss und die ersten Stellen des Körpers schraffieren. Den Stift öfter spitzen, damit Falten und Fell gut zu erkennen sind und weich wirken. Für die Augen einen weichen Bleistift wählen und die Details genau einzeichnen. Lassen Sie sich genug Zeit, um den Hund in allen Details so zu zeigen, dass Sie zufrieden mit dem fertigen Bild sind.

Bei einigen Exemplaren der Englischen Bulldogge erreicht der Kopf fast den Umfang des Körpers!

Dobermann

Dobermänner haben ein besonders schön schimmerndes Fell, das Sie am besten darstellen können, wenn Sie es mit Schraffuren und Strichen in der natürlichen Wuchsrichtung der Haare zeichnen.

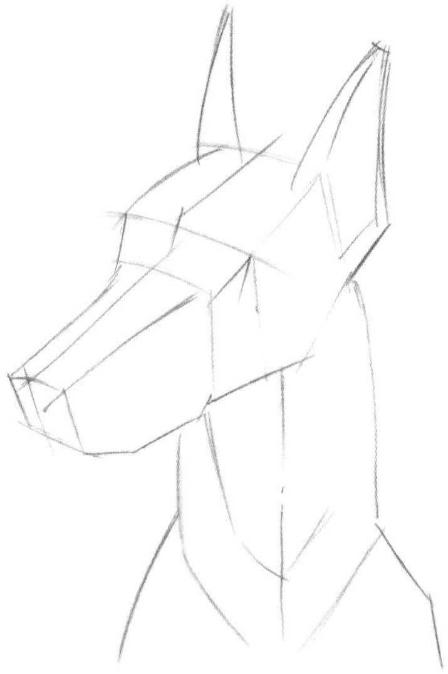

1 Mit einem gespitzten Bleistift in Härte HB skizzieren Sie die eckigen Grundformen und Hilfslinien für Kopf und Schultern des Dobermanns. Schon in diesem frühen Stadium achten Sie darauf, dass das Porträt Form und räumliche Tiefe erhält.

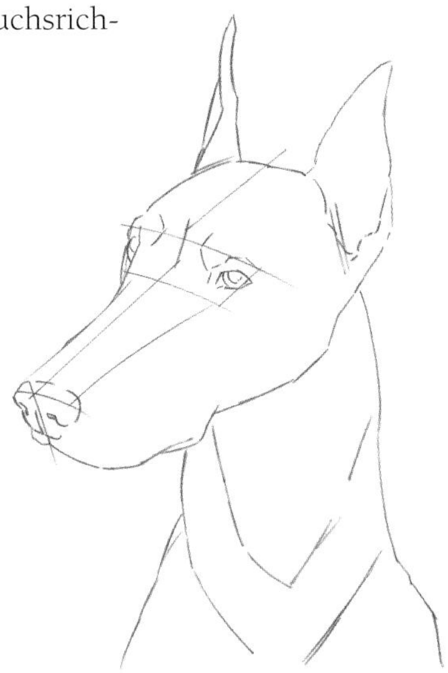

2 Auf diesen Grundlinien bauen Sie die Ohren auf und geben Kopf und Hals Kontur. Dann folgen die Augen und die Nase, bei denen Sie sich an den Hilfslinien orientieren, die Sie fürs Gesicht gezeichnet hatten. Zeichnen Sie dann die Schnauze.

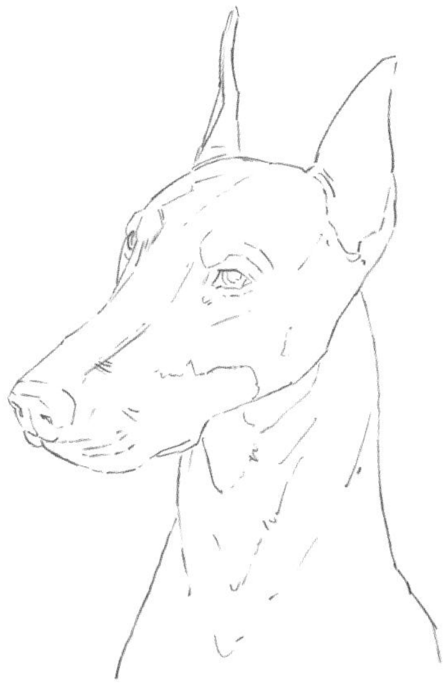

3 Radieren Sie jetzt zunächst alle Hilfslinien aus, die Sie nicht mehr brauchen. Mit leichten, gebrochenen Linien markieren Sie die hellen und dunklen Stellen im Fell, die Ihnen später helfen, Licht und Schatten zu verteilen.

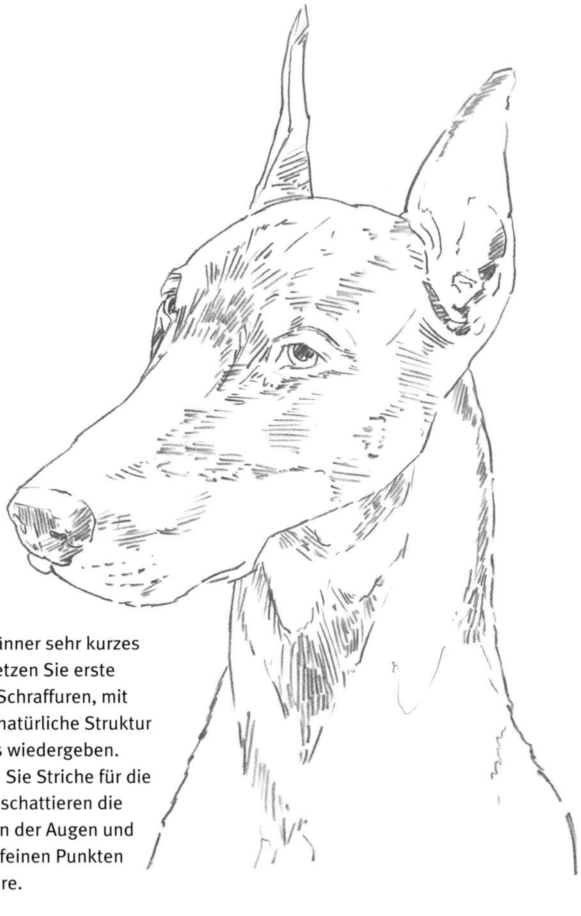

4 Da Dobermänner sehr kurzes Haar haben, setzen Sie erste kleine dunkle Schraffuren, mit denen Sie die natürliche Struktur des Haarkleids wiedergeben. Dann zeichnen Sie Striche für die Augenbrauen, schattieren die dunklen Stellen der Augen und markieren mit feinen Punkten einige Barthaare.

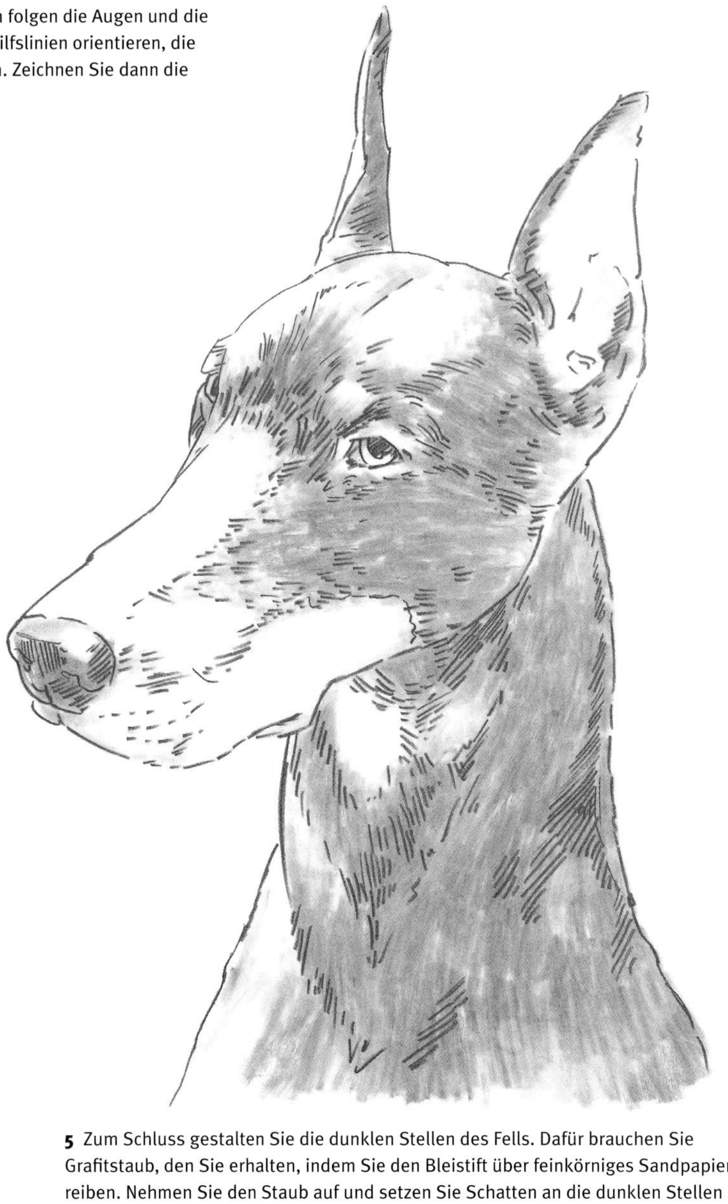

5 Zum Schluss gestalten Sie die dunklen Stellen des Fells. Dafür brauchen Sie Grafitstaub, den Sie erhalten, indem Sie den Bleistift über feinkörniges Sandpapier reiben. Nehmen Sie den Staub auf und setzen Sie Schatten an die dunklen Stellen der Nase und auf dem Fell. Um harte Kanten zu vermeiden, verwischen Sie anschließend die Übergänge zwischen Staub und Bleistiftzeichnung.

Golden Retriever

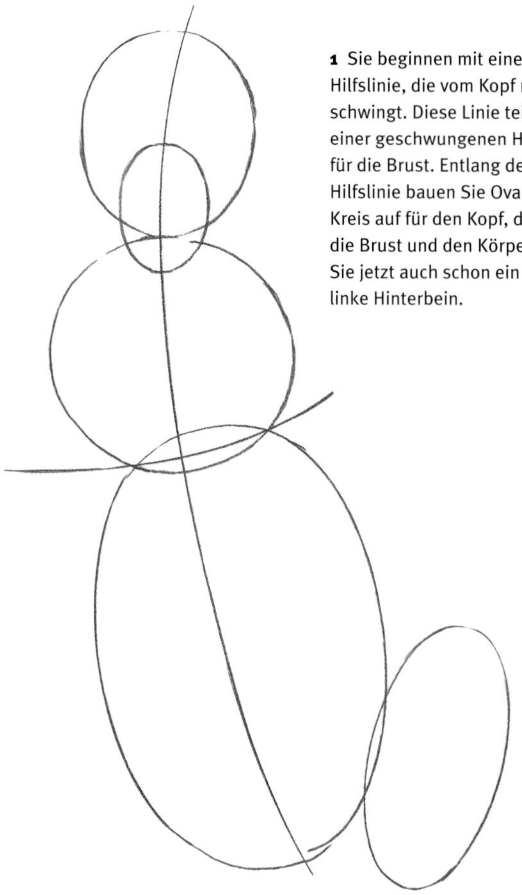

1 Sie beginnen mit einer weichen Hilfslinie, die vom Kopf nach unten schwingt. Diese Linie teilen Sie mit einer geschwungenen Horizontalen für die Brust. Entlang der ersten Hilfslinie bauen Sie Ovale und einen Kreis auf für den Kopf, die Schnauze, die Brust und den Körper. Zeichnen Sie jetzt auch schon ein Oval für das linke Hinterbein.

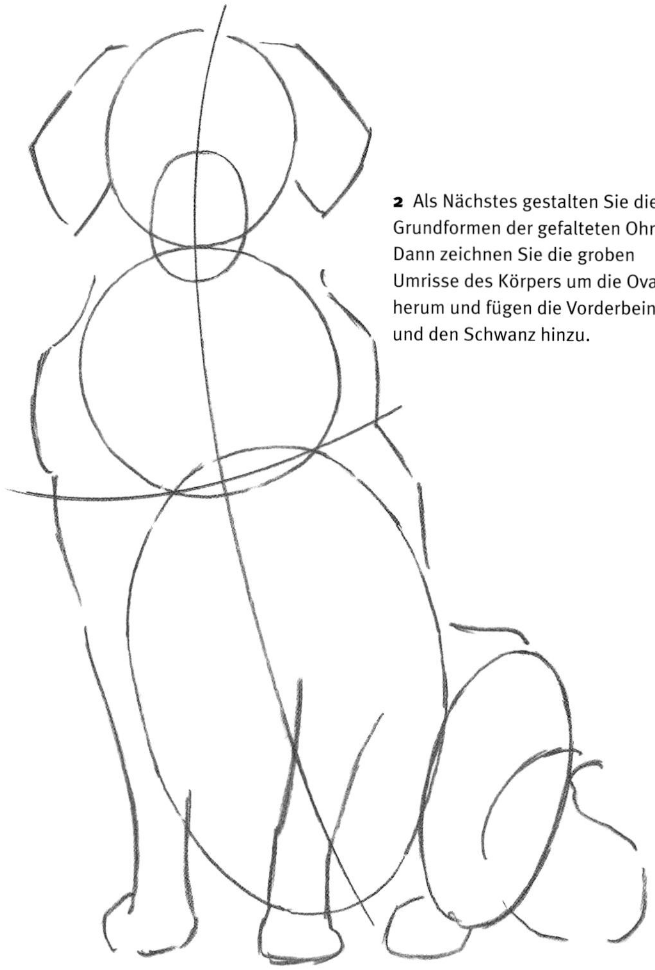

2 Als Nächstes gestalten Sie die Grundformen der gefalteten Ohren. Dann zeichnen Sie die groben Umrisse des Körpers um die Ovale herum und fügen die Vorderbeine und den Schwanz hinzu.

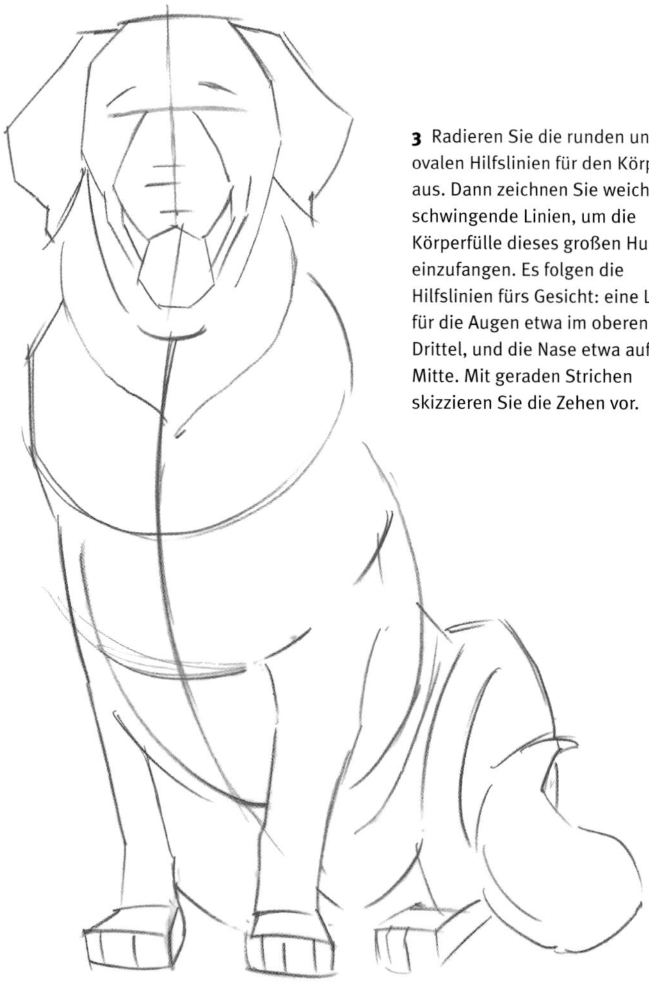

3 Radieren Sie die runden und ovalen Hilfslinien für den Körper aus. Dann zeichnen Sie weich schwingende Linien, um die Körperfülle dieses großen Hundes einzufangen. Es folgen die Hilfslinien fürs Gesicht: eine Linie für die Augen etwa im oberen Drittel, und die Nase etwa auf der Mitte. Mit geraden Strichen skizzieren Sie die Zehen vor.

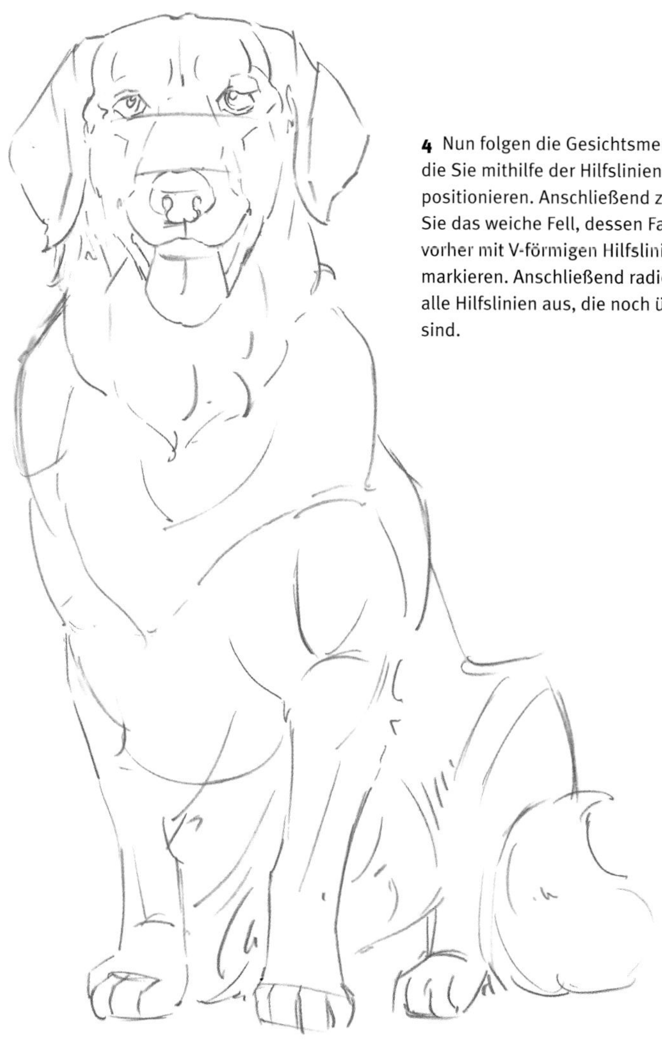

4 Nun folgen die Gesichtsmerkmale, die Sie mithilfe der Hilfslinien positionieren. Anschließend zeichnen Sie das weiche Fell, dessen Fall Sie vorher mit V-förmigen Hilfslinien markieren. Anschließend radieren Sie alle Hilfslinien aus, die noch übrig sind.

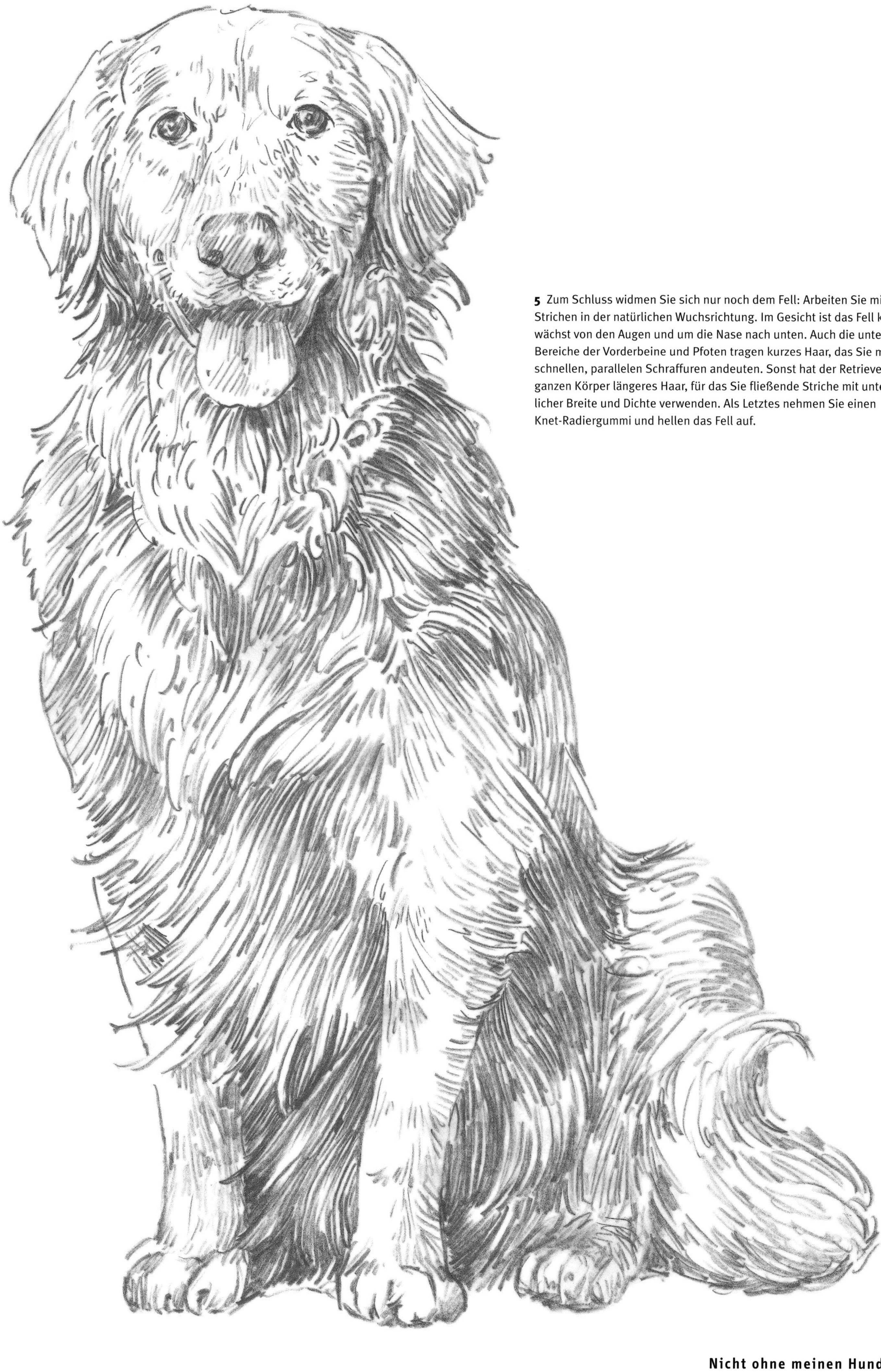

5 Zum Schluss widmen Sie sich nur noch dem Fell: Arbeiten Sie mit Strichen in der natürlichen Wuchsrichtung. Im Gesicht ist das Fell kurz und wächst von den Augen und um die Nase nach unten. Auch die unteren Bereiche der Vorderbeine und Pfoten tragen kurzes Haar, das Sie mit schnellen, parallelen Schraffuren andeuten. Sonst hat der Retriever am ganzen Körper längeres Haar, für das Sie fließende Striche mit unterschiedlicher Breite und Dichte verwenden. Als Letztes nehmen Sie einen Knet-Radiergummi und hellen das Fell auf.

Jack Russell

Beim Zeichnen von Hunden mit hellem Fell sollte man auf einen detailreichen Hintergrund verzichten. Da das Fell heller Hunde kontrastarm ist, können Elemente im Hintergrund leicht vom Hauptmotiv ablenken. Zeichnen Sie Hintergrunddetails also höchstens mit leichten und schwachen Strichen – bei Naturmotiven alle Feinheiten wie Blattadern besser ganz weglassen, damit die Aufmerksamkeit des Betrachters auf den Hund konzentriert bleibt.

Da die Fotovorlage zu viele Einzelheiten zeigt, wurde der Hintergrund hier „unscharf" dargestellt. Die gewählten hellen Tonwerte bilden dennoch einen ausreichenden Kontrast zum Fell des Hundes. Dadurch wird der schlanke, muskulöse Körperbau dieses überwiegend weißen Jack Russell Terriers betont.

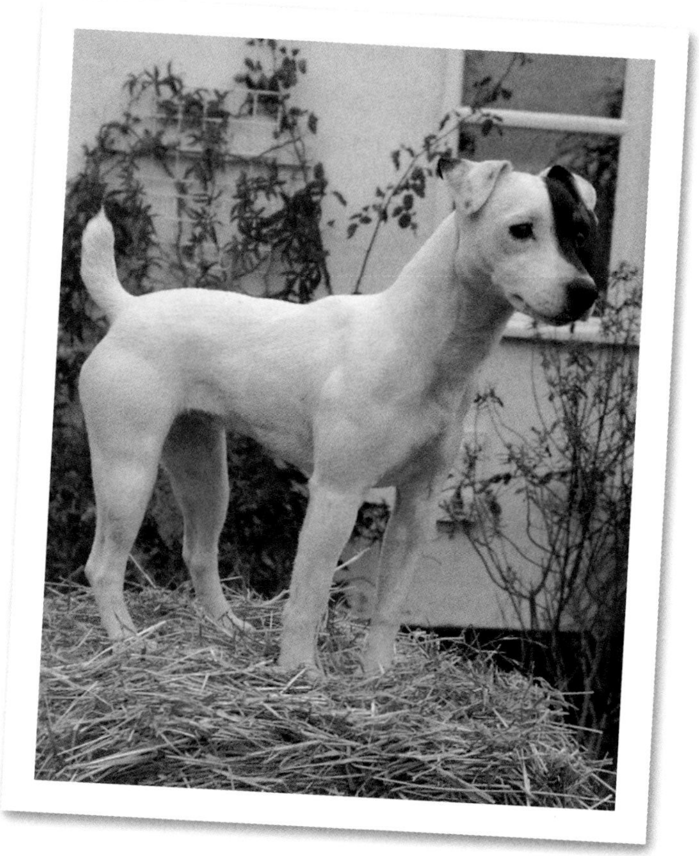

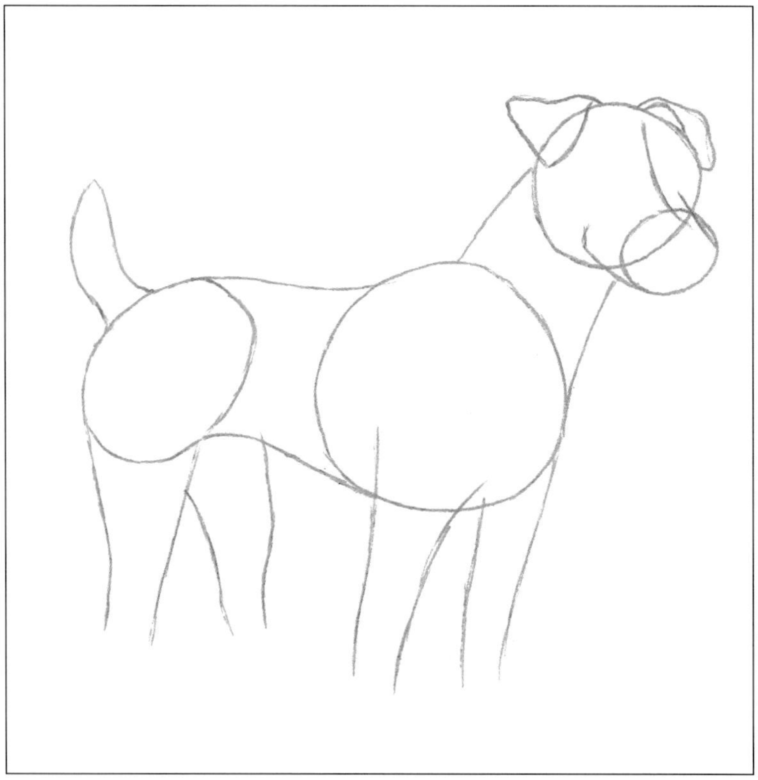

1 Mit einem Bleistift in Härte HB zunächst Kopf, Brustkorb, Becken und Schnauze als lockere Kreise skizzieren und prüfen, ob Lage und Proportionen mit der Vorlage übereinstimmen. Die Kreise zur Kontur des Rumpfes zusammenfassen und Beine, Rute und Ohren andeuten. Die Hilfslinie in der Mitte des Gesichts kann später beim Zeichnen der Gesichtszüge helfen. Schon jetzt ist zu erkennen, dass die Skizze einen Jack Russell Terrier zeigt.

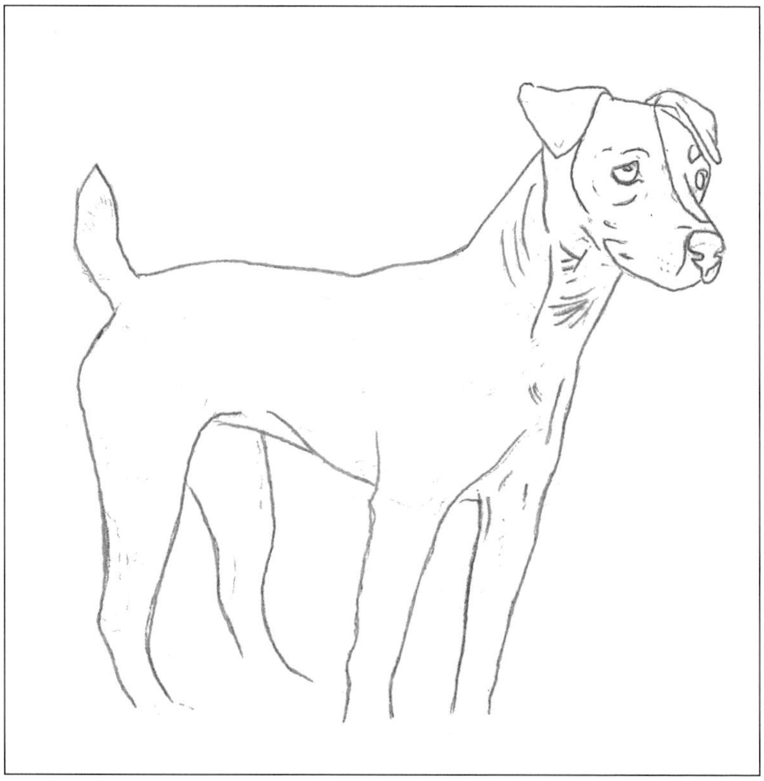

2 Die feinen Rundungen der Körperkontur weiter ausarbeiten. Die kreisförmigen Hilfslinien sind nicht mehr nötig und werden ausradiert. Die Schatten an Hals und Kopf mit einigen kurzen Strichen andeuten, die später beim Ausarbeiten der Flecken helfen. Nase, Augen und Augenbrauen einzeichnen – jedoch nicht die Pfoten, weil sie im Gras verborgen sind.

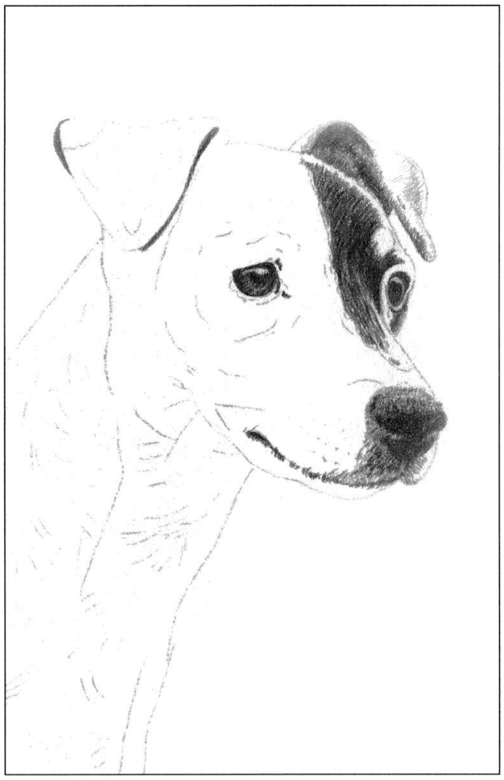

3 Nun folgt das Gesicht. Zuerst mit einem Bleistift in Härte 5B nur die dunkelsten Bereiche schraffieren – die Augen, den Schatten auf der Nase, das Maul und die Ränder der Ohren. Auch den großen Fleck um das linke Auge einzeichnen.

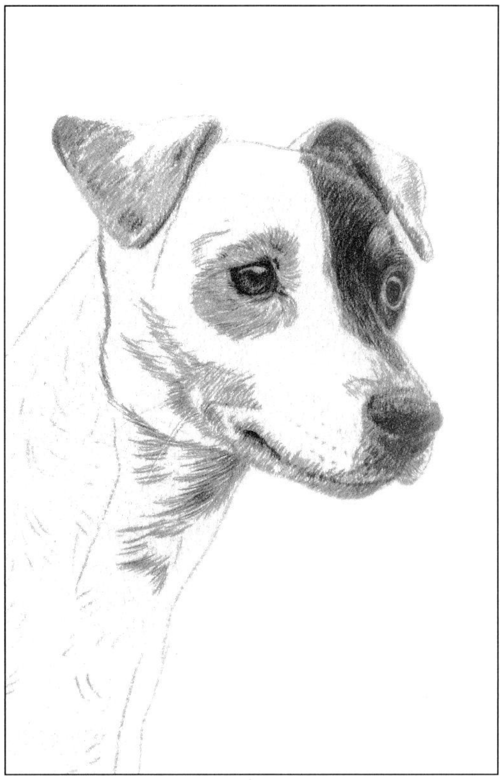

4 Weil der Kopf recht klein ist, sind die Details nicht ganz leicht zu zeichnen. Mit einem spitzen Bleistift in Härte H die mittleren Grautöne um Augen und Maul, Wange, Kiefer und Ohren einfärben. Dabei mit kurzen Strichen in der Wuchsrichtung des Fells arbeiten.

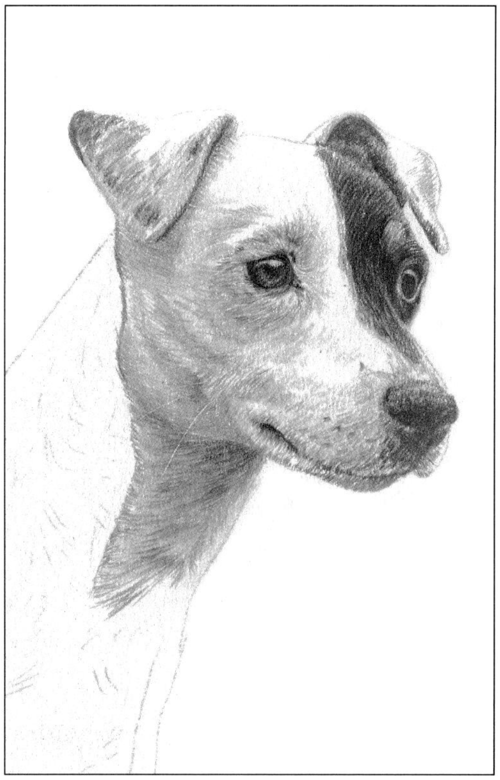

5 Mit dem Bleistift in Härte H die hellsten Stellen Fell im Gesicht mit kurzen Strichen einzeichnen – dabei zum Oberkopf hin immer feinere und immer weniger Striche zeichnen. Dann die dunkleren Punkte um das Maul herum einfügen. Dies ist die Partie, aus der die Barthaare sprießen.

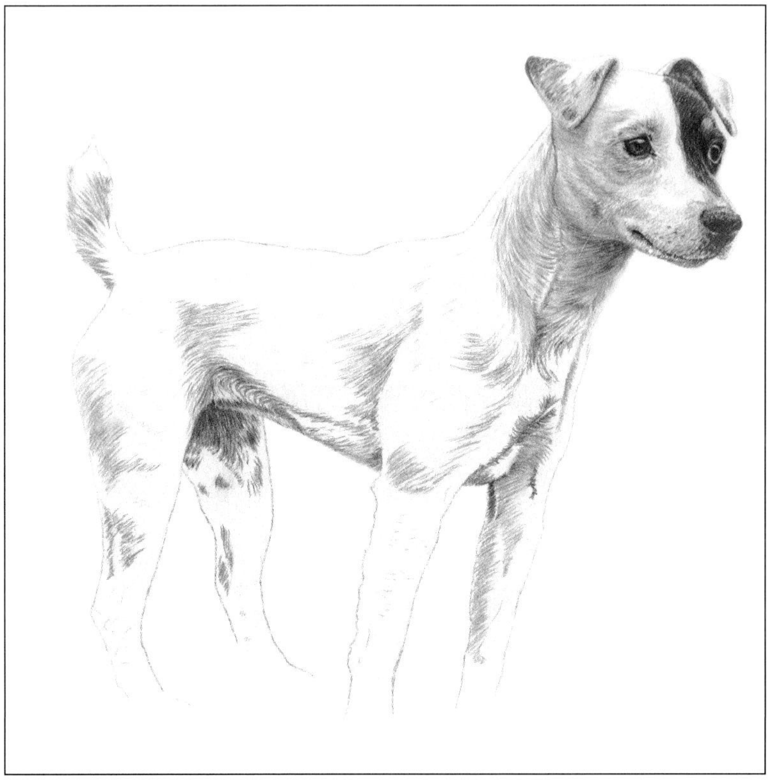

6 Anschließend mit dem Bleistift in Härte HB das Fell am Rumpf schraffieren – zuerst die dunkelsten Bereiche im Schatten, wie an den Innenseiten der hinteren Beine. Alle Striche sind kurz und verlaufen in der Wuchsrichtung der Haare. Dadurch wird der Charakter des kurzen, glatten Fells gut zum Ausdruck gebracht.

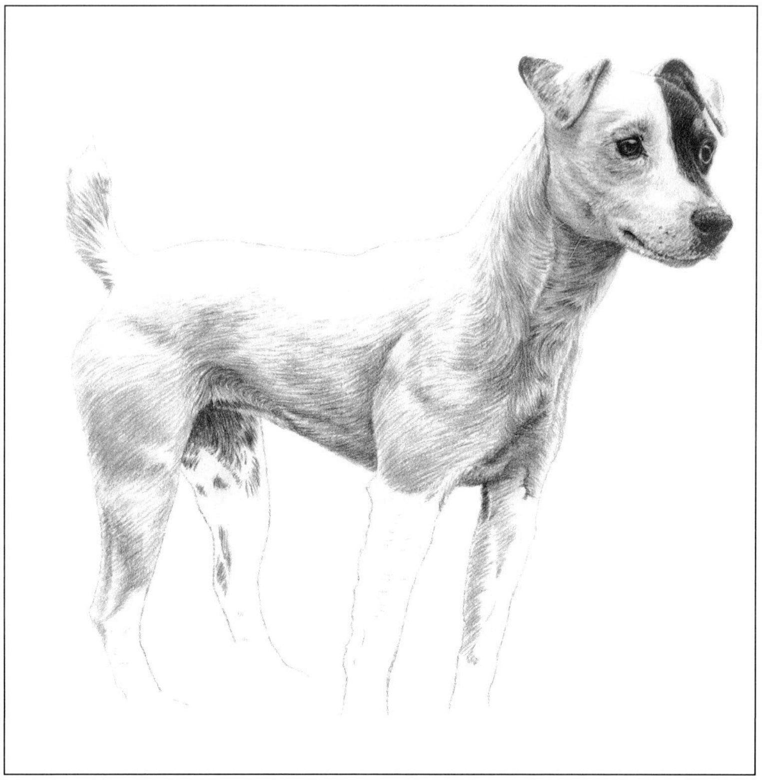

7 Mit dem Bleistift in Härte HB das Fell am Rumpf weiter ausarbeiten – dabei die Striche glatt und gleichmäßig übereinanderlegen. Die Schatten einfügen, um die Muskeln unter dem Fell anzudeuten, etwa an den Hinter- und Vorderbeinen.

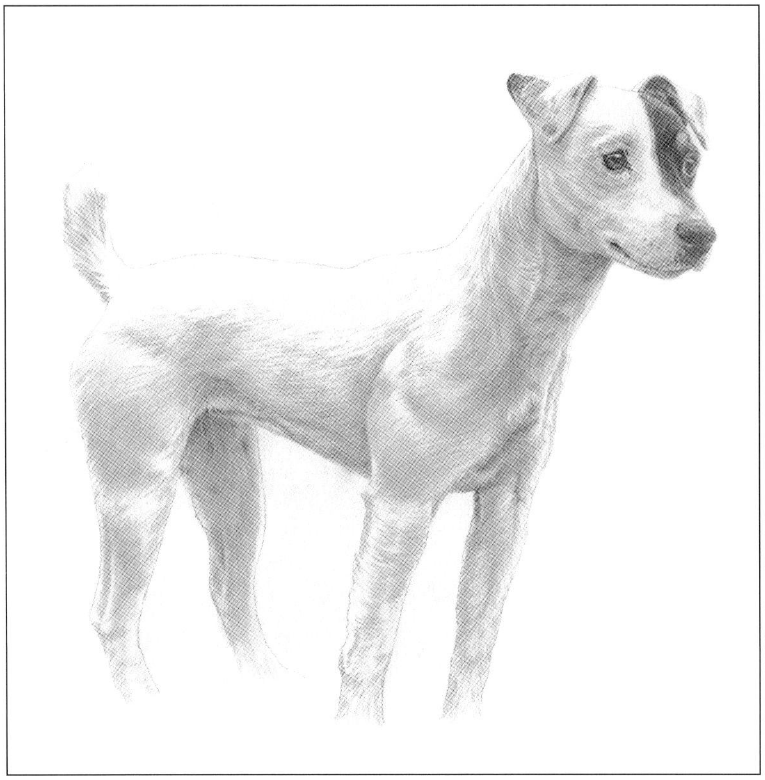

8 Den Körper noch einmal überarbeiten und mit dem Bleistift in Härte 2H behutsam mittlere und helle Grautöne einfügen. Die ausgeprägte Muskulatur ist ein typisches Merkmal dieser Hunderasse, darum genau auf Lage und Verlauf der Muskeln achten. Vor allem an Schulter und Hinterbeinen die Unterseiten der Muskeln abdunkeln, um ihre Form zu betonen.

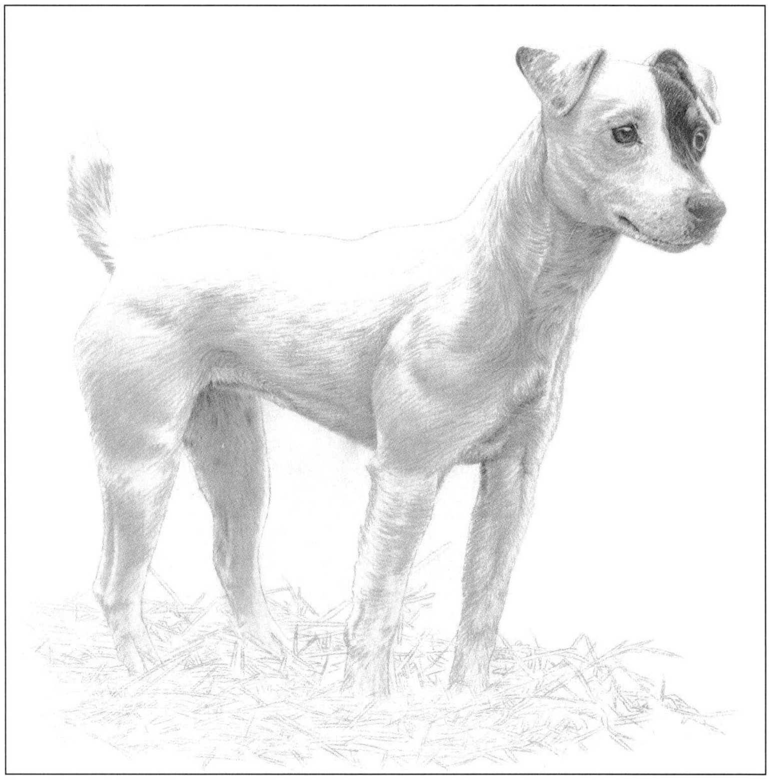

9 Deuten Sie jetzt mit dem Bleistift in Härte HB das Gras an. Dies ist das einzige Umgebungselement, das den Hund direkt berührt, darum müssen seine Tonwerte gut auf den Hund abgestimmt sein. Zeichnen Sie es zuerst als „Negativ", ebenso wie einzelne Haare. Weil im Gras weder Muster noch Richtung zuerkennen sind, skizzieren Sie die Halme als kreuz und quer verlaufende Striche.

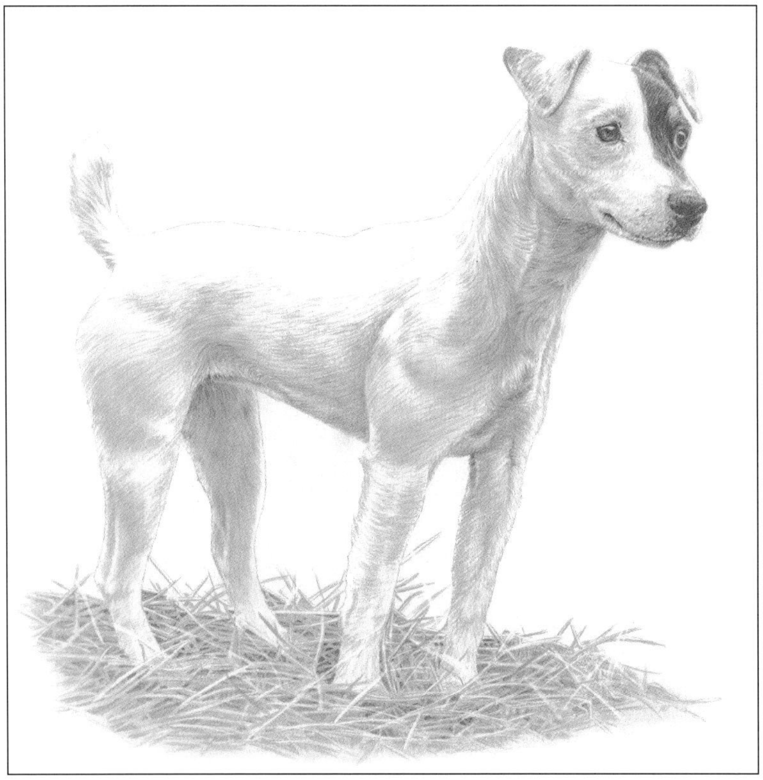

10 Mit dem Bleistift in Härte 2B die Schattenbereiche zwischen den Halmen am Boden abdunkeln. Mit dieser einfachen Methode lässt sich Gras sehr überzeugend darstellen. Zu den seitlichen und unteren Rändern hin werden die Schatten allmählich etwas heller. Wenn ein Teil des Randbereiches zu hart wirkt, mit einem Stück Klebeband etwas Grafit abnehmen, um die Tonwerte insgesamt aufzuhellen.

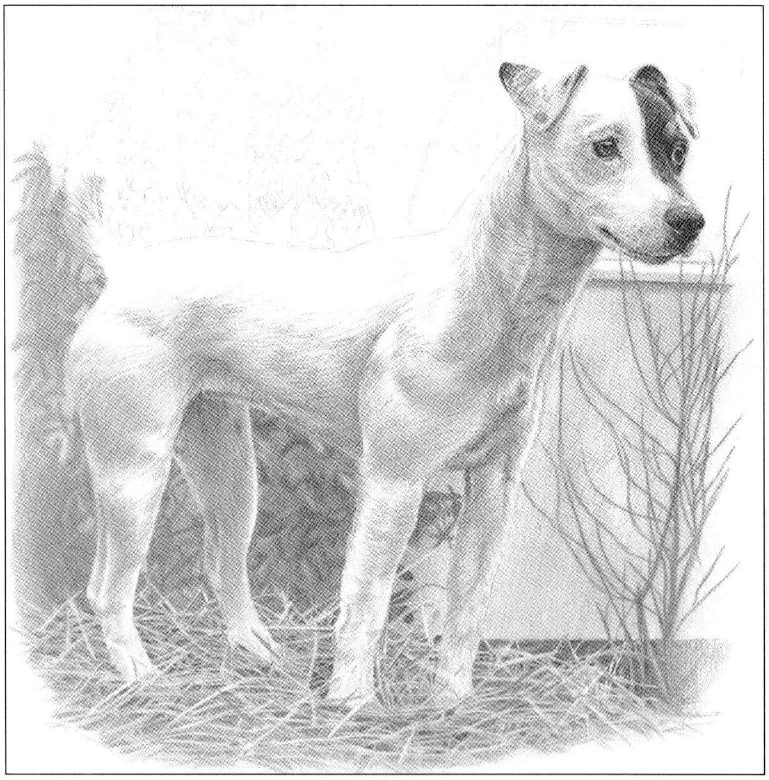

11 Mit dem Bleistift in Härte HB die Hauswand und Blätter im Hintergrund zeichnen. Dadurch wirkt das Bild plastischer und der Hund tritt in den Vordergrund. Rechts wird die Wandfläche durch einige Zweige aufgelockert, dann folgt der Efeu, der auf den linken zwei Dritteln der Wand wächst. Damit die Elemente im Hintergrund nicht zu viel Aufmerksamkeit auf sich ziehen, gehen Sie zum Schluss mit dem Papierwischer über diese Elemente, bis sie etwas unscharf sind.

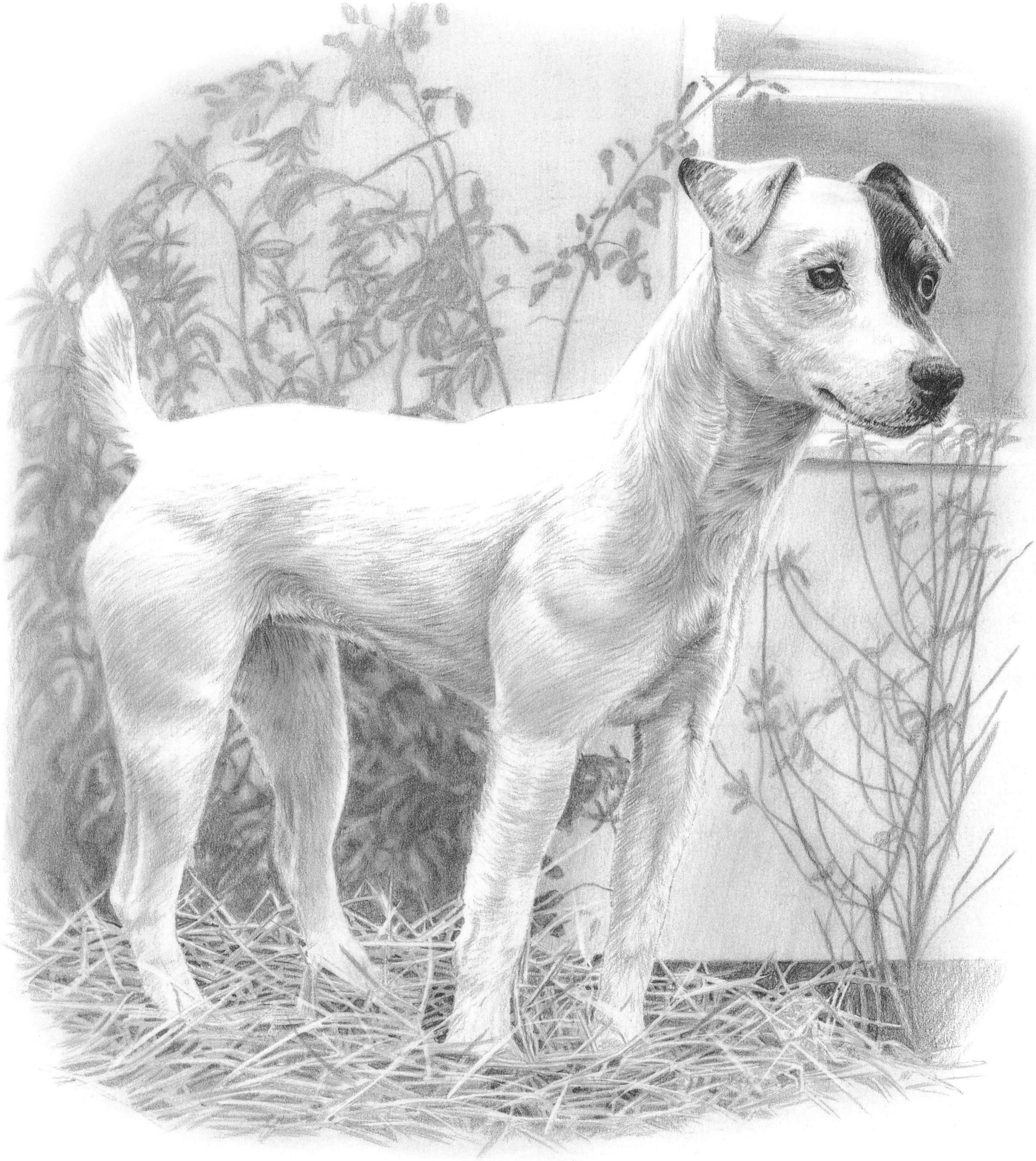

12 Den Hintergrund zu Ende zeichnen – dabei für den Efeu im oberen Bereich einen Bleistift in Härte HB wählen, sodass gerade ausreichend Kontrast zum hellen Fell am Rücken des Hundes entsteht. Für das Fenster hinter dem Kopf einen hellen Grauton als Kontrast zum hellen und zum dunklen Fell zeichnen. Dann das Bild mit etwas Abstand betrachten und die Bereiche überarbeiten, an denen sich der Hund nicht gut genug vom Hintergrund abhebt: Einige Stellen müssen Sie dabei sicherlich aufhellen, andere abdunkeln. Zum Schluss akzentuieren Sie noch letzte Details des Hundes und verwischen vereinzelte harte Striche im Hintergrund.

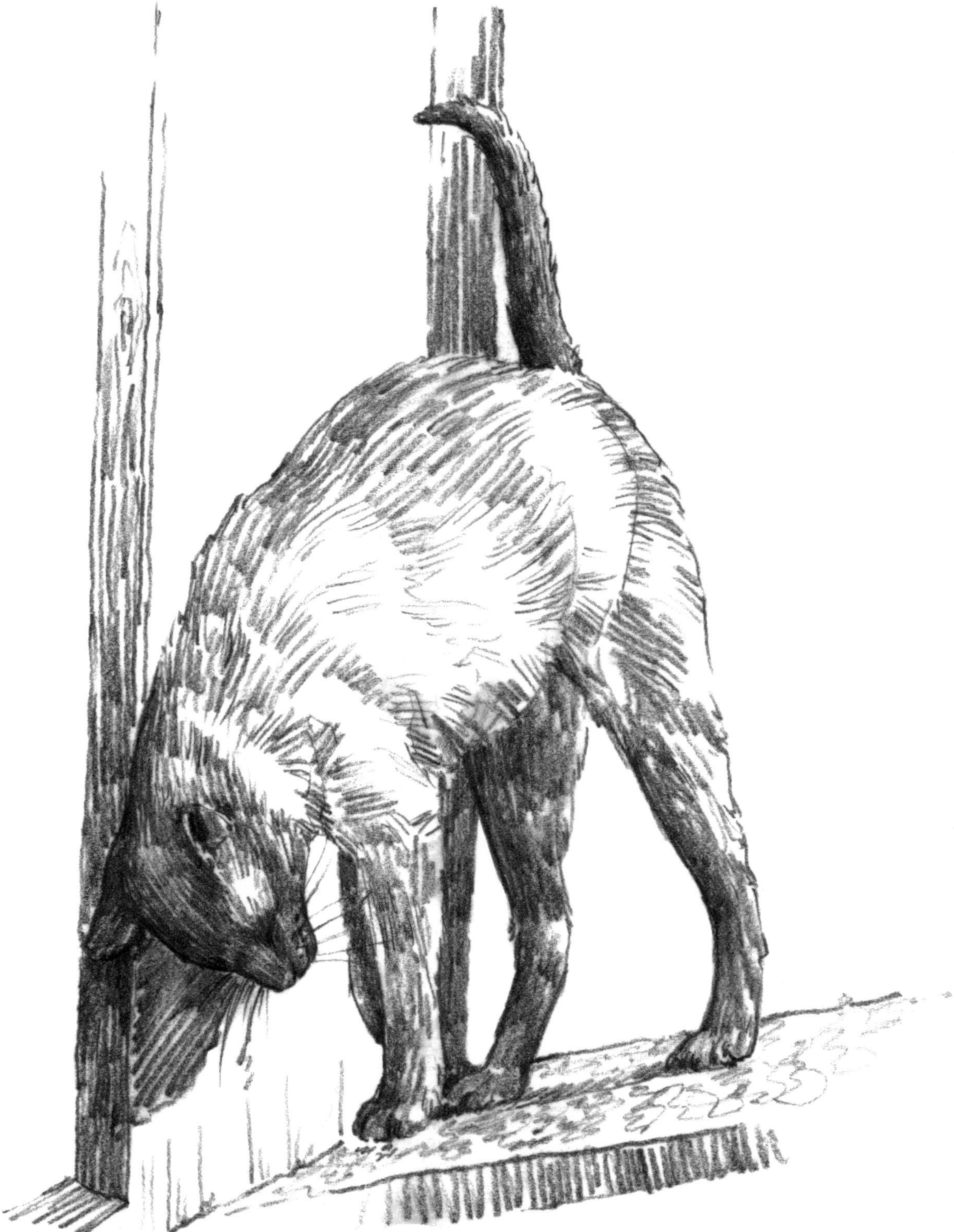

Geheimnis KATZE

Katzen werden entweder geliebt oder verabscheut. Wer aber einen Sinn für die geschickten Jäger mit den Samtpfoten hat und sie gut behandelt, wird meist mit lebenslanger Zuneigung belohnt. Denn Katzen sind – entgegen aller Gerüchte – treu. Warum ein Tier mit uns lebt, das sich bis heute bestens selbst versorgen kann? Auch dies macht das Geheimnis aus, das jede Hauskatze darstellt, egal ob sie eine einfache Getigerte ist, ein winziges dreifarbiges Katzenkind, eine elegante Siamkatze oder ein liebevoller Perser.
In diesem Kapitel können Sie Katzen verschiedener Rassen in Ruhe studieren. Dabei lernen Sie auch die komplexen Bewegungen und subtilen Posen der samtpfotigen Prachtexemplare anatomisch und technisch richtig darzustellen.

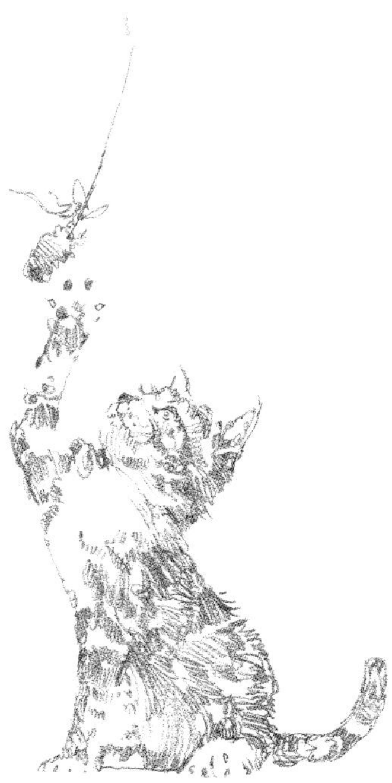

Katzen zeichnen leicht gemacht

Eine getigerte Katze ist ein großartiges Objekt für Bleistiftzeichnungen, da das gestreifte Fell selbst in Schwarz-Weiß einen grafisch so interessanten Anblick bietet. Dank der Vielseitigkeit des Bleistifts können Sie mit ihm die feine Zeichnung im Fell Ihrer Hauskatze ebenso gut zeigen wie die dramatischen Streifen eines bengalischen Tigers. Nur einen Fehler dürfen Sie nicht machen – über der Konzentration auf die Fellzeichnung den Blick für die Katze im Ganzen verlieren! Sehen Sie sich die folgenden Abbildungen gut an und denken Sie an dieses Wissen, wenn Sie eine Katze zeichnen.

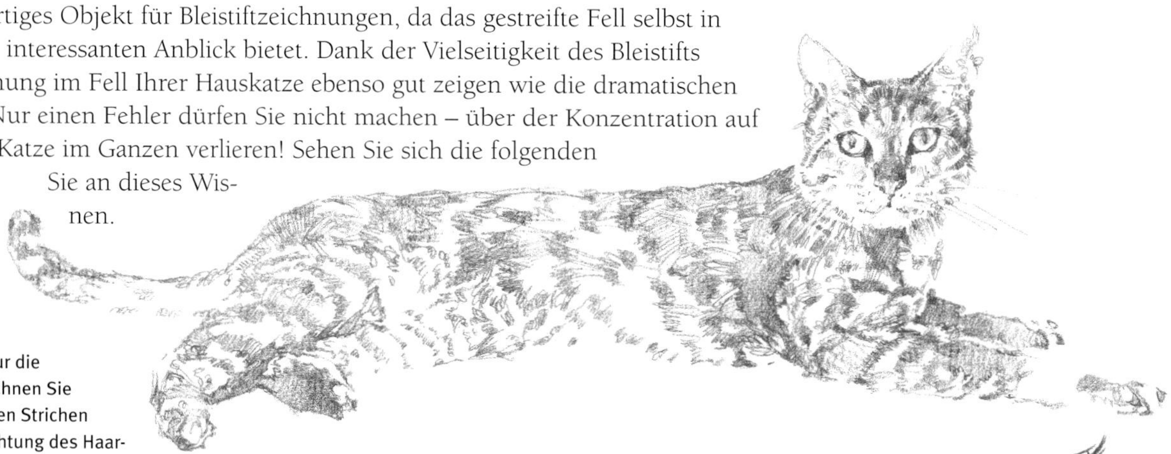

Formen Den Körper einer Katze deutet meist nur die Fellzeichnung an. Mit der Bleistiftseite (HB) zeichnen Sie die Streifen, die Beine und den Körper. Mit kurzen Strichen der Bleistiftspitze zeigen Sie dann die Wuchsrichtung des Haarkleids.

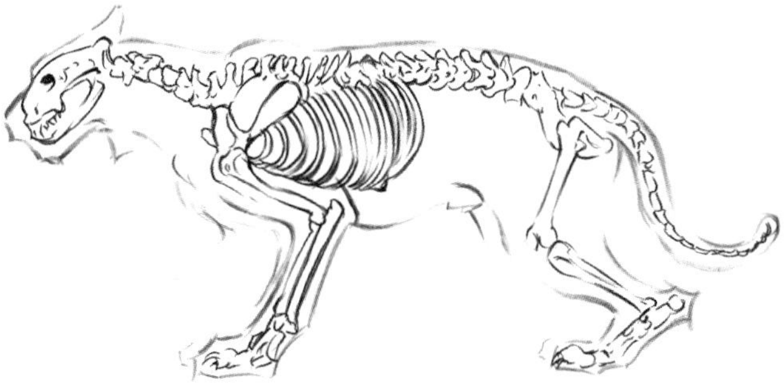

Wissen Schon ein wenig Kenntnis der Anatomie einer Katze hilft Ihnen, sie naturgetreuer zu zeichnen. Betrachten Sie einmal die Größenverhältnisse zwischen Kopf und Körper: Sehen Sie, wie lang die Beine im Vergleich zum Brustkorb sind? Zu wissen, wo die Gelenke an den Beinen sitzen, hilft Beine, Schultern und Pfoten richtig anzuordnen.

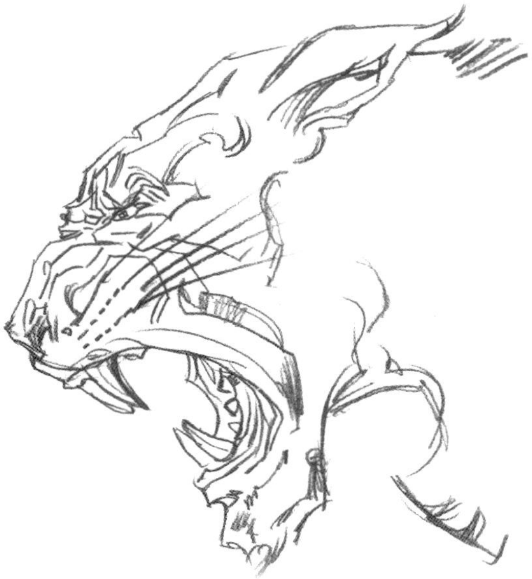

Spaß haben Es macht große Freude, den Gesichtsausdruck einer Katze festzuhalten. Natürlich ist es besonders spannend, einen ausgewachsenen Tiger zu zeigen, der wütend faucht. Hier wurde ein Foto als Vorlage verwendet. Die Zeichnung konzentriert sich auf das Muskelspiel rund um Augen und Maul.

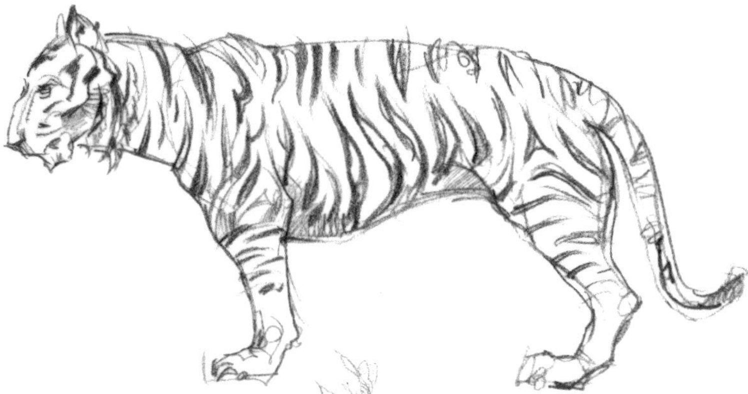

Sehen Damit sich ein Tiger schon auf den ersten Blick von einer Hauskatze unterscheidet, arbeiten Sie die Merkmale dieser faszinierenden Großkatze heraus: die längere Nase, die breitere Schnauze und die runderen Ohren. Nehmen Sie einen Stift mit abgeflachter Spitze für die Streifen, die den Körper formen.

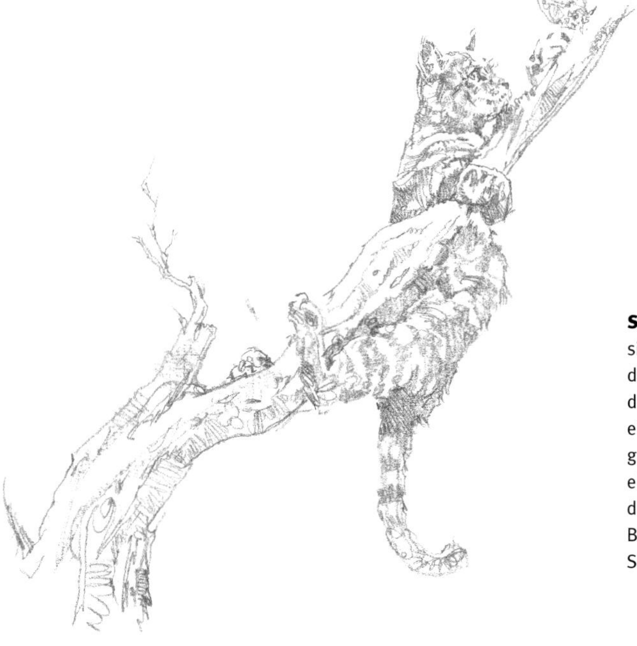

Sich zu helfen wissen Junge Katzen sind wundervolle Motive, aber nach der Natur kaum zu zeichnen. Auch diese beiden Kätzchen wurden nach einem Foto gestaltet. Zeichnen Sie die groben Grundformen als Ovale mit einem Bleistift in Härte HB, dann definieren Sie die Umrisse. Mit der Breitseite des Stifts deuten Sie zum Schluss die Fellstrukturen an.

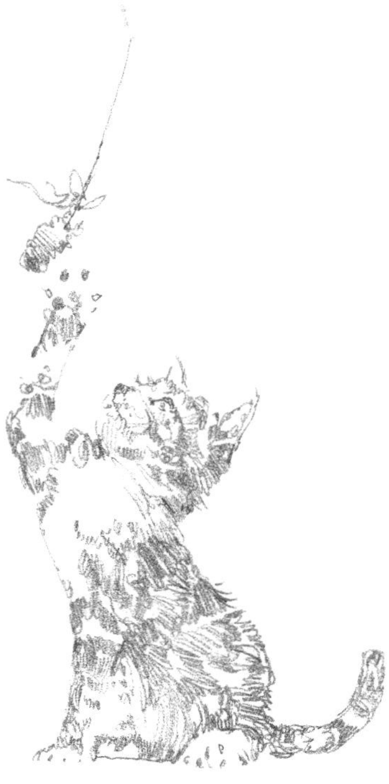

Verkürzen Abgesehen von Motiven, die Sie im Profil zeigen, wird es immer Teile geben, die näher am Betrachter sind als andere. Mit der optischen Verkürzung, einer Zeichentechnik, können Sie die Illusion erzeugen, dass bestimmte Teile oder Körperpartien auf den Betrachter zuzukommen scheinen. Sehen Sie einmal genau hin, wie in diesem Tigerporträt die Vorderbeine und der Körper verkürzt wurden. Würde das majestätische Tier stehen, wären seine Beine wesentlich länger und natürlich wäre auch sein Kopf nicht in der Mitte des Körpers! Wenn die Proportionen auf diese Weise verändert werden, entsteht der Eindruck von Räumlichkeit.

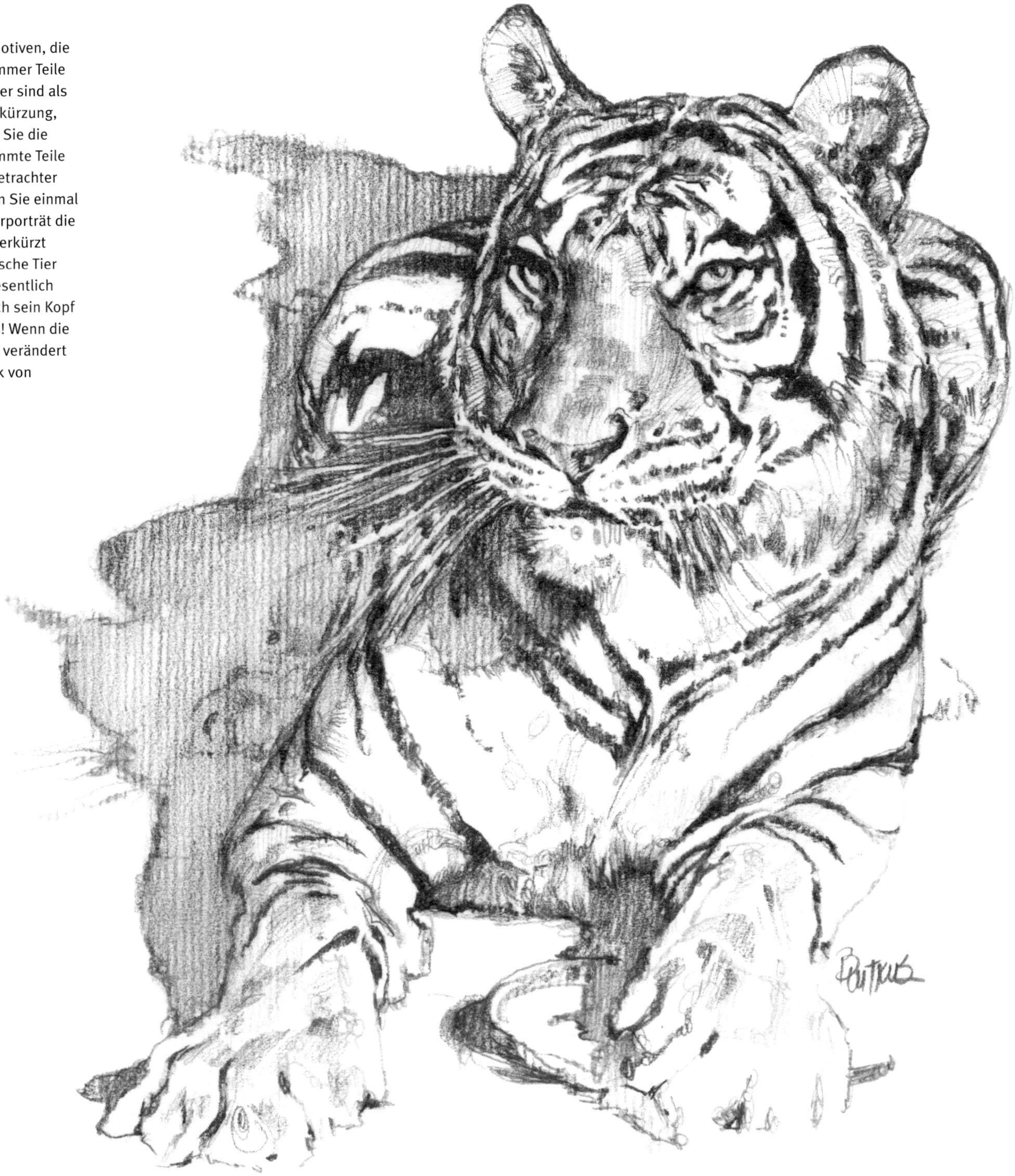

Raubkatzen und ihr Fell

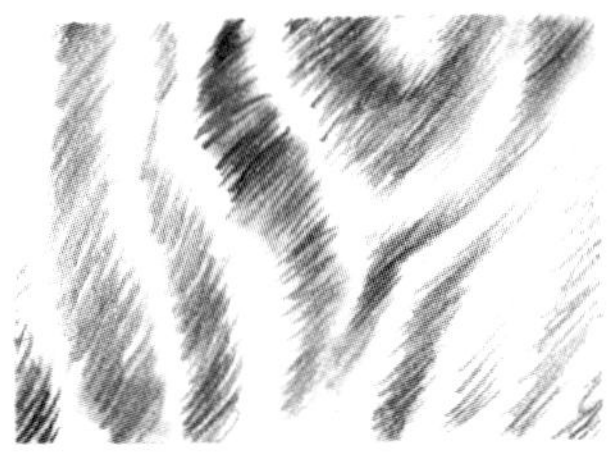

Getigerte Hauskatze »Haustiger“ haben oft deutlich gestreiftes Fell. Gestalten Sie zuerst die unteren Schichten mit der Breitseite eines HB. Die Streifen selbst zeichnen Sie mit der gerundeten Spitze eines Bleistifts Härte 2B und verwischen die Kanten leicht.

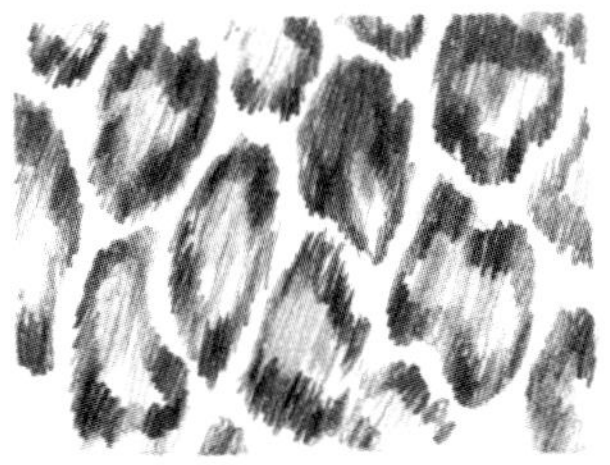

Ozelot Ozelots tragen gefüllte Tupfen im Fell. Zeichnen Sie jeden Fleck zunächst mit der Breitseite eines HB. Dann nehmen Sie einen 2B und zeichnen bei jedem Fleck den Rand dunkler nach. Mit dem Druck des Stiftes können Sie den Ton variieren.

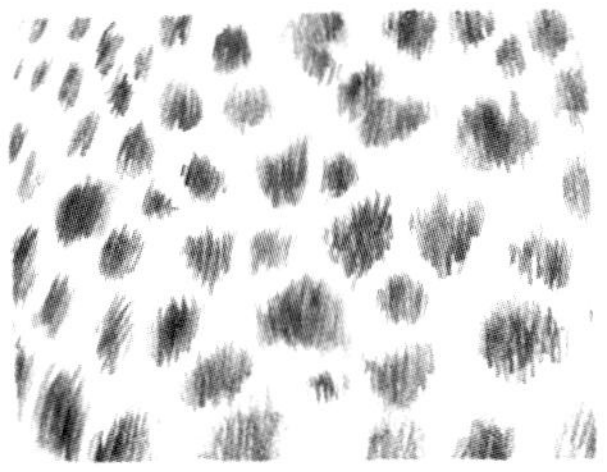

Gepard Die Flecken dieser schnellen Katze sind kleiner als die Flecken des Ozelots und insgesamt dunkler. Mit einem gespitzten HB und unterschiedlichem Druck gestalten Sie die Mitte jedes Flecks, zum Rand hin werden die Flecken heller.

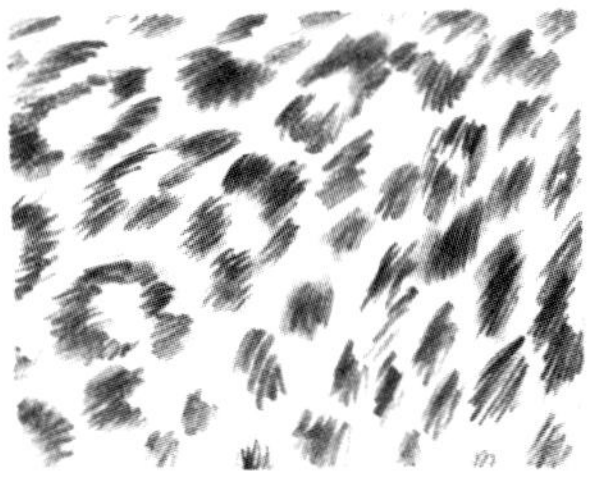

Leopard Die kraftvollen Leoparden tragen Fell mit rosettenförmigem Muster. Mit dem gespitzten Ende eines HB und kurzen Strichen legen Sie das Muster Stück für Stück an. Zeichnen Sie mit mehr Druck und der Spitze eines Bleistifts Härte 2B dunklere Bereiche.

Anatomie und Körperform

Eine Katze nach dem lebenden Modell zu zeichnen ist anspruchsvoll, lässt sich aber mit etwas anatomischem Wissen und geduldigem Üben rasch lernen. Natürlich müssen Sie sich keine tieferen anatomischen Kenntnisse aneignen und jeden Knochen mit Namen kennen. Aber das Skelett einer Katze offenbart ihren raubtierhaften und ganz eigenen Charakter, der sonst unter viel weichem Fell verborgen liegt, besonders deutlich. Sehr schön lassen sich in der Zeichnung unten auch die Proportionen erkennen, die sich bei einer Katze zu einem ausgewogenen Gesamtbild ergänzen. Als Maßeinheit beim Festlegen der Proportionen verwenden Sie auch hier den Kopf: Eine Katze ist etwa drei Köpfe hoch (gemessen vom Boden zur Schulter) und fünf Köpfe lang.

Katzen sind wahre Muskelpakete. Betrachten Sie die Abbildung unten genau: Es wird Ihnen später beim Schraffieren helfen, wenn Sie wissen, wie die einzelnen Muskelstränge verlaufen. Merken Sie sich, wo die Muskeln lang und gerade sind – dort braucht es nur leichte Schraffuren – und wo sich mehrere Muskeln treffen oder wo sie übereinander gelagert sind: Hier müssen Sie später intensiv hinsehen und genau schraffieren, um die Formen der Katze im Bild anatomisch möglichst exakt wiederzugeben.

Skelett

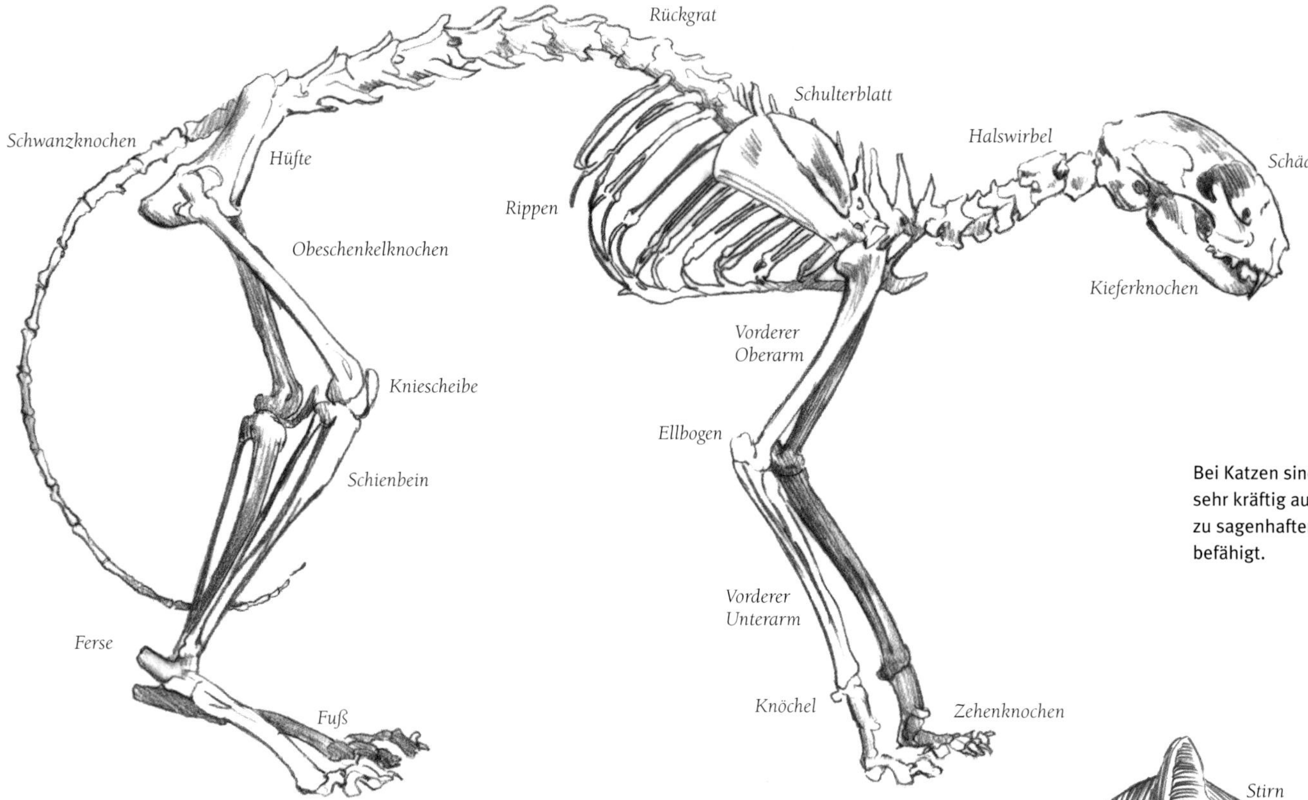

Bei Katzen sind die Hinterbeine sehr kräftig ausgebildet, was sie zu sagenhaften Sprüngen befähigt.

Muskeln

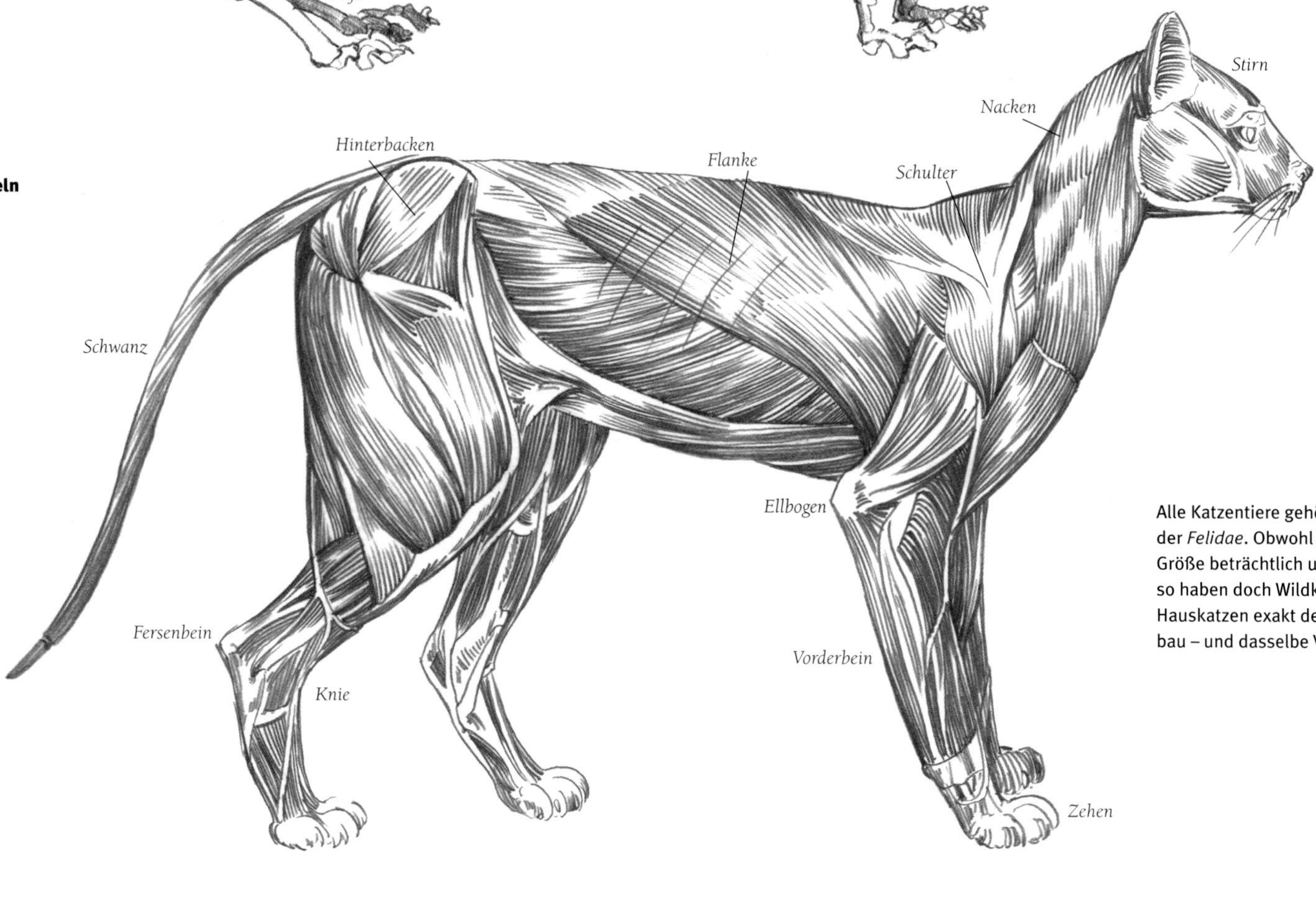

Alle Katzentiere gehören zur Familie der *Felidae*. Obwohl sie sich in der Größe beträchtlich unterscheiden, so haben doch Wildkatzen und Hauskatzen exakt denselben Körperbau – und dasselbe Verhalten.

Das Gesicht

Der Kopf einer Katze ist rund und gekennzeichnet von weit vorstehenden Wangenknochen, einer kurzen Nase und einem kurzen Maul mit 30 scharfen Zähnen. Die Augenhöhlen sind groß und rund.

Schädel

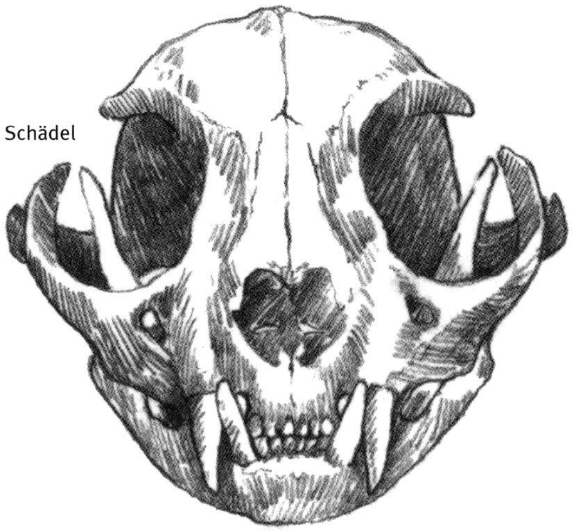

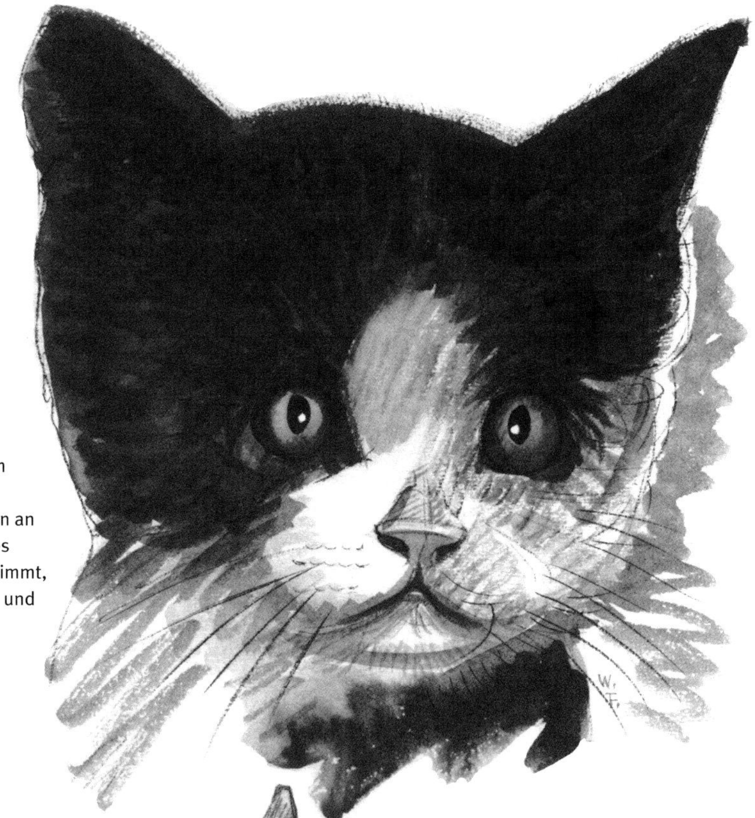

Denken Sie beim Zeichnen von Katzengesichtern an die Anatomie des Kopfes, die bestimmt, wo Augen, Nase und Maul liegen.

Obwohl alle Katzen einen ähnlich geschnittenen Schädel haben, sind Abweichungen von Rasse zu Rasse festzustellen. Deshalb ist es bei Katzenporträts wichtig, ganz genau hinzusehen, denn manche Rassen haben extrem kurze Nasen wie die Perser, einen schmalen Kopf wie die Siamesen oder einen runden wie die Britisch Kurzhaar. Achten Sie darauf, wo genau die einzelnen Gesichtspartien liegen, welche Größe sie haben und in welchen Proportionen sie zueinander stehen.
Zeichnen Sie zunächst mit weichen Linien die groben Umrisse des Kopfes und gehen Sie nach und nach weiter ins Detail, bis Ihre Zeichnung die Ähnlichkeit erreicht hat, die Ihnen vorschwebt. Machen Sie immer mehrere

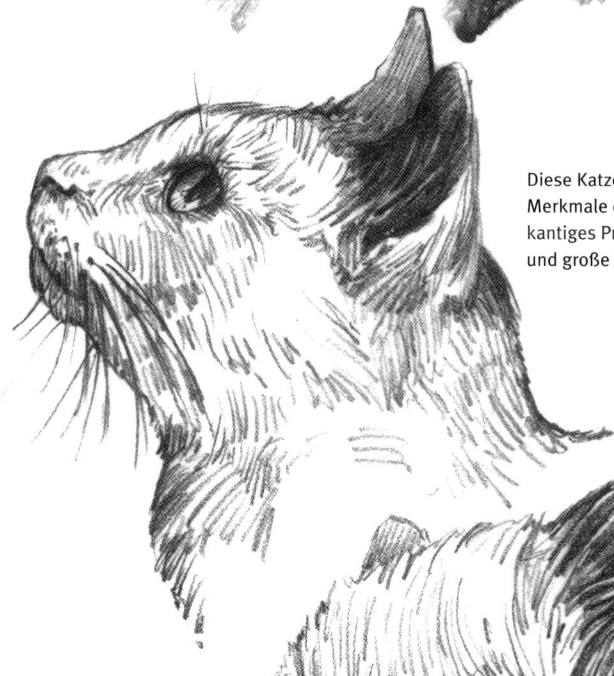

Diese Katze trägt die typischen Merkmale der Kurzhaarkatzen: ein kantiges Profil, eine keilförmige Nase und große bewegliche Ohren.

Schädel

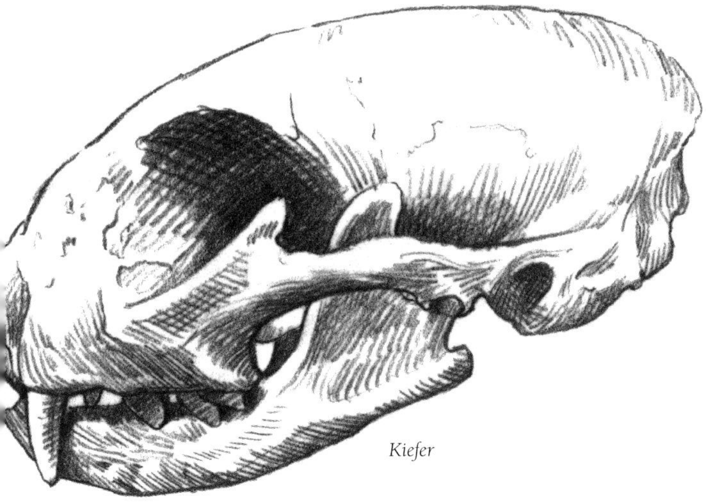

Skizzen aus verschiedenen Blickwinkeln. Sie bekommen auf diese Weise nicht nur relativ schnell ein gutes Gespür für die Katze, die Sie porträtieren möchten, sondern auch mehr Erfahrung im Zeichnen von Tierporträts!
Wie bei allen anderen Tieren auch ist es zu Beginn leichter, eine Katze nach Fotos zu zeichnen als nach dem lebenden Vorbild (▶ Seite 46).

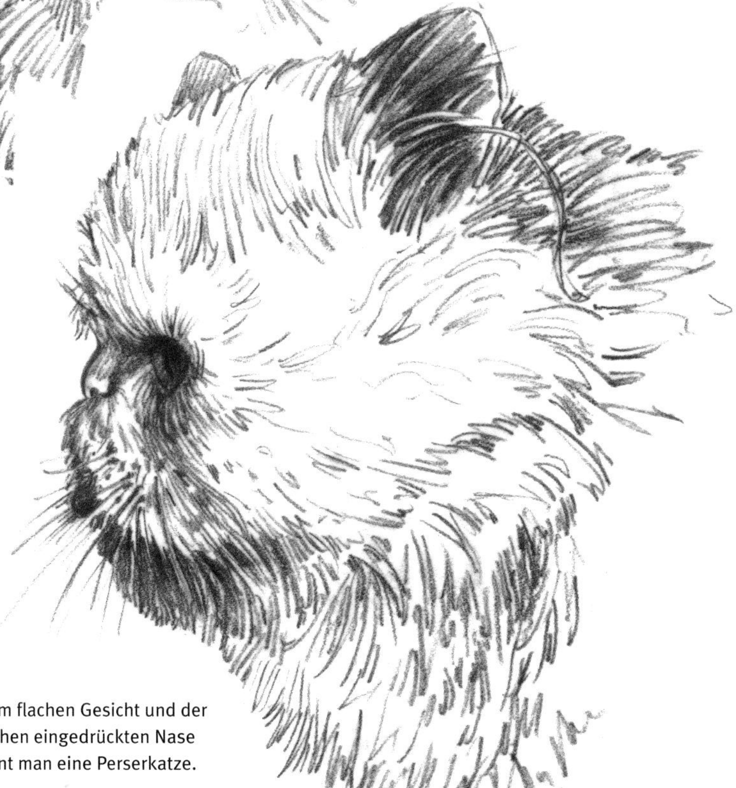

An dem flachen Gesicht und der typischen eingedrückten Nase erkennt man eine Perserkatze.

Katzenfell

Jede Katzenrasse hat Fell, das typisch für sie ist – lang oder kurz, weich oder kräftig, gestreift oder einfarbig. Sie können unterschiedliches Fell gut mit den Techniken darstellen, die Sie hier sehen. Und: Sie müssen nicht jedes Haar einzeln zeichnen.

Einfarbiges Fell

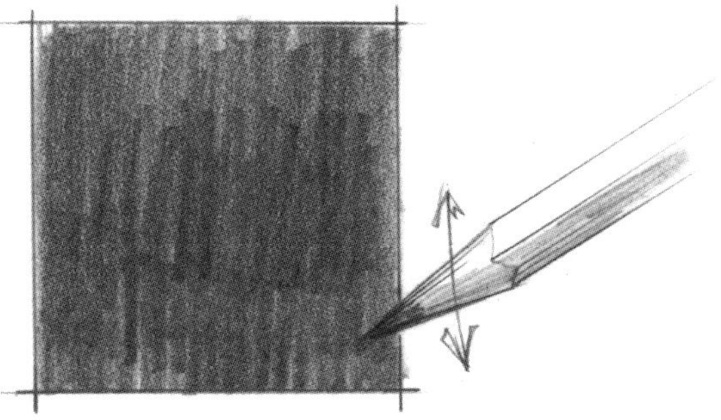

Schritt 1: Die Fläche gleichmäßig mit der Seite eines Bleistifts Härte HB und senkrechten Strichen bedecken. Mehrere Schichten auftragen.

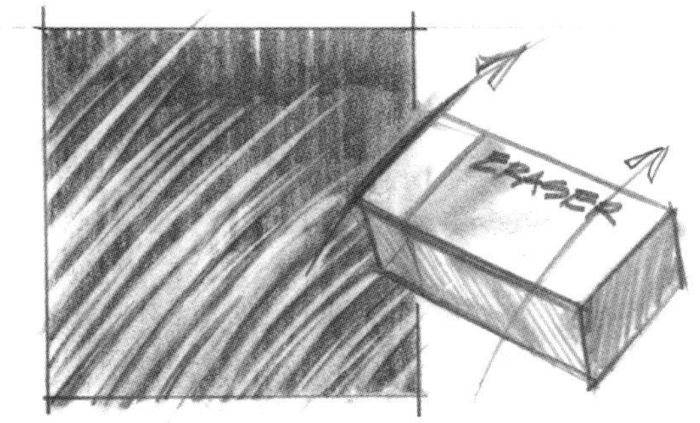

Schritt 2: Mit einem Radiergummi einzelne helle Haare in Wuchsrichtung ausradieren. Den Radiergummi am Ende abheben, das macht eine schöne Haarspitze.

Gestreiftes Fell

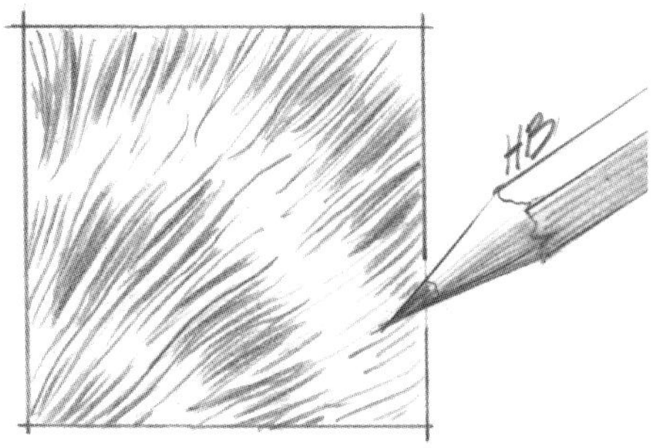

Schritt 1: Mit einem Bleistift in Härte HB (spitze und Seite) zunächst die dunklen Fellpartien einzeichnen.

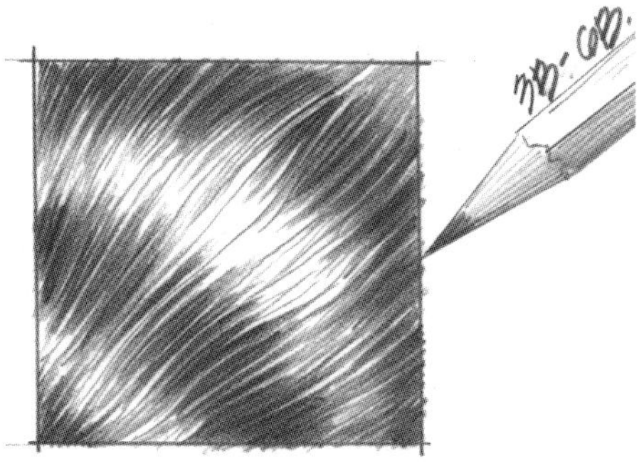

Schritt 2: Die Struktur und die Feinheiten mit Stiften zwischen 3B und 6B ausarbeiten; harte Übergänge mit dem Papierwischer absoften.

Dichtes Fell

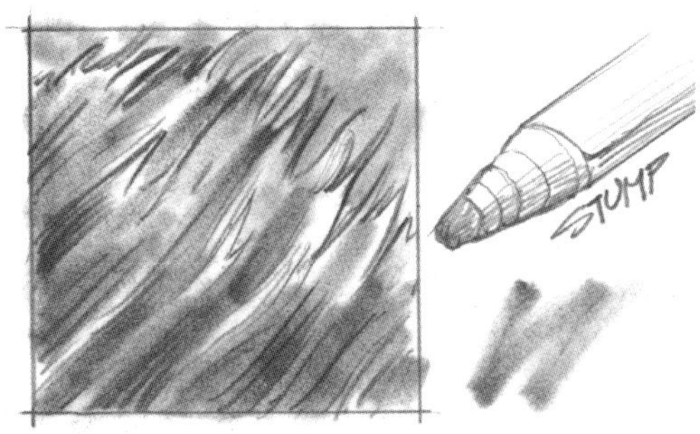

Schritt 1: Mit einem Bleistift in Härte HB dünne Linien auftragen, dann einige Linien mit dem Papierwischer verwischen.

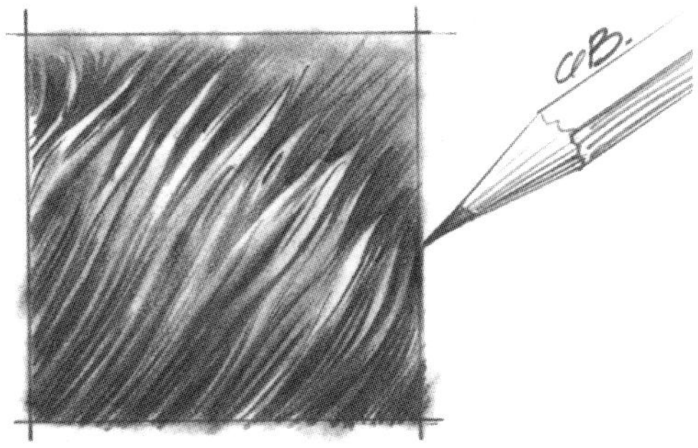

Schritt 2: Mit einem spitzen Bleistift in Härte 6B die Fellstruktur in der Wuchsrichtung nacharbeiten. Weiße Stellen ausradieren.

Schnurrbarthaare

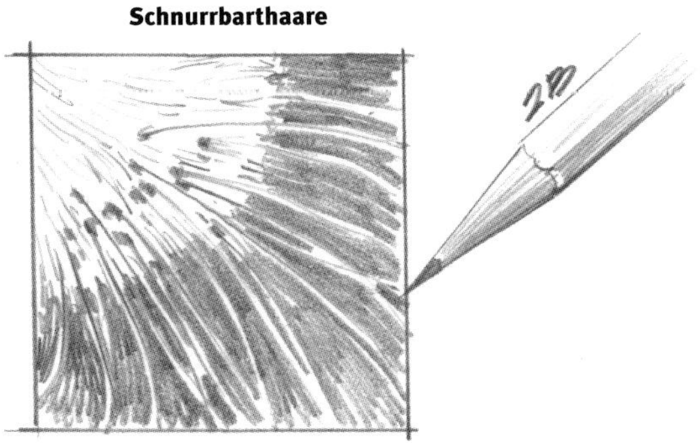

Schritt 1: Die Barthaare mit einem Bleistift in Härte 2B (Spitze und Seite) vorzeichnen.

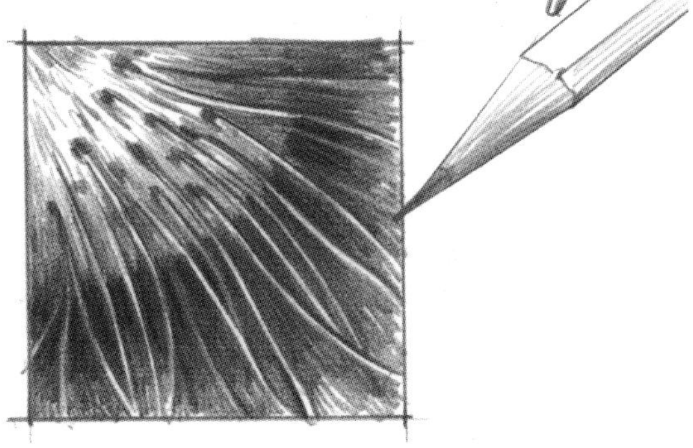

Schritt 2: Mit einem Bleistift in Härte 6B das Fell und Haare fein ausarbeiten.

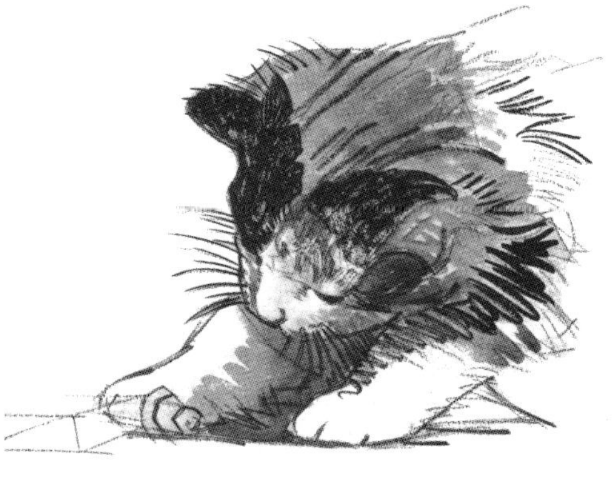

Tusche und Pinsel

Mit Tusche und Pinsel lassen sich schöne Effekte erzielen. Probieren Sie aus, wie Sie mit mehr oder weniger Wasser unterschiedliche Grautöne erreichen. Mit dem trockenen Pinsel werden Linien weich – mit dem nassen Pinsel entsteht mehr Kontrast.

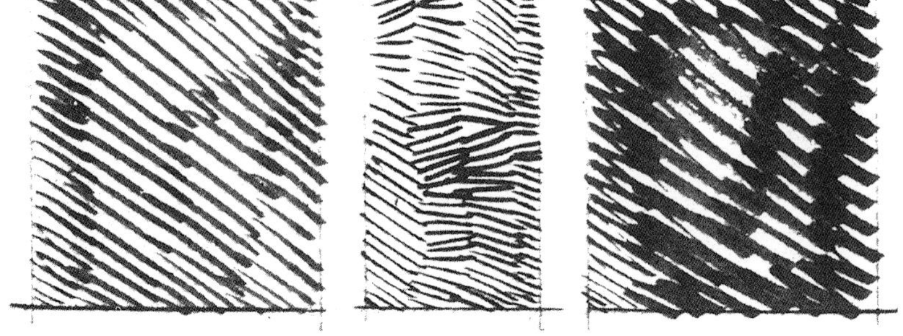

Links und Mitte: Zarte Linien entstehen, wenn Sie den Pinsel senkrecht halten und mit der Spitze zeichnen. Rechts: Für dickere Linien drücken Sie fester auf und nehmen mehr Farbe.

Katzen besitzen individuelle Gesichter – und in den Gesichtszügen spiegeln sich außerdem die Merkmale der unterschiedlichen Rassen wider. Gerade bei Katzen ist es ganz wichtig, das Gesicht genau zu studieren und zu kennen, ehe Sie sich an die Zeichnung machen: Achten Sie zunächst auf die Grundform des Kopfes und des Gesichts, dann auf die Proportionen und zum Schluss sehr genau darauf, wie die einzelnen Gesichtsmerkmale - also Nase, Augen, Ohren, Maul, Schnurrbarthaare usw. – geschnitten sind. Aus diesen Elementen setzt sich das einzigartige Gesicht einer Katze zusammen. Es ist ein guter Weg, die einzelnen Elemente zu üben, ehe Sie sich an das Porträt einer bestimmten Katze machen.

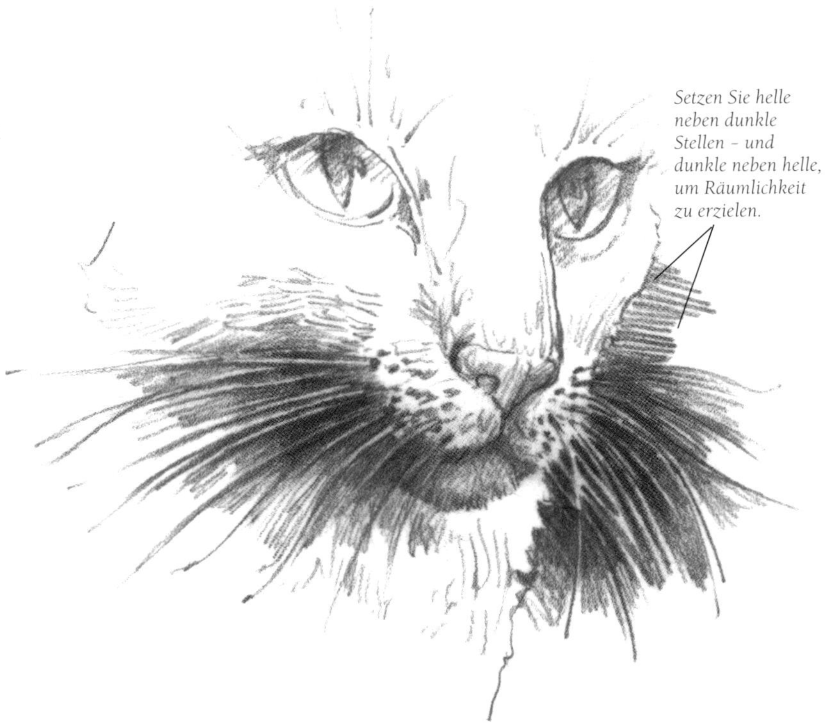

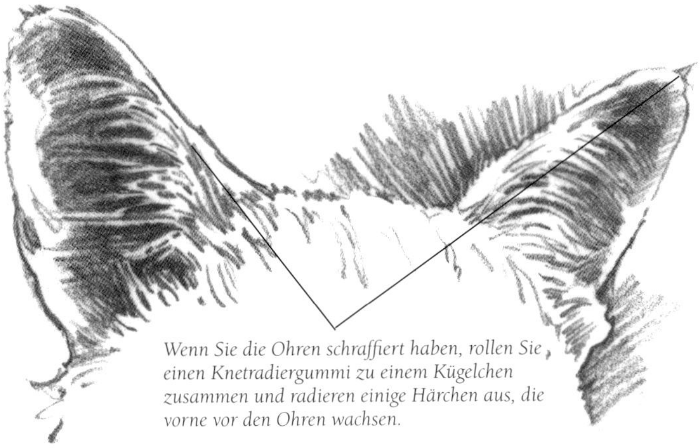

Die Ohren skizzieren Sie mit einem Bleistift in Härte HB als Dreiecke vor. Sehen Sie dann die Ohren Ihres „Katzenmodels" genau an und zeichnen Sie die Form möglichst naturgetreu nach. Achten Sie auf die ganz unterschiedlichen Spitzen am linken und am rechten Ohr. Auch der Winkel, in dem die Ohren am Kopf sitzen, ist meist nicht identisch. Wenn Sie mit dem Umriss zufrieden sind, geben Sie den Ohren mit einem weichen Bleistift räumliche Tiefe.

Wussten Sie, dass Katzen ihre Ohren unabhängig voneinander bewegen können?

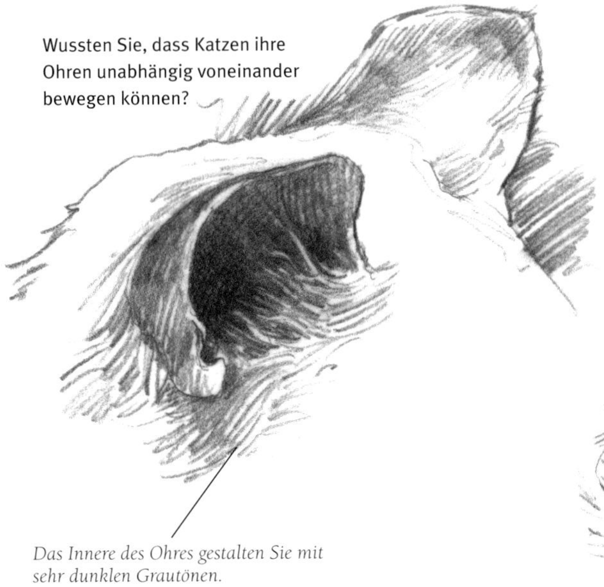

Katzen haben dreieckige Nasen, und das geschlossene Maul sieht wie ein umgedrehtes Y aus. Auch die Nase hat eine dritte Dimension – und sie muss sich ganz natürlich ins Gesicht einfügen. Die Nase darf nicht wirken, als hätte man sie nachträglich aufgeklebt. Sehen Sie, wie im Beispiel rechts die unterschiedlichen Schraffuren zusammenspielen, um Tiefe und Form zu schaffen?

Die Schnurrbarthaare nehmen Berührungen sehr genau wahr. Diese langen, ziemlich steifen Haare zeichnen Sie mit langen, schwungvollen Strichen. Am besten nehmen Sie einen spitzen Bleistift und zeichnen die Haare auf weißem Untergrund. Sie können sie auch mit einem Radiergummi aus dunklem Untergrund herausheben. Nicht die dunklen Punkte (Follikel) am Maul vergessen!

Das Auge zeichnen Sie als Kreis, der am äußeren Augenwinkel etwas nach oben weist. Wenn Sie die Grundform getroffen haben, konzentrieren Sie sich auf den Augapfel, einzelne Haare und das Fell rund ums Auge. Schicht um Schicht tragen Sie mit einem weichen Bleistift die Grautöne auf, bis der Blick ausreichend Tiefe hat. Vergessen Sie aber nicht einen weißen Fleck in oder neben der Pupille, der das Licht reflektiert.

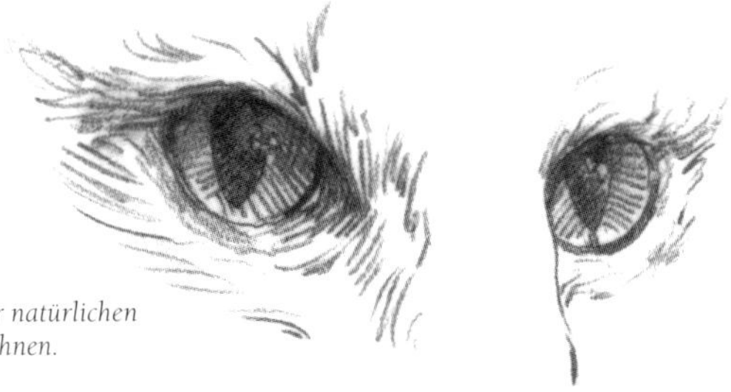

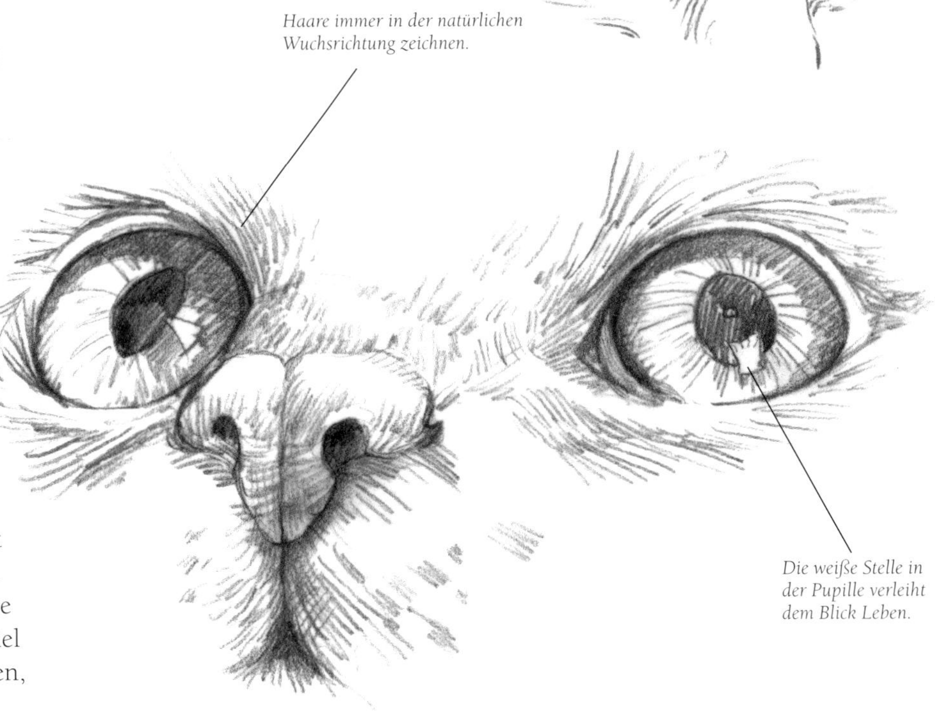

Schwanz und Pfoten

Katzen erkunden ihre Umgebung am liebsten heimlich und auf leisen Pfoten. Dabei gehen sie im wahrsten Sinne des Wortes auf den Zehenspitzen. Blitzschnell können sie die scharfen Krallen ausfahren, wenn sie einen Gegner abwehren oder auf einen Baum klettern müssen. Wenn Sie beim Zeichnen an den Feinbau der Pfoten denken, wird Ihr Bild besonders realistisch.

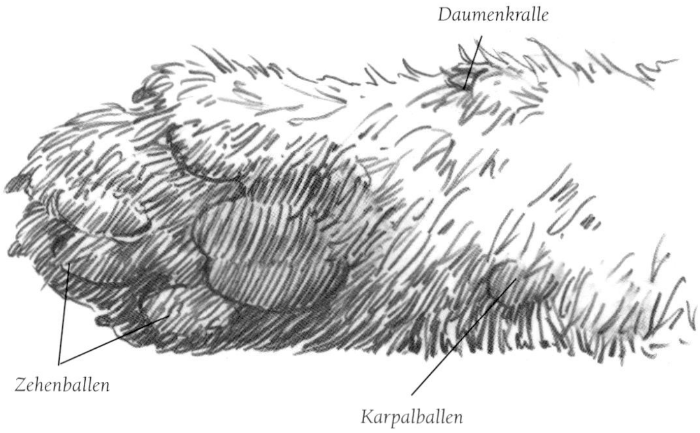

Katzen haben vier Zehen an den Vorderpfoten. Die „Daumen" sind verkümmert und berühren den Boden nicht.

Beim Klettern und Springen nützen Katzen ihren Schwanz zum Balancieren; vor allem drückt er die Stimmung der Katze aus. Es gibt Rassen mit dickem buschigem Schwanz, solche mit langem, schlankem Schwanz und sogar schwanzlose Rassen.

Je genauer Sie Ihre Katze studieren, desto besser gelingt das Porträt.

Pfoten stellen Sie am besten zunächst mit einer Linie für den ungefähren Umriss dar, dann arbeiten Sie die individuelle Form aus.
Beim Fell auf die Wuchsrichtung achten und durch unterschiedliche Strichführung den Unterschied zwischen Fell und Pfote zeigen.
Mit kurzen Linien trennen Sie optisch die einzelnen Zehen ab.

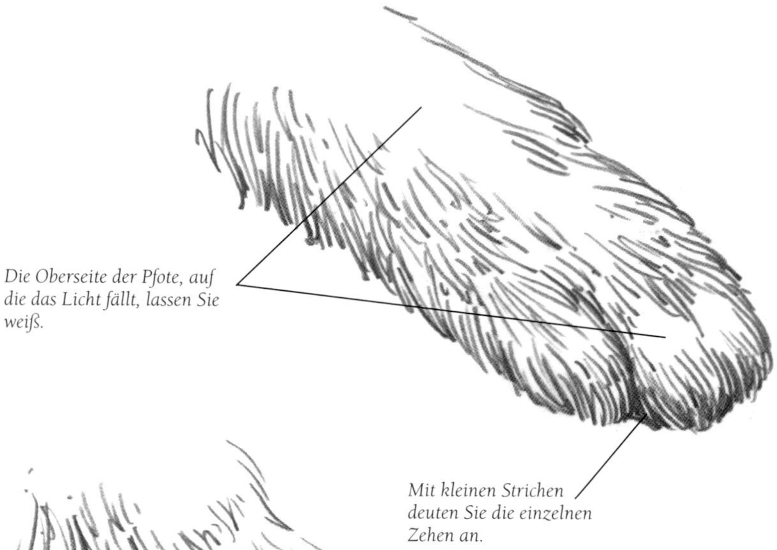

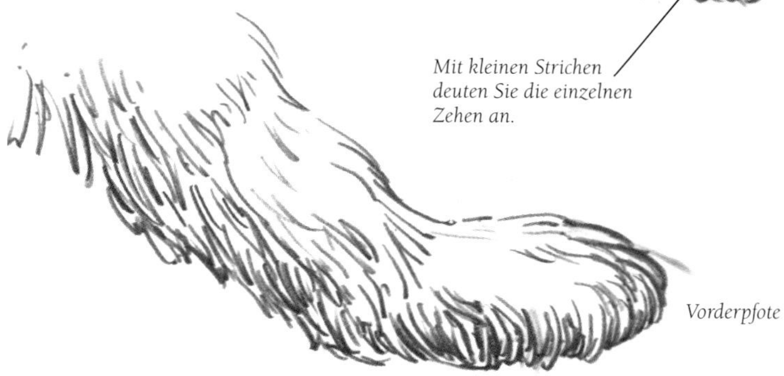

Den Schwanz einer Kurzhaarkatze zeichnen Sie mit einem Bleistift in Härte 2B und mit kurzen, energischen Strichen. Nehmen Sie einen weicheren Stift für die Angorakatze und zeichnen Sie unterschiedlich lange und breite Striche, deren Winkel sich ändern. Durch die vielen weißen Stellen wirkt das Fell besonders weich und fluffig.

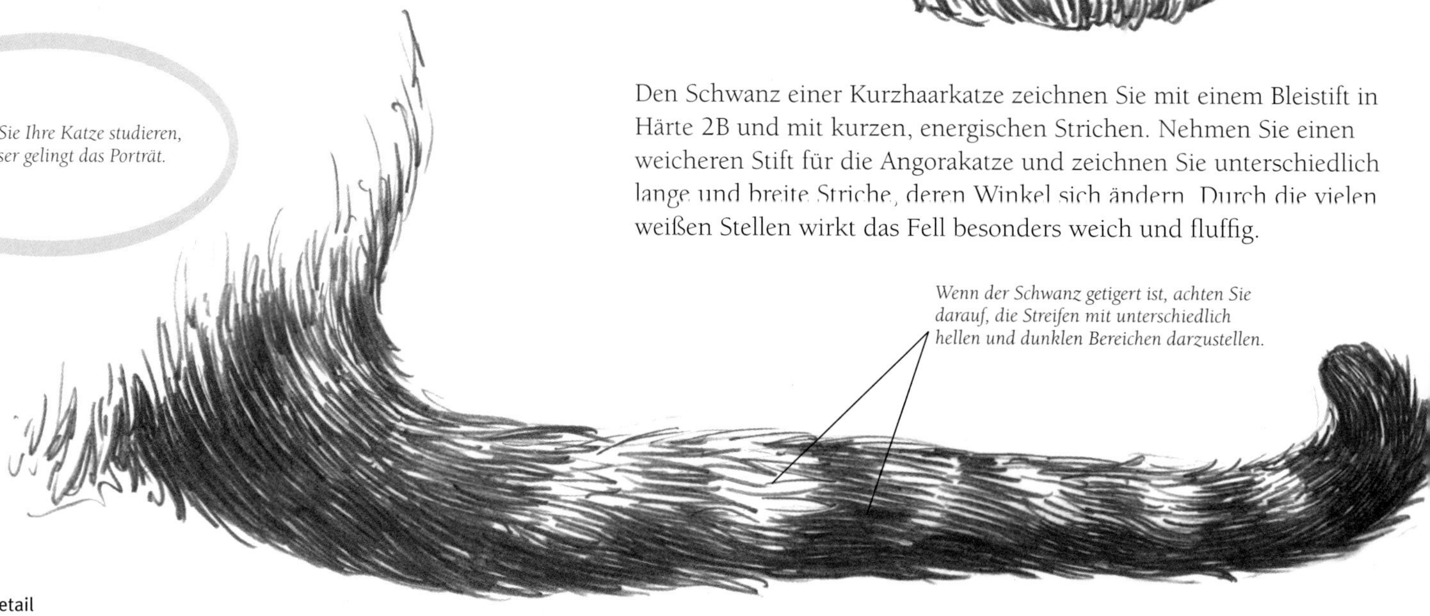

Hier sehen Sie im Detail den Unterschied zwischen den Strichen, mit denen man den Schwanz einer Angorakatze und einer kurzhaarigen Rasse darstellt.

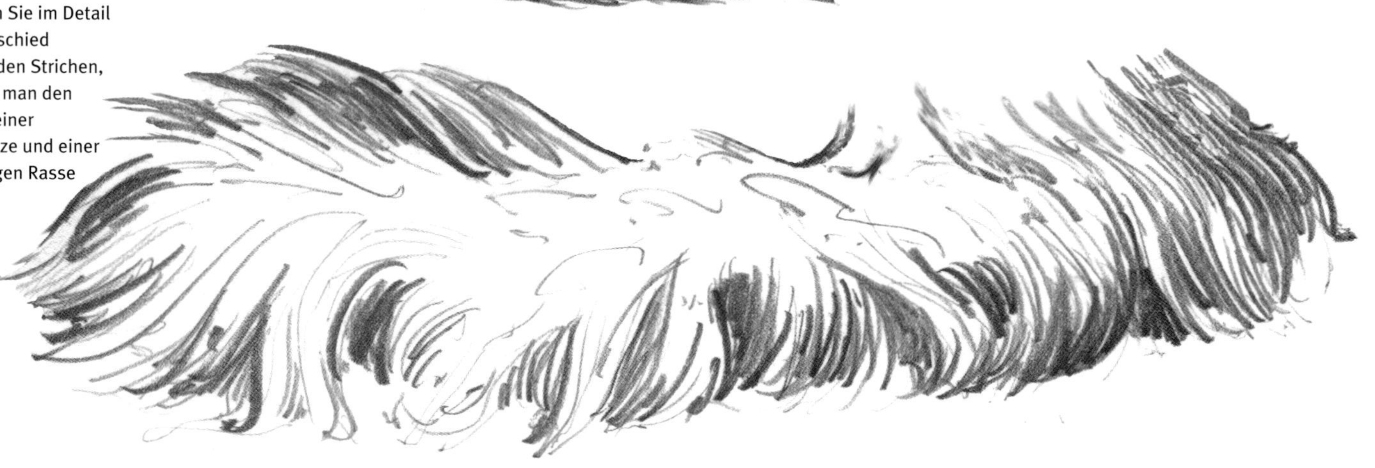

Einfache Skizzen

Obwohl jede Katze sich von der anderen klar unterscheidet, hilft es dem Zeichner, beim Skizzieren eines Katzengesichts systematisch vorzugehen. Das beste Werkzeug für schnelle Skizzen ist übrigens ein frisch gespitzter Bleistift! Zeichnen Sie bei einer Frontansicht immer zuerst einen Kreis fürs Gesicht und die Lage von Augen, Maul und Nase wie in Schritt 1 und 2. In Schritt 3 folgen bereits die ersten Details und in Schritt 4 kann man die Katze schon gut erkennen.

Hier sehen Sie den Unterschied zwischen der Skizze eines Gesichts von vorne und von der Seite. Während an einem Katzengesicht von vorne alles rund ist, erkennt man im Profil das Kantige und Raubtierartige. Nur von der Zeichentechnik her bleibt alles gleich. Beginnen Sie mit einfachen Grundformen – folgen Sie am besten der nummerierten Reihenfolge.

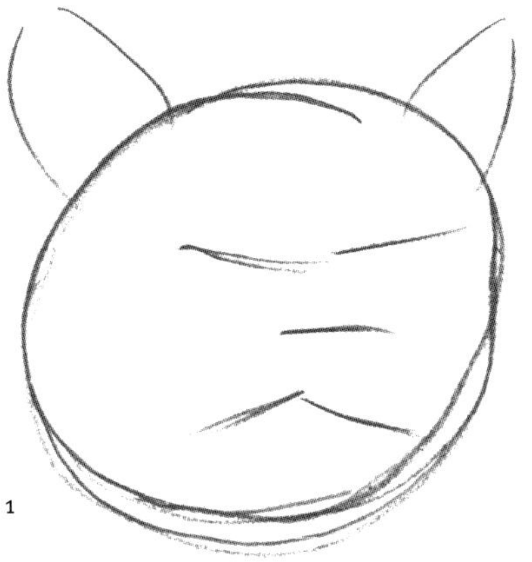
1

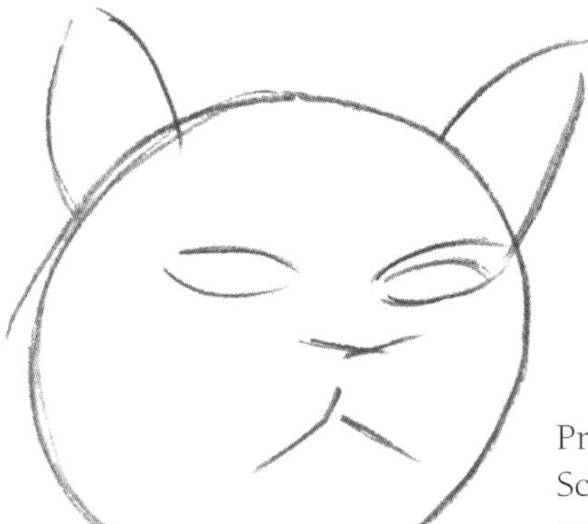
2

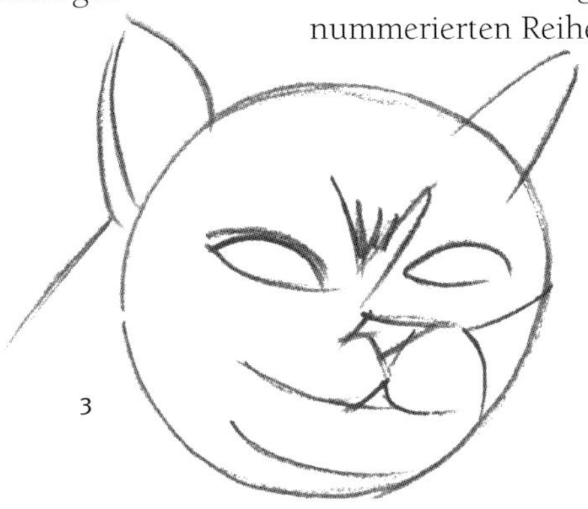
3

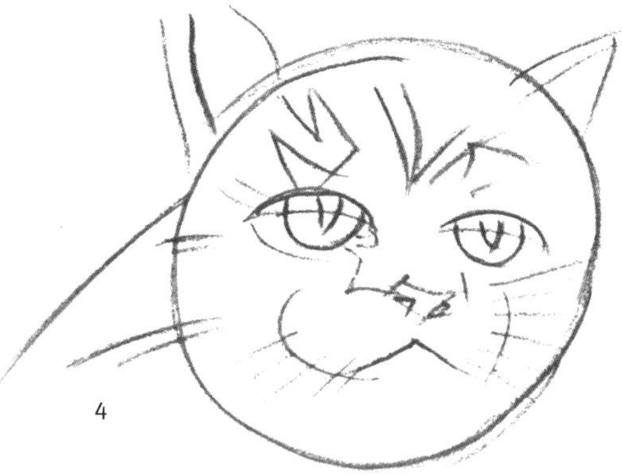
4

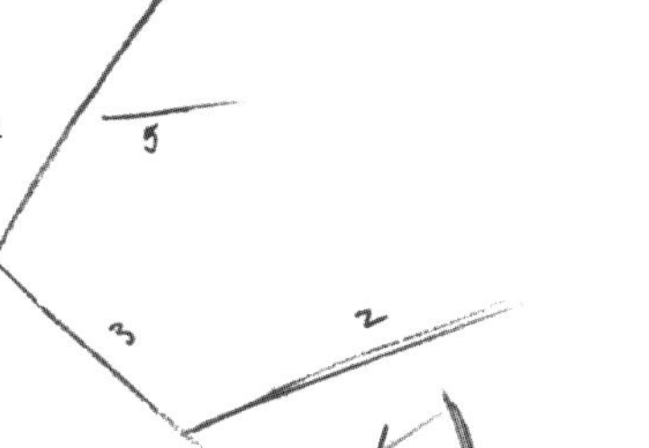
1

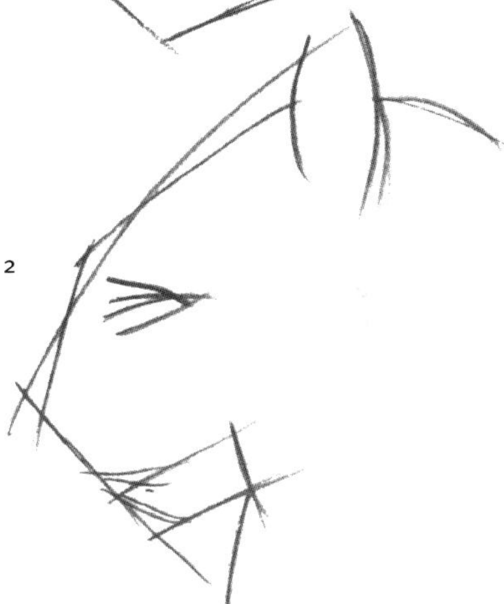
2

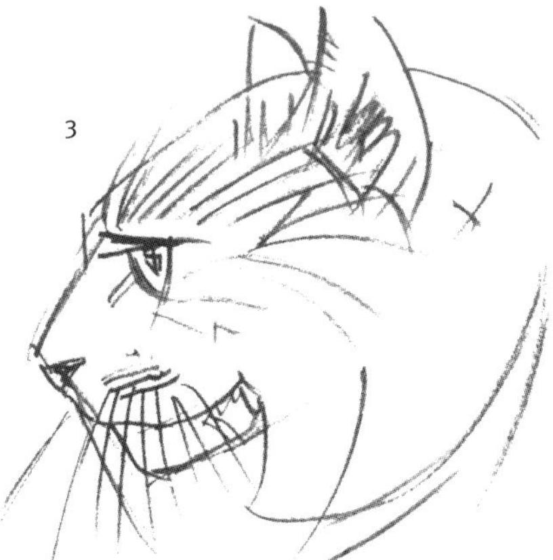
3

Probieren Sie einmal aus, welche Effekte Sie beim Schraffieren mit einem Zimmermannsbleistift erzielen. Testen Sie auch andere Stifte aus, aber denken Sie daran, die Striche locker zu setzen, damit der Eindruck von weichem Fell entsteht.

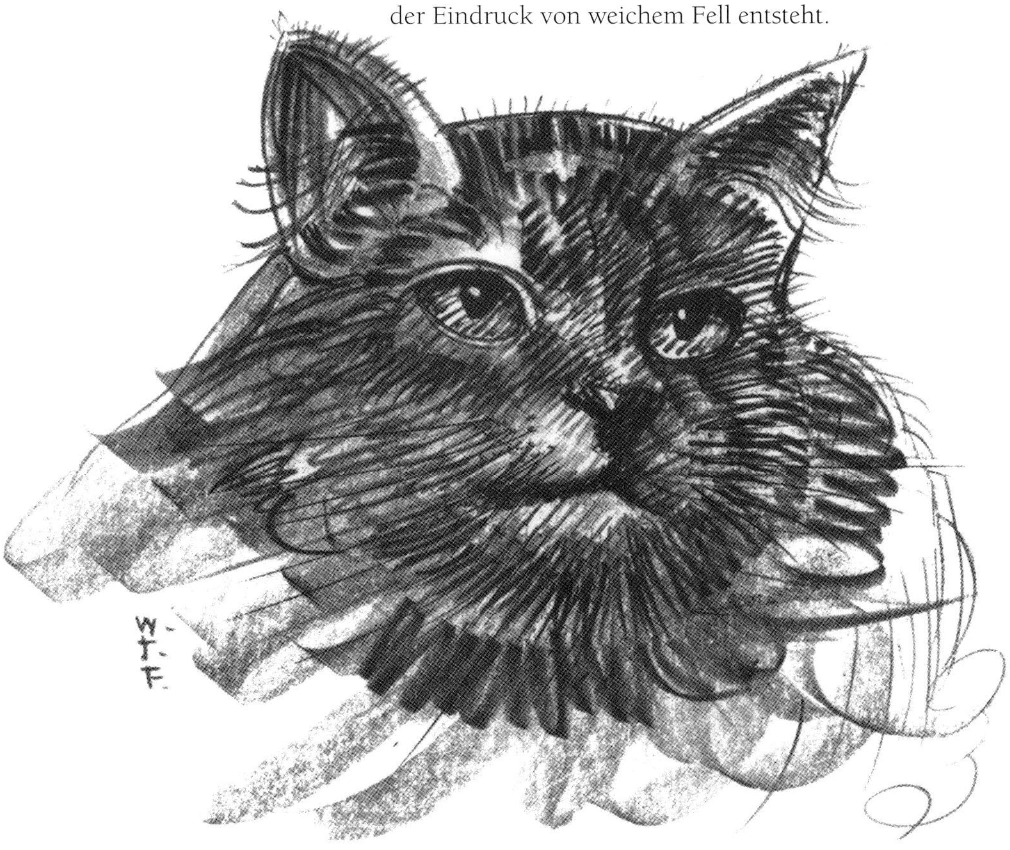

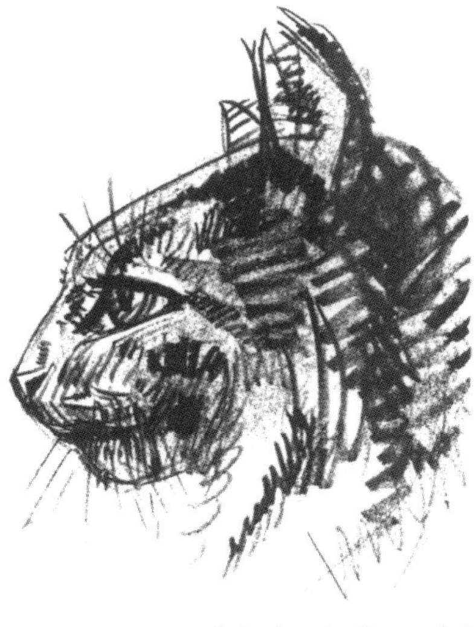

Maine Coon

Maine Coons sind große Katzen mit langem, seidigem Fell. Sie haben ein großes, rundes Gesicht mit kurzer Nase und kleinen Ohren. Um die einzigartige Beschaffenheit des Angora-Fells wiederzugeben, müssen Sie gleichmäßig und mit Bedacht arbeiten.

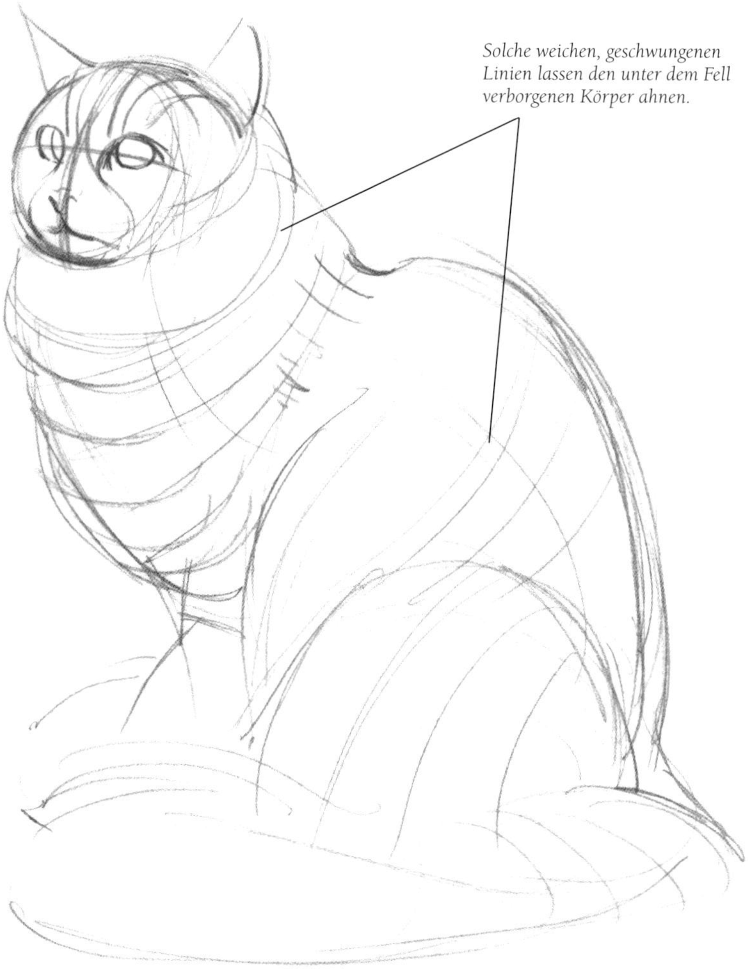

Solche weichen, geschwungenen Linien lassen den unter dem Fell verborgenen Körper ahnen.

1 Schon beim Vorzeichnen dieser Katze müssen Sie auf die unterschiedlichen Augen achten, da der Kopf hier in einer Dreiviertel-Ansicht dargestellt ist. Verwenden Sie sonst geschwungene Linien, um die Rundungen und Formen des Körpers zu zeigen.

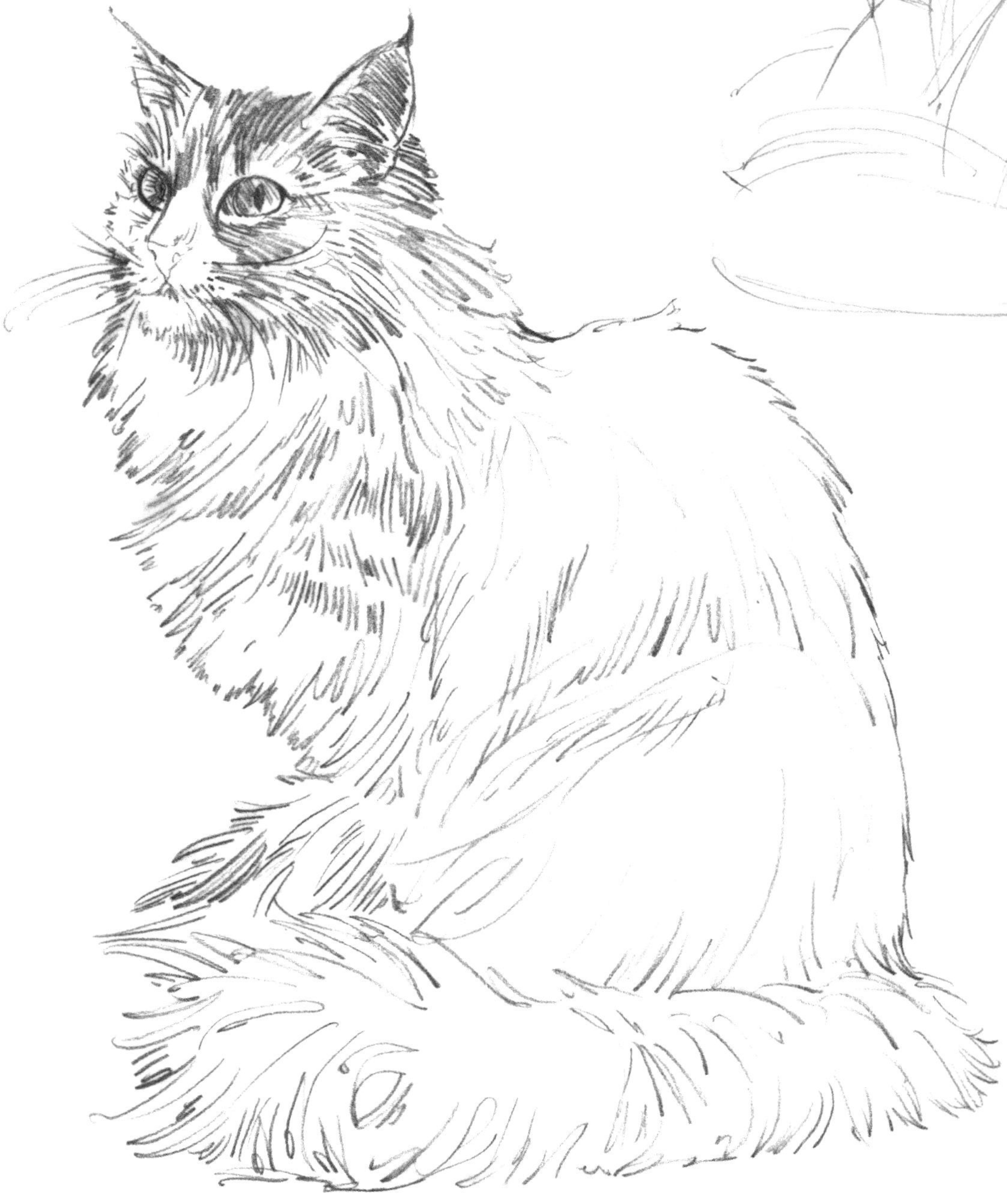

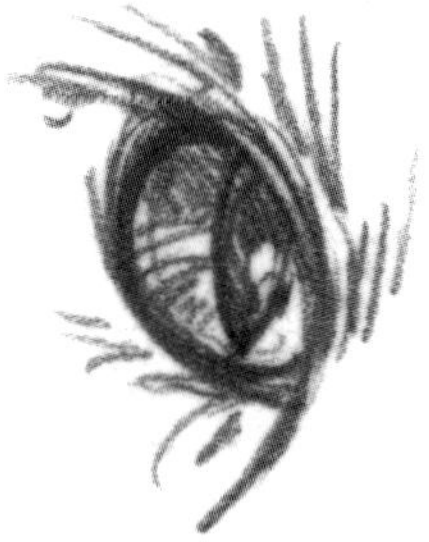

Aus diesem Blickwinkel ist das rechte Katzenauge völlig anders geformt als das linke; die Pupille links im Bild steht senkrecht, und zusätzlich verdeckt der Nasenrücken sie zum Teil.

2 In Schritt 2 nehmen Sie einen Bleistift in Härte B und zeichnen mit gleichmäßigen Strichen das Fell auf Kopf, Brust und Rücken. Achten Sie dabei darauf, den Körperkonturen zu folgen. Mit einem gespitzten Bleistift in Härte HB schraffieren Sie das Auge und mit Strichen zeichnen Sie die Nase und die Schnurrbarthaare. Mit Bleistiften Härte 2B und 4B machen Sie sich daran, das Fell in seiner ganzen Schönheit zu zeigen. Nicht vergessen: Die Striche immer in der natürlichen Wuchsrichtung ziehen.

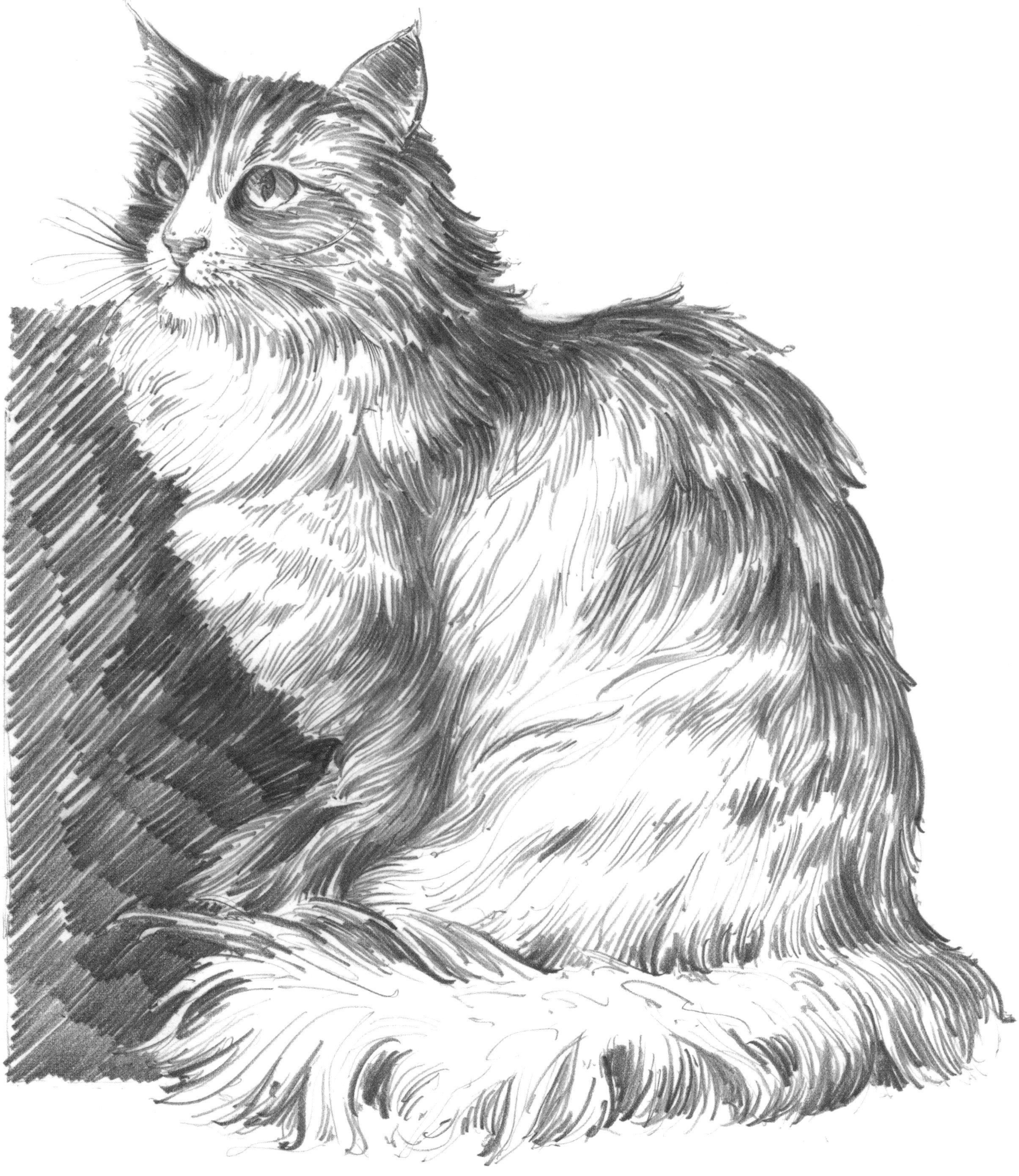

3 Die fertige Zeichnung ist ein schönes Beispiel für das Zusammenspiel von Kontrasten. Die zurückhaltende Schraffierung auf Hals, Brust und der linken Seite zeigt das Licht, das sich dort im Fell spiegelt. Die mittleren Töne zeigen sich im Fell auf der linken Seite, im Gesicht und auf dem linken Ohr. Mit 4B und 6B gestalten Sie die dunkelsten Stellen entlang des Rückgrats, im Nacken, auf der rechten Gesichtshälfte und auf Bereichen des Schwanzes. Sehen Sie sich einmal genau an, wie effektvoll der Hintergrund das helle Fell auf der Brust, die im Licht liegt, herausmodelliert.

Getigerte Hauskatze

Dieses Motiv mag wie Durchschnitt wirken. Doch der Kontrast der Streifen im Teppich und im Fell macht das Bild interessant.

1 Beginnen Sie mit einer Hilfslinie, einem liegenden S, das am Schwanz in einer Kurve endet. Mit einem Kreis für den Kopf und Ovalen für die Brust, den Körper und den rechten Oberschenkel legen Sie die Grundgestalt der Katze fest. Fürs Gesicht zeichnen Sie in der Mitte des Kopfes Hilfslinien in Form eines Kreuzes ein sowie zwei kleinere Striche für Maul und Nase.

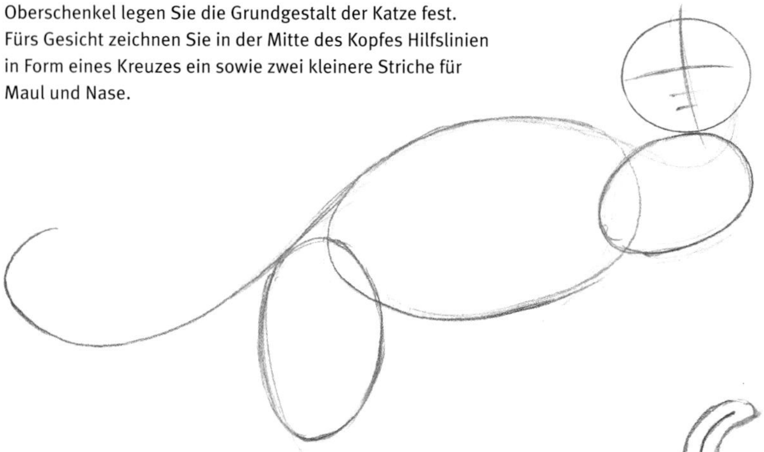

2 Zeichnen Sie nun ungefähr in der Höhe des Magens ein kleineres, weiches Oval: So deuten Sie das weiche Bauchfell an. Nun folgen der Umriss der Katze und alle vier Beine. Zum Schluss zeichnen Sie die dreieckigen Ohren ein und skizzieren Augen, Nase und Maul vor.

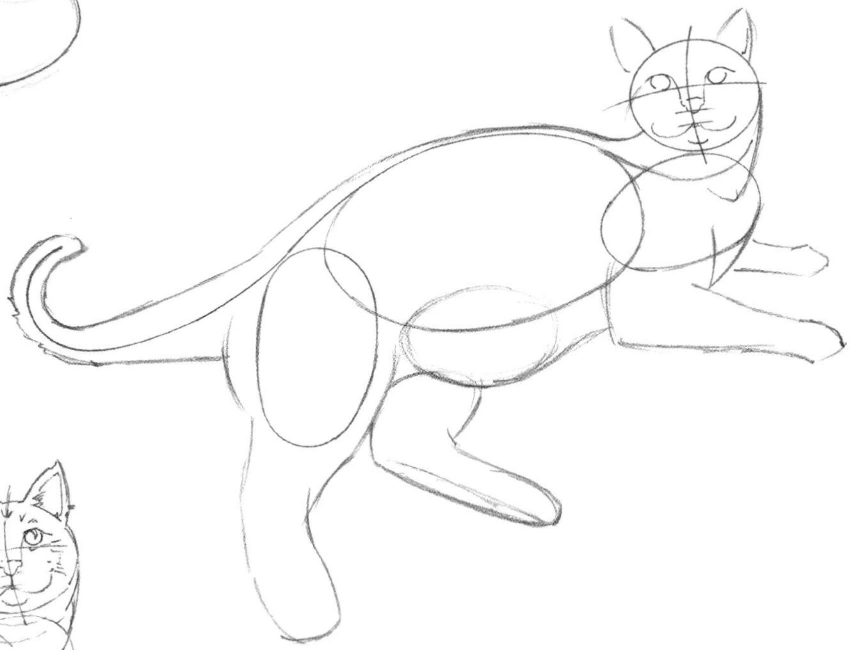

3 Mit kleinen durchbrochenen Strichen über dem Grundriss deuten Sie das Fell an. Nehmen Sie sich nun auch die Zehen und die Ballen an den Pfoten vor. Mit einigen Linien zeichnen Sie noch das Schulterblatt. Dem Gesicht geben Sie einige Details wie die Pupillen und Streifen im Fell.

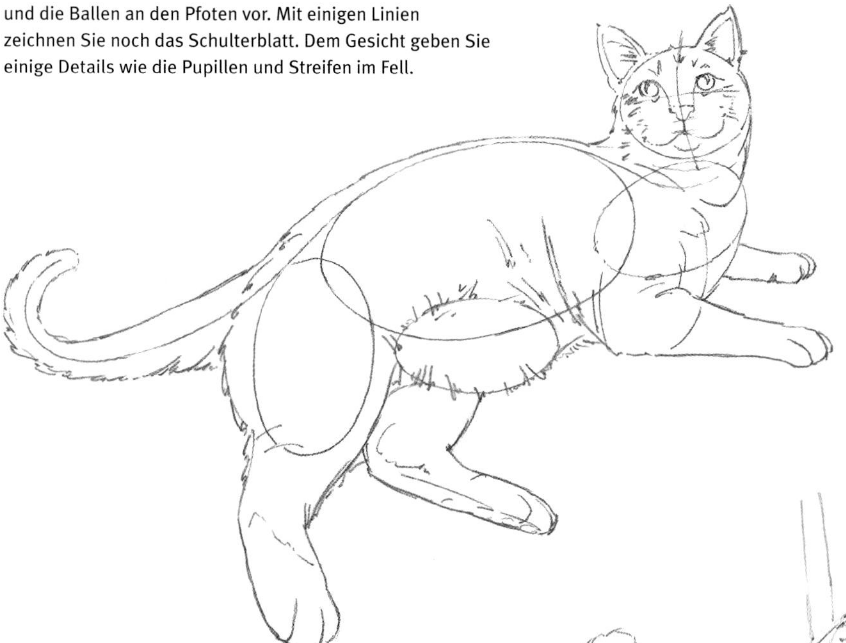

4 Radieren Sie alle Hilfslinien aus, die nicht mehr gebraucht werden, und setzen Sie die Struktur der Streifen im ganzen Fell. Durch die gerundeten Linien bildet sich automatisch die Körperkontur. Zeichnen Sie dann die Streifen im Teppich und deuten Sie das Sofa im Hintergrund an.

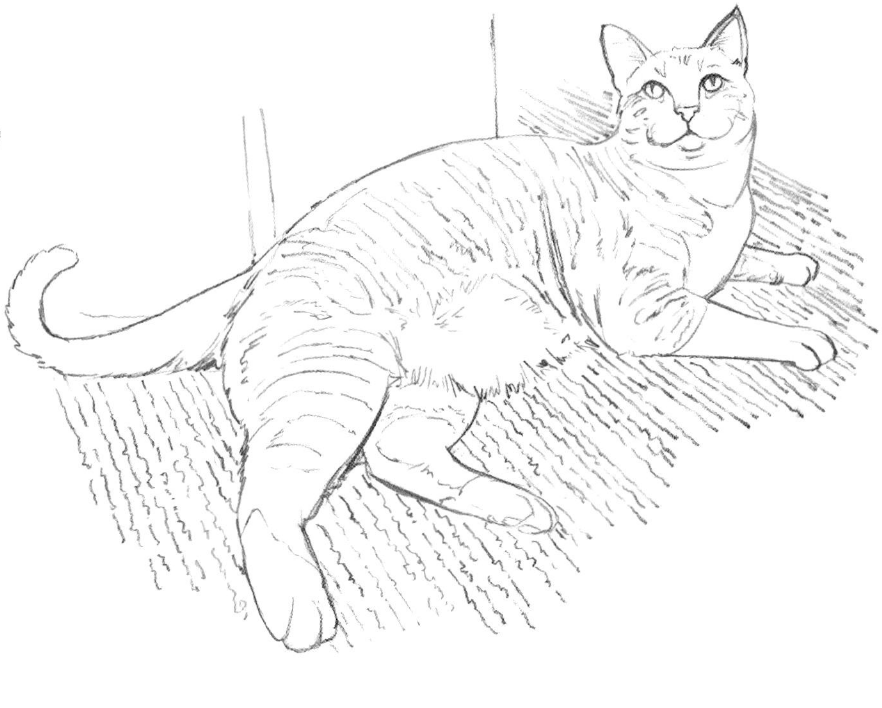

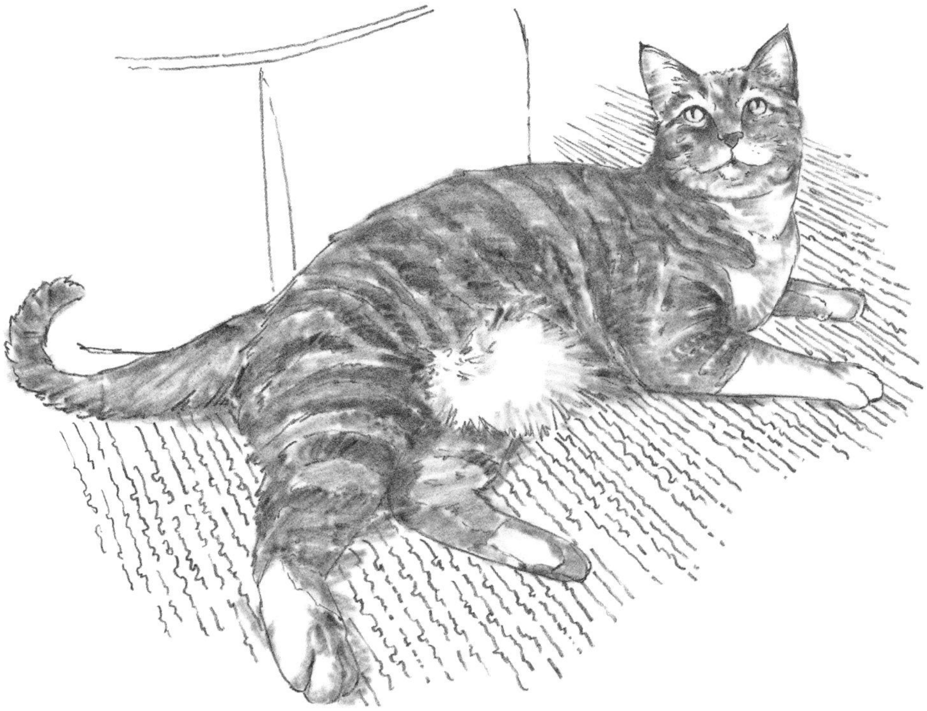

5 Schraffieren Sie zunächst die Streifen im Fell, dann gehen Sie mit dem Papierwischer darüber und verwischen harte Kontraste zu weichen Übergängen. Mit dem Papierwischer können Sie auch die Stellen am Bauch, an denen das Fell besonders weich ist, darstellen. Zum Schluss erhält das Sofa etwas mehr Form.

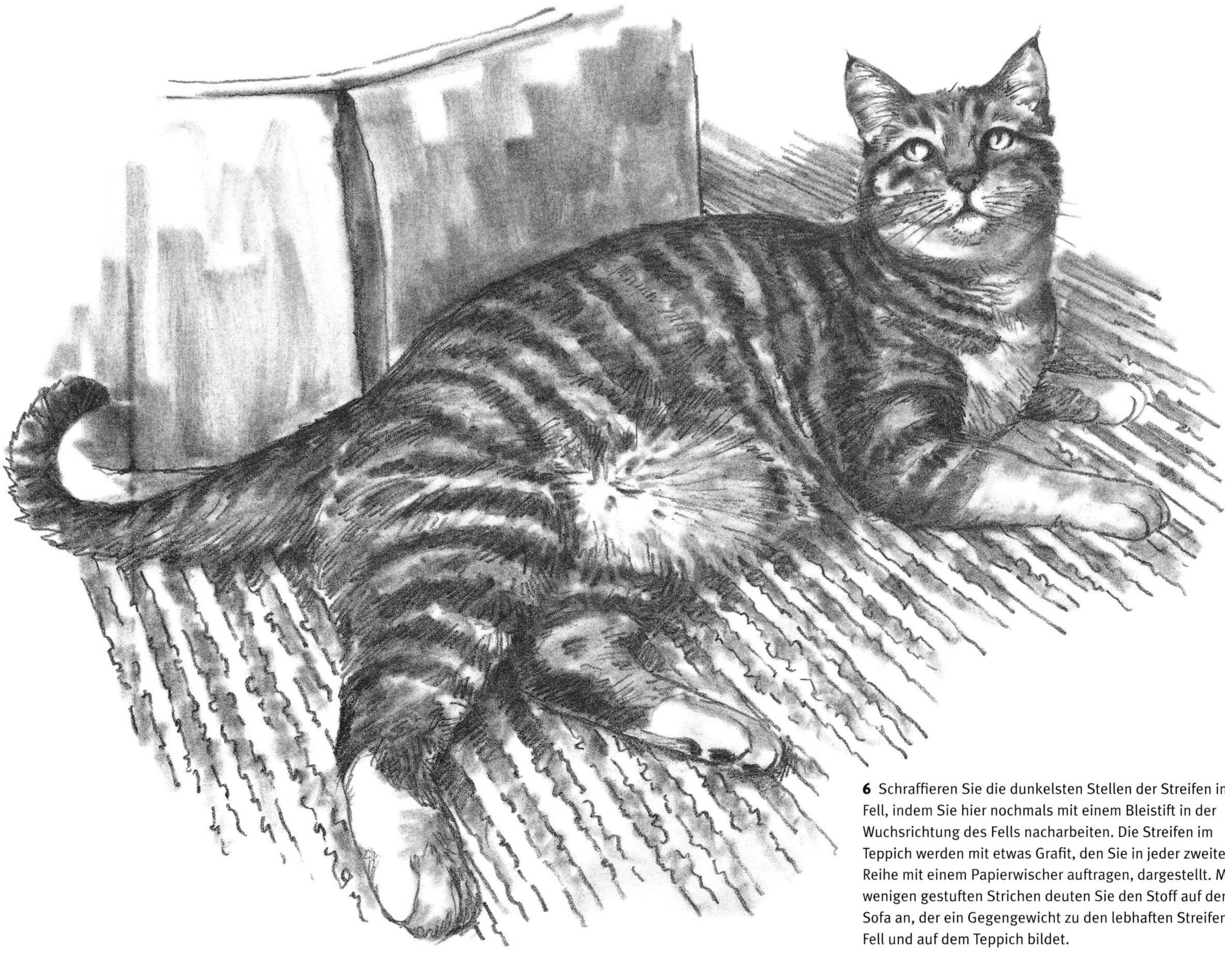

6 Schraffieren Sie die dunkelsten Stellen der Streifen im Fell, indem Sie hier nochmals mit einem Bleistift in der Wuchsrichtung des Fells nacharbeiten. Die Streifen im Teppich werden mit etwas Grafit, den Sie in jeder zweiten Reihe mit einem Papierwischer auftragen, dargestellt. Mit wenigen gestuften Strichen deuten Sie den Stoff auf dem Sofa an, der ein Gegengewicht zu den lebhaften Streifen im Fell und auf dem Teppich bildet.

Hauskatzen beobachten

Katzen sind graziöse Tiere, die sich sehr leicht und sicher bewegen. Ihr Gleichgewichtssinn ist ausgezeichnet und erlaubt es ihnen, scheinbar mühelos auf schmalen Simsen und sogar auf Zaunlatten zu balancieren. Diese Siamkatze ist schlank und muskulös. Sie trägt die schmalen mandelförmigen Augen, die großen Ohren und den langen, dünnen Schwanz dieser uralten Rassekatzen.

Bei dieser Ansicht von vorne muss der Körper stark verkürzt werden (▶ Seite 169), damit die Proportionen stimmen. Gehen Sie beim Skizzieren sorgfältig vor: Zeichnen Sie Ovale für die Brust und das Hinterteil. Erst wenn diese Elemente stimmen, sollten Beine und Schwanz folgen wie in Schritt 1.

Der Rücken ist gebogen.

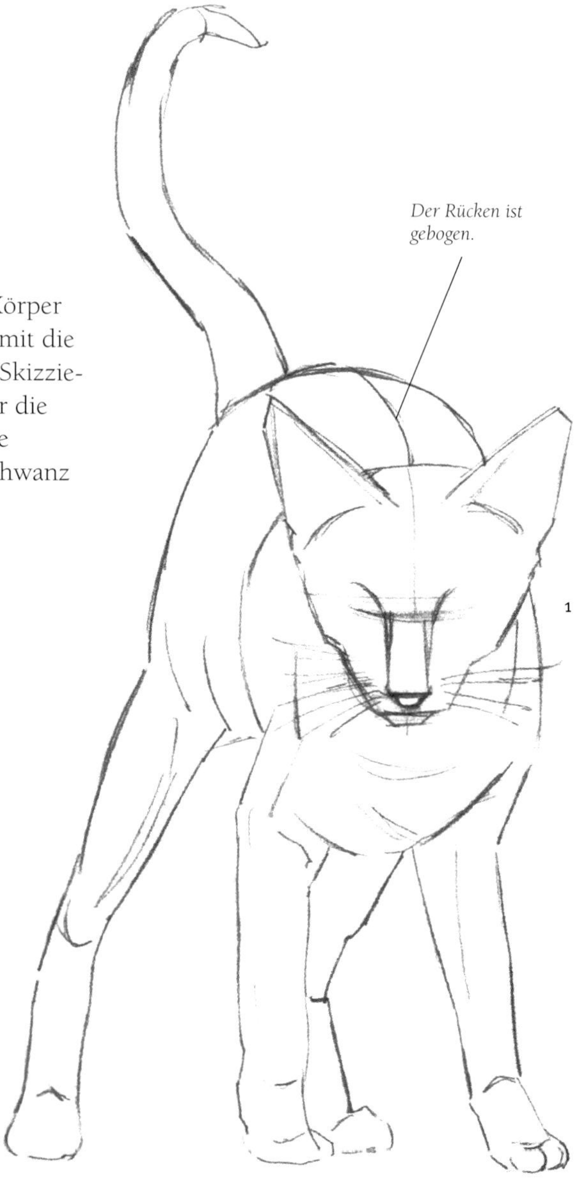

1

Zeichnen Sie dann die Elemente des Gesichts ein und beginnen Sie langsam mit dem Schraffieren: Mit einem Bleistift in Härte 6B arbeiten Sie das Gesicht, die Beine, den Schwanz und den Körper heraus. Zum Schluss verreiben Sie mit einem Papierwischer alle harten Kanten und schaffen weiche, fließende Übergänge. Mit einem Bleistift in Härte 4B noch einige Haare einzeichnen.

Mit dem Papierwischer lassen sich die unterschiedlichen Grautöne des Fells am besten darstellen.

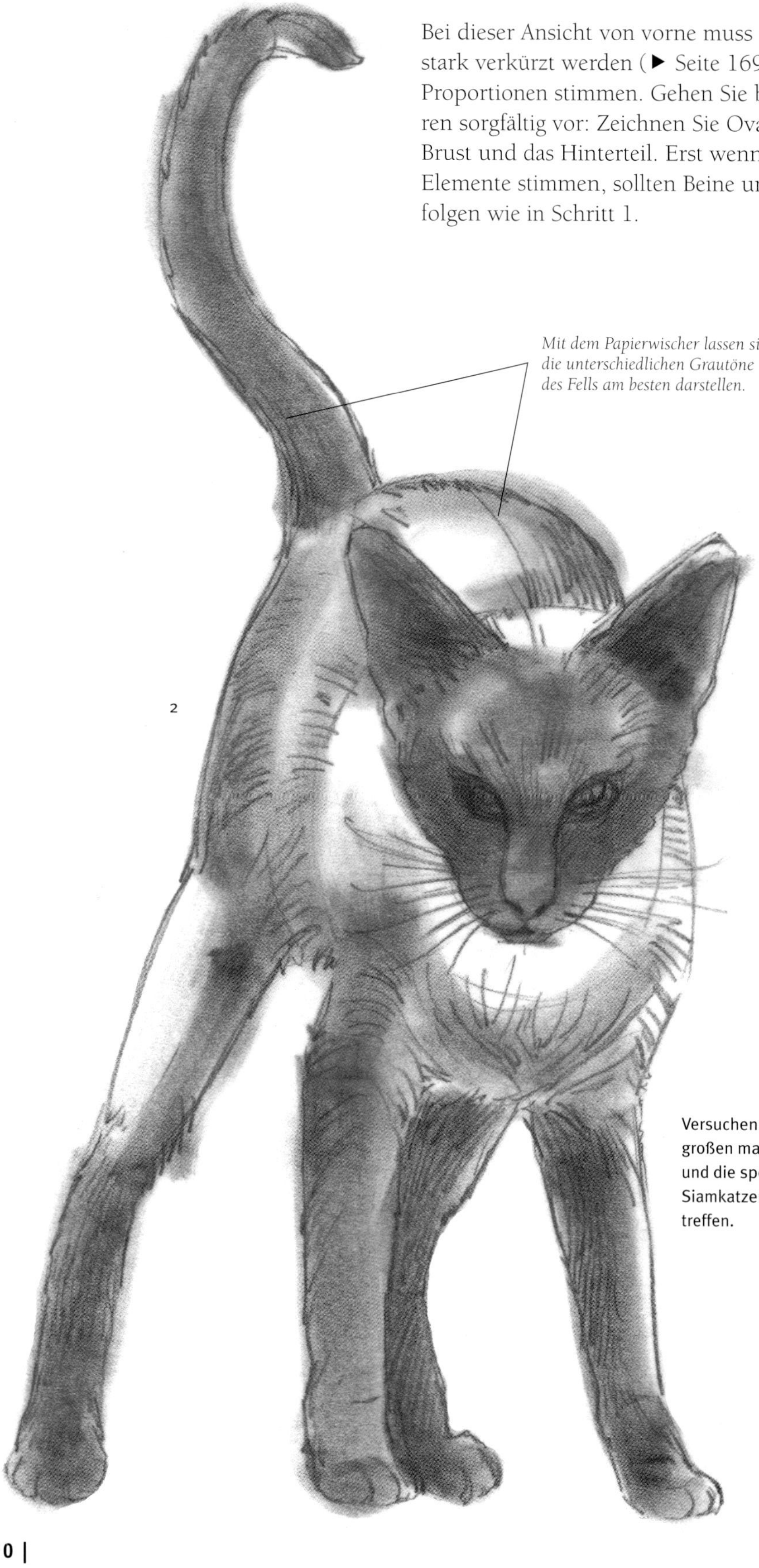

2

Versuchen Sie die Form der großen mandelförmigen Augen und die spezielle Ohrenform der Siamkatzen möglichst genau zu treffen.

Fast überall auf der Welt leben Katzen wild und frei. Man nimmt an, dass es zwischen 3.000 und 4.000 v. Chr. den Ägyptern als Ersten gelang, diese Tiere zu domestizieren.

Beim Putzen

Eine Katze, die sich putzt, ist zwar ein sehr ansprechendes Motiv – aber zeichnerisch durchaus eine Herausforderung! Lassen Sie sich schon am Anfang bei den ersten Skizzen genug Zeit. In Schritt 1 sehen Sie, wie die wichtigsten Partien des Katzenkörpers zunächst schrittweise aus Ovalen aufgebaut wurden. Die Hilfslinien auf dem Kopf und entlang der Wirbelsäule helfen dabei, die Mitte zu finden. Denken Sie von Anfang an daran, dass das ganze Gewicht der Katze auf der linken Vorderpfote liegt. Hier müssen der Ansatz und die Länge genau stimmen, sonst hat man den Eindruck, dass die Katze umkippt.

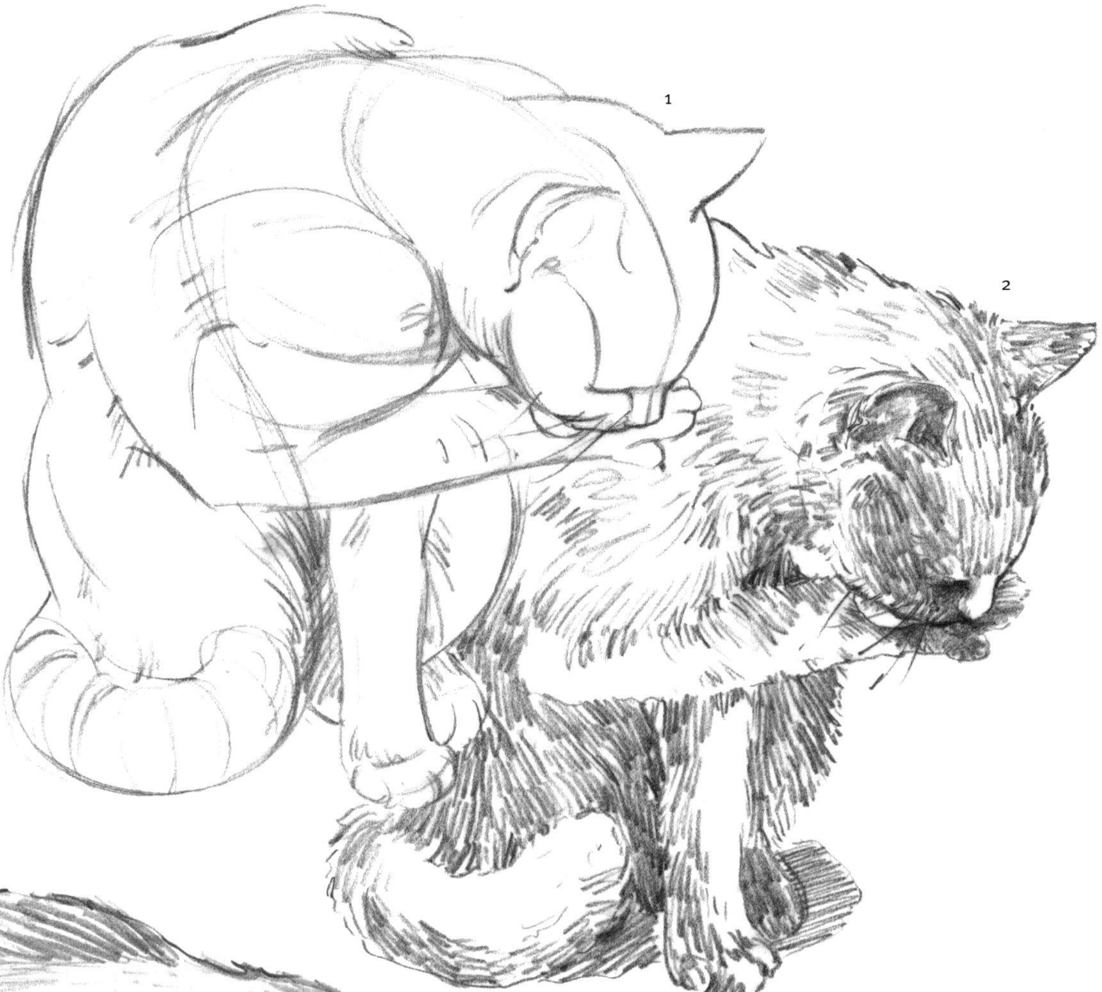

Wer eine so komplexe und schwierige Pose richtig treffen will, muss die Katze eine ganze Zeit lang in Ruhe beobachten.

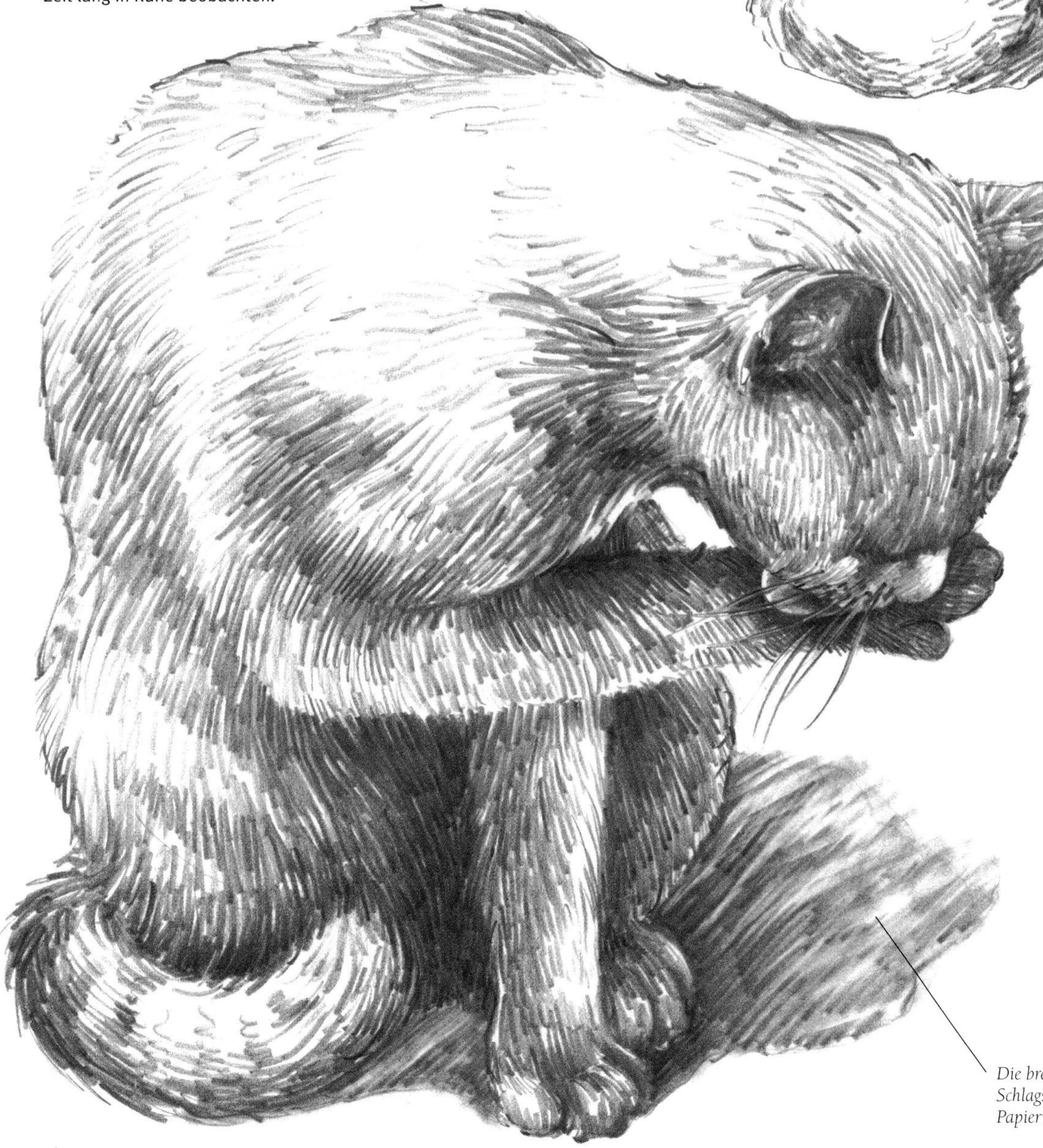

Durch gleichmäßige und sauber gezeichnete Striche entsteht der Eindruck von kurzem, glattem und gut gepflegtem Fell.

Sobald die Pose stimmt, können Sie sich daranmachen, das Fell zu zeichnen. Schon ab Schritt 2 können Sie mit einem weichen Bleistift wie 6B die ersten Striche des Fells auftragen. Um dem Fell Glanz und Leben zu geben, drücken Sie mit dem Stift unterschiedlich stark auf und variieren auch einmal die Länge der Striche ein wenig. Bei diesem Bild ist es besser, das Fell nicht bis ins kleinste Detail auszuarbeiten.

Die breiten Striche, die den Schlagschatten zeigen, mit dem Papierwischer verreiben.

Am Futternapf

Katzen sind heikel, und zum Fressen kauern sie sich nieder und bekommen einen ganz eigenartigen Gesichtsausdruck … Dieses Motiv sollten Sie einige Male vorskizzieren, ehe Sie sich an Ihr Motiv machen. Man kann die Verkürzungen (▶ Seite 169), auf die es ankommt, ganz gut üben.

Es dauert eine Weile, bis man den ganzen Katzenkörper in seinen verschiedenen Ebenen richtig vorskizziert hat. Werden Sie dabei nicht ungeduldig.

1

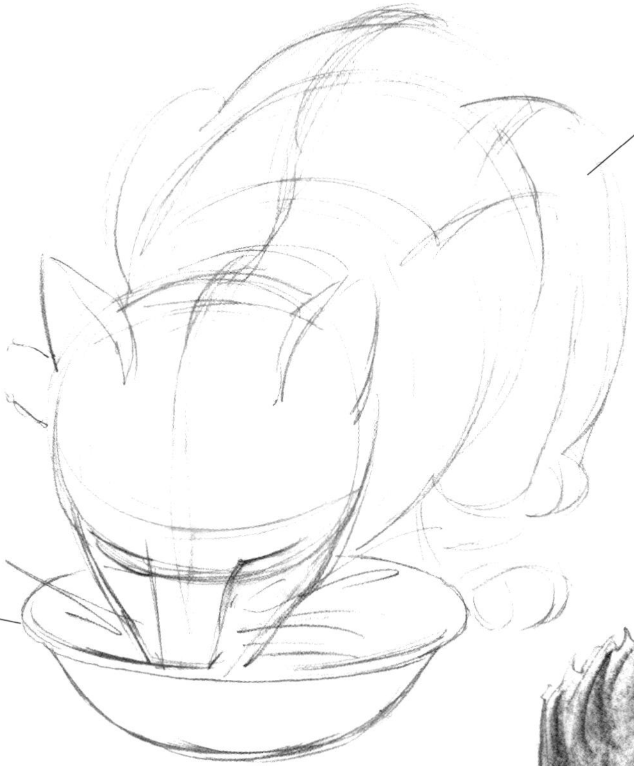

Die Schale zeichnen Sie gleich bei der ersten Skizze mit, damit sie nahtlos zum Motiv passt.

Mit der Seite der Mine eines weichen Bleistifts werden die ersten Schraffuren eingearbeitet.

2

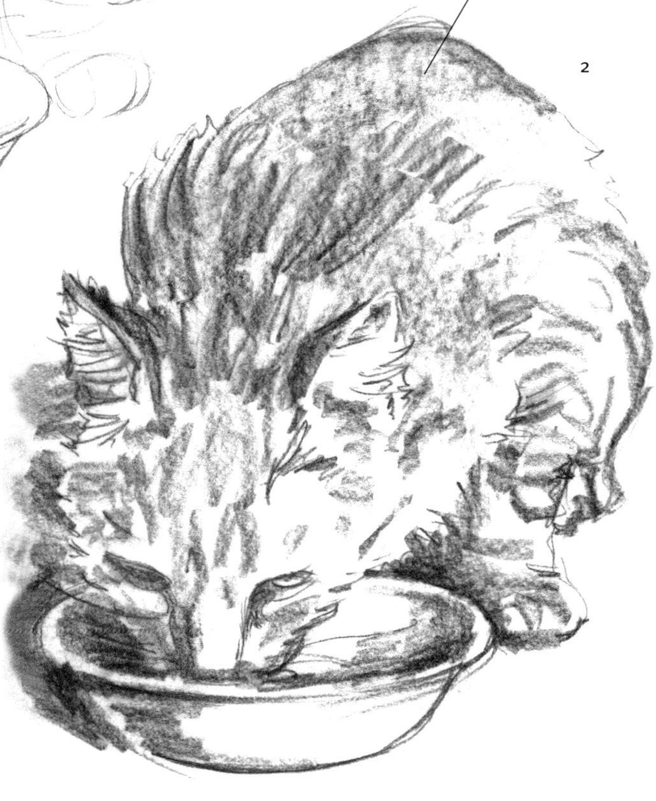

Mit einem Papierwischer so über das Fell gehen, dass ein weicher, flächiger Gesamteindruck entsteht.

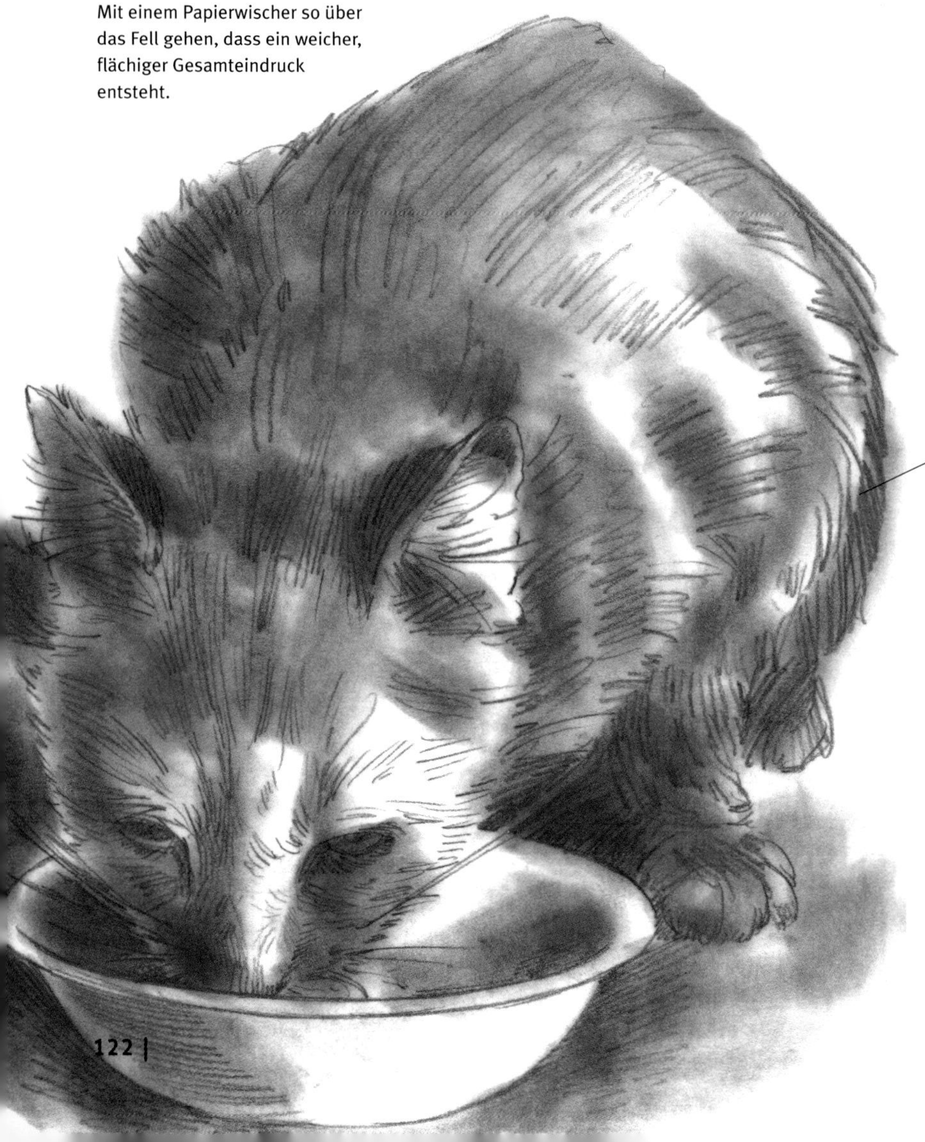

Nachdem Sie das Fell mit dem Papierwischer als eine weiche Fläche gestaltet haben, setzen Sie mit einem Bleistift in Härte 2B noch eine Reihe von Haaren, die gut zu erkennen sind und das Fell noch besser definieren.

Beginnen Sie mit dem Skizzieren der kauernden Katze, wie in Schritt 1. Die Hilfslinie in der Mitte zeichnet die Form des hingekauerten Körpers perfekt nach. Die verkürzten Pfoten und Beine leicht andeuten. In Schritt 2 die mandelförmigen Augen mit einem Bleistift in Härte B gestalten und für den Nasenrücken ein Stück Papier weiß lassen. Mit der Seite der Mine eines Bleistifts in Härte 6B das Fell anlegen, mit der Spitze die Details an Ohren und Beinen zeichnen. Anschließend mit dem Papierwischer über das Fell und die Konturen gehen, damit die Katze sanfter und weicher wirkt. Ganz zum Schluss hilft die Spitze eines Bleistifts in Härte 2B, das Bild durch die letzten Details zu vervolkommnen.

An der Türe

An sich handelt es sich nur um eine kleine Szene, doch der Kontrast zwischen den waagerechten und senkrechten Linien der Tür und der Wand sowie dem weichen runden Körper der Katze verleiht der Studie das gewisse Etwas. Die Körpersprache von Katzen ist nicht schwer zu verstehen, sodass die Verständigung zwischen Mensch und Tier meist ausgezeichnet klappt. Wenn Katzen sich an einem Gegenstand reiben, übertragen sie ihren Körpergeruch und markieren so ihr Territorium. Wenn eine Katze dagegen um Ihre Beine streicht, begrüßt sie sie, weil sie Sie gern hat.

1

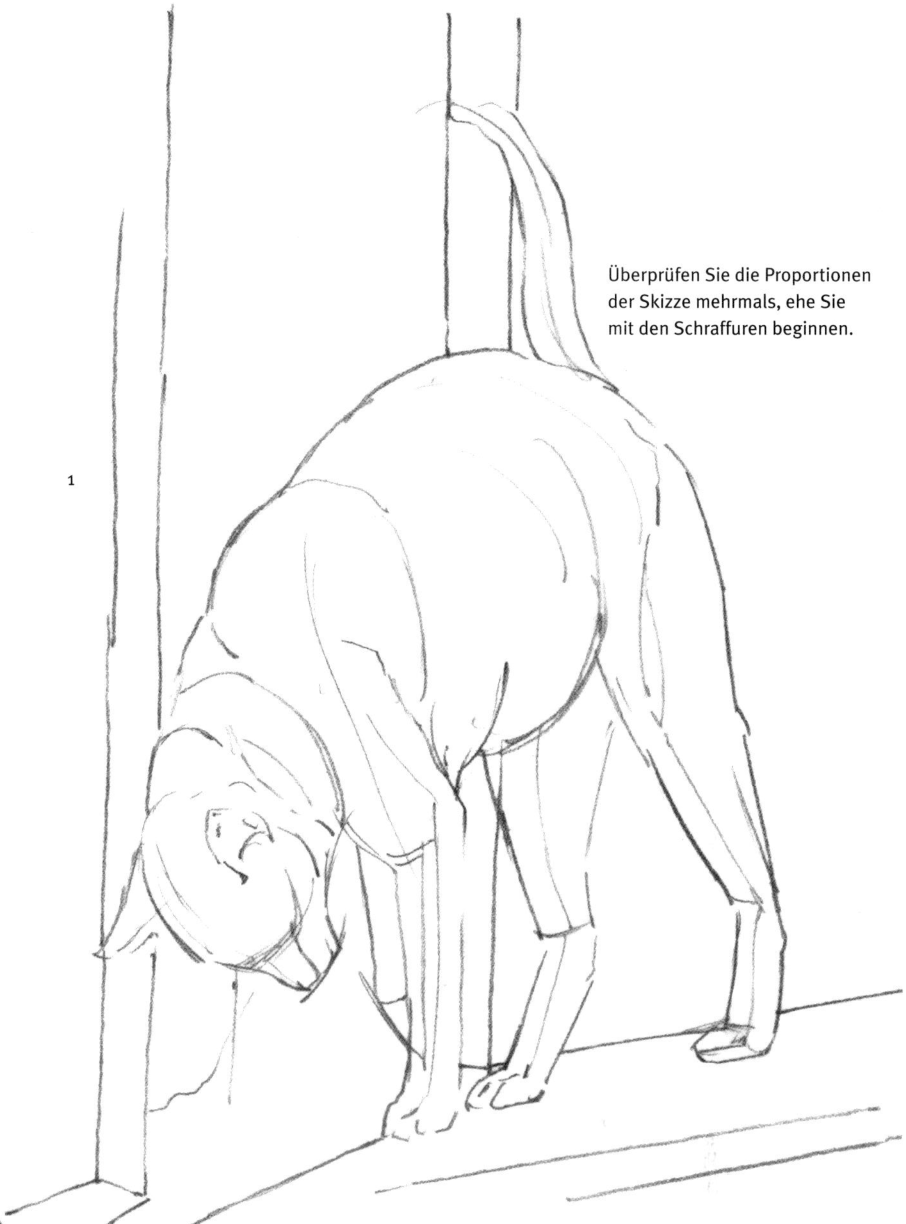

Überprüfen Sie die Proportionen der Skizze mehrmals, ehe Sie mit den Schraffuren beginnen.

Variieren Sie die Stärke der Striche und Linien, mit denen Sie die Schatten und die Tür andeuten, ebenso wie die Striche, mit denen Sie das Fell zeichnen.

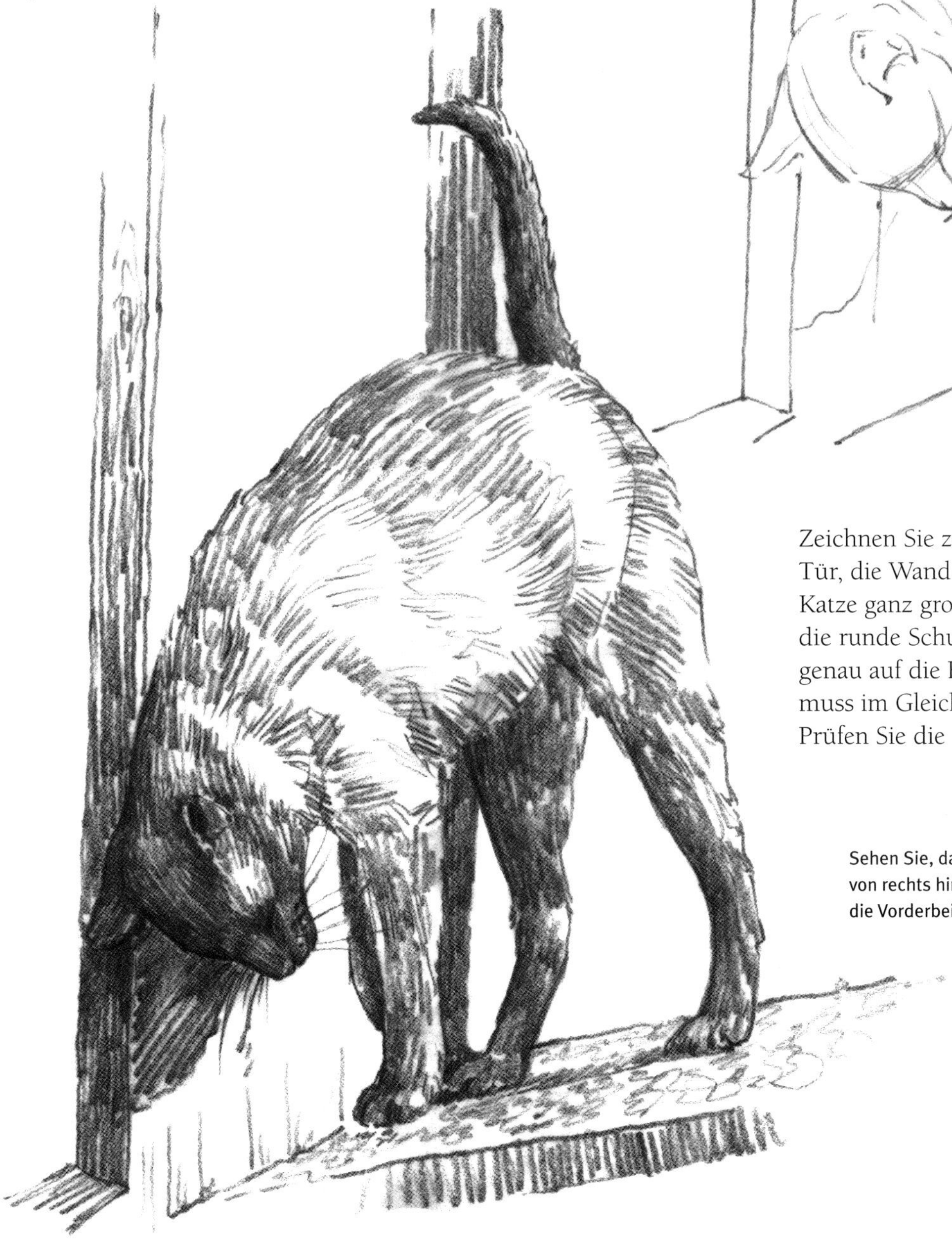

Zeichnen Sie zuerst die waagerechten und senkrechten Linien für die Tür, die Wand und den Boden – dann skizzieren Sie den Körper der Katze ganz grob. Als Nächstes zeichnen Sie den gebogenen Rücken, die runde Schulter und den aufgerichteten Schwanz. Achten Sie ganz genau auf die Proportionen und die Positionen der Beine. Die Katze muss im Gleichgewicht sein, obwohl sie sich gegen die Türe lehnt. Prüfen Sie die Skizze mehrmals, ehe Sie mit den Schraffuren beginnen.

Sehen Sie, dass in diesem Bild das Licht von rechts hinten kommt? Deshalb sind die Vorderbeine dunkler als die Flanke.

In vielen Sagen und Märchen spielen Katzen eine wichtige Rolle.

Katzenkinder

Dieses Kätzchen zu zeichnen, ist nicht ganz einfach, da es den Kopf teilweise vom Betrachter abwendet. Sie müssen bei der Darstellung des Kopfes also die Technik der optischen Verkürzung anwenden (▶ Seite 169) und bestimmte Bereiche so zeichnen, wie das menschliche Auge sie sieht. Die rechte Gesichtshälfte und der Oberkopf des Kätzchens erscheinen größer, die linke Gesichtshälfte kleiner, als sie es in Wirklichkeit sind.

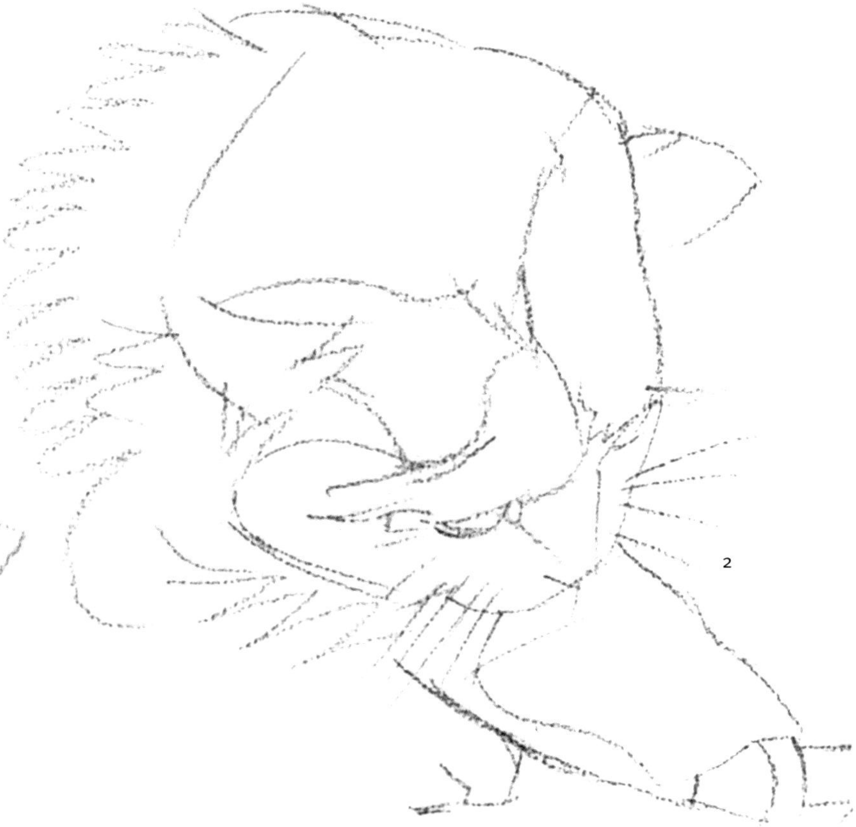

2

1

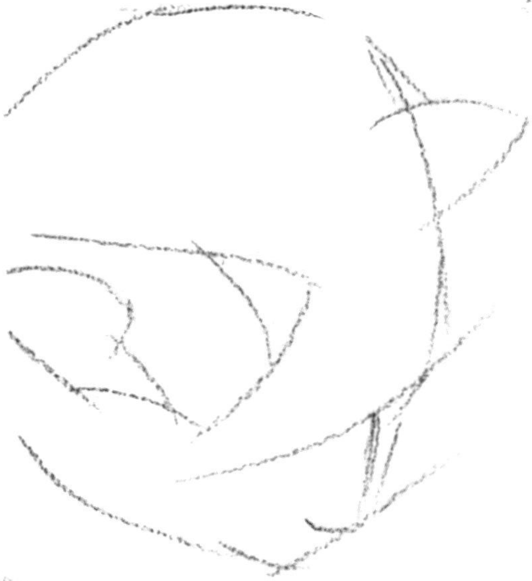

Skizzieren Sie den Kopf wie in Schritt 1 und achten Sie besonders aufs rechte Ohr – da es dem Betrachter zugewendet ist, muss es verkürzt wiedergegeben werden: Die Seiten verkürzen, damit die Ohrenspitze groß und nah wirkt. Insgesamt muss das rechte Ohr größer werden als das linke – auch das hilft, um die Illusion von Räumlichkeit zu schaffen, denn in Wirklichkeit erscheint uns alles, was direkt vor unseren Augen ist, größer als Gegenstände, die weiter entfernt sind.

Im zweiten Schritt die Formen weiter verfeinern. Studieren Sie die Vorlage immer wieder und achten Sie darauf, dass alle Proportionen wirklich stimmen. Zum Schluss Tusche unterschiedlich stark vermischen, einen Pinsel zur Hand nehmen und das Fell des dreifarbigen Kätzchens gestalten. Leichte und lockere Striche geben dem ganzen Bild etwas Verspieltes und Leichtes.

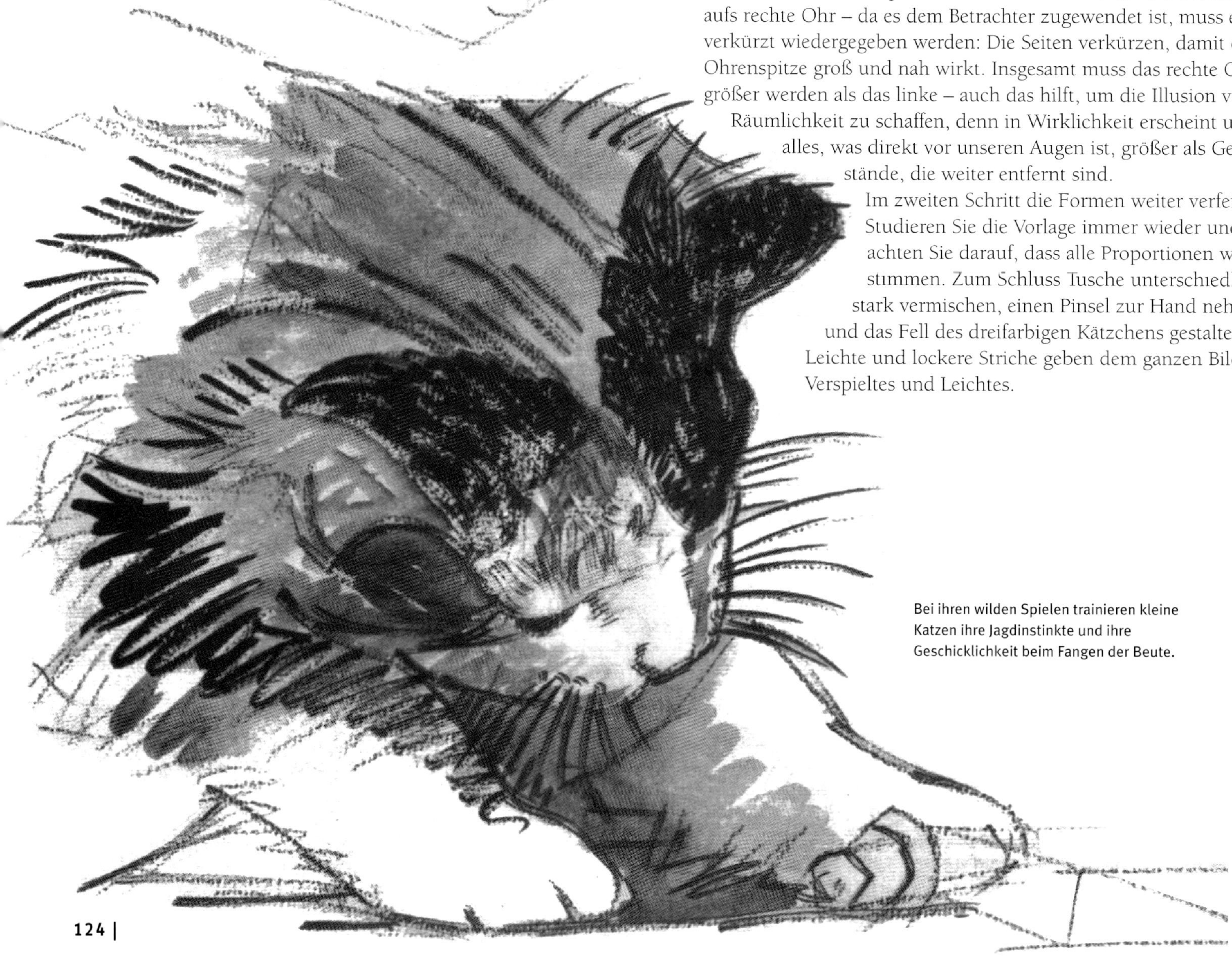

Bei ihren wilden Spielen trainieren kleine Katzen ihre Jagdinstinkte und ihre Geschicklichkeit beim Fangen der Beute.

Stundenlang können sich Katzen mit allem beschäftigen, was sich bewegt oder bewegen lässt, damit sie es immer wieder von Neuem fangen können. Eine solche Szene voller Spielfreude ist immer ein lohnendes Zeichenmotiv.

In dieser Szene soll das Wollknäuel, in dem sich die Pfoten des Kätzchens verheddert haben, in den Mittelpunkt des Interesses gerückt werden. Können Sie all die Kniffe erkennen, die hierfür angewendet wurden? Vor allem wurde das Garn weiß vor dem dunklen Hintergrund gezeichnet. Diese spezielle Technik ist sehr effektiv. Sie weckt Interesse und löst Formen auf spannende Weise auf.

1

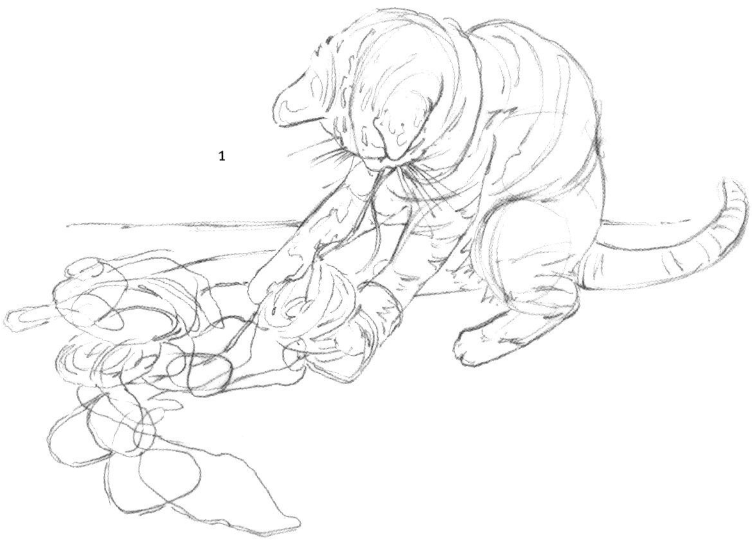

2

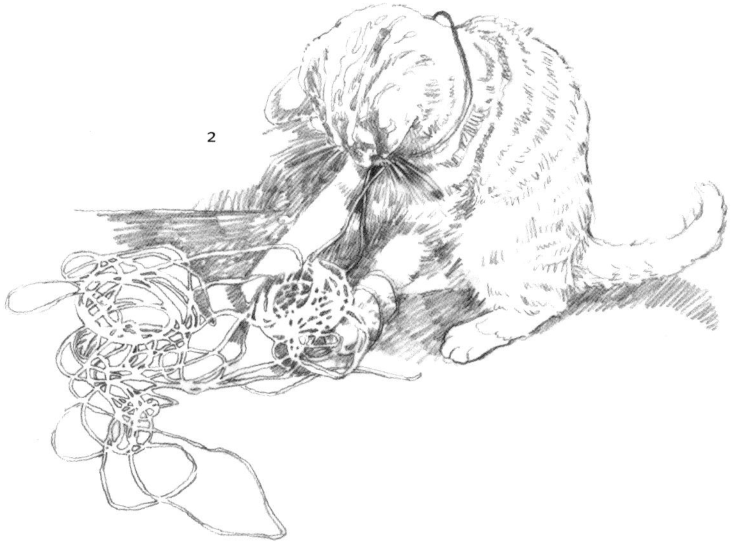

Das dunkle Stück Garn um den Hals verbindet das Kätzchen mit der Bildaussage.

Der Neigungswinkel des Kopfes lenkt den Blick aufs Wollknäuel.

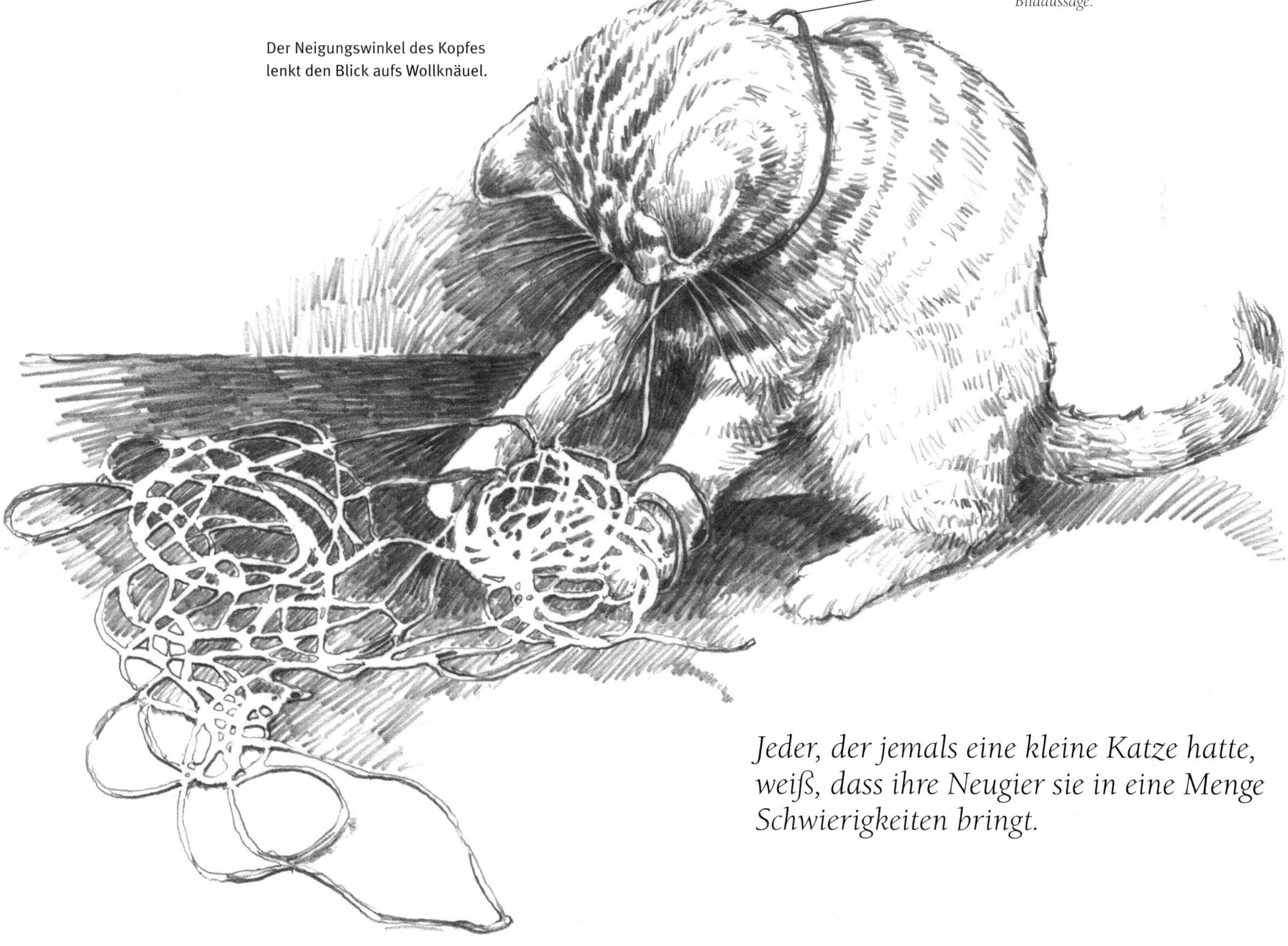

Jeder, der jemals eine kleine Katze hatte, weiß, dass ihre Neugier sie in eine Menge Schwierigkeiten bringt.

Beim Klettern

Fast alle Katzen wollen hoch hinaus – leider hat sich diese junge Katze beim Klettern in eine recht missliche Lage gebracht. Sehen Sie übrigens, dass kleine Katzen noch einen runden Bauch und einen eher fassartigen Körper haben – während ausgewachsene Tiere schlank sind?

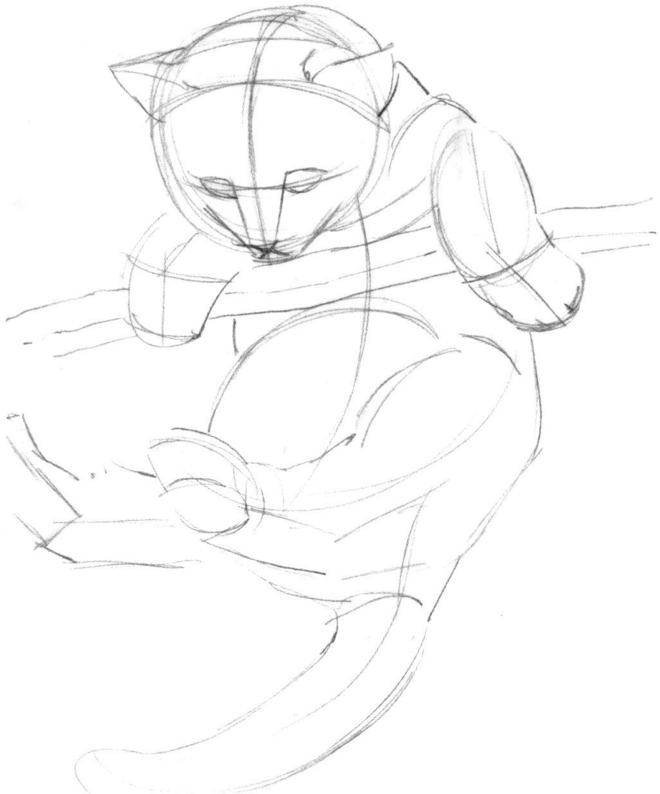

1 Als Erstes bringen Sie den Ast zu Papier. Er soll etwas geneigt sein. Dann folgt der Katzenkörper, der sich sozusagen um den Ast „wickelt". Der Bauch soll nicht lang gezogen wirken, sondern eher rundlich. Nehmen Sie einen spitzen Bleistift in Härte HB und deuten Sie auch noch das Gesicht, die Beine und den Schwanz an.

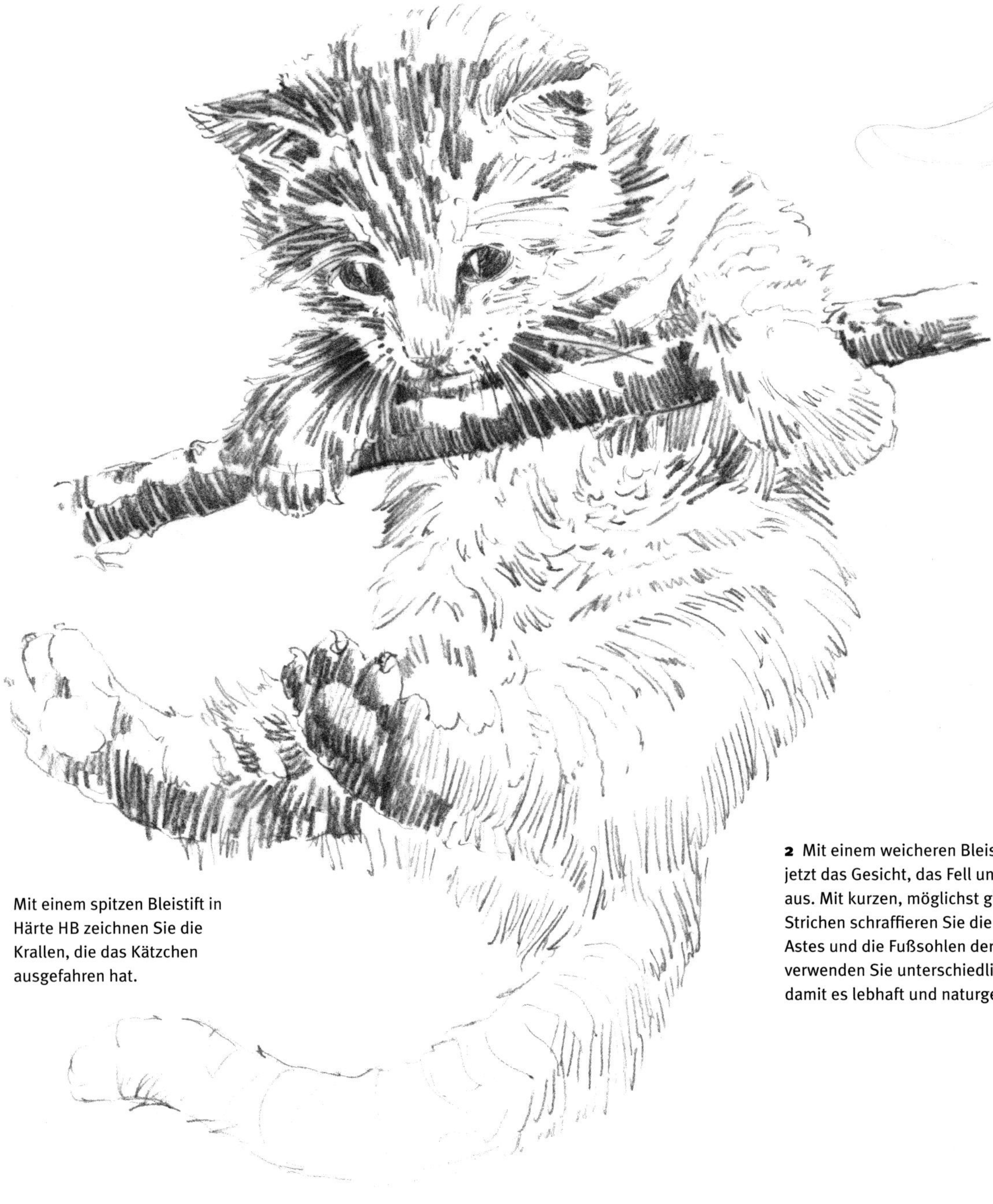

Mit einem spitzen Bleistift in Härte HB zeichnen Sie die Krallen, die das Kätzchen ausgefahren hat.

2 Mit einem weicheren Bleistift gestalten Sie jetzt das Gesicht, das Fell und den Zweig weiter aus. Mit kurzen, möglichst gleichmäßigen Strichen schraffieren Sie die Unterseite des Astes und die Fußsohlen der Katze. Beim Fell verwenden Sie unterschiedliche Schraffuren, damit es lebhaft und naturgetreu wirkt.

3 Nun müssen Sie das Bild nur noch fertigstellen. Mit einem Bleistift in Härte HB werden die Wimpern, die feinen Linien über der Nase, die Augen und das Maul besonders schön. Arbeiten Sie am Fell weiter und setzen Sie gezielt unterschiedliche Striche, um die verschiedenen Fellpartien hervorzuheben. Lassen Sie auf dem Blatt weiße Stellen stehen, denn die kleine Katze hat getigertes Fell.

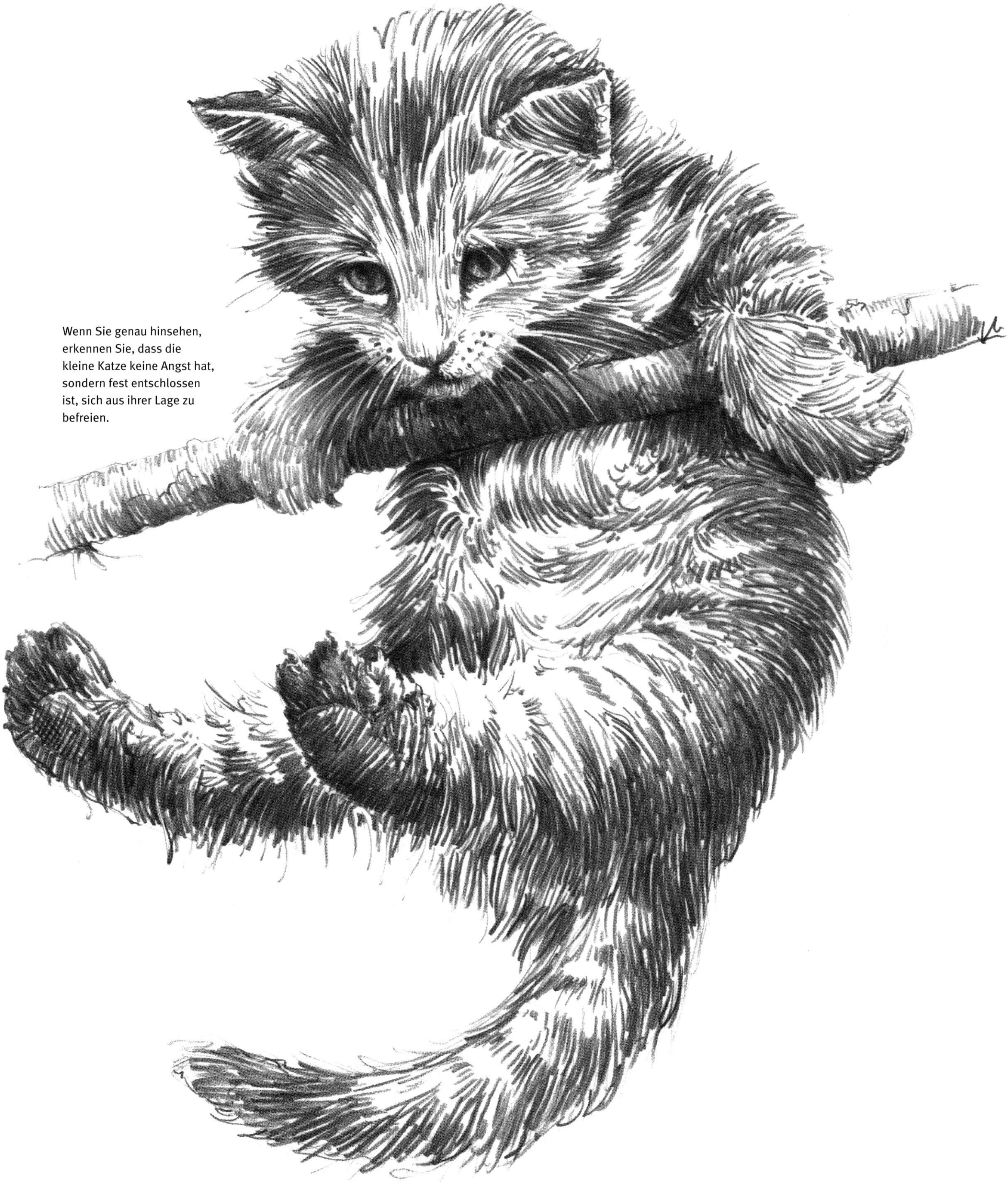

Wenn Sie genau hinsehen, erkennen Sie, dass die kleine Katze keine Angst hat, sondern fest entschlossen ist, sich aus ihrer Lage zu befreien.

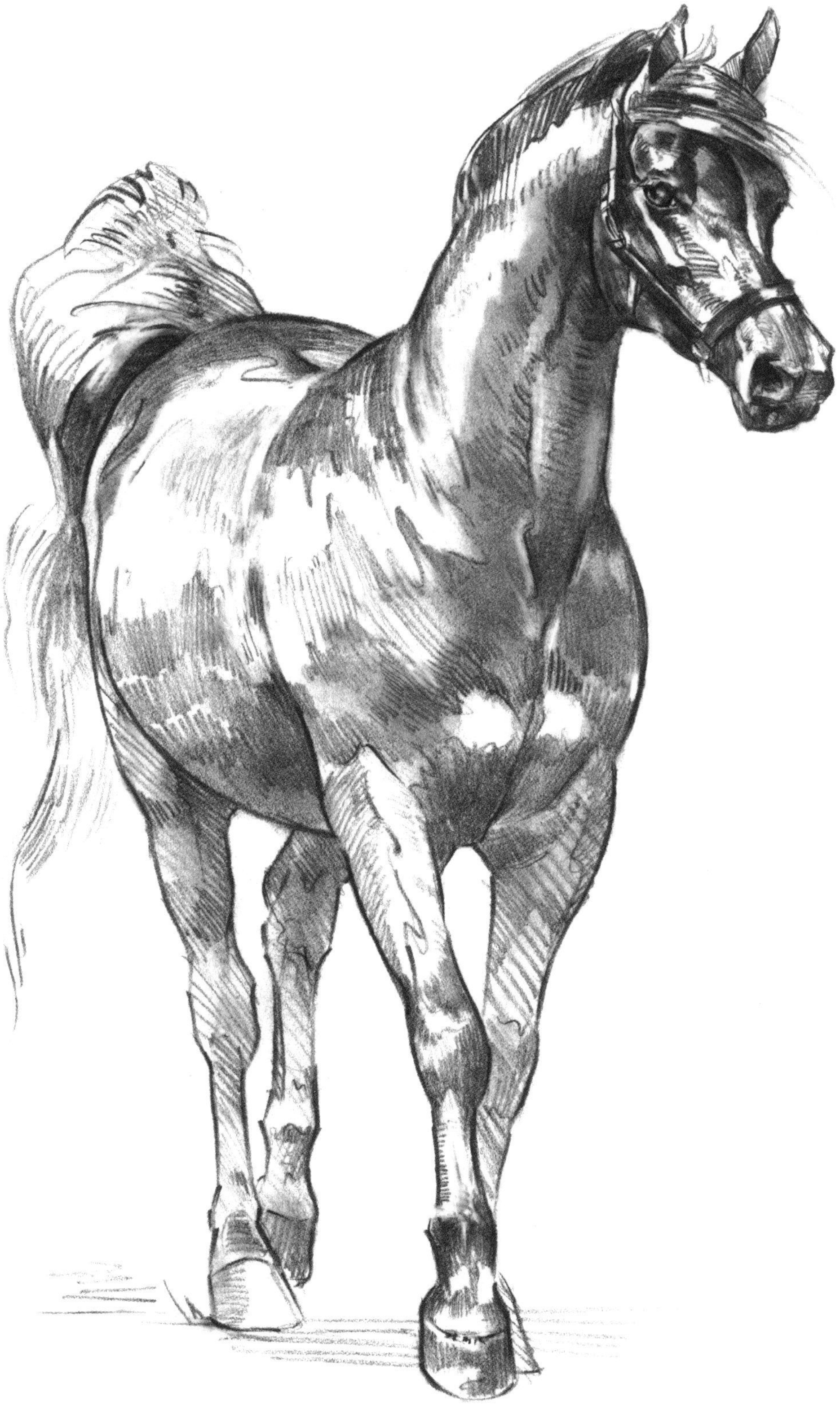

Freude an PFERDEN

Pferde sind faszinierende Tiere und man ist manchmal erstaunt, dass ein so kraftvolles Wesen seit Jahrtausenden im Dienst der Menschheit steht. Die Beziehung zwischen Mensch und Pferd ist deshalb auch für Zeichner immer wieder ein wichtiges Motiv gewesen. Doch auch Pferdeporträts ohne Mensch stellen eine künstlerische Herausforderung dar: Alleine die Schönheit dieser Tiere, die unterschiedlichen Pferde- und Ponyrassen oder das heitere Wesen eines Fohlens bieten Material für äußerst ansprechende Bilder. Um Pferdemotiven auch technisch und künstlerisch gewachsen zu sein, muss man allerdings etwas Grundwissen über Anatomie und typische Bewegungen kennen.

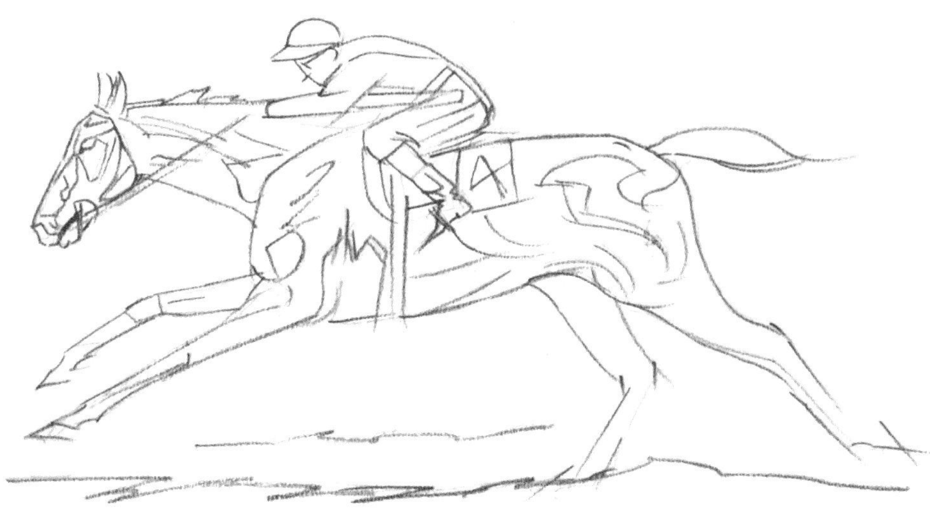

Der Körperbau des Pferdes

Gerade bei Pferden hilft die Kenntnis des Körperbaus, ein Pferd in jeder Pose von Anfang an richtig zu skizzieren, denn es ist ein großes Tier mit einer ganz eigenen Anatomie.
Wichtig ist in erster Linie die richtige Wiedergabe der Proportionen des Pferdes, also das Verhältnis der einzelnen Körperteile zueinander. Wenn Künstler Menschen oder Tiere darstellen, hilft ihnen oft ein einfacher Trick, um die richtigen Proportionen zu finden. Sie nehmen den Kopf als Maß und bestimmen so die Länge oder Breite der anderen Körperpartien. So ist zum Beispiel der Körper eines Pferdes etwa viermal so lang wie der Kopf.

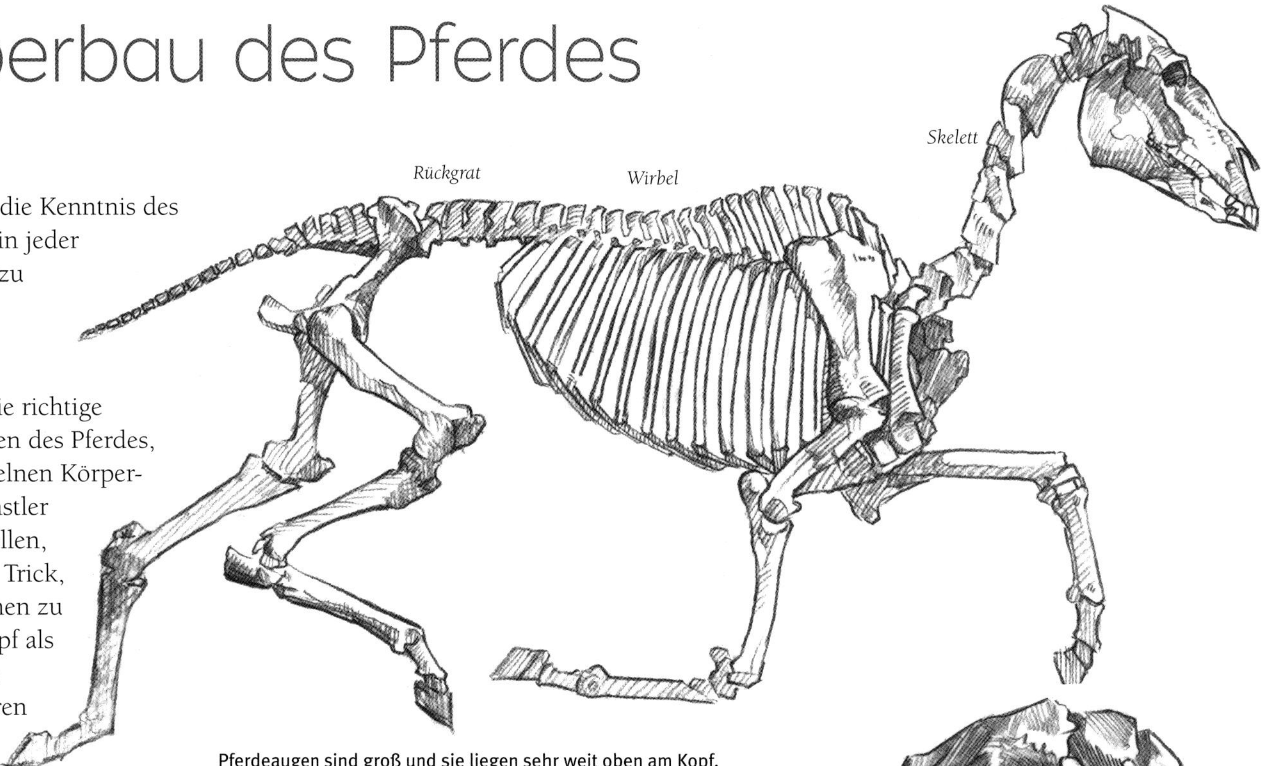

Pferdeaugen sind groß und sie liegen sehr weit oben am Kopf. Besonderheiten sind auch der lang gezogene Schädel mit dem flachen Nasenbein und der Abstand zwischen Scheitel und Kiefer.

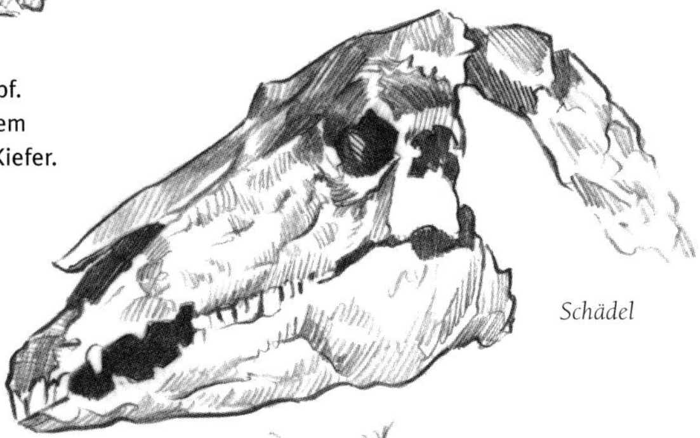

Form und Größe eines Pferdes beruhen auf Form und Größe des Skeletts. Dabei muss man nicht einmal alle Körperteile oder gar alle Knochen eines Pferdes mit Namen kennen, um die Proportionen richtig zu zeichnen – es genügt, wenn Sie sich die Grundzüge des Körperbaus einprägen. Wichtig sind beim Pferd vor allem die dreieckige Form des Kopfes, der tiefe Brustkasten und die Gelenke der Beine. Die Wirbelsäule tritt im Bereich über der Schulter besonders deutlich zutage und formt dort den gut sichtbaren Widerrist.

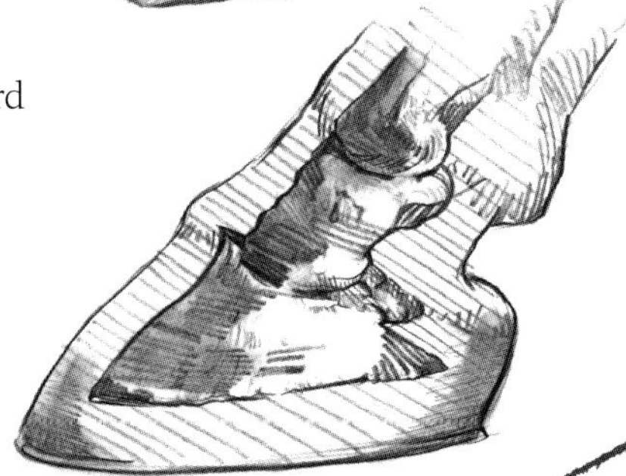

Der Huf besteht aus einer harten Hornschicht, die den Knochen der einzelnen Zehe, auf der das Pferd geht, vor Verletzungen schützt.

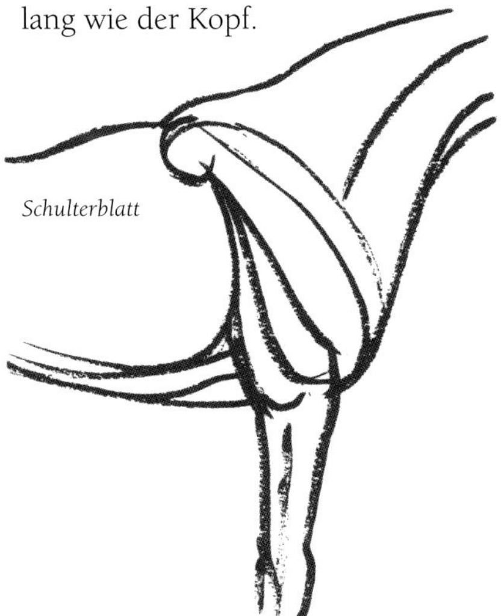

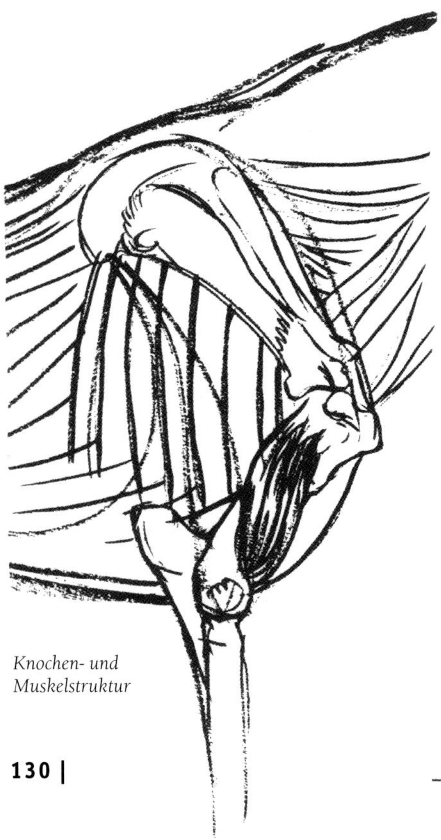

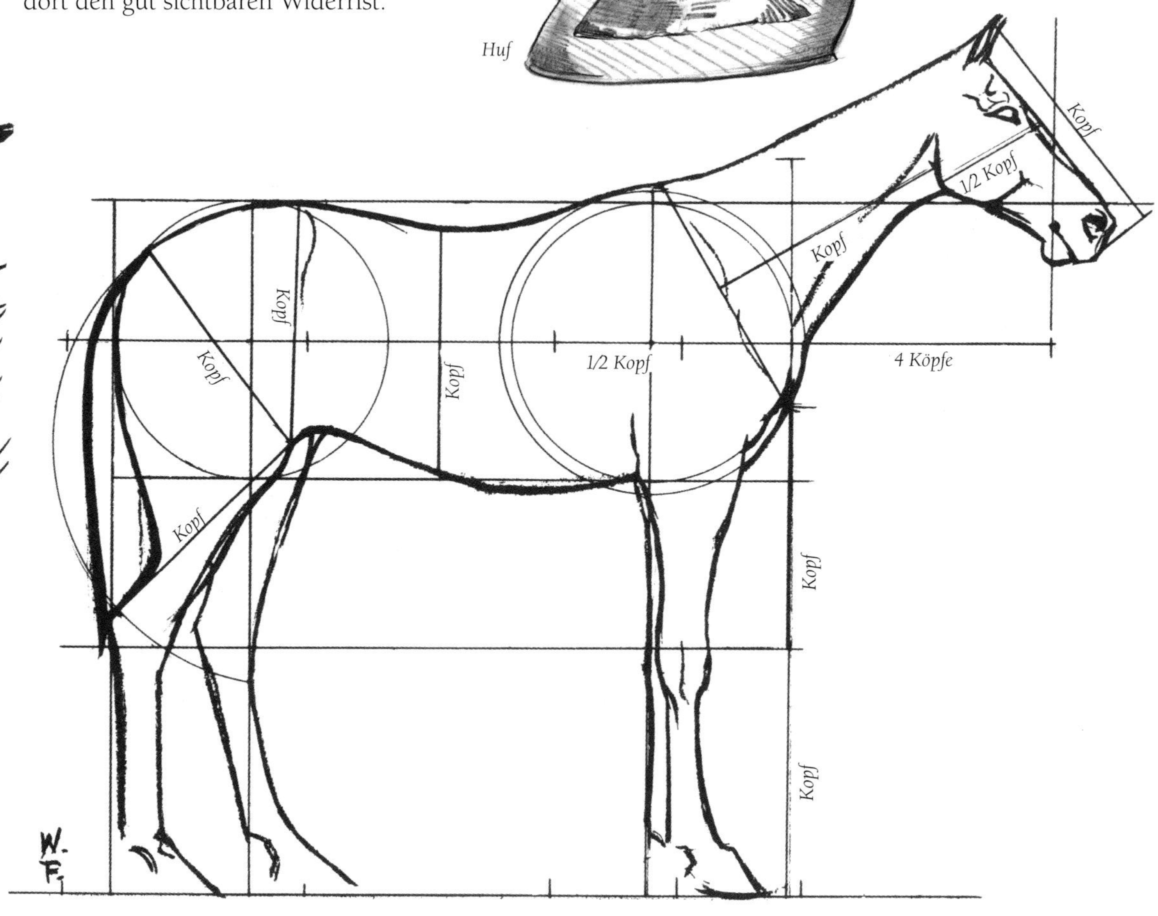

Wie bei allen anderen Tieren auch ist es für den Zeichner hilfreich, die Anatomie von Pferden zu studieren, um die innere Gesetzmäßigkeit ihres Körperbaus zu kennen. Alle großen, flachen Muskelgruppen werden als helle Flächen dargestellt, während Partieen, an denen sich mehrere kurze und kleine Muskeln oder Muskelgruppen treffen, ein genaues Hinsehen und eine komplexere Schraffurarbeit bedeuten.
Anhand der Abbildungen auf dieser Seite können Sie gut erkennen, wie die Muskelschicht um das Skelett herum aufgeschichtet ist.

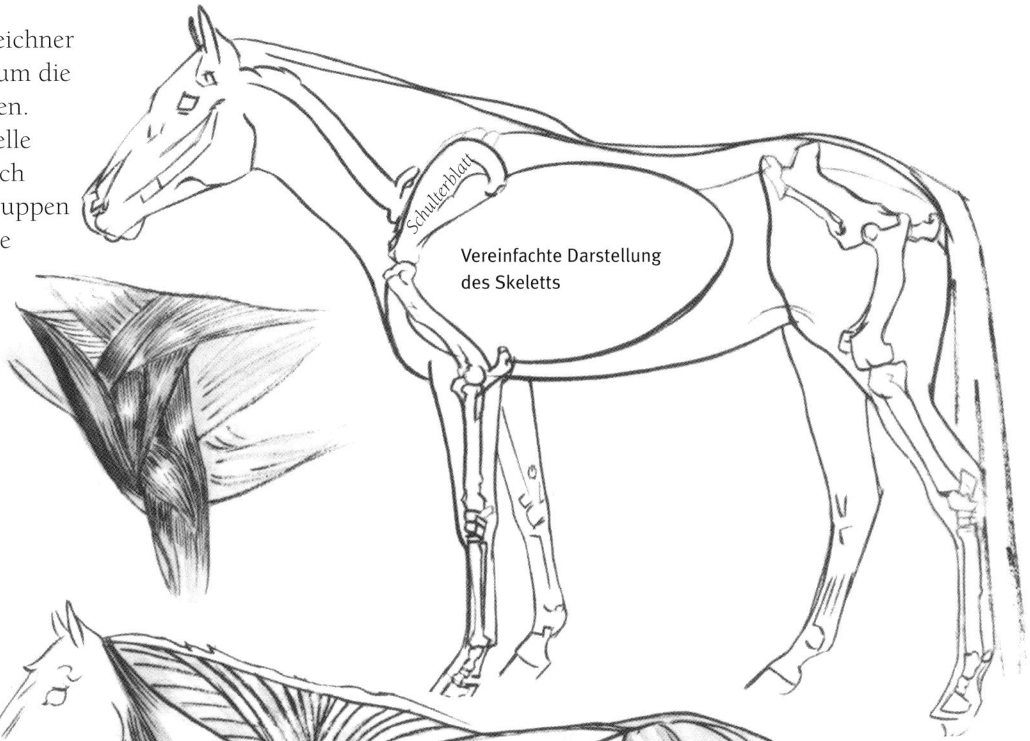

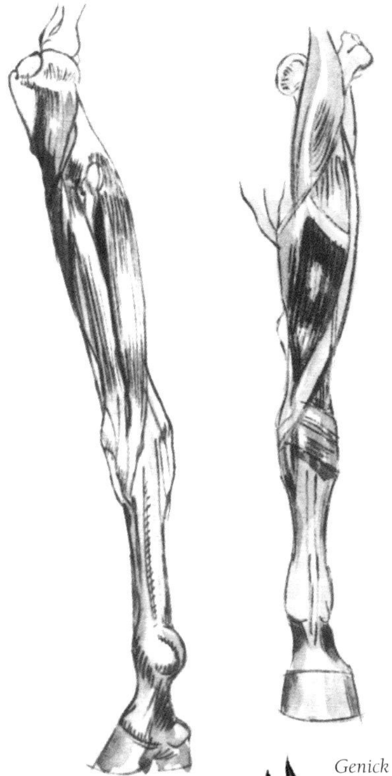

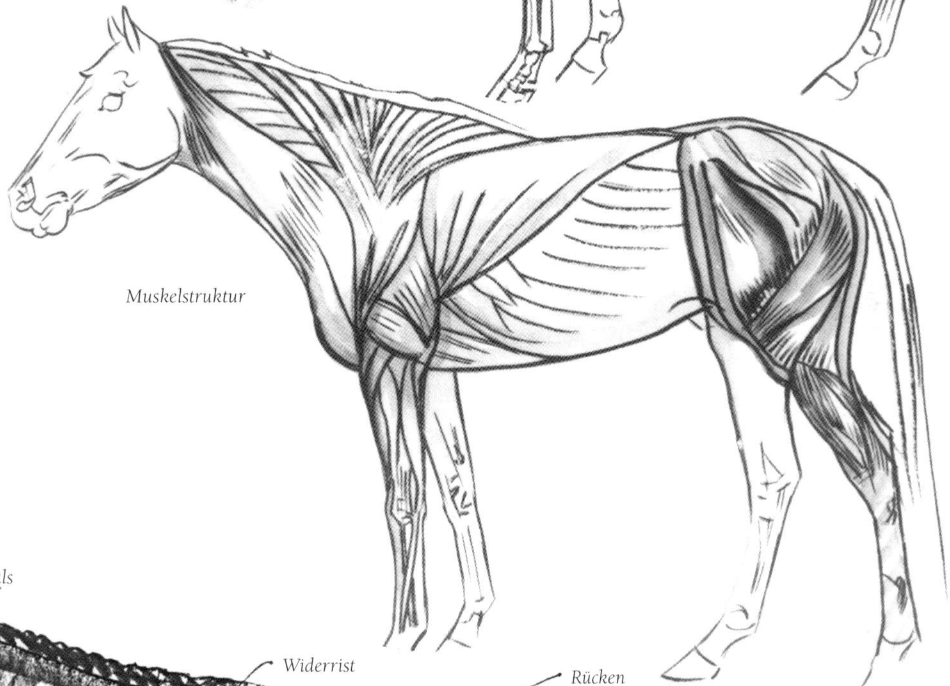
Muskelstruktur

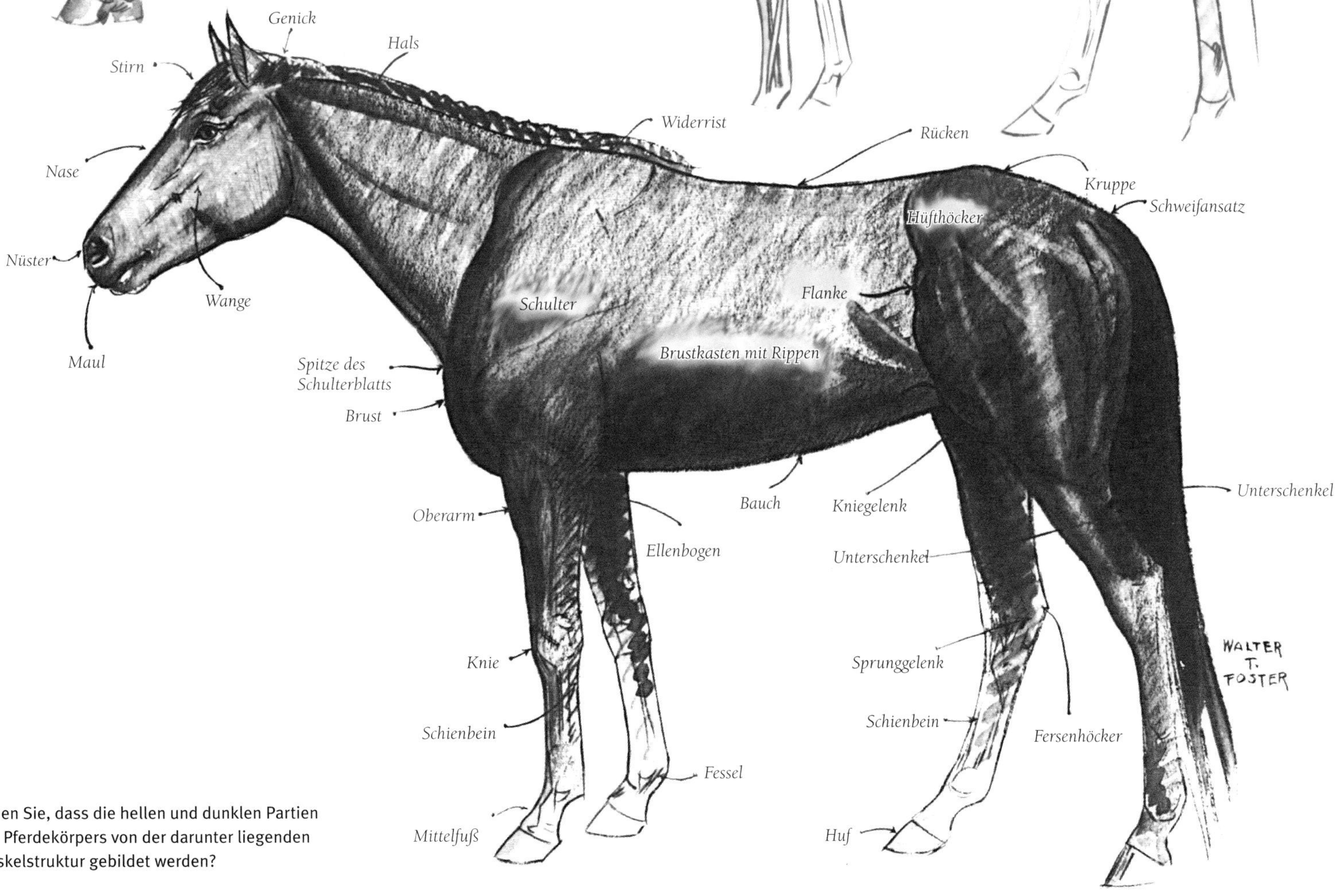

Sehen Sie, dass die hellen und dunklen Partien des Pferdekörpers von der darunter liegenden Muskelstruktur gebildet werden?

Pferdefell

Beim Zeichnen mit Grafit und Kohle gibt es verschiedene Techniken, die der Aquarellmalerei ähneln (▶ siehe Seite 26). Aus der großen Bandbreite der Schattierungstechniken werden hier diejenigen erklärt, die man beim Zeichnen von Tieren häufig braucht. Damit Zeichnungen realistisch wirken, sollten Schraffuren immer in der Wuchsrichtung des Fells verlaufen. Grafit lässt sich leichter verwischen als Zeichenkohle, auch das Ausradieren von Patzern ist einfacher. Zu jeder vorgestellten Technik sehen Sie ganz links ein Beispiel mit Grafit und links eines mit Kohle.

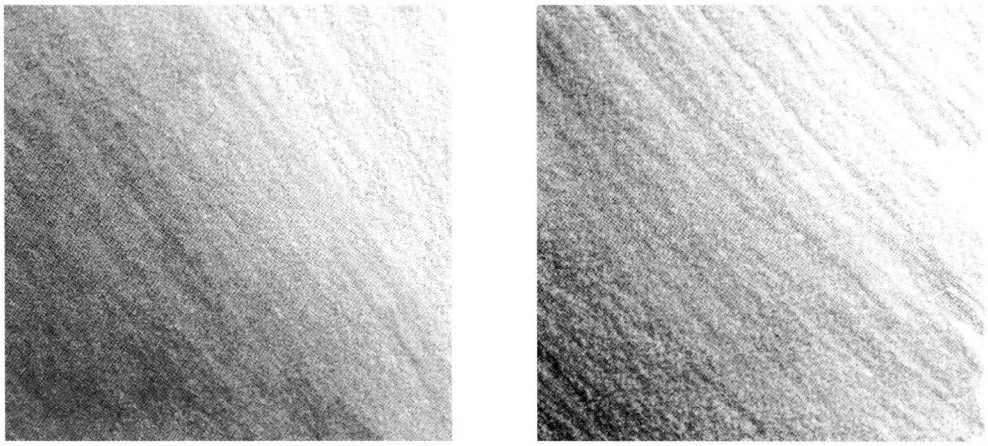

Verlauf Beginnen Sie mit einem weichen Bleistift, z.B. 6B, den Sie auf die Seite legen. Mit kräftigem Druck zuerst die dunkelsten Grautöne zeichnen, dann nach unten hin den Druck allmählich verringern, um die helleren Graustufen zu erhalten. Weicher wird der Verlauf, wenn sich die Striche überlagern.

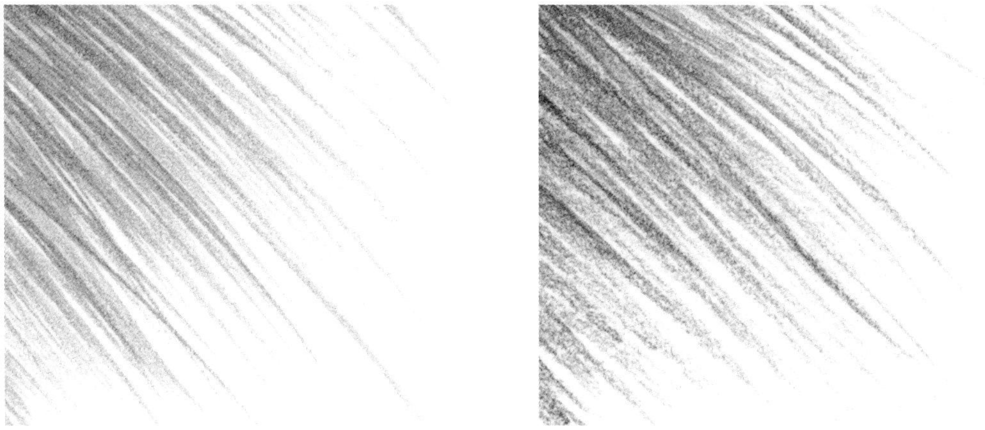

Fell Mit einem spitzen Grafit- oder Kohlestift und zügigen, schwungvollen Bogenbewegungen der Hand die Haare andeuten, am Ende jedes Strichs den Stift vom Papier abheben. Auch diese Bewegung sollte fließend sein, damit der Strich langsam heller und dünner wird, wie ein echtes Haar. Etwas Übung ist dafür notwendig. Probieren Sie aus, wie Sie am besten zurechtkommen.

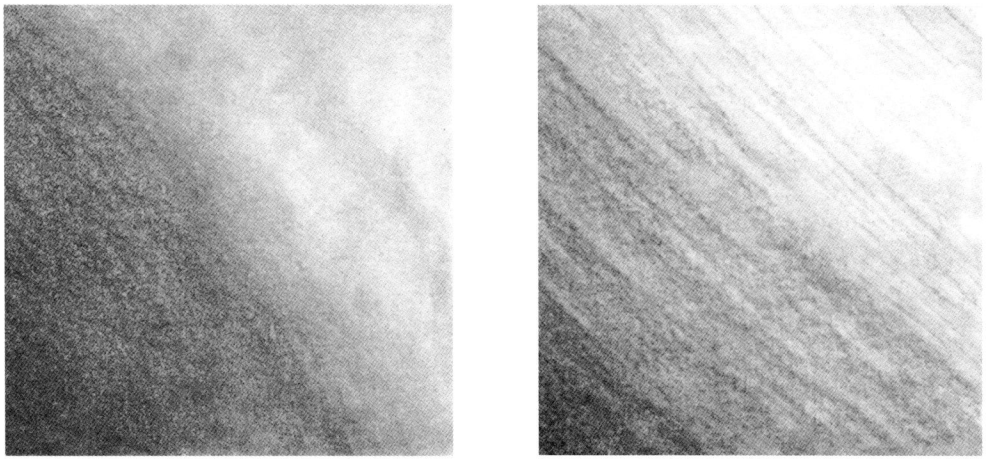

Verwischter Verlauf Solche weichen Übergänge erhält man, wenn man Striche mit einem Papierwischer verwischt. Diese Technik ist sehr vielseitig und eignet sich besonders gut für fließende Übergänge zu Bereichen in hellen Grautönen.

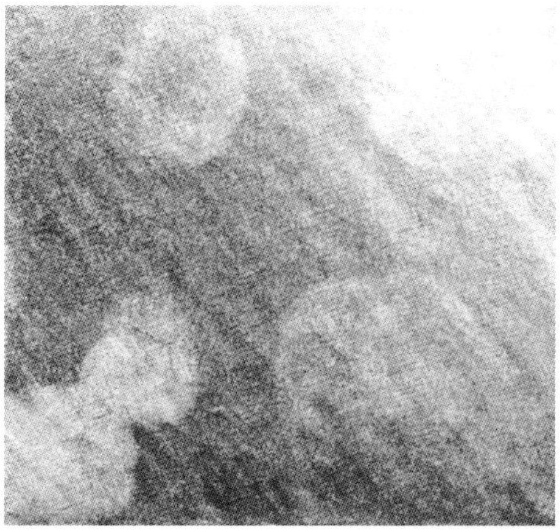

Radieren Diese Beispiele zeigen, dass man auch mit einem Radiergummi dunkle Grautöne aufhellen kann, um beispielsweise Lichtreflexe zu erzeugen. Knetgummi eignet sich dafür besonders gut, weil es sich nach Bedarf spitz für kleine Punkte und flach für größere Bereiche formen lässt. Kohle lässt sich schwieriger abnehmen als Grafit.

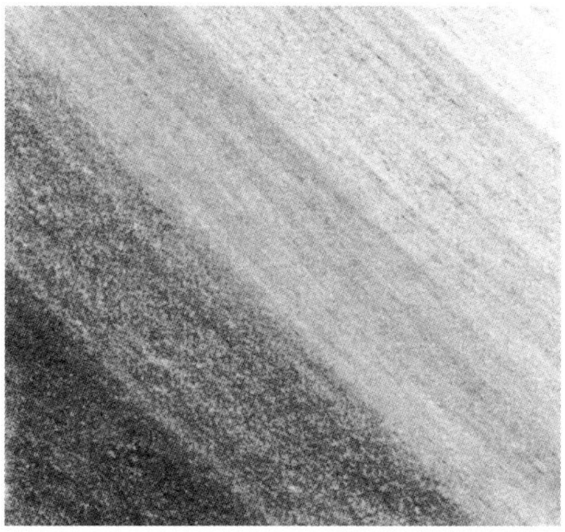

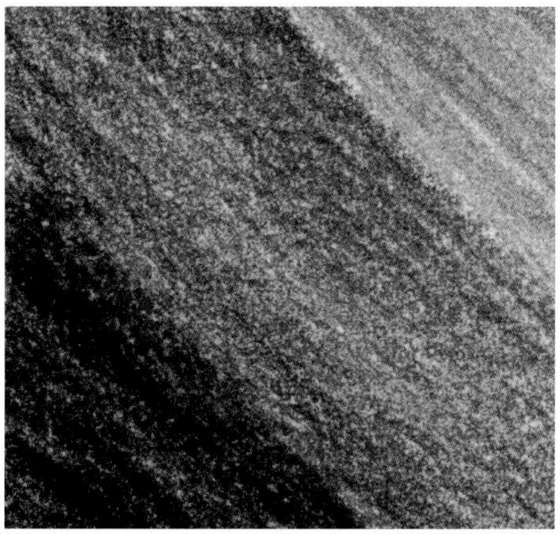

Beistifthärte Hier ist gut zu erkennen, wie sich die Bleistifthärte auf die Tonwerte auswirkt. Mit einem harten Bleistift entsteht leichter ein Streifeneffekt. Auch durch Veränderung des Drucks lässt sich ein breites Spektrum von Graustufen zeichnen.

Kreuzschraffur Diese Beispiele zeigen, wie durch überlagerte Schraffuren in verschiedenen Richtungen abwechslungsreiche Strukturen entstehen. Wer sich für diese Technik entscheidet, sollte sie aus Gründen der Einheitlichkeit in der ganzen Zeichnung anwenden. Sie eignet sich für vorläufige Skizzen, kommt aber hauptsächlich bei der Ausarbeitung der endgültigen Zeichnung zum Einsatz.

Aquarelltechniken

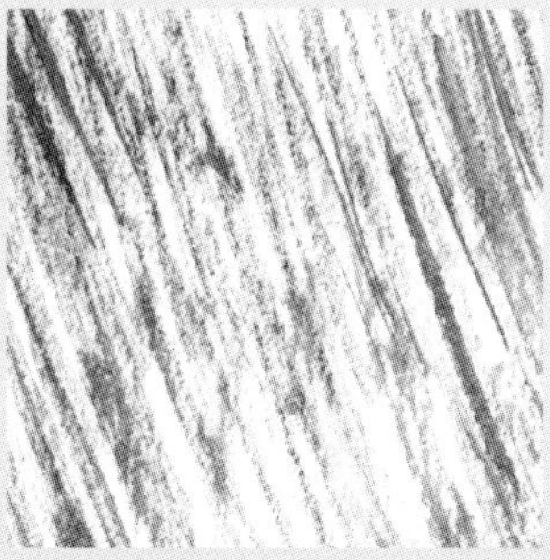

Trockener Pinsel Nehmen Sie mit dem Pinsel verdünnte Farbe auf und tupfen Sie die Haare dann mit einem Papiertuch ab, bis sie fast trocken sind. Dann mit dem Pinsel ganz leicht über das Papier „fegen“, um lange Haare von Mähne oder Schweif anzudeuten.

Verlauf Am oberen Rand des Papiers einen waagerechten Streifen flüssiger Farbe auftragen. Die Fläche mit waagerechten Pinselstrichen füllen, dabei allmählich mehr Wasser hinzunehmen (aber keine Farbe). So entsteht ein Übergang von dunkel nach hell, der modellierend wirkt.

Nass in nass Malt man mit flüssig-nasser Farbe auf trockenem Papier oder bereits getrockneter Aquarellfarbe, lässt sich der Verlauf recht gut kontrollieren. Das ist beim Malen von Details wichtig.

Augen und Maul

Augen und das Maul eignen sich besonders gut für Anfänger: Es ist einfacher, zuerst nur diese Elemente eines Pferdegesichts zu studieren und zu zeichnen, als ein ganzes Pferdebild zu gestalten. Auf dieser Seite sind diese interessanten Details aus verschiedenen Blickwinkeln abgebildet, damit Sie alles in Ruhe betrachten und üben können.

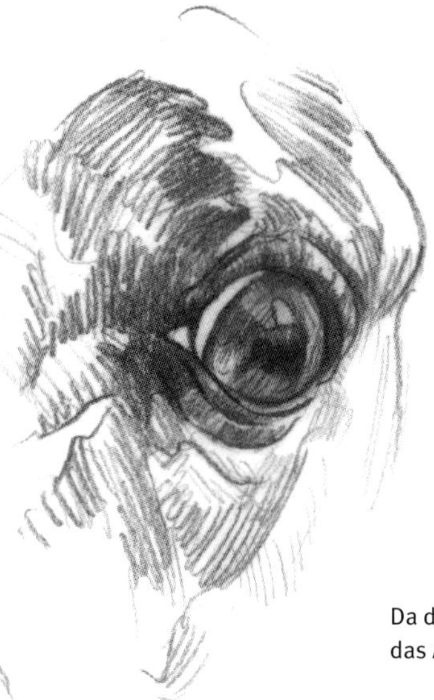

Zeichnen Sie zu Beginn die Augen oder das Maul aus den verschiedensten Blickwinkeln. Es ist egal, ob Sie anhand der Beispiele auf dieser Seite oder mit eigenen Vorlagen üben. Oft ist es so, dass schon ein meisterlich gelungenes Detail wie eine Nüster oder ein Auge eine hervorragende von einer guten Zeichnung abhebt. Nehmen Sie zunächst einen Bleistift in Härte HB für die Konturen und arbeiten Sie dann die Details aus, bis Sie zufrieden mit der Darstellung sind.

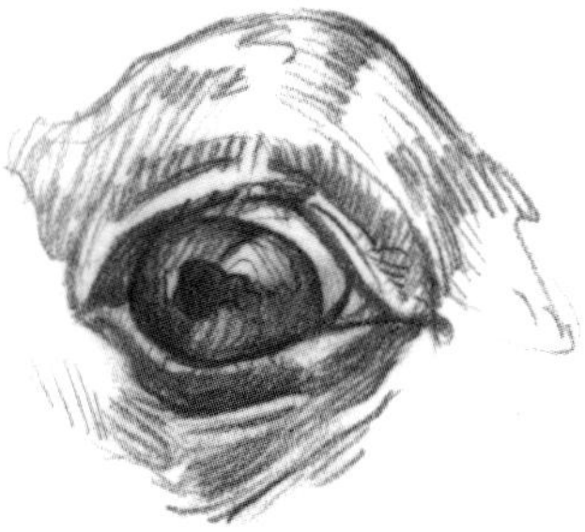

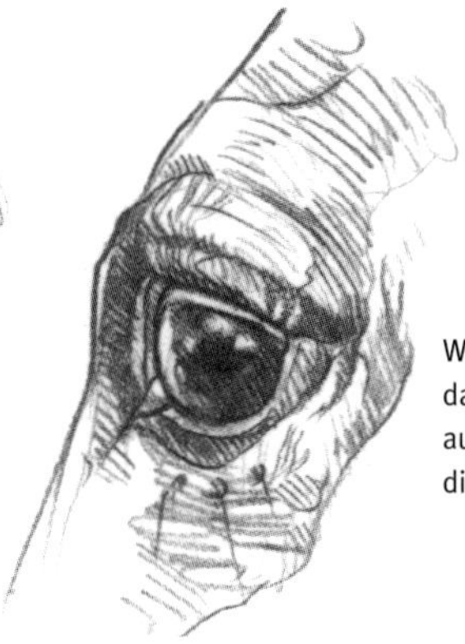

Wie bei allen Säugetieren verrät das Auge die Stimmung und auch ein bisschen etwas über die Gefühle.

Da der Augapfel rund ist, muss auch das Augenlid gewölbt sein.

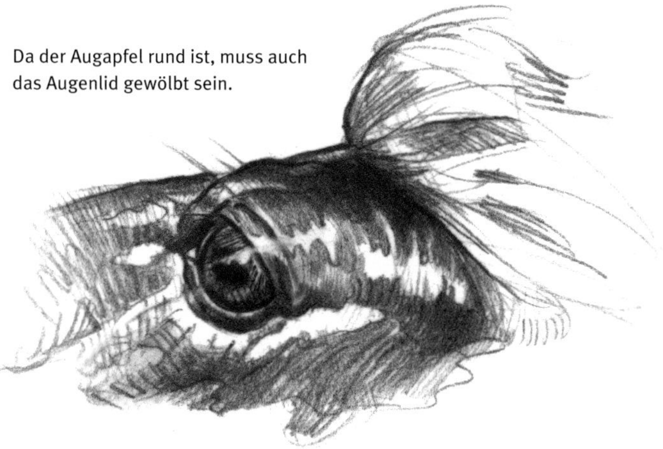

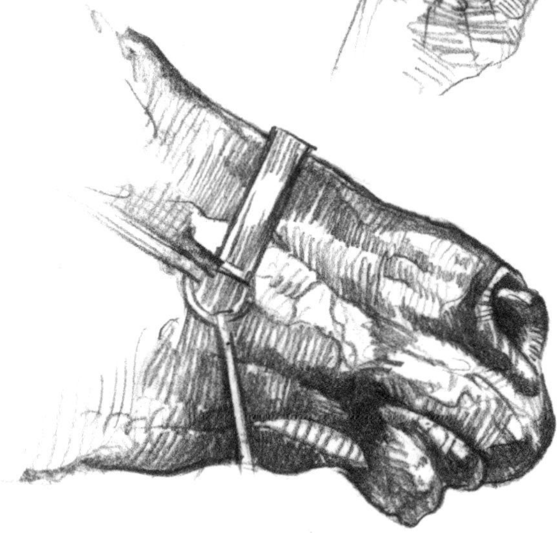

Pferdegesichter sind arm an Gewebe. Umso deutlicher treten die Knochen hervor, die die klaren Ebenen des Gesichts formen.

Gerade bei Pferden ist es schwer, die komplexe Anatomie oder zum Beispiel die sprechenden Augen aus dem Gedächtnis wiederzugeben. Machen Sie es sich leicht: Legen Sie eine Sammlung von Fotos, Heften oder Büchern über Pferde, Ponys und Fohlen an. Auf diese Bibliothek können Sie dann jederzeit zugreifen und die passenden Vorlagen finden.

Arbeiten Sie kleinteilig am Pferdegesicht. Je mehr Sie auf Unterschiede der Grauwerte und auf die Richtung der Schraffuren und Linien achten, umso lebendiger wird Ihre Zeichnung.

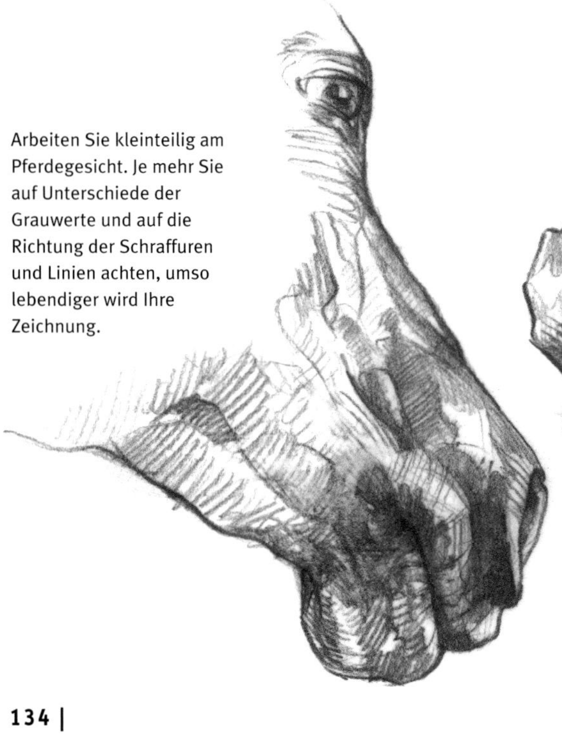

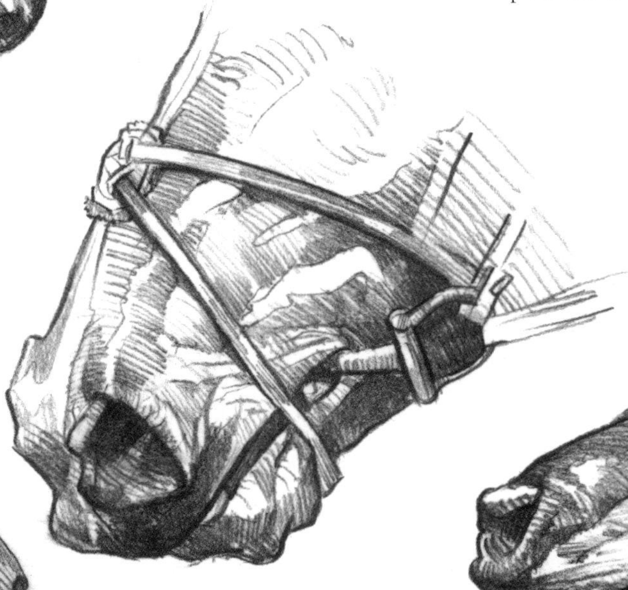

Nur bei wenigen anderen Tieren sind die Muskeln, Sehnen und Bänder im Gesicht zu gut mit bloßem Auge zu erkennen wie beim Pferd.

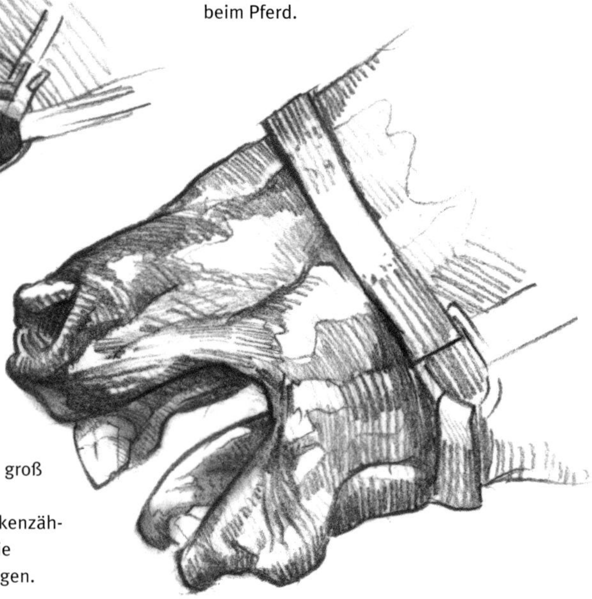

Die Zähne des Pferdes sind groß und kräftig. Zwischen den Vorderzähnen und den Backenzähnen ist eine Lücke, in der die Stangen des Halfters aufliegen.

Ohren und Hufe

Eingeweihte erkennen die Stimmung eines Pferdes sofort an seinen Ohren: Interessante Dinge werden mit hoch aufgerichteten Ohren genau verfolgt. Legt das Pferd dagegen die Ohren weit zurück, ist das ein Zeichen von Angst, Wut oder Stress.

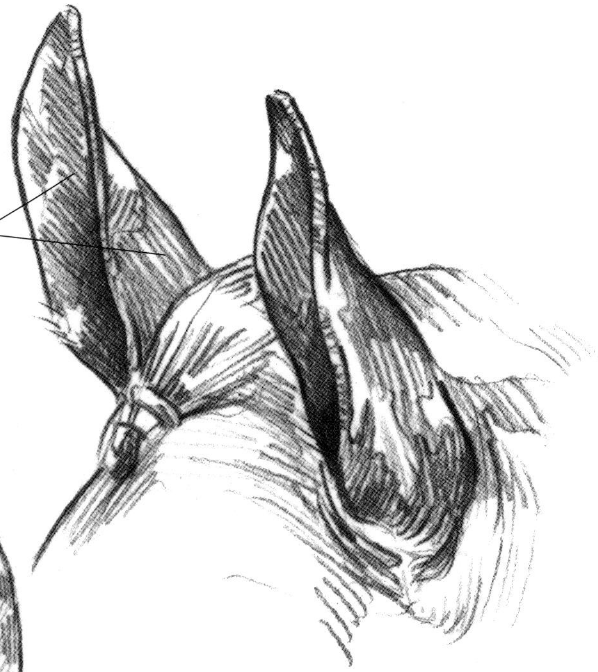

Mit Parallelschraffuren lassen sich die aufmerksam aufgerichteten Ohren dieses Pferdes ganz leicht zeichnen.

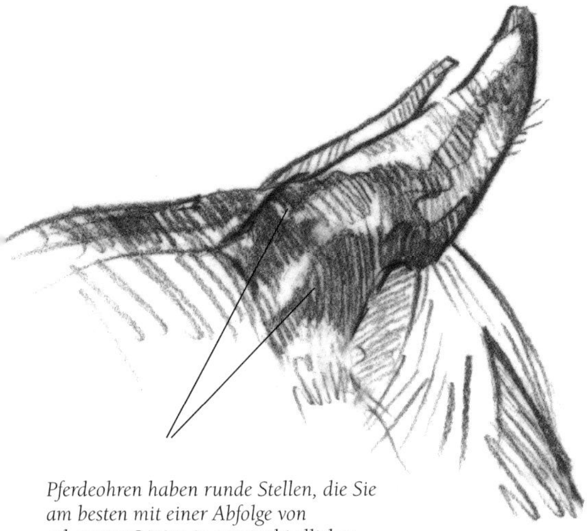

Pferdeohren haben runde Stellen, die Sie am besten mit einer Abfolge von gebogenen Linien in unterschiedlichen Richtungen zeigen.

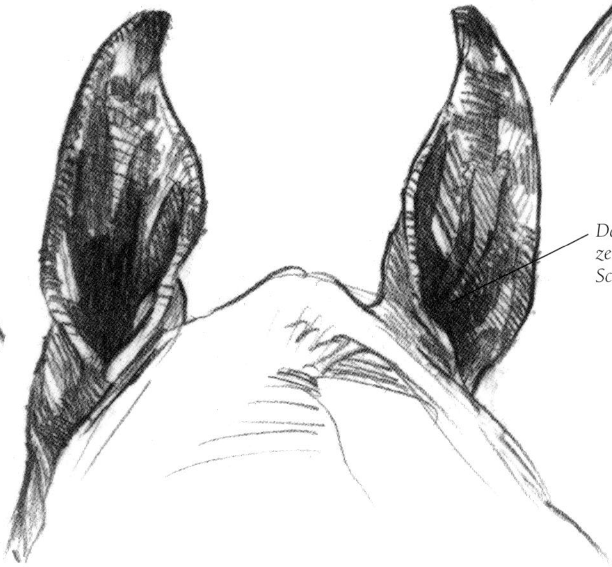

Das Innere der Ohren zeichnen Sie mit sehr dunklen Schraffuren.

Der harte Huf schützt den darunter liegenden Zehenknochen. Der weichste und empfindlichste Teil des Hufs ist der Strahl. Im Allgemeinen ist der Huf vorne höher als hinten. Und auf noch etwas kommt es beim Zeichnen der Hufe an: Sie müssen im richtigen Winkel gezeigt werden.

Hufeisen werden in den äußeren Rand des Hufs genagelt. Doch da hier keine Nervenenden vorhanden sind, spürt das Pferd dabei nichts. Es ist, als würden Sie sich die Nägel schneiden.

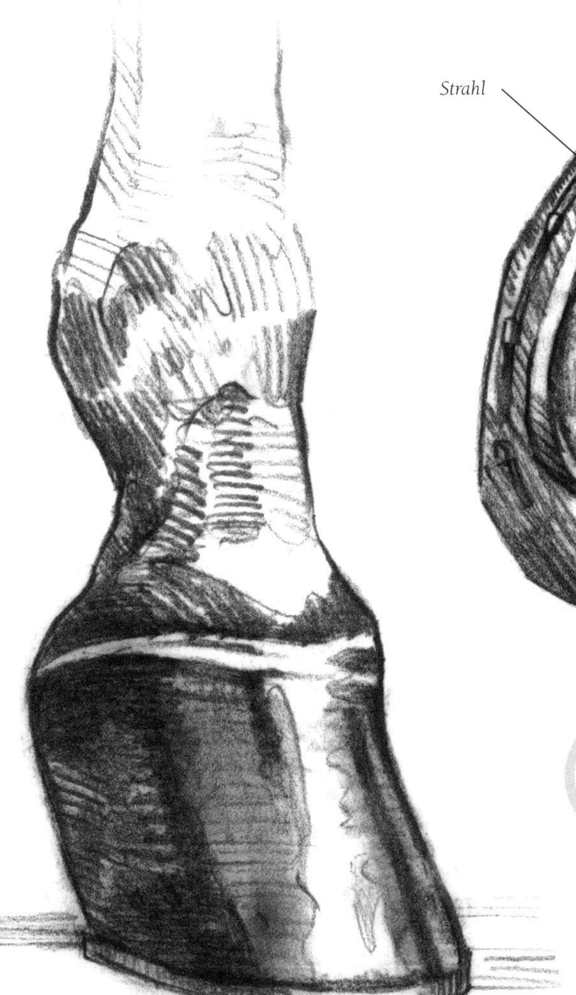

Hufeisen

Strahl

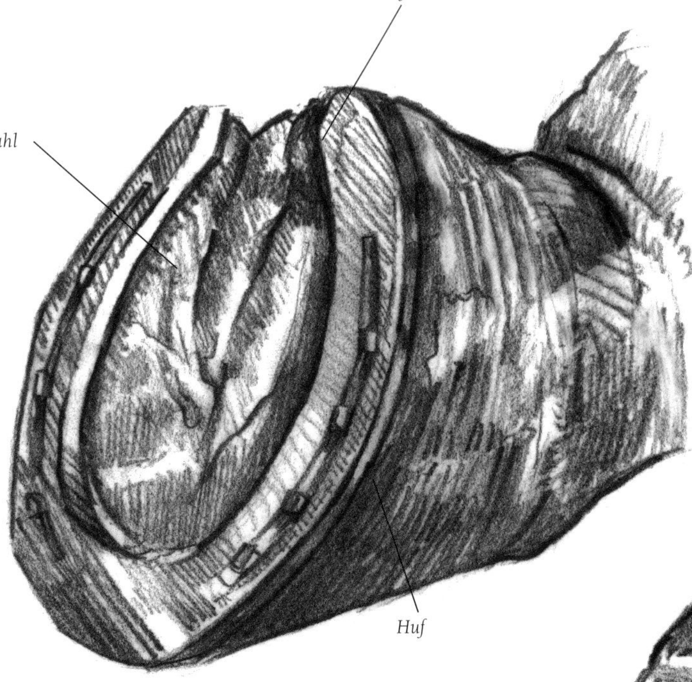

Huf

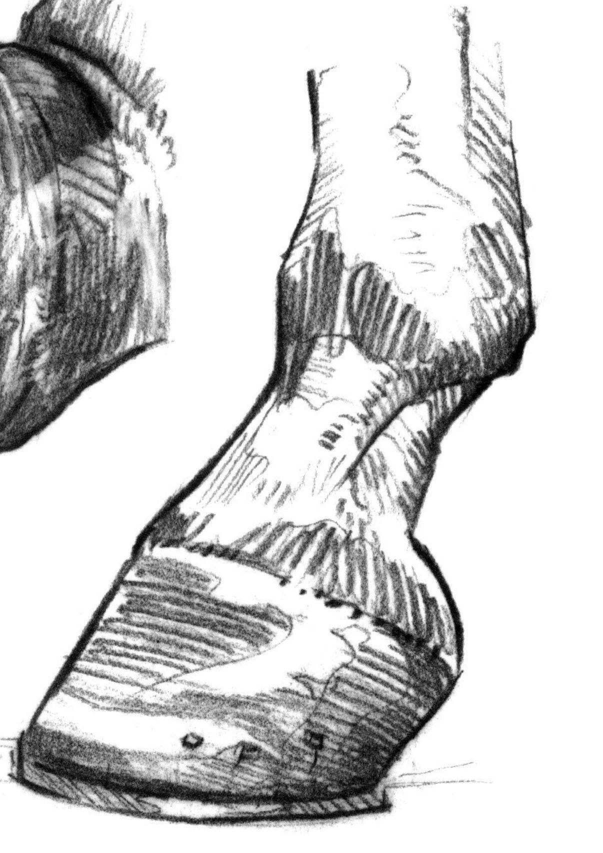

Den gerundeten Huf zeichnen Sie am besten mit klaren hellen und dunklen Stellen – lassen Sie vor allem dort, wo das Licht auf den Huf auftrifft, eine weiße Stelle auf dem Papier stehen.

Pferde im Profil

Die folgenden fünf Profilzeichnungen veranschaulichen die Unterschiede bekannter Rassen. Achten Sie auf die Form des Profils, denn meist ist die Kopfform das charakteristischste Merkmal einer Rasse.

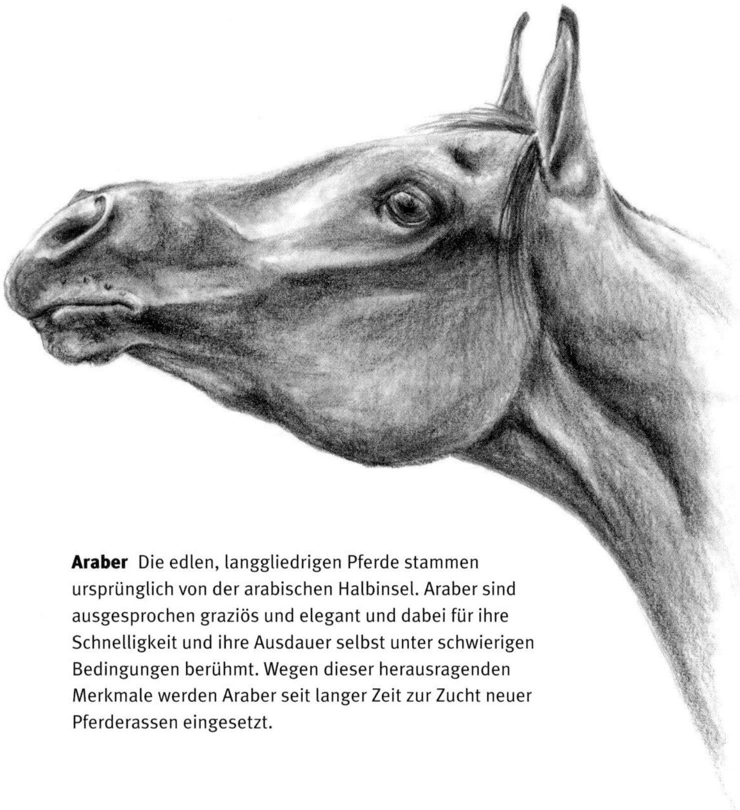

Araber Die edlen, langgliedrigen Pferde stammen ursprünglich von der arabischen Halbinsel. Araber sind ausgesprochen graziös und elegant und dabei für ihre Schnelligkeit und ihre Ausdauer selbst unter schwierigen Bedingungen berühmt. Wegen dieser herausragenden Merkmale werden Araber seit langer Zeit zur Zucht neuer Pferderassen eingesetzt.

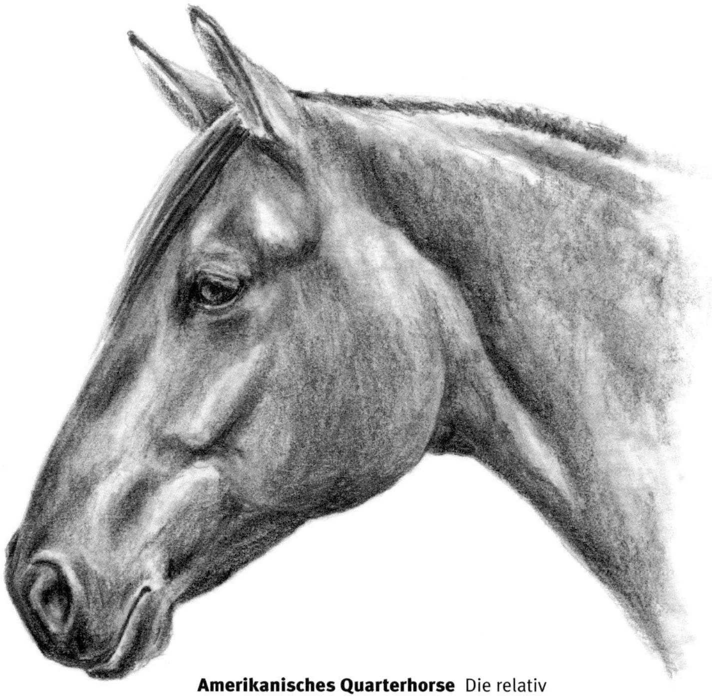

Amerikanisches Quarterhorse Die relativ stämmigen Pferde stammen aus Nordamerika. Berühmt sind sie für ihre Schnelligkeit und Ausdauer, die sie beispielsweise bei Viertelmeilenrennen unter Beweis stellen. Ursprünglich wurden sie hauptsächlich auf Ranches als Arbeitspferde gehalten, heute sind sie in aller Welt zu finden.

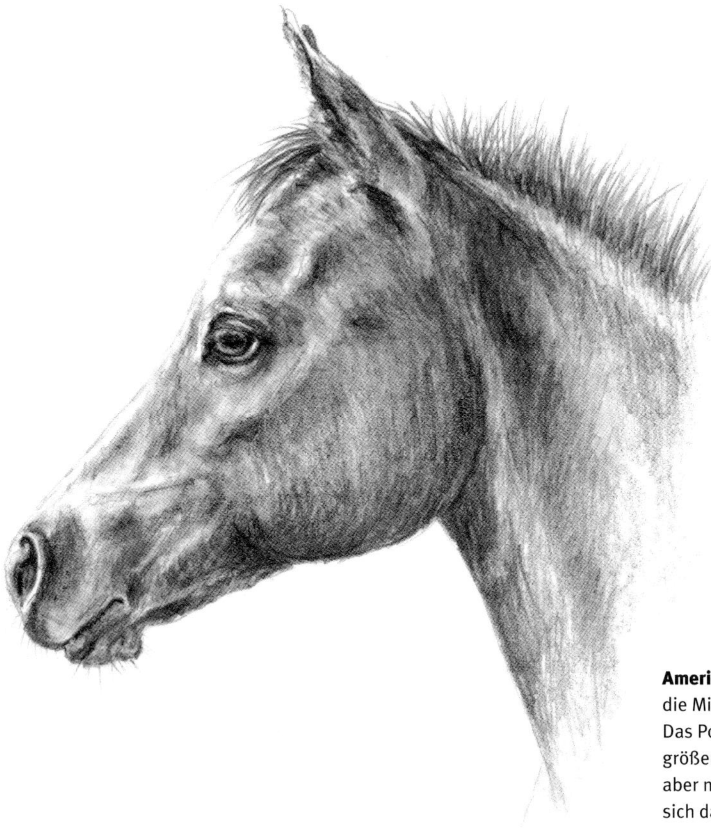

Amerikanisches Pony Dieses Fohlen sieht aus wie die Miniaturausgabe des größeren Appaloosa-Ponys. Das Pony besitzt die gleichen Merkmale wie sein größerer Vetter, beispielsweise das gefleckte Fell, hat aber nur ein Stockmaß von 115 bis 145 cm und eignet sich darum besonders gut für Kinder.

Haflinger Haflinger stammen aus Österreich, vornehmlich aus den Tiroler Alpen. Der Name der Rasse bezieht sich auf das Dorf Hafling, das heute zu Italien gehört. Haflinger, unter deren Vorfahren sich vermutlich Araber befinden, haben eine kleine Statur, sind aber mutig. Wegen ihres kräftigen Körperbaus wurden sie oft als Arbeitspferde eingesetzt – sie sind aber auch als Reit- und Fahrpferde beliebt. Das Fell zeigt alle Nuancen von Braun (von karamellblond bis schokoladenbraun), Schweif und Mähne sind lang, voll und flachsblond bis weiß.

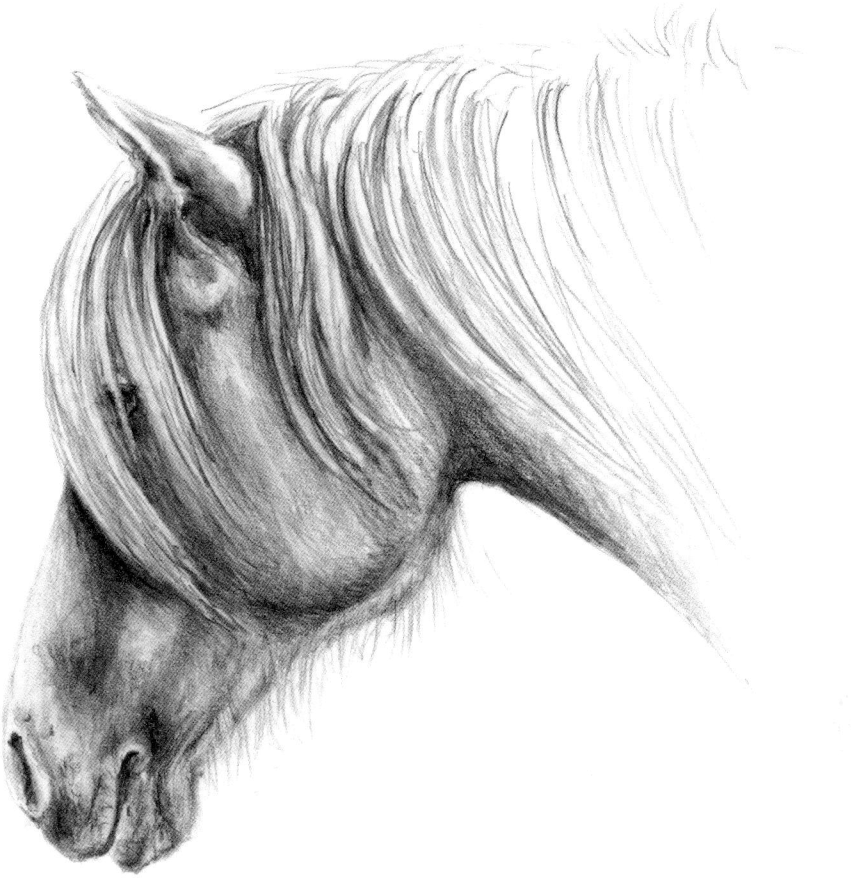

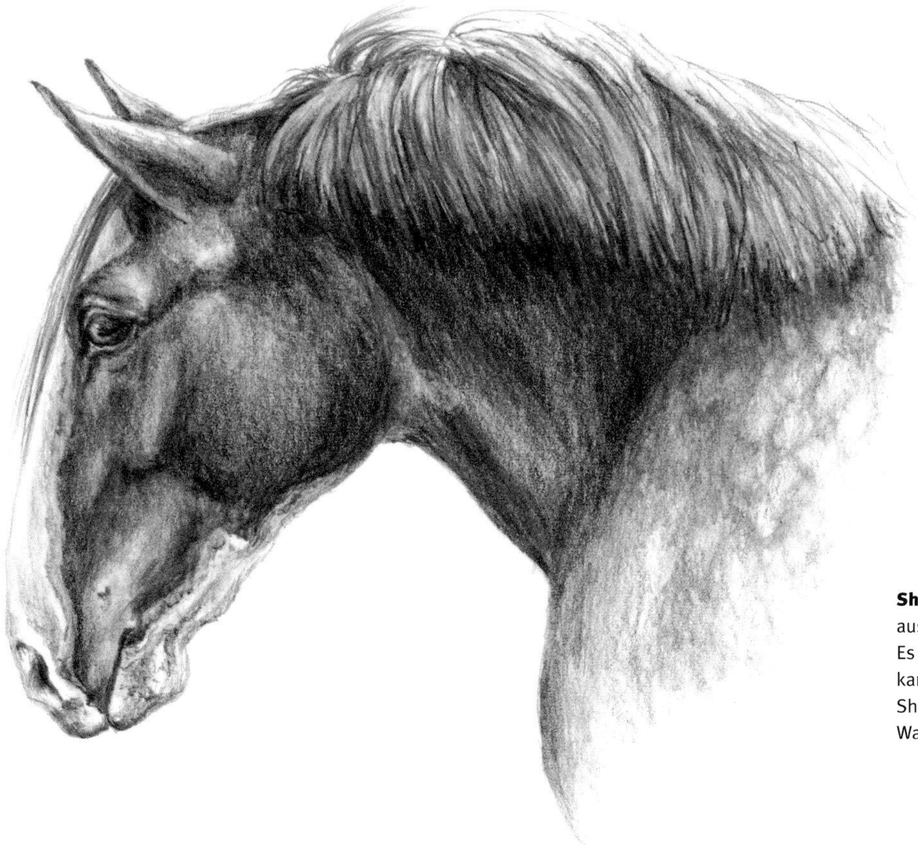

Shire-Horse Dieses große, schwerknochige Pferd stammt aus England und wurde für schwere Arbeiten gezüchtet. Es ist eine der größten Pferderassen der Welt. Sein Fell kann schwarz, braun oder grau sein. Heute sieht man Shire-Horses vor allem als Zugpferde vor prächtigen Wagen bei Paraden oder als Brauerei-Gespanne.

Pferdekopf für Anfänger

Das Pferd im Profil

Zu Beginn der Zeichnung gilt es, die Proportionen richtig zu Papier zu bringen, denn sind erst einmal Grautöne und Details eingefügt, sind Änderungen nur noch schwer möglich. Skizzieren Sie die Grundform mit mehreren Hilfslinien. Orientieren Sie sich an Ihren Vorlagen und korrigieren Sie die Linien, wo es nötig ist. Um später mit eigenen Vorlagen erfolgreich arbeiten zu können, sollten Sie diese Art der Grobskizze mit Hilfslinien eingehend üben.

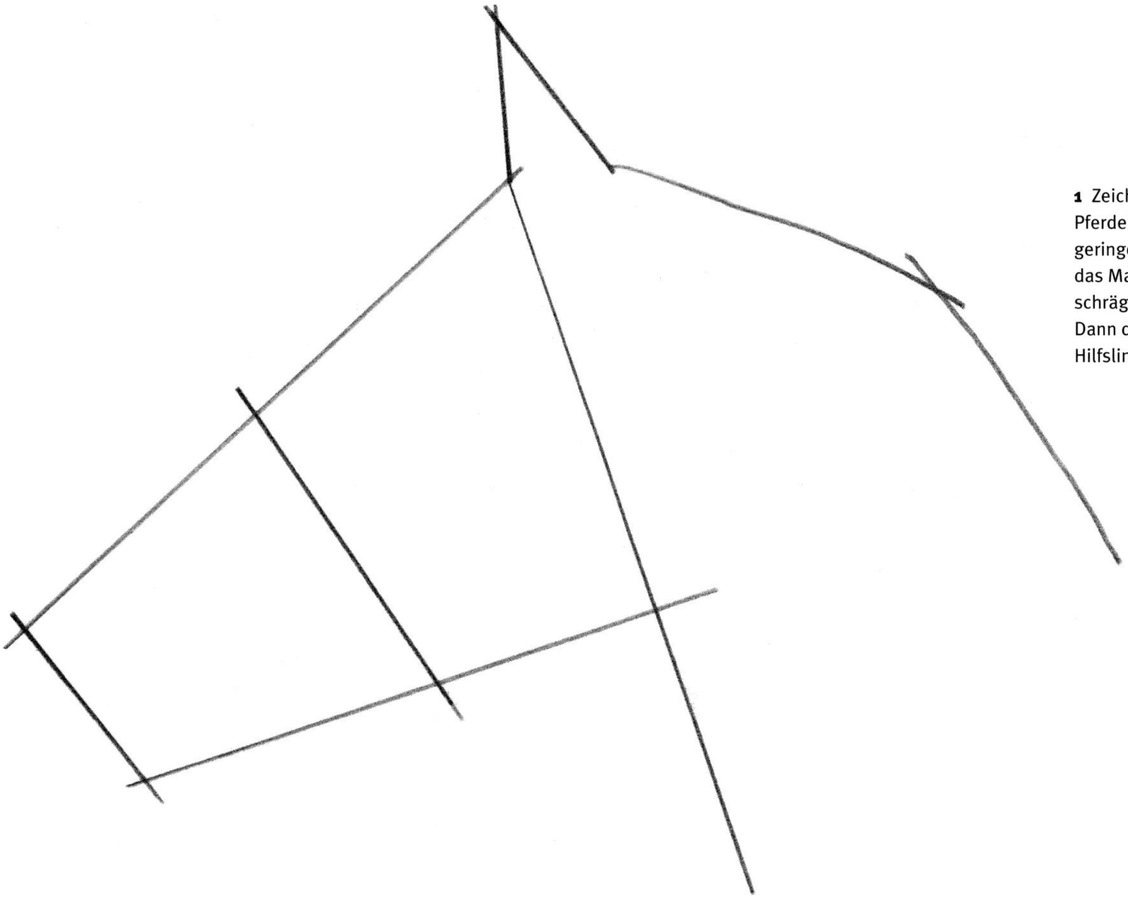

1 Zeichnen Sie zunächst nur die Grundform des Pferdekopfes mit einem Bleistift in Härte HB und geringem Druck. Ergänzen Sie dann anhand der Vorlage das Maul, das Ohr und den Hinterkopf mit zügigen, schrägen Strichen – auf den richtigen Winkel achten. Dann den Kopf senkrecht in der Mitte unterteilen. Diese Hilfslinie brauchen Sie später für die Kieferkontur.

Denken Sie daran, dass dies nur Hilfslinien sind. Sie werden später ausradiert.

2 Nun – weiterhin mit geraden Strichen – die Form des Mauls andeuten. Dabei besonders auf die Stellen achten, an denen sich die Hilfslinien überschneiden. Anschließend mit mehreren Strichen, die bis zum Ansatz des Ohrs reichen, die ungefähre Kieferkontur festlegen und die Halsform mit mehreren Kurven skizzieren.

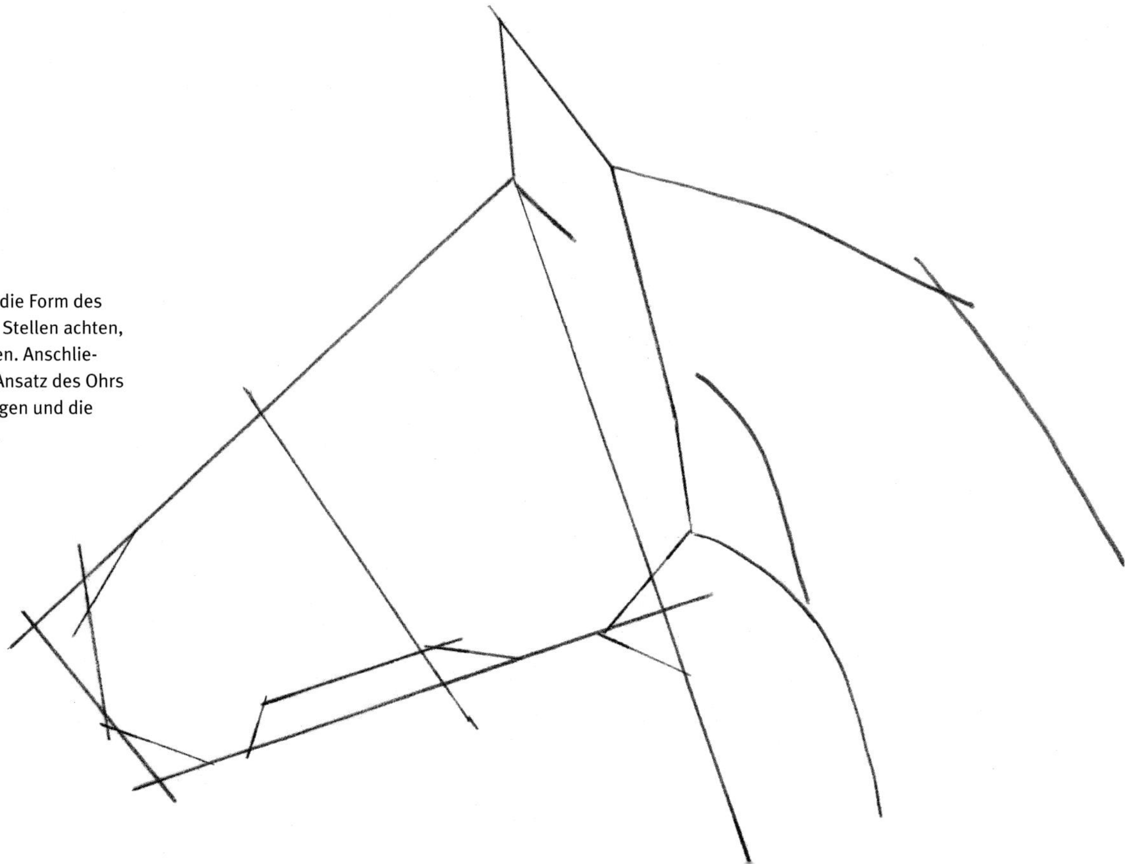

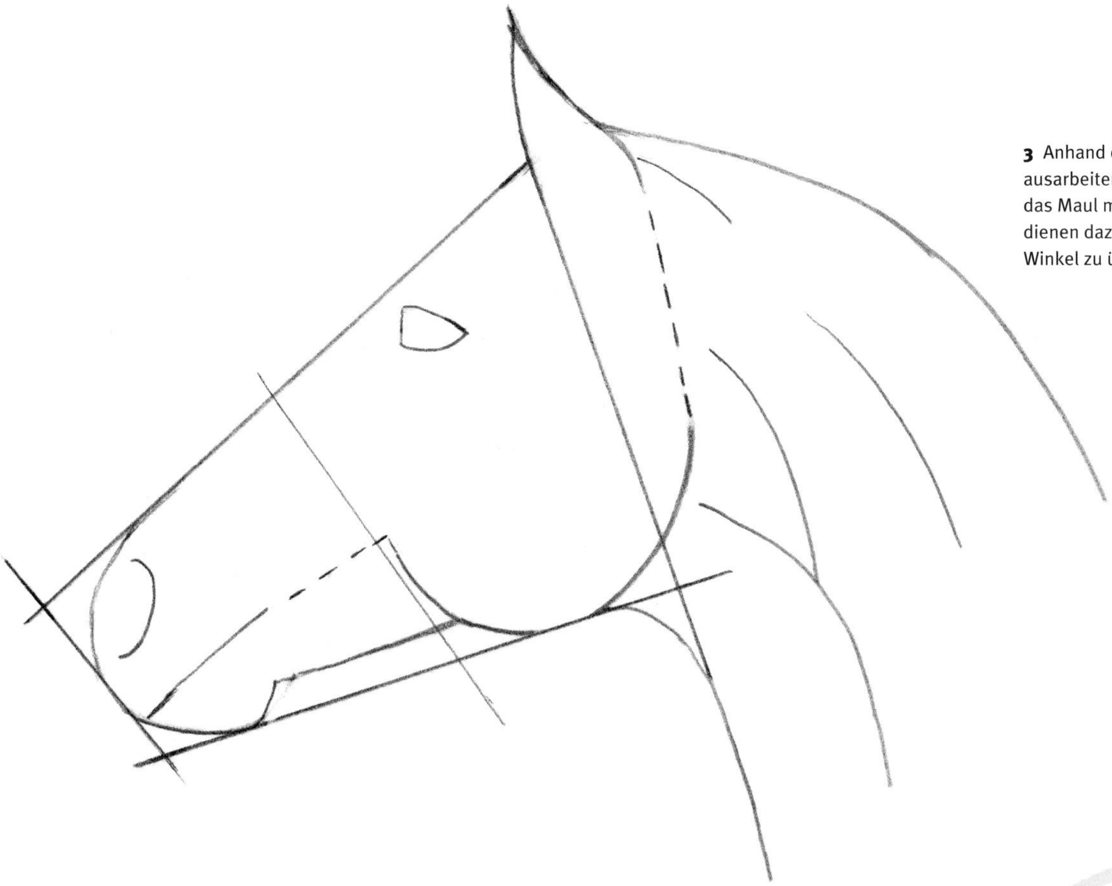

3 Anhand der Hilfslinien Hals, Maul und Kiefer ausarbeiten. Auge und Nase sorgfältig einzeichnen, dann das Maul mit einer Linie andeuten. Gestrichelte Linien dienen dazu, die Genauigkeit der Proportionen und Winkel zu überprüfen.

Wenn Sie das nächste Mal ein Pferd beobachten, überlegen Sie, wodurch es sich besonders auszeichnet. Versuchen Sie, genau diese Merkmale in Ihrer Zeichnung einzufangen.

4 Zeichnen Sie nun das Gesicht ein und arbeiten Sie die weichen Partien um das Maul herum sorgfältig aus. Mit einigen wenigen Strichen, die in der Wuchsrichtung der Haare verlaufen, werden dann Mähne und Stirnlocke angedeutet. In diesem frühen Stadium sollten Sie alle Linien nur fein und leicht auftragen.

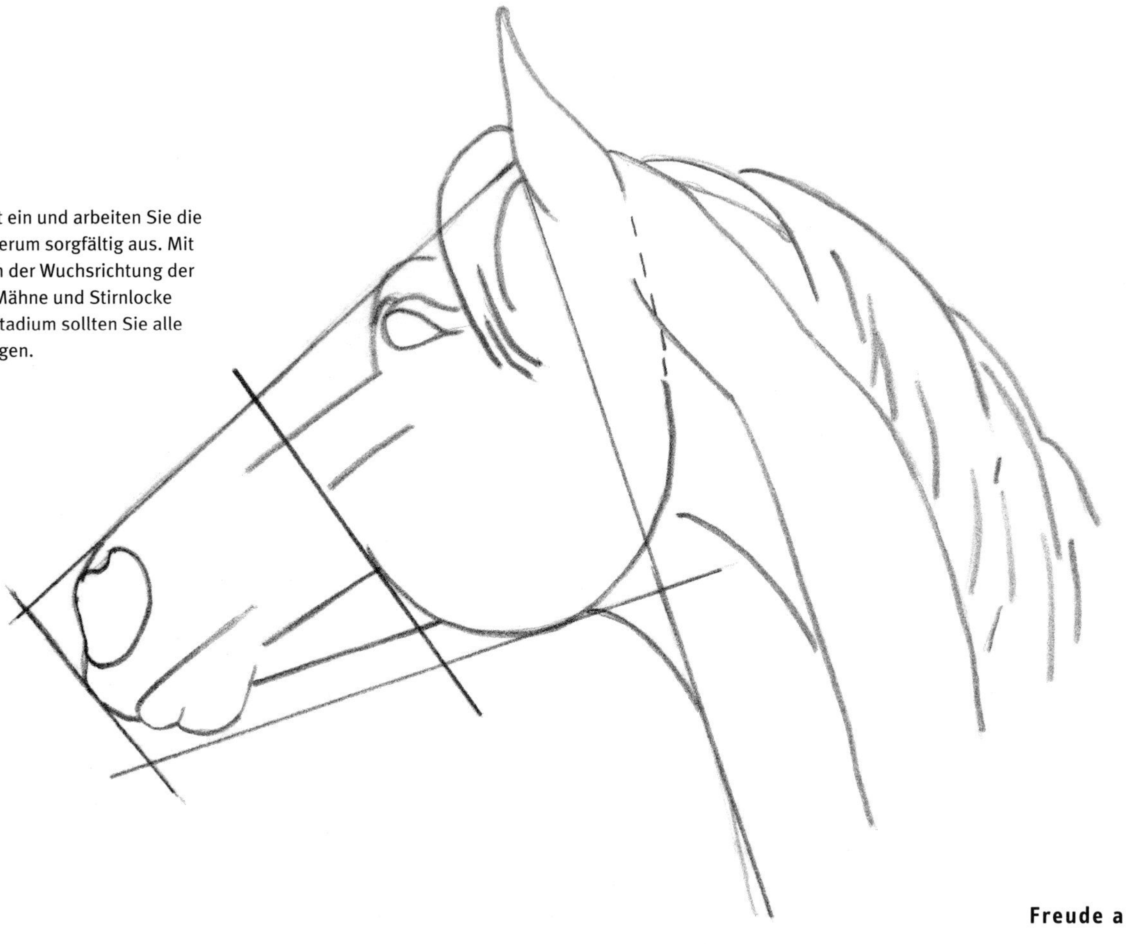

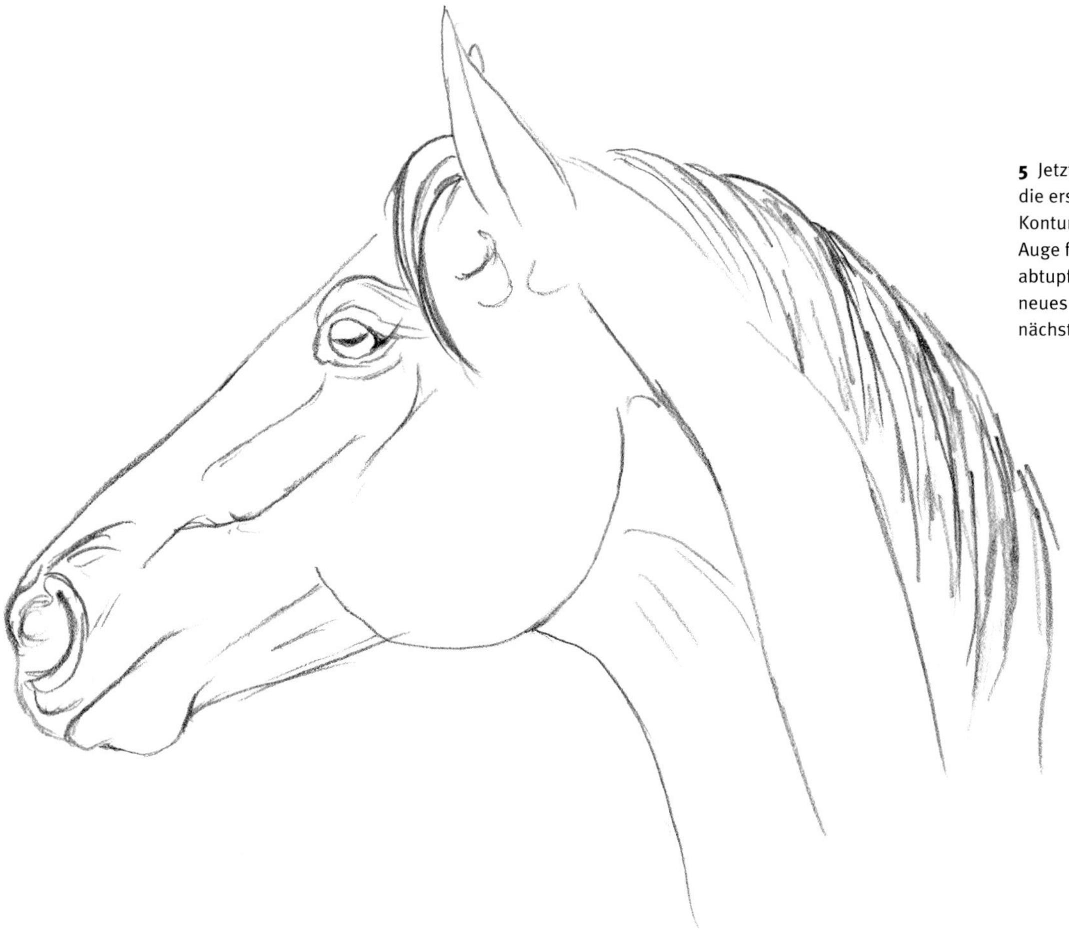

5 Jetzt sind die wichtigsten Umrisse gezeichnet, und Sie können die ersten Hilfslinien ausradieren. Hellen Sie auch die Linien der Kontur auf, damit sie in der fertigen Zeichnung nicht zu stark ins Auge fallen: Dazu die Linien vorsichtig mit dem Knetgummi abtupfen. Alternativ können Sie den Umriss jetzt auch auf ein neues sauberes Blatt Papier übertragen, ehe Sie mit den nächsten Arbeitsschritten weitermachen (▶ Seite 144).

6 Mit einem Bleistift in Härte 3B und leichtem Druck fügen Sie nun lockere Schraffuren ein, um die ersten grauen Töne anzulegen. Beginnen Sie mit den dunkelsten Partien am Unterkiefer, in den Nüstern, im Auge und in Mähne und Stirnlocke. Dadurch haben Sie einen Maßstab für die Gestaltung der übrigen Grauwerte, die im nächsten Schritt folgen.

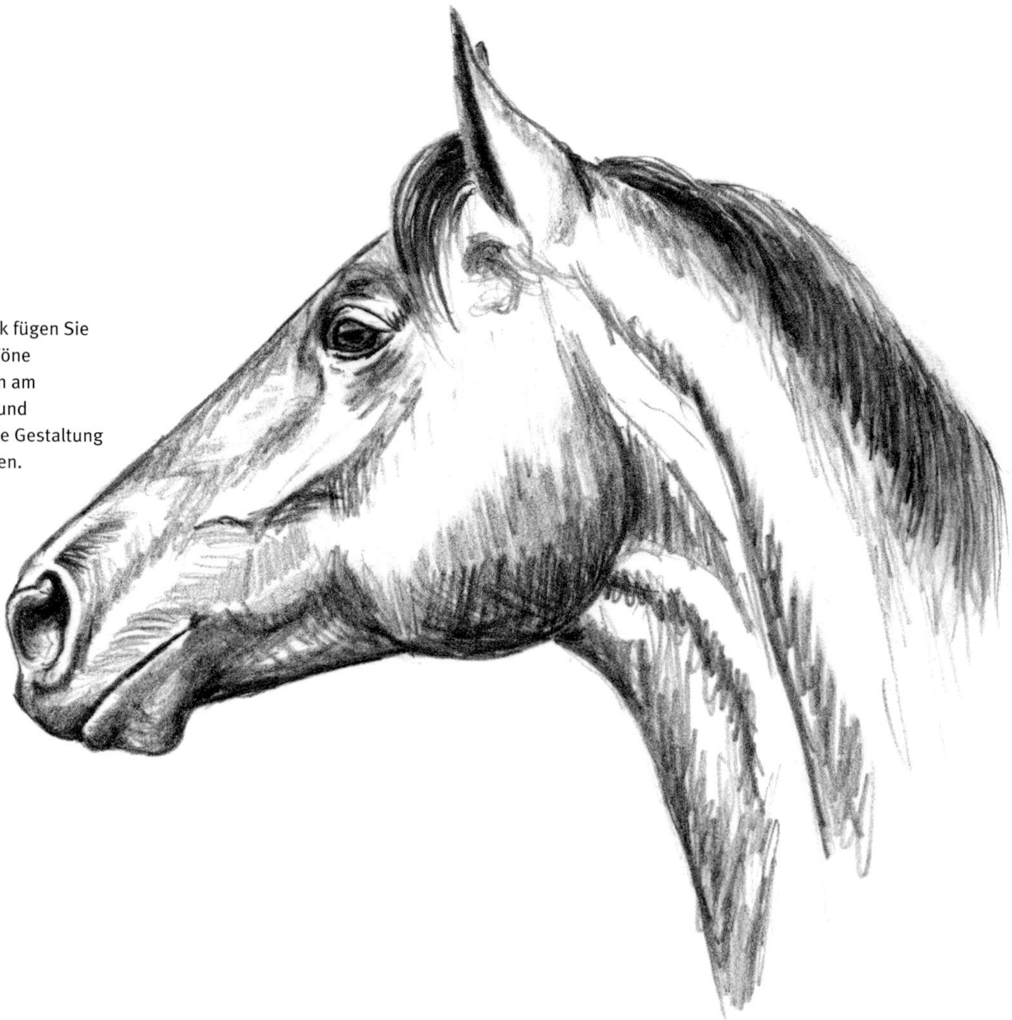

Vollblüter werden seit dem 17. Jahrhundert gezüchtet. Damals begann man, englische Stuten mit Araberhengsten zu kreuzen. Die schnellen und athletischen Pferde werden vor allem als Rennpferde sehr geschätzt.

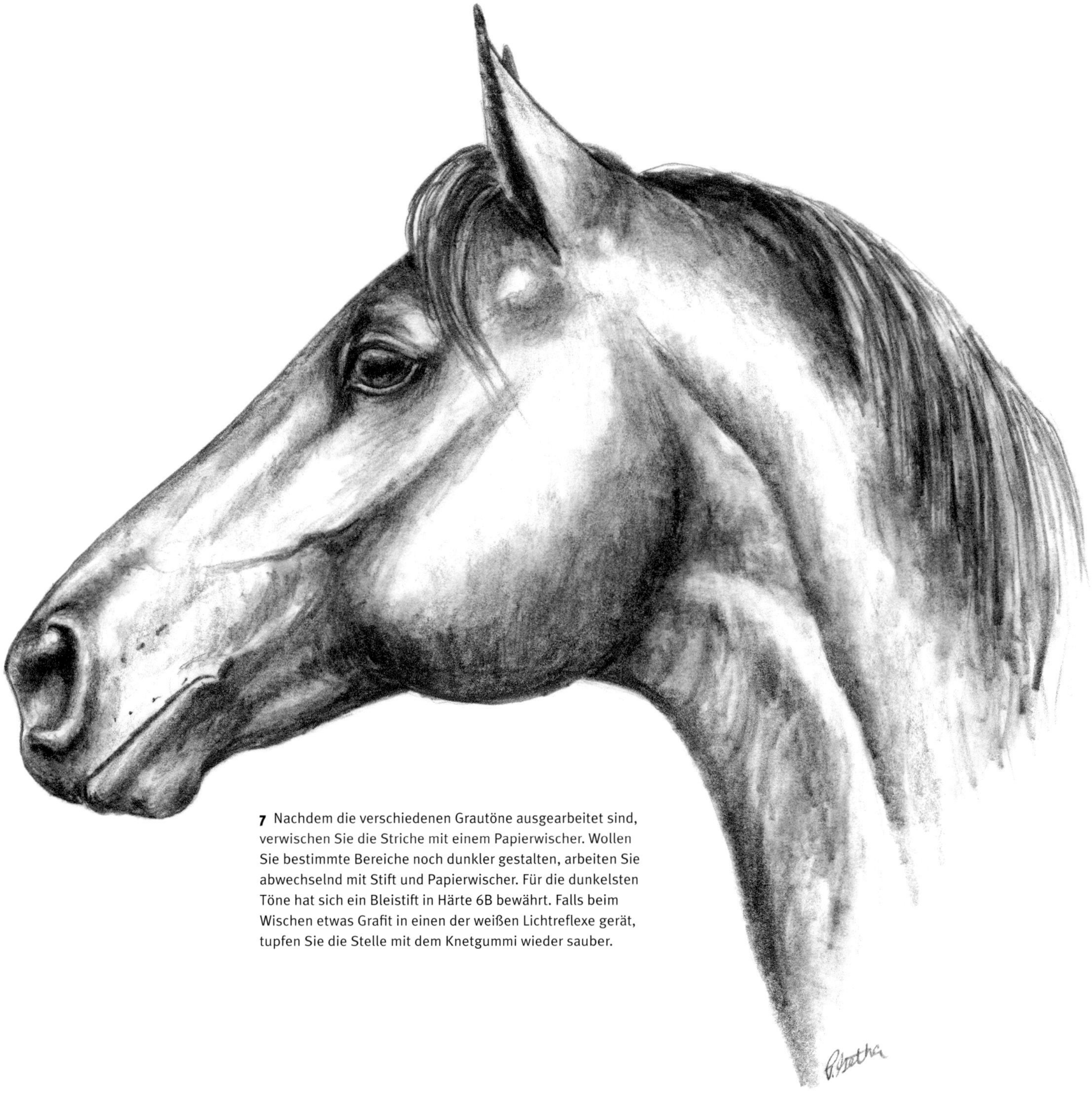

7 Nachdem die verschiedenen Grautöne ausgearbeitet sind, verwischen Sie die Striche mit einem Papierwischer. Wollen Sie bestimmte Bereiche noch dunkler gestalten, arbeiten Sie abwechselnd mit Stift und Papierwischer. Für die dunkelsten Töne hat sich ein Bleistift in Härte 6B bewährt. Falls beim Wischen etwas Grafit in einen der weißen Lichtreflexe gerät, tupfen Sie die Stelle mit dem Knetgummi wieder sauber.

Araber-Porträt

Denken Sie immer daran, dass Sie sich nicht auf eine Fotovorlage beschränken müssen. Oft ist es sogar vorteilhaft, mehrere Abbildungen zu haben. Sie dürfen sich ruhig die künstlerische Freiheit nehmen, Elemente aus verschiedenen Fotos zu kombinieren. Wenn Ihnen zum Beispiel auf einem Foto die Komposition des Motives gefällt, die Einzelheiten aber nicht gut zu erkennen sind, verwenden Sie andere Fotos für die Detailinformationen.

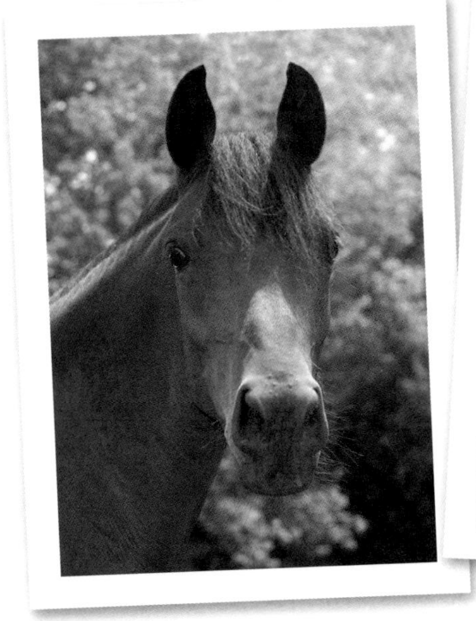

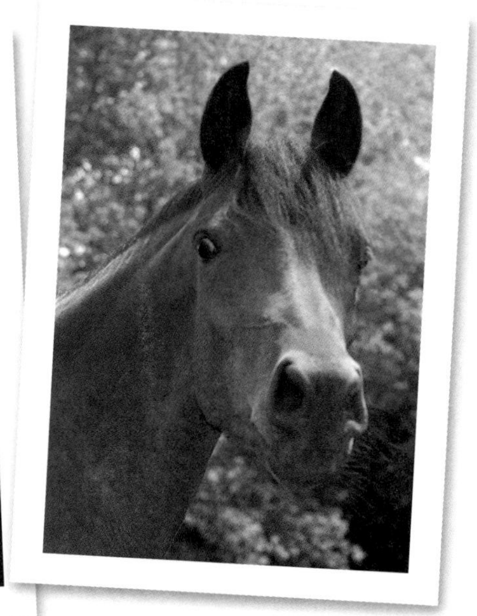

Mehrere Vorlagen Für diese Zeichnung wurden zwei Fotovorlagen verwendet. Im linken Foto sind Komposition und Kopfhaltung besonders gut, aber das Pferd ist etwas unscharf. Darum wurde zusätzlich das rechte Foto zurate gezogen, auf dem die Details besser zu erkennen sind.

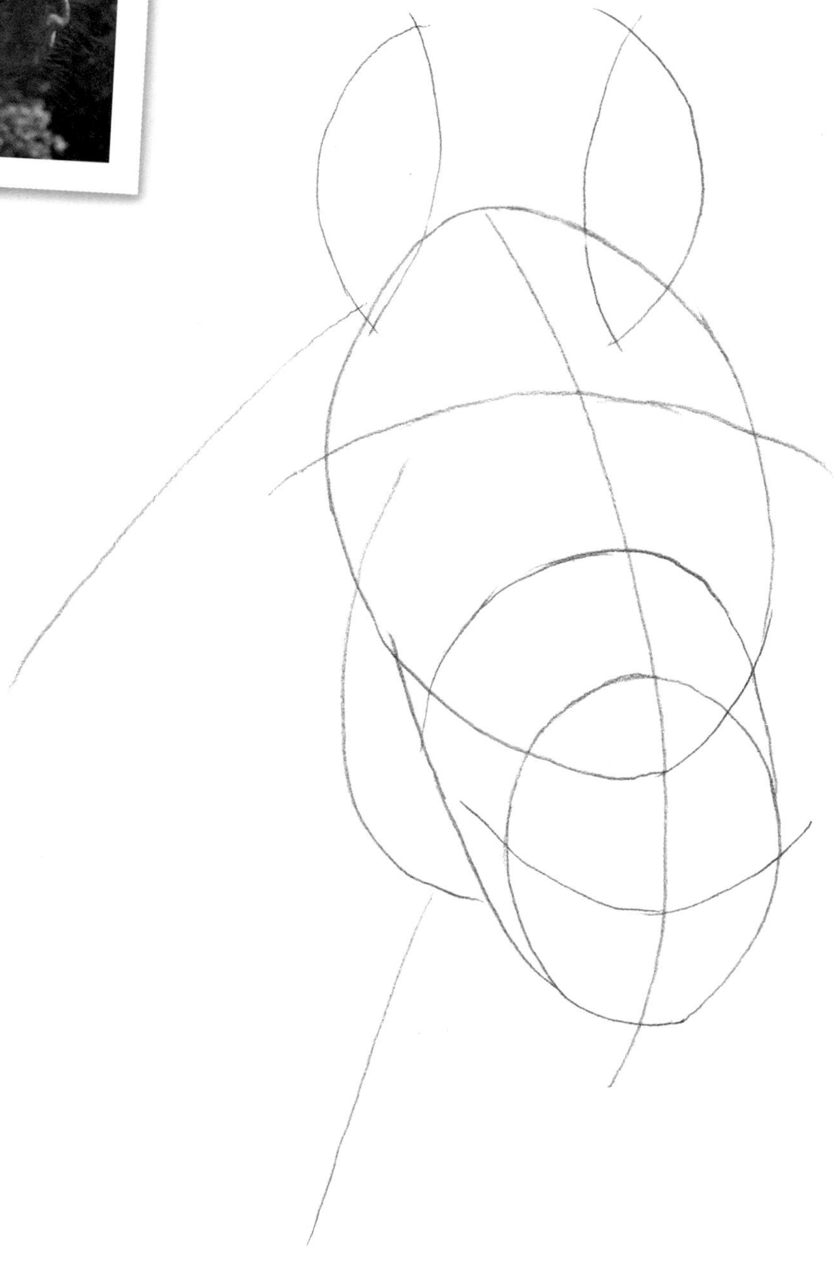

1 Bauen Sie zunächst Kopf und Maul aus Ovalen auf und fügen Sie dann mehrere Hilfslinien ein, um Bezugspunkte für die Platzierung der Gesichtszüge zu haben. Der obere, waagerechte Bogen beispielsweise zeigt, wo die Oberkanten der Augen liegen. Mit zwei Strichen den Hals andeuten und mit einer geschwungenen Linie den Kiefer. Bei den Grundformen der Ohren genau auf die richtige Position achten!

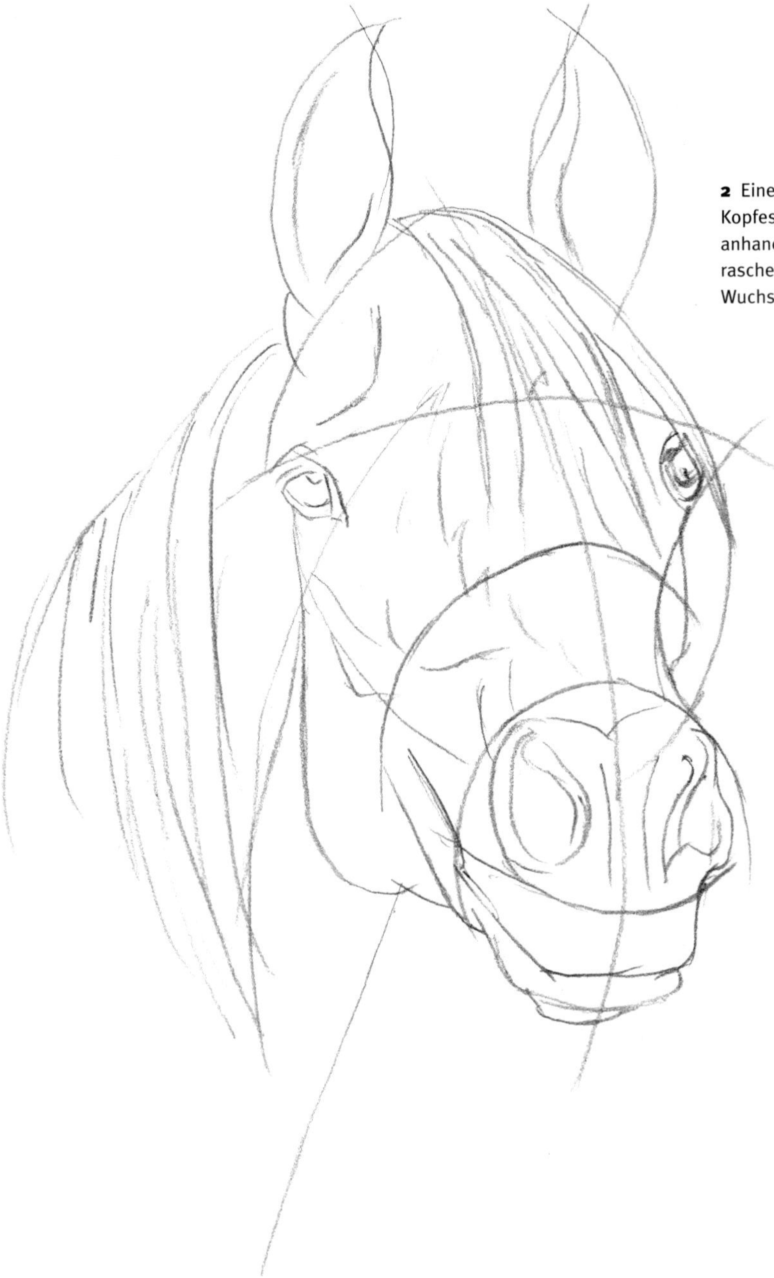

2 Eine letzte Hilfslinie an der linken Kopfseite deutet die konkave Wölbung des Kopfes zwischen Nüstern und Auge an, die für Araber typisch ist. Zeichnen Sie nun anhand der Hilfslinien die Gesichtszüge und erste Details ein. Dann deuten Sie mit raschen, lockeren Strichen Mähne und Stirnlocke an. Alle Striche verlaufen in der Wuchsrichtung des Fells.

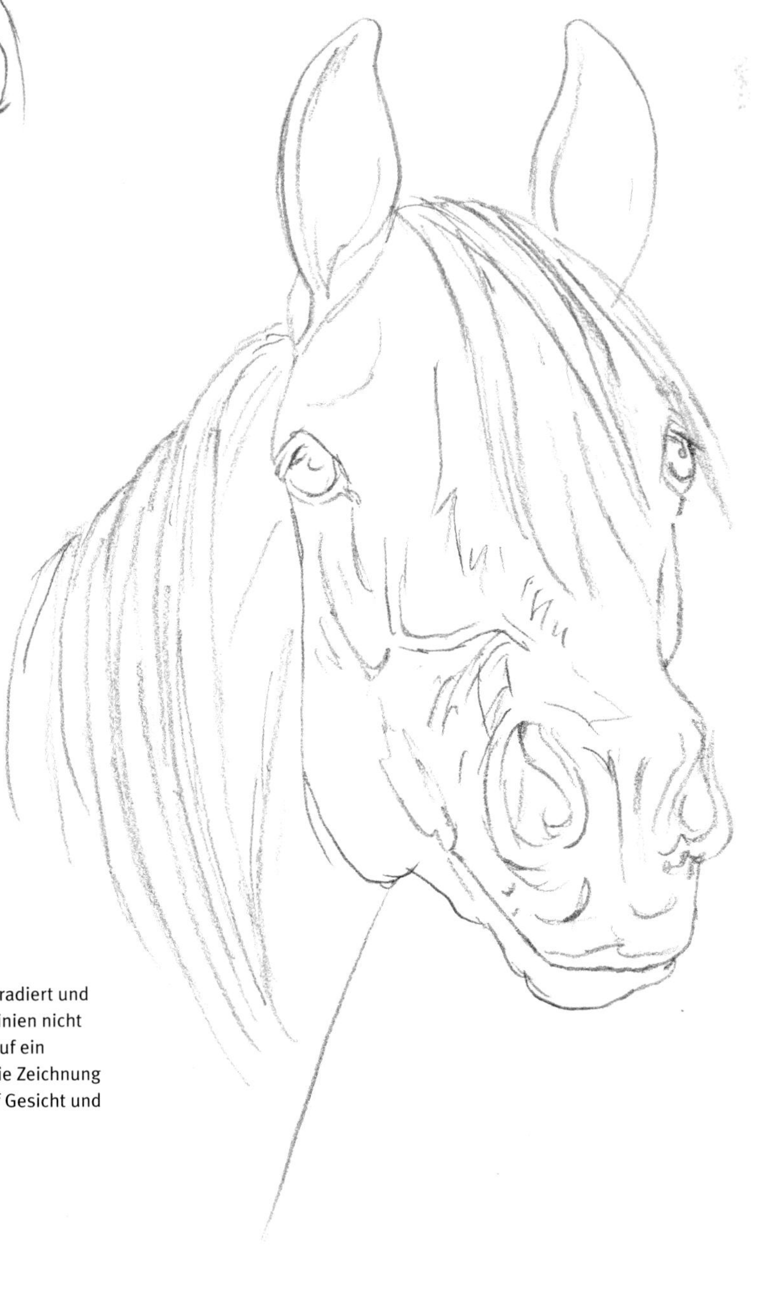

3 Nun werden alle Linien, die nicht mehr benötigt werden, ausradiert und die Konturen noch einmal nachgezeichnet. Falls sich Ihre Hilfslinien nicht restlos ausradieren lassen, können Sie den Umriss jetzt auch auf ein sauberes Blatt Papier übertragen (▶ Seite 144). Arbeiten Sie die Zeichnung weiter aus und deuten Sie die leichten Formveränderungen auf Gesicht und Hals an.

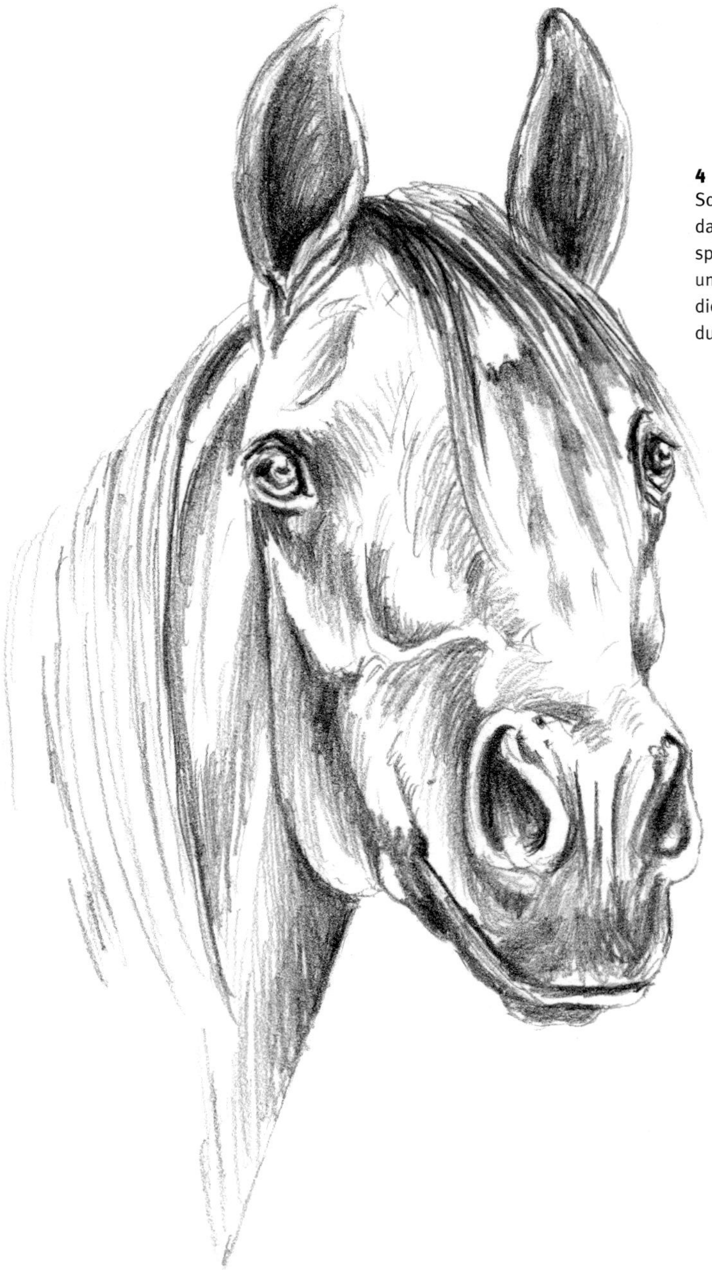

4 Nun folgen mit einem Bleistift in Härte 3B die ersten Grautöne: Schraffieren Sie die Schatten auf Ohren, Gesicht und Hals – folgen Sie dabei dem Verlauf der Rundungen, um sie zu betonen. Weil die Striche später verwischt werden, können Sie in dieser Phase mit lockerer Hand und geringem Druck arbeiten. Mit langen, leichten Strichen schließlich die Stirnlocke gestalten, dabei sollten aber Streifen von weißem Papier durchschimmern, um die Lichtreflexe zu zeigen.

5 Nachdem die wichtigsten Stellen grau schraffiert sind, dunkeln Sie jetzt die Schatten nochmals ab, damit das Gesicht des Pferdes plastischer wirkt. Danach zusätzlich die Striche mit einem Papierwischer verreiben, um gleichmäßigere Flächen zu erhalten. Die Mähne wirkt durch Striche in verschiedenen Grautönen realistisch.

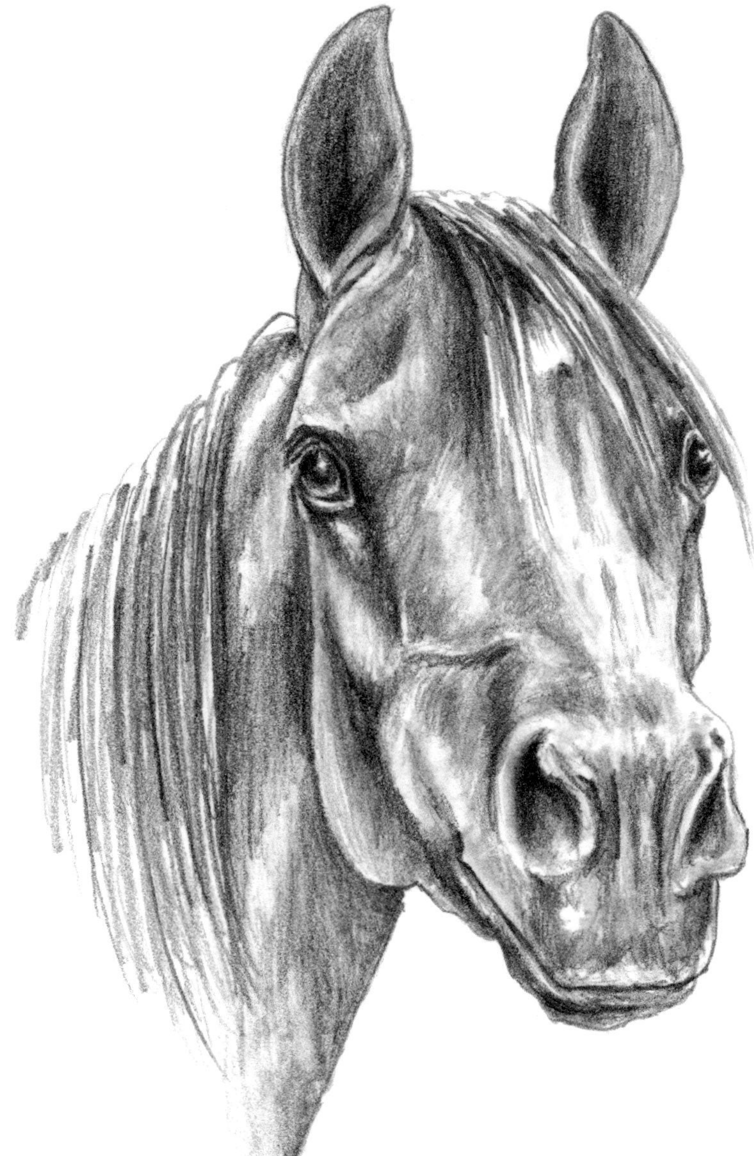

Eine Zeichnung übertragen

Nachdem Sie die Grundform skizziert haben, stellen Sie vielleicht fest, dass sich die Hilfslinien nur schwer ausradieren lassen. In diesem Fall sollten Sie die Zeichnung auf ein sauberes Blatt Papier übertragen. Einfach die Rückseite Ihrer Skizze mit einer Schicht Grafit bedecken. Fest aufdrücken, damit es gleichmäßig deckt. Dann die Skizze mit der Grafit-Seite nach unten auf ein neues Blatt legen, festkleben oder gut festhalten und die Konturen leicht nachzeichnen. Sie werden dadurch auf das untere, weiße Blatt übertragen.

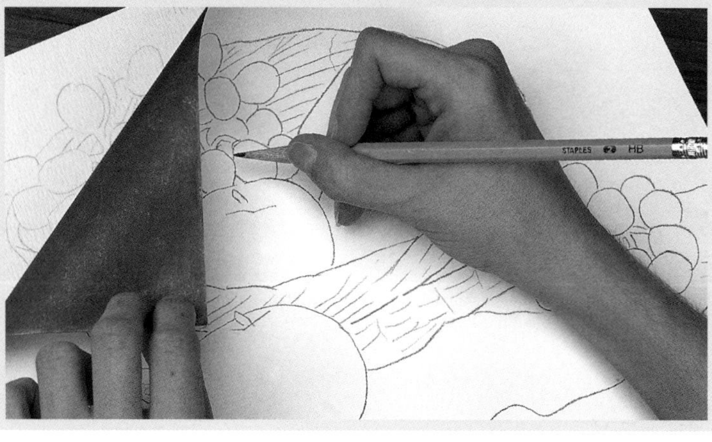

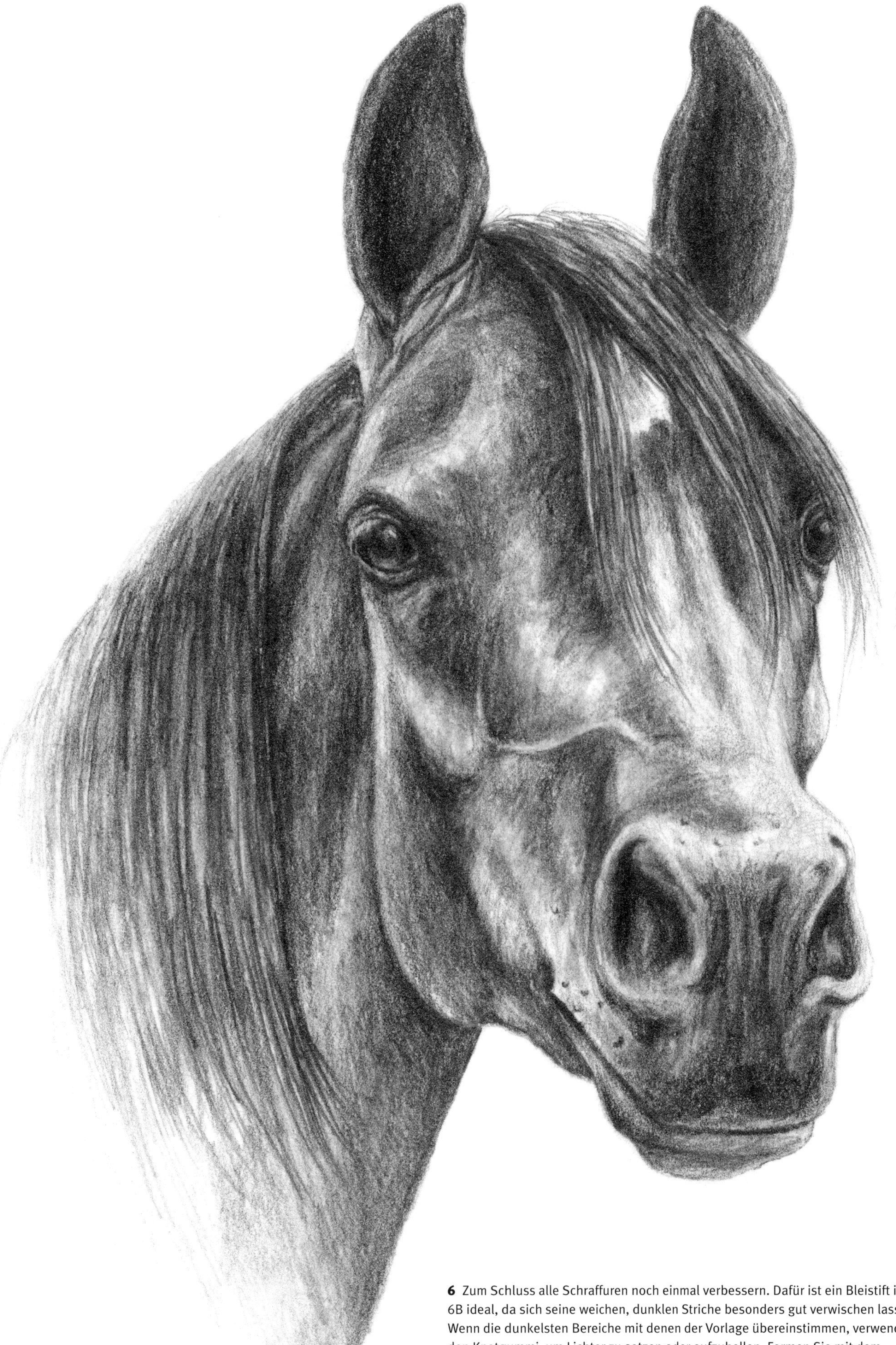

6 Zum Schluss alle Schraffuren noch einmal verbessern. Dafür ist ein Bleistift in Härte 6B ideal, da sich seine weichen, dunklen Striche besonders gut verwischen lassen. Wenn die dunkelsten Bereiche mit denen der Vorlage übereinstimmen, verwenden Sie den Knetgummi, um Lichter zu setzen oder aufzuhellen. Formen Sie mit dem Radiergummi eine Spitze: Radieren Sie die Lichtreflexe in der Mähne aus und streichen Sie zum Schluss noch in Wuchsrichtung über die Haare.

Pony

Ponys sind eine eigene Tiergattung und nicht nur „kleine Pferde“. Sie besitzen mehr Trittsicherheit und einen besseren Selbsterhaltungstrieb.

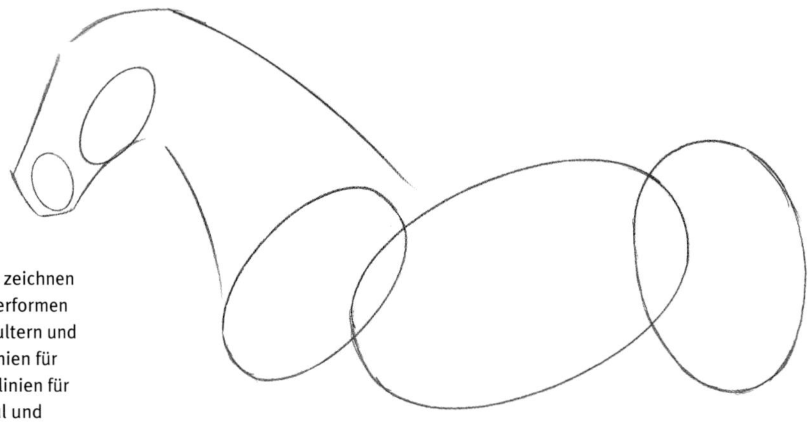

1 Mit einem Bleistift in Härte HB zeichnen Sie die Grundelemente der Körperformen vor: Ovale für Brust, Körper, Schultern und Hinterhand. Dann noch sanfte Linien für den Hals und kurze, gerade Hilfslinien für den Kopf und zwei Ovale für Maul und Kiefer.

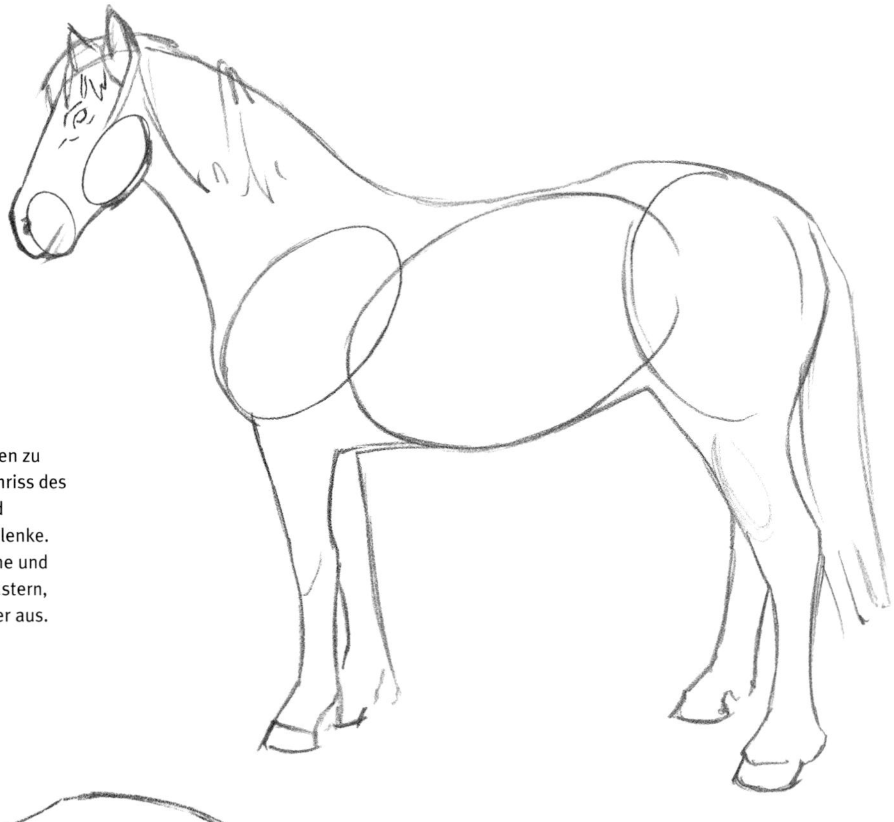

2 Nun nehmen Sie die ersten Linien zu Hilfe und zeichnen den ganzen Umriss des Ponys. Zeichnen Sie die Beine und besonders genau die Hufe und Gelenke. Mit schnellen Linien werden Mähne und Schweif nur angedeutet. Maul, Nüstern, Auge und Ohren arbeiten Sie feiner aus.

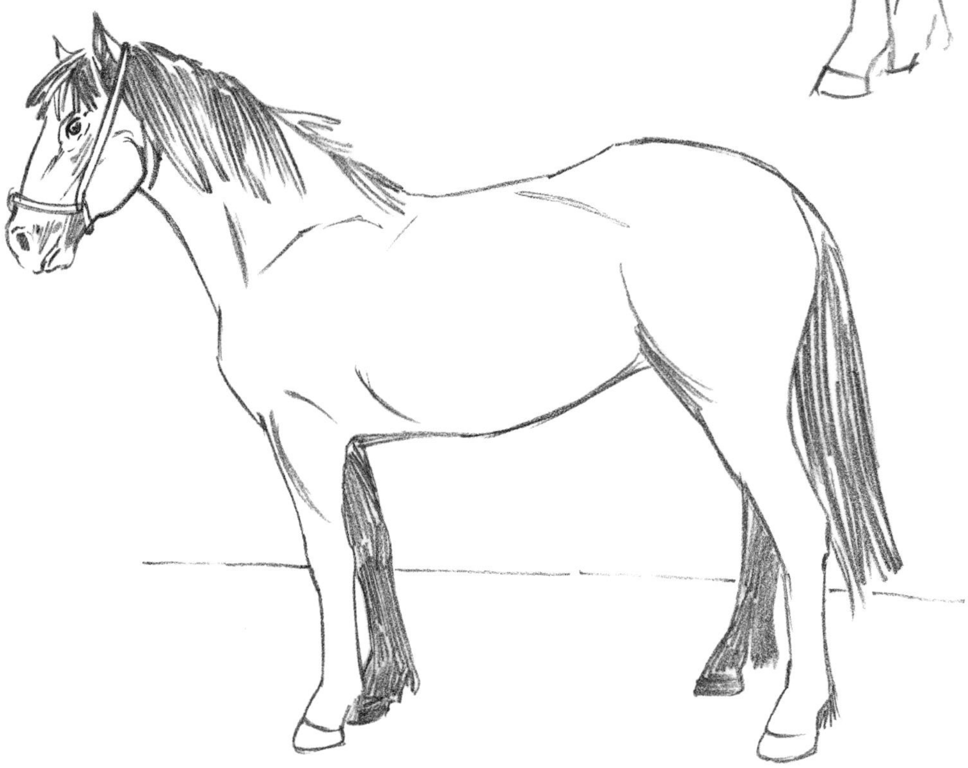

3 Sie entfernen nun alle Hilfslinien und arbeiten als Erstes die Beine im Vordergrund aus. Mit langen geraden Strichen, die an einzelne Strähnen erinnern, folgen Mähne und Schweif. Dem Körper geben Sie durch kräftige Muskelpartien Gestalt. Fürs Gesicht brauchen Sie nur wenige Schraffuren. Dann zeichnen Sie das Halfter ein.

Körperbau Pferde und Ponys

Keine Angst – Sie müssen nicht jeden Knochen und jeden Muskel kennen, um ein Pferd oder Pony anatomisch richtig zeichnen zu können! Doch eine Vorstellung vom Knochenbau und der Lage der wichtigsten Muskeln des Tieres hilft Ihnen in jedem Fall beim Zeichnen, weil Ihre Darstellungen dadurch wirklichkeitsnäher werden. (Im Grunde haben beide Spezies dieselbe Anatomie, auch wenn Ponys sich in Größe und Proportionen unterscheiden.) Wenn Sie die Form der Knochen kennen, können Sie wahrheitsgetreue Beine zeichnen; der richtige Sitz der Muskelpartien gibt dem Körper kompakte Gestalt.

Ein Pferdekörper ist rasch gezeichnet, wenn Sie ihn zunächst in seine geometrischen Grundelemente zerlegen. Mit Kreisen, Ovalen, Zylindern oder Rechtecken wie in der Zeichnung rechts nimmt der Körper schnell seine Form an – wobei Kopf, Hals, Leib und Beine in der richtigen Proportion zueinander stehen. Diese Elemente müssen Sie nur noch verbinden, die Linien begradigen und ein paar Details wie Maul und Ohren hinzufügen – und fertig ist die Grundform eines Pferdes.

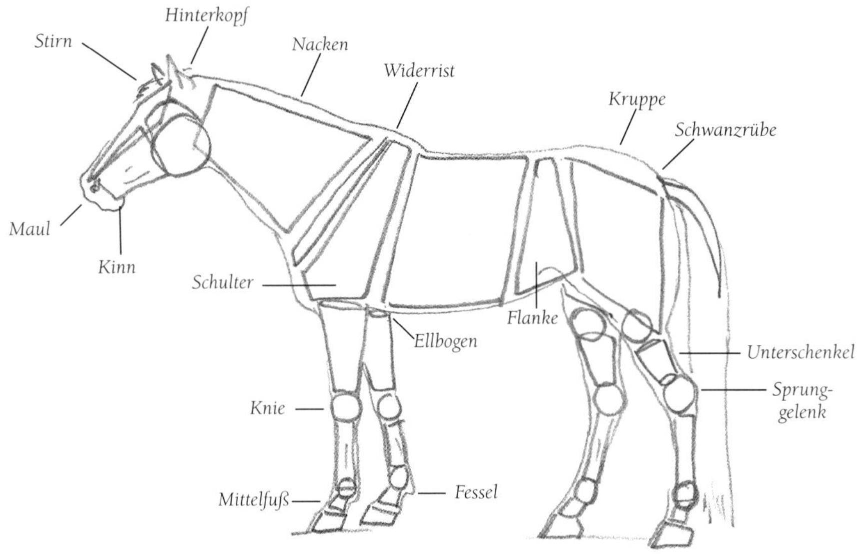

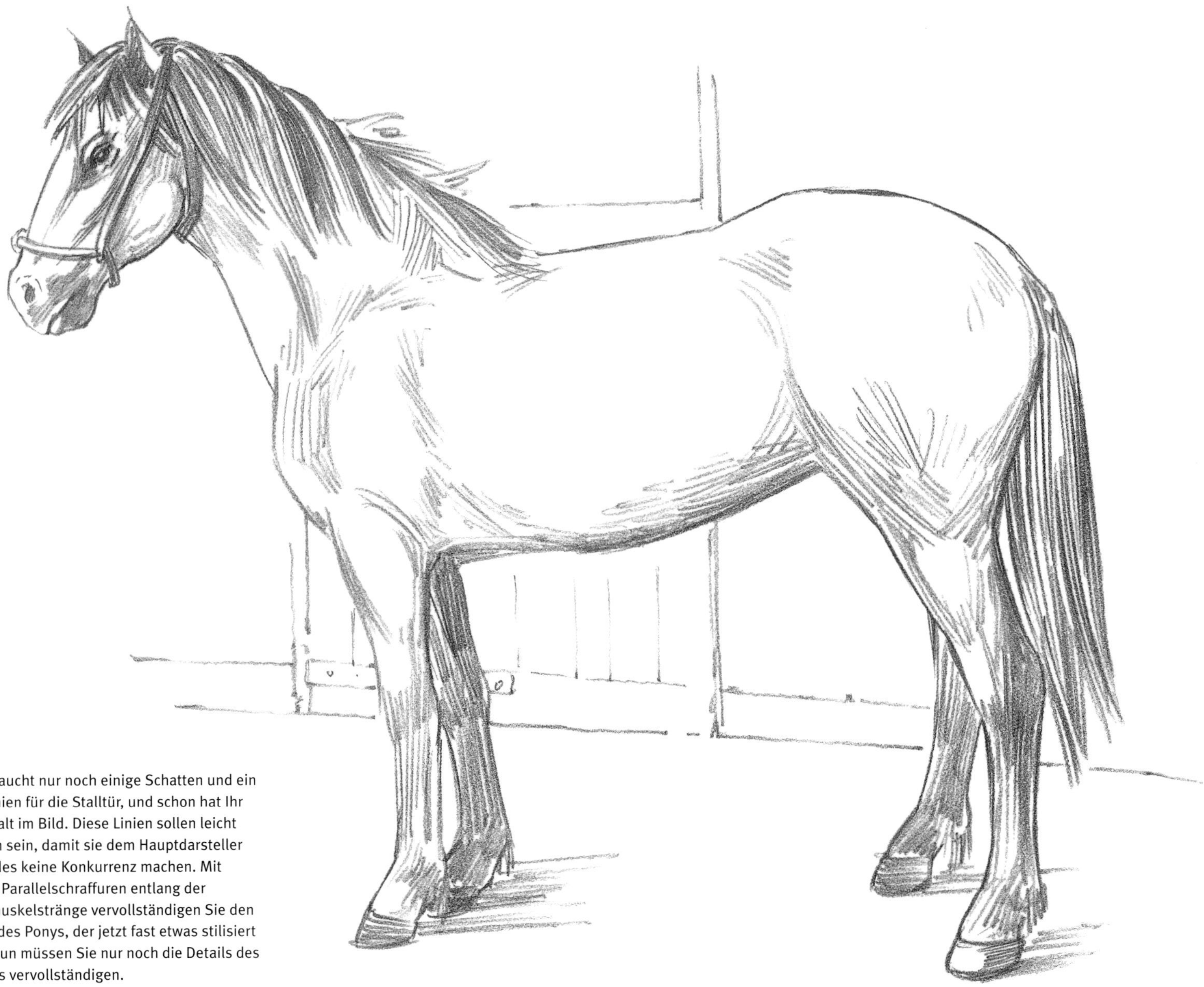

4 Es braucht nur noch einige Schatten und ein paar Linien für die Stalltür, und schon hat Ihr Pferd Halt im Bild. Diese Linien sollen leicht und fein sein, damit sie dem Hauptdarsteller des Bildes keine Konkurrenz machen. Mit einigen Parallelschraffuren entlang der Hauptmuskelstränge vervollständigen Sie den Körper des Ponys, der jetzt fast etwas stilisiert wirkt. Nun müssen Sie nur noch die Details des Gesichts vervollständigen.

Fohlen

Fohlen haben eine ungeheure Lebensfreude und viel Sinn für Spaß. Sie laufen, hüpfen und springen für ihr Leben gerne herum und lieben es, wenn man ihnen dabei zusieht. Versuchen Sie, diese Daseinsfreude in Ihren Bildern einzufangen.

1

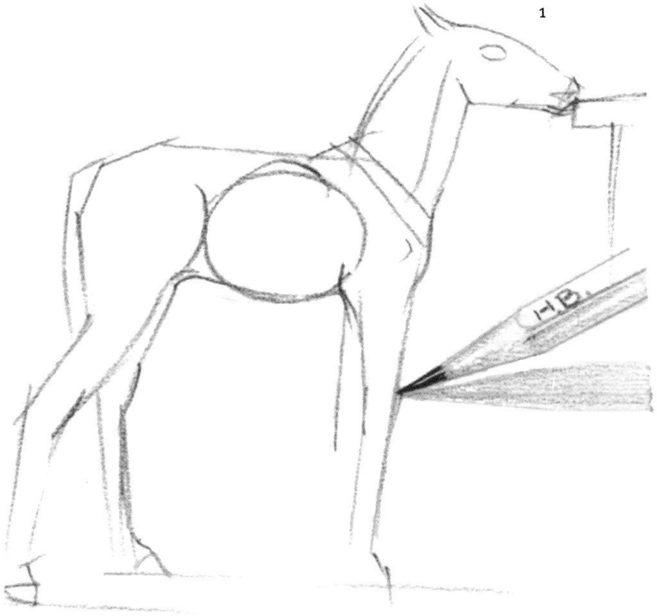

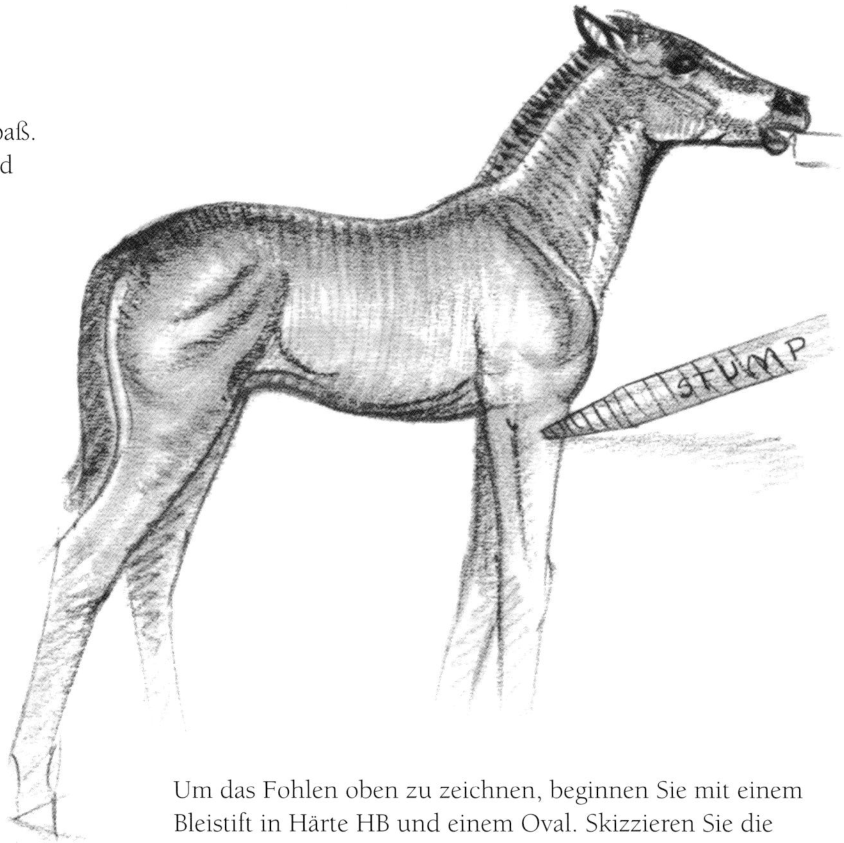

Um das Fohlen oben zu zeichnen, beginnen Sie mit einem Bleistift in Härte HB und einem Oval. Skizzieren Sie die übrigen Teile des Körpers und achten Sie darauf, dass alle Proportionen stimmen. Sehen Sie, wie lang die Beine im Vergleich zum Rest des Körpers sind? Mit einem Bleistift in Härte 6B schraffieren Sie das Fohlen vor und schwächen dann mit einem Papierwischer bestimmte Bereiche ab.

1

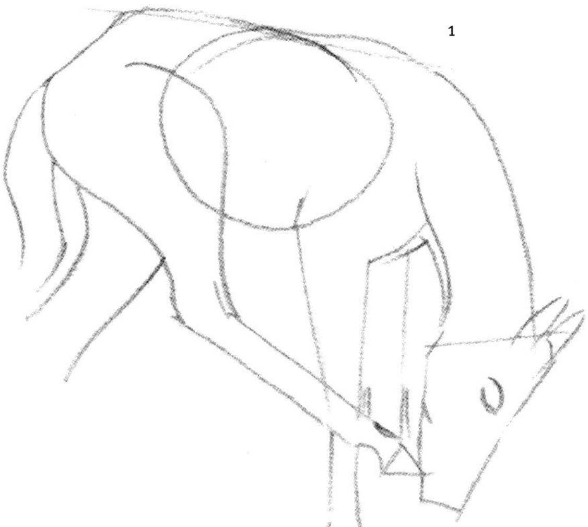

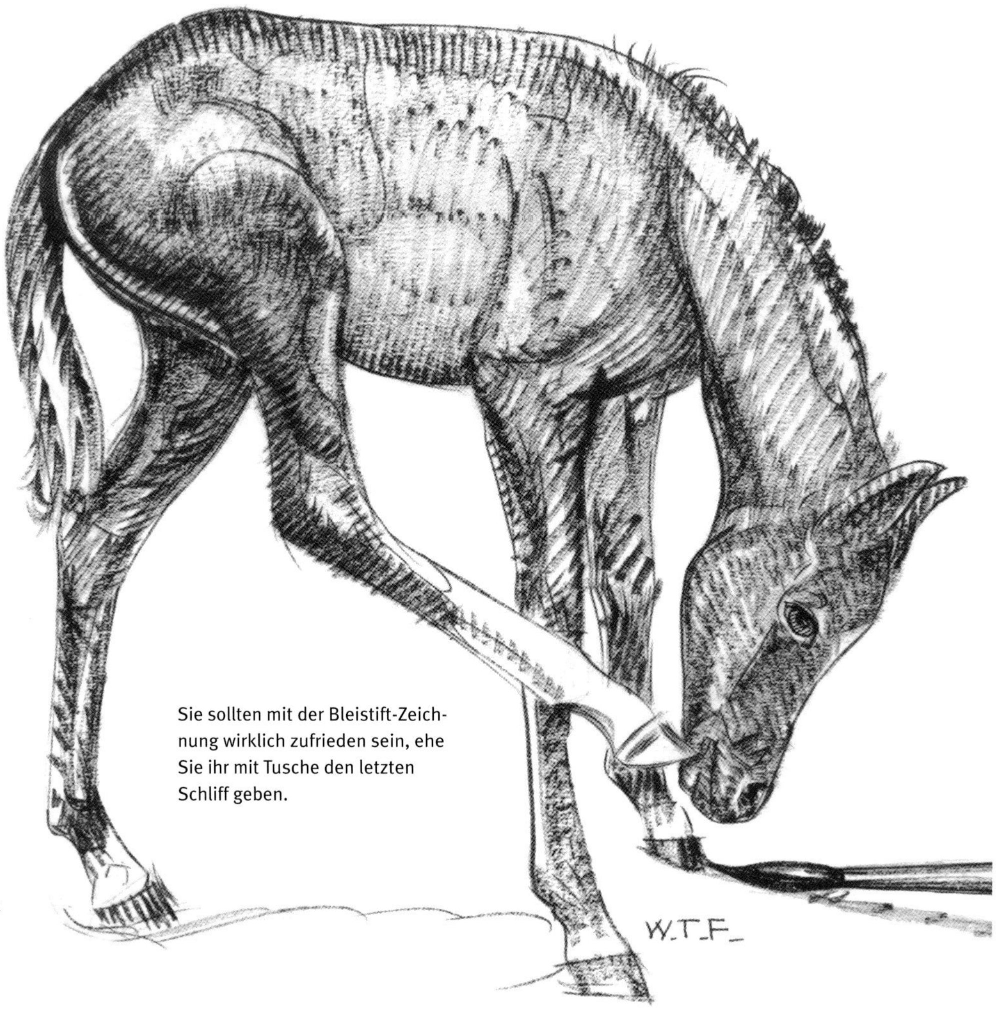

Sie sollten mit der Bleistift-Zeichnung wirklich zufrieden sein, ehe Sie ihr mit Tusche den letzten Schliff geben.

Das Fohlen wurde auf grobes Papier gezeichnet und mit einer speziellen dry-brush-Technik perfektioniert: Wenn Sie die Umrisse des Fohlens mit Bleistift gezeichnet haben, tragen Sie für die hellen und mittleren Schattenbereiche Tusche oder schwarze Wasserfarbe auf. Nehmen Sie einen trockenen Pinsel und unverdünnte Tusche für die dunkelsten Bereiche und Details. So schaffen Sie aufgebrochene Linien und Kanten und können Fell gut darstellen.

Auch für dieses ausdrucksstarke Motiv wurde Tusche verwendet. Wenn Sie die Grundformen mit einem Bleistift in Härte HB skizziert haben, arbeiten Sie die Linien und Grundrisse weiter aus, bis Sie mit dem Ergebnis zufrieden sind. Nehmen Sie nun einen trockenen Pinsel und verteilen Sie sauberes Wasser auf dem Körper des Fohlens, aber gehen Sie nicht über die Umrisse hinaus! Nehmen Sie dann verdünnte Tusche mit dem Pinsel auf und verteilen Sie sie in gleichmäßigen Strichen Schicht um Schicht auf dem Körper. Diese Technik nennt man Aquarell, und sie ist wunderbar geeignet, wenn man weiche Farbübergänge zeichnen will. Allerdings ist diese Technik schwieriger, als das Zeichnen Nass-auf-Trocken oder die dry-brush-Technik links (▶ Seite 148).

Probieren Sie auch aus, ob Sie bessere Resultate erzielen, wenn Sie das Papier zwischendurch trocken werden lassen. Wenn Sie die Farbschichten auftragen, lassen Sie dabei hellere Stellen frei für die Lichtreflexe und tragen Sie dichte Schichten für die dunkelsten Stellen an Hals und Bauch auf. Mit der Spitze eines trockenen Pinsels ziehen Sie zum Schluss die feinen Umrisslinien und Details nach.

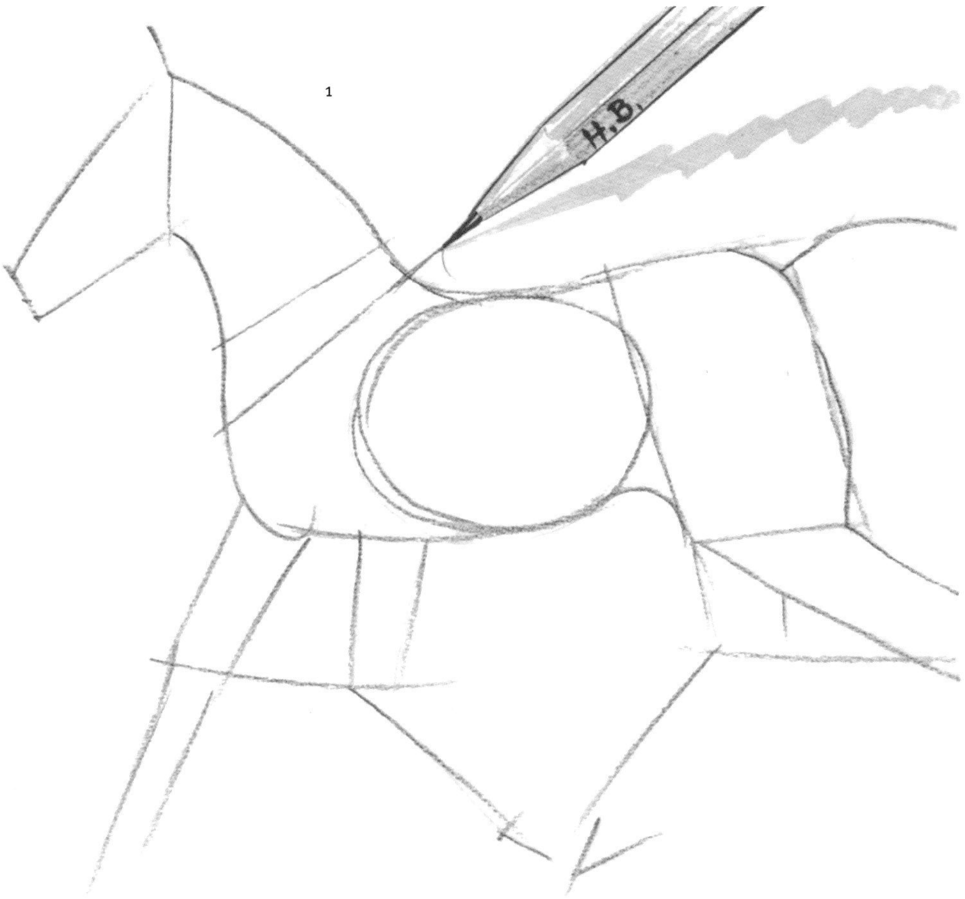

Achten Sie auf den Trab: Dabei arbeiten die Beine dieses munteren Fohlens diagonal.

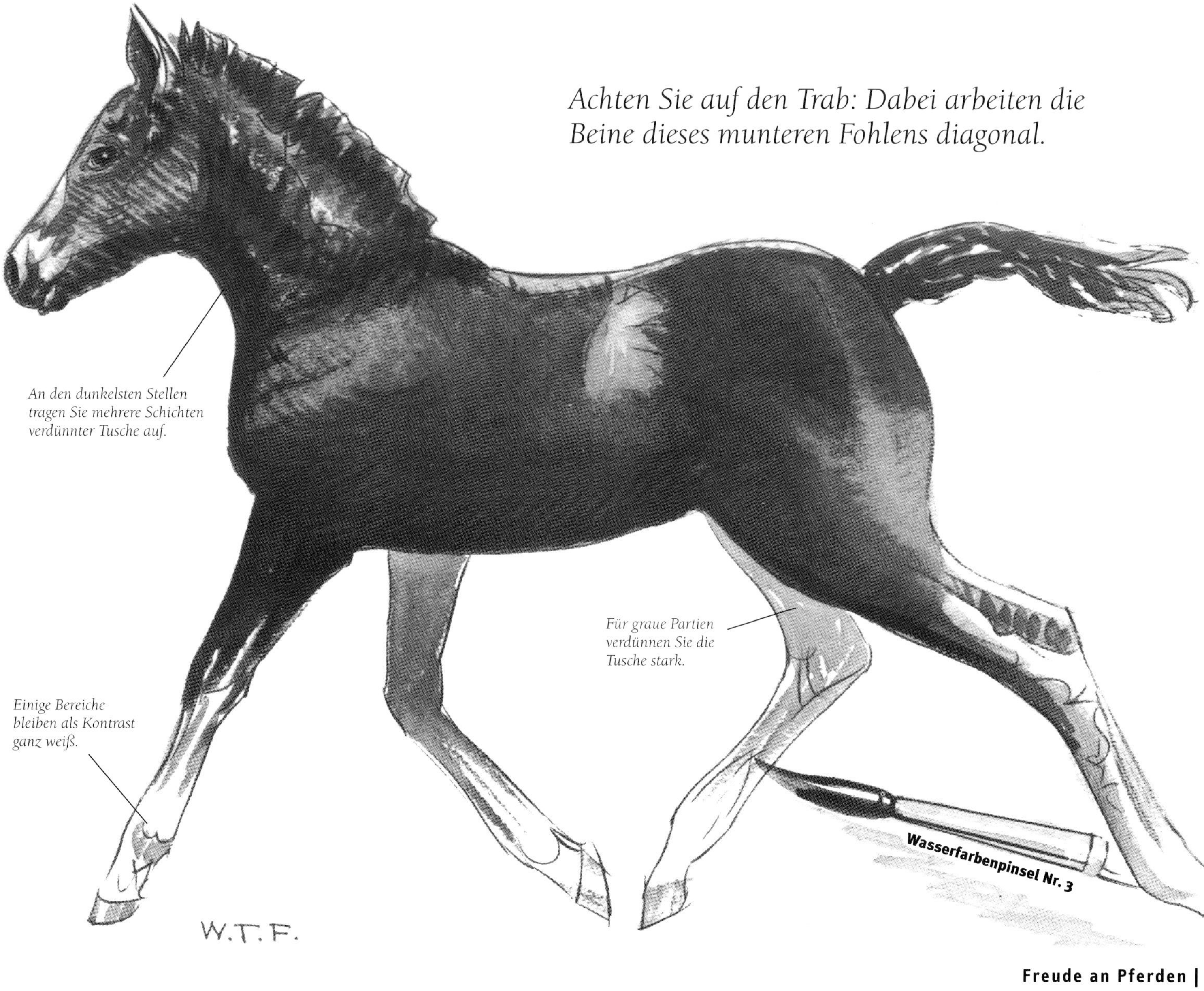

Araber

Araberpferde sind feurige Tiere mit einer extravaganten Art, den Schweif zu tragen, und einem ausdrucksstarken Hechtkopf. Obwohl sie nicht sehr groß sind, ist diese Rasse berühmt für ihre Ausdauer, Intelligenz und Energie. Versuchen Sie den schlanken Körperbau und das Temperament in Ihrer Zeichnung festzuhalten.

1

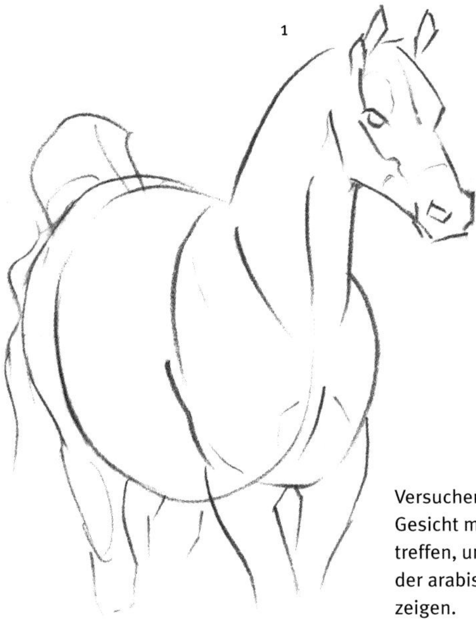

2

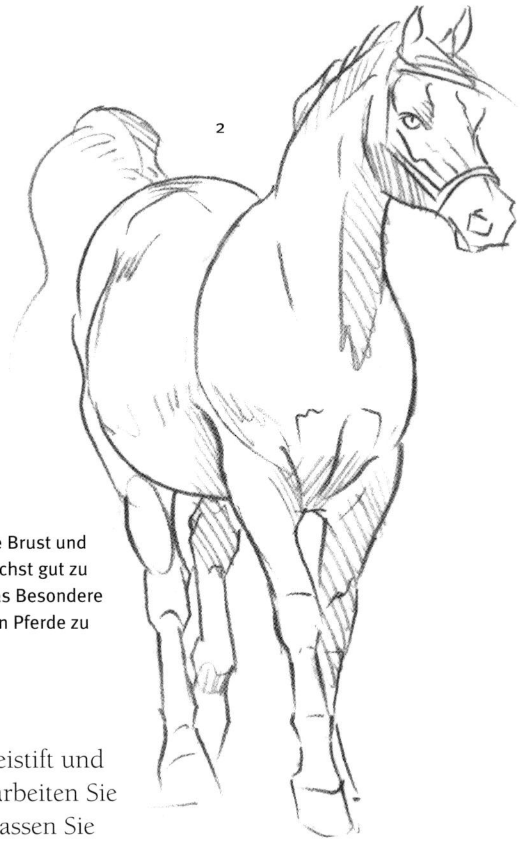

Versuchen Sie Brust und Gesicht möglichst gut zu treffen, um das Besondere der arabischen Pferde zu zeigen.

Mit einem weichen Bleistift und einem Papierwischer arbeiten Sie das Pferd feiner aus. Lassen Sie großzügig Stellen weiß für die Lichtreflexe auf dem schimmernden Fell.

Aus diesem Blickwinkel wird das Rückgrat sichtbar. Schraffieren Sie dort und an den Schultern nur wenig. Das unterstreicht die Tiefe des Bildes.

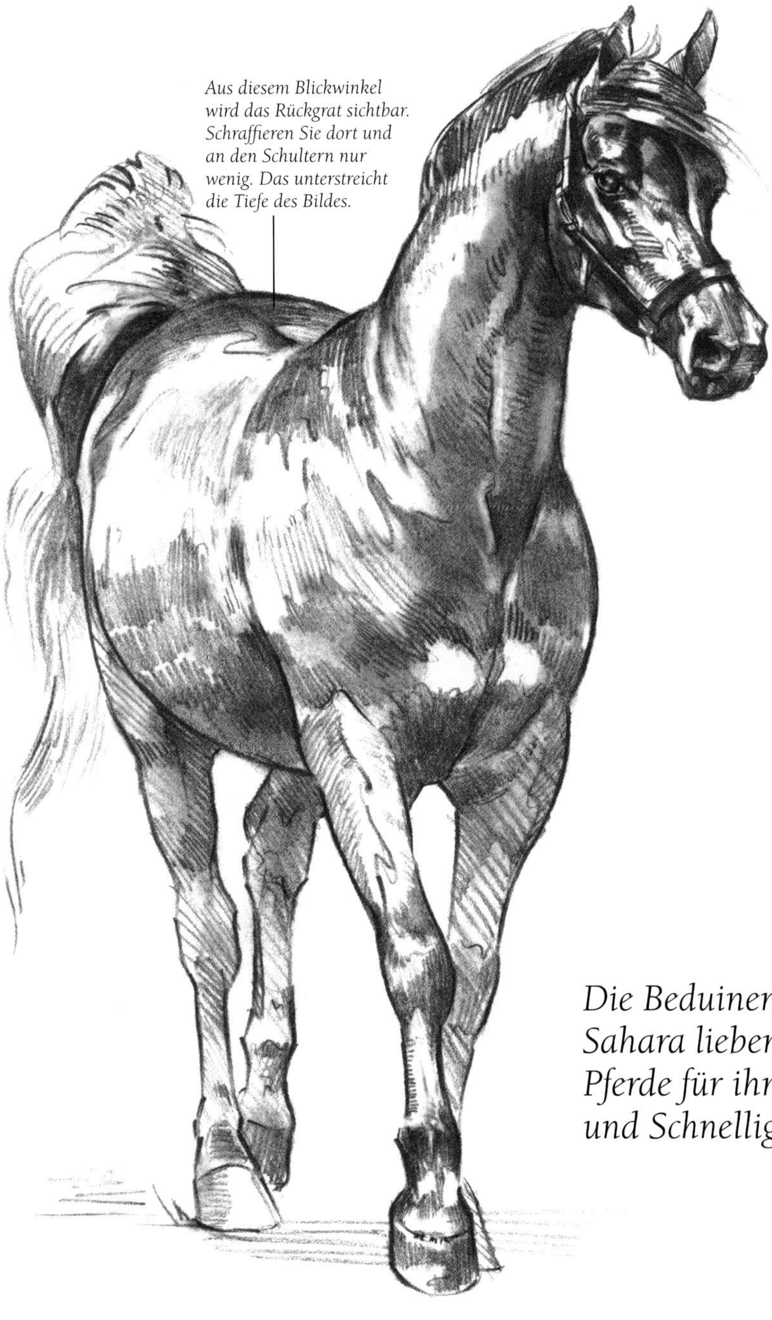

3

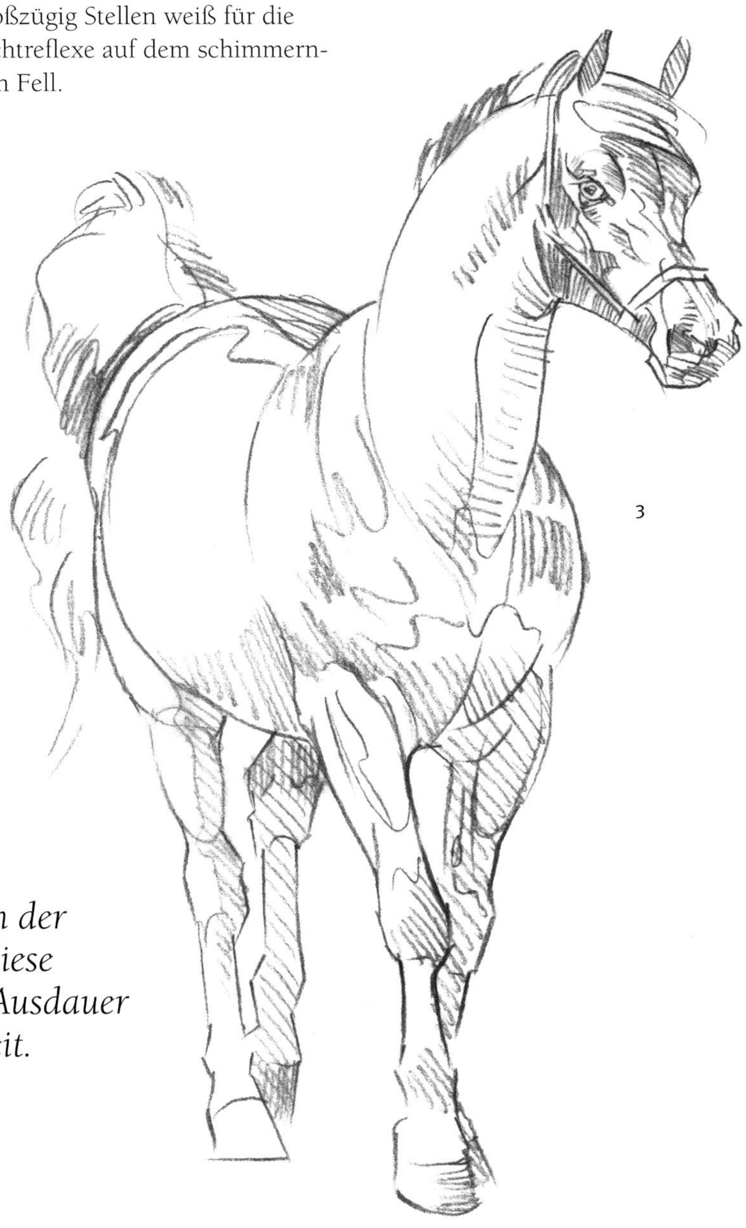

Die Beduinen in der Sahara lieben diese Pferde für ihre Ausdauer und Schnelligkeit.

Shetlandpony

Dies ist eine der kleinsten Ponyrassen der Welt; sie stammt von den nördlich von Schottland gelegenen Shetland Inseln. Dieses Pony zeigt den typischen kleinen Kopf, den breiten Hals und den kompakten Körperbau seiner zähen Rasse.

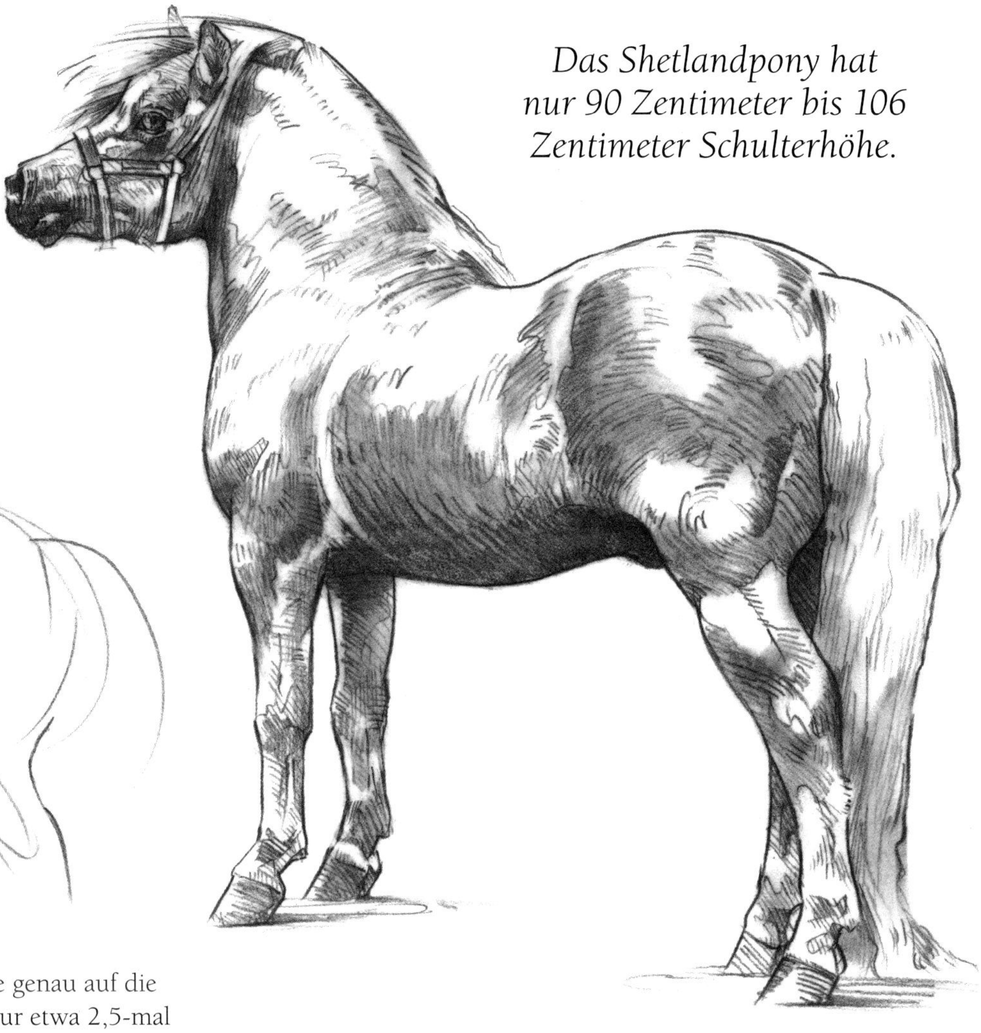

Das Shetlandpony hat nur 90 Zentimeter bis 106 Zentimeter Schulterhöhe.

1

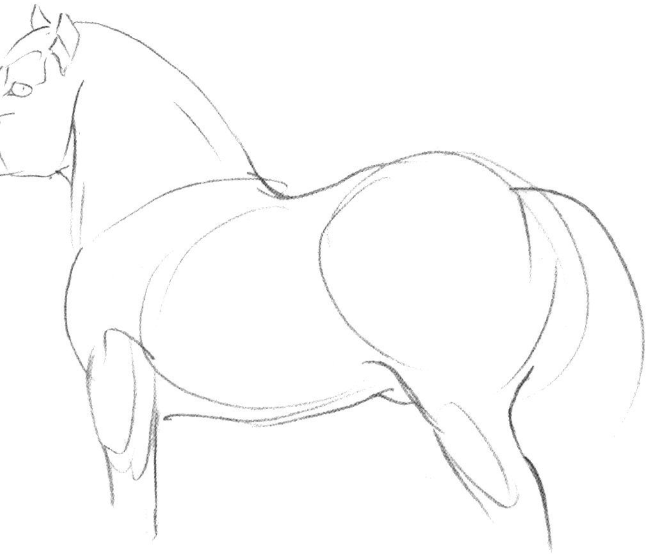

Beim Skizzieren der Grundrisse des Ponys müssen Sie genau auf die Richtigkeit der Proportionen achten: Der Körper ist nur etwa 2,5-mal so lang wie der Kopf. Beginnen Sie in Schritt A mit einem großen Kreis und Ovalen, die den robusten Bau des Ponys einfangen. Mit groben Strichen schraffieren Sie die mittleren Grautöne; nehmen Sie einen Papierwischer für die dunkelsten Bereiche.

Shetlandponys haben einen auffallend breiten Hals.

2

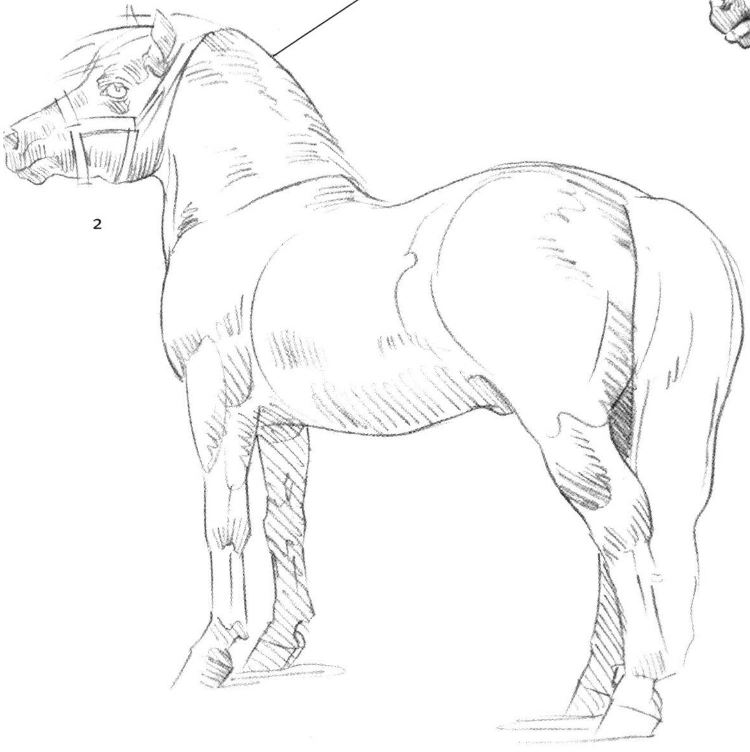

Mit der Seite der Bleistiftmine und einem Papierwischer wird das helle Fell dieses Ponys gestaltet.

3

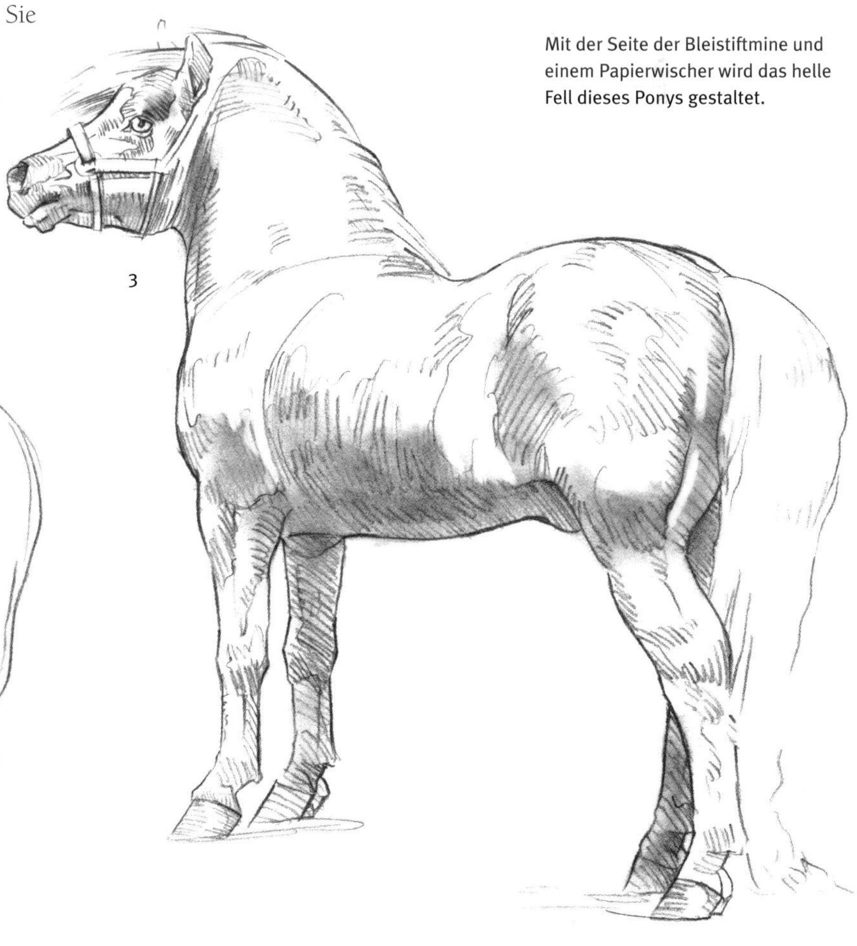

Quarterhorse

Das amerikanische Quarterhorse ist ein außergewöhnlich muskulöses Pferd, das wegen seiner Geschicklichkeit und seiner hervorragenden Qualitäten als Cowboy-Pferd nicht nur in den USA sehr geschätzt wird. Der Name Quarterhorse bezieht sich auf die fast schon legendäre Geschwindigkeit, die diese Pferde über die Distanz einer Viertelmeile (Quarter of a mile = 1,6 Kilometer) erreichen. Betonen Sie beim Zeichnen den kräftigen Hals und die Hinterhand dieses Tieres.
Neben dem kraftvollen Körper stellt dieses Bild auch deshalb höhere Anforderungen an den Künstler, weil es das Tier aus seiner ungewöhnlichen Perspektive zeigt: von hinten und der Seite. Das heißt, auch in diesem Fall muss man mit der Technik der optischen Verkürzung arbeiten (▶ Seite 169), wenn das Pferd realistisch aussehen soll. In diesem Fall müssen Sie die rechte Seite verkürzt darstellen, um zu zeigen, dass Vorderhand, Hals und Kopf weiter vom Betrachter entfernt sind als die Hinterhand, die Sie entsprechend größer zeichnen müssen.

1

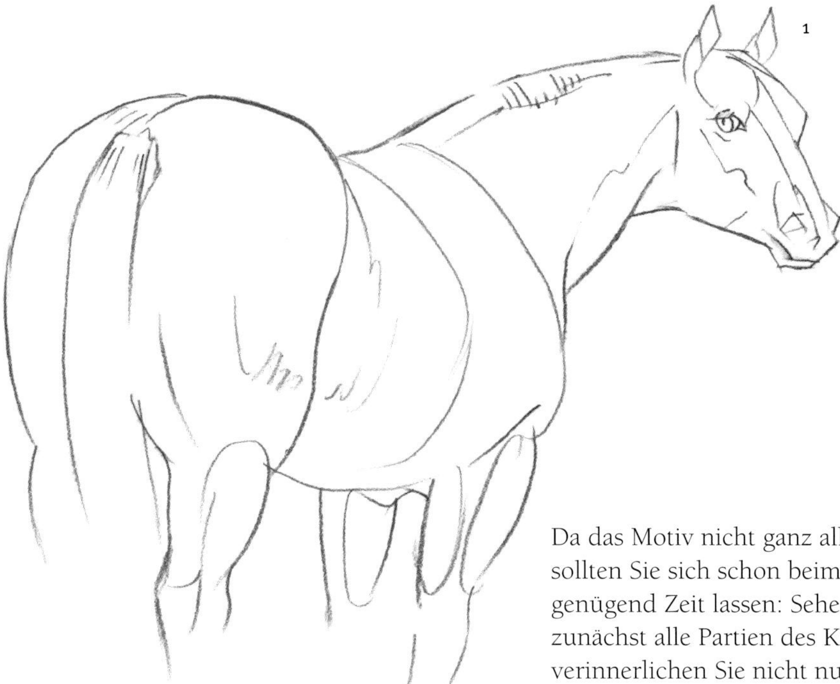

Da das Motiv nicht ganz alltäglich ist, sollten Sie sich schon beim Skizzieren genügend Zeit lassen: Sehen Sie sich zunächst alle Partien des Körpers an, verinnerlichen Sie nicht nur die Form, sondern auch die Größe und Proportionen. Beim Zeichnen sollten Sie vor allem die Hinterhand, die Form der Beine mit den Gelenken und den Hufen sorgfältig skizzieren, denn so haben Sie sie wahrscheinlich noch nie in einem Bild gesehen. Erst wenn alles stimmt, machen Sie sich an die ersten Schraffuren wie in Schritt 2 zu sehen.

2

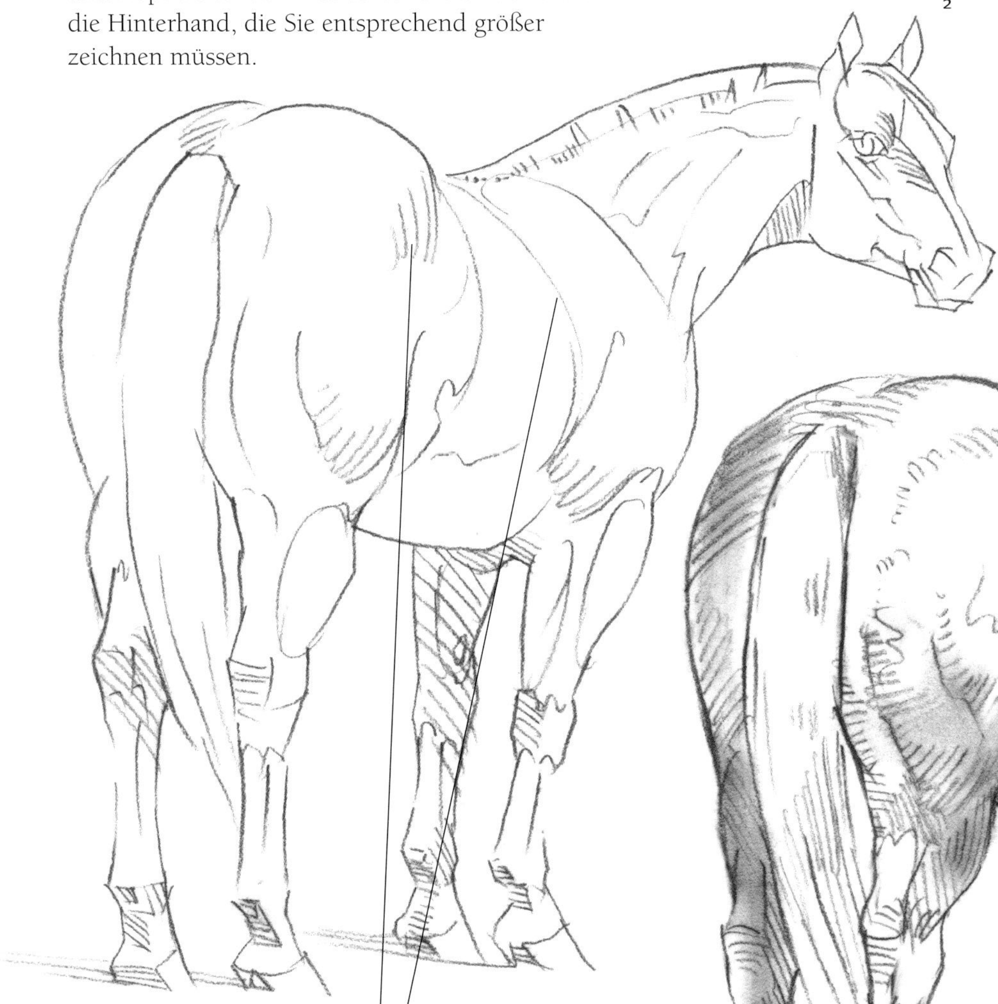

Dieser Bereich wurde stark verkürzt wiedergegeben, um die Illusion zu schaffen, dass die Hinterhand näher am Betrachter ist als der Kopf.

3

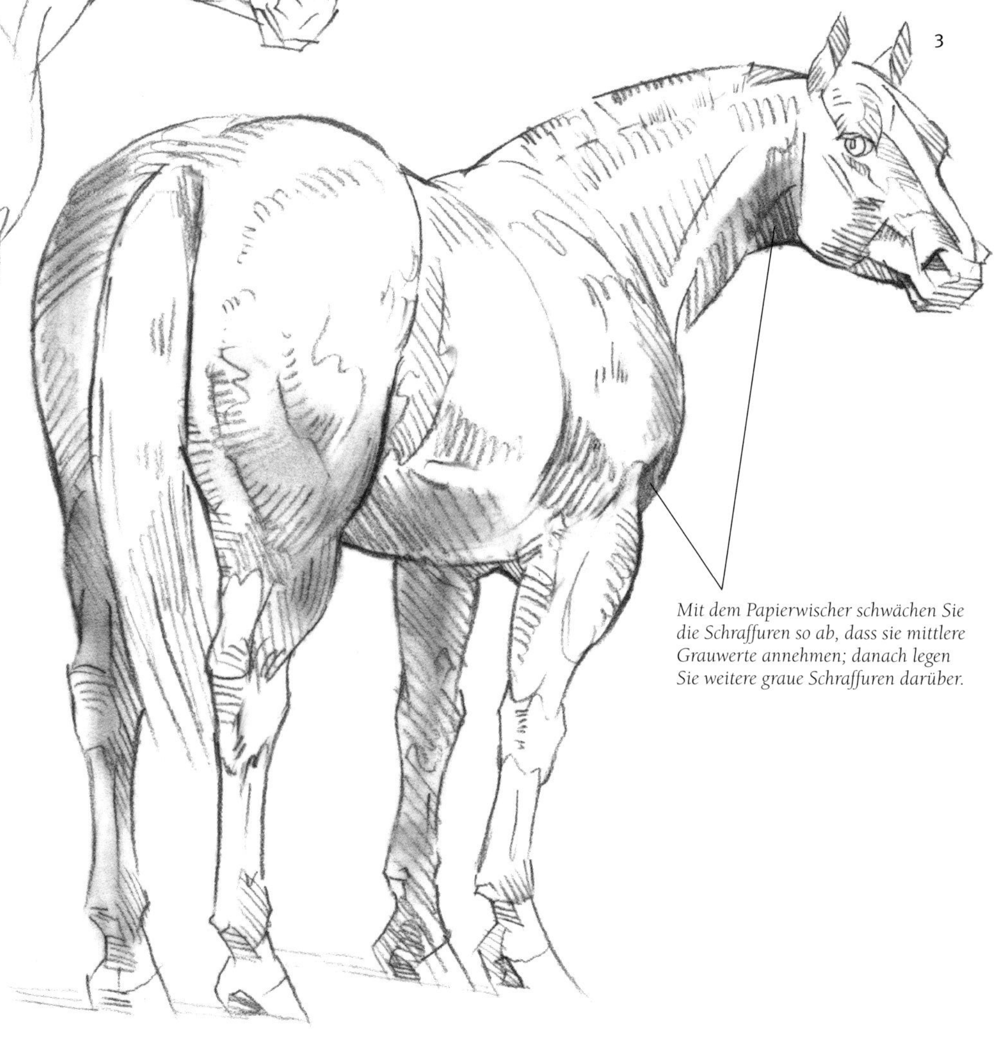

Mit dem Papierwischer schwächen Sie die Schraffuren so ab, dass sie mittlere Grauwerte annehmen; danach legen Sie weitere graue Schraffuren darüber.

Beim Arbeiten an den Schraffuren in Schritt 3 variieren Sie die Schraffurenlinien, um die Formen des Pferdekörpers, des Gesichts und der Gelenke realistisch auszuformen: Verwenden Sie Kreuz- und Parallelschraffuren, wechseln Sie die Winkel und den Druck. Die letzten Schatten gestalten Sie mit einem Bleistift in Härte 2B und dem Papierwischer, um weiche Striche und sanfte Flächen zu erhalten. Lassen Sie auch Papier weiß stehen, um die Blesse auf der Nase und die Lichtreflexe auf dem schimmernden Fell zu zeigen. Auch die Beine dürfen nicht zu dunkel werden – denn dieses Pferd hat weiße „Socken".

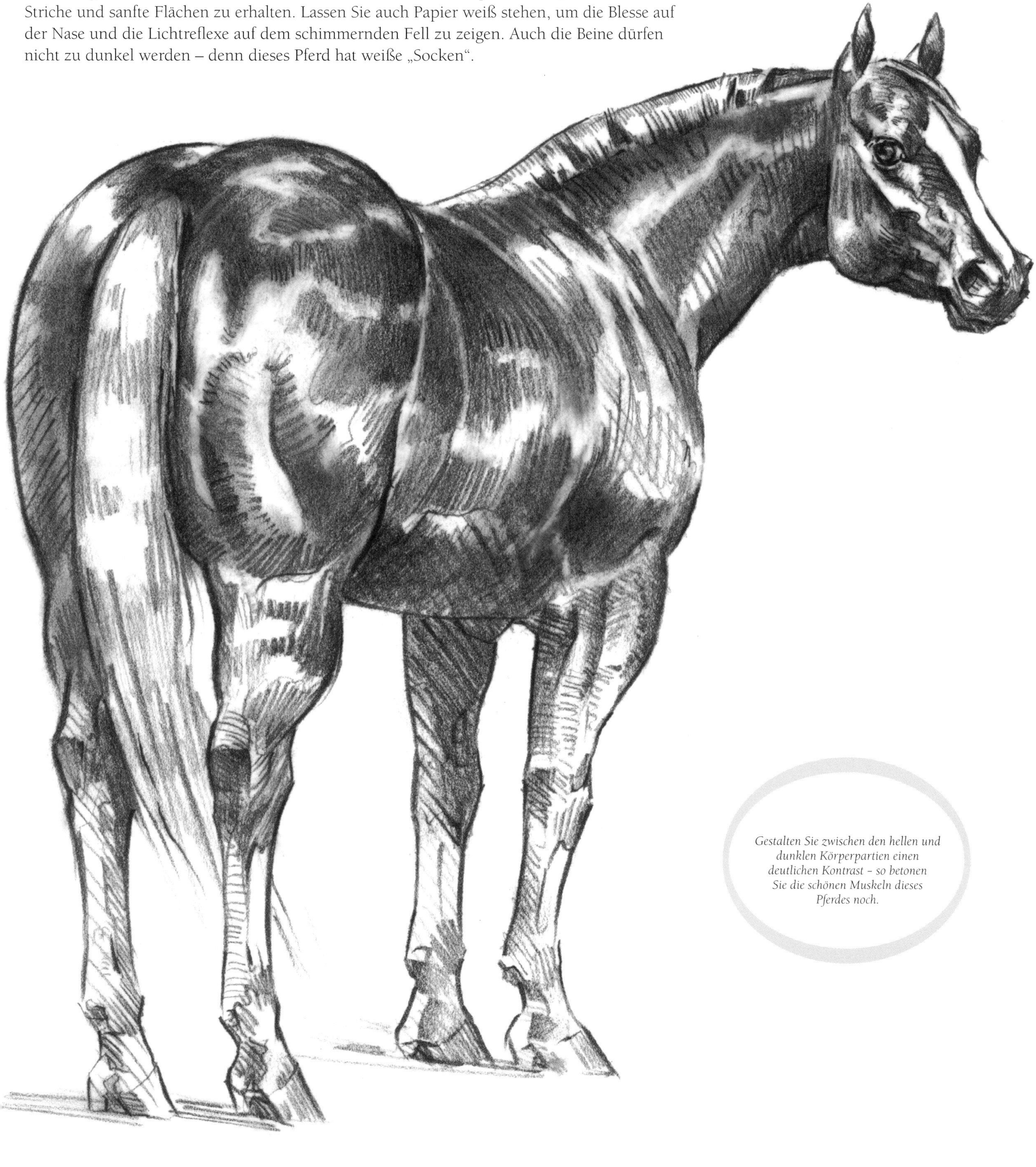

Gestalten Sie zwischen den hellen und dunklen Körperpartien einen deutlichen Kontrast – so betonen Sie die schönen Muskeln dieses Pferdes noch.

Traber

Der Trab ist eine Zweitaktgangart mit interessanter Fußarbeit. Es werden jeweils die diagonal gegenüberliegenden Beine gleichzeitig vorwärtsbewegt: rechts vorn und links hinten, dann links vorn und rechts hinten. Dazwischen sind einen Moment lang alle vier Hufe in der Luft, sodass es aussieht, als würde das Pferd fliegen. Diese Zeichnung stellt einen Amerikanischen Traber beim Aufwärmtraining vor. Er läuft mit mäßigem Tempo und sein Körper ist nicht ganz gestreckt.

Muskeln herausarbeiten Da hier ein Rennpferd dargestellt wird, muss die ausgeprägte Muskulatur gut zu erkennen sein. Deshalb wurde die Kruppe recht flach gezeichnet und die Hüfte schön ausmodelliert, um die Kraft der hinteren Körperpartie zum Ausdruck zu bringen.

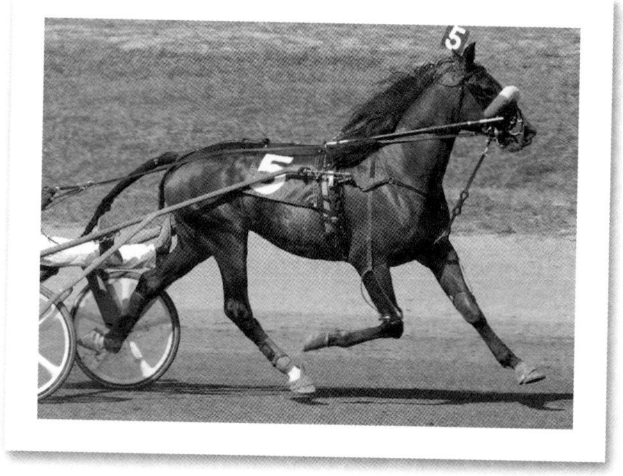

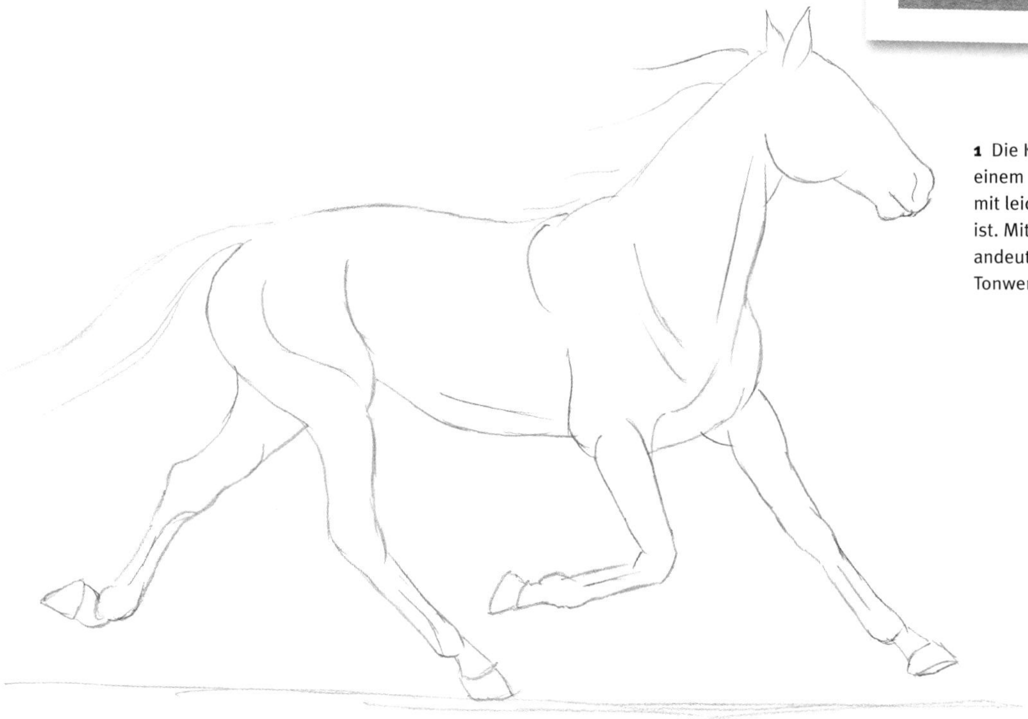

1 Die Kontur des Pferdes zeichnen Sie mit lockeren Strichen mit einem Bleistift in Härte HB. In dieser frühen Phase arbeiten Sie immer mit leichter Hand und korrigieren oder radieren sofort, wenn es nötig ist. Mit einigen Strichen lassen sich jetzt auch schon die Muskeln andeuten und die Bereiche festlegen, an denen hellere und dunklere Tonwerte zusammentreffen.

Der Amerikanische Traber ist für sein Geschick im Sulky-Rennen berühmt. Es ist die schnellste Traberrasse der Welt.

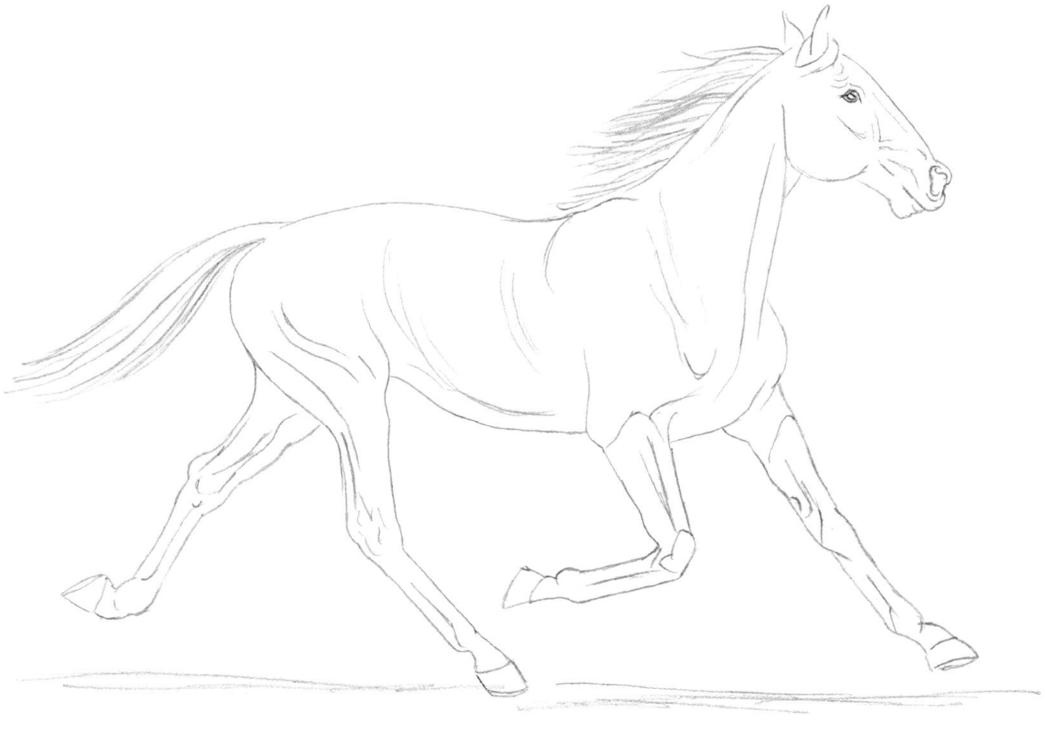

2 Wenn Sie mit dem Umriss zufrieden sind, überarbeiten Sie die Linien sorgfältig und betonen die Winkel und Rundungen. Mit langen Strichen den Fall von Mähne und Schweif skizzieren. Dann geht es an die Feinarbeit: Muskeln, Sehnen und Gesichtszüge sorgfältig einzeichnen. Betrachten Sie die Fotovorlage einmal genau: Sehen Sie, wie interessant die hier eingefangene Bewegung ist? Ein Ohr ist nach hinten gedreht, um Kommandos des Jockeys zu hören, das andere ist nach vorn gewandt. Das sichtbare Nasenloch ist durch die körperliche Anstrengung leicht geweitet.

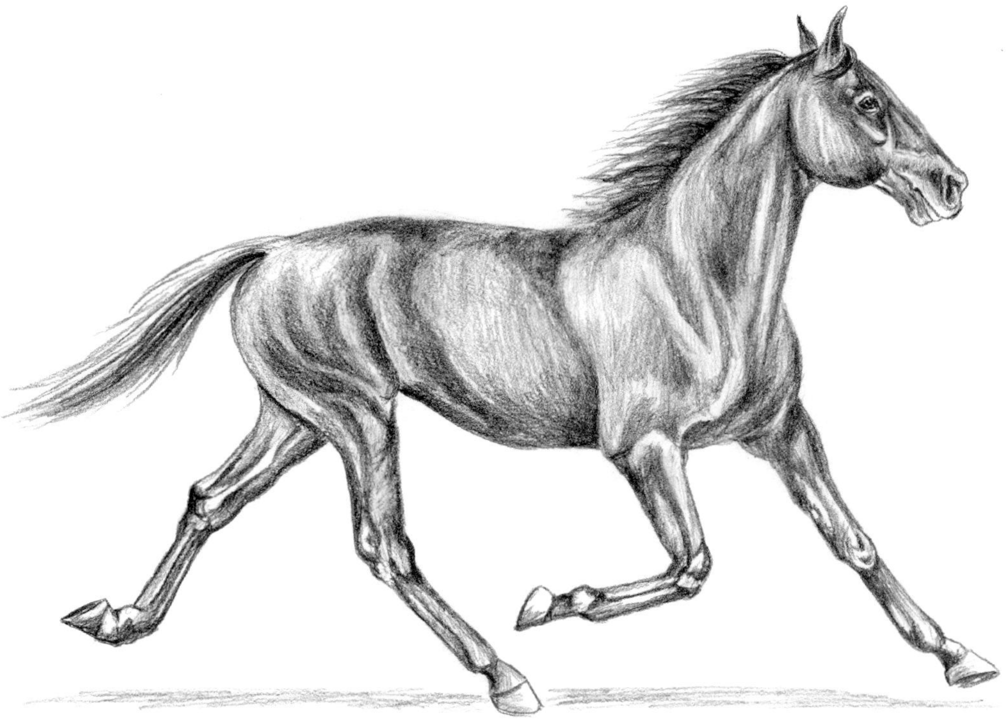

Um beim Einfügen der Schatten die Zeichnung nicht zu verwischen, sollten Rechtshänder immer von links nach rechts arbeiten, Linkshänder von rechts nach links.

3 Fügen Sie jetzt mit einem Bleistift in Härte 3B die ersten Schatten ein, um die Körperformen für den Betrachter besser herauszuarbeiten. Arbeiten Sie nicht bereichsweise, sondern am ganzen Tier: Die Schattenbereiche abdunkeln, aber fließend in die helleren Bereiche übergehen lassen. Verwischen Sie die Striche absichtlich nicht, denn ihr skizzenhafter Charakter zeigt die schnelle Bewegung des Pferdes besonders gut.

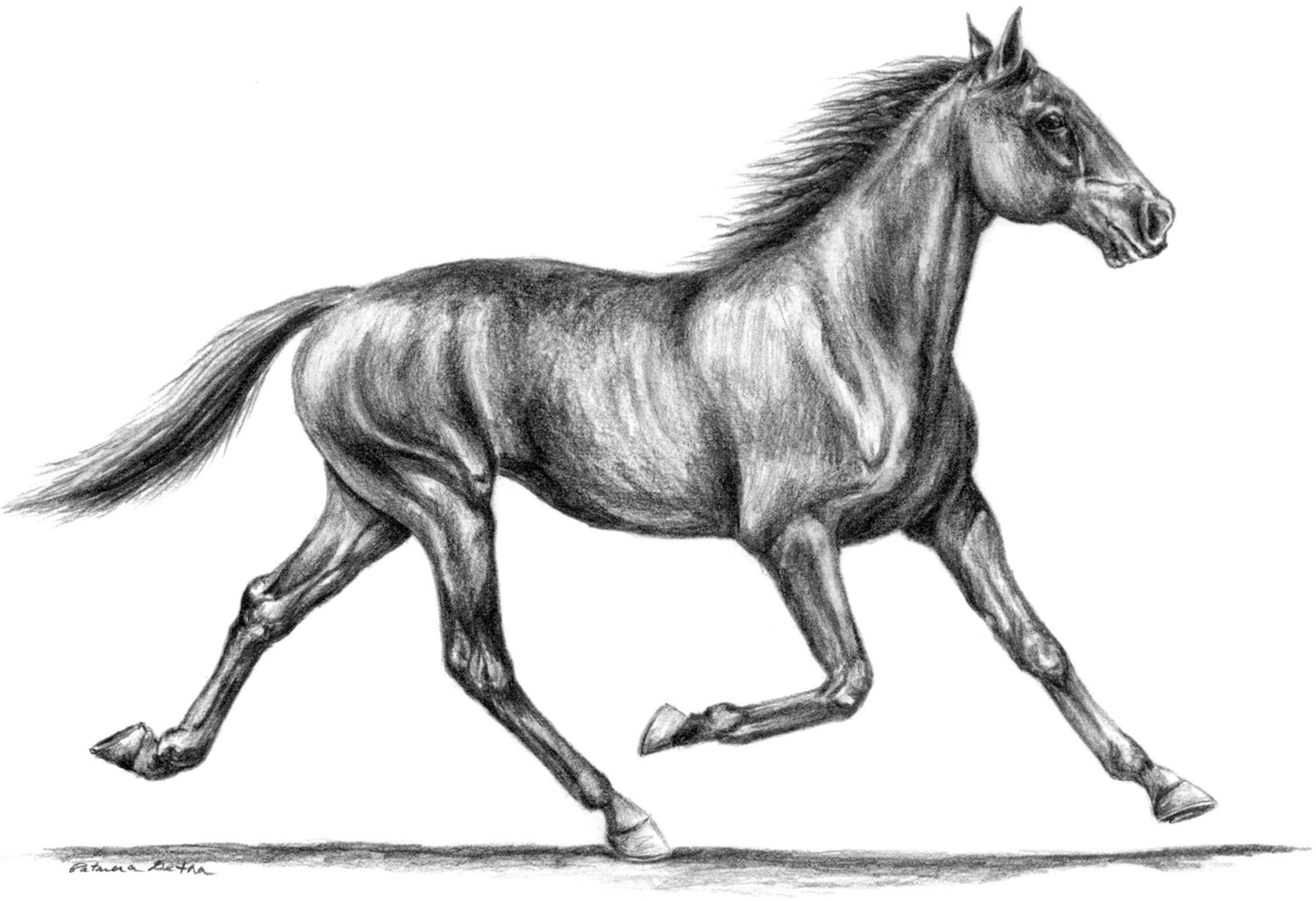

4 Im letzten Arbeitsgang verfeinern Sie die Schraffuren noch einmal: Für die hellen Bereiche Bleistifte in den Härten 2B und HB verwenden, für dunkle Grautöne 6B. Zeichnen Sie dunkle Grautöne immer mit weichen Bleistiften, denn harte können die Papieroberfläche beschädigen oder so „polieren", dass sie einen speckigen Glanz bekommt.

Pferd und Reiter

Um gute Bilder von Pferd und Reiter zu zeichnen, gibt es ein Geheimnis: Sie müssen die beiden als Einheit begreifen und auch so darstellen. Deshalb skizzieren Sie schon im ersten Schritt die wichtigsten Linien von Mensch und Tier. Achten Sie vor allem auf die Körper- und Handhaltung des Reiters und auf die Position seiner Beine – sie sind Schlüsselelemente, die bestimmen, ob Ihre Zeichnung realistisch wirkt oder nicht.

1

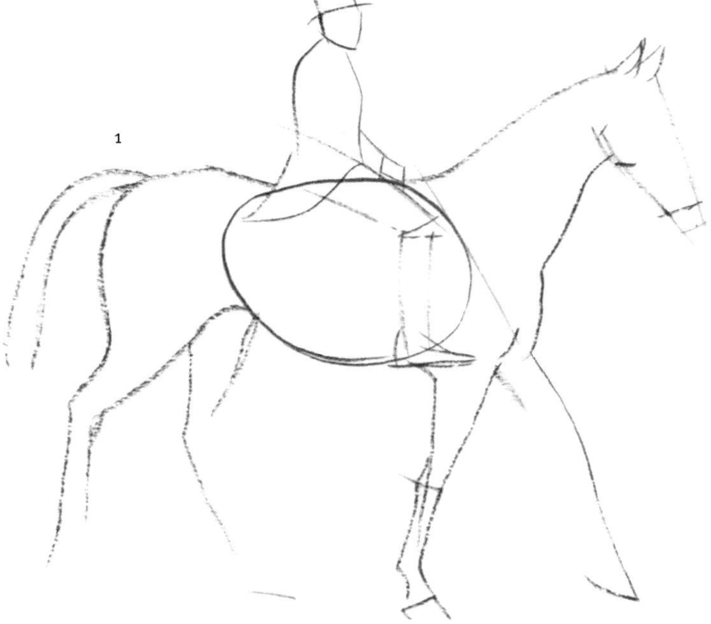

Sie beginnen mit einem liegenden Oval für den Körper des Pferdes. Dann skizzieren Sie die Grundlinien des Reiters vor sowie Kopf, Hals und Beine des Tieres. Mit einer Hilfslinie markieren Sie den Winkel der Schulter – so wird es leichter, die genaue Position des rechten Vorderbeins zu treffen. Sehen Sie, dass der Huf am rechten Hinterbein nach hinten gerichtet ist, wenn das Pferd ihn vom Boden abhebt?

2

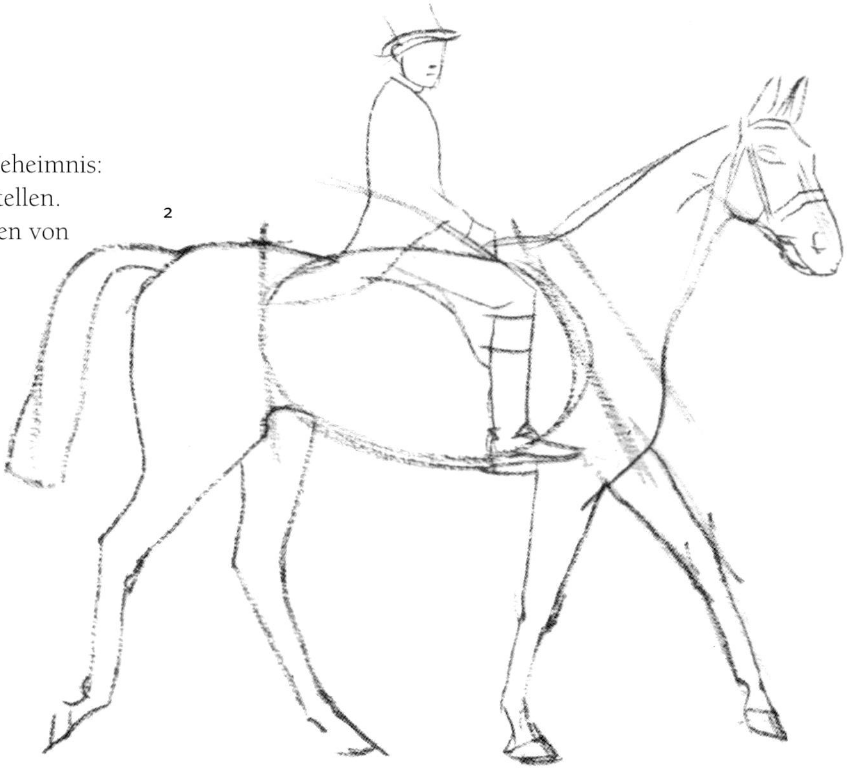

Die verschiedenen Gangarten zu zeichnen, ist eine der besten Übungen, um Pferde und ihre natürlichen Bewegungen besser kennenzulernen. Behalten Sie dabei jedoch auch stets die Körperhaltung des Reiters im Auge. Im Schritt halten Pferde den Kopf hoch und der Reiter sitzt gerade im Sattel.

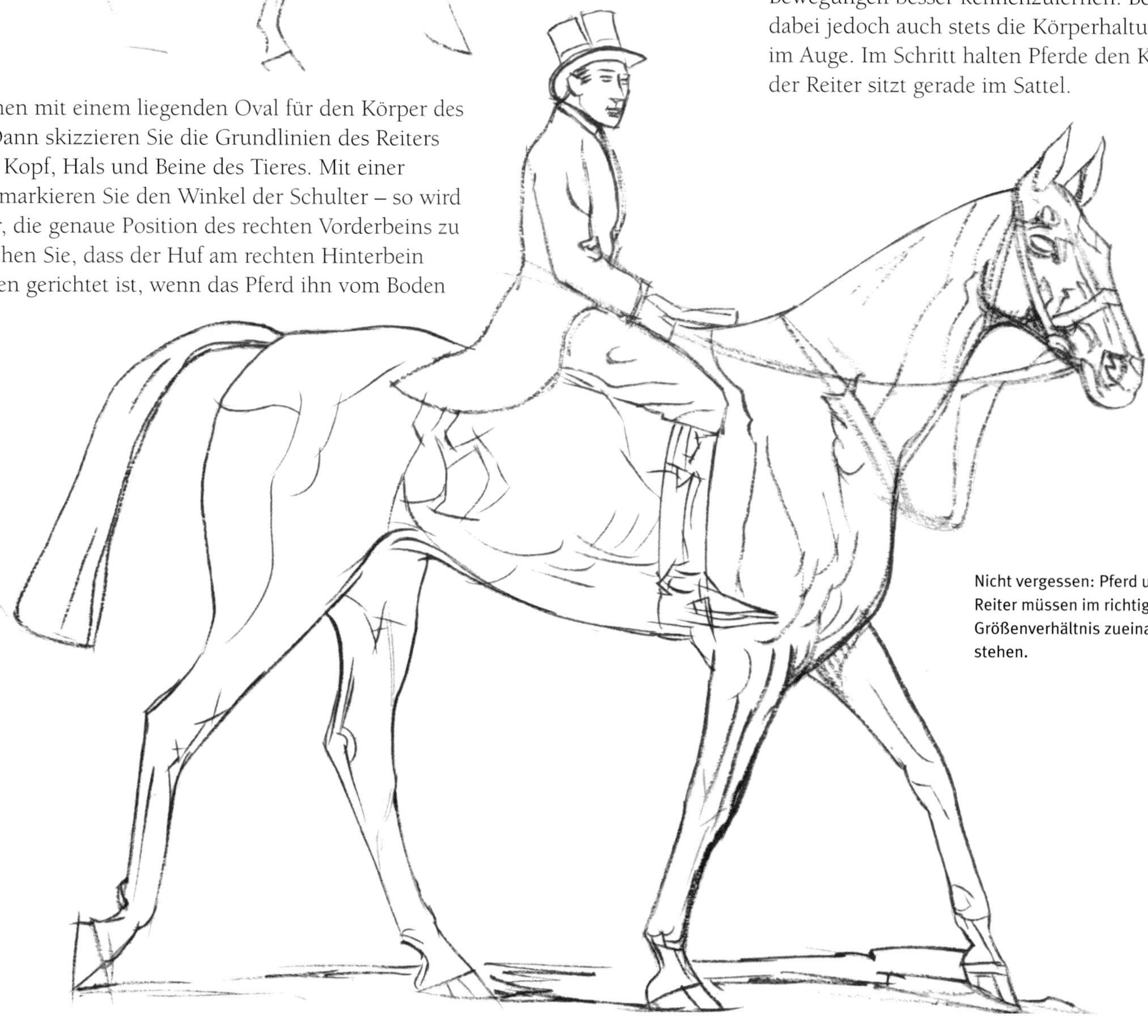

Nicht vergessen: Pferd und Reiter müssen im richtigen Größenverhältnis zueinander stehen.

Im leichten Galopp ist der Schwerpunkt des Pferdes leicht nach vorne verlagert, was man daran erkennt, dass Kopf und Körper des Tieres dabei nach vorwärts gestreckt erscheinen. Der Reiter macht die Bewegung mit, indem auch er sich nach vorne lehnt. Zeichnen Sie das Motiv mit lockeren, leichten Strichen – so können Sie diese flüssige Bewegung am besten erfassen.

Gehen Sie auch an solche komplexen Motive ganz unverkrampft heran!

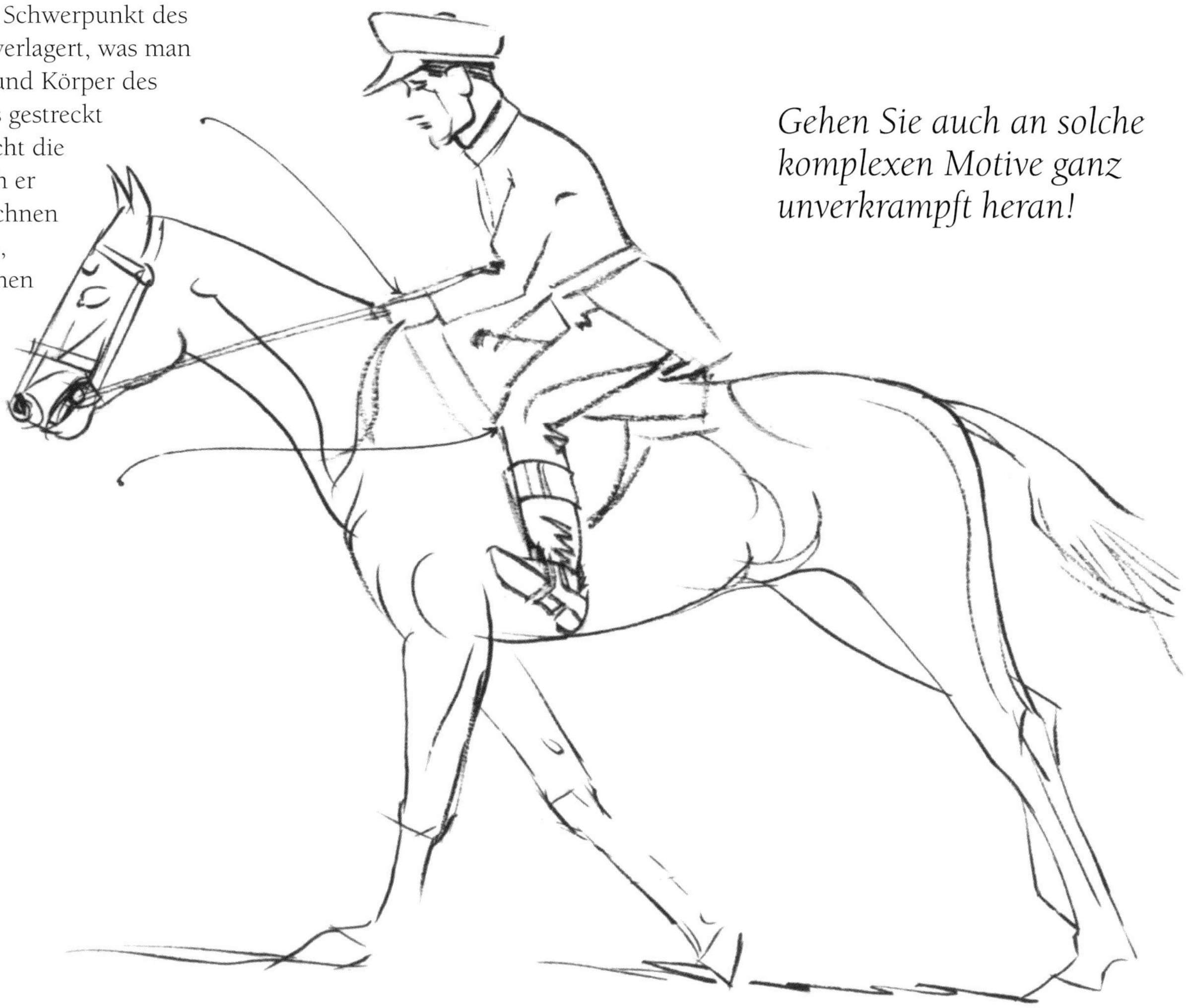

Die Abbildung unten zeigt Pferd und Reiterin bei einer Dressurübung. Hierbei kommt es auf die exakte Ausführung vorgeschriebener Bewegungsabläufe an.

Die Reiterin hält die Arme in einem engen Winkel eng am Körper. Auch die Zügel sind kurz, da sie dem Pferd rasch die nötigen Hilfen geben sollen, die es braucht, um die Dressurübungen perfekt auszuführen. Mit kräftigen waage- und senkrechten Linien betonen Sie diese konzentrierte Arbeit von Pferd und Reiter.

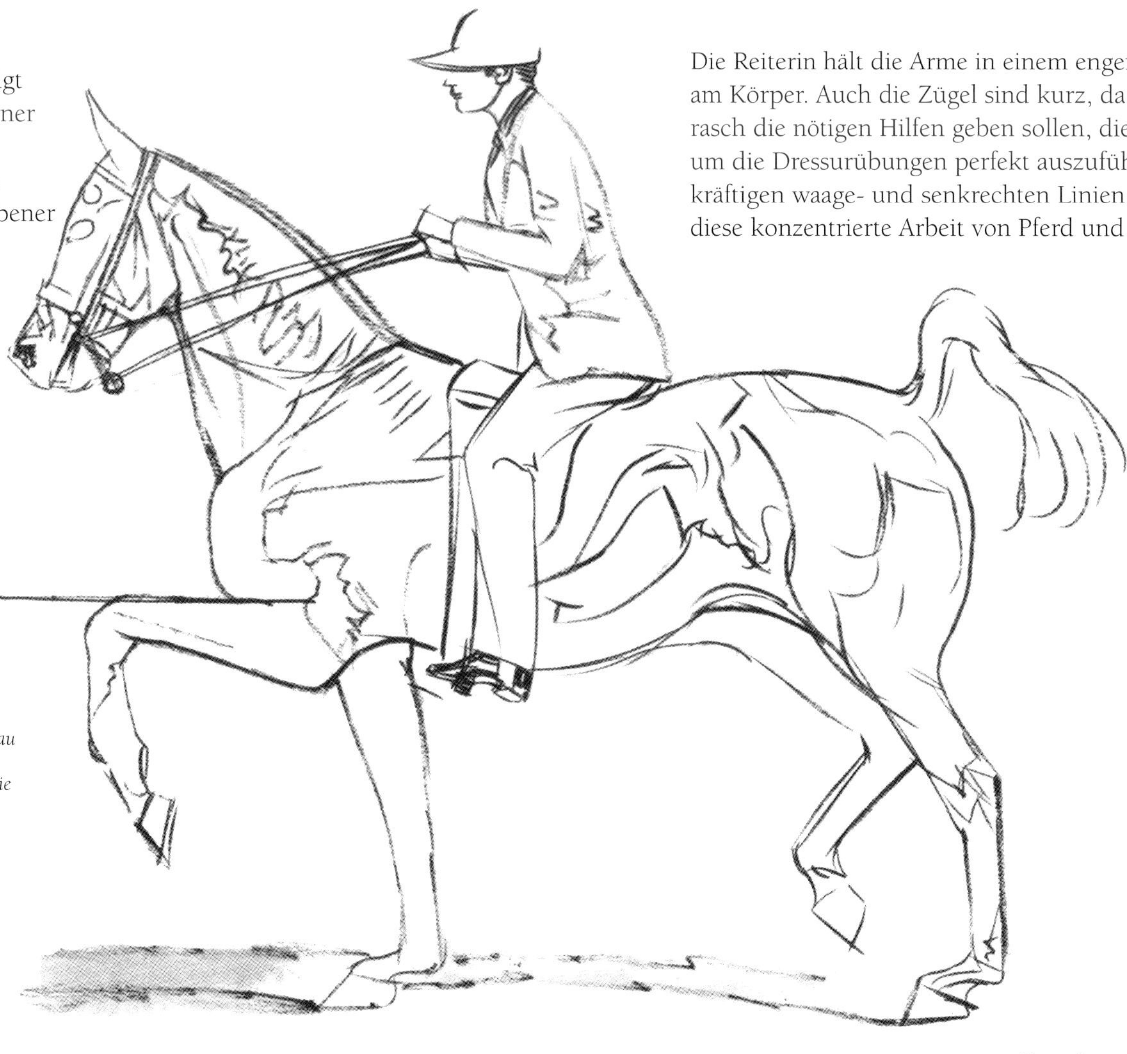

Das Vorderbein des Pferdes ist genau parallel zum Boden. Mit einer entsprechenden Hilfslinie gelingt die Darstellung ganz leicht.

Sprung und Galopp

Springen ist ein bewegender Pferdesport – ganz gleich, ob es sich um Showspringen in der Halle handelt, um Militaryreiten oder Vielseitigkeit. Auch hier in den Zeichnungen können Sie sehen, welche Dynamik der Körper des Reiters zeigt, der sich an die Sprungbewegung seines Pferdes anpasst. Beim Sprung darf der Reiter die Bewegung seines Tieres nicht behindern und muss deshalb über dem Schwerpunkt des Pferdes bleiben, damit es seine Balance halten kann.

1

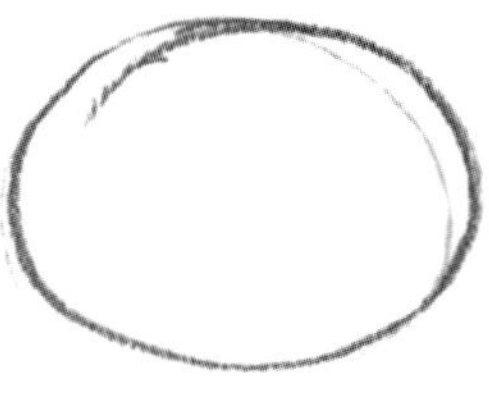

2

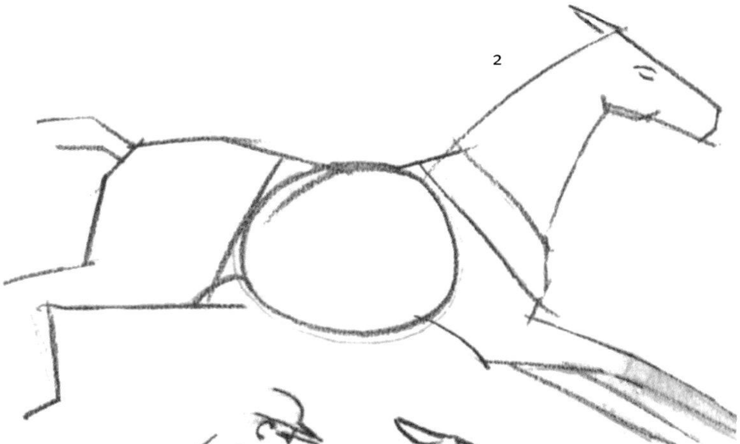

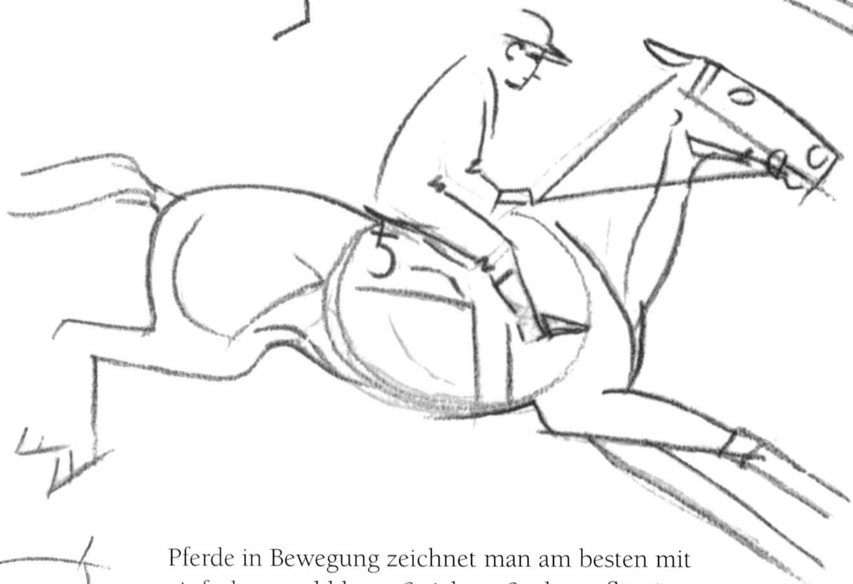

1

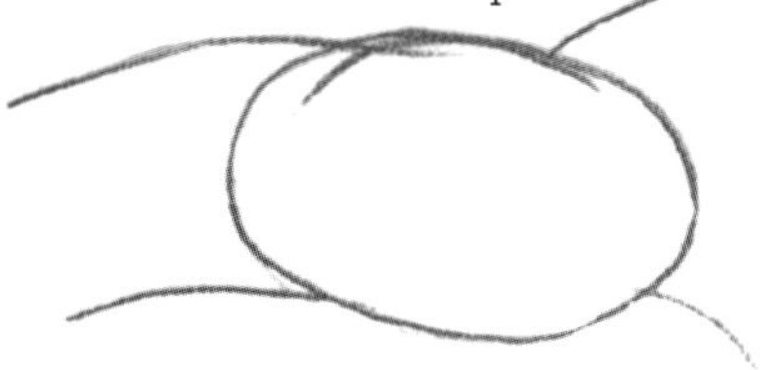

Für solche Skizzen nehmen Sie am besten einen Bleistift in Härte HB oder 2B.

2

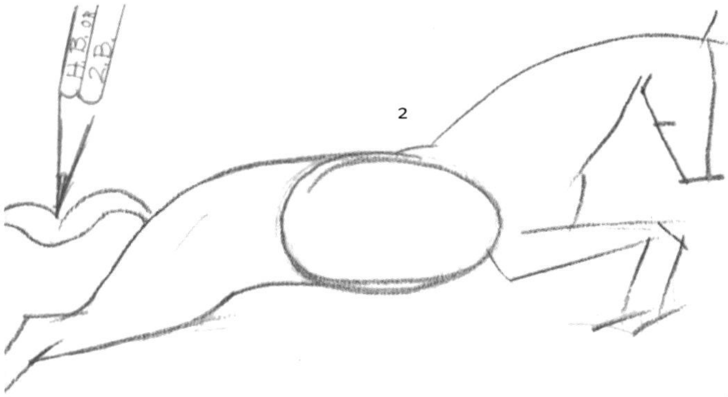

Pferde in Bewegung zeichnet man am besten mit einfachen und klaren Strichen. Saubere, flüssige Linien wirken in sich selbst bereits aktiv und transportieren das Gefühl von Bewegung besonders gut.

Je öfter Sie Pferde in der Bewegung nach Fotos zeichnen, desto besser wird Ihr Verständnis für jedes Detail der Körperhaltung eines Pferdes und für die Bewegungen des Reiters.

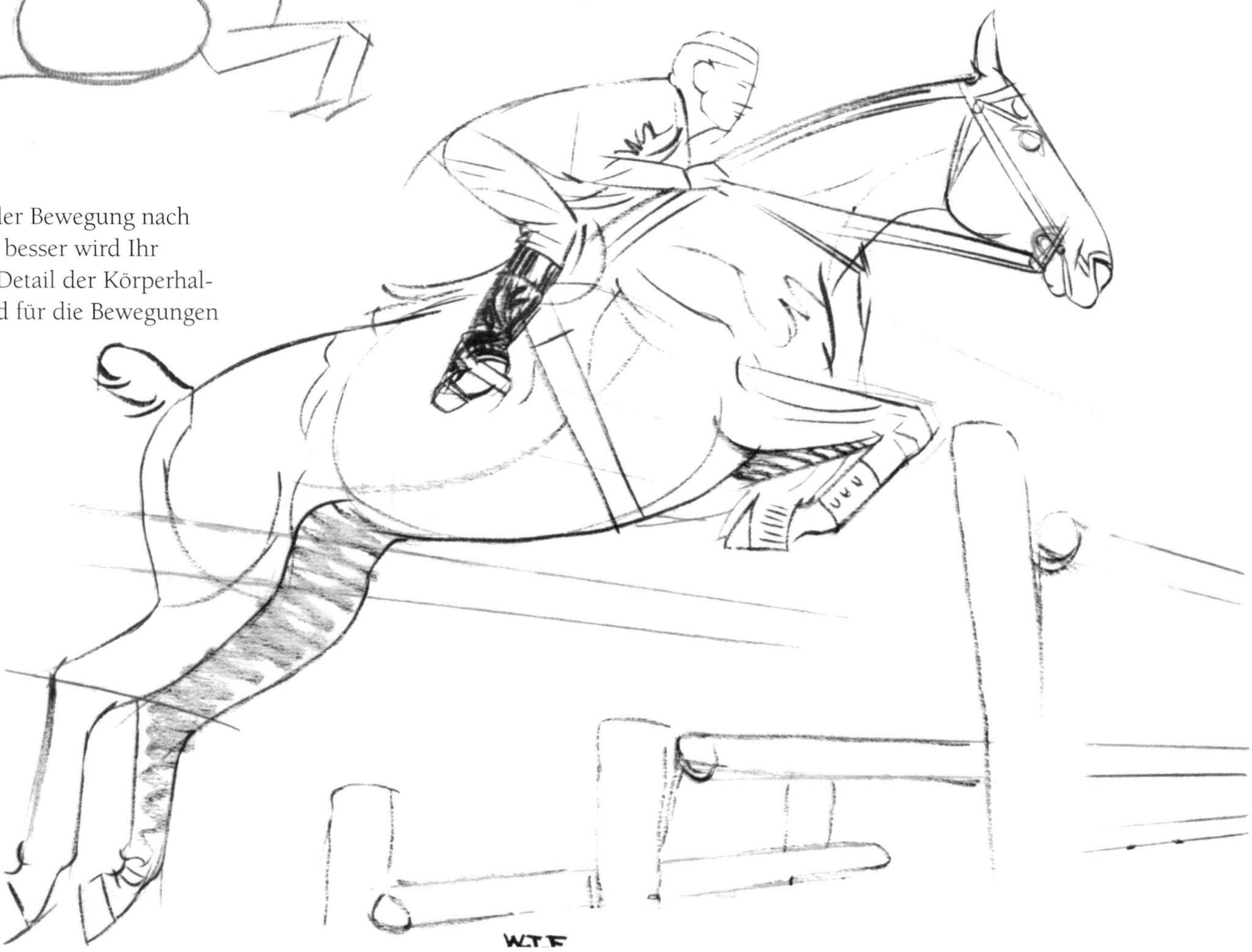

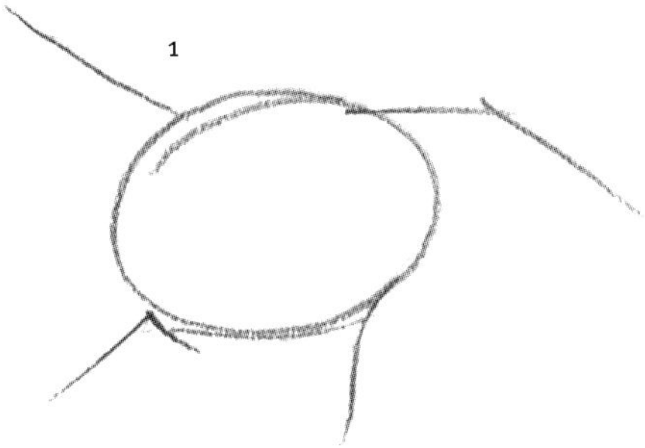

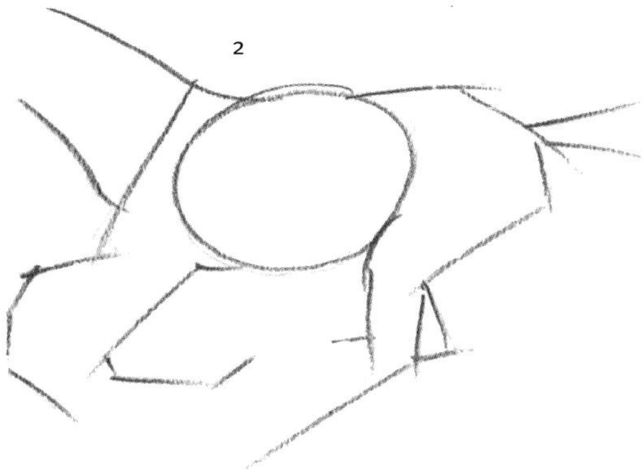

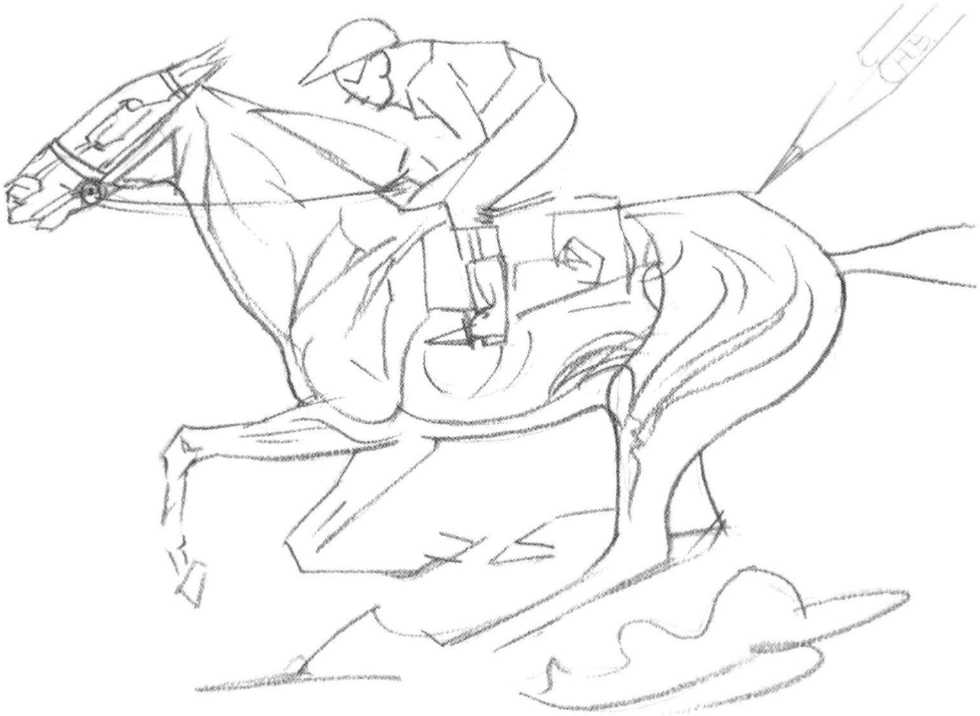

Selbst ein so komplexes Motiv wie ein galoppierendes Pferd lässt sich mit der Schritt-Technik ganz leicht zeichnen. Beginnen Sie bei beiden Motiven auf dieser Seite mit dem zentralen Oval für den Pferdekörper wie in Schritt 1. Zeichnen Sie die Linie für den Rücken und skizzieren Sie zwei Beine. Wenn Sie dann in Schritt 2 die übrigen Linien ergänzen, ist es ein Leichtes, Pferd und Reiter vollständig auszuarbeiten.

Schon beim ersten Skizzieren muss die Position der Beine genau getroffen sein.

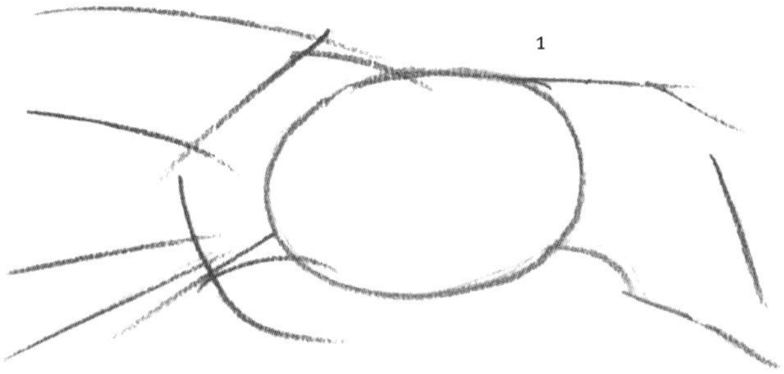

Das zentrale Oval des Pferdekörpers ist hier bewusst in die Länge gezogen, denn im Galopp ist der Pferdekörper ganz gestreckt.

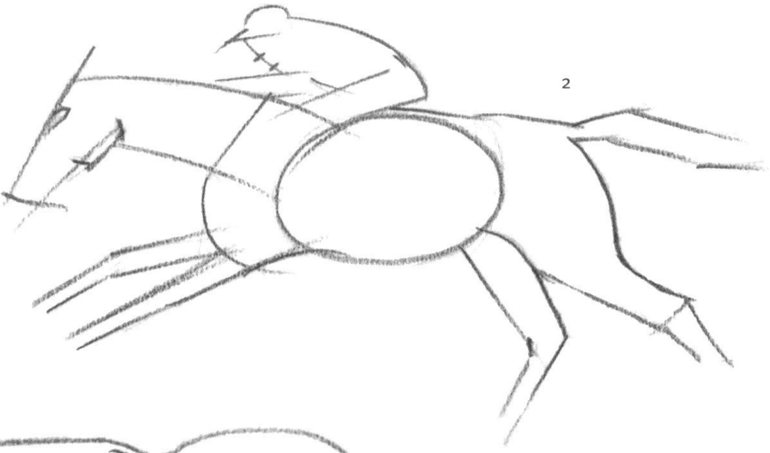

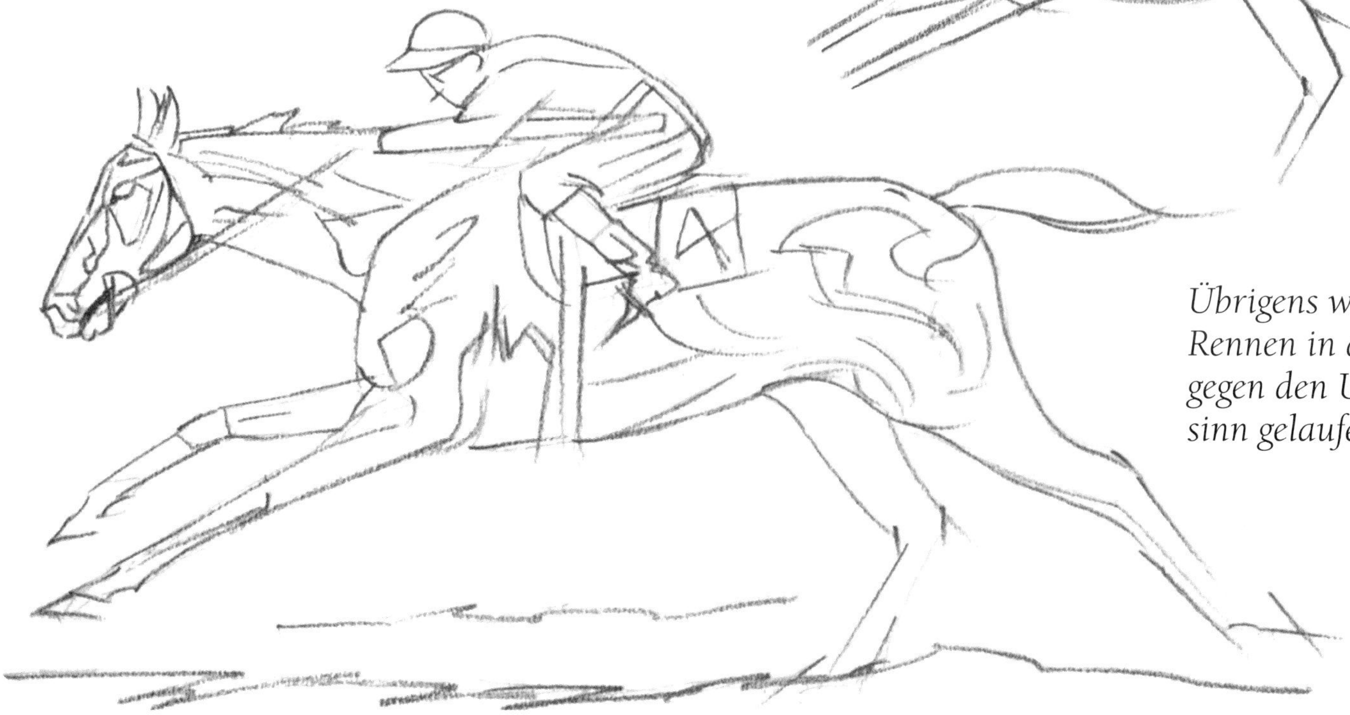

Übrigens wird bei Rennen in den USA gegen den Uhrzeigersinn gelaufen.

Dressurreiterin

Es macht Spaß, die lebendigen, wenn auch manchmal überzogenen Bewegungen von Dressurpferden zu zeichnen. Amerikanische Showpferde tragen manchmal spezielle schwere Hufeisen. die ihre hohen Beinbewegungen noch betonen. Um die Eleganz des Pferdes und seiner Reiterin zu vermitteln, wird die Zeichnung zum Schluss mit schwarzer Aquarellfarbe überarbeitet.

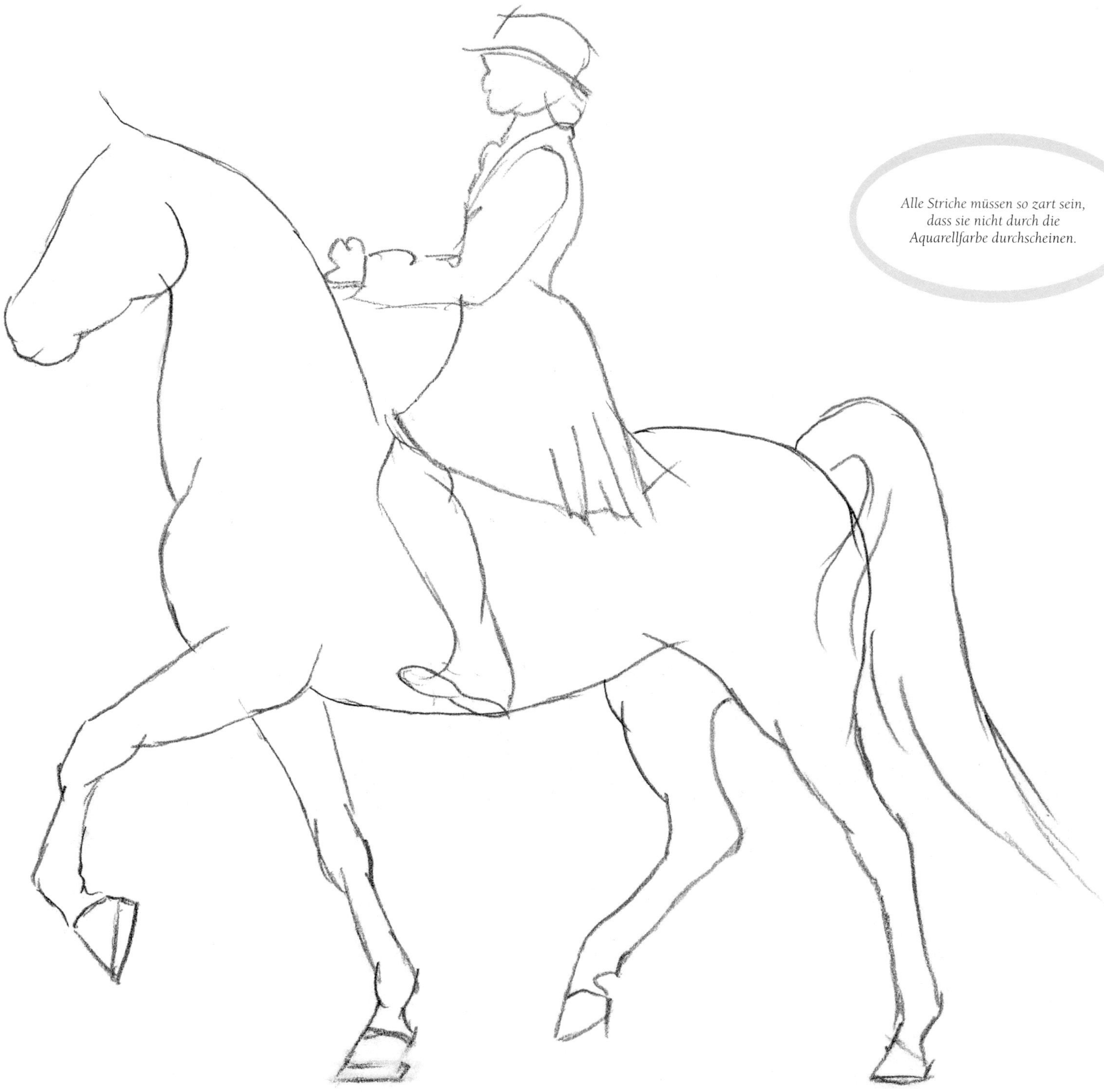

Alle Striche müssen so zart sein, dass sie nicht durch die Aquarellfarbe durchscheinen.

1 Mit einem Bleistift HB skizzieren Sie dünn die Umrisse von Pferd und Reiterin auf einen Bogen dickes Papier. Arbeiten Sie mit sehr geringem Druck, denn die Striche sollen sich nicht im Papier abdrücken. Häufiges Radieren sollten Sie vermeiden, denn dadurch kann die Papieroberfläche verändert oder beschädigt werden, sodass sich die Aquarellfarbe später ungleichmäßig verteilt.

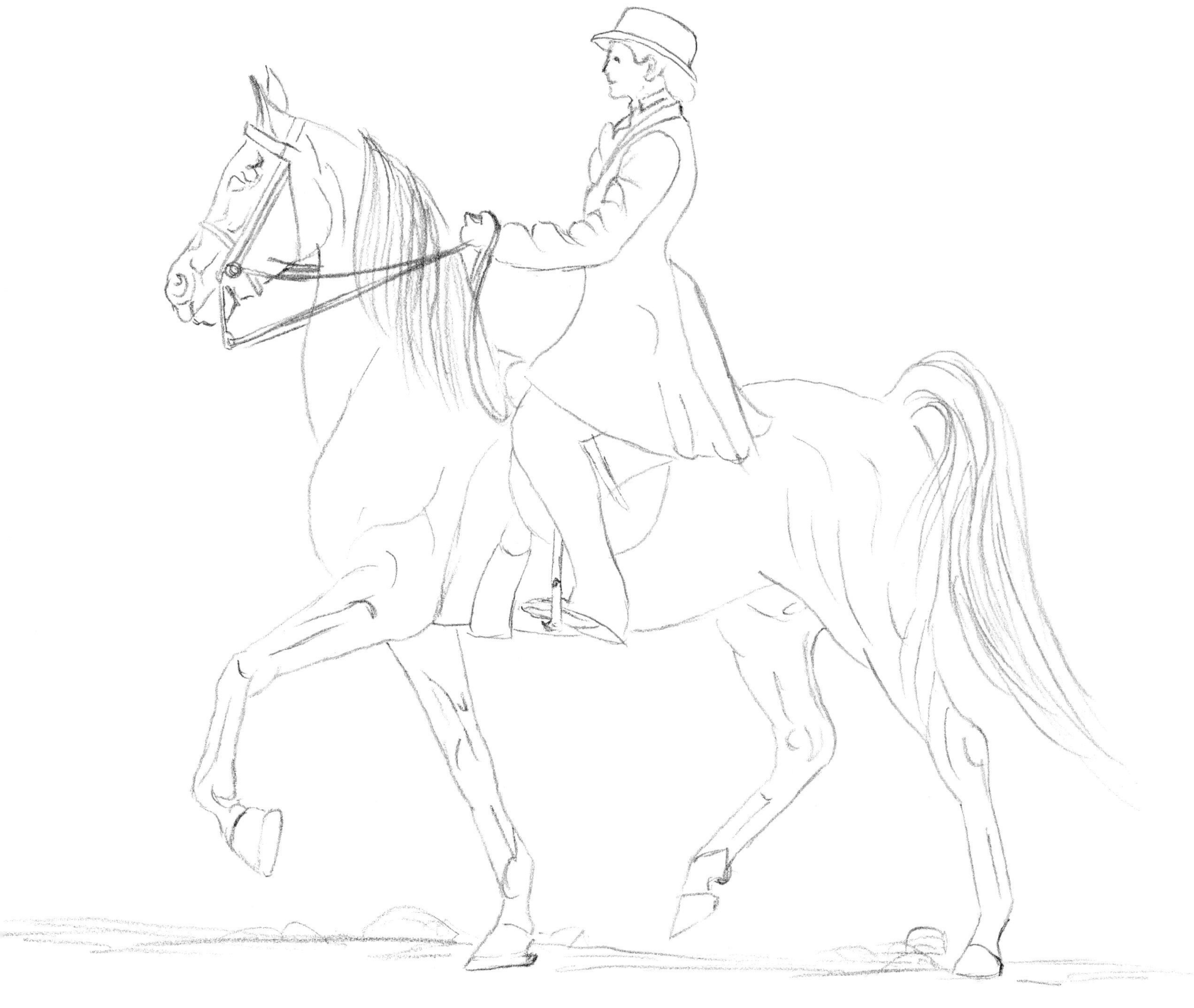

2 Arbeiten Sie die Grundformen des Motives aus und fügen Sie einige zusätzliche Striche und Bögen ein, um die Muskulatur des Pferdes und den Faltenwurf der Kleidung anzudeuten. Zeichnen Sie anschließend sehr sorgfältig Gesicht und Zaumzeug des Pferdes und zeigen Sie mit sanft geschwungenen Strichen den Fall von Schweif und Mähne.
Bevor Sie zu Farbe und Pinsel greifen, stellen Sie das Pferd mit einigen waagerechten Strichen auf den Boden.

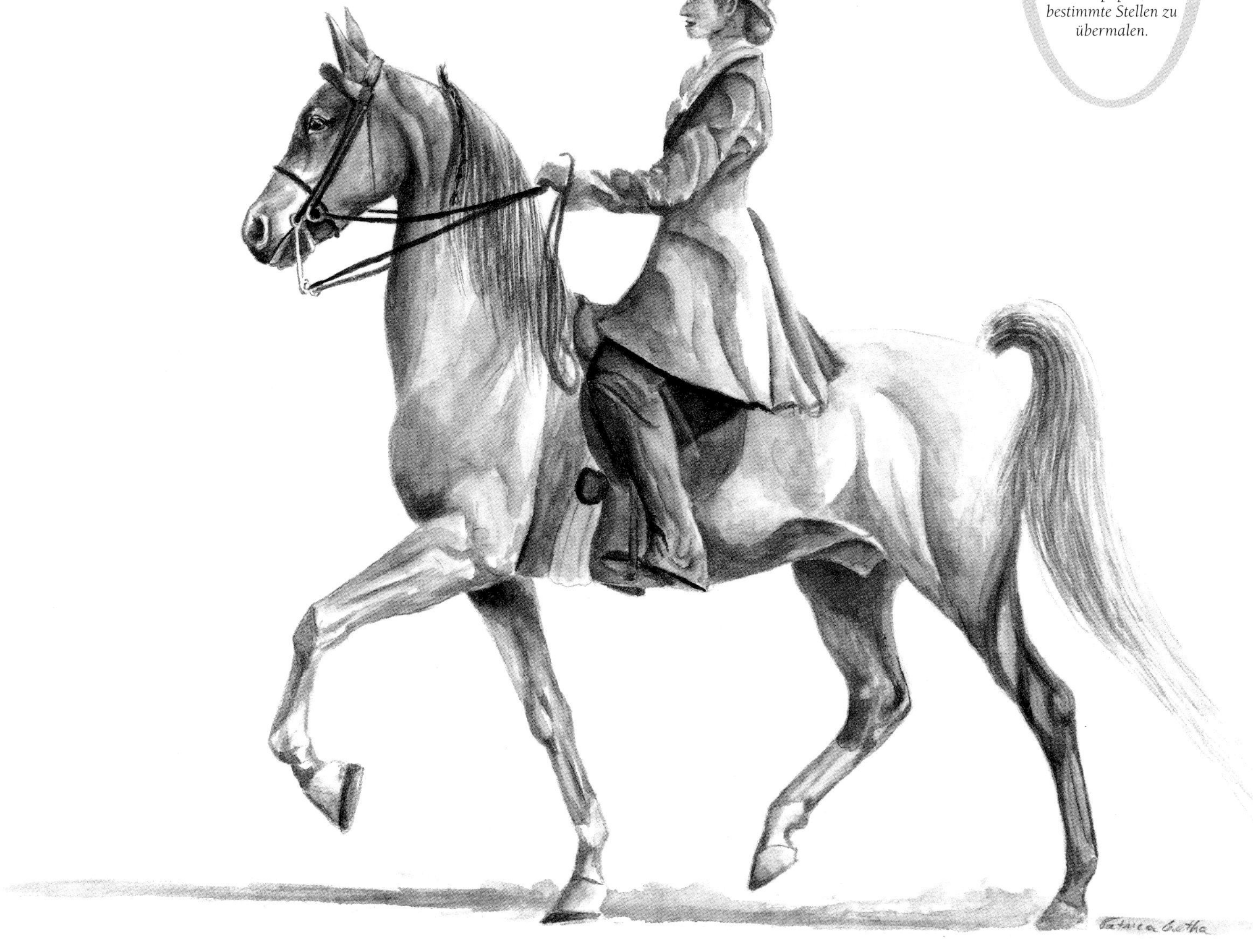

Wasserfarbe können Sie fast ebenso gut verändern wie Bleistift. Nehmen Sie einfach einen feuchten Pinsel und Küchenpapier, um bestimmte Stellen zu übermalen.

3 Nun geht es mit der Lasurmethode weiter: Dazu mischen Sie auf einer Malpalette mit mehreren Näpfchen verschiedene Mischungen von Schwarz bis Hellgrau. Diese Mischungen nennt man Lasuren. Bei der Lasurtechnik werden mehrere transparente Farbaufträge übereinandergemalt, wobei man die Tonwerte sehr gut kontrollieren und stufenweise vertiefen kann, sodass glatte, seidig wirkende Übergänge entstehen. Wichtig ist nur, eine Schicht immer ganz trocknen zu lassen, ehe Sie die nächste auftragen. Beginnen Sie mit der hellsten Mischung und tragen Sie sie in den Schatten auf. Dann bauen Sie die dunklen Stellen mit immer dunkleren Lasuren auf. (Falls ein Bereich einmal zu dunkel ausfällt, feuchten Sie einfach den Pinsel an und verdünnen die Farbe direkt auf dem Papier.) Mähne und Schweif malen Sie mit fast trockenem Pinsel und tragen die Farbe immer in Wuchsrichtung der Haare auf. Zum Schluss fügen Sie noch einige feine Details mit der Spitze eines Pinsels und dunkler Lasur ein.

Um Mähne und Schweif abzudunkeln, eine etwas dunklere Lasur als in Schritt 3 mit fast trockenem Pinsel auftragen und mit einem leicht feuchten Pinsel verwischen.

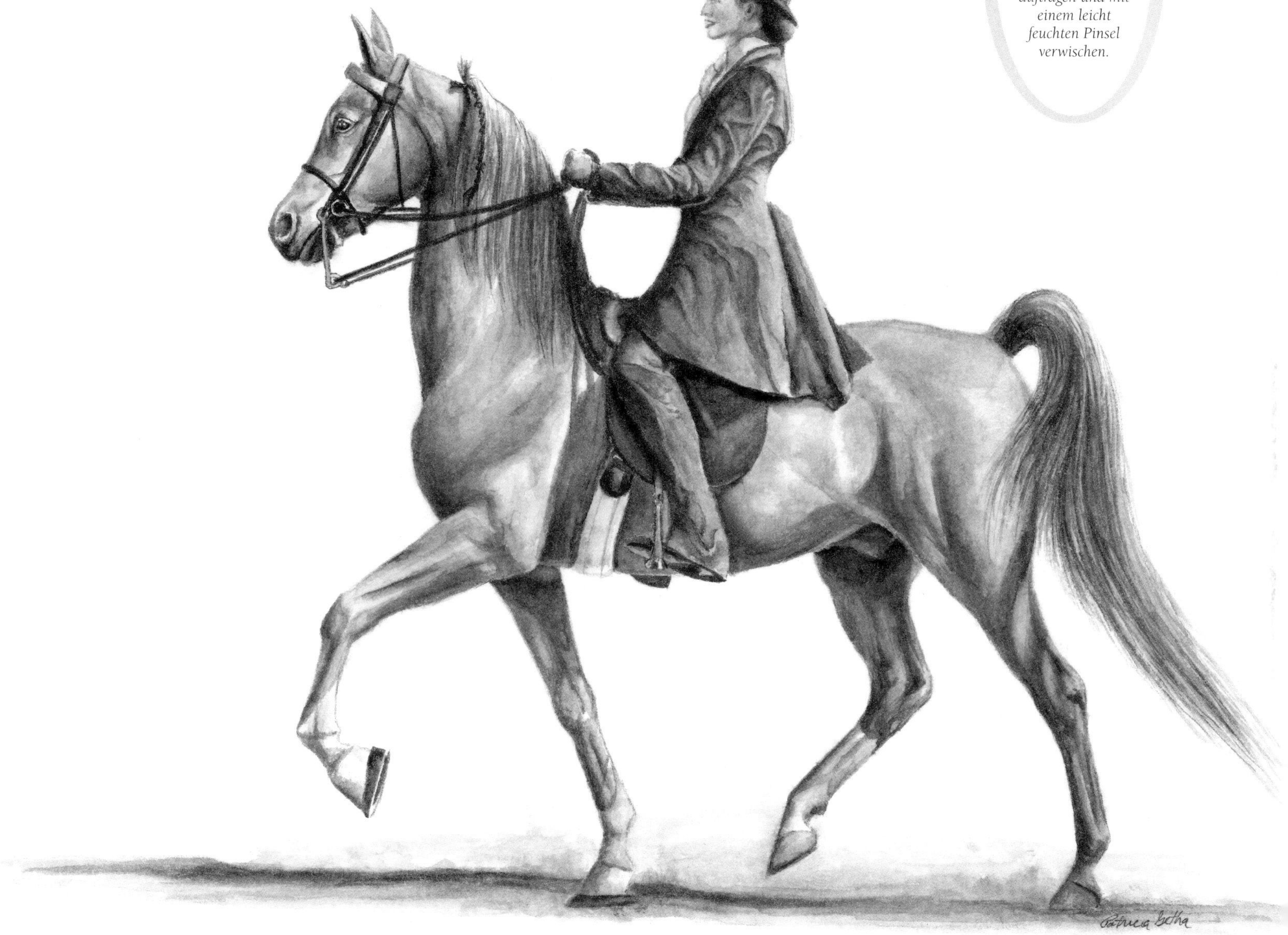

4 Langsam nehmen nun Pferd und Reiter Formen und Farbe an. Wenn die Schatten die gewünschte Tonwerttiefe haben, kommt der Feinschliff am Faltenwurf des Stoffes und an den Falten der Gliedmaßen. Denken Sie daran, dass Aquarellfarbe nicht so haltbar ist, wie sie aussieht. Man kann problemlos Fehler korrigieren oder Tonwerte aufhellen, indem man Farbe mit einem feuchten Pinsel und einem Stück Küchenpapier oder einem Wattestäbchen abtupft.

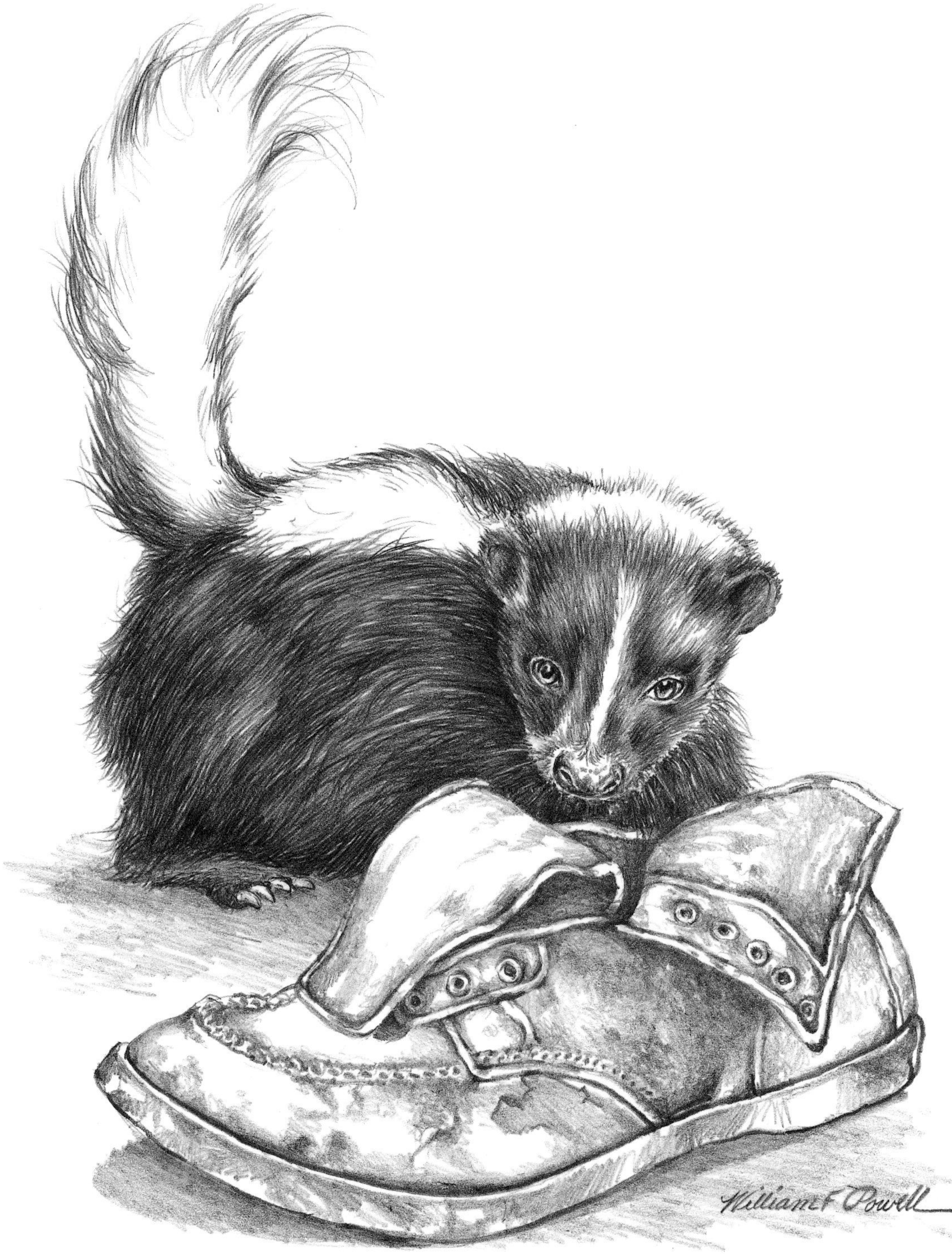
William F Powell

MEISTERKLASSE
Tiere zeichnen

Was ein gutes von einem sehr guten Tierbild unterscheidet, sind die geschulte Beobachtungsgabe, das technische Know-how und der feine Sinn für den perfekten Bildaufbau. Wie Sie mit den richtigen und inhaltlich passenden Bildarrangements einfühlsame Tierporträts und ansprechende Tierszenen gestalten, erfahren Sie in diesem Kapitel.
Sorgfalt und Freude bei der Arbeit am Detail sind weitere Pfeiler eines gelungenen Tierbildes und natürlich kommt es auch auf Zuneigung und die Fähigkeit an, die Persönlichkeit eines Tieres zu erkennen und wiederzugeben. Auch das Arbeiten mit Schraffuren und das Gefühl für das Zusammenspiel von Licht und Schatten können Sie immer weiter verfeinern. Deshalb finden Sie in diesem Kapitel meisterliche Tierzeichnungen in vielen Zeichenstepps, die detailliert beschrieben werden.

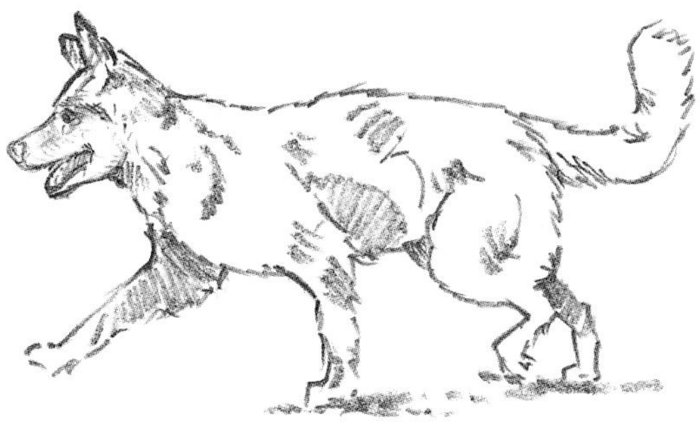

Die perfekte Bildkomposition

Das Gelingen einer Zeichnung steht und fällt mit der Anordnung der Motivelemente innerhalb der Bildfläche, der sogenannten Komposition. Alles Talent der Welt nützt nichts, wenn die Komposition langweilig oder uninteressant ist. Manche Zeichner scheinen von Natur aus ein Geschick für den Bildaufbau zu haben, doch letztlich beruht dies meist auf einigen Grundregeln und einer Portion Versuch und Irrtum. Denken Sie darum über die Komposition nach, bevor Sie zum Stift greifen. Versuchen Sie, alle Bilder, die Sie zeichnen wollen, zuerst im Kopf zu skizzieren, bevor Sie sie zu Papier bringen. Außerdem sind schnelle Grobskizzen auf Papier hilfreich, wenn Sie zuerst einige Möglichkeiten der Komposition ausloten wollen.

Kompositionstechniken

Die folgenden Kompositionstechniken haben sich über die Jahre bestens bewährt. Es ist nicht schlimm, wenn Sie als Anfänger zunächst Fehler machen. Wenn Ihnen eine Zeichnung nicht gefällt, halten Sie sie kopfüber oder betrachten Sie sie im Spiegel – dann erkennt man oft deutlicher, was nicht stimmt. Bewahren Sie alle Ihre Zeichnungen auf und schauen Sie sie von Zeit zu Zeit durch. Sie können aus Ihren Fehlern lernen, wenn Sie sie erkennen.

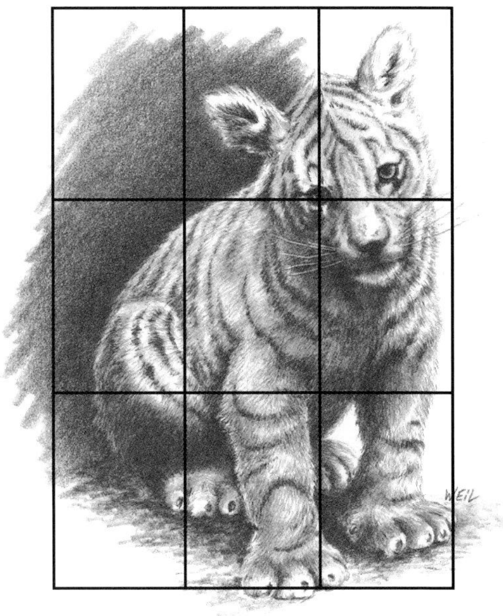

Ungerade Zahlen und Asymmetrie

Grundsätzlich wirken Motive mit einer ungeraden Zahl von Elementen interessanter als mit einer geraden Zahl. Das sollten Sie auch beim Planen von Zeichnungen bedenken. Natürlich können Sie auch eine gerade Anzahl von Motivelementen zeichnen, doch dann sollten sie sich in der Größe unterscheiden – etwa ein Nest mit drei Jungvögeln und ihrer Mutter. Denkbar ist auch eine asymmetrische Anordnung, zum Beispiel drei Frösche auf einem Ende eines Holzscheites, die einen einzelnen Frosch am anderen Ende anschauen.

Die Drittelregel

Ein zweiter Weg zu einer ansprechenden Bildkomposition besteht darin, die Bildfläche zu dritteln (senkrecht, waagerecht oder in beiden Richtungen). Der Blickfang der Zeichnung sollte dann in der Nähe eines Punktes liegen, in dem sich die Linien schneiden. So vermeiden Sie, dass der Blickfang eine ungünstige Position erhält – in den Ecken oder zu nah an den Rändern. Ein Blickfang genau in der Mitte wirkt langweilig.

Geometrische Komposition

Bauen Sie die Komposition mithilfe geometrischer Formen (Rechtecke, Dreiecke oder Kreise) auf und platzieren Sie die Bildelemente dort, wo sich diese Linien berühren oder schneiden, sowie in den von den Hilfslinien umrahmten Bereichen. Achten Sie auf geometrische Formen, die Ihr Motiv vorgibt. Ist eine Dreiecks-Anordnung erkennbar? Oder ist Ihre Zeichnung zur Mitte hin orientiert? Beobachten Sie, wie die Formen der Elemente den Blick über die Gesamtfläche lenken. Suchen Sie auch nach kompositorischen Feinheiten, durch die sich das Motiv gliedern lässt.

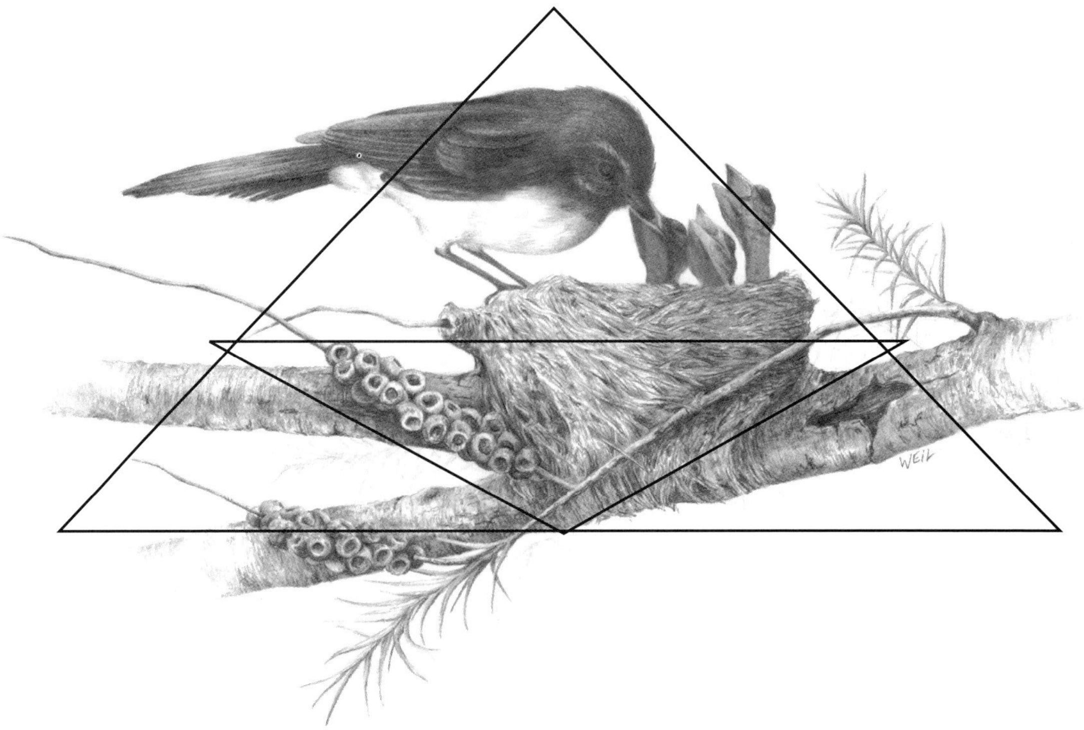

Arbeit mit Vorlagen

Verwenden Sie bei der Planung Ihrer Bildkomposition möglichst viele verschiedene Vorlagen. Es ist hilfreich, als Grundlage verschiedene Skizzen und Fotos, aber zusätzlich auch Informationen aus dem Internet sowie Illustrationen und Fotos aus Zeitschriften und Büchern zu nutzen. Fotos, die mit Blitz aufgenommen wurden, geben die Farben aber meist nuancenarm wieder und zeigen unnatürliche Lichtreflexe, vor allem in den Augen. Nutzen Sie Fotos darum zur Orientierung, aber zeichnen Sie sie nicht exakt ab.
Bei der Verwendung von Material, das Sie nicht selbst erstellt haben, müssen Sie das Urheberrecht beachten. Zeichnungen, die auf „fremdem" Material basieren, dürfen Sie nicht als „eigenes" Original veröffentlichen oder verkaufen. Ich rate dazu, im Zweifelsfall immer zuerst die Genehmigung des Urhebers einzuholen. Die meisten Zeichner und Fotografen werden sie gern erteilen, manchmal allerdings gegen Gebühr.

Bildbearbeitungs-Software

Wenn Sie Elemente aus mehreren Fotos in einem Bild zusammenfügen möchten, können Sie natürlich auch eine Bildbearbeitungs-Software einsetzen. Unten sehen Sie, wie aus verschiedenen Vorlagen eine Komposition entstehen kann. In diesem Fall hatte die Zeichnerin mehrere gelungene Aufnahmen von einer Gruppe Meerkatzen gemacht, aber auf keiner blickten alle Tiere in dieselbe Richtung. Da sie aber ein Motiv zeichnen wollte, auf dem die Tiere dicht zusammen kauern und „Blickkontakt" mit dem Betrachter aufnehmen, wurden Elemente aus drei verschiedenen Fotos zusammengefügt.

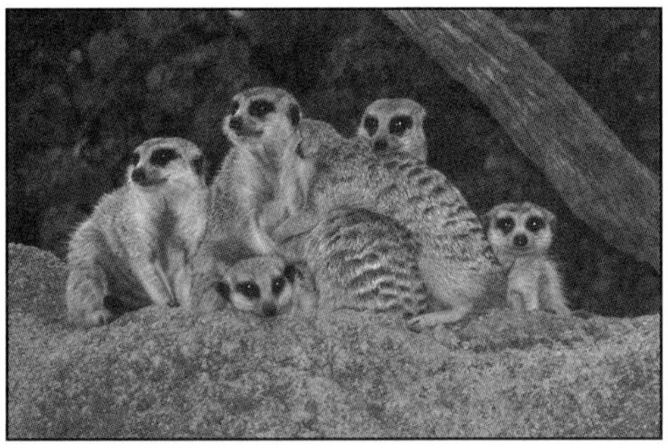

1 Dieses Foto bildet die Grundlage. Die Position der Tiere entsprach zwar den Vorstellungen der Zeichnerin, aber nur zwei der Meerkatzen schauen direkt in die Kamera.

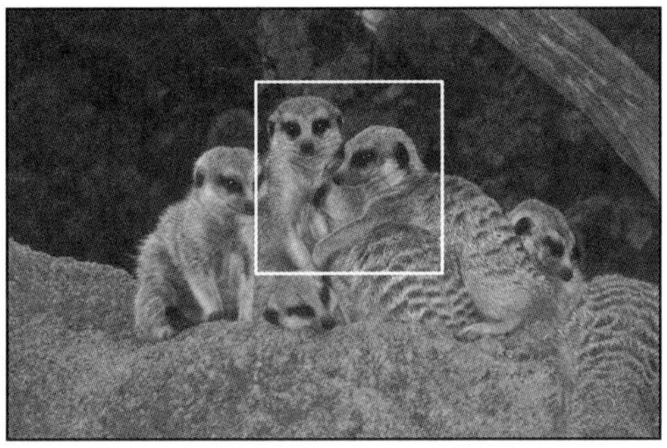

2 Da ihr die Gesichter der oberen beiden Meerkatzen im zweiten Foto (hier abgebildet) gefielen, wählte sie sie aus und kopierte sie.

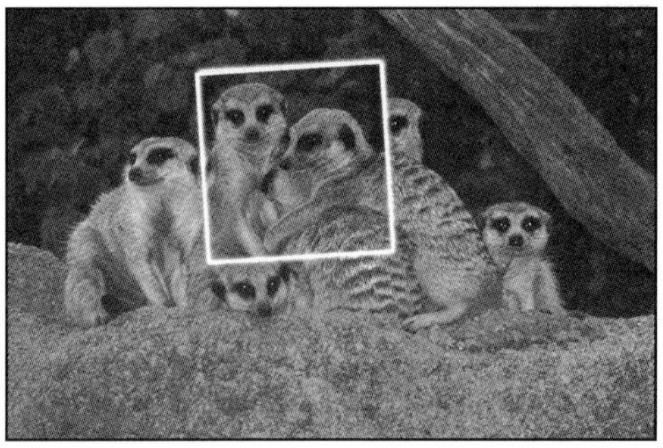

3 Die Köpfe fügte sie auf einer neuen Ebene in das Bild ein. Dadurch wurde aber der Kopf der hinteren Meerkatze teilweise verdeckt. Also kehrte sie zur ersten Bildebene zurück, wählte dort den Kopf aus und kopierte ihn.

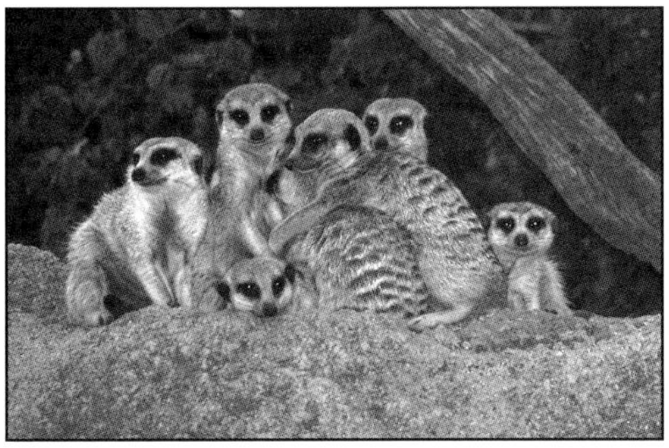

4 Den hinteren Kopf fügte sie auf einer neuen Ebene in die Arbeitsdatei ein. Dann radierte sie alle Teile aus, die das vordere Tier verdeckten.

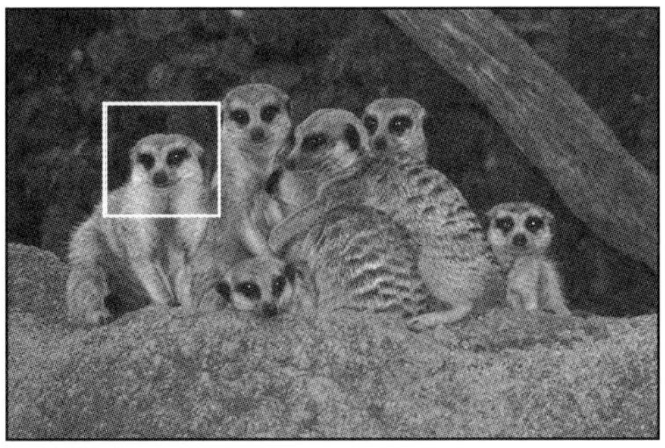

5 Dann wählte sie vom dritten Foto (hier abgebildet) den Kopf der linken Meerkatze, kopierte ihn und fügte ihn auf einer neuen Ebene ein.

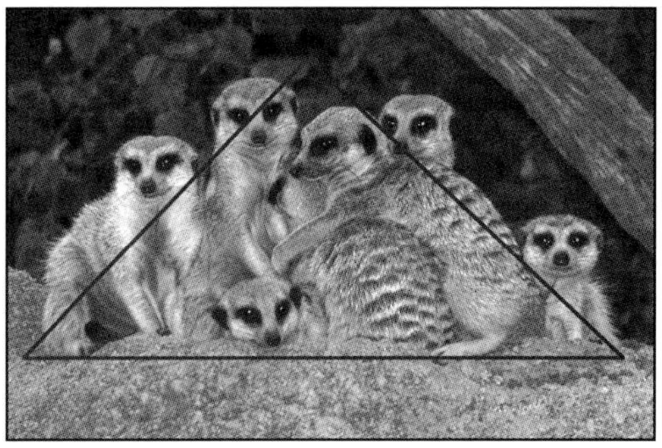

6 Zum Schluss fügte sie die Elemente auf jeder Ebene ein, bis ihr die Anordnung zusagte. Die Dreiecksform der Meerkatzengruppe gefiel ihr besonders gut. Diese Version speicherte sie unter einem neuen Dateinamen.

Grundlagen der Perspektive

Damit eine Zeichnung realistisch wird, muss sie dreidimensional wirken. Um Entfernung und räumliche Tiefe glaubwürdig zu vermitteln, sollten Sie die Regeln der zeichnerischen Perspektive kennen. Die erste (und wichtigste) dieser Regeln lautet, dass Objekte in der Nähe des Betrachters größer wirken und mit zunehmender Entfernung immer kleiner erscheinen.

Aus Platzgründen kann hier nur die Einpunkt- und die Zweipunkt-Perspektive erklärt werden. Da das Thema Perspektiven jedoch sehr komplex ist, sollten Sie sich entsprechend weiterinformieren.

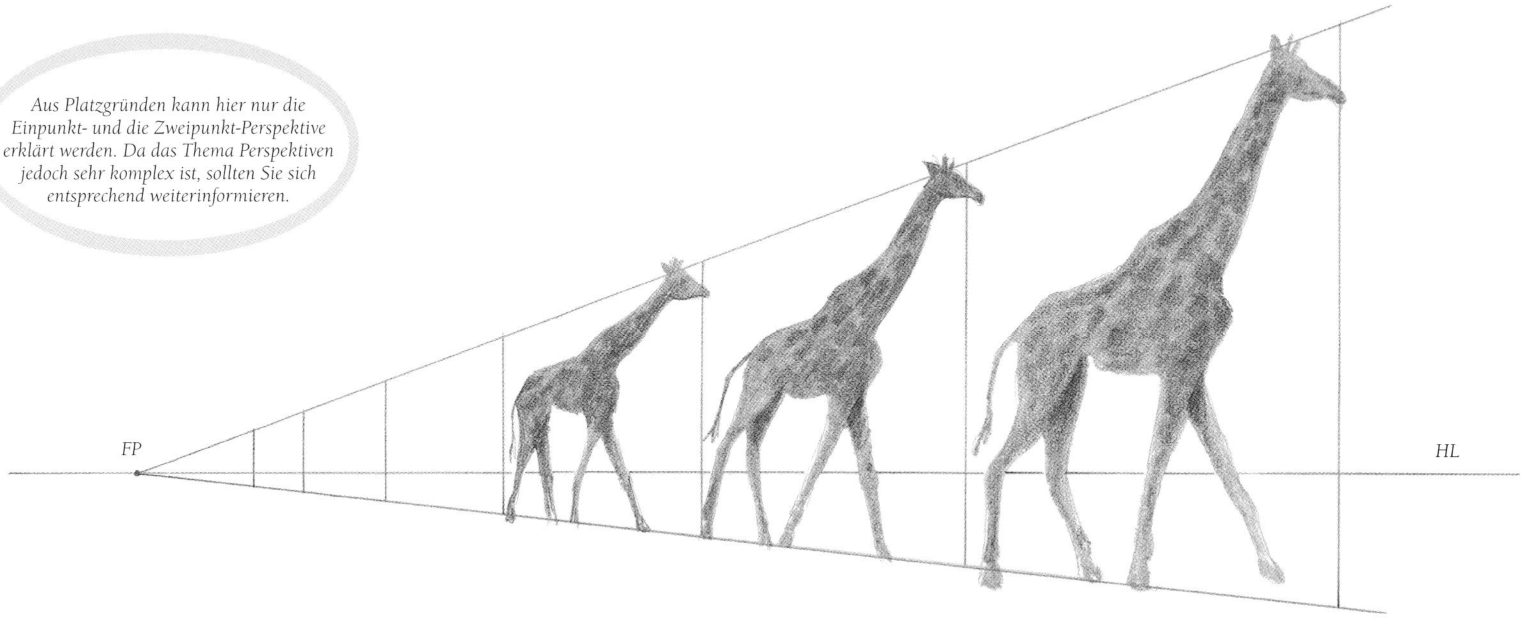

Einpunkt-Perspektive In der Einpunkt-Perspektive gibt es nur einen Fluchtpunkt (FP). Dies ist der Punkt, in dem alle perspektivischen Linien oder Fluchtlinien zusammentreffen. Zeichnen Sie zuerst eine waagerechte Linie auf Ihr Papier. Dies ist die Horizontlinie (HL), die sich auf Augenhöhe befindet. Setzen Sie ganz links auf die HL einen Punkt, den Fluchtpunkt (FP). Zeichnen Sie dann rechts eine senkrechte Linie, die die HL rechtwinklig schneidet. Etwa drei Viertel der Senkrechten liegen oberhalb der HL, ein Viertel liegt unterhalb. Die Senkrechte könnten Sie sich als Zaunpfahl (oder stehende Giraffe) vorstellen. Ziehen Sie vom oberen und unteren Ende der Senkrechten je eine Linie zum FP. Dies sind die Fluchtlinien. Sie zeigen genau an, wo sich das obere und untere Ende des Zaunpfahls (oder der Giraffe) in der zeichnerischen Perspektive befinden müssen.

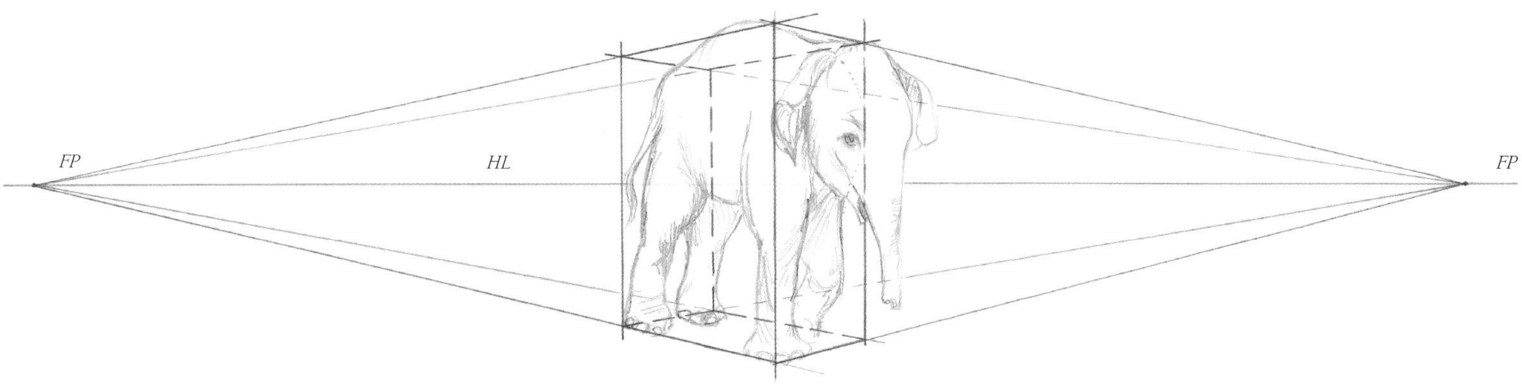

Zweipunkt-Perspektive In der Zweipunkt-Perspektive wird mit zwei Fluchtpunkten gearbeitet. Am besten lässt sie sich an einem dreidimensionalen Würfel veranschaulichen. Zuerst zeichnen Sie die Horizontlinie (HL), dann setzen Sie rechts und links am Rand je einen Fluchtpunkt (FP). Eine senkrechte Linie schneidet die Horizontlinie (HL) rechtwinklig etwa in der Mitte – das ist der „Mittelpfosten". Diese Linie ragt nach oben und unten etwa gleich weit über die HL hinaus. Jetzt das obere und untere Ende dieser Linie mit beiden Fluchtpunkten (FP) verbinden. Zeichnen Sie dann rechts und links des Mittelpfostens zwei weitere Linien als Eckpfosten. Wo sie die Fluchtlinien schneiden, fügen Sie weitere Linien zum jeweils entgegengesetzten Fluchtpunkt (FP) ein. Dadurch ergeben sich die hinteren Konturen des Würfels, die hier gestrichelt dargestellt sind, weil man sie von vorne nicht sieht. Wenn Sie die Schnittpunkte der neuen Fluchtlinien verbinden, erhalten Sie den hinteren ebenfalls für einen Betrachter unsichtbaren Pfosten. Hier wurde ein junger Elefant in den Würfel gezeichnet, um zu veranschaulichen, wie sich die Perspektive auf ein Tier auswirkt. Seine Füße stehen in den vier Ecken des Würfels, ihre Position orientiert sich an der Anordnung der Fluchtlinien.

Optische Verkürzung

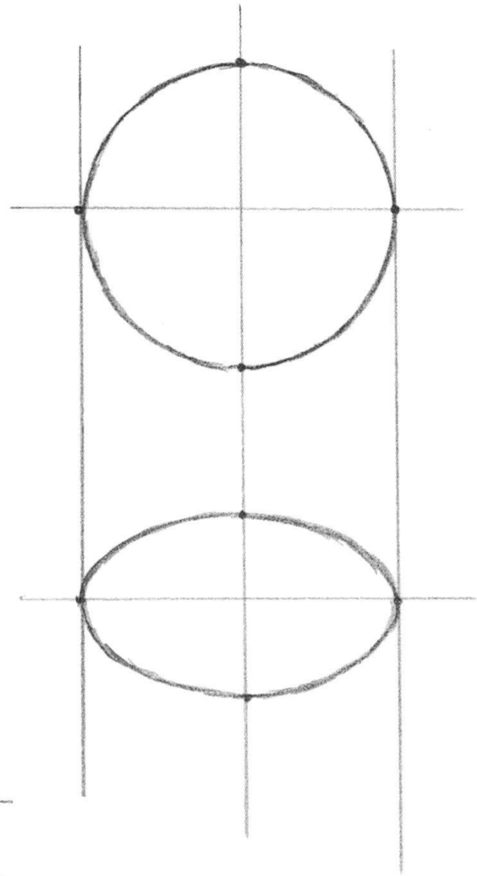

Die Verkürzung ist ein wichtiges Mittel, um zeichnerisch räumliche Tiefe zu vermitteln. Sie steht in direktem Zusammenhang mit der Perspektive-Regel, die besagt, dass Objekte mit zunehmender Entfernung vom Betrachter kleiner erscheinen. Um diesen Eindruck in einer Zeichnung zu erwecken, werden die Linien an den Seiten des Objektes, die dem Betrachter am nächsten sind, verkürzt.

Aus eigener Anschauung Das Phänomen der Verkürzung können Sie leicht beobachten, indem Sie einen Menüteller betrachten. Halten Sie ihn senkrecht, sieht er kreisrund aus. Kippen Sie ihn langsam vom Körper weg, erscheint seine Form als Ellipse, die mit zunehmender Neigung kürzer (bzw. schmaler) wird.

Verkürzung erkennen An dieser Skizze eines Leguans ist die perspektivische Verkürzung gut zu sehen. Die linke Hand ist viel größer als die rechte, weil sie dem Betrachter näher ist.

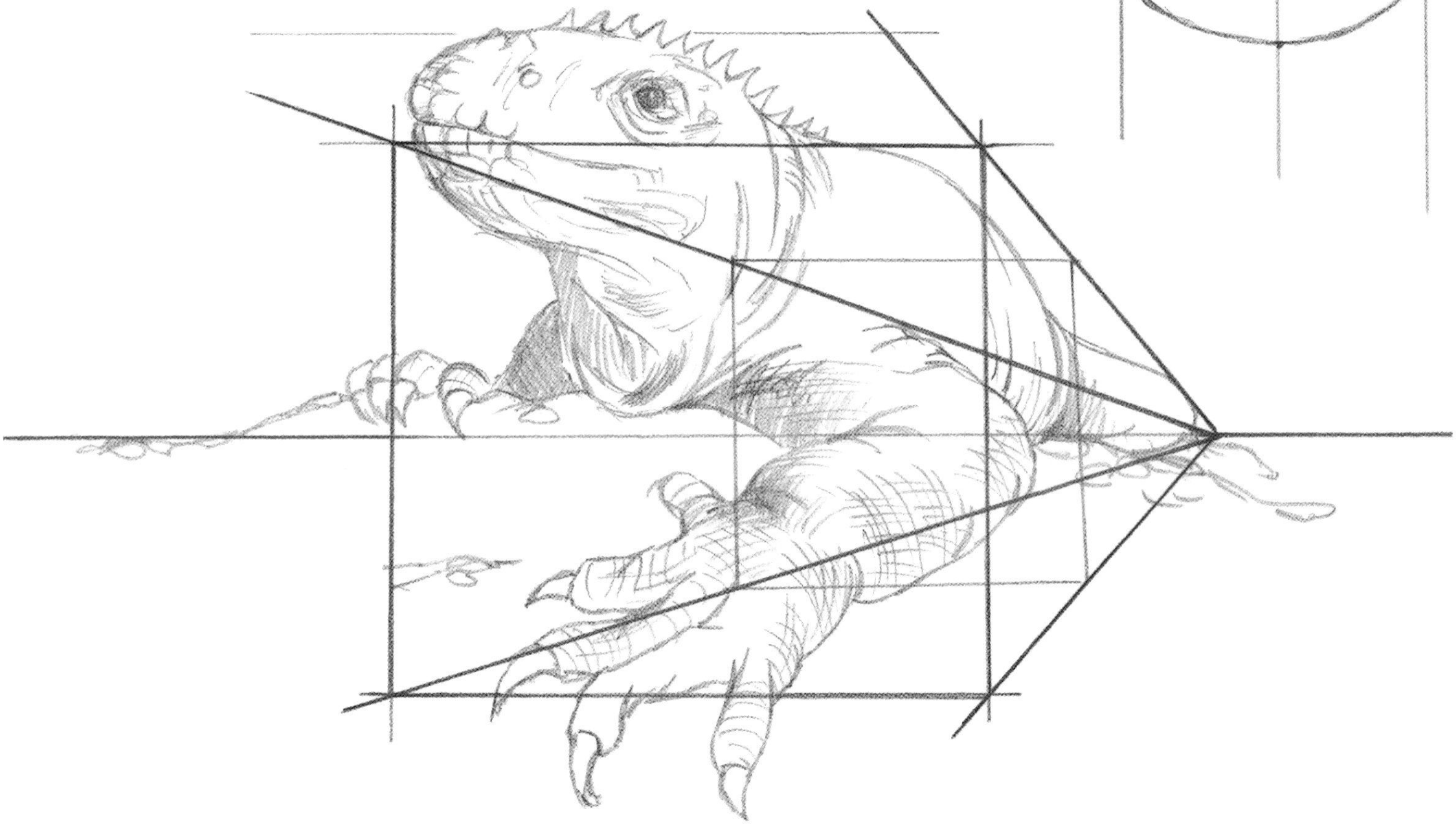

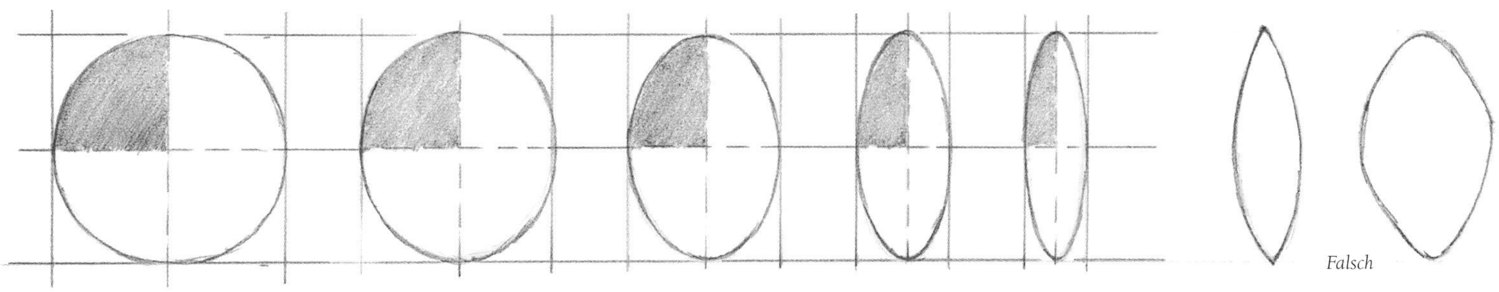

Ellipsen zeichnen Eine Ellipse ist eigentlich ein verkürzter Kreis (siehe oben). Das Zeichnen von Ellipsen sollten Sie eingehend üben, denn dies ist eine der wichtigsten Grundformen. Hier sehen Sie, wie Sie vorgehen können. Zeichnen Sie zuerst ein exaktes Quadrat, das durch eine senkrechte und eine waagerechte Linie geviertelt wird. Dann zeichnen Sie eine Reihe von Rechtecken in derselben Höhe, aber allmählich abnehmender Breite und fügen Sie auch hier senkrecht und waagerecht halbierende Hilfslinien ein. Beginnen Sie dann beim ersten Quadrat, und zeichnen Sie in einem Viertel einen Bogen von Linie zu Linie. Wiederholen Sie dies in den übrigen Vierteln (Sie können dazu gern das Papier drehen), dann erhalten Sie einen perfekten Kreis. Ebenso gehen Sie in den folgenden Rechtecken vor, um Ellipsen verschiedener Breite zu zeichnen. Mit dieser Methode gelingt es leicht, symmetrische Kreise oder Ellipsen zu zeichnen.

Einen Punkt fokussieren

Der Schlüssel zu einem wirklich gelungenen Bild liegt darin, mehr als einen interessanten Bereich zu zeichnen, ohne dass das Bild verwirrend ist. Das gelingt häufig am besten, wenn es einen Gegenstand oder ein Lebewesen gibt, das groß dargestellt ist und von mehreren kleineren Elementen ergänzt oder im Hintergrund begleitet wird. Wichtig dabei ist, das Auge des Betrachters durch mehrere untergeordnete Bereiche, die im Fokus liegen, so durchs Bild zu führen, dass er das ganze Bild und alle Elemente darin entdecken und erleben kann.

Der Teil des Motives, der im Mittelpunkt des Interesses steht, sollte das Auge sofort fesseln: Stellen Sie ihn groß dar, mit deutlichen Linien, einer intensiven Graufärbung und ergänzen Sie ihn durch Elemente, die das Interesse noch zusätzlich auf ihn lenken. Als Nächstes wandert das Auge immer zu den Punkten von untergeordnetem Interesse, die man daran erkennt, dass sie kleiner und weniger detailliert ausgearbeitet wurden. Es kann sich dabei auch um Teile des Motives handeln, die im Hintergrund liegen, die kleiner sind und die ebenfalls nicht viele Details aufweisen. Solche Punkte im Hintergrund bieten dem Auge die Möglichkeit, sich dort auszuruhen, ehe es wieder zum Hauptmotiv im Fokus zurückkehrt.

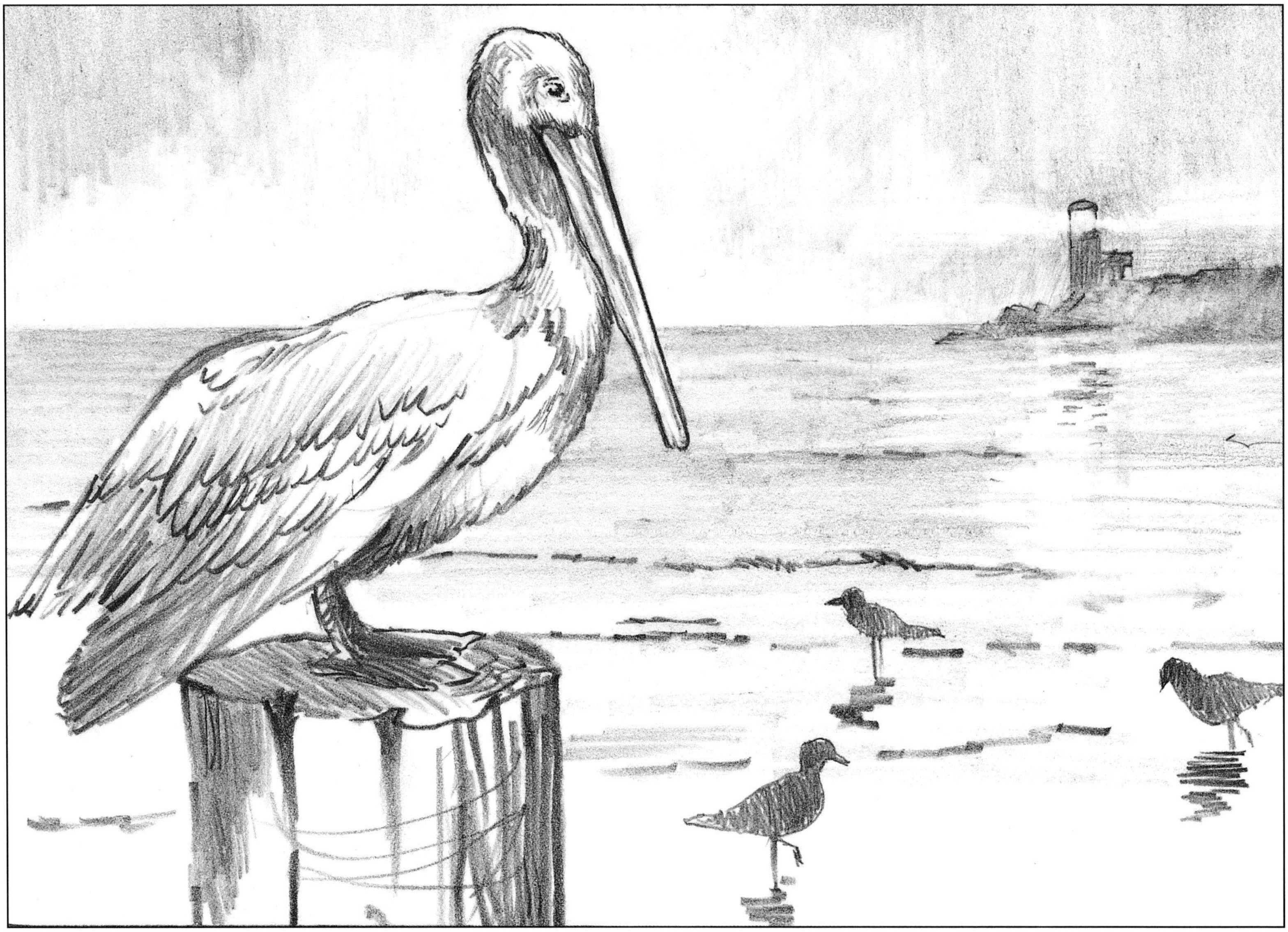

Der Mittelpunkt In diesem Bild bildet der Pelikan aufgrund seiner Größe und der detaillierten Darstellung ganz klar den Mittelpunkt der Zeichnung. Sein Blick und die Linien des Schnabels aber leiten das Auge zu den kleinen Vögeln, die rechts von ihm im seichten Wasser waten und als Zweites im Fokus stehen. Diese drei Vögel bieten nur wenig unterschiedliche Grautöne und die Wellen sind ebenfalls sehr zurückhaltend dargestellt, sodass das Auge diesen Bereich entspannt erkunden kann. Das Dreieck, das die kleinen Vögel bilden, und die Anordnung der kleinen Wellenformation vor dem Leuchtturm leiten den Blick weiter zu diesem Bildausschnitt im Hintergrund. Sehen Sie, dass helles Licht aus den Fenstern des Leuchtturms fällt? So entsteht ein weiterer Pfad im Bild: Die Lichtstrahlen, die kleine Landzunge und der Horizont leiten das Auge wieder zurück zum Pelikan. Und so kann die Entdeckungsreise durch dieses Bild erneut beginnen.

Mit Landschaftselementen Tiefe schaffen

Um einem Bild mit Landschaftselementen mehr optische Tiefe zu verleihen, brauchen Sie nur an zwei Dinge zu denken: Größere Elemente und Elemente, die andere teilweise verdecken, wirken immer groß und stehen im Vordergrund. Doch auch Elemente, die dunkel schraffiert oder sehr detailliert gezeichnet wurden, ziehen den Blick des Betrachters selbst bei relativ kleinen Objekten auf sich. Sehen Sie die beiden Skizzen unten an und versuchen Sie, die Umsetzung der Prinzipien im Bild darunter zu erkennen.

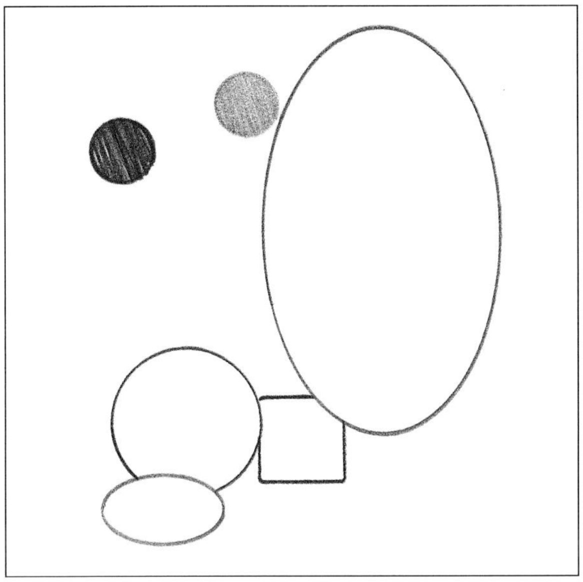

Aufmerksamkeit erregen Das große Oval rechts nimmt ebenso viel Platz ein wie alle anderen Elemente auf der Skizze zusammen und wird deshalb als wichtiger Punkt erkannt. Dennoch ziehen als Erstes die beiden wesentlich kleineren Punkte links das Auge des Betrachters auf sich, weil sie deutlich dunkler gehalten sind. Die unwichtigsten Elemente sind die Objekte links neben dem Oval. Da sie aber teilweise verdeckt gezeichnet wurden, erhält das Arrangement durch sie seine Tiefe.

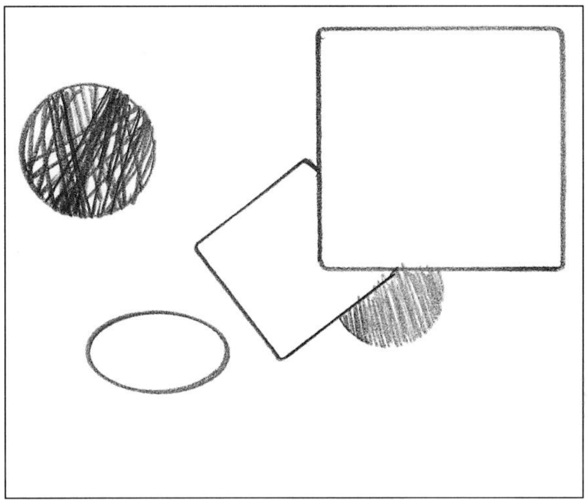

Im Fokus Der zart graue Kreis rechts im Bild wird von zwei großen Objekten teilweise verdeckt. Er zieht den Blick des Betrachters auf sich, obwohl er das kleinste von allen Bestandteilen der Zeichnung ist. Trotzdem steht der separate Kreis links im Fokus des Bildes und zieht das Auge immer wieder auf sich.

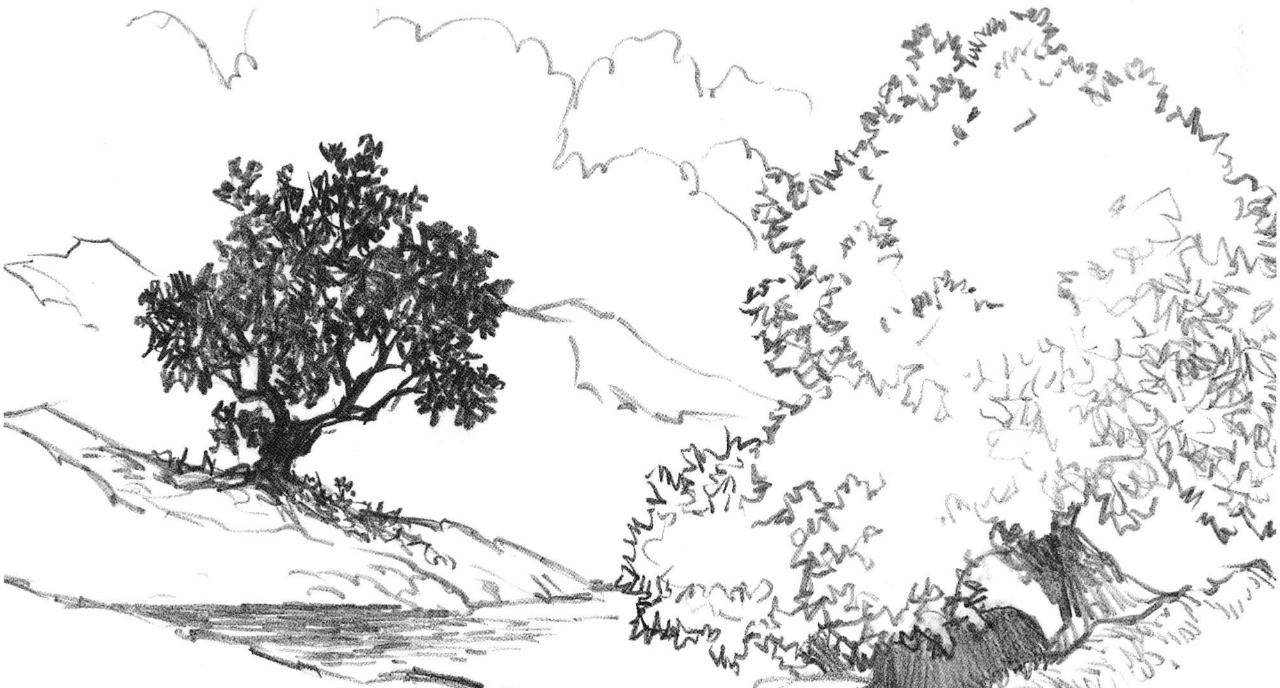

Hier wurde die Skizze rechts oben mit Elementen einer Landschaft direkt umgesetzt: Auch wenn der dunkle Stein unter dem großen Baum rechts im Vordergrund den Blick des Betrachters auf sich zieht, bildet der dunkle Baum links den Mittelpunkt des Arrangements, obwohl er deutlich kleiner ist als die Gruppe vorne. Da der Felsen vorne teilweise unter dem Laub des Baumes verschwindet, erhält hier das Bild Tiefe.

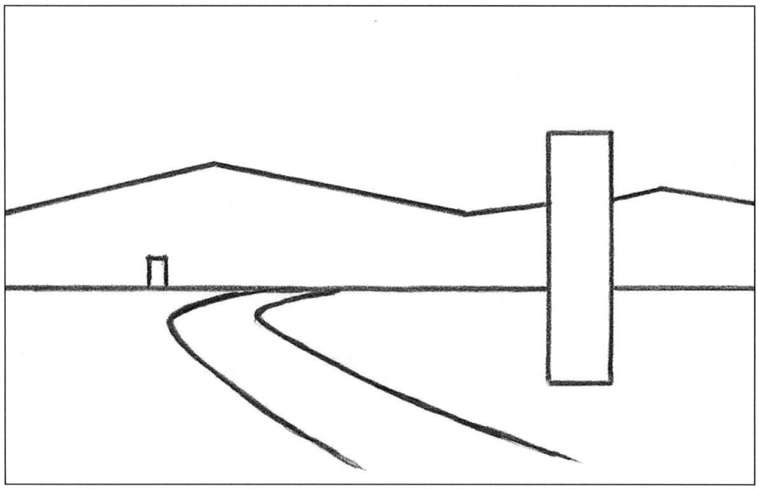

Bild ohne Mittelpunkt Wenn alle Gegenstände im Bild mit Linien im selben Grauton und mit derselben Stärke gezeichnet sind, wirkt das gesamt Bild fade und uninteressant: Ihm fehlt ein Mittelpunkt.

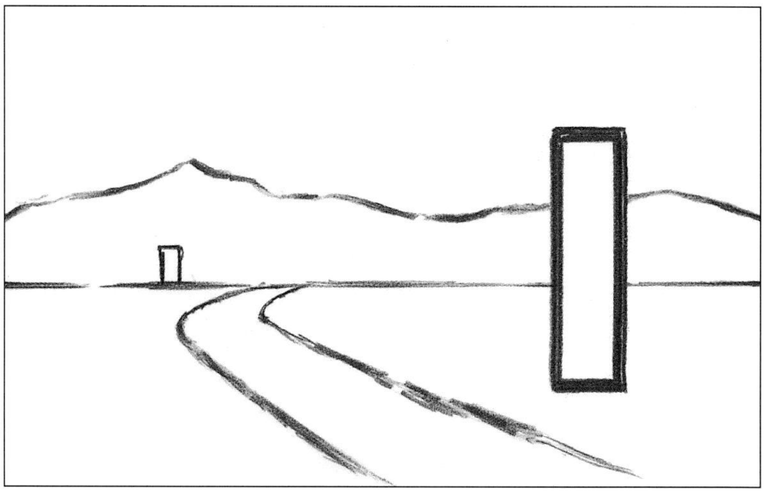

Tiefe Hier wurde nur das vordere Rechteck deutlicher und dunkler gezeichnet, und der Weg und die Berggipfel erhielten lebendiger wirkende Umrisse: Schon hat das Bild einen Mittelpunkt und wirkt wesentlich interessanter.

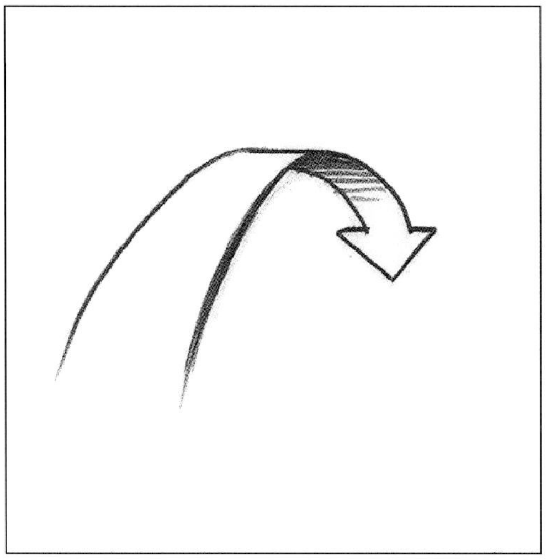

Optische Kurve Durch so eine optische Kurve oder Welle wird das Auge ganz sanft ins Bild gezogen. Man kann sie für Wege oder Hügel verwenden, aber auch bei Gartenszenen.

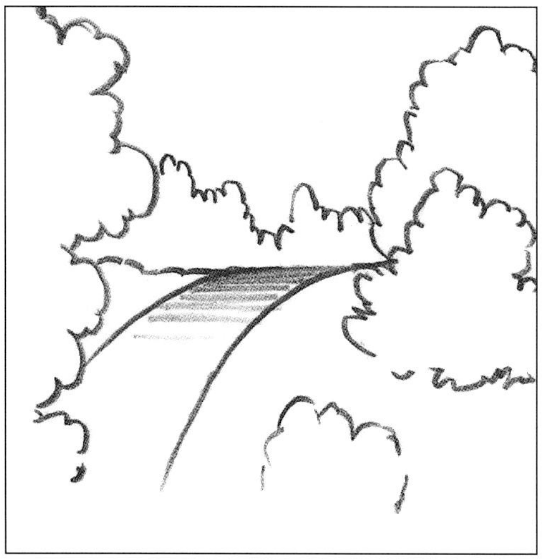

Tiefe Hier wurde nicht nur die optische Kurve verwendet, um Tiefe entstehen zu lassen. Auch dass sich die Bäume teilweise überlappen und im Hintergrund kleiner sind, trägt dazu bei, dass die Illusion von Tiefe entsteht.

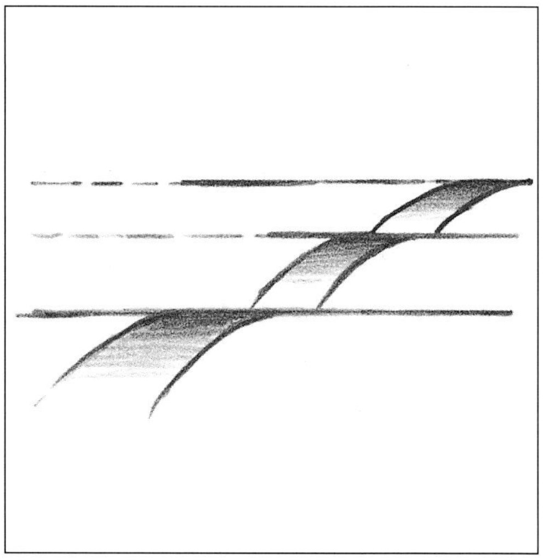

Mehrere Kurven Hier wurde nicht nur eine optische Kurve verwendet, um Tiefe entstehen zu lassen, sondern eine Kombination aus drei Kurven hintereinander. Sehen Sie genau hin: Die hinteren Wellen sind zudem schmaler und die Wölbungen sind unterschiedlich.

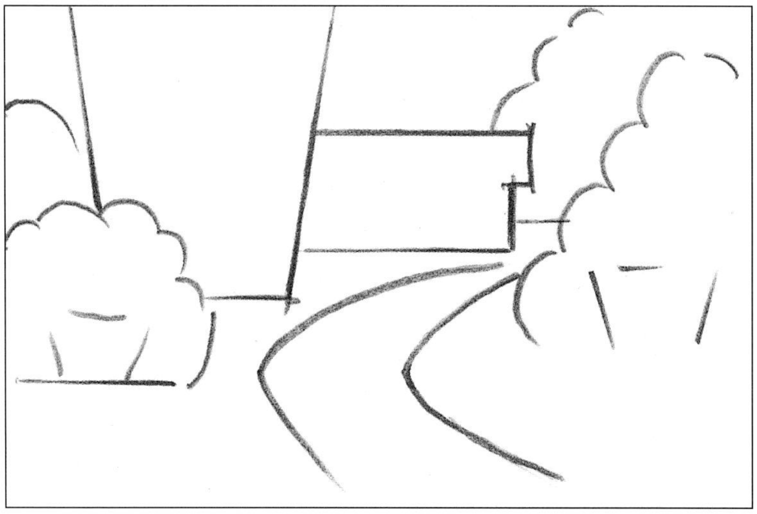

Einen Aufriss zeichnen Um den Mittelpunkt erster Ordnung und alle anderen Punkte, die im Fokus liegen, besser zu sehen, sollten Sie immer einen Aufriss der Komposition zeichnen. Es müssen nur ganz einfache Formen sein – Sie brauchen keine Details zu zeichnen oder auf die Stärke der Linien zu achten. Es geht nur darum herauszufinden, ob das Auge wirklich so durchs Bild wandert, wie Sie es sich wünschen und geplant haben.

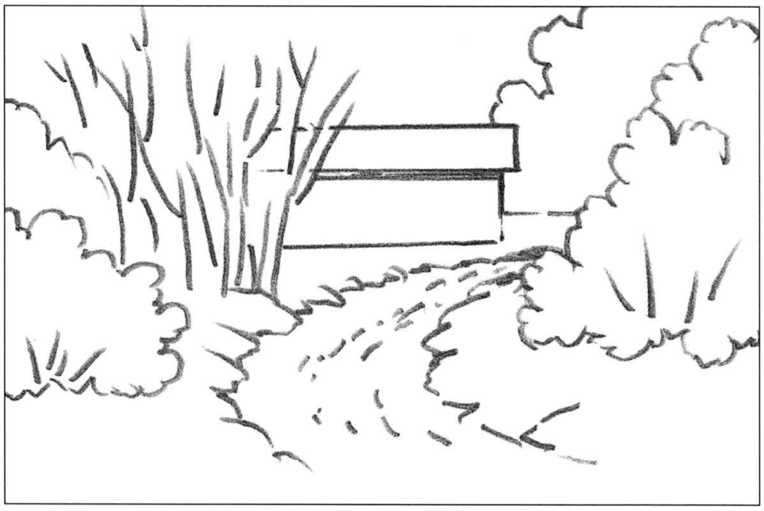

Vom Aufriss zum Bild Wenn der Aufriss steht und Sie alle notwendigen Korrekturen ausgeführt haben, können Sie weiterarbeiten: die ersten Details mit zarten Strichen einzeichnen, um ein Gefühl für den Rhythmus des Bildes zu bekommen. Dann die Stärke der Umrisslinien variieren, um sie lebendiger zu gestalten. Zum Schluss mit Schraffuren den Mittelpunkt und die anderen Punkte, die im Fokus liegen, betonen.

Aufbau einer Landschaft in der Senkrechten

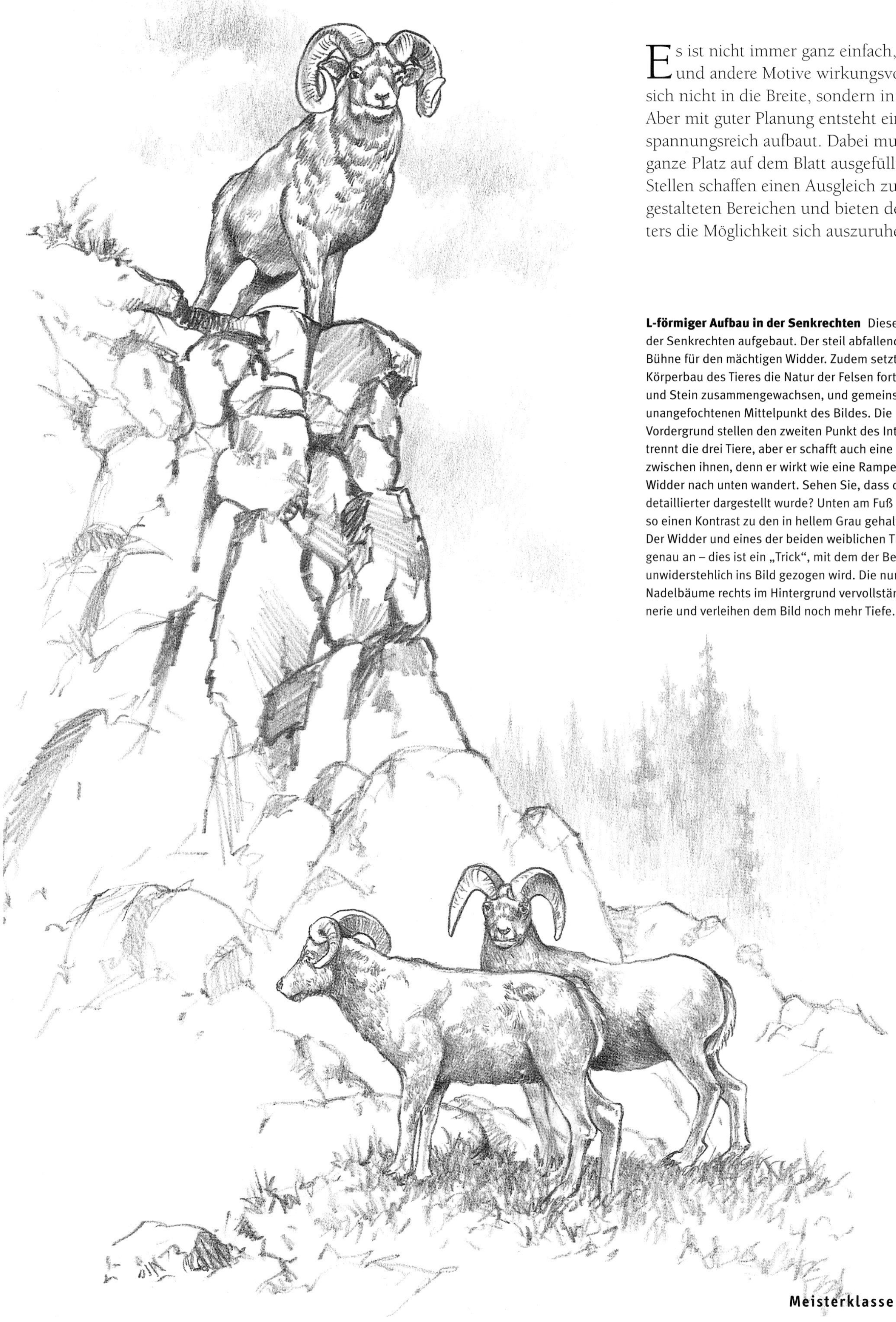

Es ist nicht immer ganz einfach, Gebirgslandschaften und andere Motive wirkungsvoll darzustellen, die sich nicht in die Breite, sondern in die Höhe erstrecken. Aber mit guter Planung entsteht eine Ansicht, die sich spannungsreich aufbaut. Dabei muss auch nicht der ganze Platz auf dem Blatt ausgefüllt werden – leere Stellen schaffen einen Ausgleich zu den intensiv gestalteten Bereichen und bieten dem Auge des Betrachters die Möglichkeit sich auszuruhen.

L-förmiger Aufbau in der Senkrechten Diese Tierszene ist wie ein L in der Senkrechten aufgebaut. Der steil abfallende Felsen ist eine perfekte Bühne für den mächtigen Widder. Zudem setzt sich im kantigen Körperbau des Tieres die Natur der Felsen fort. Es wirkt fast, als seien Tier und Stein zusammengewachsen, und gemeinsam bilden sie den unangefochtenen Mittelpunkt des Bildes. Die beiden weiblichen Tiere im Vordergrund stellen den zweiten Punkt des Interesses dar. Der Felsen trennt die drei Tiere, aber er schafft auch eine optische Verbindung zwischen ihnen, denn er wirkt wie eine Rampe, über die das Auge vom Widder nach unten wandert. Sehen Sie, dass der Felsen oben viel detaillierter dargestellt wurde? Unten am Fuß ist er fast weiß und bildet so einen Kontrast zu den in hellem Grau gehaltenen Schafen.
Der Widder und eines der beiden weiblichen Tiere sehen den Betrachter genau an – dies ist ein „Trick", mit dem der Betrachter sanft, aber unwiderstehlich ins Bild gezogen wird. Die nur leicht angedeuteten Nadelbäume rechts im Hintergrund vervollständigen die Hochgebirgsszenerie und verleihen dem Bild noch mehr Tiefe.

Tierszenen planen

Ihre Tierdarstellungen werden dann besonders positiv auffallen, wenn nicht nur das dargestellte Tier meisterlich getroffen ist, sondern wenn es Teil eines gut durchdachten Aufbaus einer Szene ist. Meist werden Tiere als klassisches Porträt gezeichnet oder in einer Pose, die natürlich und vertraut wirkt. Andere Darstellungen wirken meist entweder komisch oder irgendwie „falsch". Der Hintergrund sollte immer reduziert auf das Wesentliche sein: Meist reichen wenige Striche – und das Auge des Betrachters ergänzt den Rest der Szenerie. Der beste Weg zu interessanten Darstellungen führt über Fotos – legen Sie einen Fundus an und beschäftigen Sie sich mit Tieren.

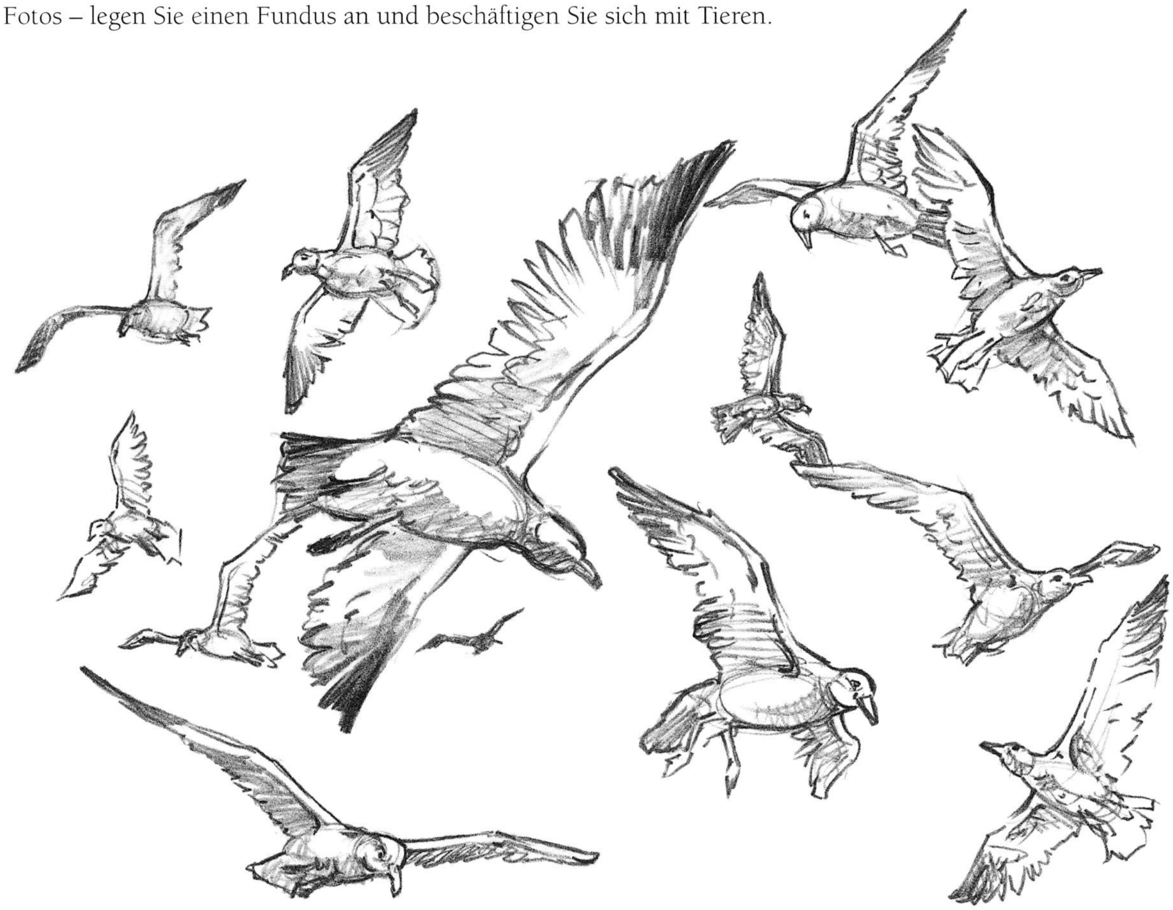

Möwen auf der Futtersuche sind ein perfektes Beispiel für Gruppen von Tieren, die sich rasch bewegen. Um eine solche Szene packend wiederzugeben, verwenden Sie am besten die unten beschriebene X- und O-Methode. Für die Szene zog der Zeichner mehrere Fotos zurate – können Sie erkennen, dass die Möwen sich berühren und einander teilweise verdecken? Durch diesen kleinen Trick erhält die Szene noch mehr räumliche Tiefe.

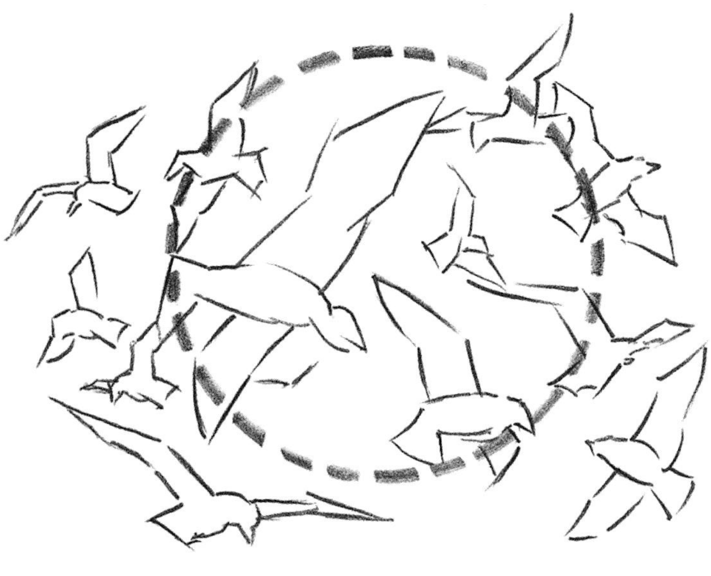

Beginnen Sie mit einem großen O, um das sich die Szene herum aufbaut. Wichtig ist, dass die Möwen nicht gleich groß und gleich ausgerichtet sind wie etwa bei einem Reigentanz!

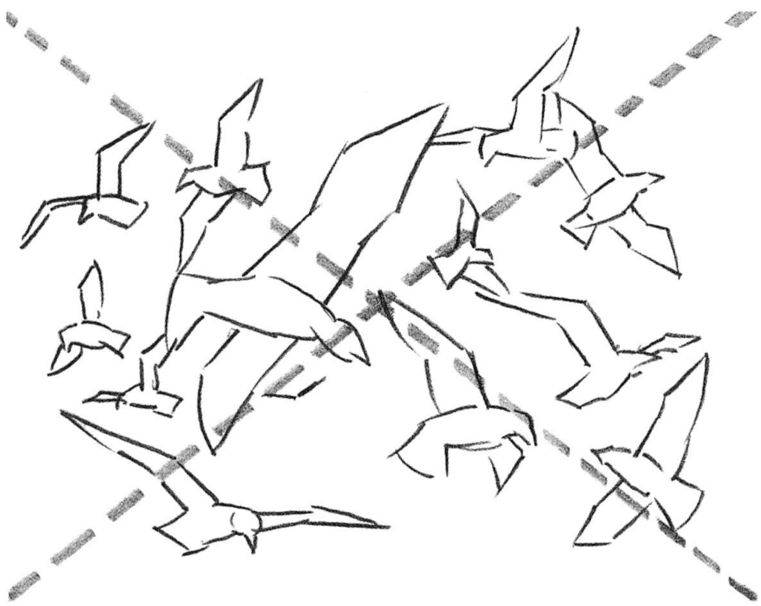

Jetzt legen Sie ein X über die Szene und richten die Möwen zusätzlich nach dieser Richtschnur aus – auch hier wieder darauf achten, dass die Möwen nicht exakt auf den Diagonalen liegen.

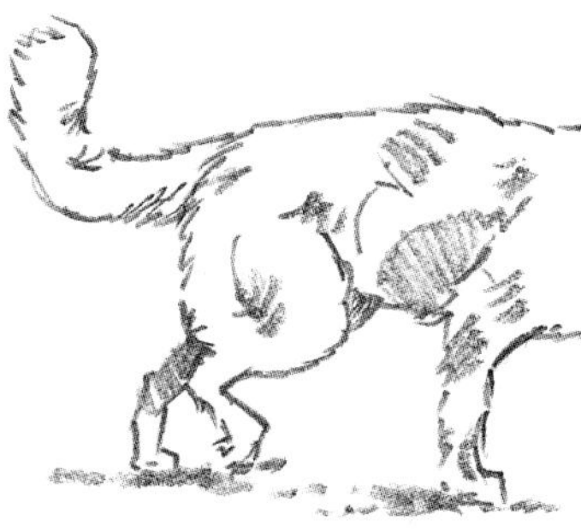

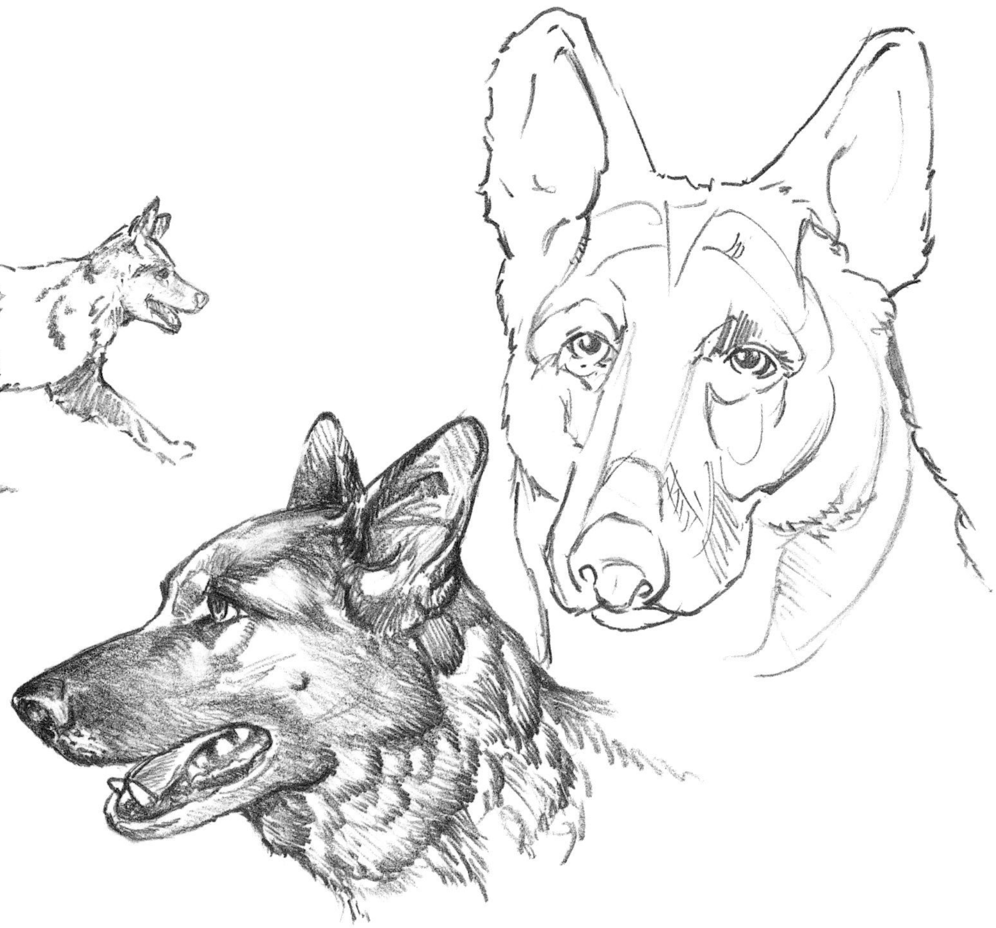

Die Aufmerksamkeit fesseln Man sagt, dass das Auge des Betrachters von Details und dunklen Tönen angezogen wird. Dass das stimmt, können Sie selbst ausprobieren: Obwohl der Schäferhund rechts im Bild deutlich größer ist und der halbwüchsige Hund links sich bewegt, kehrt die Aufmerksamkeit immer wieder zur Zeichnung in der Mitte zurück.

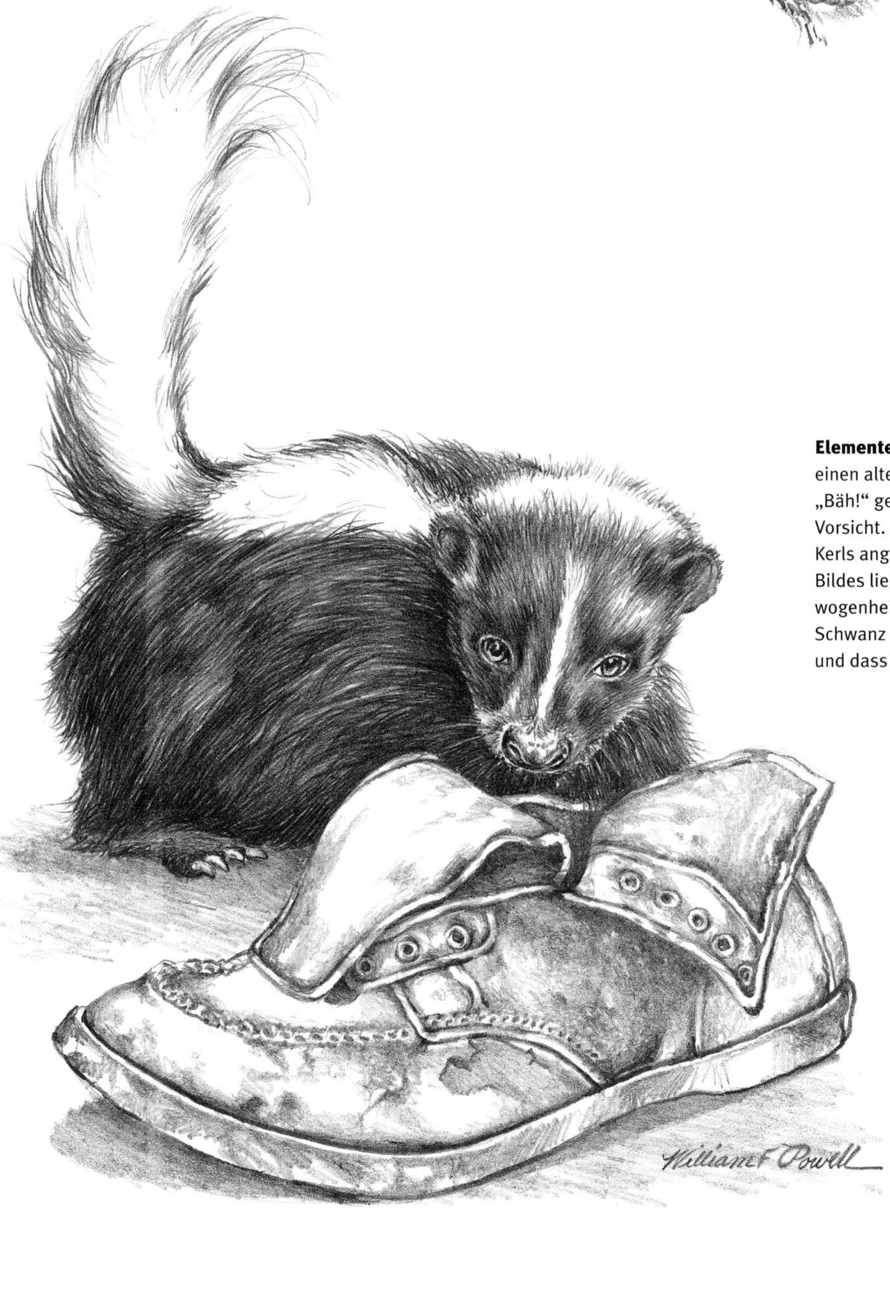

Elemente kombinieren In der Szene links ist ein junges Stinktier auf einen alten Schuh getroffen. Der Zeichner hat das humorvolle Bild „Bäh!“ genannt. Das Gesicht des jungen Tieres zeigt Neugier, aber auch Vorsicht. Die ganze Körperhaltung drückt die Unsicherheit des kleinen Kerls angesichts der unbekannten Gefahr aus. Die Anziehungskraft des Bildes liegt in der Geschichte, die es erzählt, und in der optischen Ausgewogenheit der beiden „Hauptakteure“. So ist es kein Zufall, dass der Schwanz des Skunks und die Zunge des Schuhs sich in der Form ähneln und dass Schuh und Tier etwa gleich groß sind.

Känguru

Die berühmten australischen Beuteltiere sind beliebte „Fotomodelle“, weil sie oft einfach nur ruhig dasitzen und grasen oder etwas beobachten. Dieses Tier, das den Betrachter direkt anschaut und sich auf seinen breiten Schwanz stützt, hat das typische ruhige Wesen seiner Art.

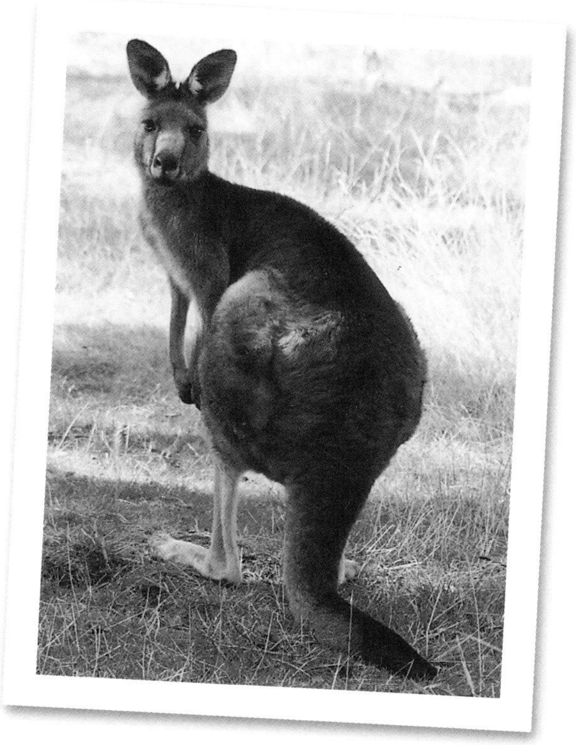

Verschiedene Fellstrukturen Kängurus haben ein dickes, dichtes Fell mit unregelmäßiger Färbung und Oberfläche. Es macht mir immer viel Spaß, den Verlauf des Fells und seine Schwünge und Wirbel auszuarbeiten.

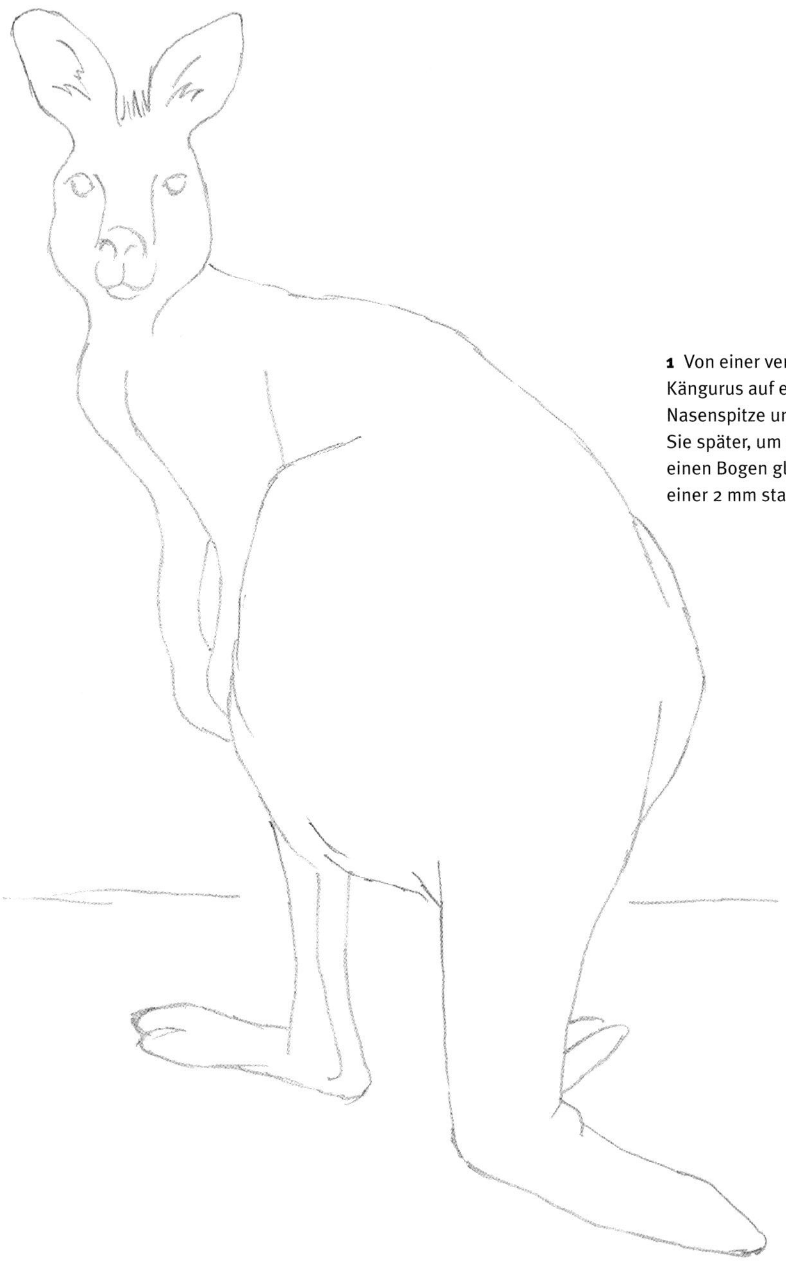

1 Von einer vergrößerten Fotokopie einer Fotovorlage übertragen Sie die Kontur des Kängurus auf ein Stück Skizzenpapier. Zeichnen Sie auch gleich Augen, Schnauze, Nasenspitze und Maul ein, außerdem einige Details des Fells. Die Horizontlinie brauchen Sie später, um das Tier im Gras zu „erden“. Übertragen Sie die Skizze anschließend auf einen Bogen glattes Zeichenpapier – am besten nehmen Sie dazu einen Minenstift mit einer 2 mm starken HB-Mine.

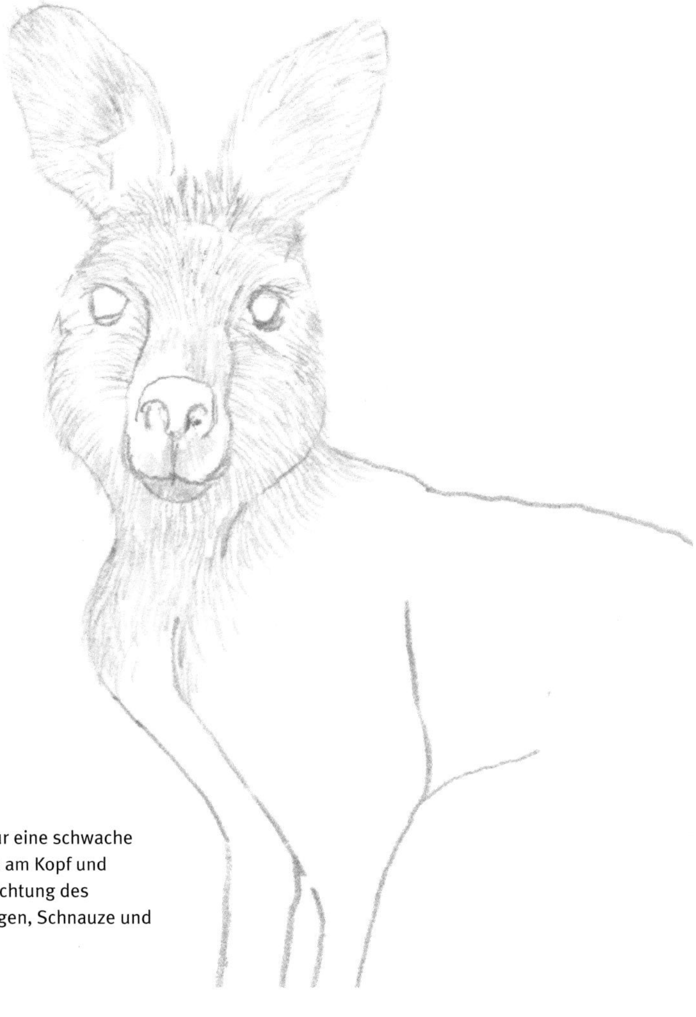

2 Die Kontur hellen Sie mit einem Knetgummi behutsam auf, sodass nur eine schwache Linie sichtbar bleibt. An den Ohren beginnend arbeiten Sie nun abwärts am Kopf und deuten das Unterfell mit kurzen, schnellen Strichen an, die schon die Richtung des späteren Fellverlaufs vorgeben. Die Augen und die Lichtreflexe auf Wangen, Schnauze und Ohren lassen Sie weiß.

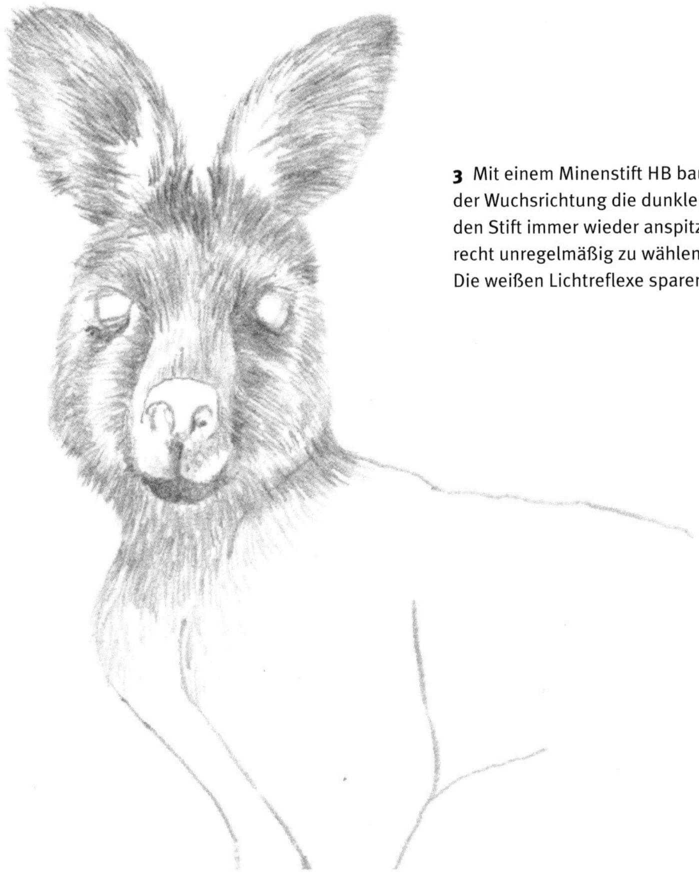

3 Mit einem Minenstift HB bauen Sie die zweite Fellschicht auf. Mit kurzen, zügigen Strichen in der Wuchsrichtung die dunkleren Tonwerte anlegen und dadurch die Form modellieren – dabei den Stift immer wieder anspitzen. Achten Sie darauf, Länge und Anfangspunkte der Striche recht unregelmäßig zu wählen, damit keine unansehnlichen Streifen oder Muster erscheinen. Die weißen Lichtreflexe sparen Sie auch hier wieder aus.

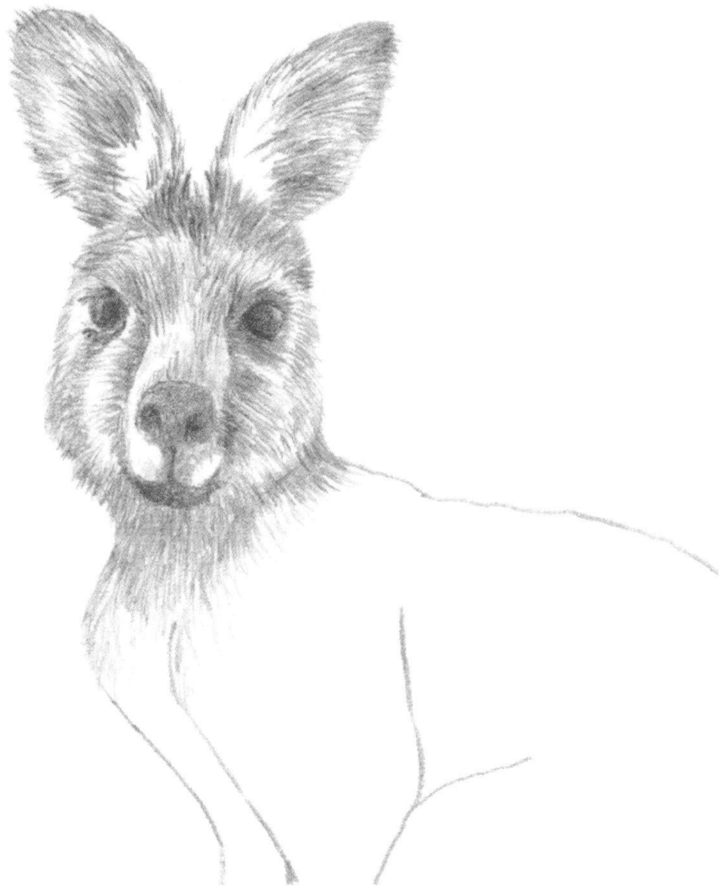

4 Mit einem etwas stumpferen Minenstift HB und kreisförmigen Strichen dunkeln Sie die Bereiche um die Augen und die ledrige Nase ab. Die Bereiche anschließend mit leichter Hand und wenig Druck nochmals überarbeiten, bis das Grau dunkel genug ist. Die Lichtreflexe in den Augen tupfen Sie mit einem ganz spitz geformten Knetgummi heraus. Dann zeichnen Sie mit einem sehr spitzen Minenstift 2B die Konturen von Augen und Nase schärfer nach und vertiefen die dunkelsten Töne noch einmal.

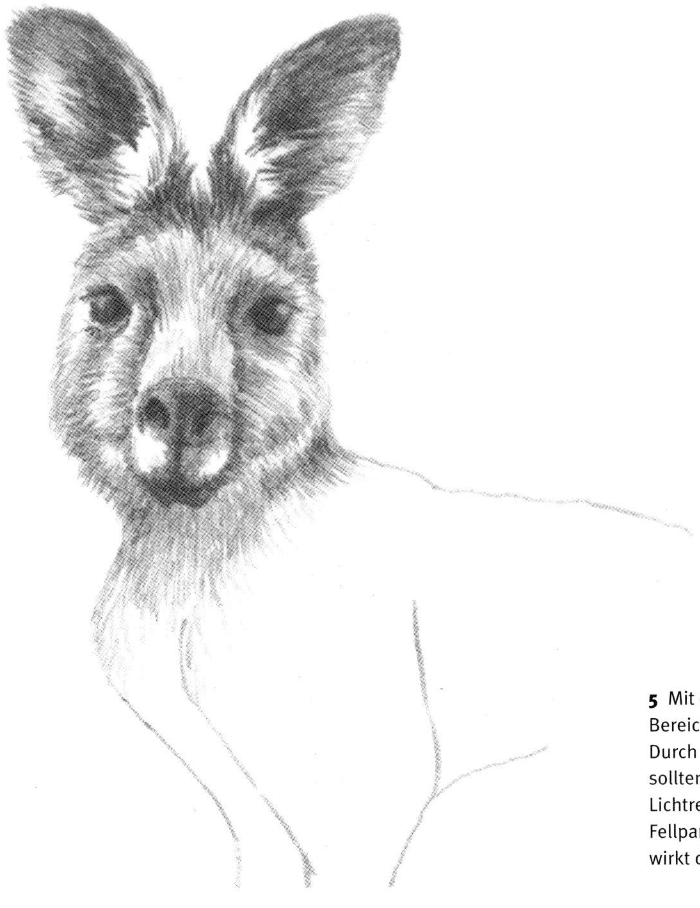

5 Mit dem 2B-Stift, den Sie weiterhin immer wieder anspitzen, zeichnen Sie die dunkelsten Bereiche des Kopffells mit kurzen Strichen nach – immer in der Richtung, in der das Fell wächst. Durch das Abdunkeln entstehen um Nase, Maul und Augen herum Kontraste. Besonders sorgfältig sollten Sie die dunklen Bereiche der Ohren ausarbeiten, weil diese auch als negativer Raum für die Lichtreflexe dienen (▶ Seite 105), und durch das dunkle Grau im inneren Ohr heben sich die hellen Fellpartien am äußeren Ohr besser hervor. Durch einige behutsame Striche mit dem Bleistift 2B wirkt das weiße Fell noch plastischer und überzeugender.

6 Überarbeiten Sie den gesamten Kopf nochmals mit feinen Strichen mit einem gut gespitzten Minenstift 2B, um die Details noch besser hervorzuheben. Aus den vielen übereinanderliegenden Strichen sollte dabei eine gleichmäßige, glatte Felloberfläche entstehen. Arbeiten Sie abwechselnd mit den Härtegraden HB und 2B am Hals weiter, um einen fließenden Übergang zwischen Kopf und Körper zu schaffen. Für den Körper setzen Sie schließlich dieselbe Technik wie für den Kopf ein: Hellen Sie zuerst die Kontur mit einem Knetgummi auf, dann stricheln Sie mit einem spitzen Minenstift 2H die Vorderbeine und den Rücken. Achten Sie darauf, dass die Striche kein erkennbares Muster bilden, und schauen Sie oft auf die Fotovorlage, um die Wuchsrichtung des Fells beim Stricheln richtig wiederzugeben.

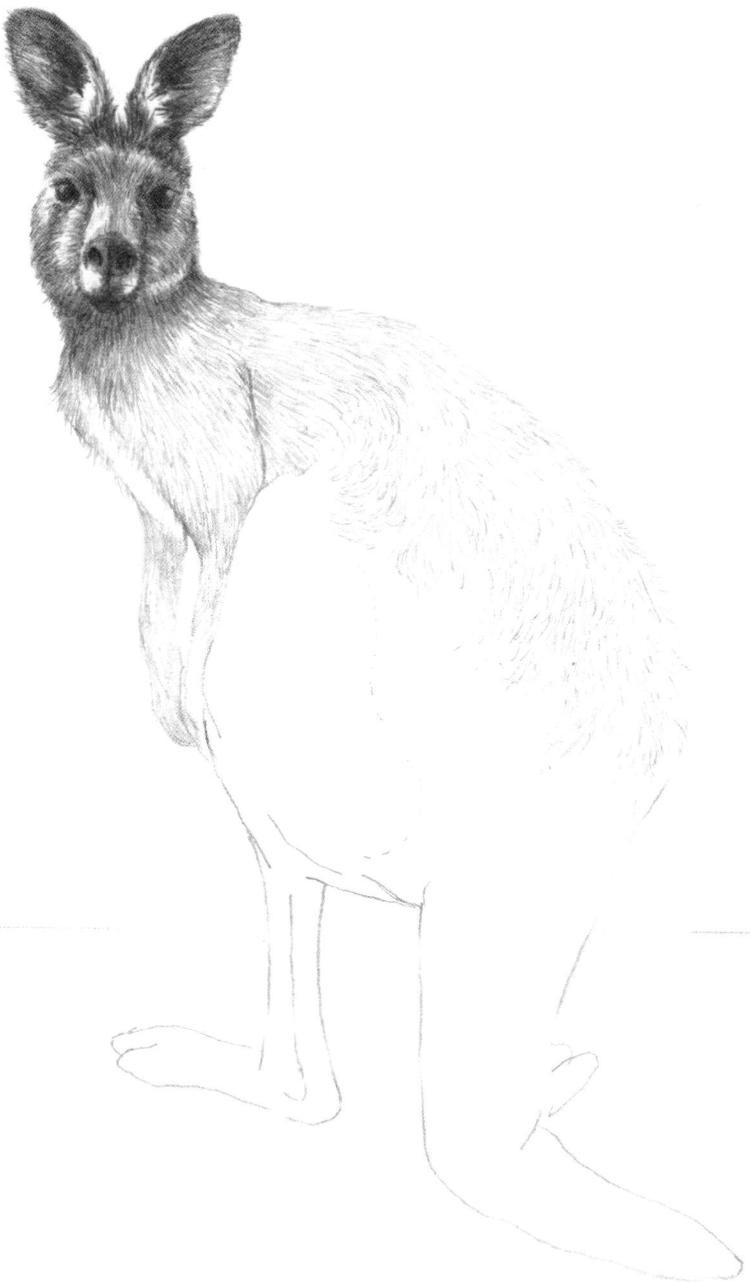

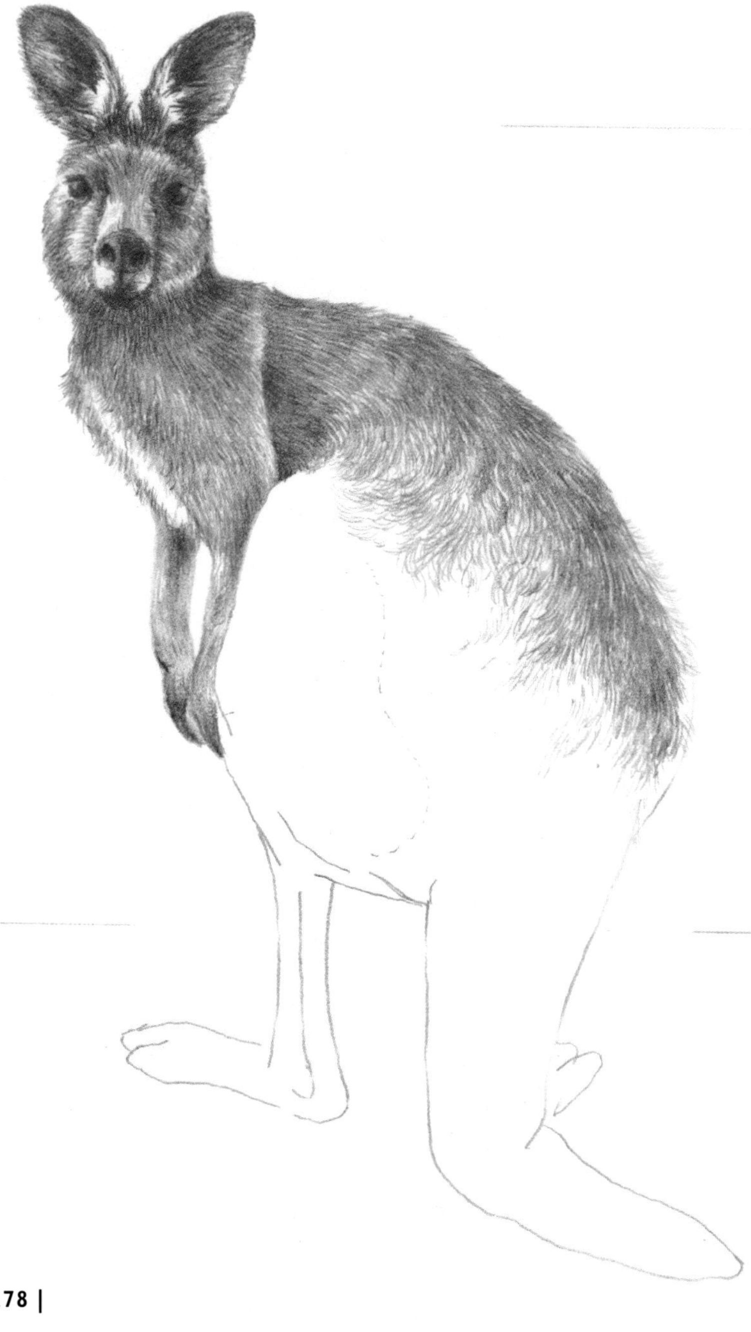

7 Mit einem spitzen Bleistift in Härte 2B folgt nun über dem Unterfell die zweite Fellschicht. Dort, wo das Fell dunkel ist, setzen Sie die Striche in engen Abständen. Wo es heller ist, werden die Abstände der Striche größer. Auf dem Rücken ist das Fell etwas länger und wellig: Das Fell an Rücken und Seiten mit kurzen, dichten Strichen gestalten und einen weichen Übergang zwischen Unterfell (2H) und Deckfell (HB) anlegen. Mit einem spitzen 2B-Stift dunkeln Sie das Fell stellenweise ab, um die verschiedenen Grautöne und Formen herauszuarbeiten. Mit demselben Stift tönen Sie dann auch das rechte Vorderbein und den vorderen Bereich der Schultern ab, sodass sich der weiße Fellfleck auf der Brust ergibt. Schraffieren Sie nun auch die Vorderpfoten und arbeiten Sie dabei Form und Details aus.

8 Auf Bein und Hüfte bleibt das Papier stellenweise weiß. So wirkt es wie Reflexe der Sonne auf dem Fell. Auch am Schwanz bleibt eine Stelle weiß, an der Sie später einige Gräser einzeichnen. Sie überlappen den Schwanz und verdeutlichen dadurch, dass er auf der Erde ruht. Bauen Sie das Unterfell an Rumpf und Schwanz mit dem 2H-Stift auf. Es folgt eine zweite Schicht mit einem Bleistift HB, bei der Sie darauf achten, die weißen Bereiche an Bein, Hüfte und Schwanz auszusparen. An der Hüfte sind die Striche etwas länger und wellig, am Schwanz dagegen kurz und gerade, weil das Fell hier dichter und kürzer ist.

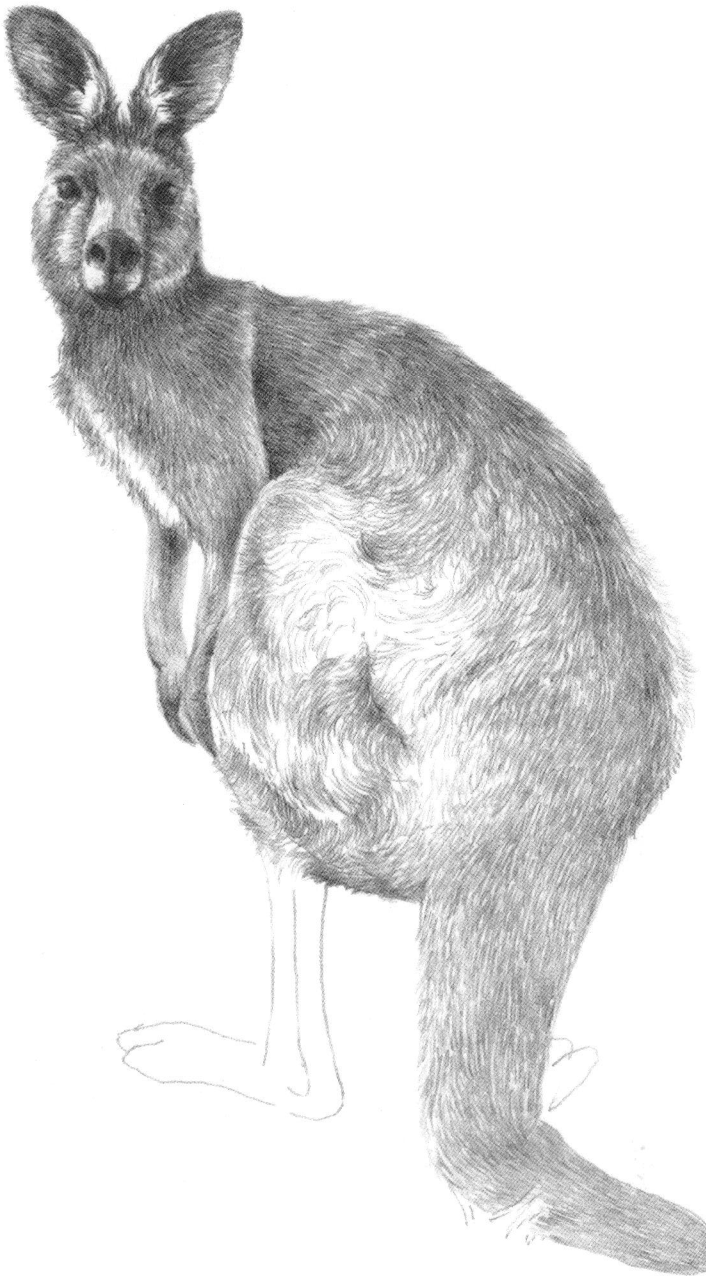

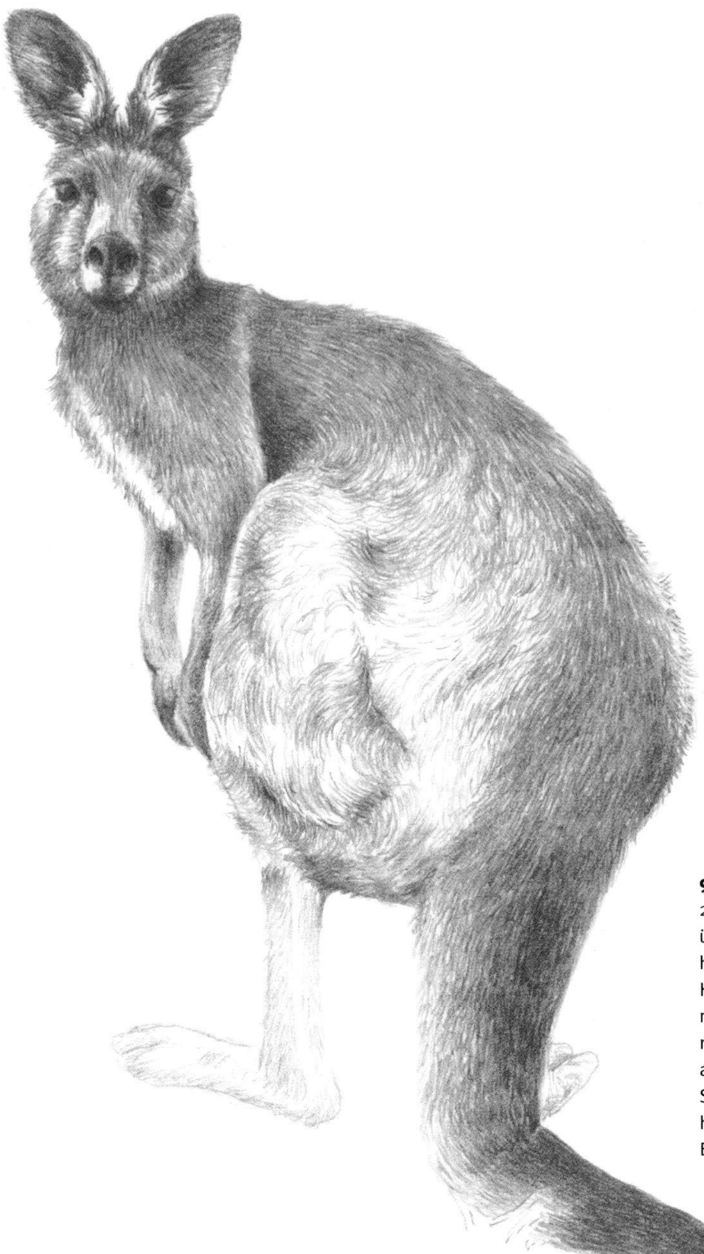

9 Nun schraffieren Sie weiter am Fell auf dem Rücken und am Schwanz mit einem Minenstift 2B. Da der Schwanz in der Vorlage recht dunkel ist, müssen Sie die Striche hier mehrfach überlagern, bis Ihnen der Grauton gefällt. Am Rand des Schwanzes bleibt der Grauton etwas heller, damit seine gerundete Form gut erkennbar wird. Jetzt folgt die Arbeit an den Beinen. Hellen Sie auch hier wieder die Kontur mit dem Knetgummi auf und deuten Sie das feine Fell mit einem Bleistift in Härte HB und mit geringem Druck an. Die Bereiche der seitlichen und rückwärtigen Lichtreflexe auf den Beinen bleiben fast weiß. Weil die Bandbreite der Grautöne auf den Beinen geringer ist, arbeiten Sie hier nur mit dem spitzen Bleistift in Härte HB. Lassen Sie sich Zeit, stricheln Sie die Bereiche in mehreren Arbeitsgängen, um die Fellstruktur herauszuarbeiten. Am Knöchel und unter der Hüfte genügen wenige Striche mit einem spitzen Bleistift in Härte 2B, um das Fell abzudunkeln.

10 Mit einem spitzen Minenstift HB überarbeiten Sie nun Kopf und Körper noch einmal, um die Fellfärbung zu betonen und zu vertiefen. Anhand der Fotovorlage arbeiten Sie die Pfoten klarer aus, dunklen das Fell unter Schulter und Hals ab und stricheln Hüfte und Rücken noch einmal nach. Den Lichtreflex am Bein hellen Sie mit dem Knetgummi etwas auf. Bei diesen letzten Arbeitsschritten ist es wichtig, die Zeichnung nicht mehr zu berühren. Es wäre ärgerlich, wenn Sie zum Schluss jetzt noch den Grafit verwischen: Die Wirkung des Fells beruht auf den klaren, scharfen Strichen.

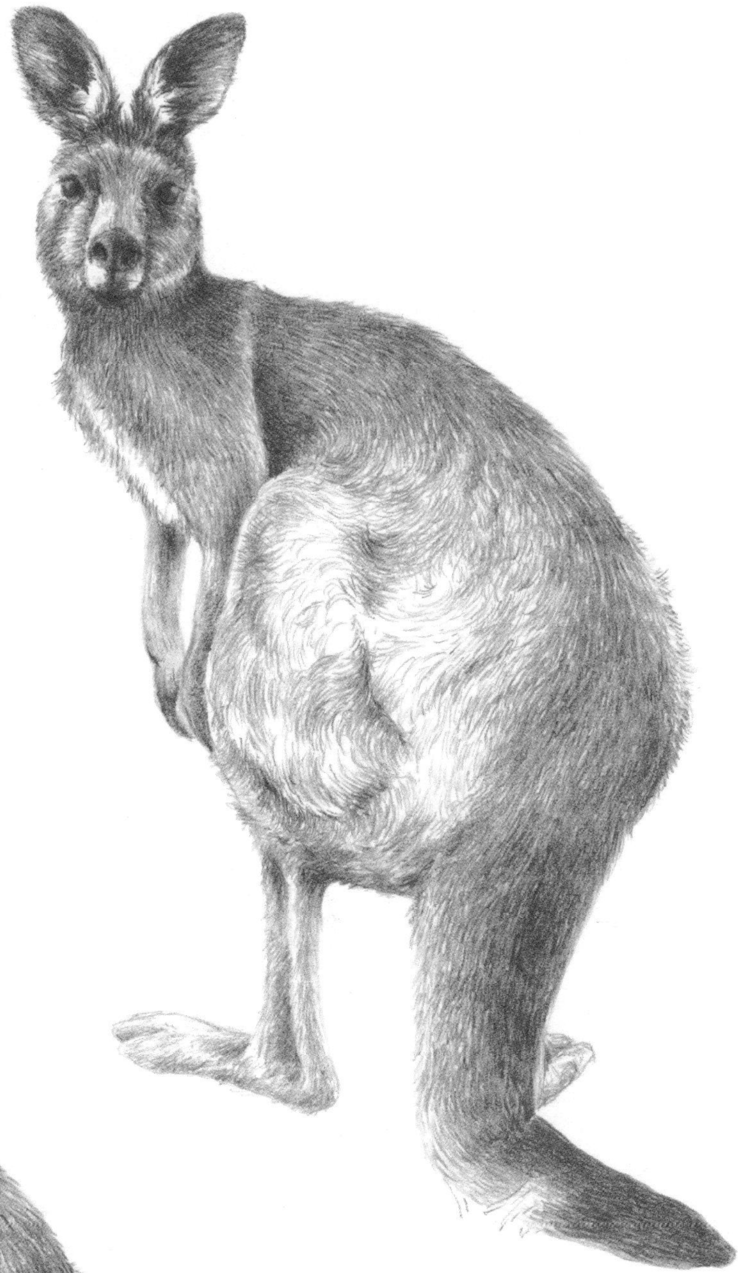

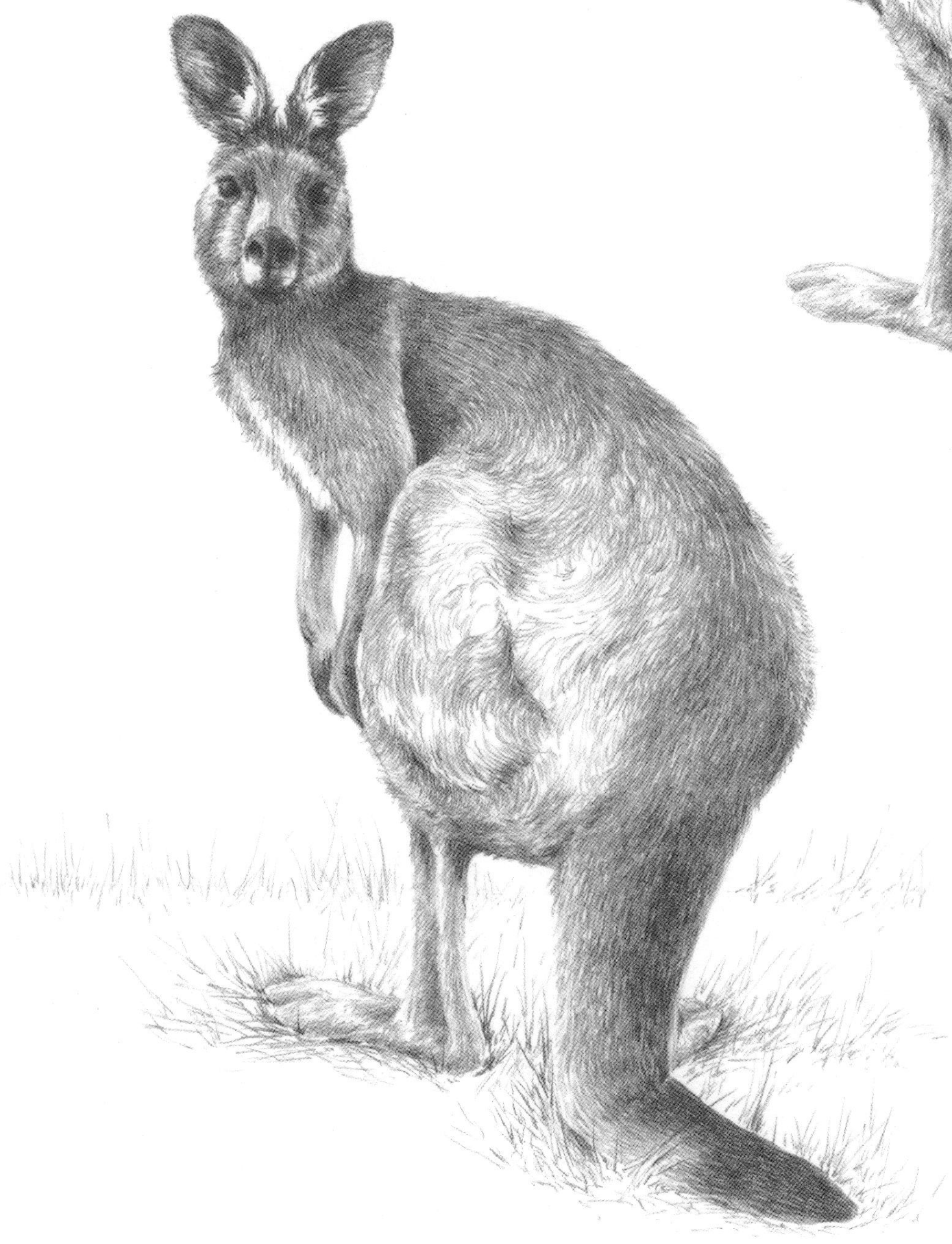

11 Nun muss das Känguru noch mit dem Boden, auf dem es steht, verbunden werden: Nehmen Sie einen spitzen Minenstift HB zu Hand und zeichnen Sie mit lockeren, geschwungenen Strichen Grashalme um Schwanz und Füße. Damit kein regelmäßiges Muster entsteht, wechseln Sie zwischen langen und kurzen Strichen und ändern auch die Richtung der Striche so oft wie möglich. Lassen Sie noch etwas Gras auf die Stelle vorragen, die in Schritt 8 weiß blieb. Auf Höhe des Horizonts zeichnen Sie einen feinen Grasstreifen, nachdem Sie die Hilfslinie mit dem Knetgummi größtenteils ausradiert haben. Arbeiten Sie aber möglichst zügig, damit Sie sich nicht in Details verlieren, sonst wirkt das Bild nicht mehr locker und spontan.

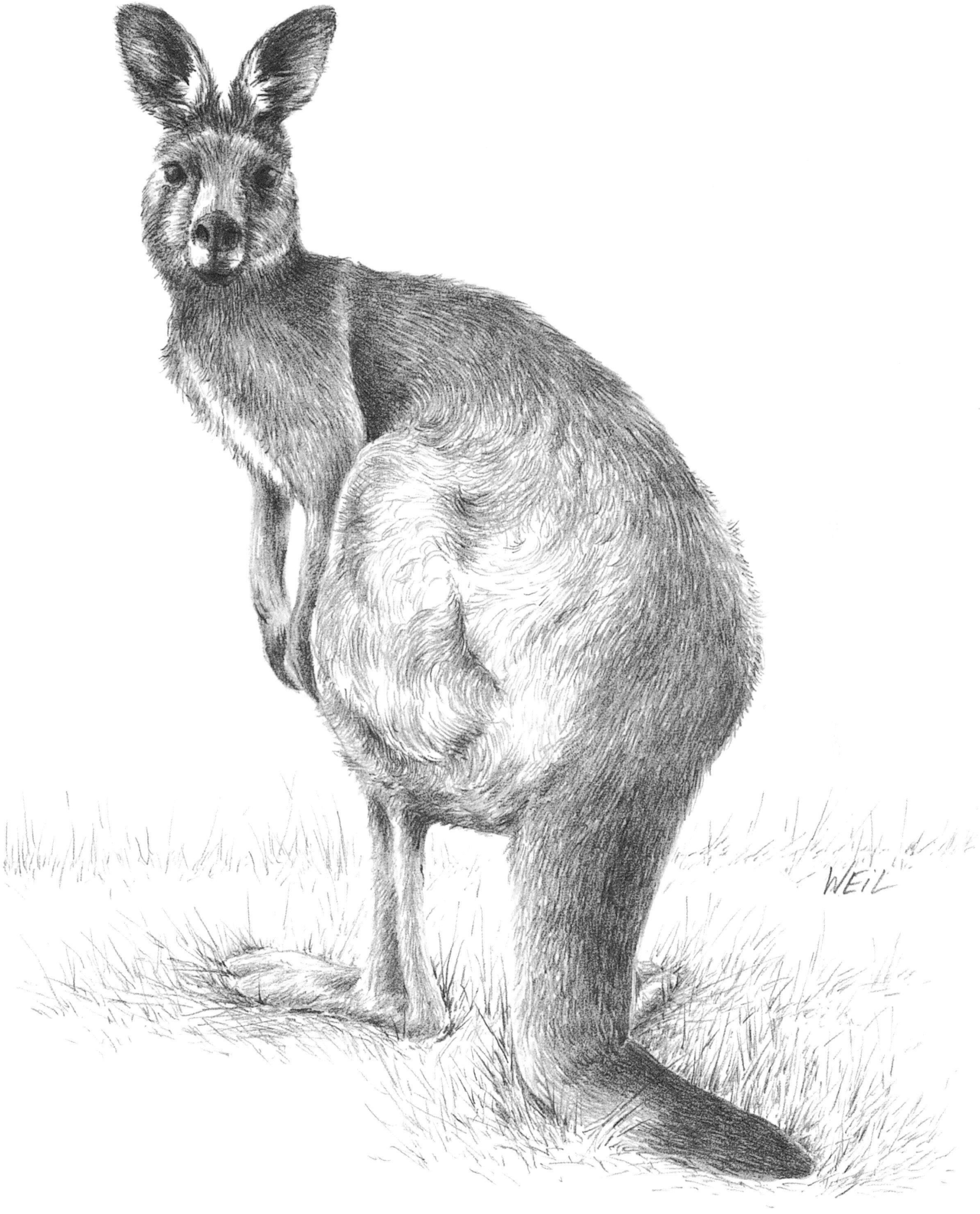

12 Treten Sie einen Schritt zurück und betrachten Sie die Zeichnung in Ruhe. Falls nötig, das Gras noch etwas ausarbeiten, um das Tier besser zu „erden". Machen Sie sich selbst die Freude und signieren Sie die fertige Zeichnung. Dann sprühen Sie sie dünn mit einem Fixativ ein, damit sie nicht mehr verwischen kann.

Indischer Elefant

Elefanten und andere große Tiere sind ideale Motive für atmosphärische Bilder. Die großen, rundlichen Formen sind klar zu erkennen und die Hautoberfläche ist einfacher darzustellen als ein Fell. Der hier gezeigte Indische Elefant unterscheidet sich von seinem Verwandten aus Afrika: Er ist insgesamt kleiner, hat kleinere Ohren, hat einen stärker gerundeten Rücken, trägt an jedem Hinterfuß einen vierten Zehennagel und hat am Rüsselende nur einen „Finger“. An Kopf und Körper trägt er eine spärliche, drahtige Behaarung. Die Stoßzähne sind oft gekappt, um Verletzungen und Schäden zu vermeiden. Wer realistische Tiere zeichnen will, muss auf solche Details achten.

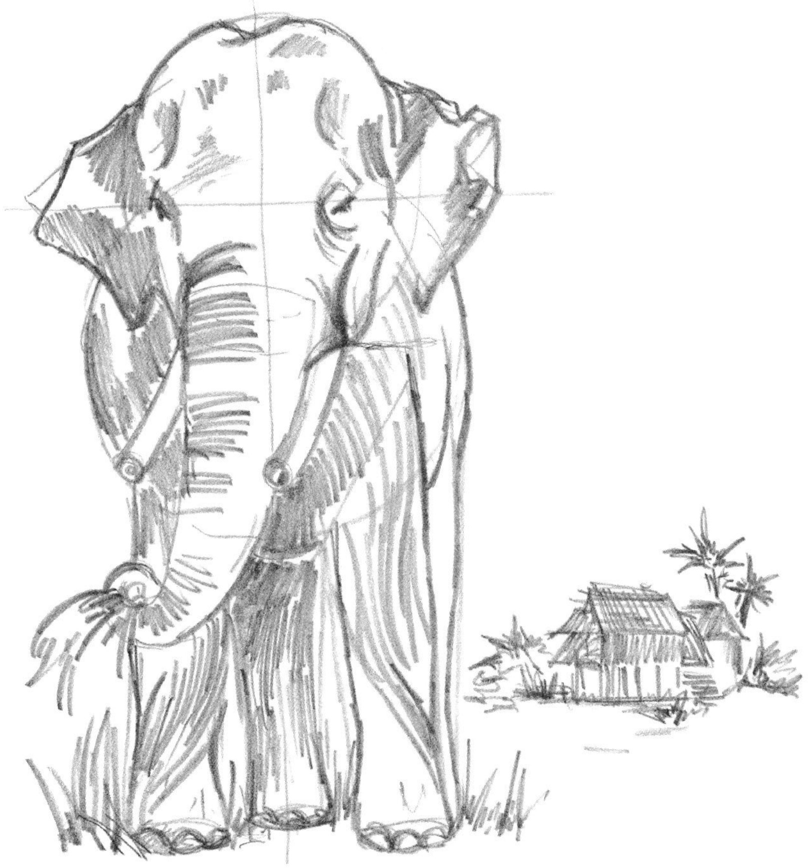

Grobskizze Die Grobskizze dient als Entwurf für die endgültige Zeichnung. Mit einem Bleistift 2B zuerst die Form des Elefanten umreißen. Da das Licht im Motiv von rechts einfällt, müssen Sie dementsprechend die Lichtreflexe beachten. Damit der Betrachter erkennt, dass es sich um einen Indischen Elefanten handelt, wird im Hintergrund ein Haus im malaiischen Stil skizziert.

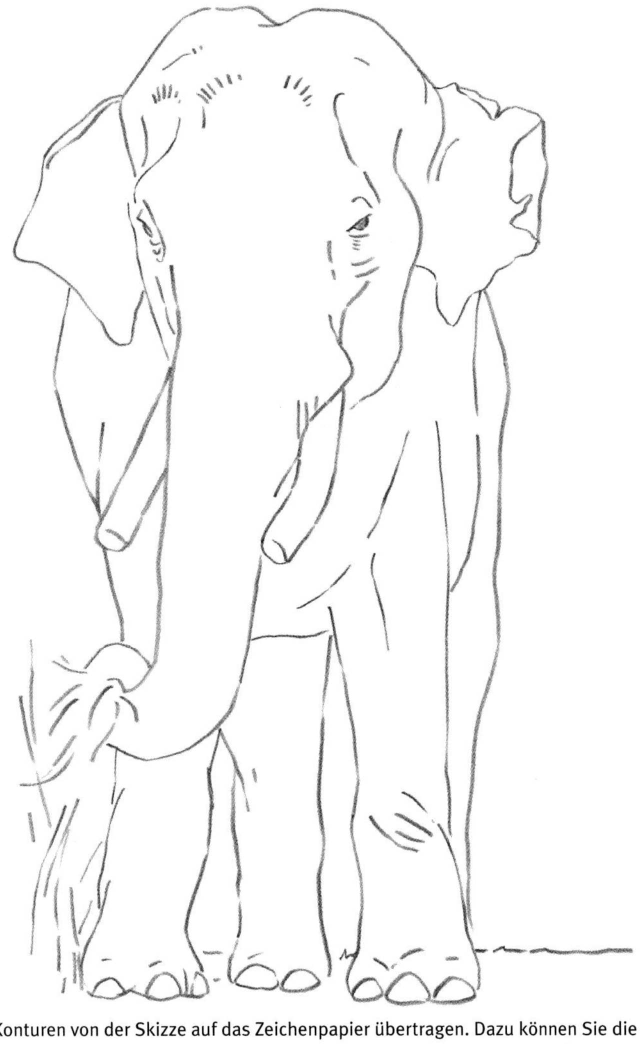

1 Die Konturen von der Skizze auf das Zeichenpapier übertragen. Dazu können Sie die Skizze an ein helles Fenster kleben und darauf einen Bogen Zeichenpapier anbringen. Dann die Konturen auf dem Zeichenpapier sorgfältig mit einem Bleistift HB nachzeichnen. Auf Hintergrund-Details wird vorerst verzichtet. Die Kontur nur ganz zart zeichnen, denn sie wird später mit dem Knetgummi teilweise wieder ausradiert. Hier ist die Kontur nur der besseren Sichtbarkeit im Buch wegen sehr dunkel dargestellt.

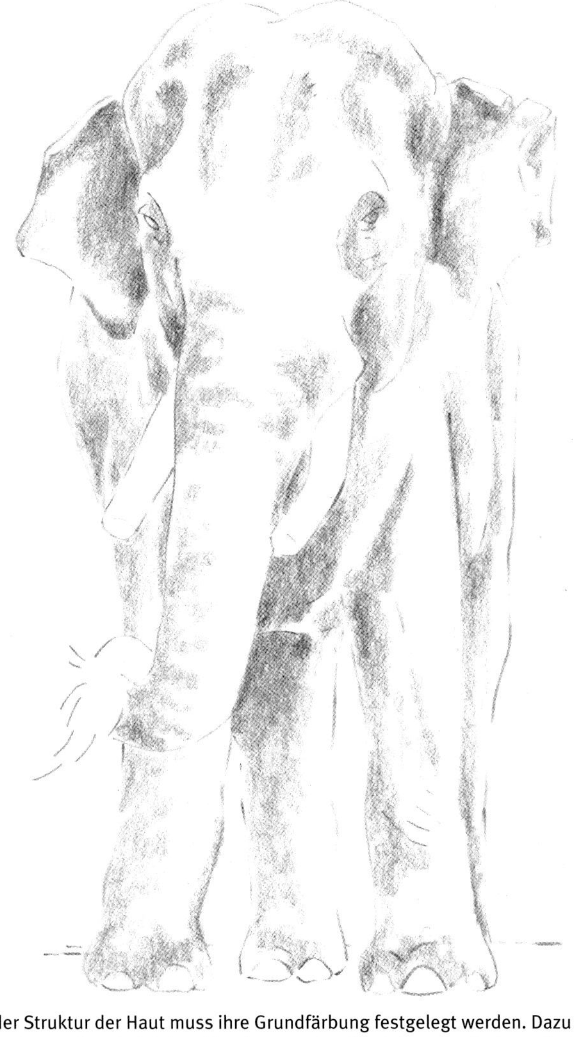

2 Vor der Struktur der Haut muss ihre Grundfärbung festgelegt werden. Dazu das Papier stellenweise sanft und gleichmäßig eintönen. Dunkle Schatten mit einem Grafitstäbchen (ohne Holzmantel) mit kleinen, kreisenden Bewegungen ausfüllen. Große Flächen bleiben weiß, denn hierher wird im nächsten Schritt der Grafit verwischt.

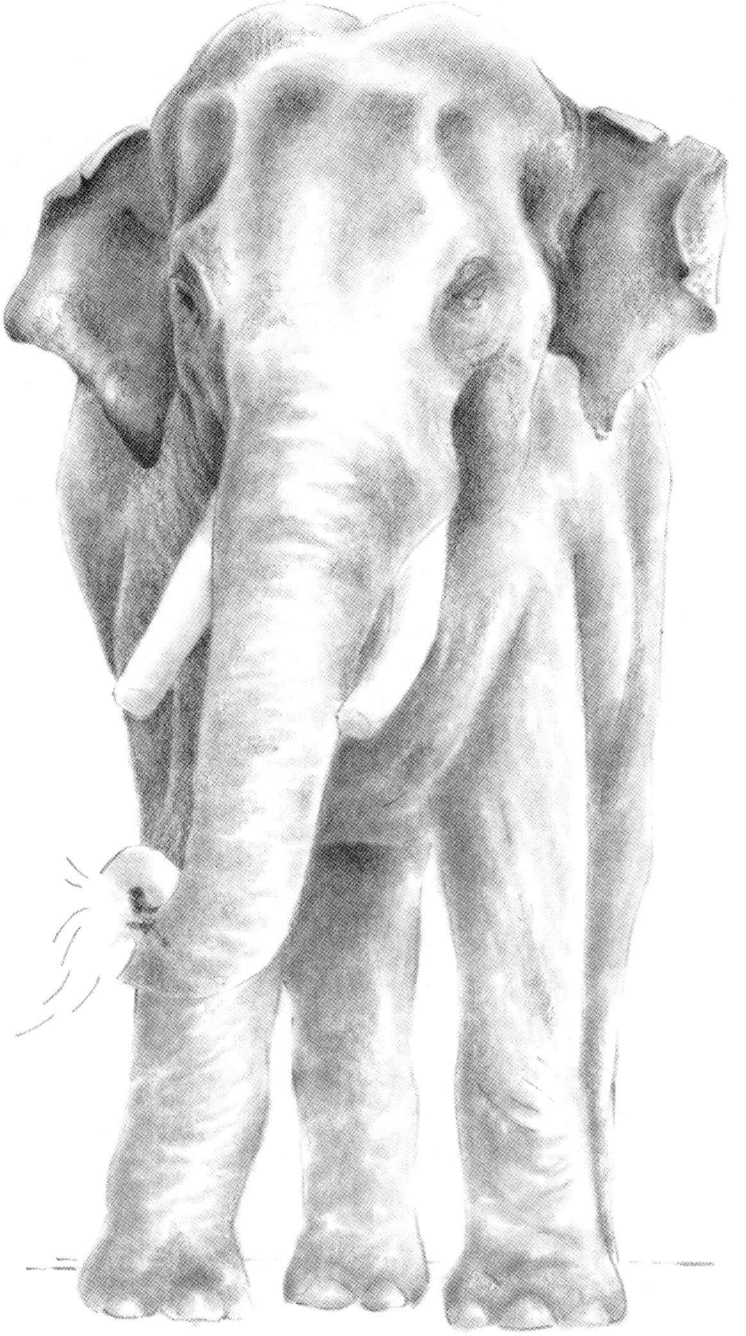

3 Mit einem Papierwischer den dunklen Grafit in die helleren Bereiche hinein verwischen, bis die Übergänge fließend sind und die Färbung seidig wirkt. Mit dem restlichen Grafit am Papierwischer zartes Grau in die weißen Bereiche „malen". Dann die Schatten aus Schritt 2 mit kreisenden Strichen mit dem Bleistift 2B abdunkeln.

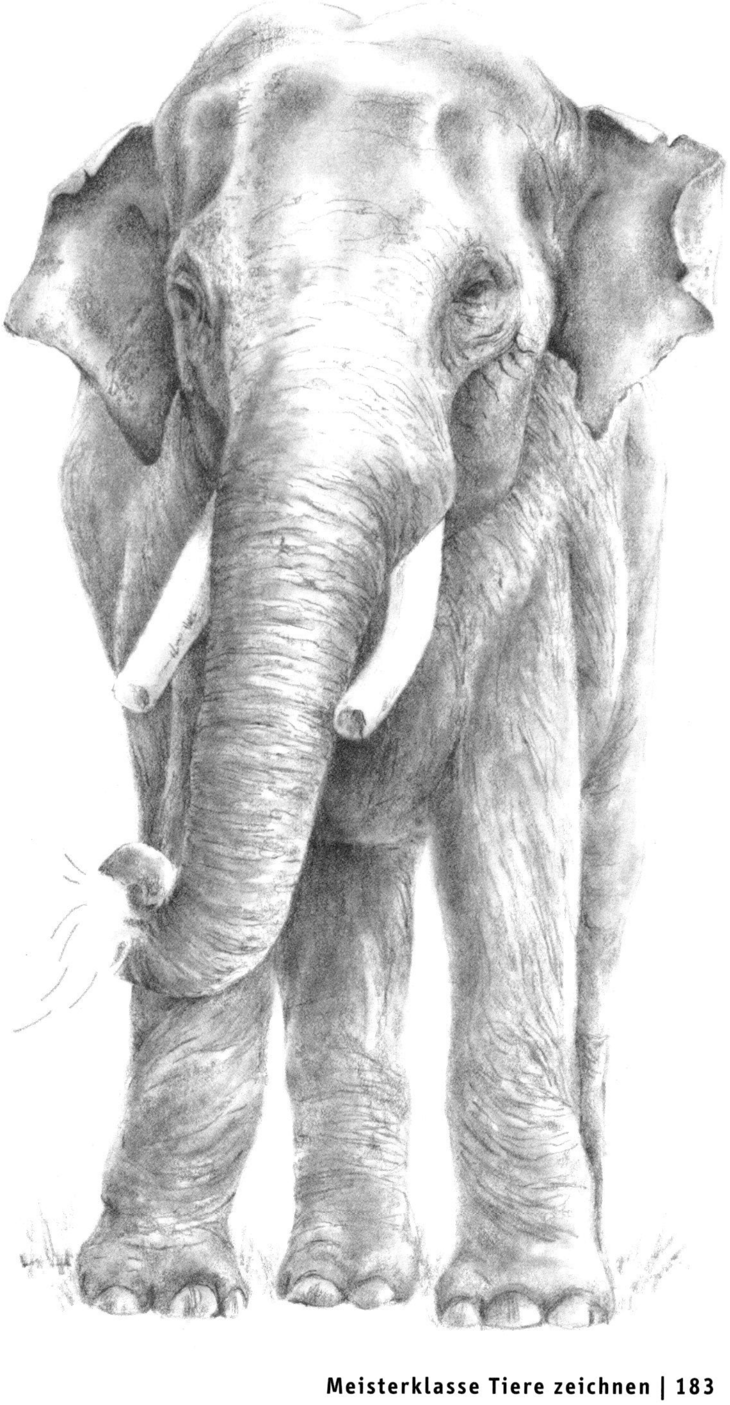

4 Mit dem Grafit an der Spitze des Papierwischers die weichen Grautöne auf die weißen Flächen der Stoßzähne, der Stirn und Ohren verrieben. Auf diese Weise werden auch die Rillen und Falten der Haut an Rüssel und Brust angedeutet. Mit einem spitzen Druckbleistift HB die Falten an Kopf, Ohren und Rüssel etwas stärker ausarbeiten. Die Wellen der Ohren nachzeichnen und gekrümmte Striche um die Augen herum einfügen. Dann die Falten am restlichen Körper verstärken. Fotovorlagen helfen dabei, den Verlauf der Falten an den Beinen treffend darzustellen. Details an Zehen und Rüssel einfügen, die Enden der Stoßzähne abdunkeln und alle Striche behutsam mit dem Papierwischer verwischen. Jetzt fällt auf, dass etwas mit den Beinen nicht stimmt. Dem wenden wir uns später zu. Mit frisch gespitztem Bleistift in Härte 2B die Falten am Körper, um die Augen und auf den Ohren nochmals abdunkeln. Mit dem Knetgummi etwas Grafit von der Außenseite des Vorderbeins und von einigen Stellen an Kopf und Rüssel entfernen.

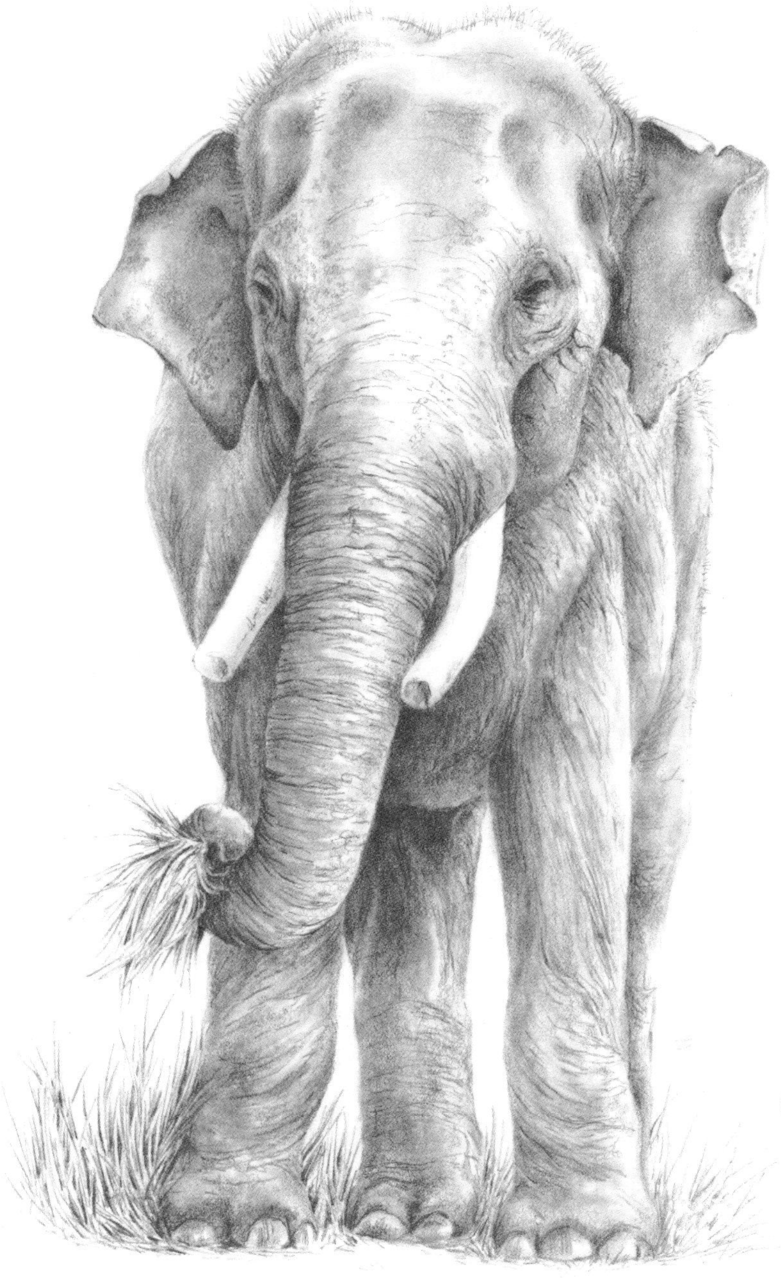

5 Mit dem Bleistift in Härte 2B die dicke, runzlige Haut weiter ausarbeiten. Nun auch die tiefsten Schatten nochmals abdunkeln und auf Kopf und Rücken einige dunkle Haare zeichnen. Mit einem sehr spitzen Bleistift in Härte HB mit Strichen unterschiedlicher Länge das Gras am Boden und im Elefantenrüssel andeuten. Dann mit einem spitzen Bleistift in Härte 2B Schatten zwischen den Halmen einzeichnen, damit das Gras plastischer wirkt. Füße und Zehen werden nun detaillierter ausgearbeitet.

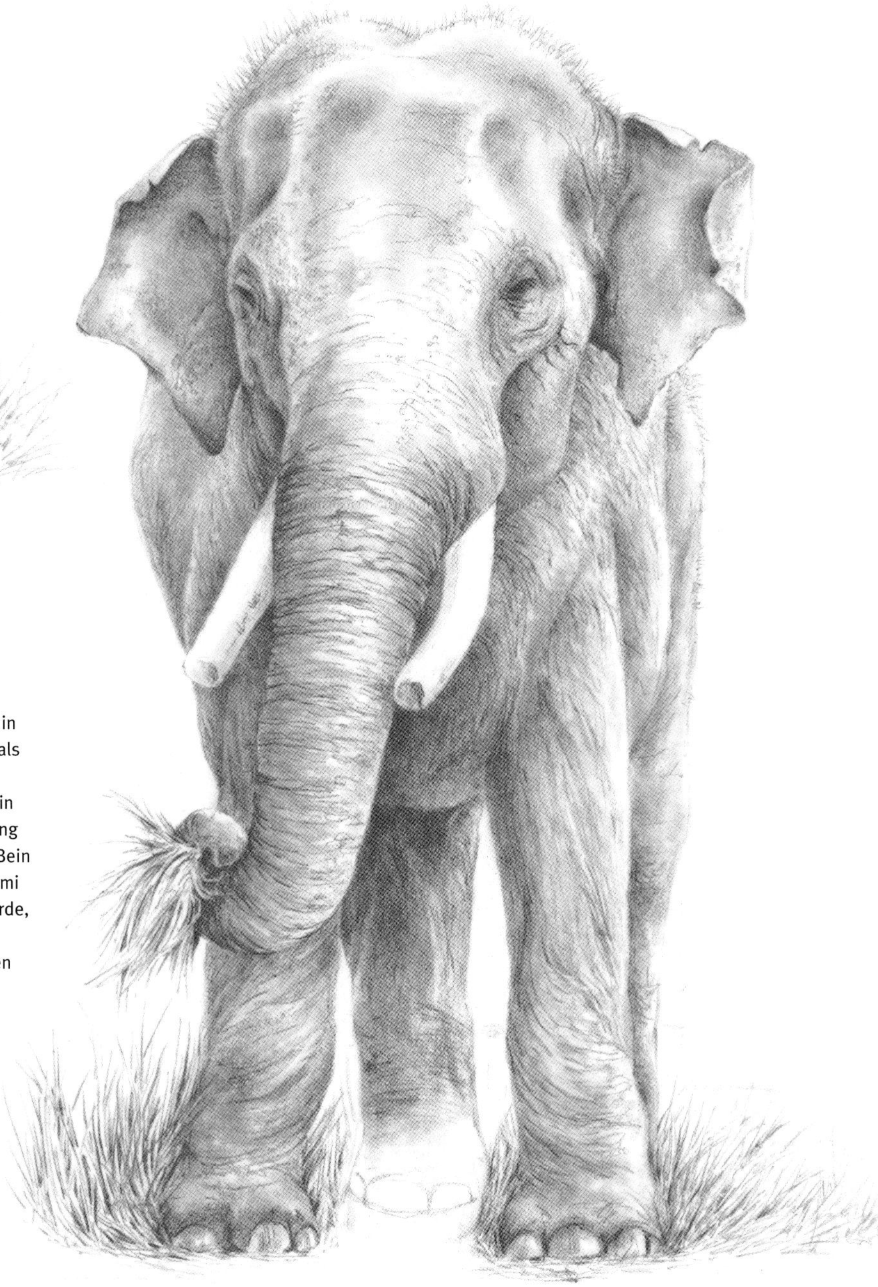

6 Nach dem Einfügen dunklerer Grautöne im Gras wird mit einem Bleistift in Härte HB wieder am Elefanten gearbeitet. Dunkle Bereiche werden nochmals intensiviert, hier und da kommen Falten hinzu. Die Beine sind noch nicht stimmig. Sie wirken etwas unproportioniert, vor allem das rechte Hinterbein erscheint zu lang. Der Fehler liegt darin, dass die perspektivische Verzerrung der Fotovorlage in die Zeichnung übernommen wurde. Es gilt also, dieses Bein zu verkürzen und den Fuß anzuheben: Ganz vorsichtig mit einem Knetgummi den unteren Teil des Hinterbeins ausradieren. Weil der Grafit verwischt wurde, lässt er sich nicht ganz entfernen, folglich bleibt eine schwache Spur des Fußes erkennbar. Sie wird im nächsten Schritt hinter Grashalmen verborgen werden.

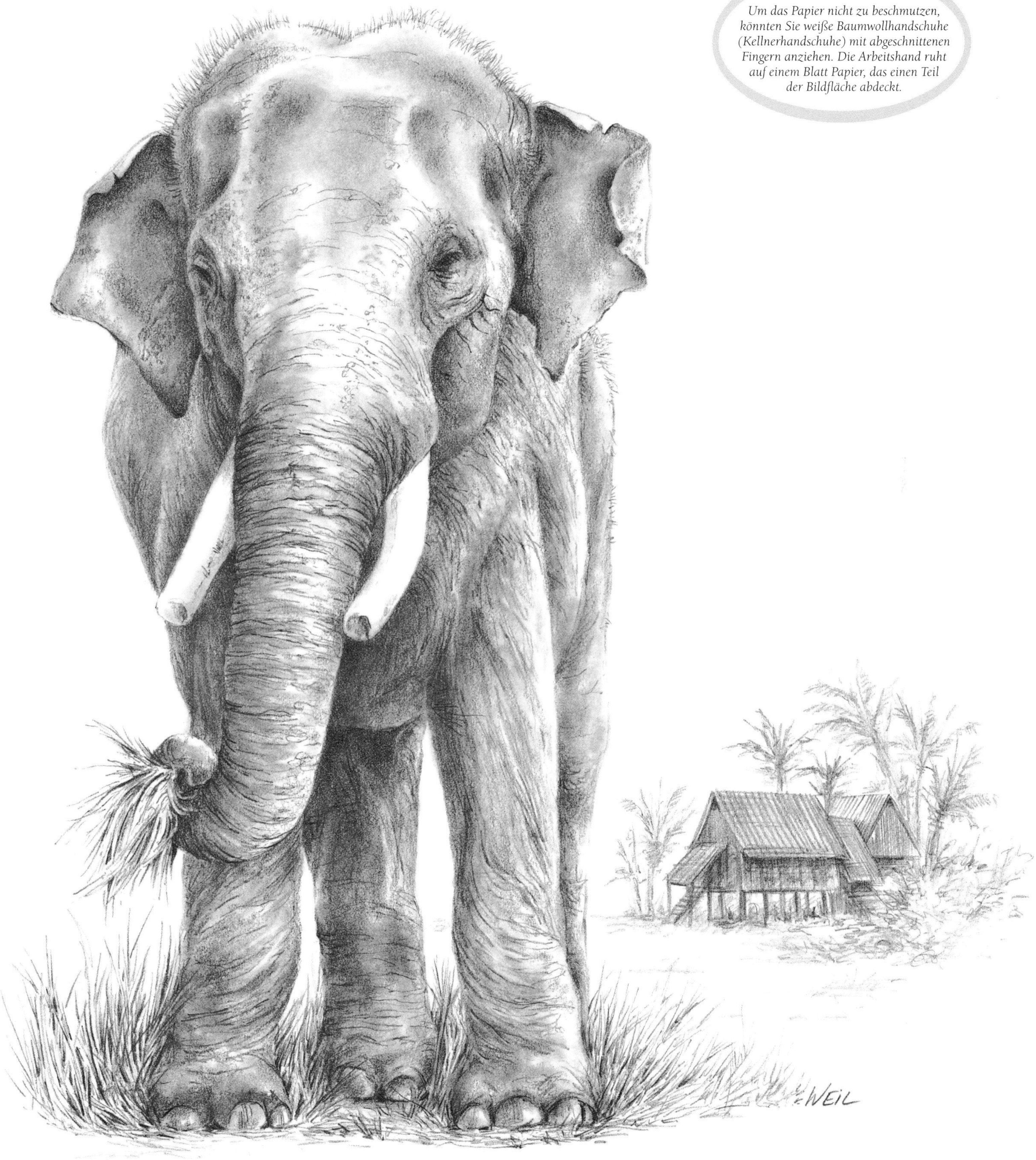

Um das Papier nicht zu beschmutzen, könnten Sie weiße Baumwollhandschuhe (Kellnerhandschuhe) mit abgeschnittenen Fingern anziehen. Die Arbeitshand ruht auf einem Blatt Papier, das einen Teil der Bildfläche abdeckt.

7 Nun den Fuß noch einmal zeichnen – aber etwas höher. Dann die Teile des ursprünglichen Fußes, die sich nicht ausradieren ließen, mit Grashalmen verdecken. Mit einem Bleistift in Härte F anschließend aus freier Hand das Haus im Hintergrund zeichnen und ringsherum einige Palmen und andere Pflanzen andeuten. Mit dem Bleistift in Härte HB die Details von Haus und Pflanzen ausarbeiten. Dann ist die Zeichnung fertig. Der Elefant steht in einer Umgebung, die etwas über seine Herkunft verrät und auch auf seinen Einsatz als Arbeitstier hindeutet. Durch die Korrektur des Hinterbeins hat die Zeichnung entschieden gewonnen.

Koala

Koalas sind wunderbare Motive. Ihre Gesichter haben viel Charakter und der einfache, rundliche Körper ist leicht aus freier Hand zu zeichnen. Obendrein bewegen sie sich nicht oft, denn sie schlafen mehr als 18 Stunden pro Tag. Wenn Sie einen Koala in Bewegung entdecken, fotografieren Sie ihn unbedingt, denn der Anblick bietet sich nur selten.
Bei der Bleistiftzeichnung eines Koalas kommen verschiedene Techniken zum Einsatz, um das kurze und lange Fell, weiße und dunkle Haare sowie die verschiedenen Texturen von Nase, Krallen und Augen darzustellen.

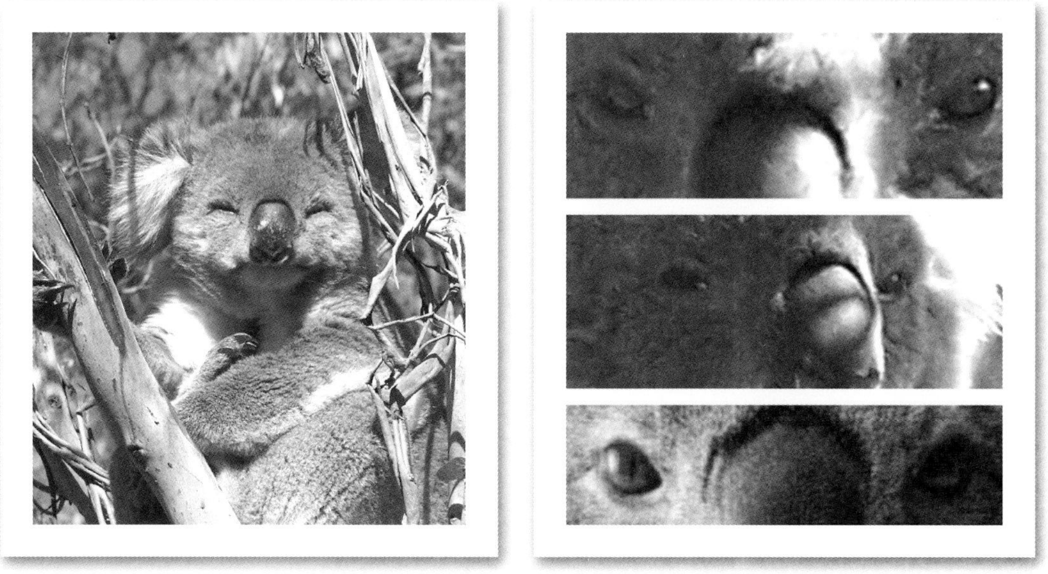

Viele Fotos Für dieses Bild hat die Zeichnerin mehrere Tage mit der Kamera in einem Wildpark verbracht, aber das „perfekte" Foto wollte ihr einfach nicht gelingen. Tiere in interessanter Haltung schliefen oder blinzelten, und andere, die die Augen offen hatten, saßen in merkwürdigen Positionen. Also machte sie sehr viele Aufnahmen von wachen und schlafenden Koalas und verwendete sie alle als Vorlagen für das endgültige Bild.

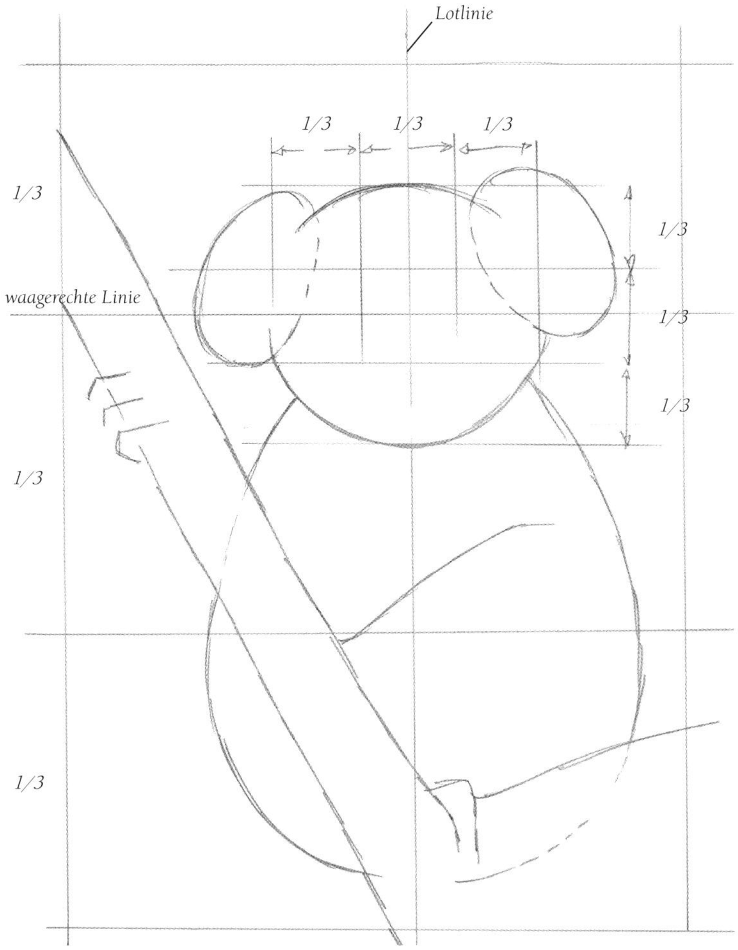

Die richtigen Proportionen Um die richtigen Proportionen des Koalas festzulegen, zeichnen Sie zuerst ein Rechteck von 16,25 x 22,5 cm auf ein Stück Transparentpapier und unterteilen dieses dann waagerecht in Drittel. Zeichnen Sie dann etwas rechts von der Mitte eine senkrechte Lotlinie ein. Um die Proportionen richtig aus dem Foto zu übernehmen, zeichnen Sie den Kopf als einen Kreis, dessen Mittelpunkt der Schnittpunkt aus der oberen waagerechten Linie und der Lotlinie ist. Den Kreis teilen Sie dann senkrecht und waagerecht in Drittel, um später die Gesichtszüge leichter einfügen zu können. Versuchen Sie die Einteilung nach dem Augenmaß vorzunehmen. Körper und Ohren deuten Sie mit einfachen Ovalen an, dann skizzieren Sie anhand der Vorlagen noch Arme, Finger und Äste.

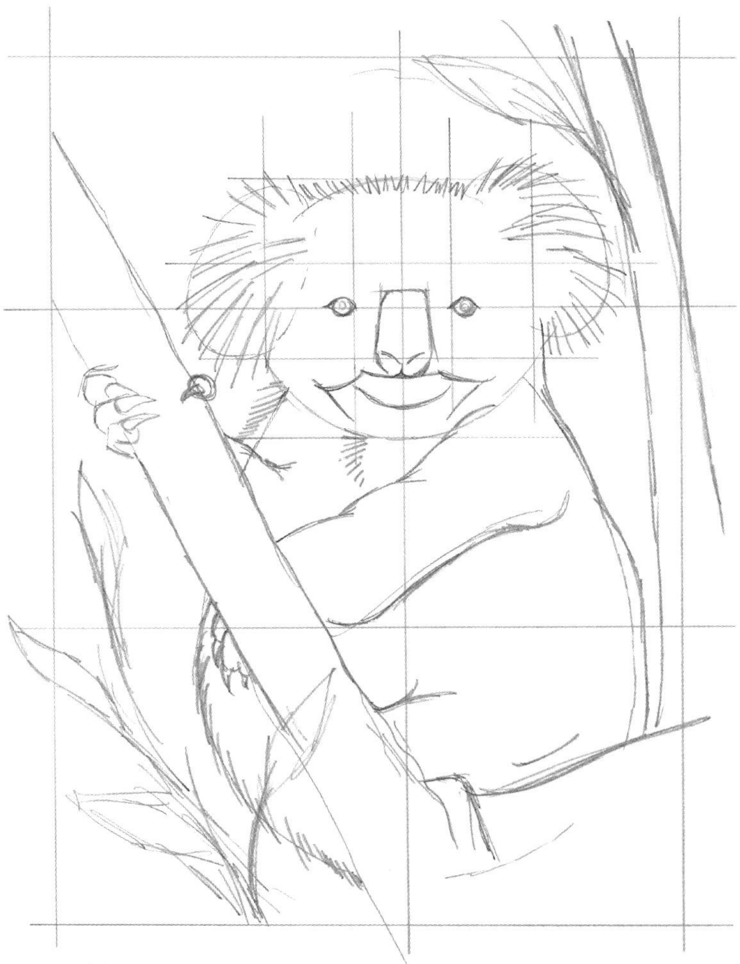

Das Gesicht Nachdem die Proportionen stimmen, legen Sie ein neues Stück Transparentpapier über die Skizze und beginnen mit dem Ausarbeiten der Form. Anhand der Haupt-Fotovorlage und des Rasters zeichnen Sie Anfang und Ende der Nase ein. Die offenen Augen liegen ziemlich genau auf der waagerechten Hilfslinie. Ziehen Sie noch andere Fotos hinzu, ehe Sie Mund und Wangen mit einigen gekrümmten Linien im unteren Drittel des Kopfes einfügen. Dann deuten Sie schon einige Haare an den Ohren, auf dem Oberkopf und auf der Brust an. Wenden Sie sich anschließend Armen und Beinen zu: Zeichnen Sie die Krallen ein und markieren Sie die Position des Hinterbeins am vorderen Ast. Den Hinterfuß, der auf der Fotovorlage merkwürdig auf die Brust vorragt, lassen Sie, einfach weg: Koalas wirken auch dann glaubwürdig in einem Bild, wenn ein Fuß hinter einem Ast verborgen ist. Zum Schluss deuten Sie noch einige weitere Zweige und Blätter an.

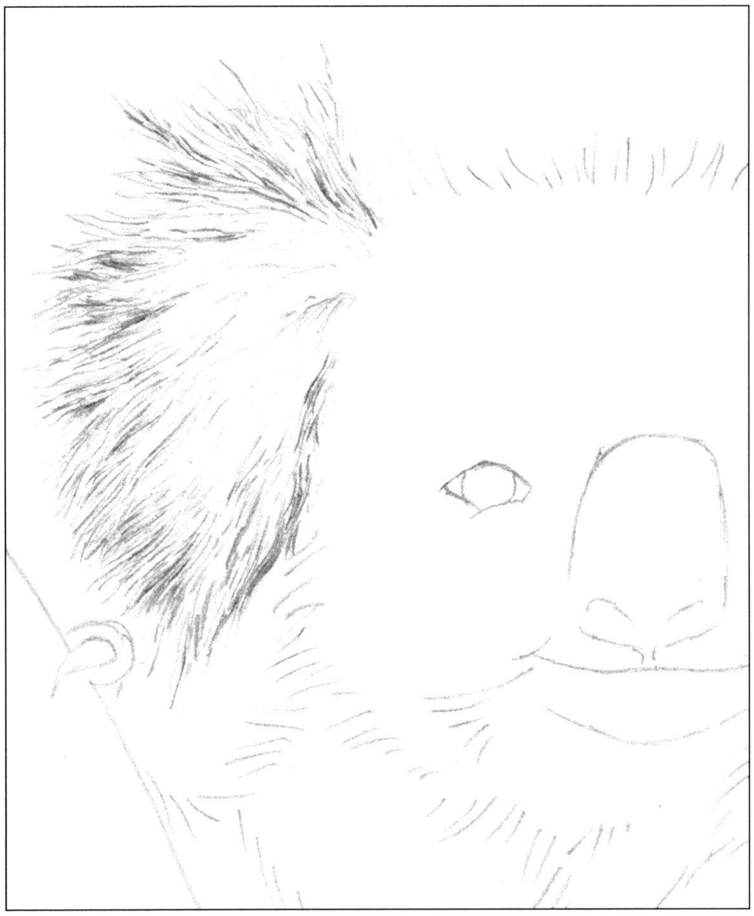

1 Nachdem Sie die Konturen der Skizze auf ein Blatt Zeichenpapier (glatt, 300 g/m²) übertragen haben, arbeiten Sie zuerst am rechten Ohr weiter, denn so hat auch die Zeichnerin dieses Motiv aufgebaut: von oben nach unten und von links nach rechts. Hellen Sie die Kontur mit dem Knetgummi auf und zeichnen Sie mit einem spitzen Bleistift in Härte 2B lange, gerade Striche verschiedener Länge und Richtung für das Fell am Ohr.

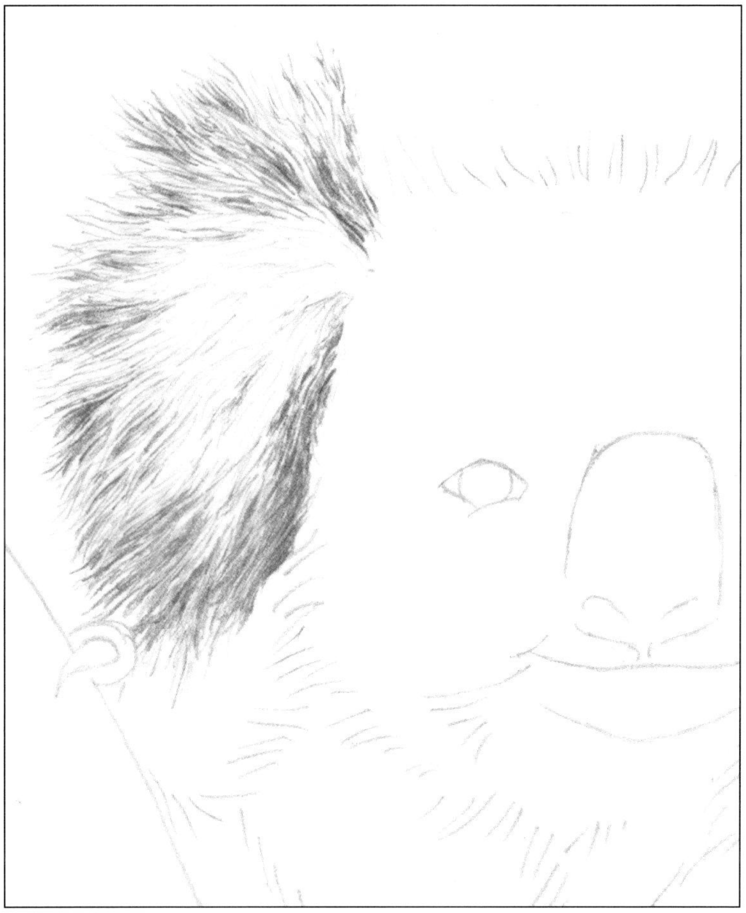

2 Mit einem Bleistift in Härte HB fügen Sie dazwischen längere, durchbrochene Striche ein, lassen aber das Papier teilweise weiß. Beim Zeichnen der dunklen Striche erscheinen die weißen Bereiche allmählich wie weiße Haare. (Dies ist eine Methode des „negativen Zeichnens".)

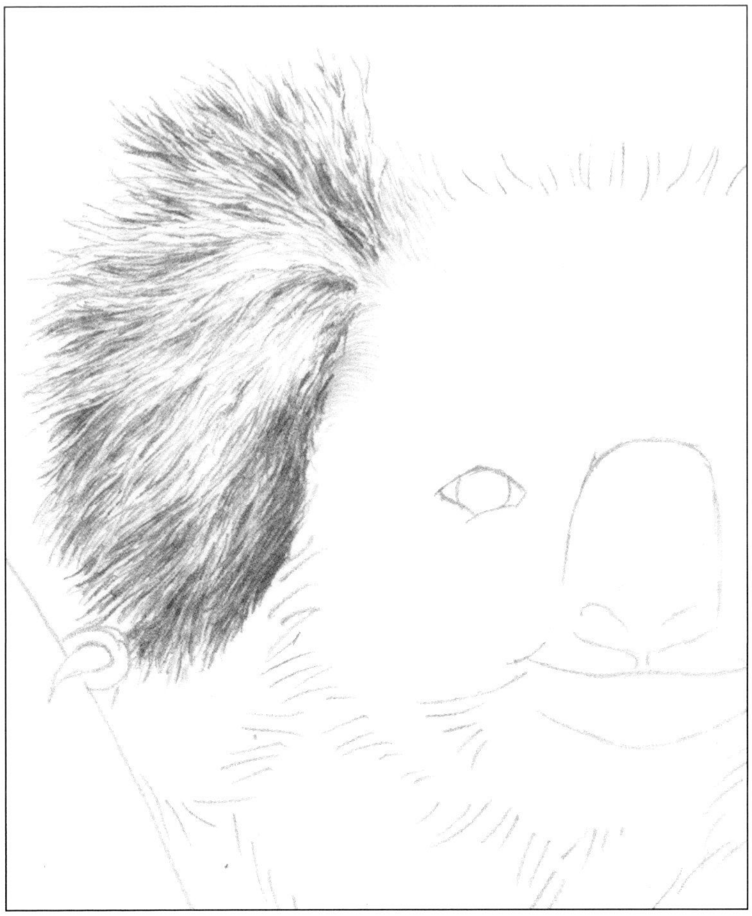

3 Mit einem spitzen Stift in Härte 2B die Schatten im Fell unter dem Ohr und an seinem Rand abdunkeln. Durch den Kontrast zu dem dunklen Grau heben sich die weißen Bereiche stärker ab und wirken zunehmend wie langes, weißes Fell. Mit einem Stift in Härte 2H die Details des Ohrs noch einmal fein nacharbeiten. Wenn dieses Ohr ganz fertiggestellt ist, haben Sie einen Anhaltspunkt für alle Grautöne Ihrer weiteren Zeichnung, denn das Ohr dann dient bei der weiteren Arbeit als Orientierung.

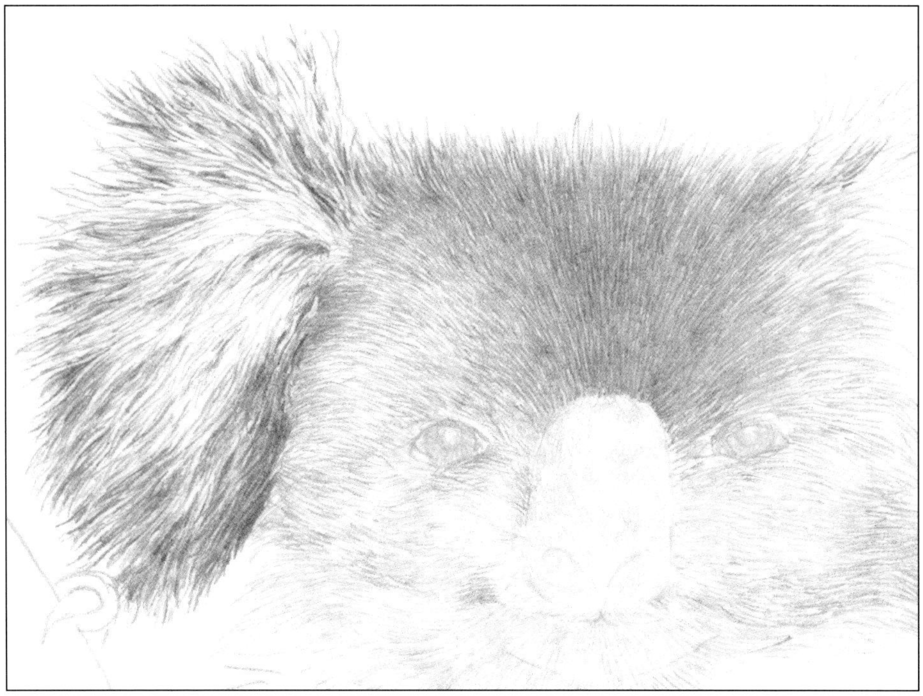

4 Wenn Sie die gesamte Kopfkontur mit dem Knetgummi aufgehellt haben, bedecken Sie die ganze Fläche mit einem Stift in Härte 2H und kurzen, schnellen Strichen – nur Augen und Nase sparen Sie aus. Arbeiten Sie dabei möglichst kontrolliert und setzen Sie die Striche eng, immer in der Wuchsrichtung. Sie machen es richtig, wenn Ihr Handgelenk ganz ruhig bleibt und nur die Finger arbeiten. Sobald das Gesicht ganz mit Fell bedeckt ist, dunklen Sie die Stirnmitte über der Nase mit einem Bleistift in Härte HB und ebenso kurzen Strichen ab. Mit einem Bleistift in Härte 2H deuten Sie dann das Fell am rechten Ohr, an Wangen, Kinn und Maul an. Die Iris in jedem Auge und die Nase dunkeln Sie behutsam mit einem 2H-Bleistift ab.

5 Reiben Sie einen Bleistift in Härte HB über einen Papierrest, damit er stumpfer wird, und arbeiten Sie die Nase mit kreisförmigen Strichen aus. Kurze Striche mit einem Bleistift in Härte 2B sorgen oberhalb und unterhalb der Nase für mehr Kontrast. Mit demselben Stift dunklen Sie anschließend die Nasenlöcher ab. Mit dem Bleistift in Härte HB zeichnen Sie kurze Linien um den Mund und unter der Nase ein. Die Augen müssen überarbeitet werden, denn noch sehen sie zu menschlich aus: Koalas haben senkrechte, schlitzförmige Pupillen. Spitzen Sie den Bleistift in Härte HB an, zeichnen Sie die Pupillen neu und dunkeln Sie sie ab. Mit demselben Stift bearbeiten Sie die Lider und die kurzen, in Wuchsrichtung verlaufenden Striche an den Augenbrauen. Iris und Augenumgebung schraffieren Sie dagegen mit dem Bleistift in Härte 2B.

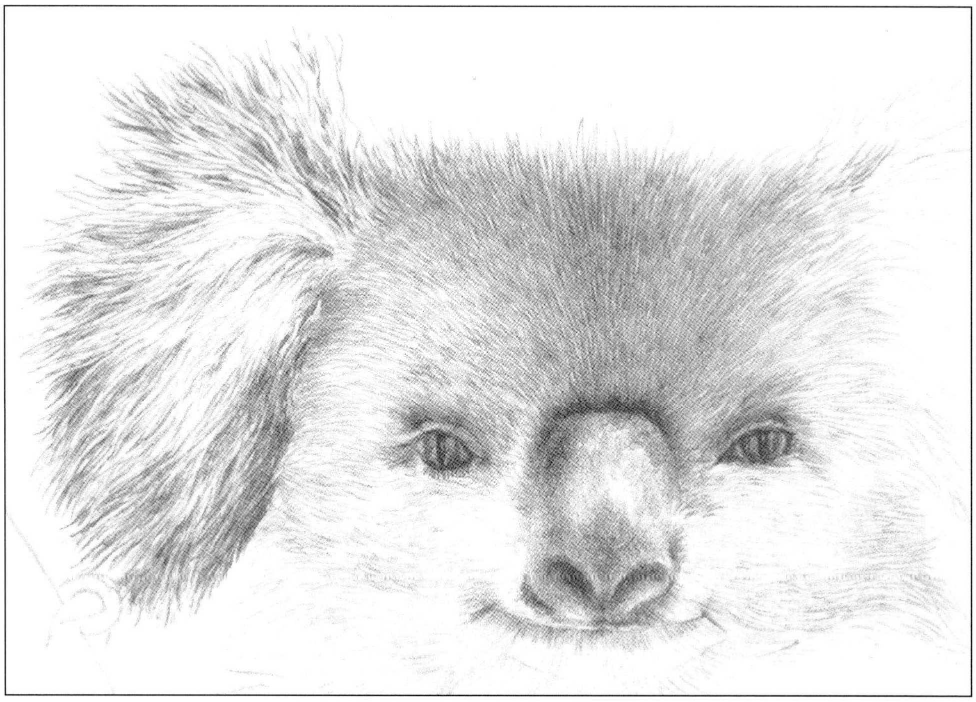

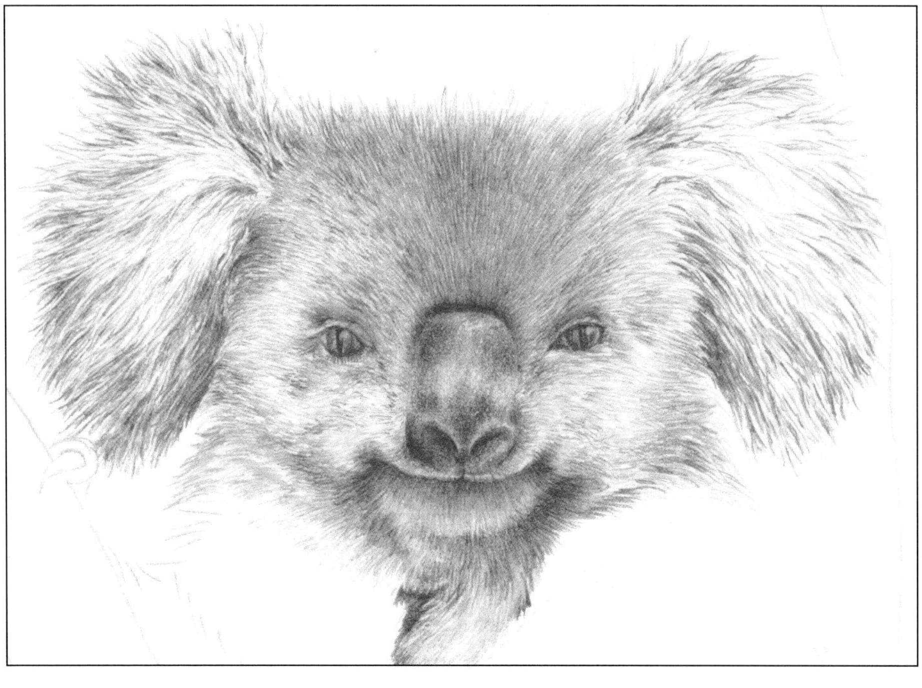

6 Zum Ausarbeiten des Fells im Gesicht und am Kinn benutzen Sie abwechselnd Bleistifte in den Härten HB und 2B. Für die dunklen Schatten um Mund, Nase, Kinn und Wangen nehmen Sie den 2B-Stift und setzen dann den HB-Stift wie einen Papierwischer ein, um weiche Übergänge zu erzeugen. Die Grautöne der Nase arbeiten Sie weiter aus, um die ledrige Oberfläche zu verdeutlichen. Die dunklen Bereiche der Augen vertiefen Sie mit dem Bleistift in Härte 2B, dann arbeiten Sie ihre Form mit dem HB-Stift nochmals nach und setzen mit Knetgummi in jedem Auge einen kleinen Lichtreflex. Konzentrieren Sie sich dann aufs rechte Ohr (wie in Schritt 2 und 3), stellen es aber noch nicht ganz fertig.

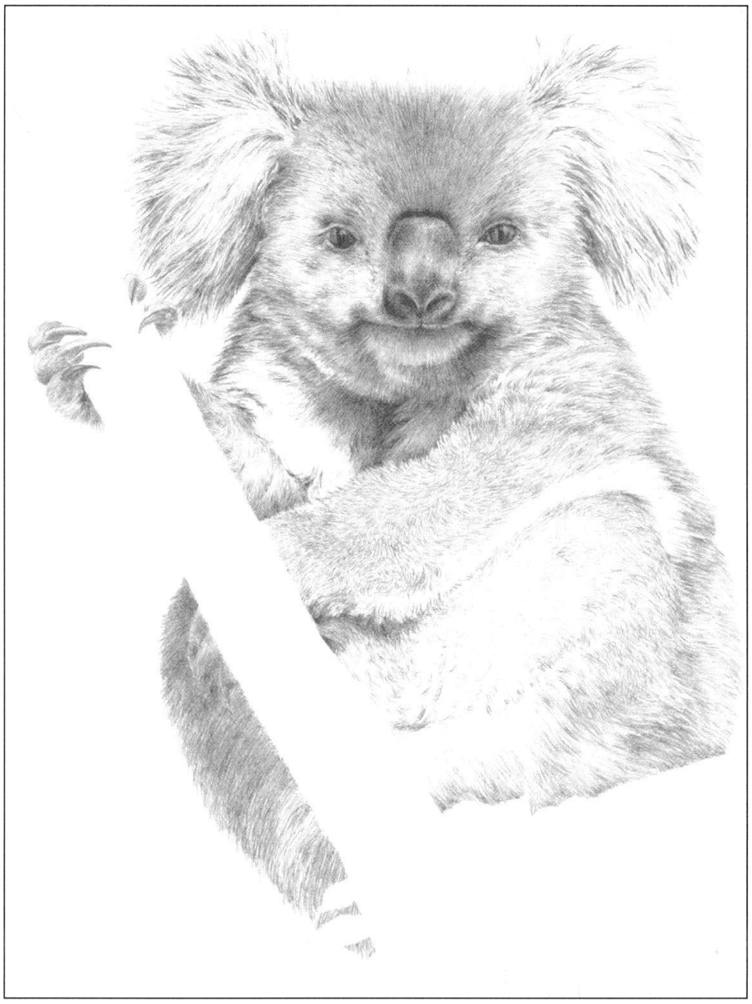

7 Nachdem Sie die Körperkontur mit Knetgummi aufgehellt haben, deuten Sie am ganzen Körper das Unterfell mit einem Bleistift in Härte 2H an. Achten Sie auch hier auf die Wuchsrichtung des Fells und darauf, dass beim Zeichnen kein Muster entsteht. Brust und untere Vorderbeine bleiben weiß, den restlichen Körper überziehen Sie mit dem HB-Stift mit einem Netzwerk aus feinen, verzahnten Strichen. Das Fell an den Vorderbeinen ist kurz und wächst struppig – versuchen Sie das mit Ihren Strichen wiederzugeben. Das Fell am Bein (in der Nähe des Astes) wirkt trotz aller Sorgfalt wie ein regelmäßiges Muster. Wenn Ihnen so etwas passiert, fügen Sie an der entsprechenden Stelle Striche ein, die sich überlappen. Dann arbeiten Sie noch beide Pfoten mit dem Bleistift in Härte HB weiter aus und zeichnen die langen Krallen.

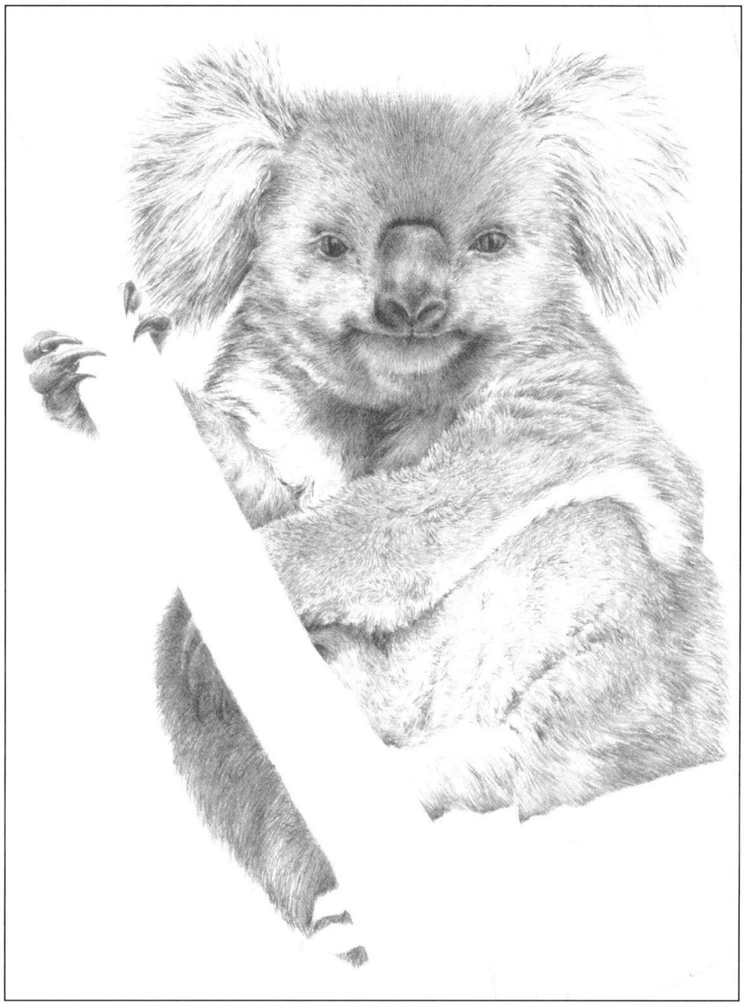

8 Überarbeiten Sie den ganzen Körper nochmals mit sehr spitzen Bleistiften in den Härten HB und 2B. Die Härte 2B verwenden Sie für die dunkelsten Bereiche neben weißen Fellpartien. Vorspringende schwarze Striche erzeugen den Eindruck weißer „Haare“. Zur Gestaltung des Haarverlaufs orientieren Sie sich an den Fotovorlagen. Fügen Sie an der linken Körperseite noch einige überlappende Striche ein, damit hier kein Muster entsteht.

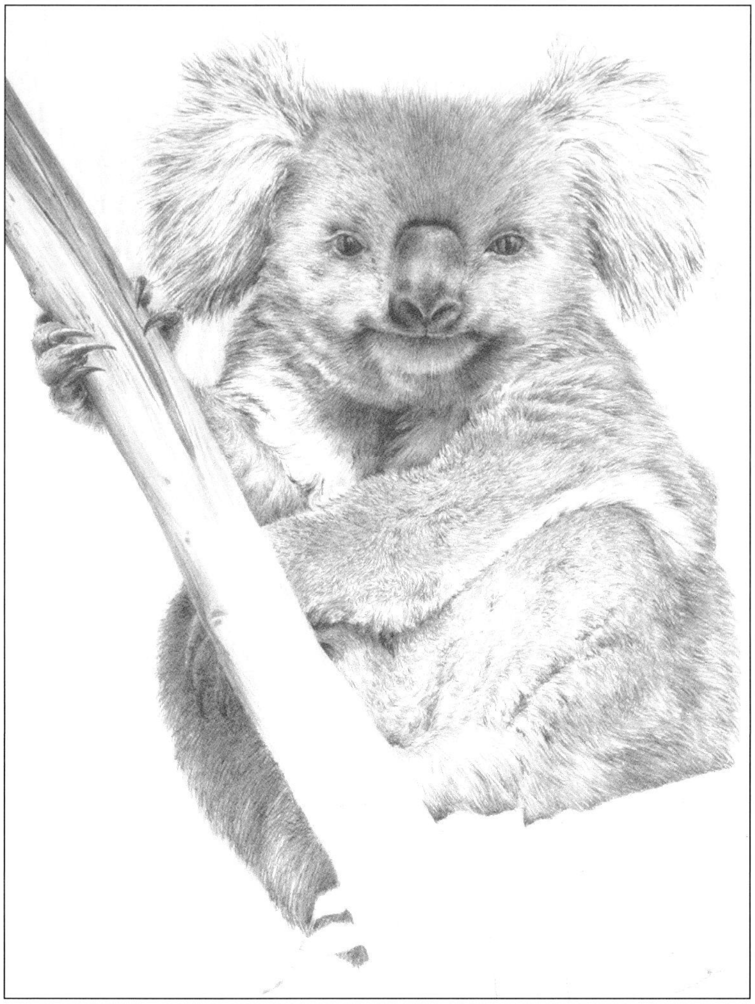

9 Im oberen Bildbereich deuten Sie mit einem stumpfen Bleistift in Härte F schwach einen Hintergrund an. Dann zeichnen Sie die Struktur des Astes mit langen Strichen und mit Bleistiften in den Härten 2H und HB ein – arbeiten Sie dabei locker aus dem Handgelenk. Mit langen Strichen in unterschiedlichen Grautönen arbeiten Sie schließlich die gestreifte Oberfläche der Eukalyptusrinde heraus und fügen anschließend einige unregelmäßige Flecken und Kerben mit dem HB-Stift ein.

10 Mit dem Bleistift HB zeichnen Sie die leicht gekrümmten Schatten der Finger und Krallen auf dem Ast ein. Wechseln Sie zur Härte HB, um Pfoten und Krallen weiter abzudunkeln und deutlicher auszuarbeiten. Den Ast von oben nach unten abwechselnd mit Stiften der Härte 2H und 2B überarbeiten. Im mittleren Bereich, wo der Koala sitzt, vertiefen Sie die Schatten und betonen die drei herabhängenden Rindenstreifen. Die Äste rahmen dieses Motiv schön ein und sorgen dafür, dass der Blick des Betrachters auf die Bildmitte konzentriert bleibt, statt über den Rand abzugleiten.

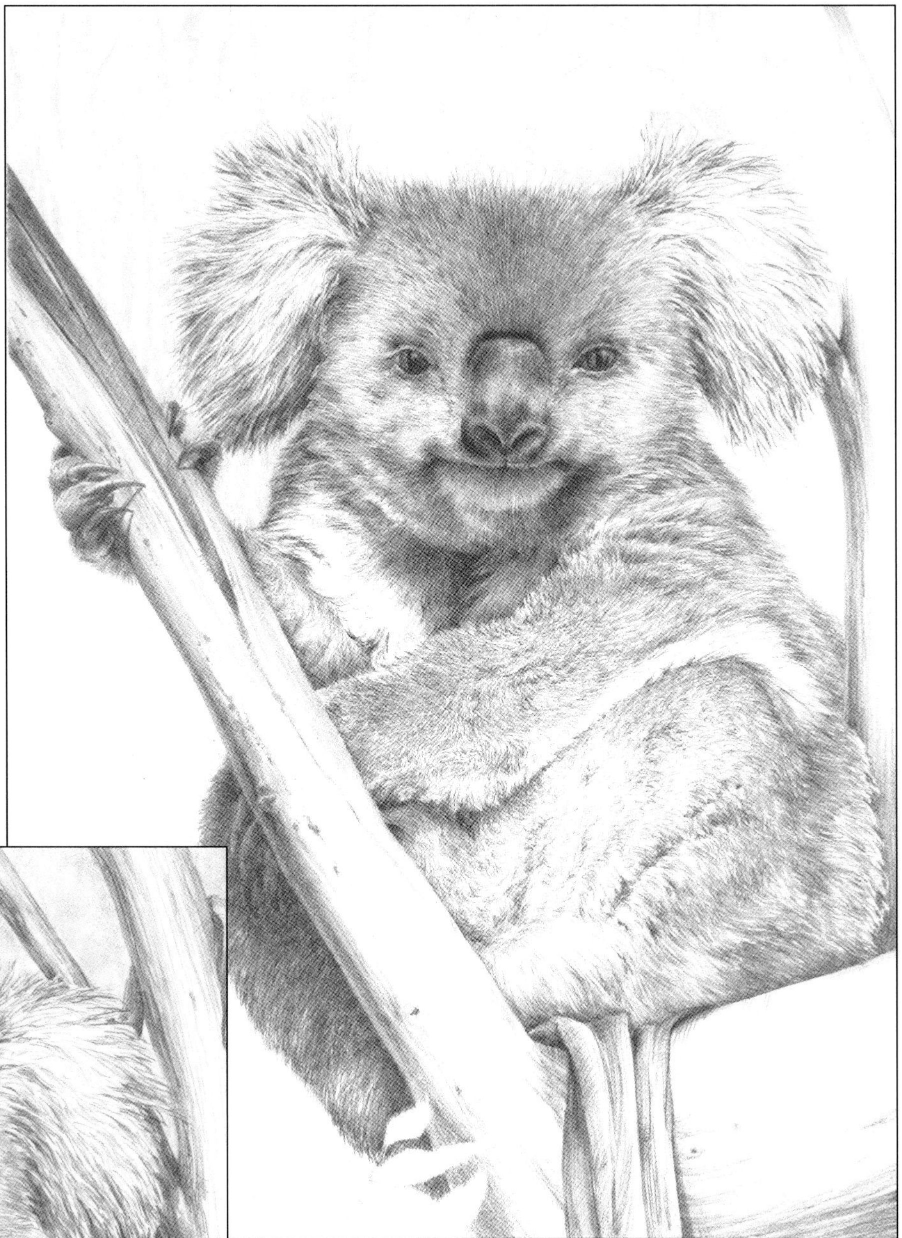

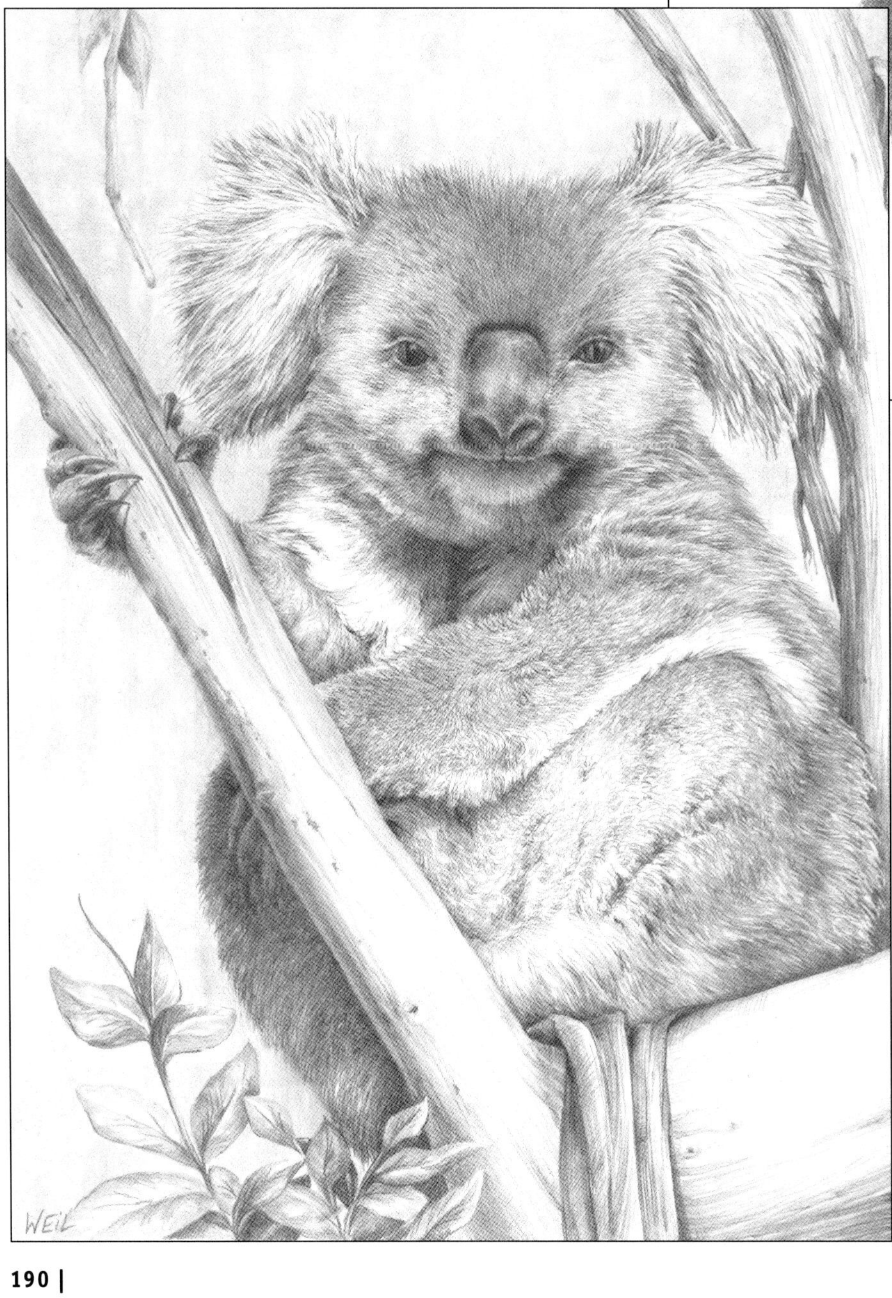

11 Die Zeichnung ist fast fertig, nur die Blätter im Vordergrund und Hintergrund müssen noch ausgearbeitet werden. Im Vordergrund arbeiten Sie mit dem HB-Stift und weichen, lockeren Strichen weiter. Auf Detailgenauigkeit kommt es hier nicht an, die Blätter dienen hauptsächlich der kompositorischen Ausgewogenheit. Die Schattierungen auf dem Ast hinter dem Koala zeichnen Sie wie in Schritt 9.

Hinter dem Ohr dunkeln Sie den Ast stark ab, damit sich das weiße Fell gut abhebt. Danach folgen die letzten Feinarbeiten an diesem Ohr – einzelne Haare ragen über den Ast vor. Mit dem Bleistift in Härte F dunkeln Sie den Hintergrund noch etwas ab. Damit dabei keine störenden Formen oder Muster entstehen, lassen Sie Ihre Hand mit kreisförmigen Bewegungen locker über die Fläche „wandern". Fügen Sie als Letztes in der oberen, linken Ecke noch einen hängenden Zweig ein. Da er etwas undeutlich gezeichnet wurde, scheint er sich hinter dem Koala zu befinden: Er verstärkt die räumliche Wirkung und lässt die Komposition noch ausgewogener erscheinen.

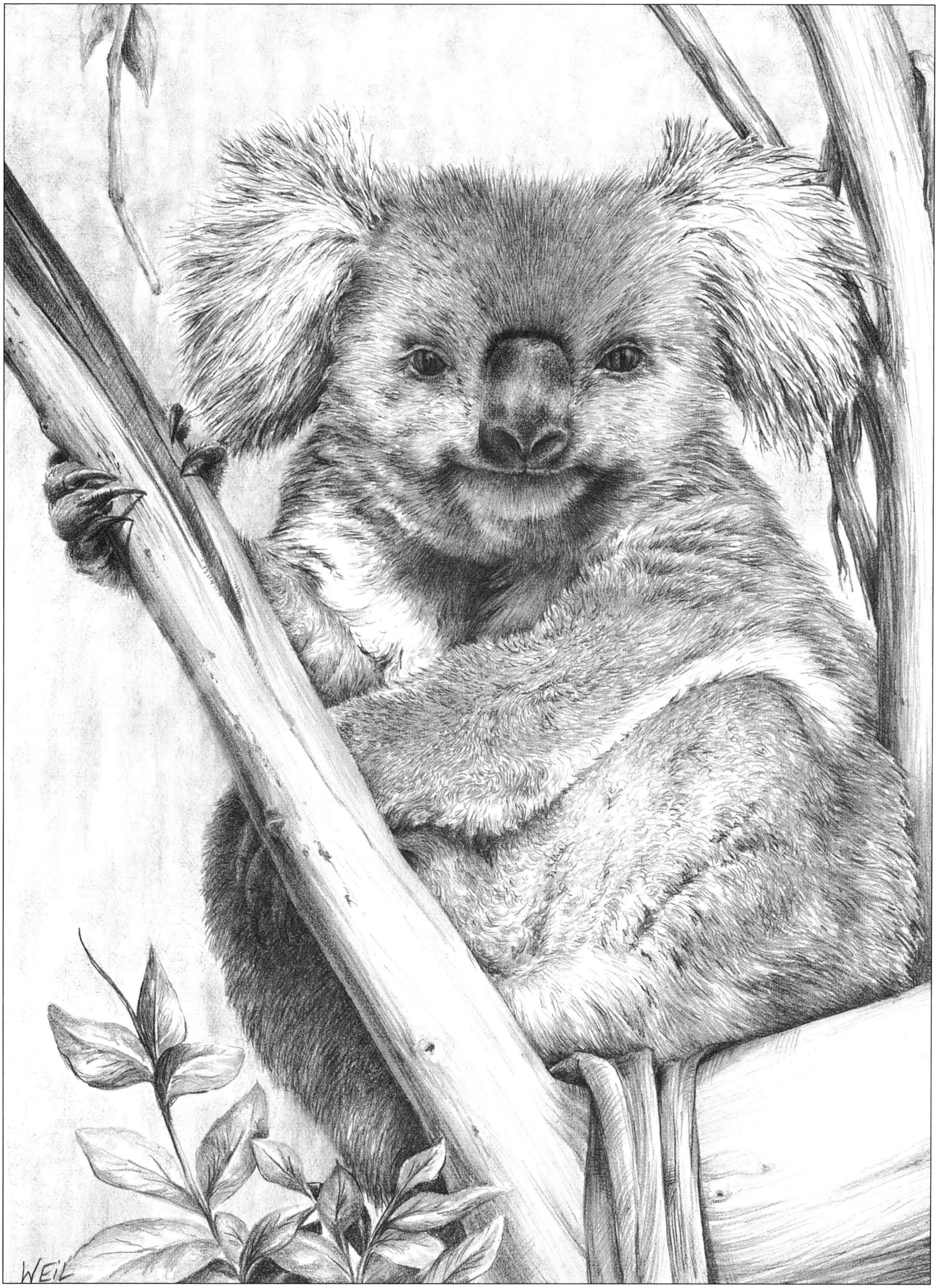

12 Mit dem Bleistift HB dunkeln Sie jetzt nur noch letzte Details ab, um den Kontrast zu verstärken. Einige Linien um Augen und Nase, hier und da ein paar Striche am Fell – dann sollten Sie mit der Zeichnung und ihrer „gerahmten“ Komposition zufrieden sein.

Schäferhund

Wer beim Zeichnen eine erkennbare Ähnlichkeit mit dem lebenden Tier erreichen will, lässt sich zwar auf eine große Herausforderung ein, aber es ist auch sehr befriedigend, wenn es gelingt! Ein solches Porträt erfordert sorgfältige Beobachtung und ein eingehendes Verständnis der Kopfform. Nehmen Sie sich Zeit, Form und Proportionen des Motivs zu studieren. Die hoch angesetzten Ohren des Schäferhundes machen fast die halbe Höhe seines Gesichtes aus. Die lange Schnauze verjüngt sich nach vorn zur stumpfen Nasenspitze und fällt auf dem Nasenrücken etwas schräg ab. Das kurze Fell im Gesicht zeichnet die Form von Kopf und Hals genau nach. Abgesehen von rassetypischen Merkmalen sollten Sie auch auf individuelle Charakteristika Ihres „Modells" achten, etwa den dunklen Fleck am Winkel des Mauls.

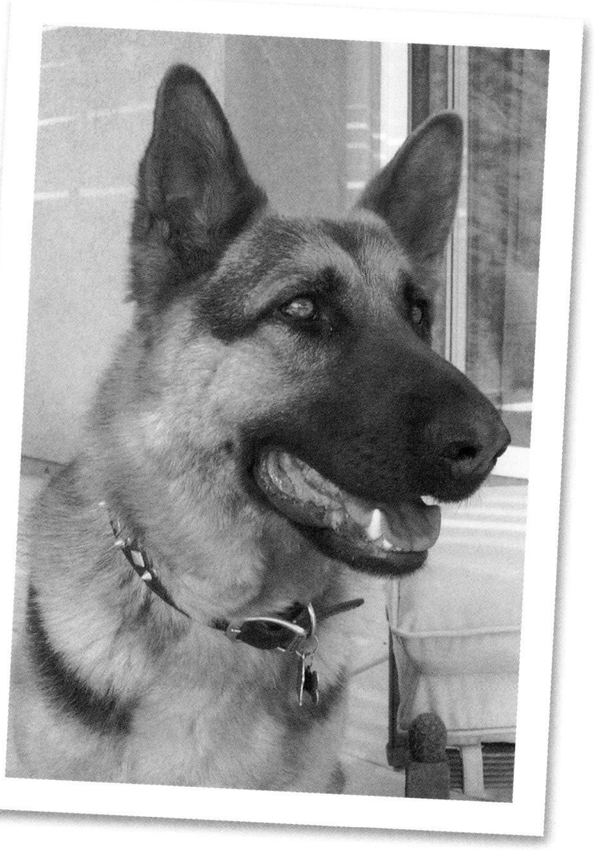

Achten Sie auf Details wie Halsband und Hundemarke. Dadurch wirkt ein Porträt noch wesentlich persönlicher.

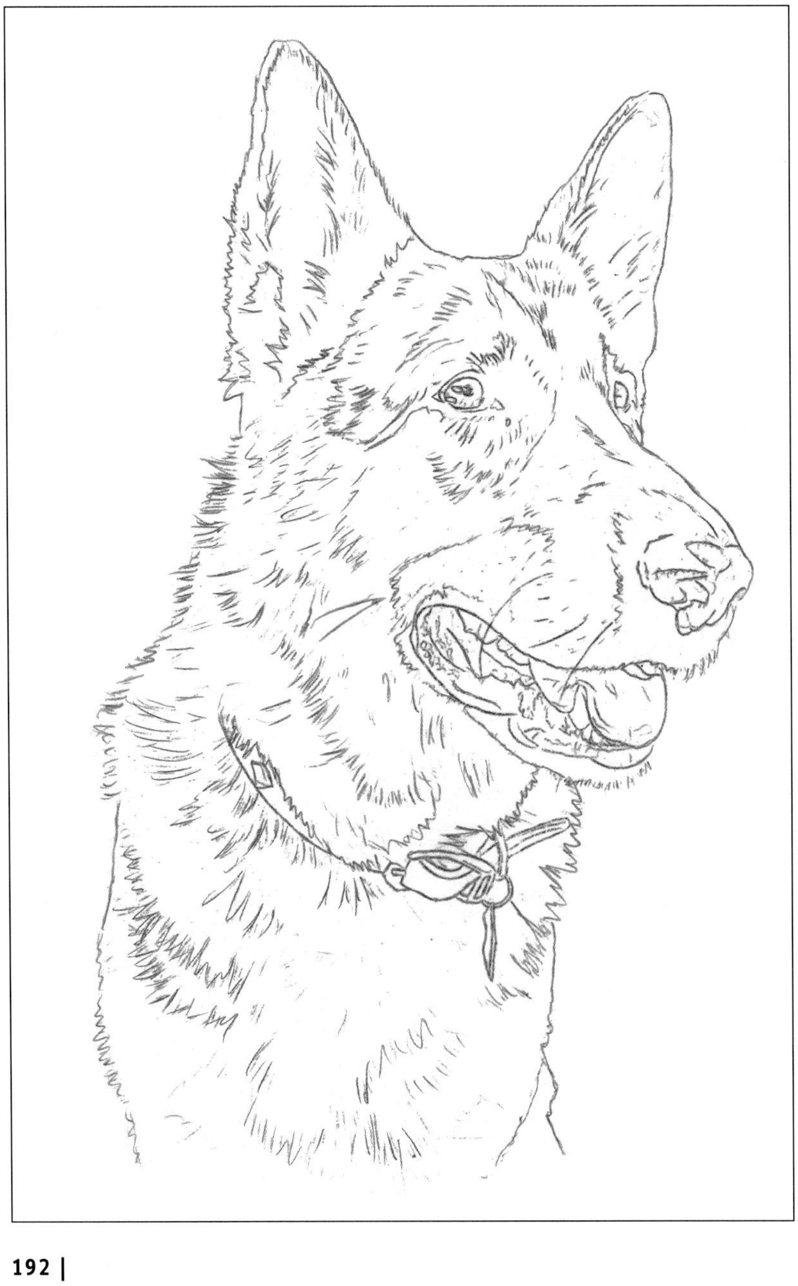

1 Bei diesem Motiv ist es besser, ganz auf den Hintergrund zu verzichten, damit sich der Betrachter auf das edle Gesicht des Tieres konzentrieren kann. Mit einem spitzen Bleistift HB zeichnen Sie den Umriss des Gesichts aus freier Hand. Beginnen Sie mit den Grundformen, die Sie dann zu einer detaillierten Kontur ausarbeiten. Vergleichen Sie beim Zeichnen immer wieder die entstehenden Proportionen mit der der Fotovorlage, um sicherzugehen, dass sie stimmen. Man kann dafür ein Lineal benutzen, aber das Abmessen mit einem Zirkel geht einfacher und schneller. Wenn Ihnen die Kontur zusagt, deuten Sie die Wuchsrichtung des Fells mit kurzen Strichen an und markieren die Bereiche der stärksten Kontraste.

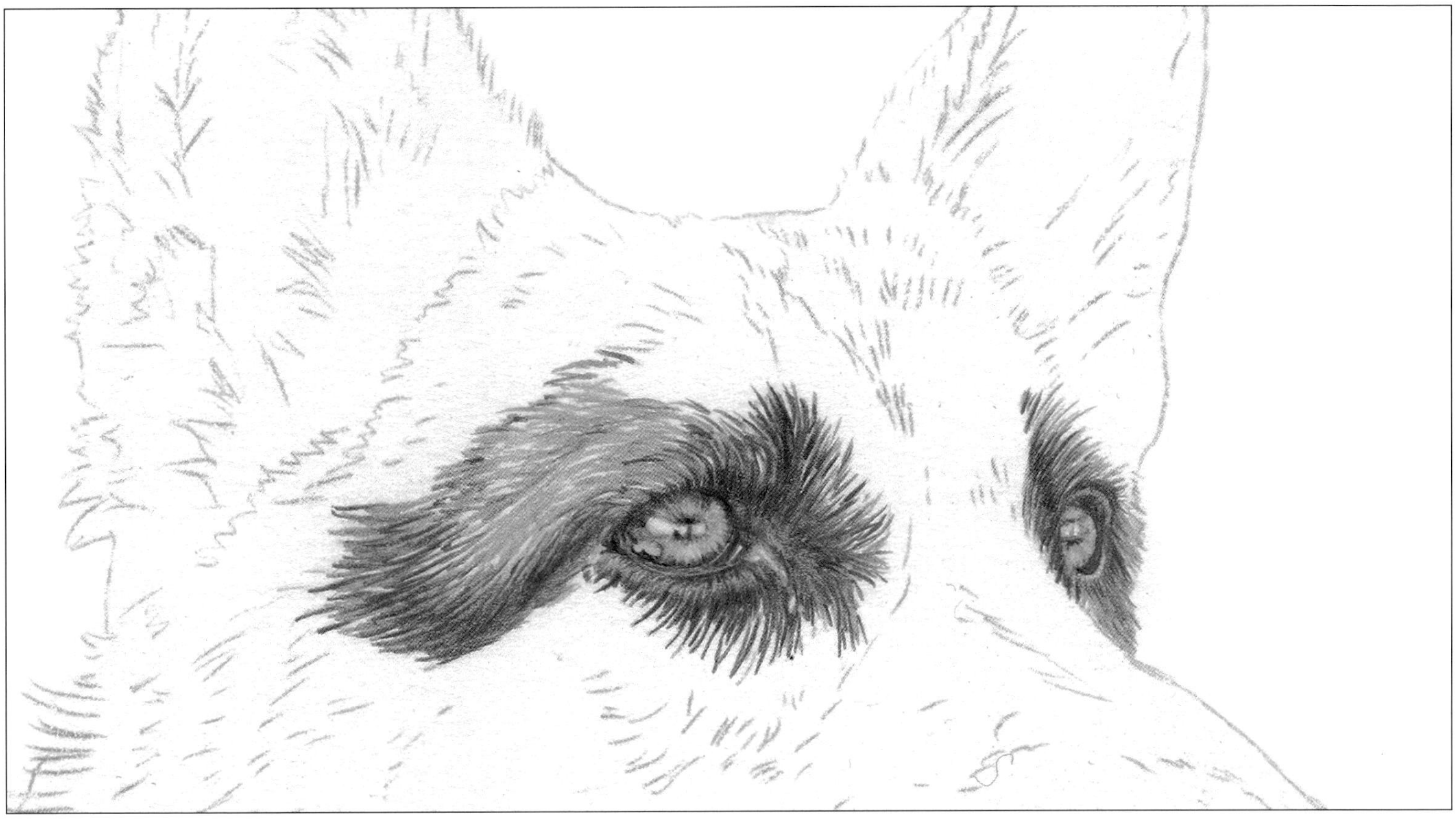

2 Die dunkelsten Bereiche der Augen tönen Sie mit einem Bleistift in Härte 2B ein, lassen aber den Lichtreflex in Pupille und Iris weiß. In einem mittleren Ton zeichnen Sie dann die Iris mit Strichen, die strahlenförmig von der Pupille ausgehen. Mit einem Bleistift in Härte H dunkeln Sie das Auge ab, sparen aber den Reflex aus. Das Fell ums Auge zeichnen Sie mit strahlenförmigen, gekrümmten Strichen. Für den helleren Bereich oberhalb arbeiten Sie mit einem Bleistift in Härte HB. Lücken zwischen den Strichen sind Lichtreflexe.

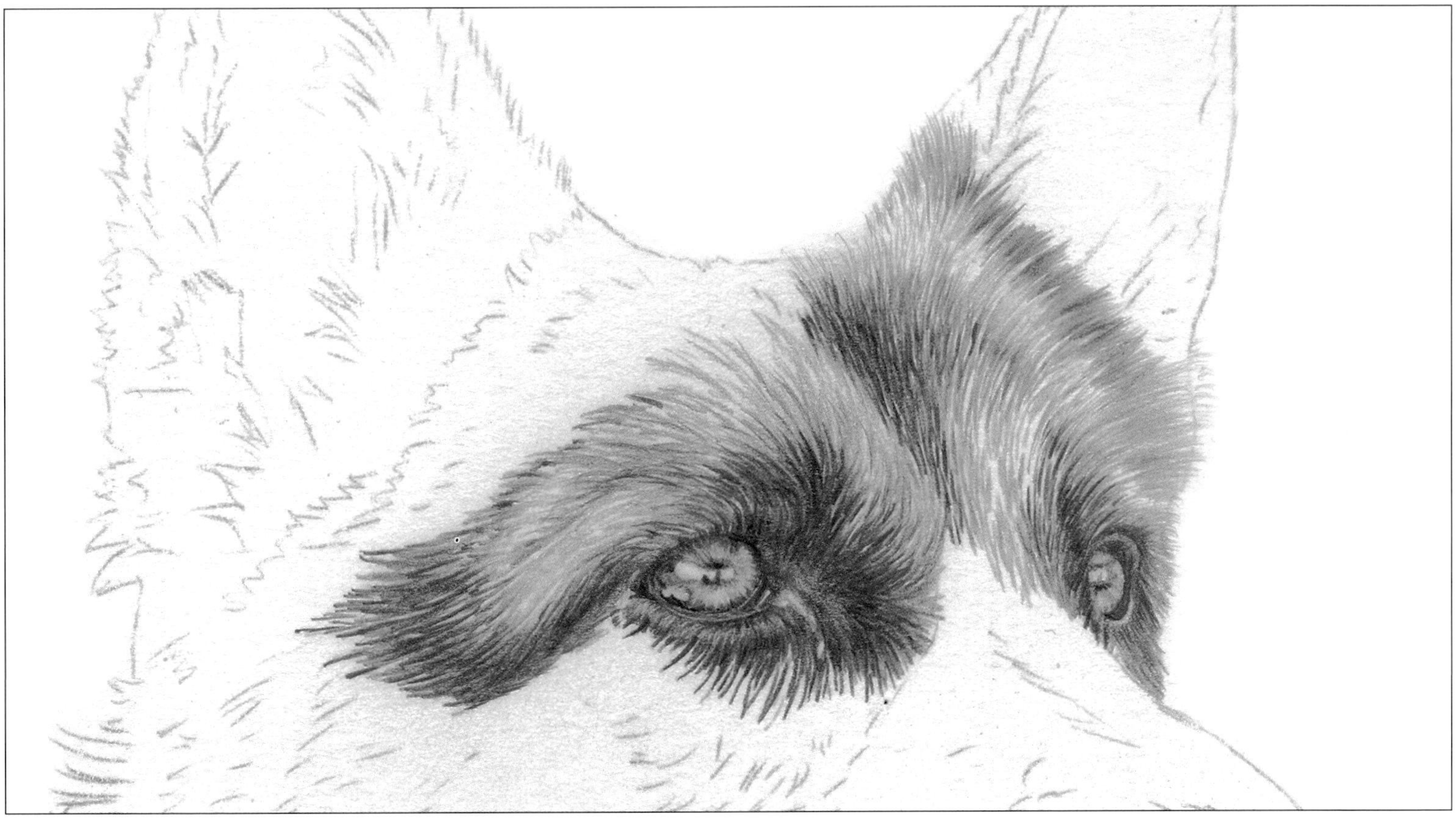

3 Von den Augen arbeiten Sie sich zur Stirn und zum hinteren Ohr vor. Den dunklen Fleck in der Mitte der Stirn stricheln Sie zuerst mit dem Bleistift in Härte 2B in Wuchsrichtung des Fells. Dann arbeiten Sie die mittleren Grautöne mit dem Bleistift in Härte HB aus und nehmen für den hellsten Ton einen Stift in Härte H. Lassen Sie für die Lichtreflexe weißes Papier stehen.

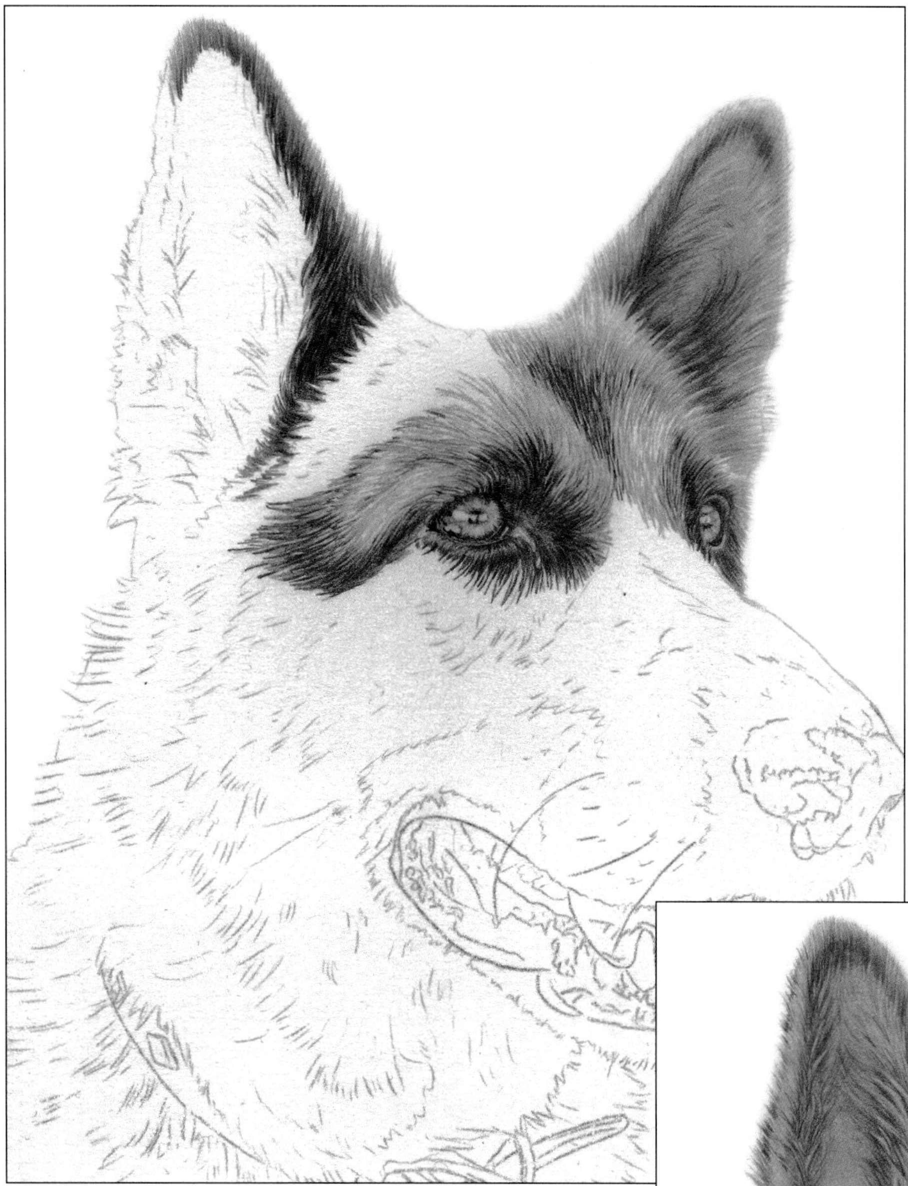

4 Der äußere Rand des rechten Ohrs ist sehr dunkel, darum deuten Sie mit einem Bleistift in Härte 2B und kräftigem Druck mit kurzen Strichen mehrere Haarbüschel an. Das restliche Ohr bleibt vorerst weiß, es wird im nächsten Schritt ausgearbeitet. Zeichnen Sie zunächst nur das linke Ohr, das insgesamt heller ist, mit einem Bleistift in Härte HB.

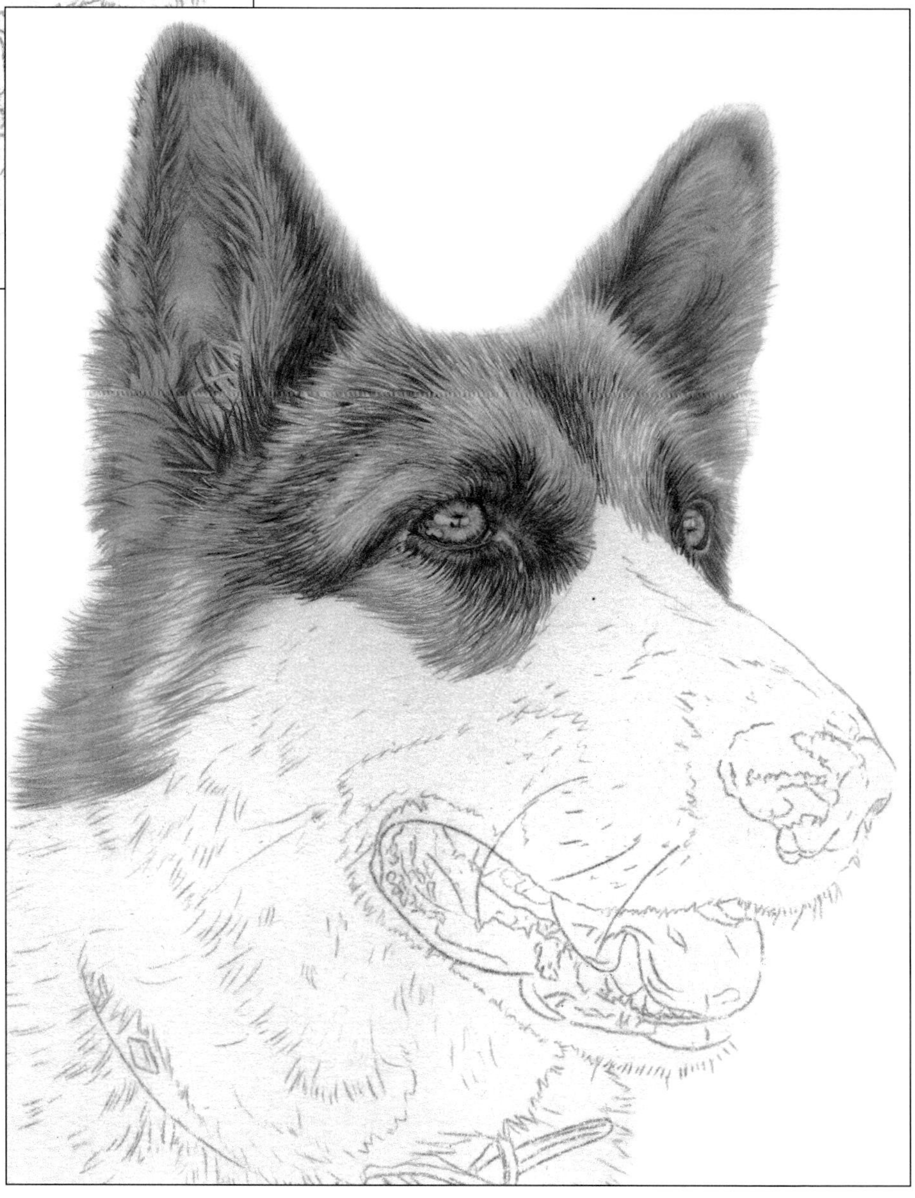

5 Die glatte Haut im Ohr tönen Sie dann mit dem Bleistift in Härte HB ein und verwischen die Striche mit dem Papierwischer. Dann zeichnen Sie die Haare in der Ohrmuschel in verschiedenen Grautönen und fügen Schatten zwischen den Haarbüscheln ein. An der Seite des Kopfes fahren Sie mit dem Bleistift in Härte HB fort, lassen aber im Bereich von Lichtern das weiße Papier durchschimmern.

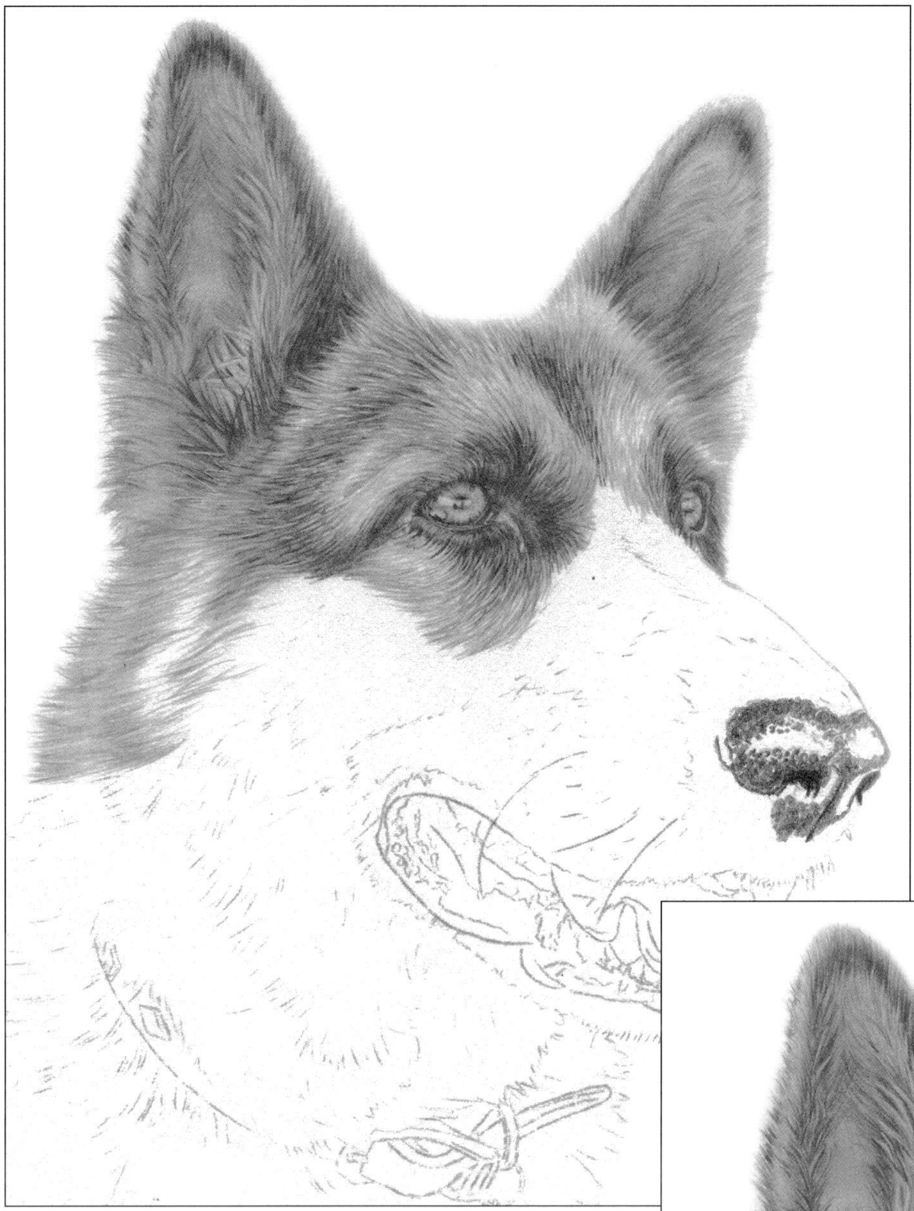

6 Mit einem Bleistift in Härte 2B und vielen kleinen, dunklen Kreisen zeichnen Sie nun die Struktur der Nase. Die großen Lichtreflexe bleiben weiß, die Nasenlöcher und die Falte in der Nasenmitte dunkeln Sie stark ab. Zum Schluss setzen Sie noch einige hellere Kreise in die weißen Stellen oberhalb und unterhalb der Nasenlöcher. Bevor Sie sich der Schnauze zuwenden, zeichnen Sie mit einem stumpfen Bleistift einige Barthaare und dickere Haare unterhalb der Nase ein.

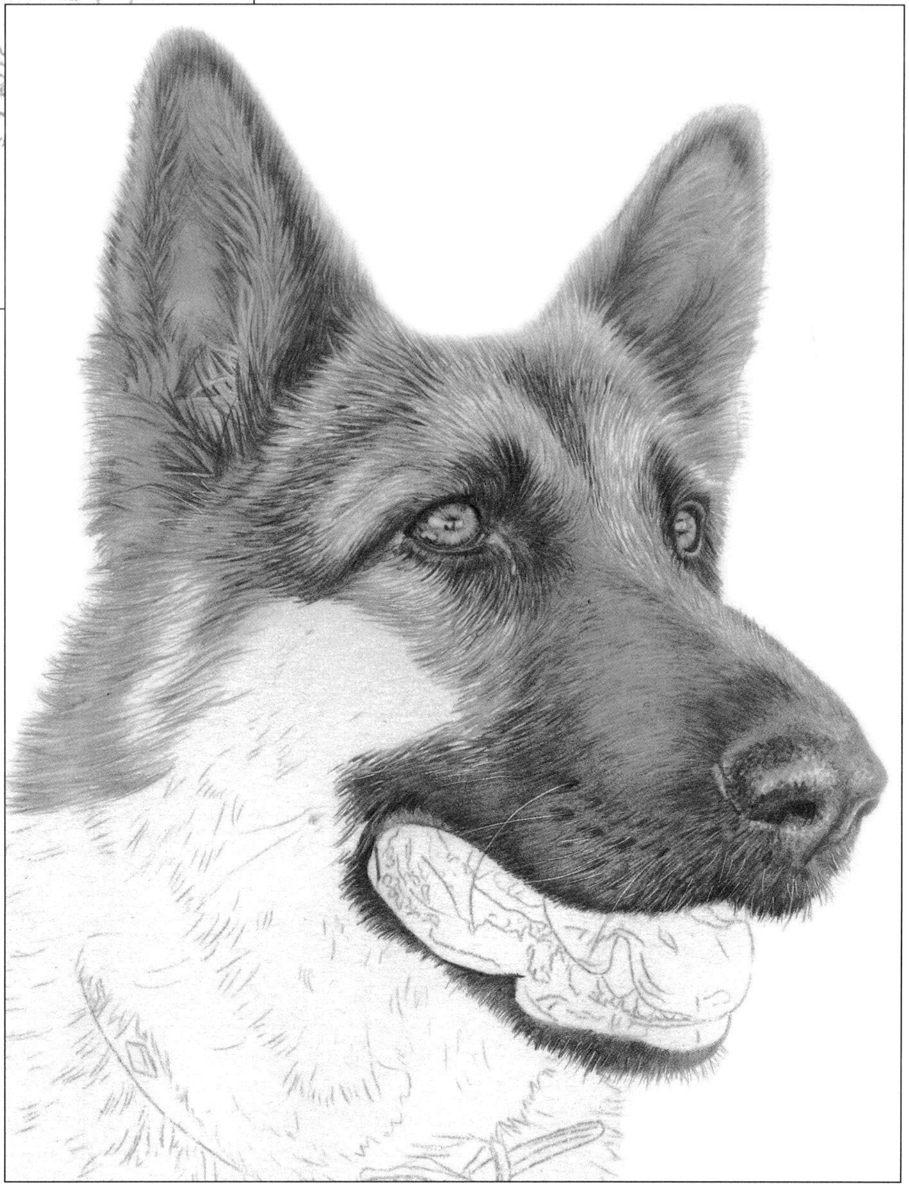

7 Mit kurzen, eng nebeneinander liegenden Strichen, die von der Nase weggehen, füllen Sie die Schnauze aus – am Maul die Strichrichtung ändern! Viele Details weist das Fell hier nicht auf, es muss lediglich auf die Wuchsrichtung des Fells geachtet werden. Zum Schluss dunkeln Sie mit einem Bleistift in Härte 5B die Haare entlang der Kante des Mauls ab.

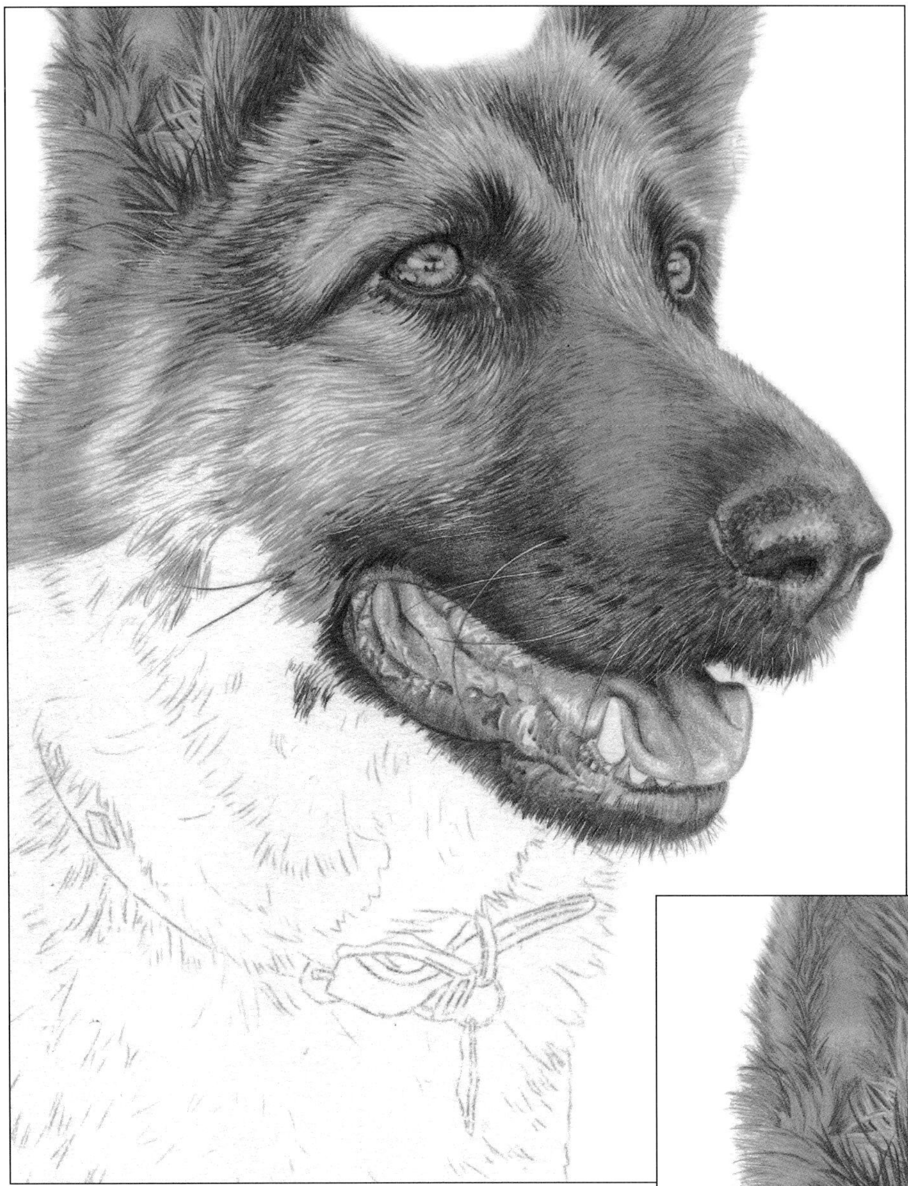

8 Nach der Ausarbeitung der Schnauze kommt das Innere des Mauls an die Reihe. Die Zunge tönen Sie mit dem Bleistift in Härte HB ein und verwischen die Striche anschließend gut, um weiche Übergänge zu gestalten. Letzen und Zahnfleisch dunkeln Sie mit dem Bleistift in Härte 2B ab, lassen aber weiße Stellen frei, die nassen Glanz andeuten. Barthaare, die über das Maul vorstehen, zeichnen Sie dunkler. Die Zähne bleiben weiß. Mit einem Bleistift in Härte HB fügen Sie weitere Haare auf der Wange hinzu und zeichnen zwei Striche, die ein liegendes V bilden, neben den Winkel des Mauls. (Dies sind dicke Haare auf dem dunklen Fleck, der auf der Fotovorlage zu sehen ist.)

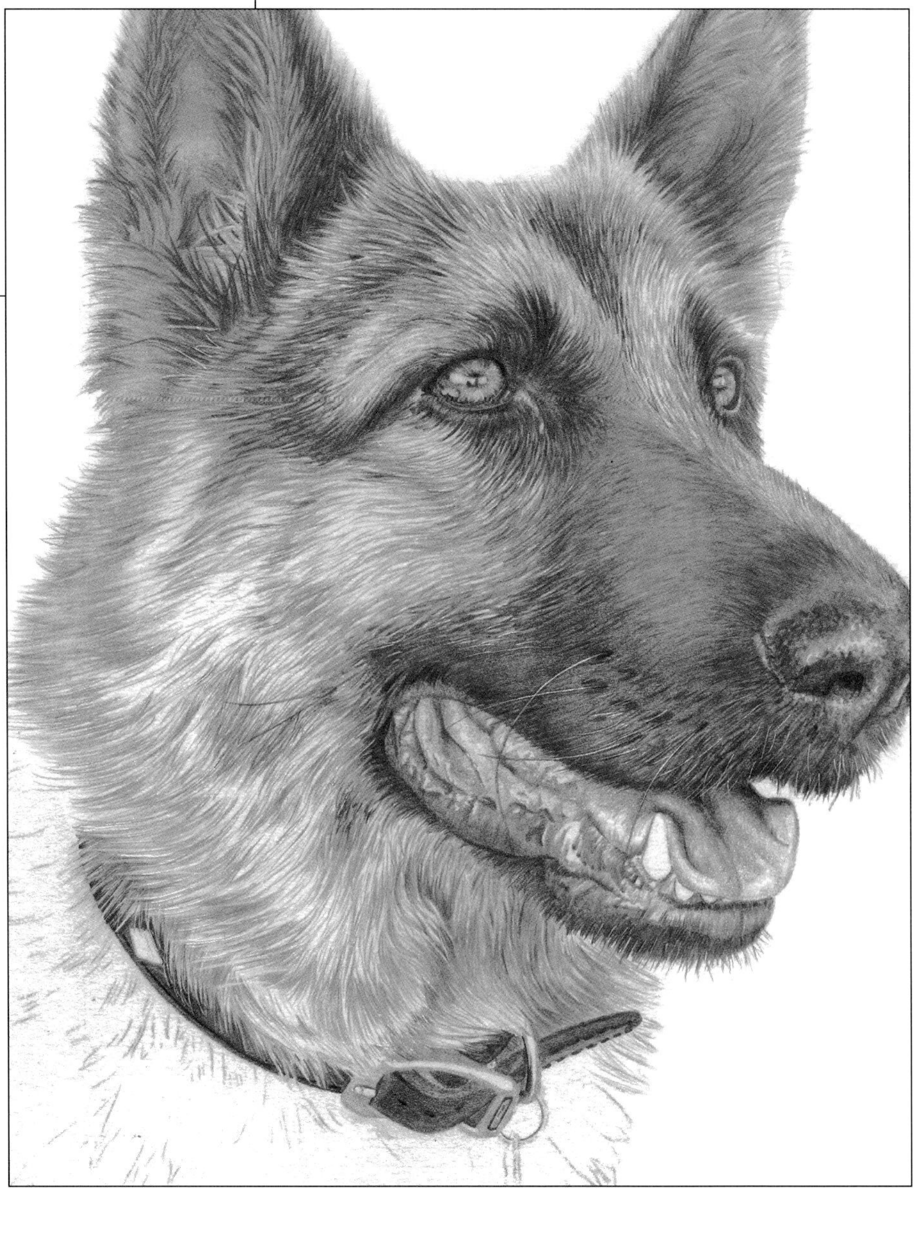

9 Mit dem HB-Bleistift folgen weitere Haare auf der Wange – lassen Sie dabei das V durchschimmern und führen Sie das Behaarungsmuster auf dem Hals fort. Die Haarbüschel folgen grob der Körperform. Unregelmäßige Striche lassen das Fell am Hals länger und weicher wirken. Das Halsband bildet einen diskreten Blickfang im unteren Bildbereich: Schraffieren Sie es mit einem Bleistift in Härte 2B, sparen Sie aber die Haare, die darüberhängen, sorgfältig aus. Für die glänzenden Metallnieten verwenden Sie einen Bleistift in Härte H.

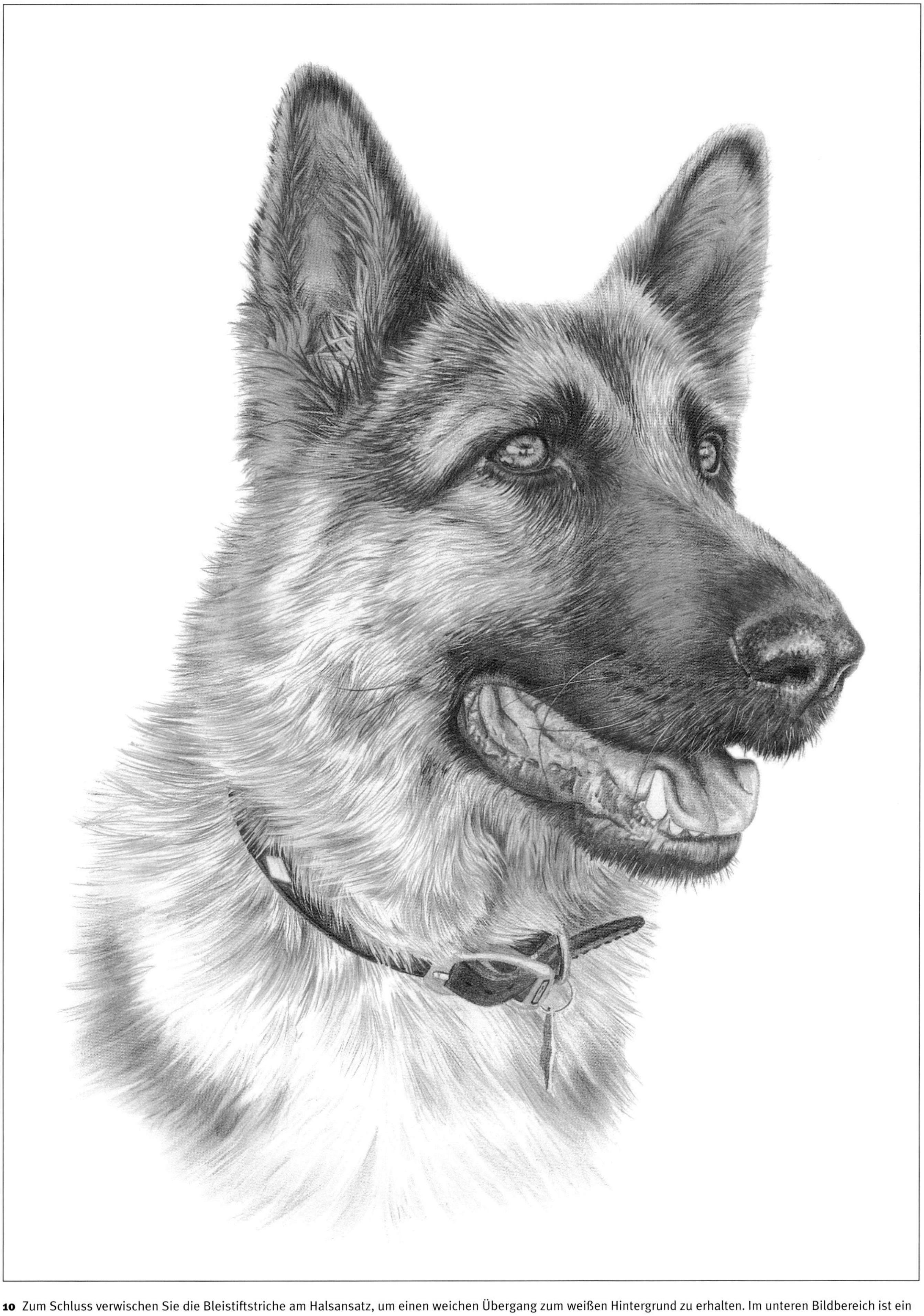

10 Zum Schluss verwischen Sie die Bleistiftstriche am Halsansatz, um einen weichen Übergang zum weißen Hintergrund zu erhalten. Im unteren Bildbereich ist ein großer Teil des Papiers weiß geblieben – Form und Wuchsrichtung des Fells sind nur mit relativ wenigen Strichen angedeutet, um hier eine harte Kontur zu vermeiden. Dadurch kommt das freundliche, aufmerksame Gesicht des Hundes umso besser zur Geltung.

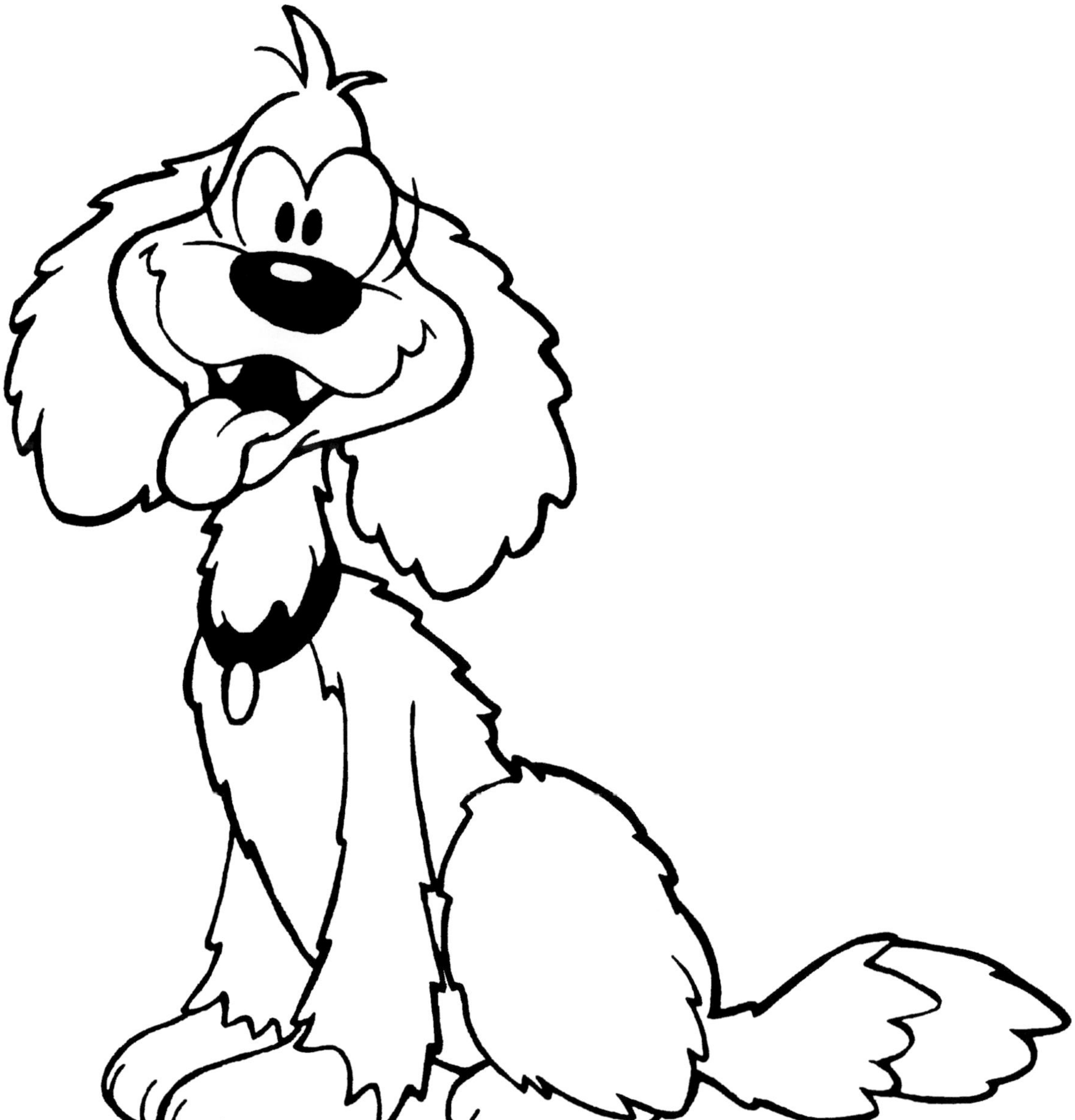

COMICS

Wer an Comics denkt, denkt an Tiere – Donald Duck und Mickey Mouse, Buggs Bunny und Porky Pig, Tweety und Kater Sylvester, Tom und Jerry… Sie und all die anderen Helden unzähliger lustiger oder spannender Geschichten haben als ein Entwurf aus wenigen Strichen das Licht der Welt erblickt – eine von ihnen nahm sogar auf einer Serviette zum ersten Mal Gestalt an.
Comics zu zeichnen ist interessant und kreativ – und es ist auch viel einfacher, als viele denken. Man muss in erster Linie die zwei Grundregeln der Vermenschlichung und der Übertreibung beherzigen. Wer sich zudem noch mit Freude skurrile Situationen oder witzige Dialoge ausdenken kann, ist schon auf dem besten Weg. Wichtig ist dann eigentlich nur noch eine Entscheidung, nämlich die, ob man niedliche, verrückte oder eher realistische Figuren entwerfen will.

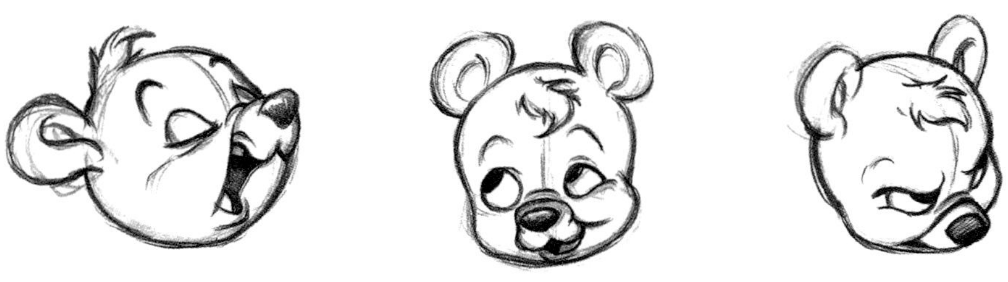

Bahn frei!

Zum Zeichnen von Comics brauchen Sie kein ausgefallenes Equipment. Eine der berühmtesten Comic-Figuren hat das Licht der Welt auf einer Serviette erblickt – gezeichnet mit einem Filzstift. Trotzdem hilft dem hoffnungsvollen Anfänger das richtige Material, Spaß an der Arbeit zu haben.

Die Basics

Zunächst brauchen Sie nichts als einen Stift, Papier und einen Radiergummi sowie einen Filzstift oder Marker für die Reinzeichnung. Welcher Stift und welches Papier? Machen Sie sich nicht verrückt – das sind keine lebenswichtigen Fragen! Es kommt viel eher darauf an, womit Sie gerne arbeiten. Dennoch hier ein paar Tipps zur Qualität.

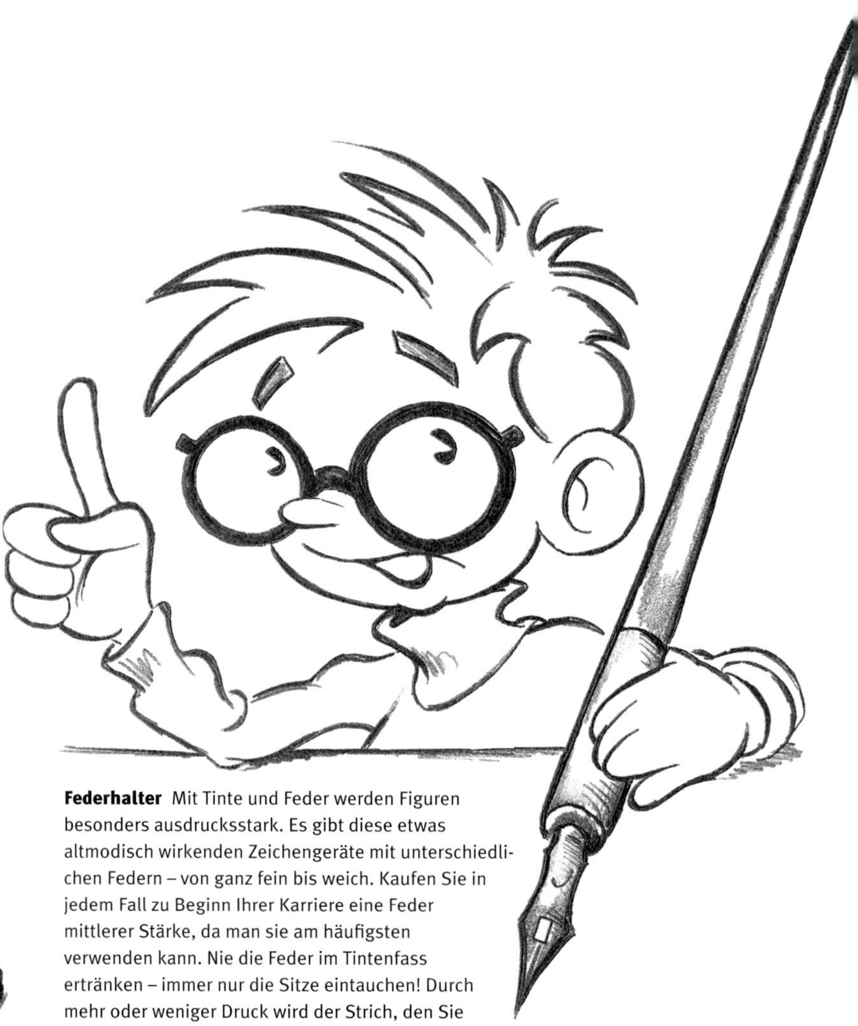

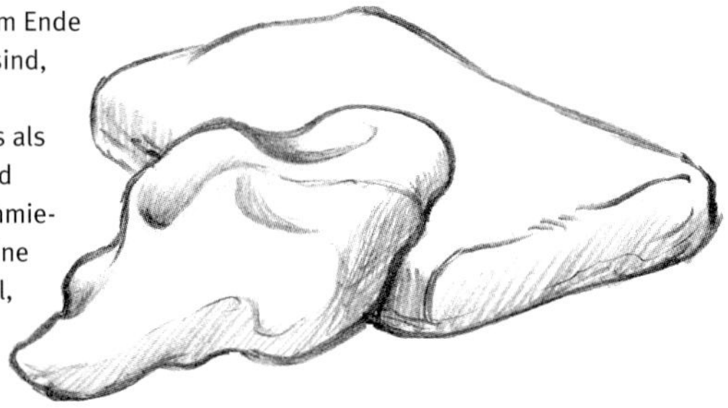

Radiergummi Die rosafarbenen Radiergummiwinzlinge, die am Ende gewisser Bleistifte befestigt sind, können Sie vergessen: Sie schmieren und machen nichts als kleine Krümel. Am besten sind Knetradiergummis; sie verschmieren nicht, sie hinterlassen keine Krümel und haben den Vorteil, dass man sie in jede erdenkliche Form bringen kann. Außerdem kann man herrlich darauf herumkneten, während man auf eine zündende Idee wartet.

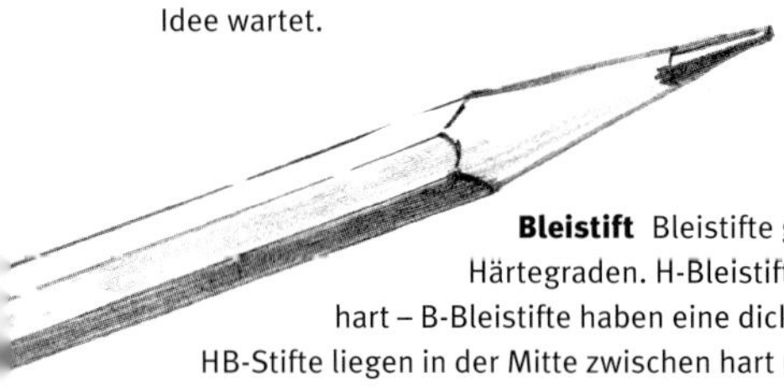

Bleistift Bleistifte gibt es in verschiedenen Härtegraden. H-Bleistifte haben eine dünne Mine und sind hart – B-Bleistifte haben eine dicke Mine und zeichnen weich. HB-Stifte liegen in der Mitte zwischen hart und weich. Sie sind hart genug, um Linien zu zeichnen, und weich genug zum Schraffieren, deshalb sind sie ideal für Skizzen, Hilfslinien und Details. Für dickere Linien nehmen Sie einen B2 oder B3.

Federhalter Mit Tinte und Feder werden Figuren besonders ausdrucksstark. Es gibt diese etwas altmodisch wirkenden Zeichengeräte mit unterschiedlichen Federn – von ganz fein bis weich. Kaufen Sie in jedem Fall zu Beginn Ihrer Karriere eine Feder mittlerer Stärke, da man sie am häufigsten verwenden kann. Nie die Feder im Tintenfass ertränken – immer nur die Sitze eintauchen! Durch mehr oder weniger Druck wird der Strich, den Sie zeichnen, dicker oder dünner. Es dauert, bis man richtig mit einem Federhalter zeichnen kann, machen Sie zu Beginn ein paar Übungs-Zeichnungen.

Tintenfass Wenn Ihre Bleistift-Zeichnungen immer besser gelingen, wächst natürlich der Wunsch die Konturen ebenso schwarz zu tuschen wie die Profis. Dazu haben Sie die Auswahl an ganz verschiedenen Stiften – vom Filzstift über Füller und Federhalter bis zu exakt zeichnenden Minenschreibern. Jeder Zeichner findet irgendwann den Stift, der ihm am meisten liegt. Sie müssen nur ein wenig herumprobieren.

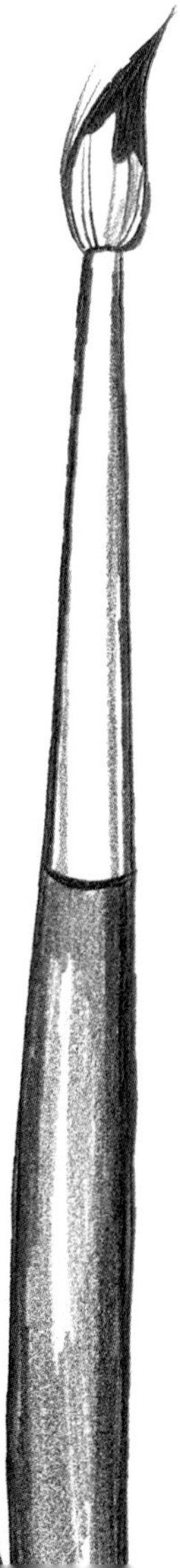

Pinsel Mit Pinsel und Tusche kann man ebenso feine und leichte wie dicke und dramatisch wirkende Striche ziehen. Es kommt ganz auf den Pinsel an und auf den Effekt, den Sie erzielen wollen. Mit dem Pinsel lassen sich auch größere Flächen einfärben. Kaufen Sie nur Pinsel von guter Qualität – am besten im Künstlerbedarf. Billigpinsel haben schon so manchen Zeichner in den Wahnsinn getrieben, weil sie Haare verlieren und klecksen.

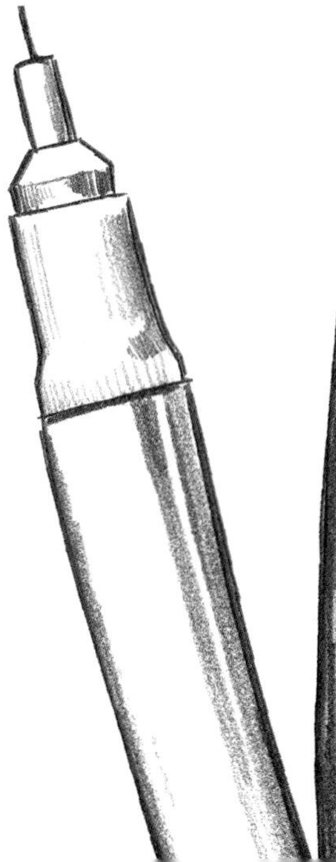

Minenstifte Minenstifte, wie sie Architekten oder technische Zeichner verwendet haben, sind perfekt, wenn man sehr kontrolliert zeichnen will. Es gibt die Stifte in unterschiedlichsten Stärken, sodass Sie immer den richtigen zur Hand haben, wenn Sie ordentliche, saubere Striche zeichnen wollen, deren Konturen nicht flattern, oder wenn Sie sehr präzise Schraffuren setzen möchten.

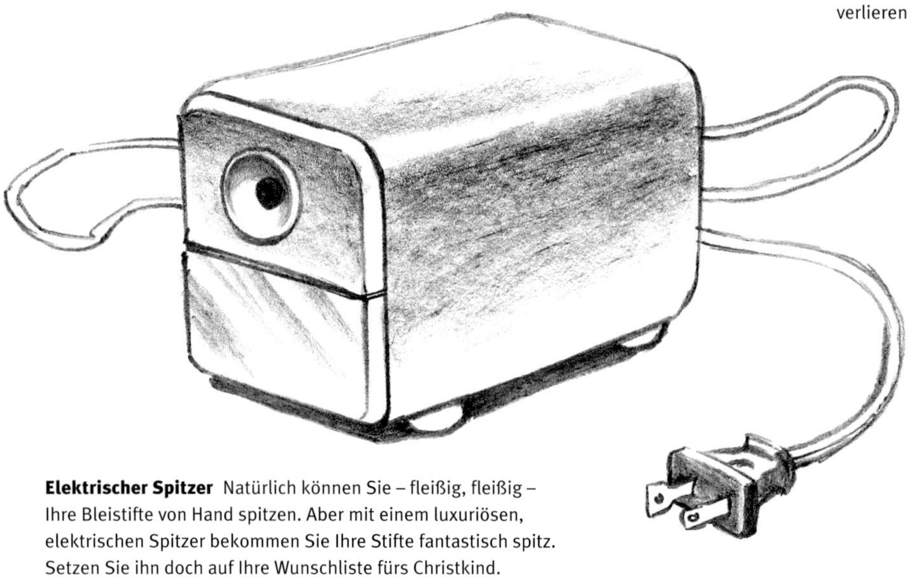

Elektrischer Spitzer Natürlich können Sie – fleißig, fleißig – Ihre Bleistifte von Hand spitzen. Aber mit einem luxuriösen, elektrischen Spitzer bekommen Sie Ihre Stifte fantastisch spitz. Setzen Sie ihn doch auf Ihre Wunschliste fürs Christkind.

Cartoon-Studien

Gut sortierte Videotheken haben eine große Auswahl an Comicfilmen. Suchen Sie dort nach ungewöhnlichen Cartoons, solchen, die nicht jeder in- und auswendig kennt, und nach den alten Meisterwerken. Wussten Sie, dass Sie im fertigen Film pro Sekunde 24 Zeichnungen sehen?

Zeichentipps
Mit dem Pausenknopf auf der Fernbedienung können Sie den Film anhalten. Zeichnen Sie Skizzen von interessanten Posen, Gesten oder Szenen.

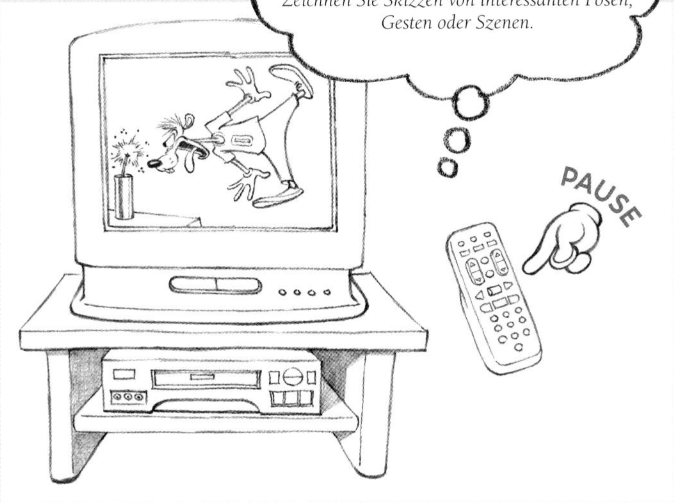

Augen auf beim Papierkauf

Spielen Sie ein bisschen mit verschiedenen Papiersorten und anderem Material, auf dem man zeichnen kann, wie Karton. So finden Sie am schnellsten heraus, was Ihnen am meisten liegt. Zeichenpapier und Zeichenkarton gibt es mit rauer oder glatter Oberfläche, die stark beeinflussen, wie die Linie aussieht, die Sie zeichnen. Auf glatten Oberflächen werden die Linien gerade und sauber. Einen eher freien und künstlerischen Anstrich erhalten Ihre Zeichnungen auf rauem Papier. Wenn Sie schnell viele Ideen festhalten wollen, ist weißes Drucker- oder Kopier-Papier die beste Wahl. Manche Künstler zeichnen die Reinzeichnung eines neuen Charakters am liebsten auf Pauspapier. So ist es leicht, die Figur unter ein anderes Blatt zu legen und durchzupausen – dabei sieht man, ob man sie noch verändern muss: Eine dickere Nase, ein andere Haltung oder einen Hut kann man so wunderbar ausprobieren, ohne den Charakter komplett neu zeichnen zu müssen.

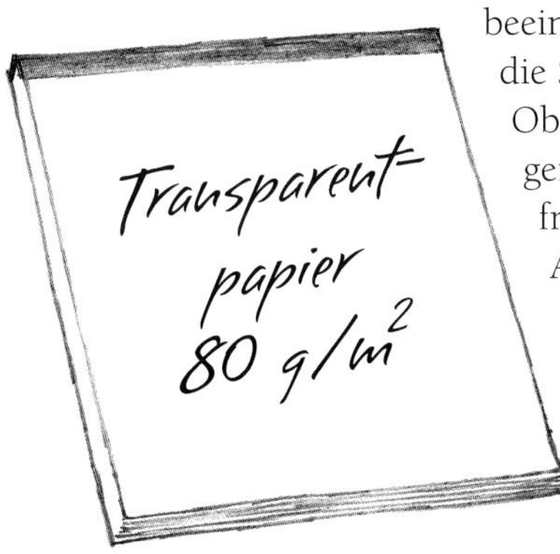

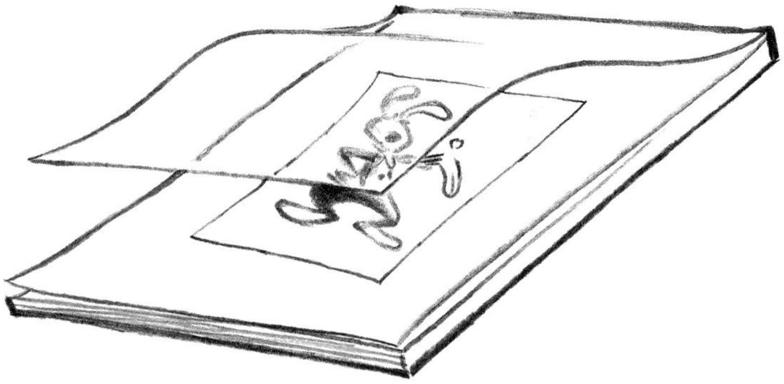

Festgehalten Sie haben Ihre neue Figur auf Pauspapier gezeichnet, finden sie perfekt und wollen sie nun auf dickeres Papier übertragen, damit ihr nichts mehr passieren kann? Kein Problem. Zeichnen Sie die Umrisse auf dem Pauspapier schwarz ein. Dann machen Sie eine Fotokopie davon. Nun können Sie sogar noch mit Farben experimentieren.

Die Extras

Je mehr Cartoons Sie zeichnen, desto mehr Hilfsmittel werden Sie nützlich finden. Eine gute Lampe leuchtet den Arbeitsplatz besser aus. Eine Papierschere schneidet Papier ganz leicht und glatt – vielleicht schneiden Sie auch lieber mit einem Cutter? Um Radiergummikrümel und andere Überbleibsel vom Papier zu putzen, eignet sich am besten ein kleiner Handbesen. Ein Geodreieck und ein T-Lineal sind unentbehrlich, wenn Sie anfangen, Ihre eigenen Cartoons zu layouten. Und mit einem Klebestreifen bleibt alles dort, wo Sie es haben wollen.

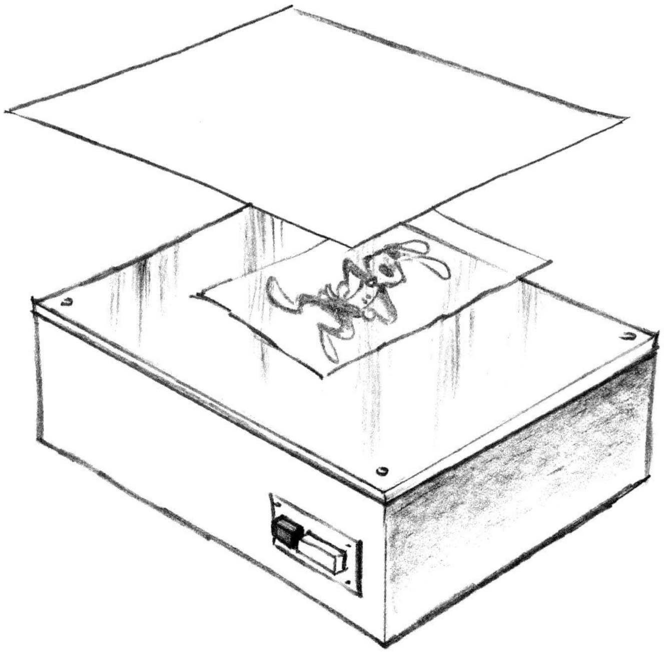

Spot on! Ein Leuchttisch, wie ihn die Profis haben, bringt echte Vorteile: Wenn Sie alle Details aufgezeichnet haben, kleben Sie das Blatt auf den Leuchttisch. Dann legen Sie ein Stück gutes Zeichenpapier darüber, machen das Licht an, ziehen die Konturen schwarz nach – und schon haben Sie ein tolles Ergebnis.

Ihre Schatztruhe

Kaufen Sie sich nach und nach eine gute Bibliothek. Es gibt ja nicht nur Hefte und Filme. Suchen Sie gezielt nach Lehrbüchern oder Bildbänden über Comics, Animation und Zeichnen. Auch lustige Cartoons sollten nicht fehlen. Sammeln Sie außerdem Fotos oder Zeitungssauschnitte, die Ihnen auffallen – eines Tages können Sie sie sicher brauchen, wenn Sie nach einer Idee für eine Szene oder eine lustige Grußkarte suchen.

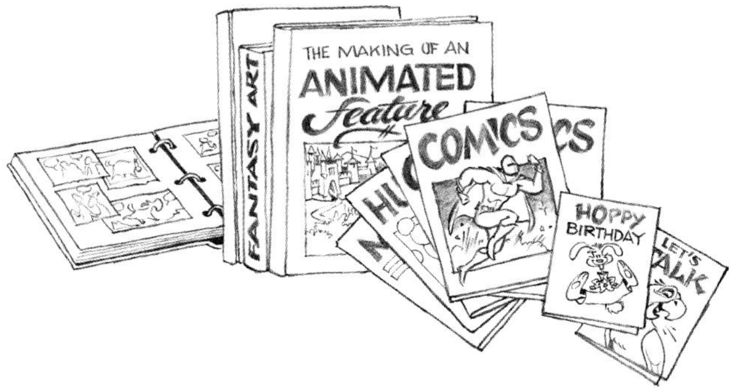

Was macht einen Comic aus?

Comics sind äußerst beliebt und dabei sehr leicht zu zeichnen. Denn die Grundregel für das Zeichnen der Figuren ist simpel: Vereinfachen Sie bestimmte Charakteristika und übertreiben Sie andere. Bei Tieren kommt ein weiterer Aspekt hinzu: Geben Sie Ihrer Comic-Figur menschliche Attribute wie Hände oder Augen mit Wimpern, lassen Sie sie lachen oder weinen oder aufrecht auf zwei Beinen gehen. Sehen Sie das nächste Mal genau hin, wenn ein Comic im Fernsehen läuft: Dort sind alle Regeln perfekt umgesetzt.

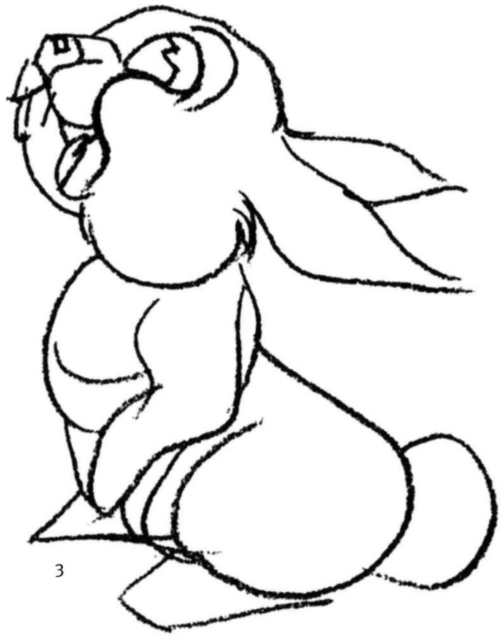

3

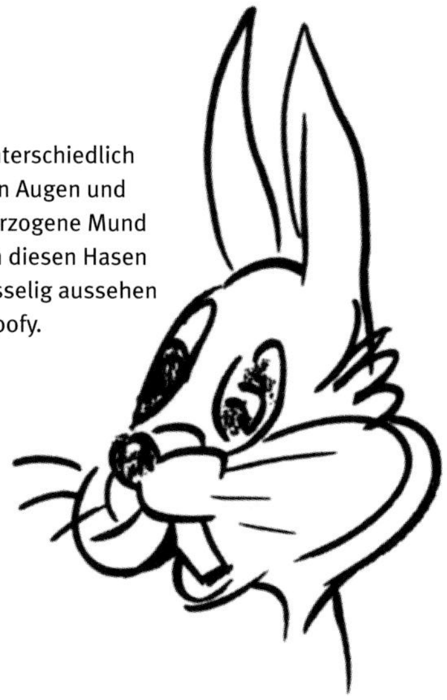

Die unterschiedlich großen Augen und der verzogene Mund lassen diesen Hasen so dusselig aussehen wie Goofy.

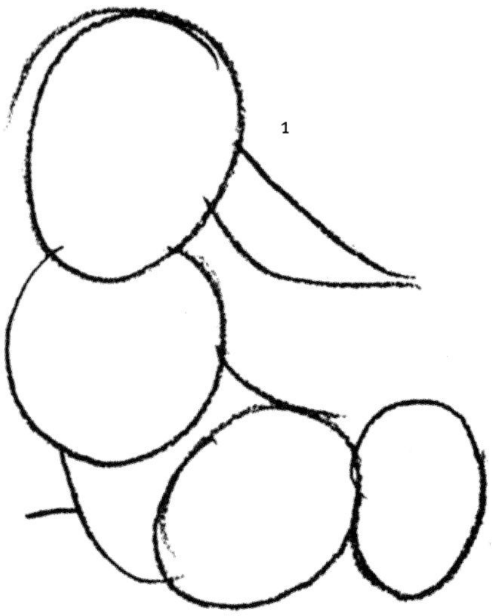

1

Dieser kleine Hase entsteht aus mehreren Kreisen und Ovalen – wobei der Schwanz absichtlich fast so groß ist wie der Körper. Mit den großen Kulleraugen wirkt Häschen sofort kindlich und niedlich.

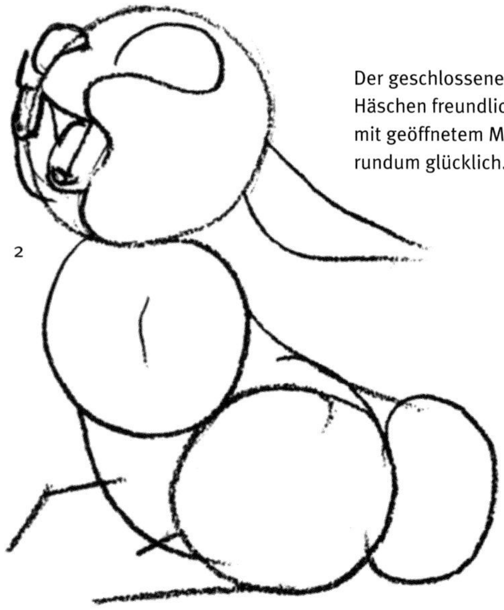

2

Der geschlossene Mund lässt das Häschen freundlich aussehen – doch mit geöffnetem Mund wirkt es rundum glücklich.

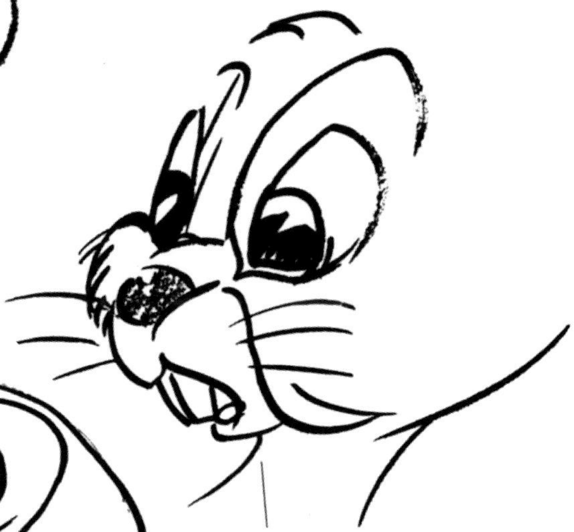

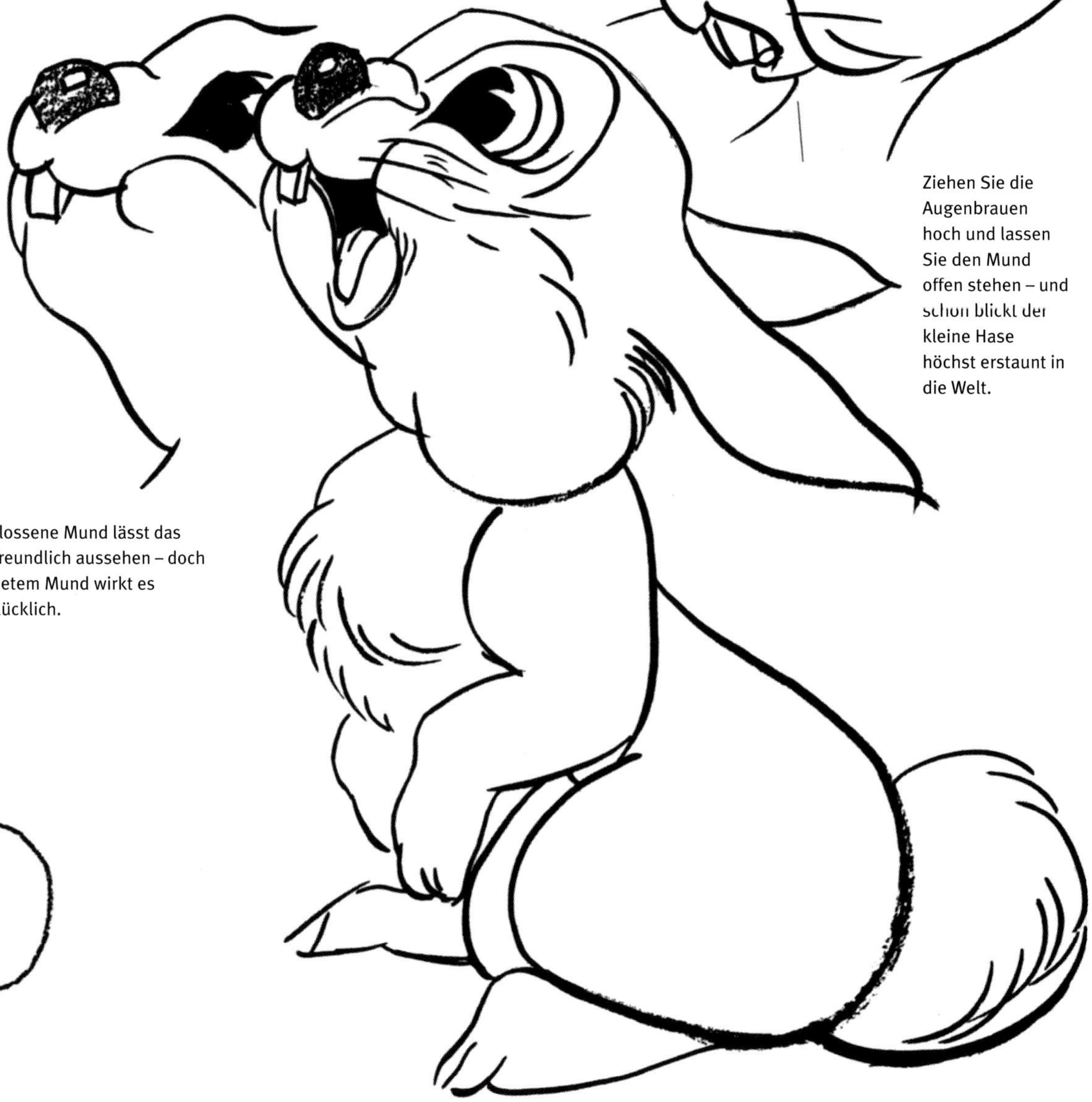

Ziehen Sie die Augenbrauen hoch und lassen Sie den Mund offen stehen – und schon blickt der kleine Hase höchst erstaunt in die Welt.

Dreimal dürfen Sie wählen

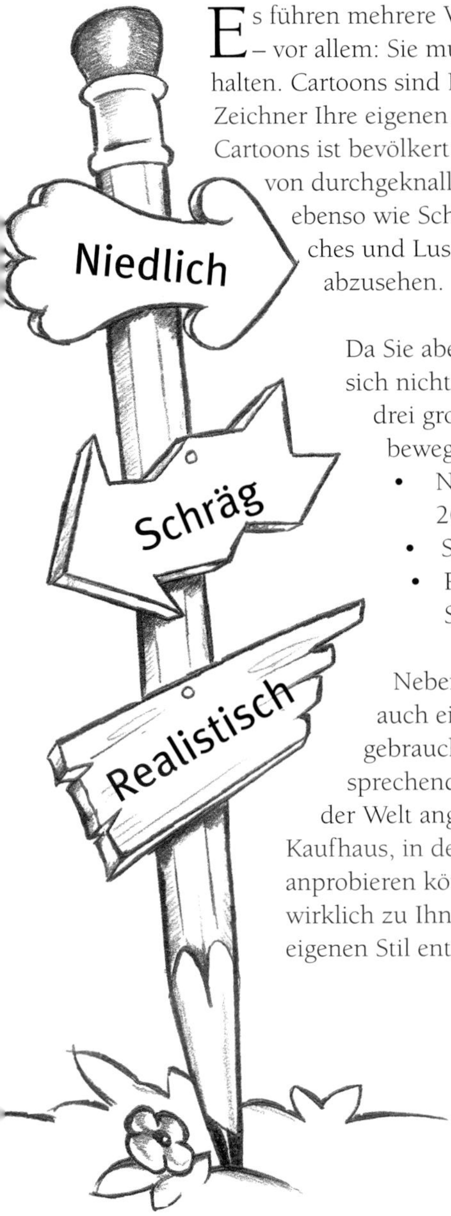

Es führen mehrere Wege zu einem hinreißenden Cartoon – vor allem: Sie müssen sich nicht an Vorgegebenes halten. Cartoons sind Kunst. Und das heißt, dass Sie als Zeichner Ihre eigenen Wege gehen können. Die Welt der Cartoons ist bevölkert von niedlichen Figuren, aber auch von durchgeknallten Typen. Es gibt Knuddeliges ebenso wie Schrilles, es gibt Groteskes, Schreckliches und Lustiges. Und noch ist kein Ende abzusehen.

Da Sie aber irgendwo anfangen müssen und sich nicht verlaufen wollen, finden Sie hier drei große Richtungen, in die Sie sich bewegen können.

- Niedliche Charaktere auf Seite 204 und 205
- Schräge Typen auf Seite 206 und 207
- Realistische Tierfiguren auf Seite 208 und 209

Neben diesen drei Themengebieten finden Sie auch eine Fülle an Informationen, die Sie immer gebrauchen können, ganz gleich ob es Ihnen sprechende Hunde und Bären oder die ärmste Ente der Welt angetan haben: Fühlen Sie sich wie in einem Kaufhaus, in dem Sie einfach verschiedene Kleider anprobieren können, bis Sie eines gefunden haben, das wirklich zu Ihnen passt. Dann werden Sie auch einen ganz eigenen Stil entwickeln.

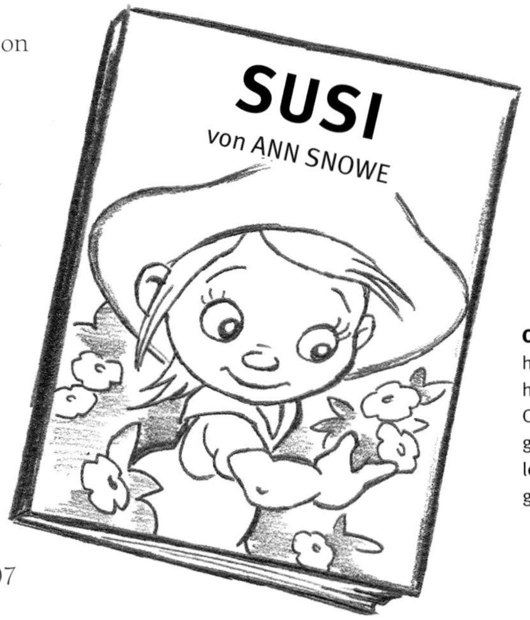

Oh, wie süß! Kinder haben die netten, harmlosen Helden ihrer Cartoons fest ins Herz geschlossen und Eltern lesen diese Geschichten gerne vor.

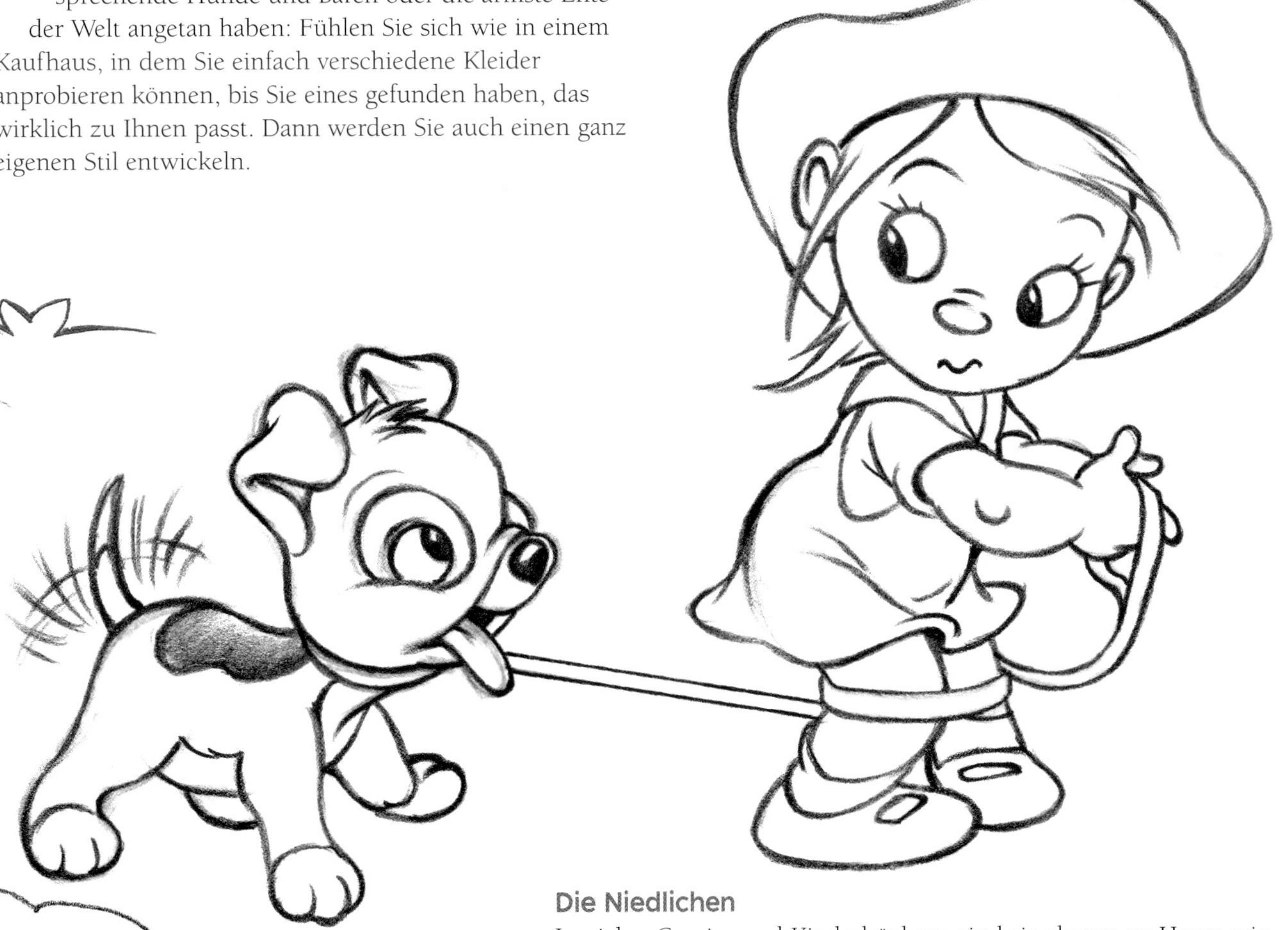

Sie sollen hier nur die Hauptrichtungen der Cartoons kennenlernen. Wenn Sie lieber etwas Neues erfinden – umso besser! Suchen Sie Ihren eigenen Stil, Ihre eigene Welt, Ihre eigenen Figuren.

Die Niedlichen

In vielen Comics und Kinderbüchern sind sie ebenso zu Hause wie auf Grußkarten: die altklugen Schlingel mit den große Augen und ihre Hündchen sind ein unschlagbares Team. Diese Charaktere funktionieren fast auf der ganzen Welt als freundliche Gute-Laune-Bringer, denn kleine Kinder und fröhliche Welpen bringen selbst schlecht gelaunte Leser zum Lächeln.

1. Niedliche Charaktere

Nur ein paar Handvoll Federn und Fell – und doch so liebenswert, dass man sie einfach gernhaben muss! Dass wir diese kleinen Kerlchen so nett finden, liegt daran, dass sie alle konsequent und mit viel Geschick vermenschlicht wurden. Sehen Sie sich nur einmal die Augen an: Statt mit den knopfartigen schwarzen Augen der Tiere blicken uns diese Comic-Figuren mit großen menschlichen Babyaugen an. Nun noch ein großes, warmes Lächeln – und schon würde man sie alle am liebsten mit nach Hause nehmen.

Alles an Ort und Stelle Um so ein niedliches Tiergesicht proportional richtig aufzubauen, zeichnen Sie zwei parallele waagerechte Striche und einen senkrechten durch die Mitte. Die untere Hälfte nochmals in der Mitte waagerecht unterteilen. In der unteren Hälfte platzieren Sie die großen runden Augen, die Nase und den Mund. Diese Aufteilung der Gesichtsproportionen entspricht denen eines menschlichen Babys (Kindchen-Schema). Und wenn der Kleine von einem Ohr bis zum anderen strahlt, dann verdecken die Backen zum Teil die Augen.

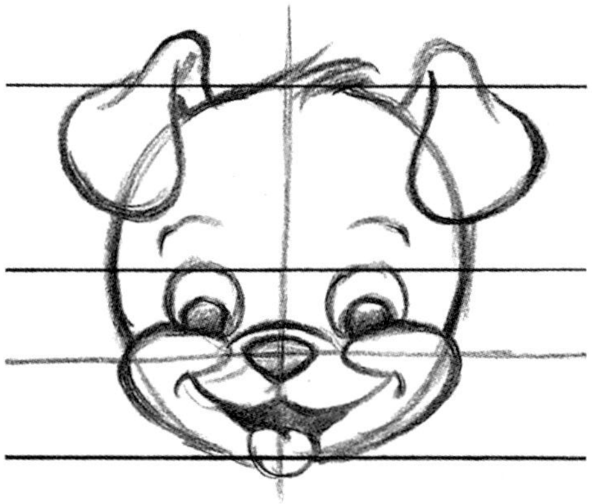

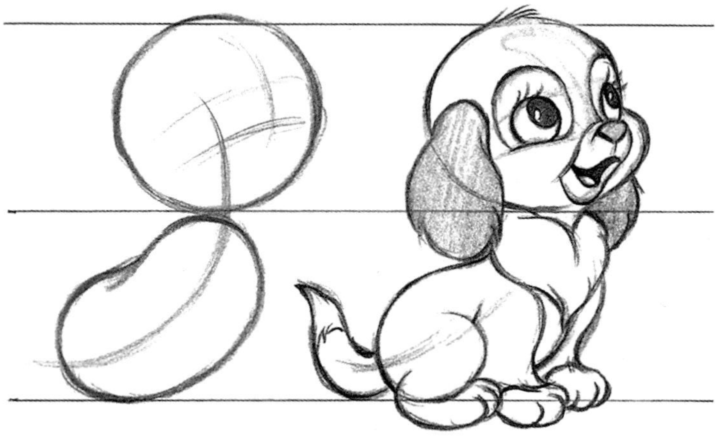

Den ganzen Körper zeichnen Dieser Welpe erblickt das Licht der Welt als Bohne. Zeichnen Sie darauf einen Kreis in gleicher Größe.

Kleine Wunder

Das Zauberwort, mit dem Sie spielend leicht solche liebenswerten Knuddeltiere zeichnen, heißt rund. Kreise, aber auch Ovale und andere gerundete Formen machen jedes Tier liebenswert – harte, eckige Linien heben Sie für die böse Hexe auf! Wenn Sie ein beliebiges Tier so rund und weich zeichnen wie möglich, geht es jedem Betrachter zu Herzen. Auf dieser Seite sehen Sie eine Ansammlung von jungen Tieren in Bewegung. Sie werden diese Szenen leichter zu Papier bringen, wenn Sie Ihre eigenen Haustiere, junge Zootiere oder einfach nur die Eichhörnchen im Park beobachten und viele Bewegungsskizzen anfertigen.

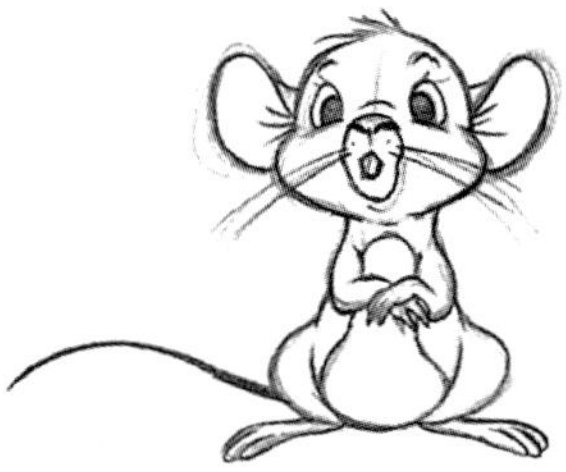

Keine Angst vor Mäusen Mit großen Augen und zarten, samtweichen Pfötchen wird jede Maus zum unwiderstehlichen Comic-Helden.

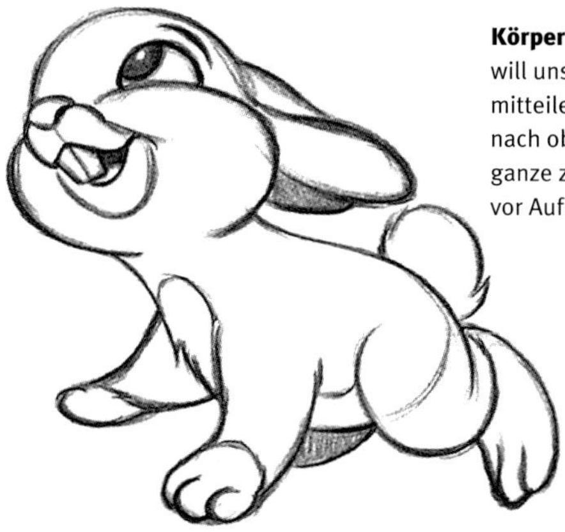

Körpersprache Das Häschen will uns ganz dringend etwas mitteilen: Sein Blick ist intensiv nach oben gerichtet und der ganze zarte Körper hüpft schier vor Aufregung.

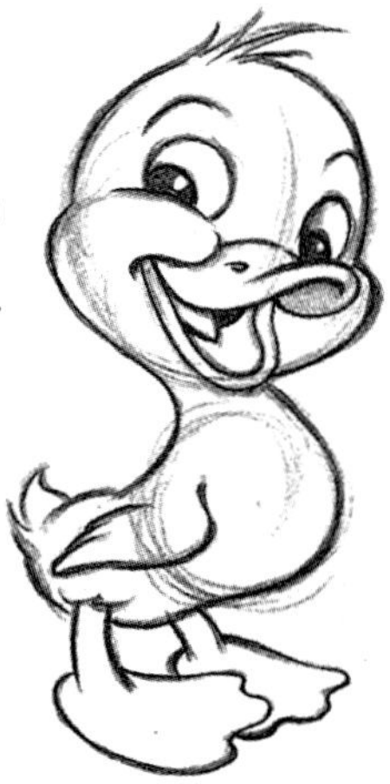

Ein schlauer Blick Aus den Augenwinkeln zwinkert uns dieser kleine Frechdachs zu.

Heb mich hoch Der Schwanz wackelt, die Zunge ist eifrig ausgestreckt und jeder versteht: Der Welpe will auf den Arm.

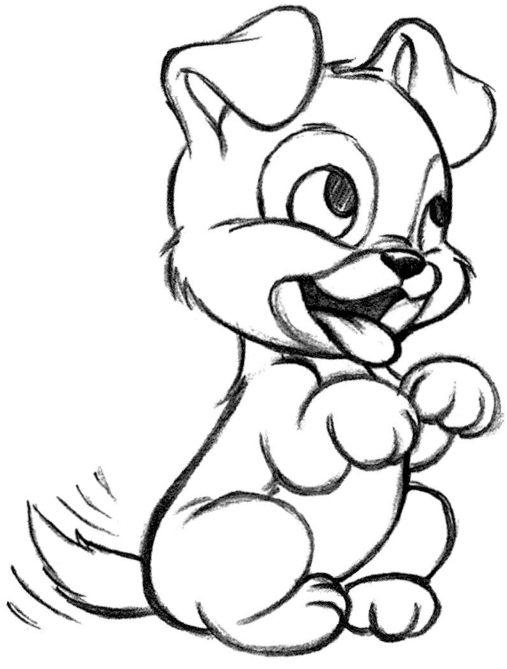

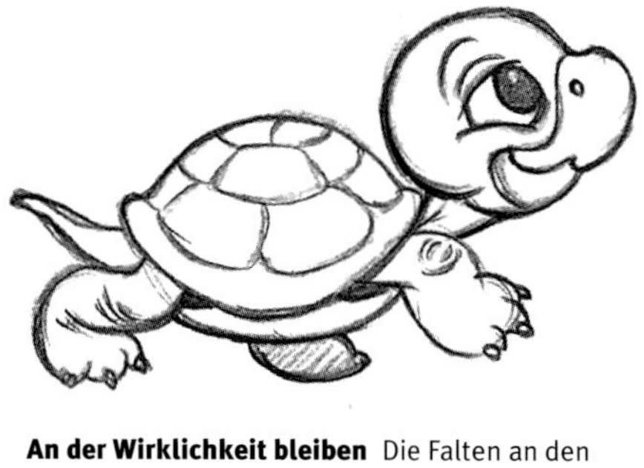

An der Wirklichkeit bleiben Die Falten an den Kniegelenken und der beinahe realistische Kopf verleihen dieser Mini-Schildkröte Glaubhaftigkeit.

Ich will mit dir spielen Kopf und Körper an dieser kleinen Katze sind in vollkommenen, babyhaften Formen und Proportionen gezeichnet. Und die riesigen Babyaugen sind einfach unwiderstehlich.

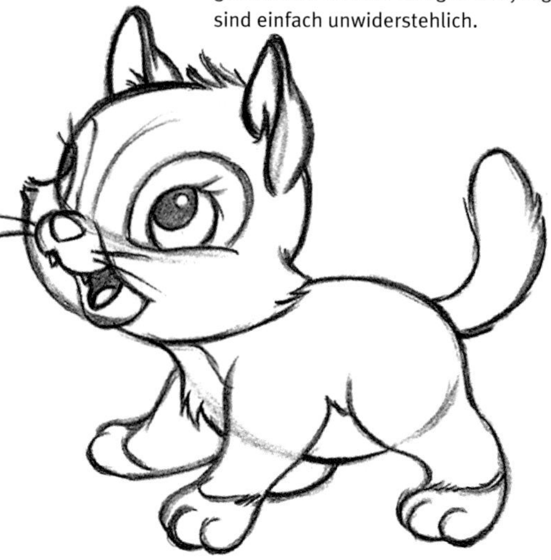

Variationen zum Kindchen-Schema Obwohl die kindliche Einteilung des Gesichts fast immer passt, fallen Tiere, die von Natur aus ein längeres Gesicht haben, wie Häschen und Eichhörnchen, ein wenig aus dem Kindchen-Schema: Bei einem Häschen reichen die Augen etwas über die Mittellinie hinaus nach oben, werden aber beim Lächeln immer noch teilweise durch die Backen verdeckt. Deuten Sie Schneidezähne an, damit man das Häschen besser erkennt.

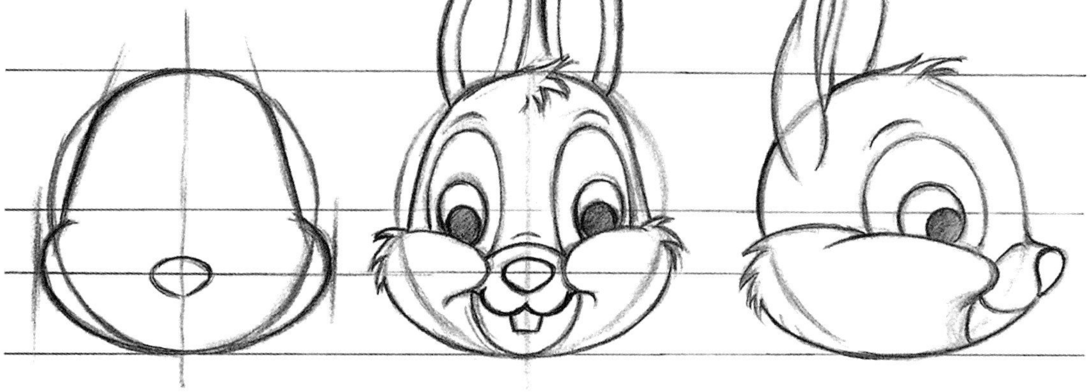

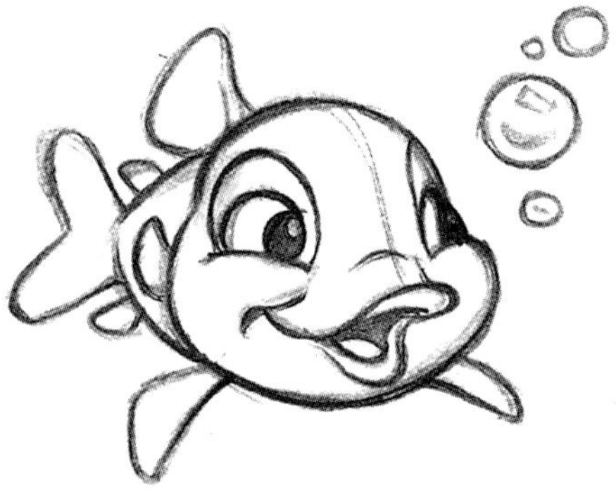

Tollpatschige Bewegungen Fido lernt schwimmen: Er besteht vollkommen aus runden Formen und Linien. Obwohl er sich noch etwas ängstlich im nassen Element bewegt, bleibt er liebenswert und rührend.

Alles Runde und Liebenswerte wirkt noch besser, wenn Sie möglichst auf Details und Schraffuren verzichten.

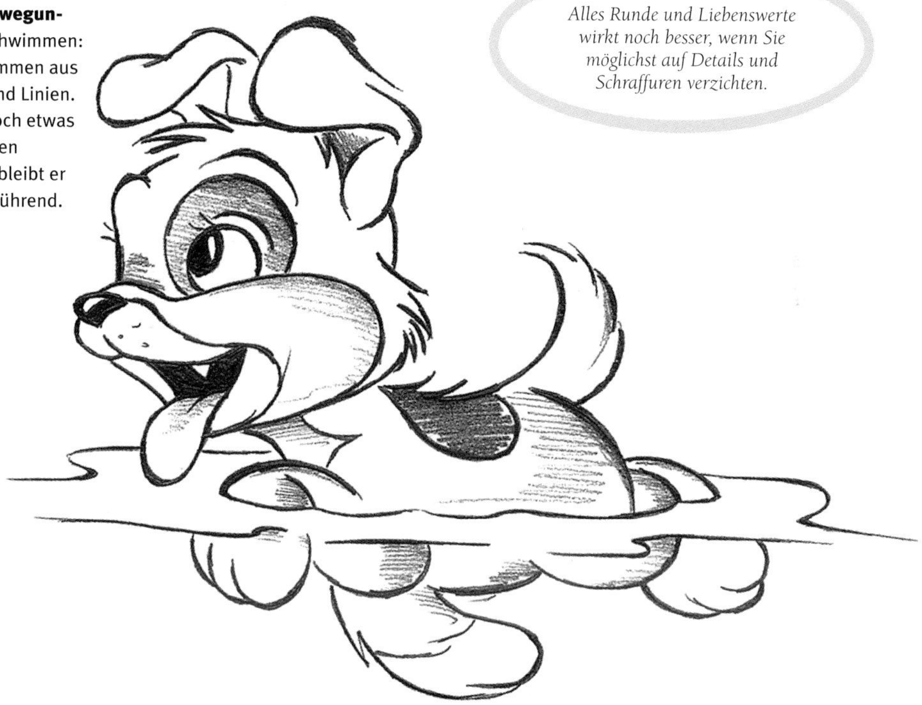

Süßer Fisch? Selbst ein Fisch sieht richtig niedlich aus, wenn er menschliche Augen und dicke Backen bekommt. Die Lippen dürfen nicht zu rund werden, sonst wirkt der Fisch unnatürlich – aber lächeln darf er dennoch.

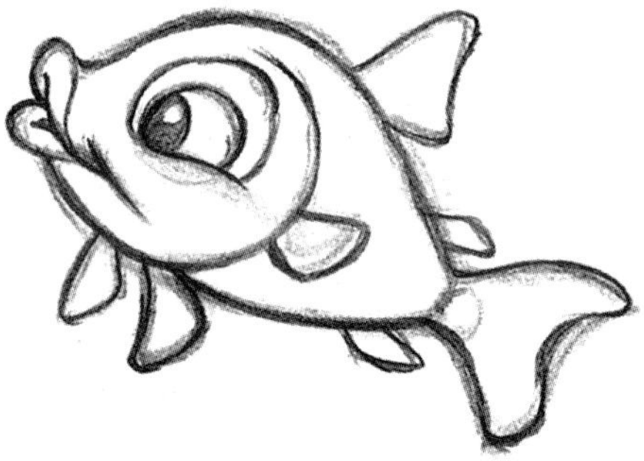

Gewusst wie

Sie können mit wenigen Grundelementen die unterschiedlichsten Tiergesichter entwickeln, wenn Sie wissen, worauf es ankommt: Aus dem Babykopf mit den Kulleraugen werden drei ganz unterschiedliche junge Tiere, wenn Sie Ohren, Nase und den richtigen Mund jeweils passend ergänzen. Auch die Gefühle lassen sich ganz leicht darstellen.

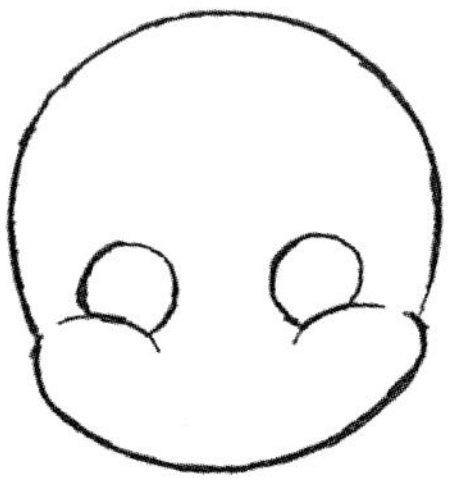

Die Grundform ist ein kreisförmiger Kopf mit zwei dicken Backen.

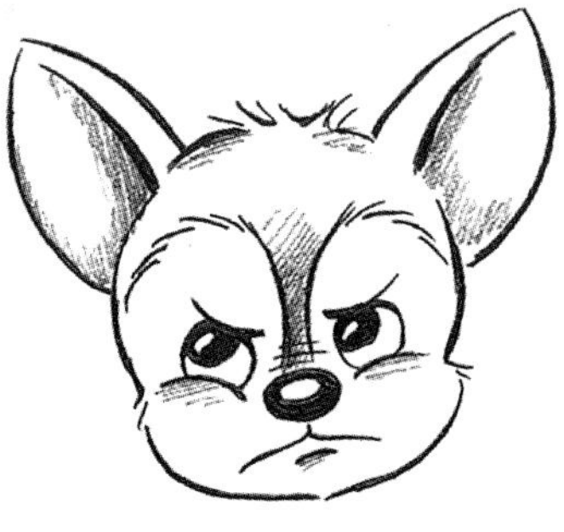

Die herabgezogenen Augenbrauen und der verzogene Mund sagen uns: Dieser junge Hund hat ganz miese Laune.

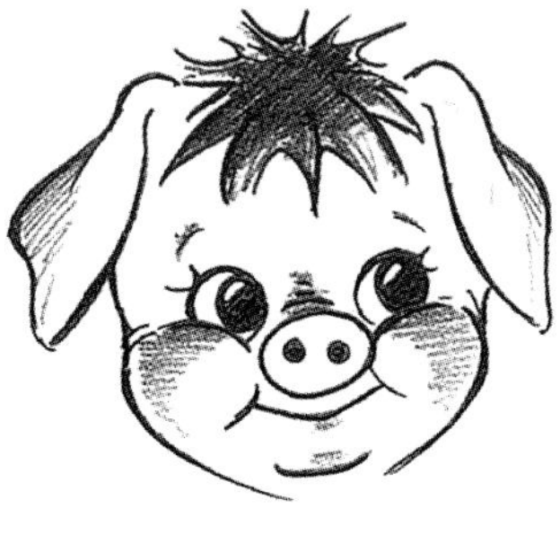

Eine weiche Kinnlinie, sehr dicke Backen und eine runde Nase – dieses Schweinchen ist ein netter Kerl.

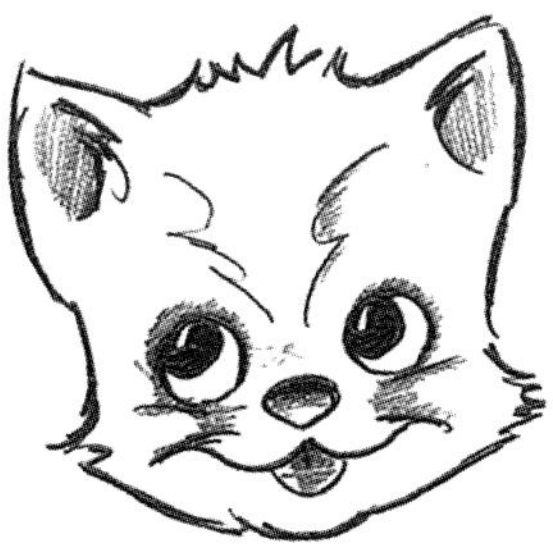

Bei der kleinen Katze sagen uns die nach oben gezogenen Mundwinkel und die nach unten gesenkte Nase, dass sie sich nicht ganz sicher fühlt.

2. Schräge Typen

In Comics können Tiere vorkommen, die reichlich schräg aussehen. Stellen Sie sich zum Beispiel, wie rechts zu sehen, ein Arrangement aus Frühstücksei, heißen Würstchen und einem Muffin vor – daraus wird im Handumdrehen ein ganzer Zoo. Und dann überziehen Sie Ihre Stars mit wilden Flecken, Querstreifen oder lauten Farben. Natürlich haben wir alle schon viel zu oft gesehen, wo es hinführt, wenn ein Hunde eine Katze jagt, die eine Maus jagt … Trotzdem bietet die Welt der Tiere noch immer wunderbare Szenen und Charaktere – vom beleidigten Hauskater über den schusseligen jungen Hund bis zum liebeskranken Papagei.

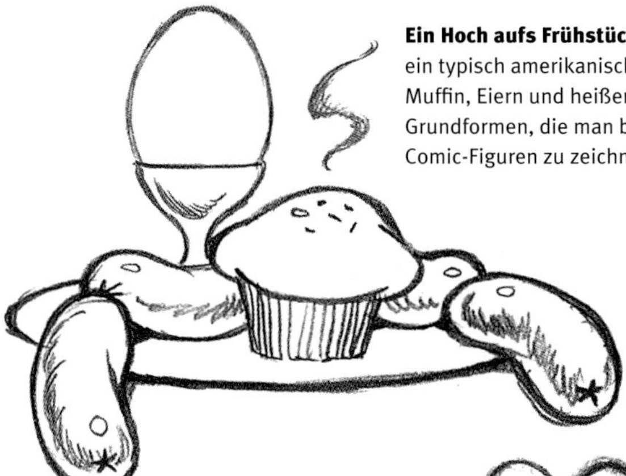

Ein Hoch aufs Frühstück Man glaubt es kaum: Aber ein typisch amerikanisches Frühstück mit einem Muffin, Eiern und heißen Würstchen liefert alle Grundformen, die man braucht, um reichlich komische Comic-Figuren zu zeichnen.

Übertreiben - aber richtig

Es gibt eine Reihe von Szenen, die wir alle schon zigmal gesehen haben: Die Bulldogge, die sich die Seele aus dem Leib bellt und trotzdem nie den Postboten erreicht, weil sie angebunden ist. Oder den Affen, der sein Gesicht genauso verzieht wie der Besucher, der ihm Grimassen schneidet – und sie alle sind trotzdem noch lustig, weil sie gute Slapstick- und Situationskomik sind. Trottelige Kamele, übergewichtige Schweine und zufrieden widerkäuende Kühe bieten herrlich komisches Material.

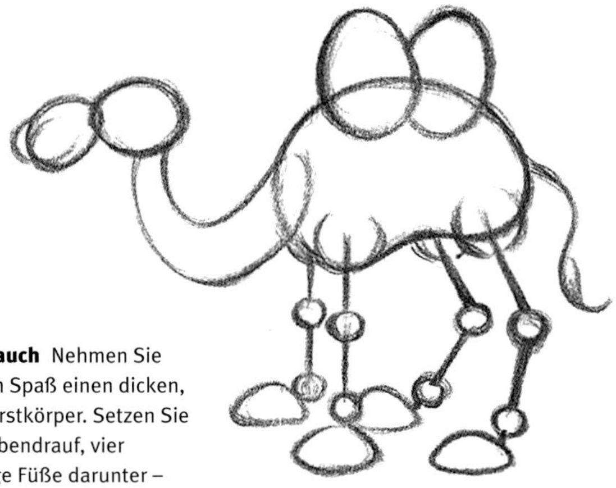

So geht's auch Nehmen Sie einmal zum Spaß einen dicken, runden Wurstkörper. Setzen Sie zwei Eier obendrauf, vier muffinartige Füße darunter – und schon steht da ein ulkiges Kamel.

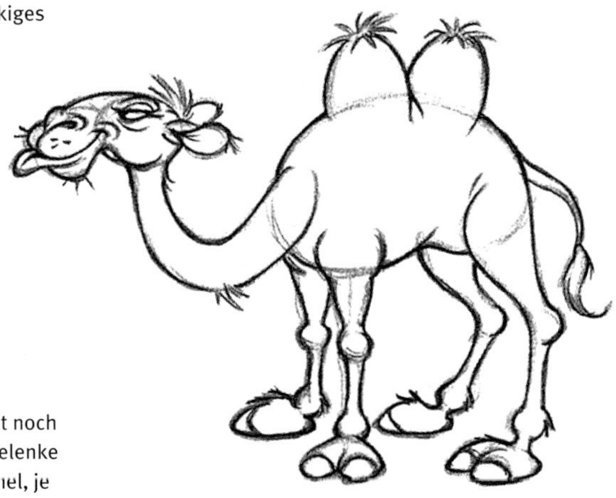

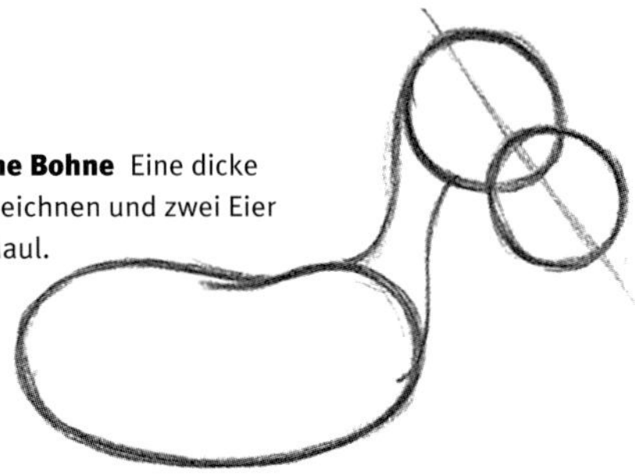

Nicht ohne eine Bohne Eine dicke weiße Bohne zeichnen und zwei Eier für Kopf und Maul.

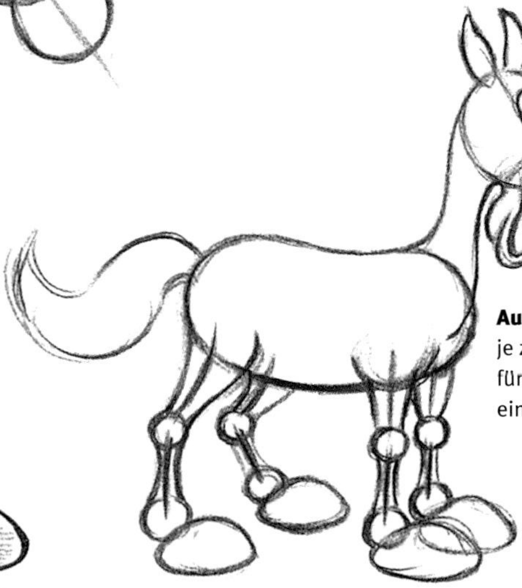

Aufgebrezelt Jetzt noch je zwei kugelige Gelenke für Knie und Knöchel, je ein Muffin darunter …

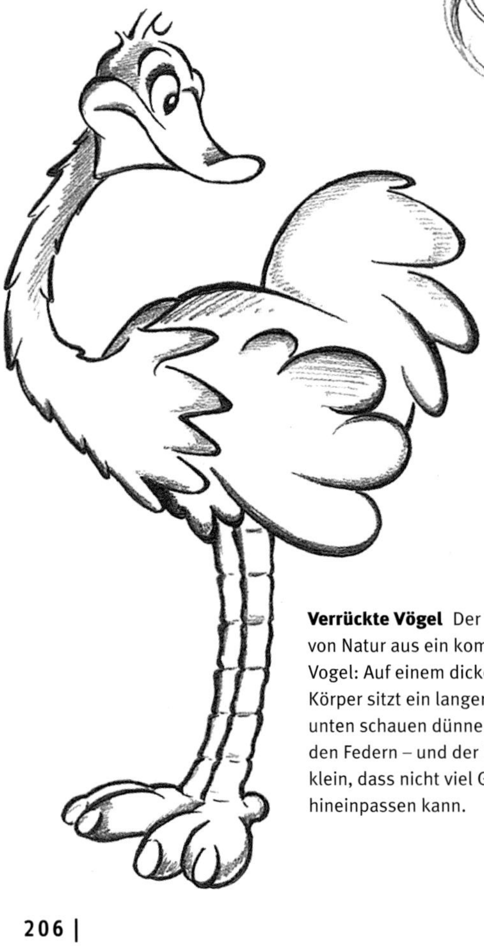

Verrückte Vögel Der Strauß ist von Natur aus ein komischer Vogel: Auf einem dicken runden Körper sitzt ein langer Hals, unten schauen dünne Beine aus den Federn – und der Kopf ist so klein, dass nicht viel Gehirn hineinpassen kann.

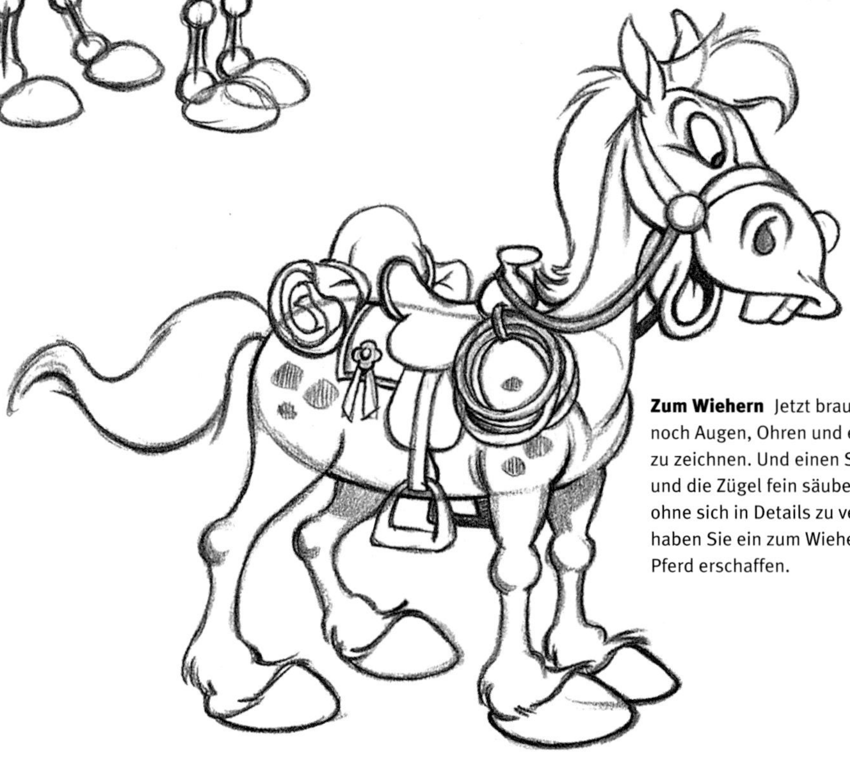

Zum Wiehern Jetzt brauchen Sie nur noch Augen, Ohren und ein lautes Lachen zu zeichnen. Und einen Sattel, ein Lasso und die Zügel fein säuberlich ergänzen, ohne sich in Details zu verzetteln – dann haben Sie ein zum Wiehern komisches Pferd erschaffen.

Gummibeine

Alle Tiere auf dieser Seite haben etwas gemeinsam – einen Körper wie eine Wurst und Beine, die wie Gummischläuche aussehen. Diese Gumminatur macht sie nicht nur lustig, sondern auch extrem biegsam, sodass ihre Bewegungen flüssig und harmonisch und trotzdem witzig aussehen. Ganz wichtig sind die plumpen großen Pfoten oder Füße, denn diese sind wieder eindeutig schräg und komisch. Dieser Bauplan wirkt nicht nur bei Hunden und Löwen. Versuchen Sie es einmal mit einem Affen, Kühen oder Giraffen.

Was war denn das?

Eben ist Karli Kaninchen vorbeigeflitzt, aber Fido hat nur das Nachsehen! Wenn Sie eine solche komplette Bewegung zeichnen wollen, sollten Sie eine Comic-Figur aus Plastik kaufen und sie einmal genauso um sich selbst drehen. Dann können Sie sehen, wie ein Gesicht aus allen Blickwinkeln aussieht. Versuchen Sie diese Drehung schrittweise nachzuzeichnen – vom Profil über die Dreiviertelansicht bis hin zur Ansicht von vorne.

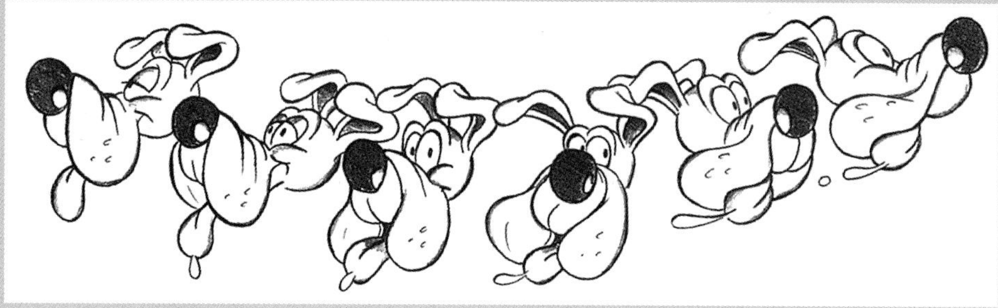

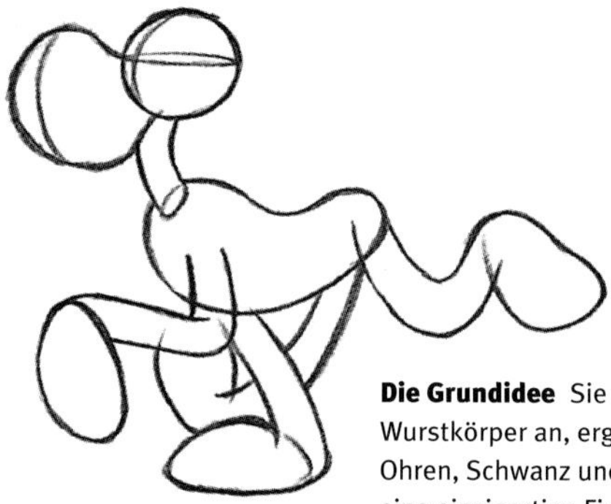

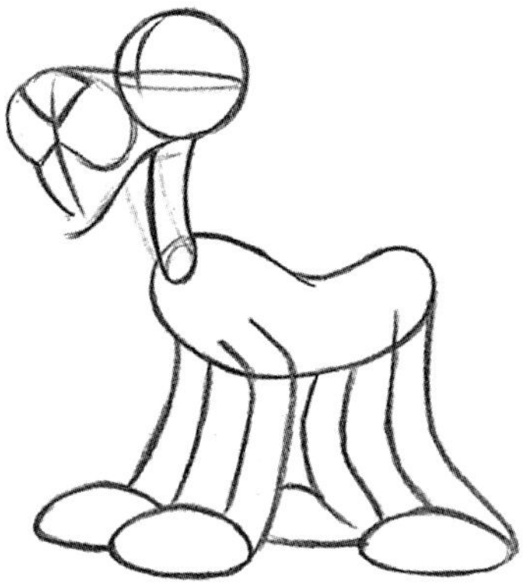

Die Grundidee Sie fangen mit dem Wurstkörper an, ergänzen dann Ohren, Schwanz und Nase so, dass eine einzigartige Figur entsteht.

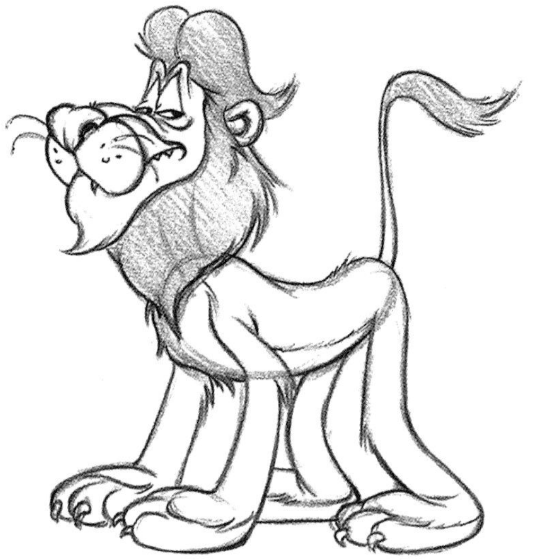

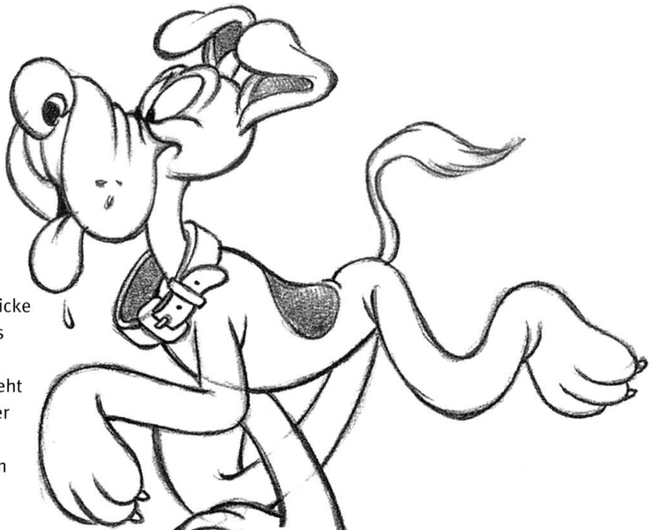

Völlig ungefährlich Dicke Nase, ein viel zu großes Halsband, weiche Schlappohren – man sieht auf einen Blick, dass der gutmütige Fido keiner Fliege etwas zuleide tun kann.

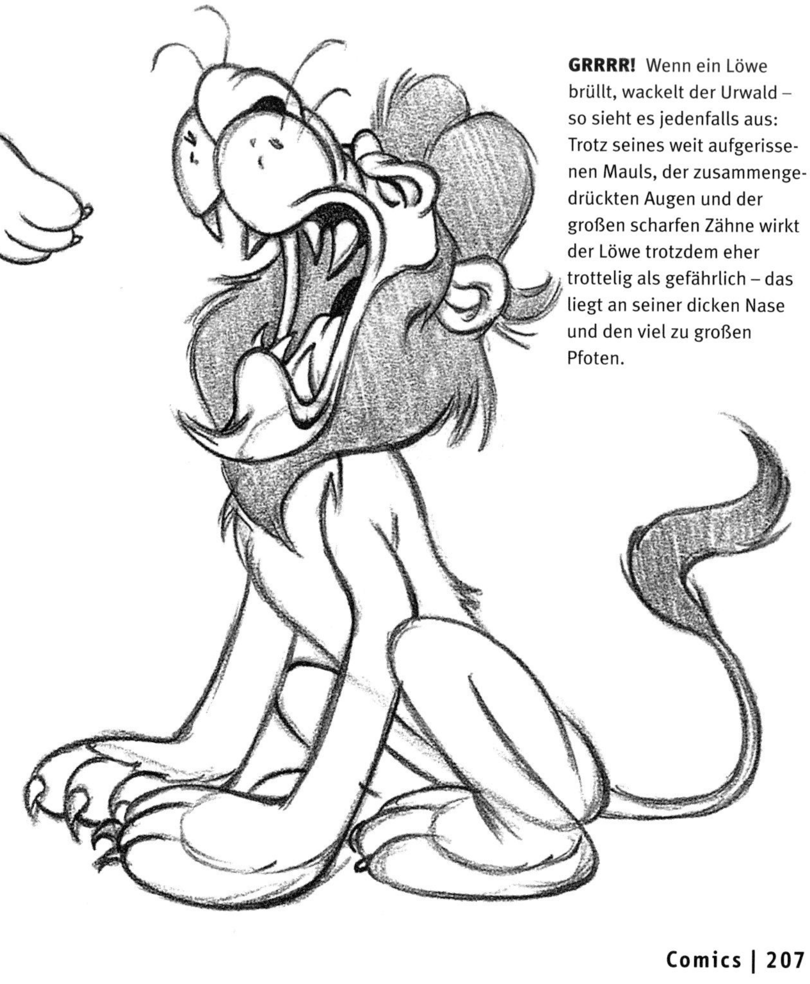

GRRRR! Wenn ein Löwe brüllt, wackelt der Urwald – so sieht es jedenfalls aus: Trotz seines weit aufgerissenen Mauls, der zusammengedrückten Augen und der großen scharfen Zähne wirkt der Löwe trotzdem eher trottelig als gefährlich – das liegt an seiner dicken Nase und den viel zu großen Pfoten.

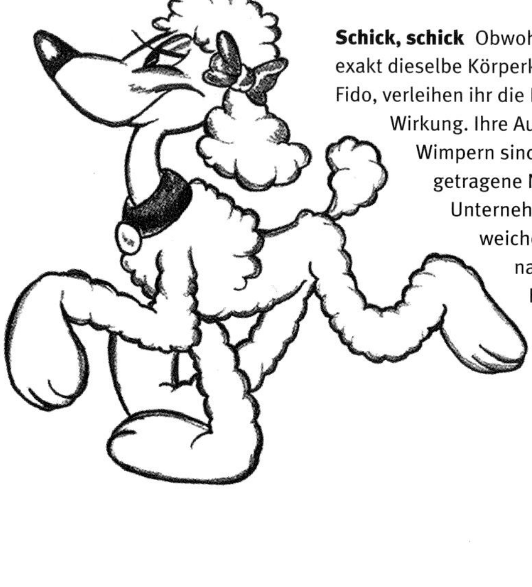

Schick, schick Obwohl die attraktive Pudeldame exakt dieselbe Körperkonstruktion besitzt wie Fido, verleihen ihr die Details eine völlig andere Wirkung. Ihre Augen mit den langen Wimpern sind anziehend, die hoch getragene Nase verrät ihren Unternehmungsgeist – selbst das weiche Fell wirkt feminin. Und natürlich trägt sie ihr Halsband wie ein Topmodel sein Collier! Trotzdem wirkt auch sie witzig und liebenswert.

3. Realistische Tierfiguren

Alle die Hunde, Katzen, Löwen und Bären, die in Comics vorkommen, müssen zwar vereinfacht und vermenschlicht sein und leicht lesbare Emotionen zeigen – andererseits wirken sie unglaubwürdig, wenn sie nicht realistisch genug dargestellt sind. Ein gutes Hilfsmittel, um zeichnerisch diesen Spagat zu schaffen, sind Fotos. Denn wenn der Umriss, die Muskeln, das Fell oder die Federn gut wiederzuerkennen sind, ergänzt der Betrachter den Rest und konzentriert sich auf den Gesichtsausdruck. Dieser muss immer klar und eindeutig erkennbar sein.

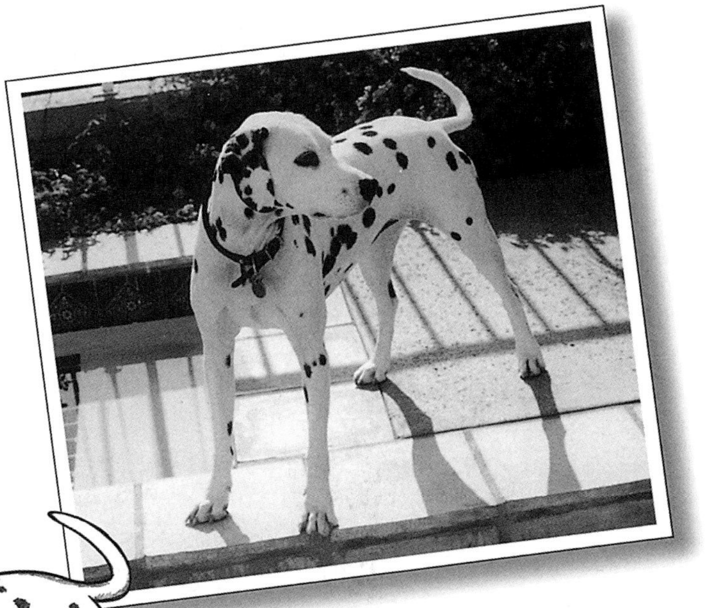

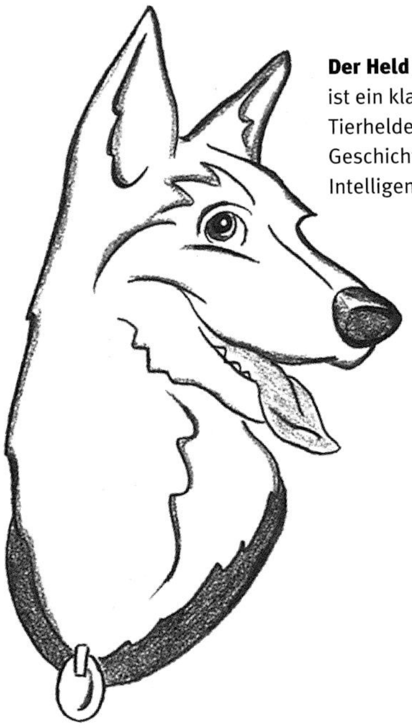

Der Held Dieser deutsche Schäferhund ist ein klassisches Beispiel für einen Tierhelden. Geben Sie den Stars Ihrer Geschichte ein vornehmes Äußeres, Intelligenz und Wachsamkeit.

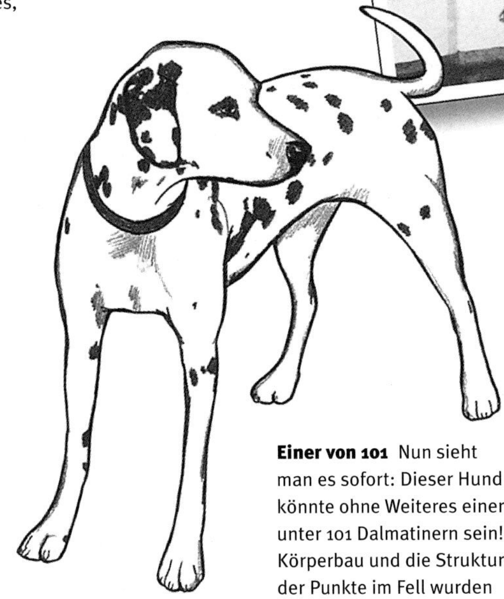

Die Verwandlung eines Dalmatiners Die erste Version ist noch sehr nah am Foto des Dalmatiners. Nur die Schnauze, die Stirn und das Halsband zeigen schon Vereinfachungen. Trotz dieser ersten Eingriffe sehen Sie hier noch eine lebensnahe Zeichnung. Wenn dieser Hund seine Stimme erheben würde, würde er nicht sprechen, sondern bellen.

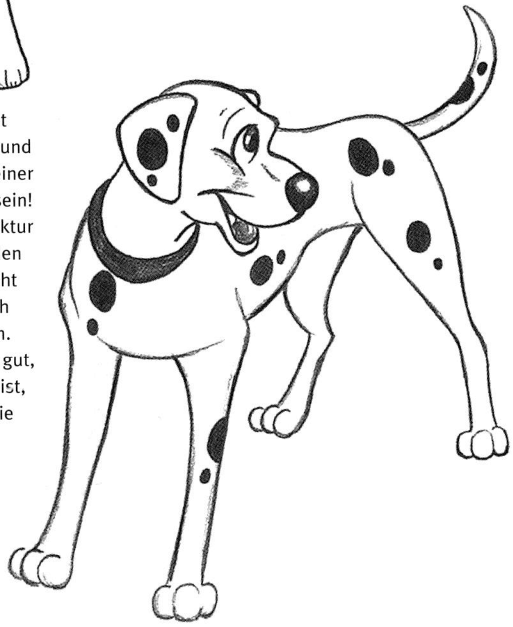

Einer von 101 Nun sieht man es sofort: Dieser Hund könnte ohne Weiteres einer unter 101 Dalmatinern sein! Körperbau und die Struktur der Punkte im Fell wurden stark vereinfacht, Gesicht und Füße sind wie durch Magie größer geworden. Man erkennt noch sehr gut, dass es ein Dalmatiner ist, aber er lächelt schon wie ein Mensch.

Wichtig: das Gesicht

Bei Comic-Figuren kann man die reale Tieranatomie mit der Darstellung von Gefühlen kombinieren. Wenn Sie dabei das Gesicht nicht flach zeichnen, sondern ihm eine Knochenstruktur, Muskeln und insgesamt Räumlichkeit und Glaubwürdigkeit verleihen, wird das Gesicht den Betrachter besonders ansprechen. Gerade als Anfänger sollten Sie dabei häufig Fotos zurate ziehen. Zeichnen Sie dann zuerst das Tier möglichst realistisch, ohne zu sehr ins Detail zu gehen. In den nächsten Schritten vereinfachen Sie dann die Formen und arbeiten gleichzeitig den Gesichtsausruck, den Sie Ihrem Comic-Helden verleihen wollen, stärker heraus. Wer schon mehr Erfahrung hat, wird sich an die Fotos nur noch anlehnen und zunehmend seiner Fantasie und Intuition vertrauen.

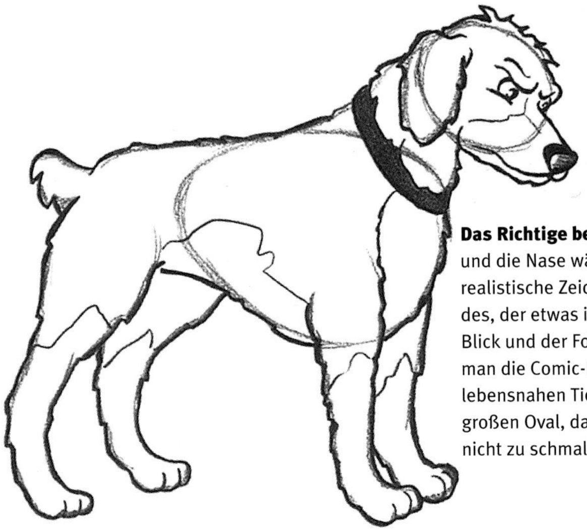

Das Richtige betonen Ohne die Augen und die Nase wäre dies die ganz realistische Zeichnung eines Wachhundes, der etwas im Blick hat. Doch am Blick und der Form der Augen erkennt man die Comic-Figur. Solche sehr lebensnahen Tiere entstehen aus einem großen Oval, damit Brust und Rippen nicht zu schmal wirken.

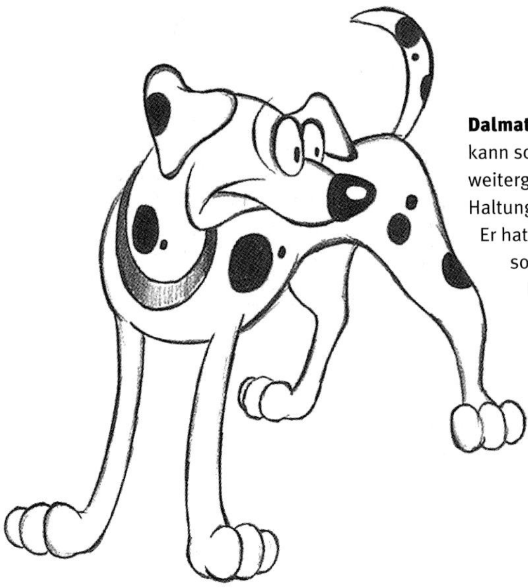

Dalmatiner als Witzfigur Man kann sogar noch einen Schritt weitergehen: Jetzt wurde die Haltung des Dalmatiners verändert. Er hat ein neues Ohr bekommen sowie Augen, die aus dem Kopf treten, und Gummibeine. Obwohl man immer noch erkennt, dass hier derselbe Dalmatiner Pate stand, ist er eine echte Witzfigur, die unter Garantie Schwung in jeden Comic bringt.

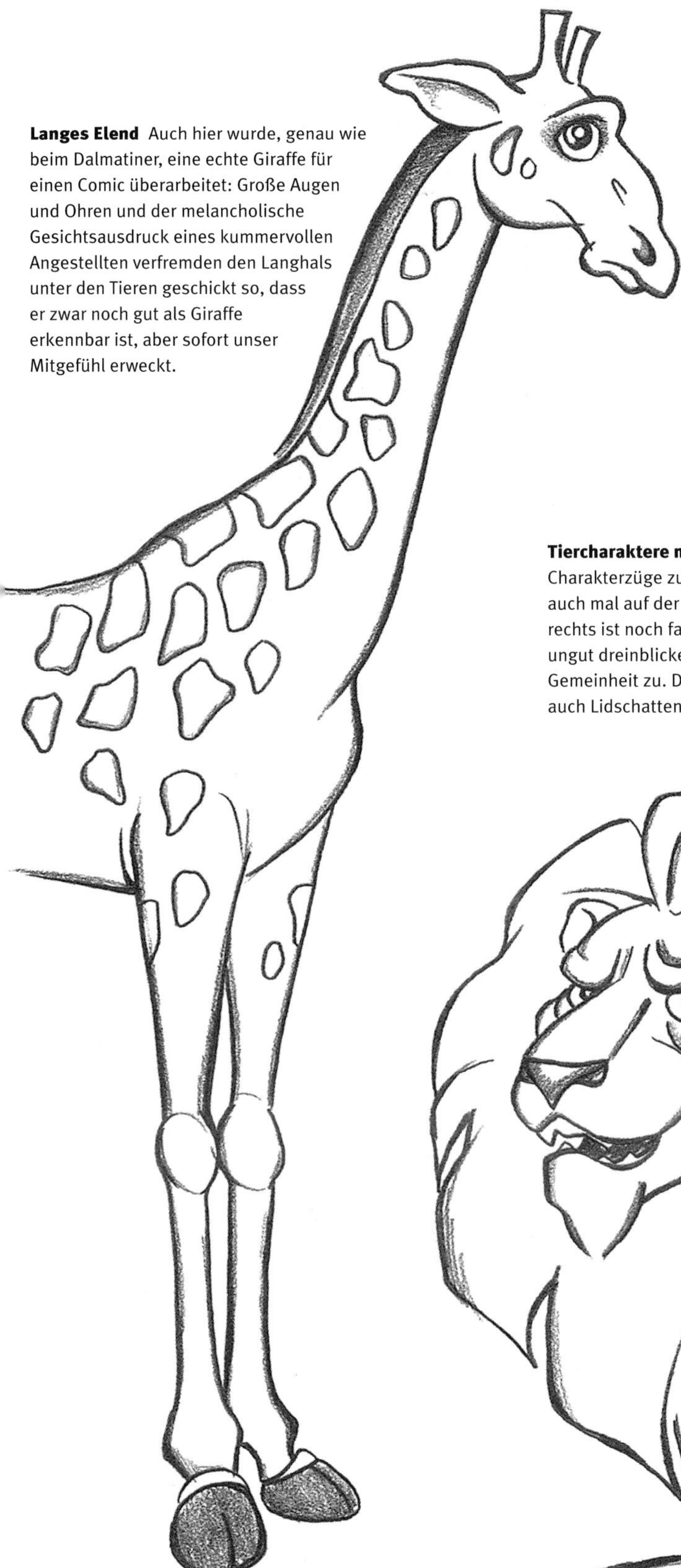

Langes Elend Auch hier wurde, genau wie beim Dalmatiner, eine echte Giraffe für einen Comic überarbeitet: Große Augen und Ohren und der melancholische Gesichtsausdruck eines kummervollen Angestellten verfremden den Langhals unter den Tieren geschickt so, dass er zwar noch gut als Giraffe erkennbar ist, aber sofort unser Mitgefühl erweckt.

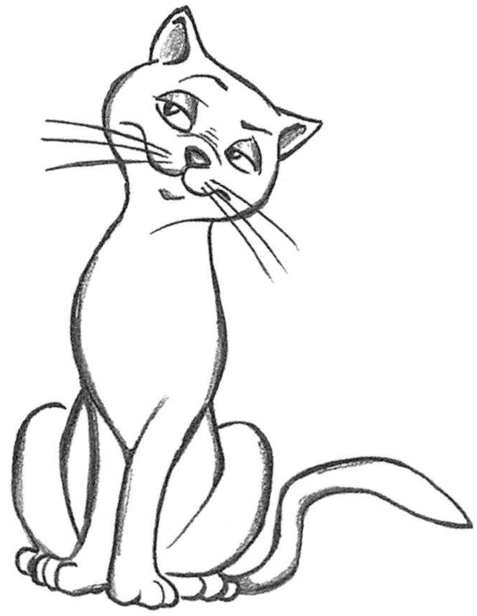

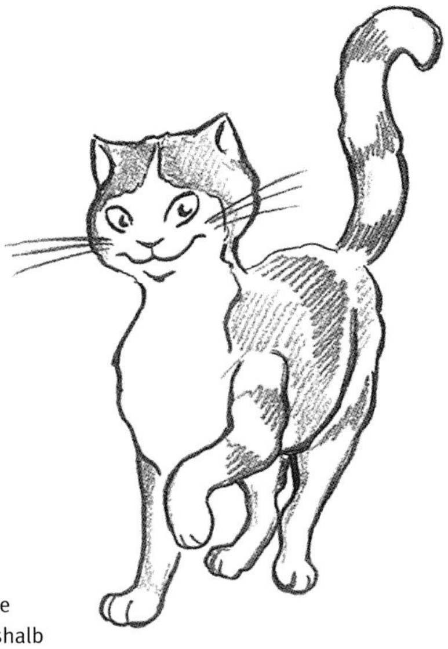

Tiercharaktere nützen Wir schreiben Tieren schon seit Langem bestimmte Charakterzüge zu. Die Katze gehört zu den interessantesten und spielt deshalb auch mal auf der guten, mal auf der anderen Seite: Die gefleckte Hauskatze oben rechts ist noch fast lebensnah und emotional neutral gezeichnet. Dem fetten, ungut dreinblickenden Kater unten traut man dagegen sofort einiges an Gemeinheit zu. Die Katze oben links ist nicht nur dünn wie ein Model, sie trägt auch Lidschatten und den schlauen Gesichtsausdruck einer typischen Stadtmieze.

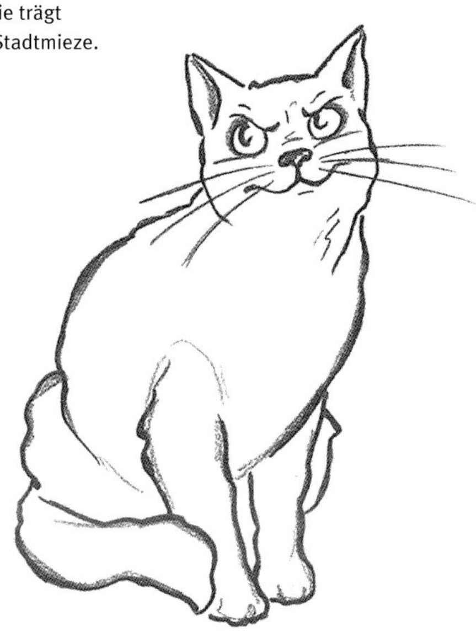

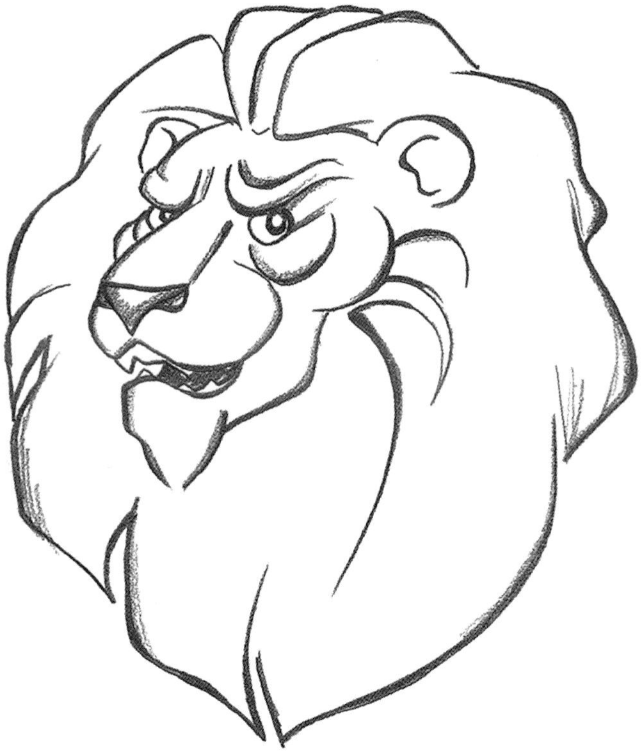

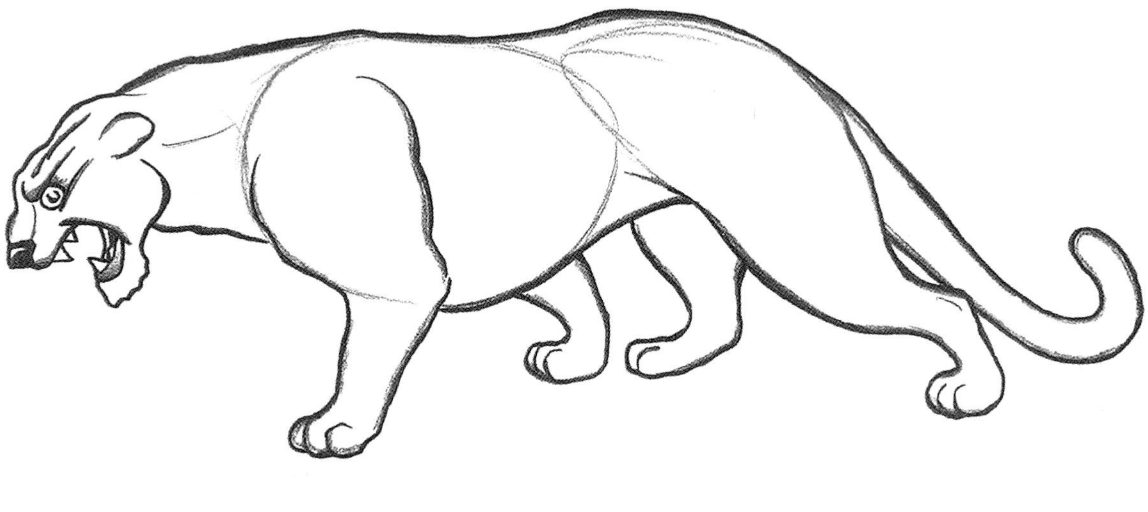

Ins Gesicht geschrieben

Ob niedlich, schräg oder realistisch – alle tierischen Comic-Figuren brauchen ein Gesicht, in dem wir Menschen rasch die Emotionen und Charaktereigenschaften erfassen. Nutzen Sie das riesige Reservoir der natürlichen Tierformen für komische zeichnerische Übertreibungen, damit wir Ihre Figuren lachend ins Herz schließen können.

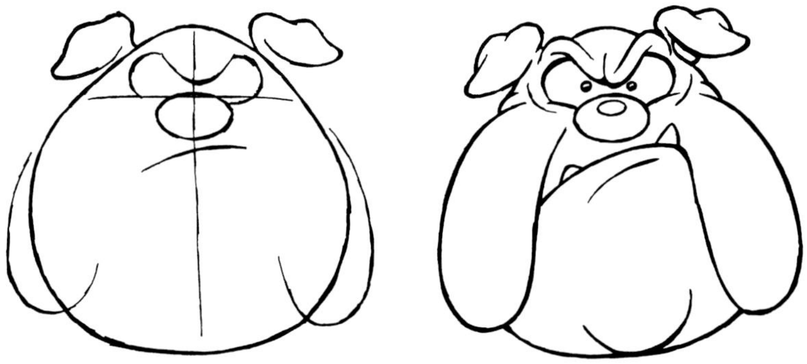

Hunde, die bellen ... Ein Ei mit dicken Backen ist die Grundlage für diese Bulldogge. Dass sie sicher furchtbar bellt, aber eher davonrennt als beißt, verraten die viel zu kleine Nase und der Ausdruck der Augen.

Stets wohlgeformt: der Kopf

Der Kopf eines Menschen hat in erster Linie die Form eines Eis, selbst wenn man es in die Länge zieht oder etwas zusammenstaucht. Tierköpfe dagegen sind fast unendlich wandelbar. Schon das Quartett auf dieser Seite ist so unterschiedlich, dass das Herz des Comic-Zeichners bei ihrem Anblick lacht.

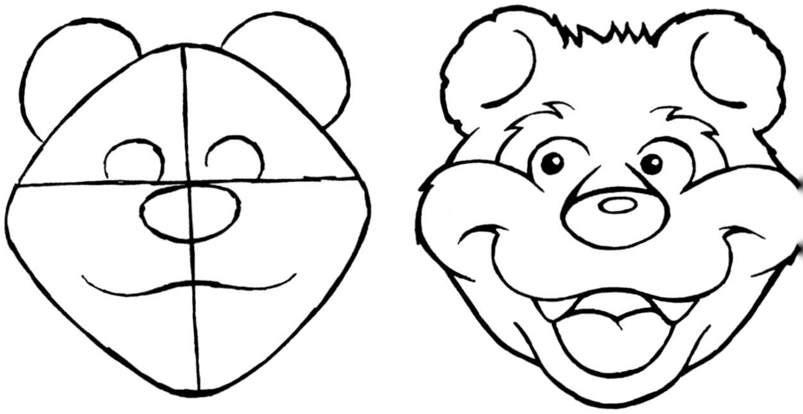

Lieber Meister Petz Rund und weich ist alles an diesem Bären und auch das nette Lachen signalisiert: Ich bin ein ganz Lieber.

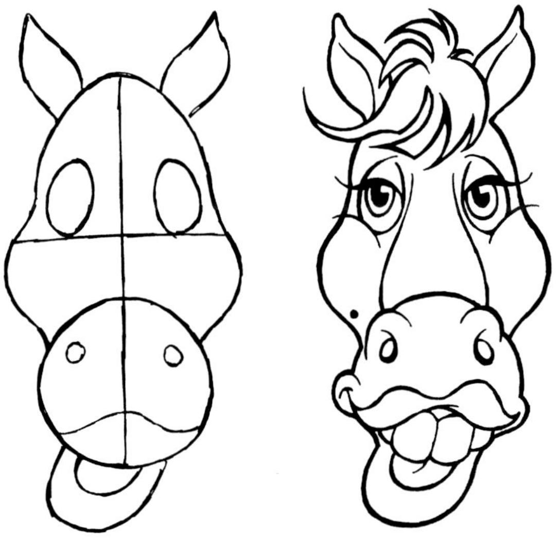

Wenn Pferde flirten Die attraktive Pferdedame besteht aus einem weichen kugeligen Maul und einer Bohne. Mit strahlend weißen Zähnen, langen Wimpern und einer gewagten Sturmfrisur geht sie sicher nicht erfolglos auf Männerfang.

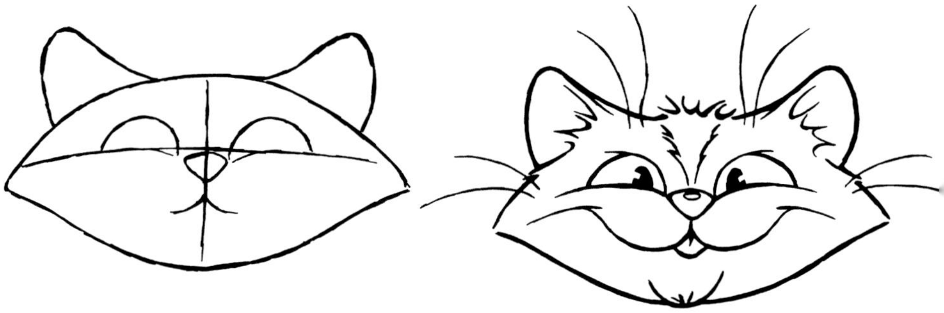

Süße Mieze Ganz reizend ist auch diese Katze mit dem Kussmündchen. Sie entstand aus einer gerundeten diamantartigen Grundform und erhielt ein großes Lächeln und unternehmungslustig aussehende Schnurrbarthaare.

Gesichter ohne Grenzen

Was man aus einem Tier alles machen kann, zeigen diese beiden Beispiele nochmals ganz deutlich. Das Pferdchen links ist zwar auch schon eine Comic-Figur, aber das Pferd rechts ist so verrückt, dass man es gleich ins Herz schließt. Auch der Hase links ist ein niedlicher Geselle, aber noch viel ulkiger ist der Hase rechts. Die Technik ist übrigens einfach: Zeichnen Sie zuerst ein noch real aussehendes Tier wie den linken Hasen. Dann einfach Pauspapier darüberlegen und angstfrei draufloszeichnen.

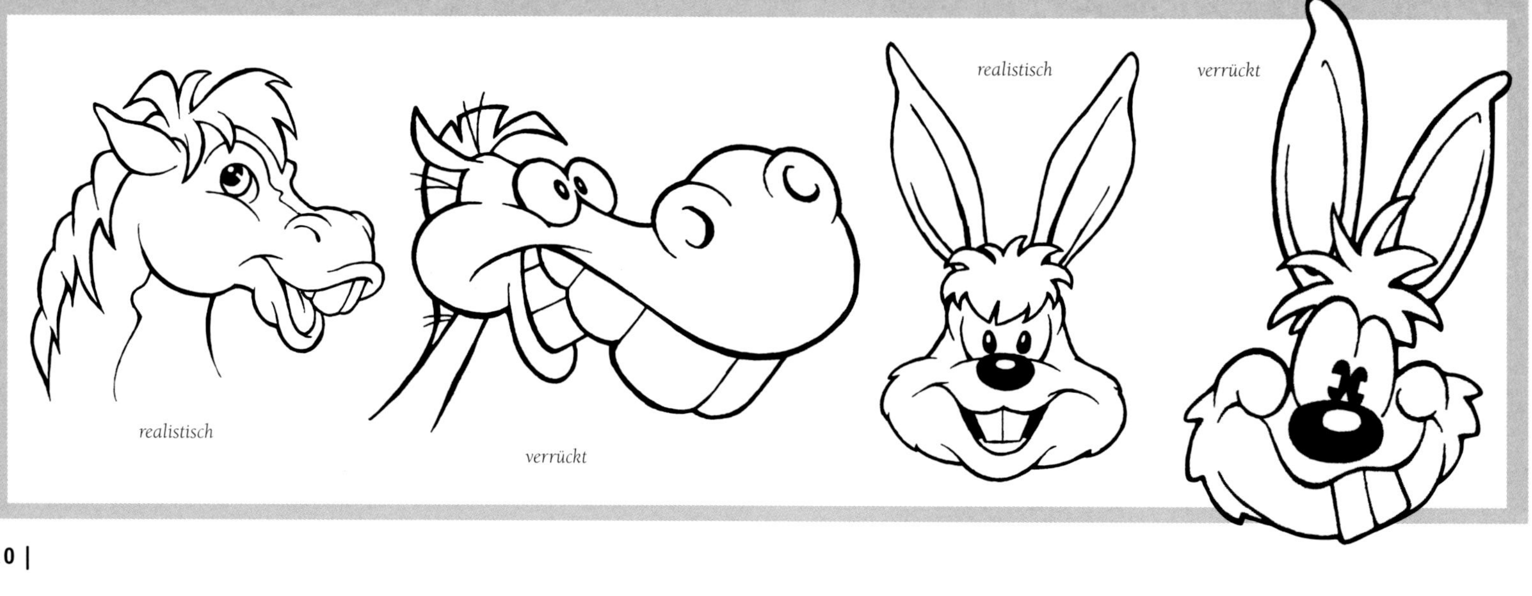

Grummel, Grummel

Manchmal hat man mehr Lust, Tiere mit schlechter Laune zu zeichnen als solche, die immer und ewig gut drauf sind. Sollte der alte Ziegenbock eine gewisse Ähnlichkeit mit Opa haben, kann das nur purer Zufall sein …

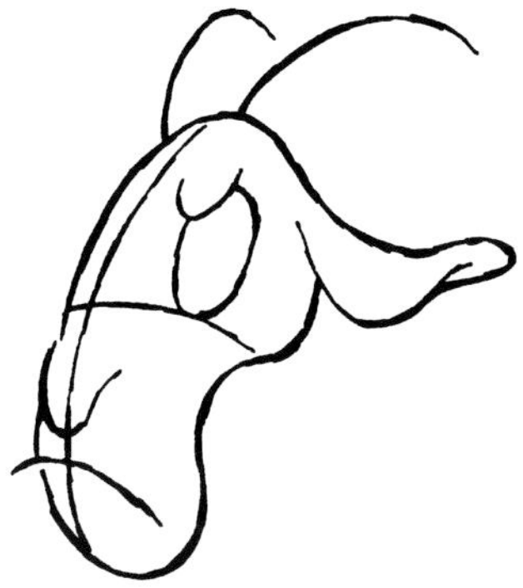

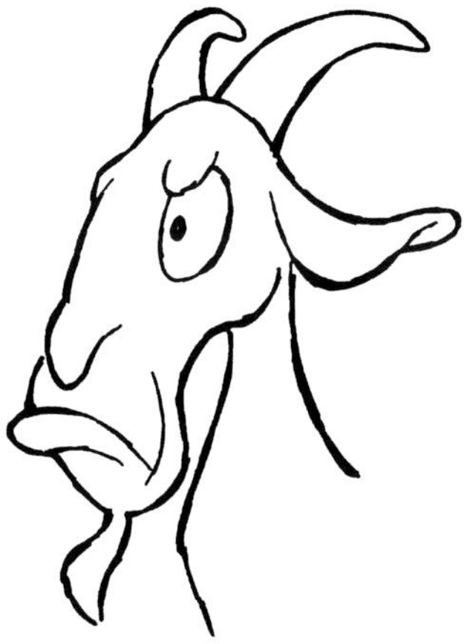

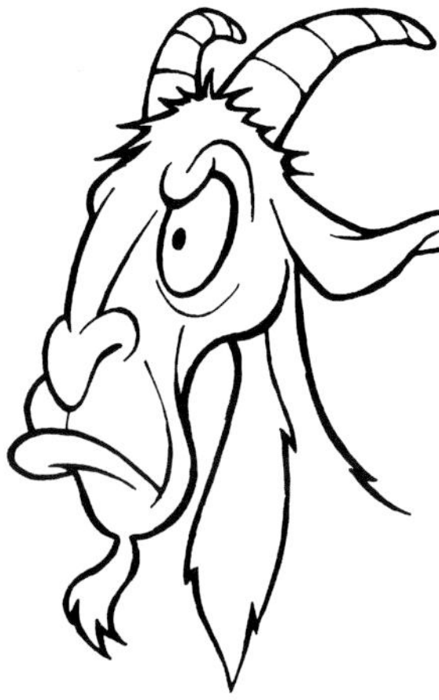

Lasst mich bloß in Ruhe Auch dieser Ziegenbock beginnt seine Existenz als Bohne – allerdings hatte sie von Anfang an den richtigen „negativen" Schwung, der sich bis in die Hörner und den missmutig nach unten gezogenen Mund fortsetzt.

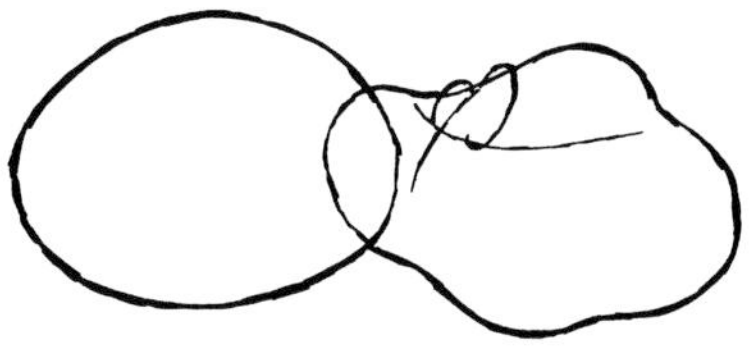

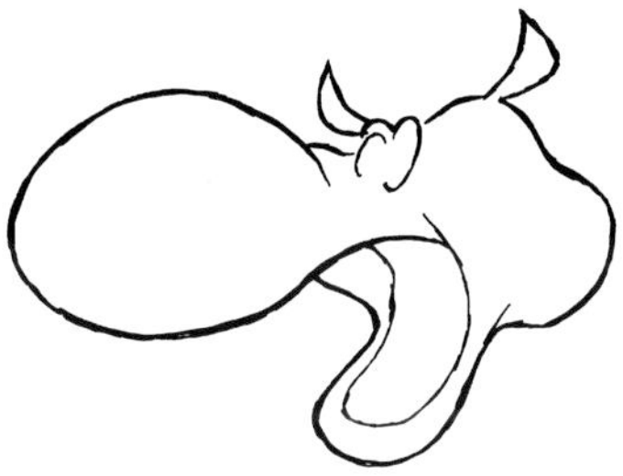

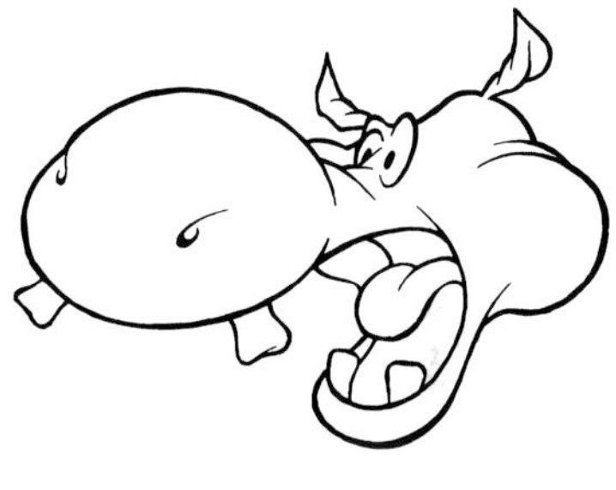

Kreisch! Besonders lustig ist es immer, wenn ein riesengroßes, starkes Tier vor Schreck quietscht, wie dieses Nilpferd, dem vor Entsetzen die Augen aus dem Kopf treten und dem sogar die Ohren „zu Berge stehen".

Tierische Schnauzen

Auch wenn sie lachen oder schreien, beleidigt oder superschlau aussehen – überzeugende Tiergesichter beginnen am besten mit einem Kreis und entsprechenden Hilfslinien wie jedes menschliche Gesicht. Dann einen kleineren Kreis für die Schnauze oder das Maul dazuzeichnen. Üben Sie mit diesen Gesichtern, und wenn Sie sich sicher fühlen, denken Sie sich eigene Tiere aus.

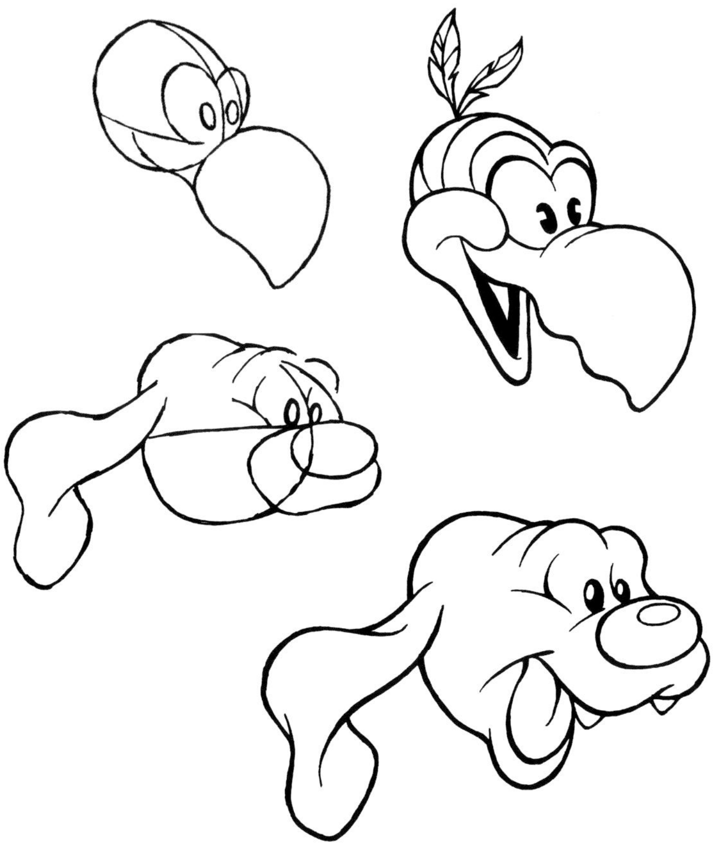

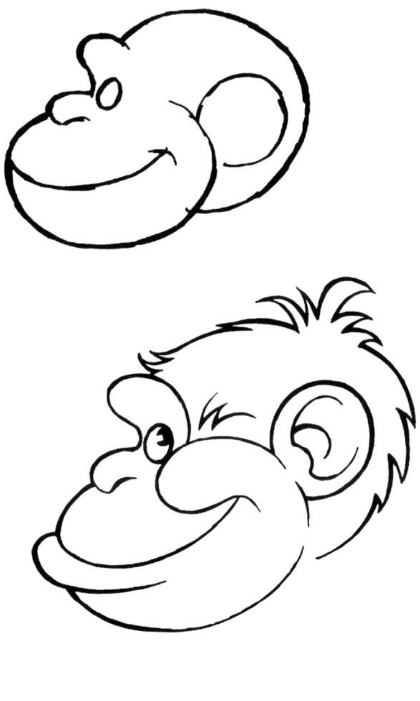

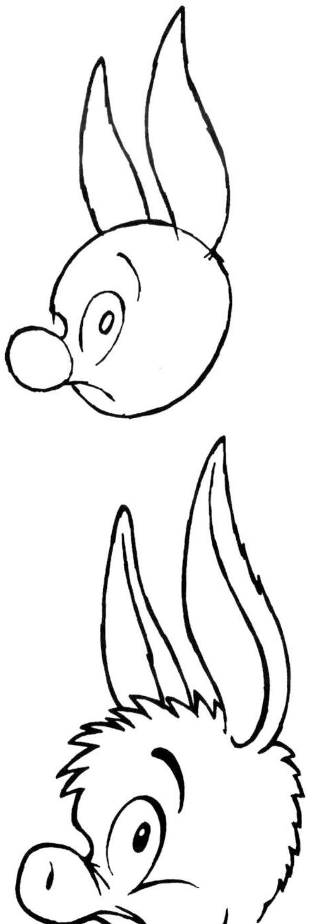

Im Profil und von der Seite Tiere haben ganz klare Profile und schon Kinder erkennen Affen und Esel in der seitlichen Ansicht auf Anhieb. Eine Dreiviertelansicht kann auch so oft gezeichneten Tieren wie einem Hund oder einem Papagei eine interessantere Note verleihen.

Beredte Körpersprache

Die Tierwelt hat teilweise sehr bizarre Körperformen hervorgebracht wie Giraffen, Schlangen oder den Pelikan mit seinem Riesenschnabel – und oft weiß man nicht genau, wie man diese Wunder der Natur richtig in Bewegung setzt! Trotzdem gibt es Wege, die Ihnen helfen, auch die erstaunlichsten Kreaturen der Schöpfung richtig darzustellen. Das Wichtigste: Halten Sie die Augen offen und sehen Sie sich Tiere in allen Lebenslagen ganz genau an. Es gibt Tierdokumentationen im Fernsehen, es gibt Bücher und Zeitschriften. Gehen Sie in den Tierpark. Verfolgen Sie Ihren Hund, Ihre Katze, Ihren Kanarienvogel oder Goldhamster mit dem Bleistift. Wenn Sie ein Tier einmal richtig gut zeichnen können, kann es immer wieder in Ihren Comics auftauchen. Zeichnen Sie auch die Tiere auf dieser Seite immer wieder nach – hier können Sie üben, Tiere im Stand, im Sitzen, beim Hüpfen und in schneller oder langsamer Bewegung abzubilden.

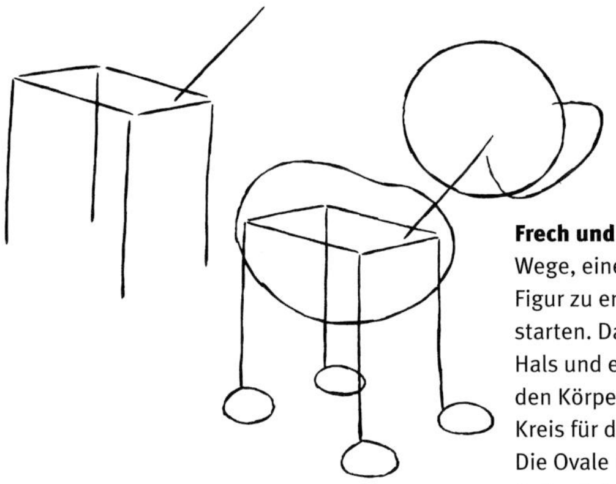

Frech und schlau Einer der sichersten Wege, eine vierbeinige stehende Comic-Figur zu entwerfen, ist, mit einem Tisch zu starten. Dann einen Strich anbringen für den Hals und eine Bohne passender Größe für den Körper zeichnen. Es fehlen nur noch ein Kreis für den Kopf und Ovale für die Füße. Die Ovale unten abflachen, damit der Hund fest auf dem Boden steht.

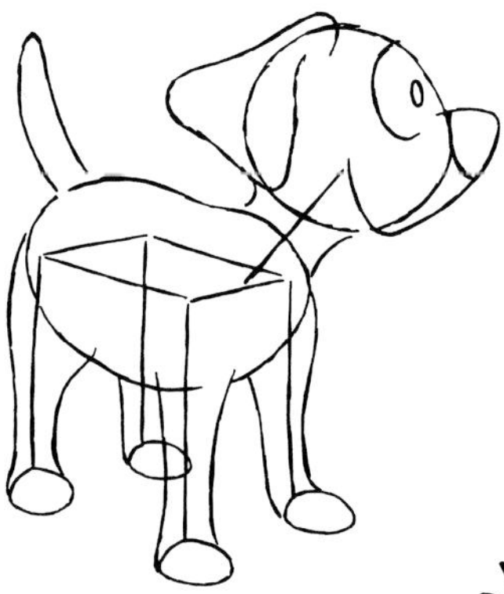

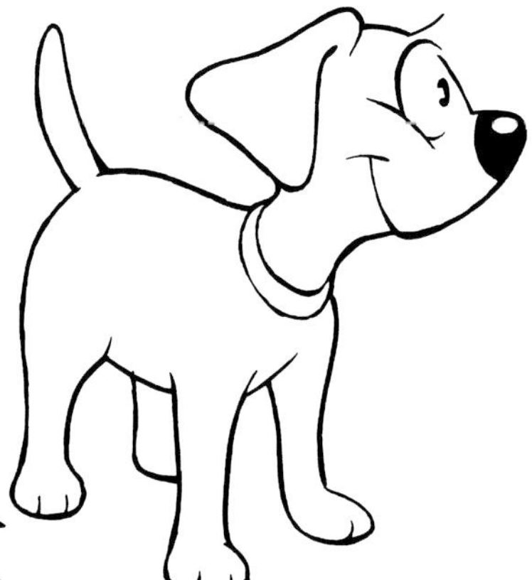

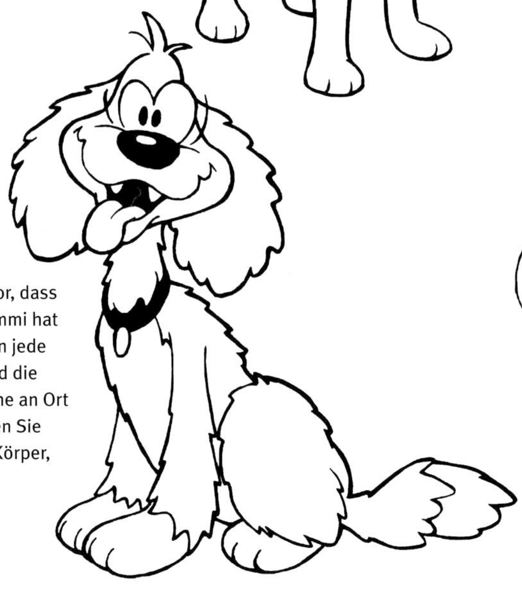

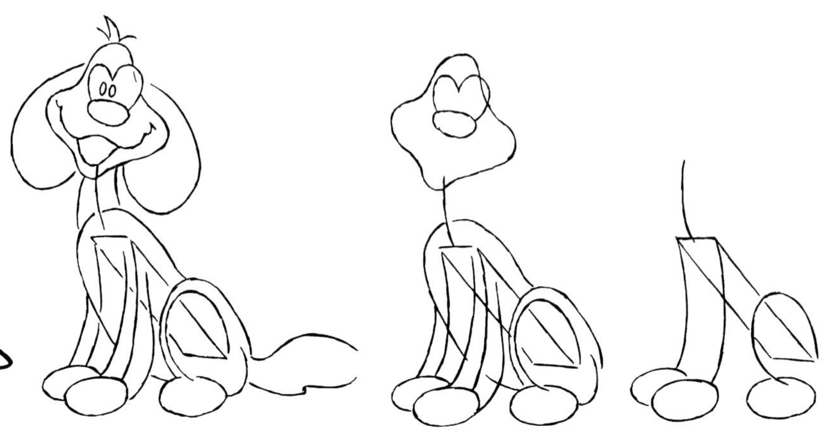

Sitz! Stellen Sie sich vor, dass der Tisch Beine aus Gummi hat – dann können Sie ihn in jede Position bringen. Sobald die Tischplatte und die Beine an Ort und Stelle sind, zeichnen Sie wieder eine Bohne als Körper, Kopf und Hals – fertig.

Künstlerische Freiheit

Beim Comic-Zeichnen geht es darum, Gestalten zu entwickeln, die witzig und liebenswert sind – und doch als Tiere erkennbar. Es liegt in der Hand des Zeichners, ein echtes Tier so zu verändern, dass Qualitäten zum Vorschein kommen, die außer ihm vielleicht noch niemand anderer gesehen hat.

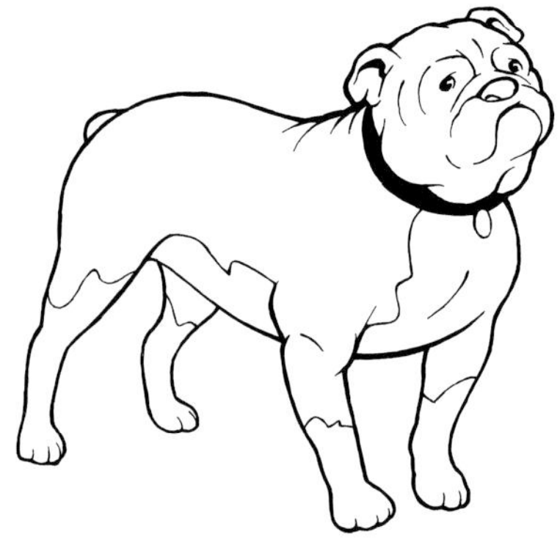

Eine Bulldogge Obwohl Bulldoggen kräftig und kantig aussehen, ist ihr Charakter sanft und liebenswert – was ein guter Comic-Zeichner in wenigen Schritten darstellen kann.

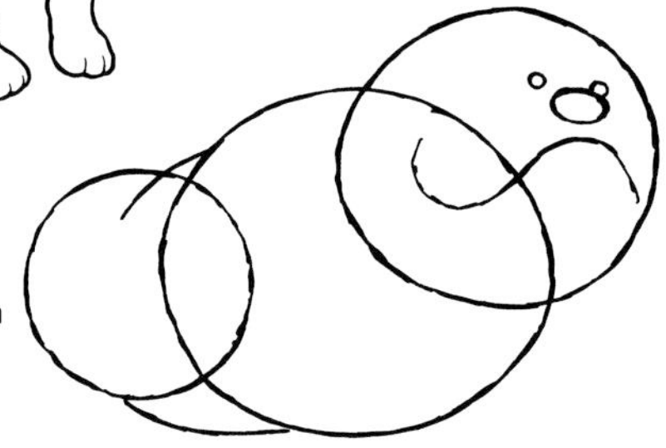

Mit Kreisen starten Um den realen Charakter des Körpers zu verändern, wird die Bulldogge komplett aus weichen Formen und Kreisen aufgebaut. Gleichzeitig das Maul noch größer zeichnen, als es ist, und die Augen näher zusammen als in Wirklichkeit.

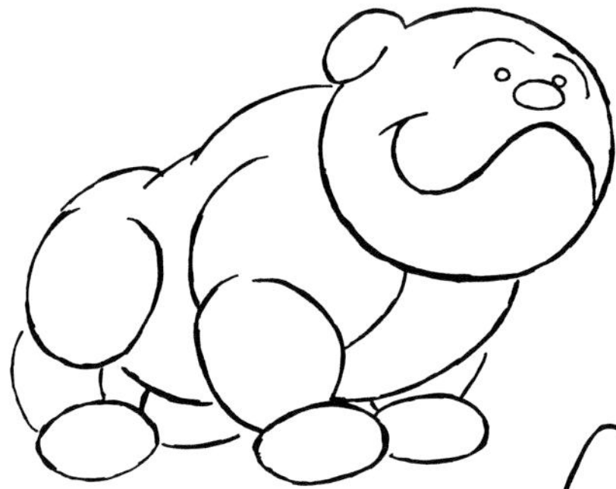

Etwas aufgepeppt Selbst die Beine und die Pfoten sind rundlich und weich. Ein nettes Ohr und die ersten Falten lassen den freundlichen Charakter schon jetzt ahnen.

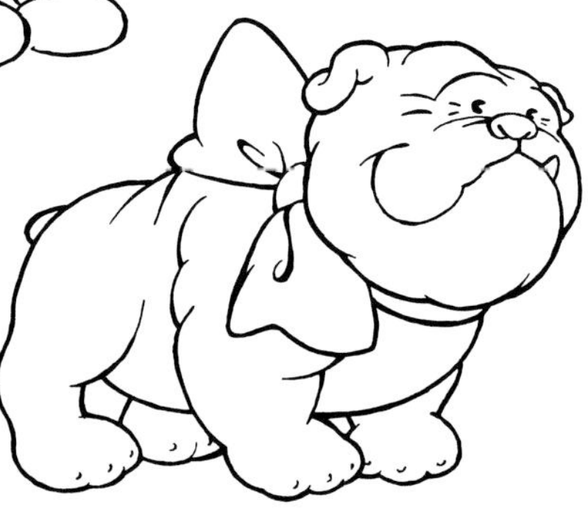

Ein Lächeln Dieser Bulldogge fehlt jede Gemeinheit. Ihr ganzer Körper und ihre Haltung sind liebenswert und warmherzig. Deshalb wirkt auch das Lächeln authentisch und anziehend.

Jetzt geht es los

Sobald Sie Ihre Gestalten im Stehen und im Sitzen sicher zeichnen können, können Sie sie in Bewegung setzen. Achten Sie auf die Kleinigkeiten. So bewegt ein Hund seine Vorderläufe, ein Elefant dagegen seine hinteren Beine ganz ähnlich wie ein laufender Mensch. Bewegungen beginnen Sie mit der sogenannten Aktionslinie, die in etwa dem Verlauf der Wirbelsäule folgt. Anschließend dem Körper Volumen verleihen.

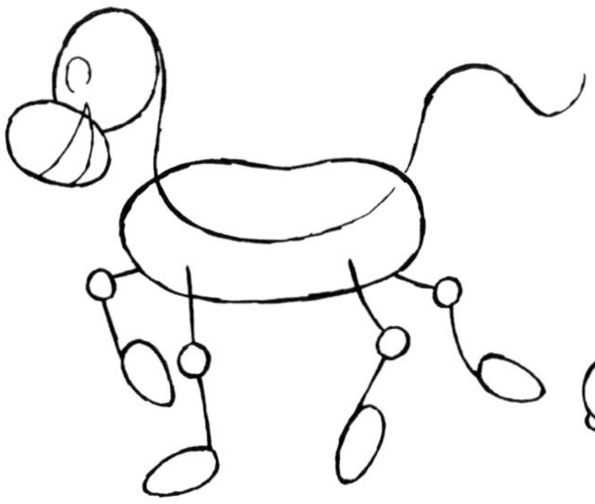

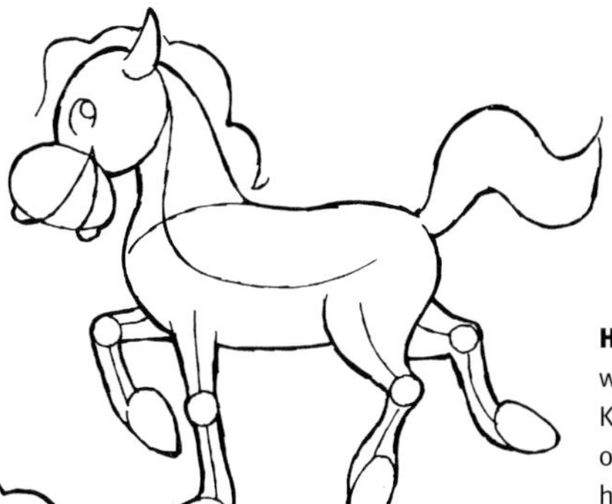

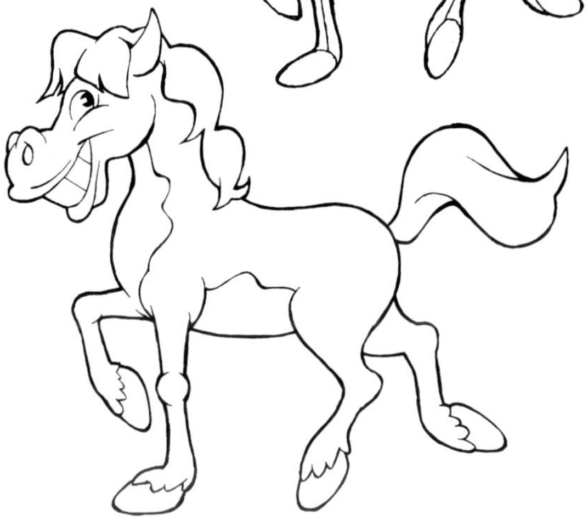

Zum Wiehern Diese Pferdedame trägt ein breites Grinsen im Gesicht, ihr Gang wirkt herausfordernd und dazu noch die dicken Hufe! Trotzdem erkennt man sofort, dass sie ein Pferd ist – und man sieht sogar, dass sie trabt, weil der Zeichner die Bewegung völlig realistisch wiedergegeben hat.

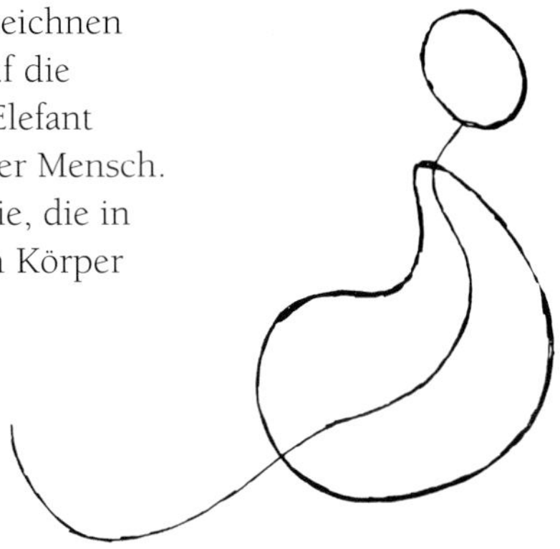

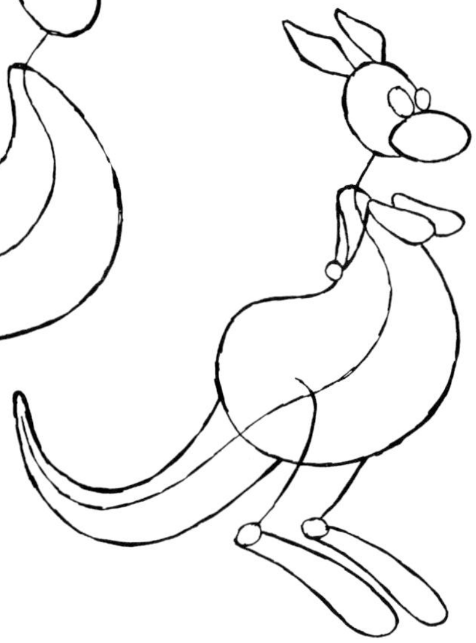

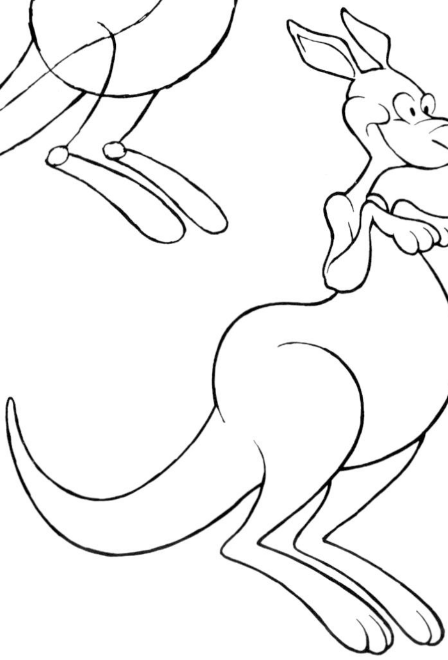

Hopp, hopp, hopp Mit nur wenigen Strichen wurde das Känguru so verfremdet, dass es ohne Weiteres durch jeden Comic hüpfen kann: Während auch hier die eigentliche Bewegung völlig realistisch eingefangen ist, erhielt das Känguru einen Riesenbauch, adrette Pfötchen und weiche Schlappohren, die im Wind wehen.

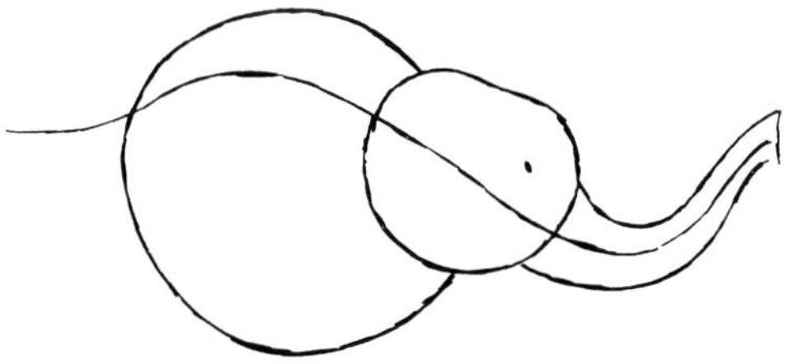

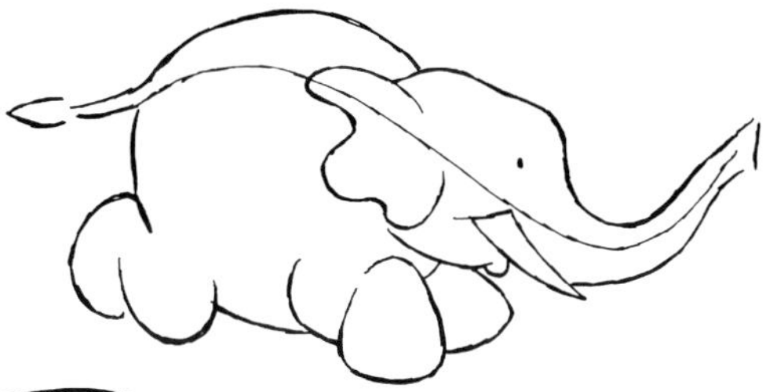

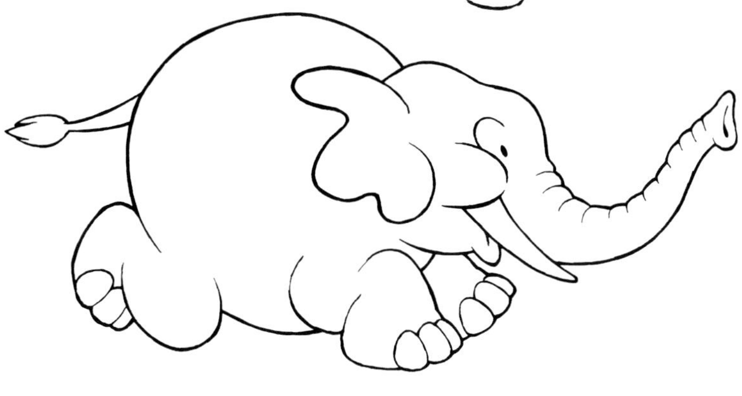

Rasender Jumbo Dieser Elefant scheint nur aus einem Ballon und vier Füßen zu bestehen – trotzdem sieht er aus, als würde er rasend schnell rennen: Rüssel und Schwanz sind in „Flugrichtung“ ausgestreckt, die Ohren vom schnellen Lauf gegen den Körper gepresst und das freudige Lächeln sagt uns, dass hier jemand einer großen Freude entgegenstürmt.

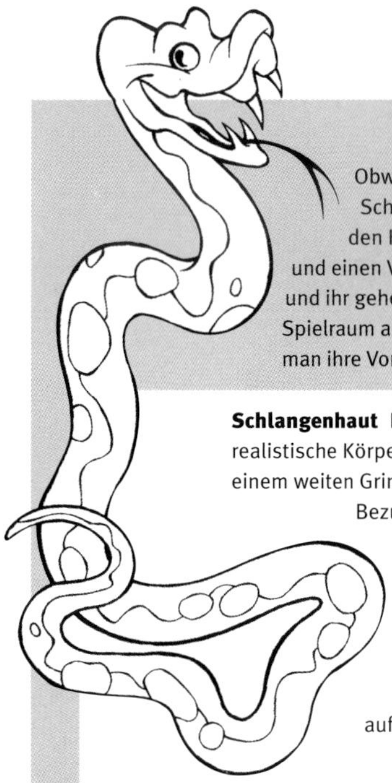

Obwohl Schlangen, Fische, Insekten oder Schildkröten auf den ersten Blick nicht gerade zu den Kuscheltieren gehören, sind auch sie einen Blick und einen Versuch wert. Denn gerade ihre Körperformen und ihr geheimnisvolles Wesen lassen einen weiten Spielraum an Verwandlungen zu. Man muss nur wissen, wie man ihre Vorzüge ins rechte Licht setzt.

Schlangenhaut Bei dieser Schlange kontrastieren der realistische Körper und die sehr naturgetreuen Fangzähne mit einem weiten Grinsen – und schon hat man einen inneren Bezug zu diesem kleinen Ungeheuer. Für die passenden Comics sind Schlangen ein Segen, denn sie können sich um praktisch alles herumwickeln, was meist sehr lustig aussieht, und sie funktionieren wunderbar als Bösewichte und noch besser, wenn sie überraschend auf der Seite der Guten auftauchen.

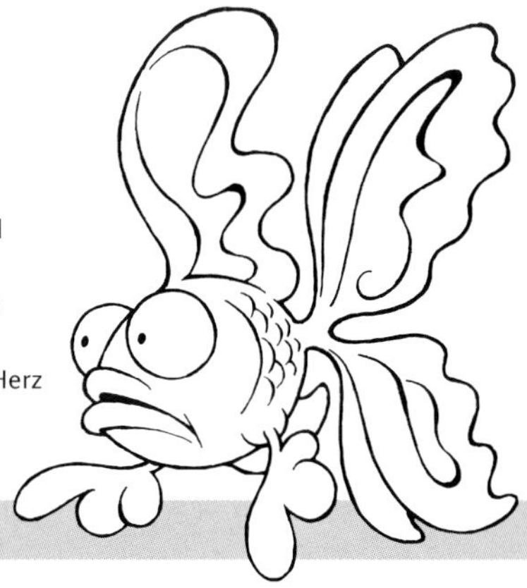

Ganz schön fischig Mit dicken Lippen und Fantasieflossen sind auch Goldfische ulkige Comic-Helden. Dass Fische dabei nicht einmal unbedingt Hände als Flossen brauchen, um in unser Herz zu schwimmen, wissen wir spätestens seit Nemo.

Ganz schön menschlich

In Comics müssen Tiere in der richtigen Art und Weise vermenschlicht werden. Geeignete Hilfsmittel sind Kleidung, Autos und Häuser. Doch am wichtigsten sind die Proportionen der Tiere. Sie müssen an die menschlichen Größenverhältnisse angenähert werden, wie bei diesen Tierkindern, die nicht von ungefähr zu den beliebtesten Comic-Figuren überhaupt zählen.

Hände Damit Tiere menschenähnliche Hände haben, zeichnen Sie einen Kreis und setzen drei oder vier kurze dicke Finger daran.

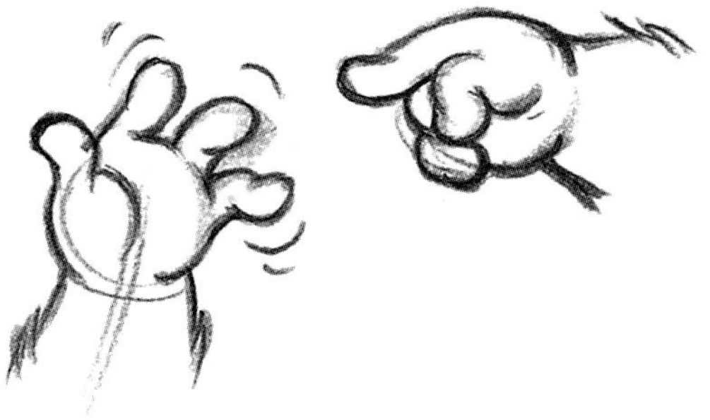

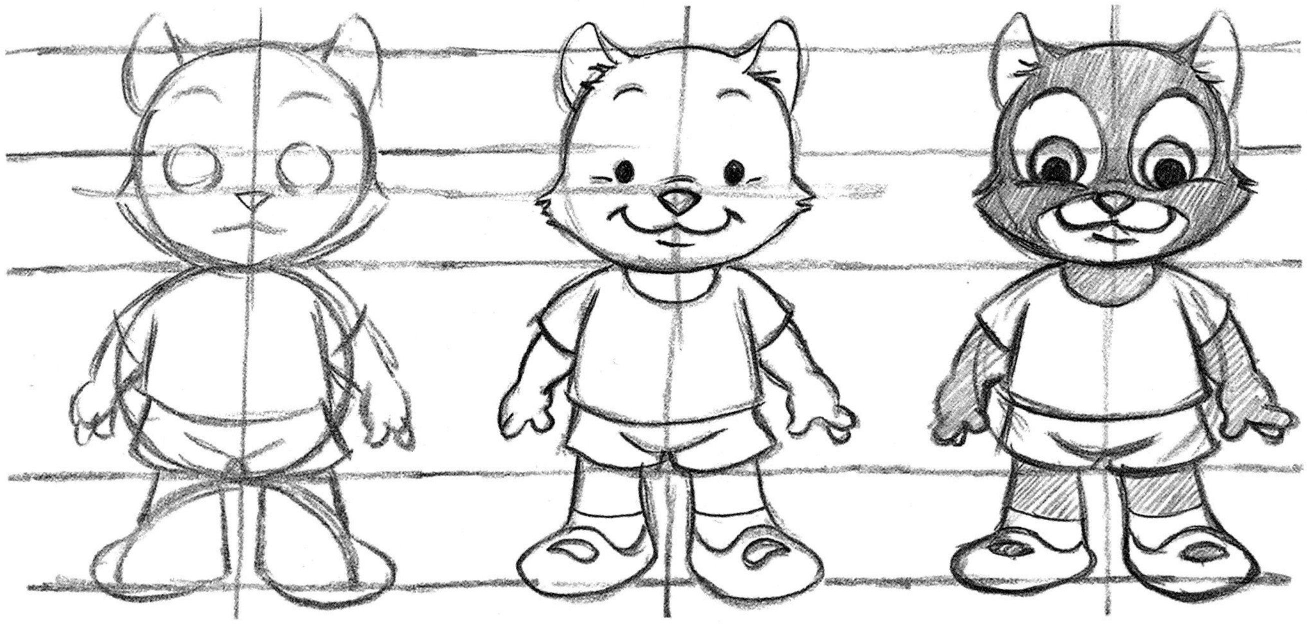

Kindliche Proportionen Die Proportionen von Kindern unterscheiden sich ganz klar von den Proportionen Erwachsener: je jünger, desto größer ist der Kopf im Verhältnis zum Körper. Bei diesen kindlichen Comic-Figuren ist der Körper samt Beinen nur 2 ½ Köpfe hoch! Während sich dieses Grundverhältnis sehr bewährt hat, müssen die Gesichter nicht zu vermenschlicht gestaltet sein: Die kleine Katze in der Mitte hat zum Beispiel einfache Knopfaugen und wirkt ebenso nett wie die Katze mit den Babyaugen rechts und der hellen Schnauze.

Bääähl! Da Gefühle in einem Comic auf den ersten Blick erkennbar sein müssen, hat sich eine internationale „Zeichensprache" etabliert, die Emotionen beschreibt: Die Zickzacklinie mit den Tränen zeigt, dass die kleine Ente aus Leibeskräften schreit. Der weit aufgerissene Schnabel und die fest zusammengekniffenen Augen machen das Bild des Jammers perfekt. Ein Übriges tut der Blickwinkel, denn aus der Froschperspektive wie hier wirkt die Szene besonders dramatisch.

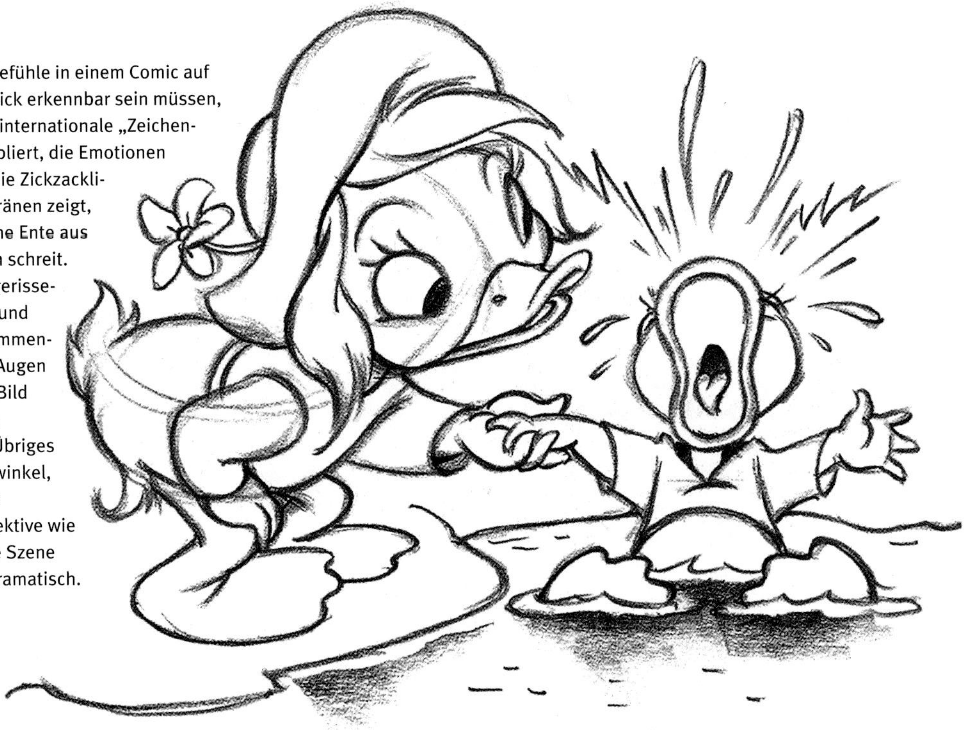

Süßer Käfer

Insekten wie die Biene Maja gehören zu den Dauerbrennern unter den Comic-Figuren, obwohl sie den Zeichner vor erhebliche Probleme stellen, beispielsweise: Wie viele Beine muss man zeichnen? Können Käfer lächeln und haben sie eine Nase? Und was trägt die modebewusste Fliege von Welt in dieser Saison – Streifen, Punkte oder Rüschen?
Der weibliche Junikäfer rechts erhielt ein eher klassisches Outfit mit kurzen femininen Shorts, Pelzbesatz an den Ärmeln und einem schicken Punkt-Cape. Die geziert aufgedrehten Fühler sind das i-Tüpfelchen dieses weiblichen Käferchens. Die Biene dagegen hat zwar einen babyartig großen Kopf, aber der Körper ist so realistisch, dass sie keine Kleidung braucht.

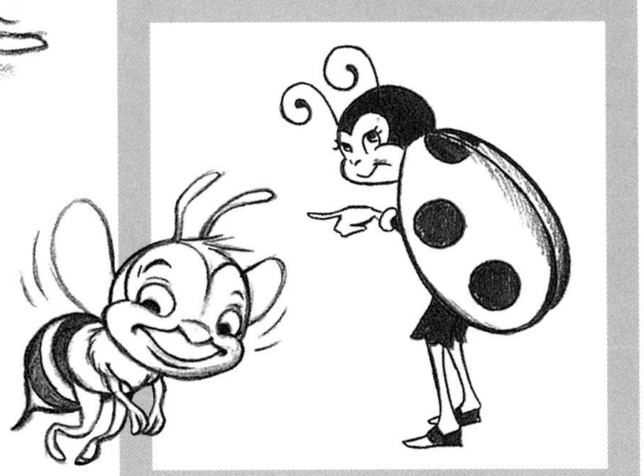

Hände hoch

Comic-Figuren haben nie fünf Finger an der Hand, sondern drei oder vier. Wichtig auch: Die Hufe und Klauen von Pferden, Kühen oder Schweinen werden oft als Hände mit Handschuhen gestaltet. Es funktioniert aber auch, sie wie sehr weiche Hufe zu zeichnen, die in einer Art Socken stecken.

Kleider machen Leute

Als Comic-Zeichner ist man auch der Kostümbildner. Kleider machen Leute – denken Sie daran, wenn Sie Ihre Lieblinge entsprechend ausstaffieren.

An die Accessoires denken

Die richtigen Kleider und Accessoires sind immens wichtig, um die richtigen Signale zu setzen: Stellen Sie sich einen netten Hund vor. Nun heften Sie ihm einen Stern an die Brust – schon sieht jeder einen Sheriff in ihm. Mit einem Stetson auf dem Kopf wird er zum Cowboy und mit einem Helm zum Astronauten – vor allem, wenn im Hintergrund noch ein paar Sterne leuchten! Achten Sie also bei der Ausstattung darauf, dass sie den Charakter und die Bedeutung Ihrer Heldinnen und Helden perfekt ergänzt und kein überflüssiger Schnickschnack ist.

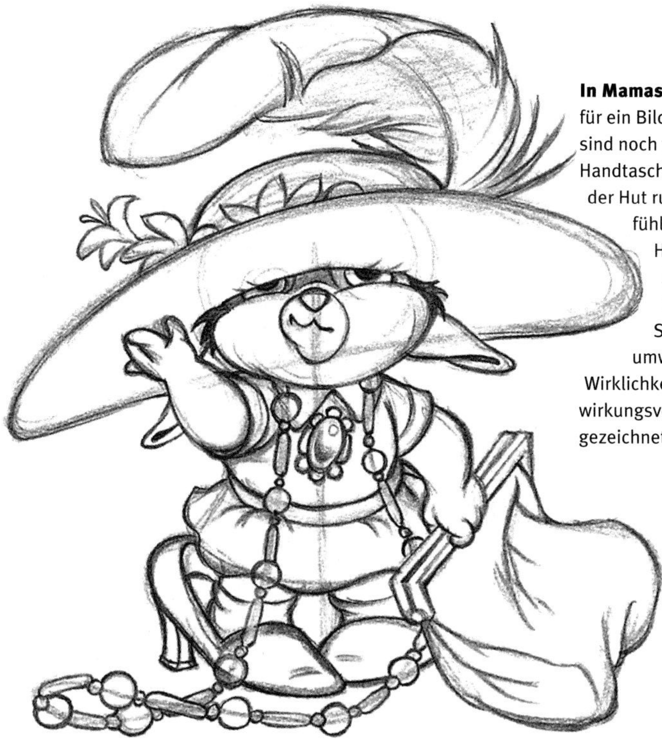

In Mamas Kleidern Was für ein Bild: Mamas Schuhe sind noch viel zu groß, die Handtasche zu schwer und der Hut rutscht. Trotzdem fühlt sich das Hasenmädchen schon groß und ladylike. Solche Szenen sind umwerfend in Wirklichkeit – und noch viel wirkungsvoller als liebevoll gezeichneter Comic.

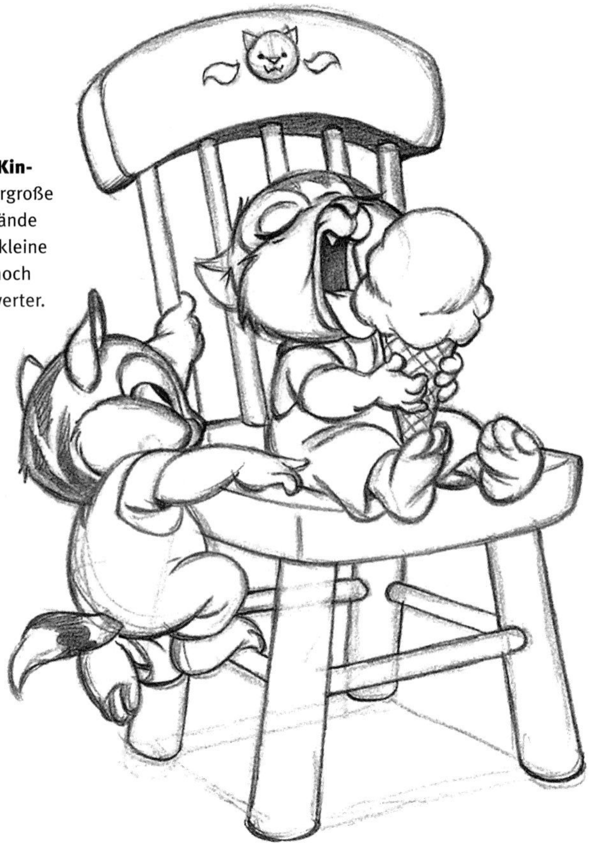

Kinder, Kinder Übergroße Gegenstände machen kleine Helden noch liebenswerter.

Schlicht und einfach

Vielleicht müssen Sie Ihre Helden wieder und wieder zeichnen – dann zahlt es sich aus, wenn weder die Figuren noch ihre Kleidung aufwendig zu zeichnen sind. Baseballkappen, Pumps, Haarreifen, Latzhosen oder Sandalen sind schnell gezeichnet und verständliche Accessoires, die eine Figur ohne großen Aufwand charakterisieren. Taschen, Reißverschlüsse und lange Knopfleisten tun in der Wirklichkeit gute Dienste – in Comics kosten sie nur Zeit und Nerven.

Denken Sie schon beim ersten Entwurf der Kleidung daran, nichts Kompliziertes zu zeichnen: Schottenkaros, Plisseeröcke, Rüschenblusen oder Pepitahosen lohnen die Mühe nicht.

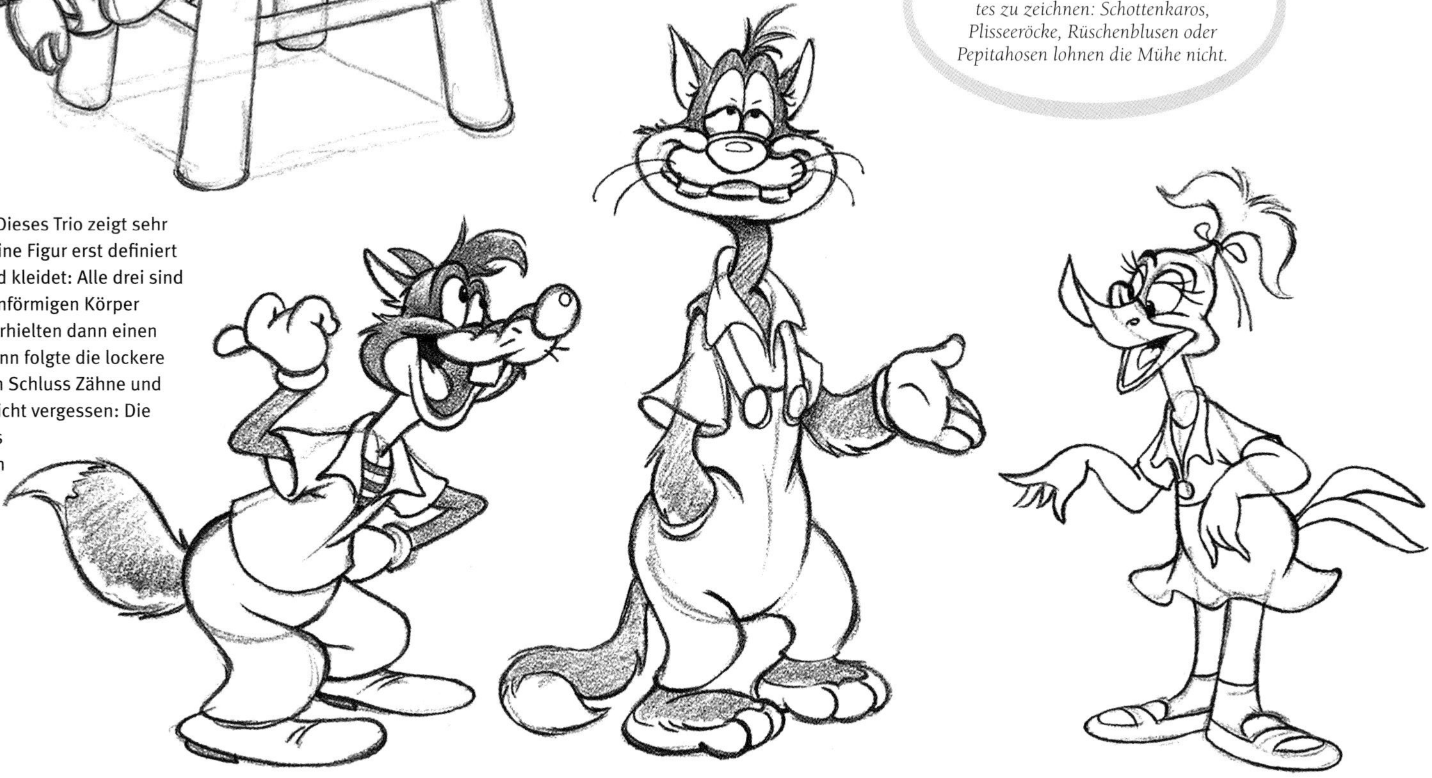

Wie anfangen? Dieses Trio zeigt sehr schön, wie man eine Figur erst definiert und dann passend kleidet: Alle drei sind aus einem bohnenförmigen Körper entstanden und erhielten dann einen Kreis als Kopf. Dann folgte die lockere Kleidung und zum Schluss Zähne und andere Details. Nicht vergessen: Die Grundform ist das Wichtigste – wenn sie nicht stimmt, nützt die beste Kleidung nichts.

Von der Idee zum Memo-Blatt

Grizzlybären, die Auto fahren und sich die Zähne putzen, Autos, die ein Eigenleben führen – alles ganz normal in der Welt der Comics. Es liegt im Wesen eines Cartoons, Tiere und sogar einfache Gegenstände zu vermenschlichen. Wenn man allerdings vor einem leeren Blatt sitzt, ist es manchmal nicht ganz einfach, solch eine Figur zu finden. Doch es gibt ein paar einfache Tricks: Stellen Sie sich vor, wie ein bestimmter Gegenstand oder ein bestimmtes Tier als Mensch aussehen würde. Dann drehen Sie den Spieß um und stellen sich vor, welche wichtigen optischen Züge oder Wesensmerkmale das Tier oder den Gegenstand so einzigartig machen, und übertragen diese Punkte auf einen beliebigen Menschen. Wenn Sie zum Schluss beide Seiten kombinieren, werden Sie erleben, dass Sie soeben eine waschechte Comic-Figur erfunden haben.

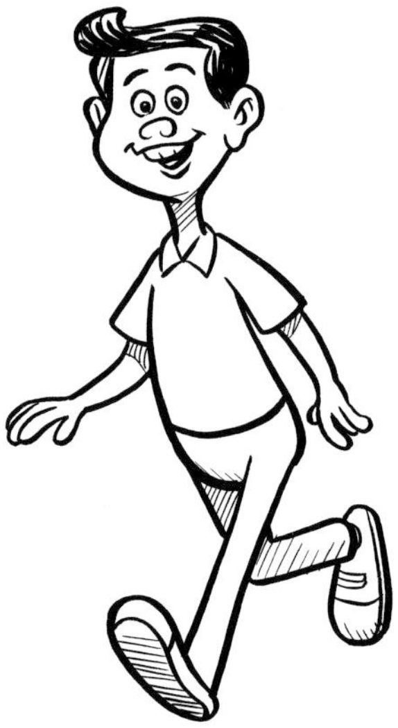

Mit einem Menschen starten Stellen Sie sich als Erstes einen Menschen vor. Skizzieren Sie ihn in einer Bewegung.

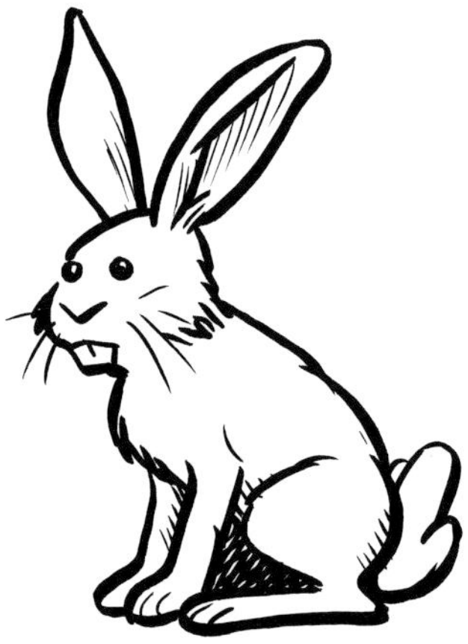

Ein Tier genau ansehen Dann überlegen Sie, welches Tier Sie gerne zum Star Ihres Comics machen wollen. Wenn es ein Kaninchen ist, müssen Sie überlegen, welche typischen Merkmale ein Kaninchen besitzt. Es sind die großen Zähne, die langen Ohren, Schurrbarthaare, die kräftigen Hinterläufe und der lustige Puschelschwanz.

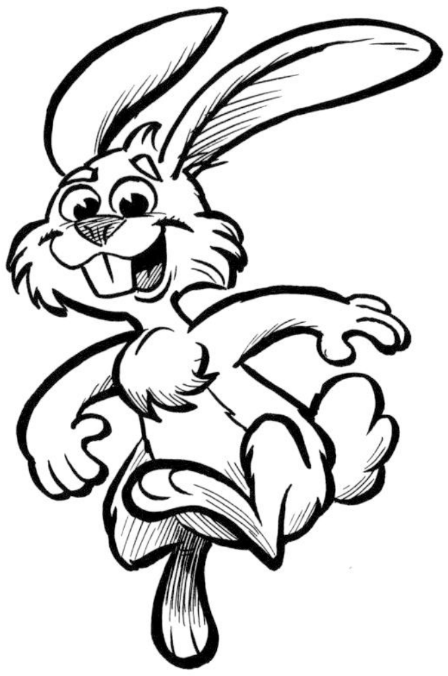

Die Figuren lustig kombinieren Dann zeichnen Sie den Menschen aus Ihrer Skizze mit den Merkmalen des Hasen und übertreiben dabei, damit jeder das Kaninchen auf den ersten Blick an seinen großen Zähnen, überlangen Ohren und anderen Merkmalen erkennt.

Dem Bauplan folgen Es ist gar nicht so schwer, ein Tier zu vermenschlichen, denn die meisten Lebewesen auf diesem Planeten haben einen ähnlichen Bauplan: Einen Körper mit einem Kopf oben, zwei obere und zwei untere Gliedmaßen, zwei Ohren, zwei Augen, Nase und Mund.

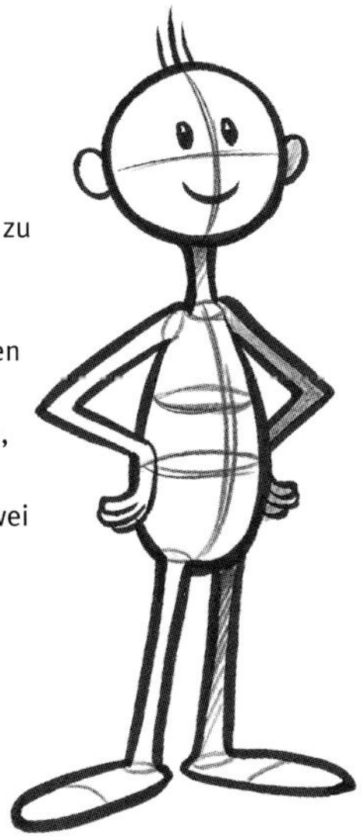

Menschen imitieren Ein guter Comic-Zeichner ist ein guter Beobachter. Wir Menschen haben eine erstaunlich vielseitige Körpersprache, die wir auch bestens verstehen. Dieses Krokodil hier könnte gerade einen Vortrag halten oder einen Kunden beschwatzen. Übrigens machen kleine Alltagsgegenstände wie der Zahnstocher jede Figur glaubhafter.

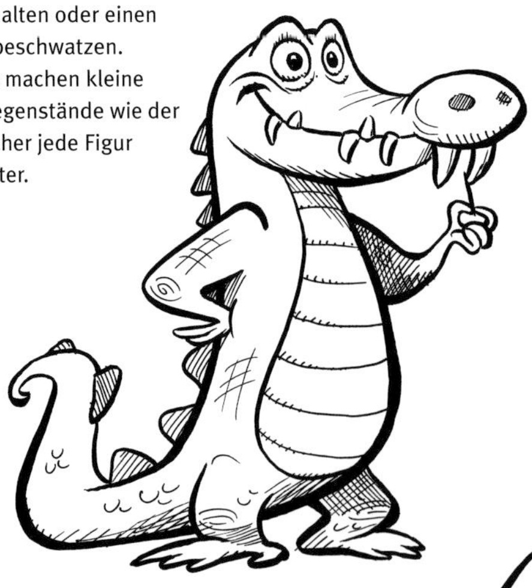

Alles ist erlaubt Wenn Sie partout nicht wissen, wie Sie einen Menschen mit den Attributen einer Schnecke ausstatten sollen, drehen Sie die Medaille einfach um und geben der Schnecke einen Kussmund und vollendete Wimpern.

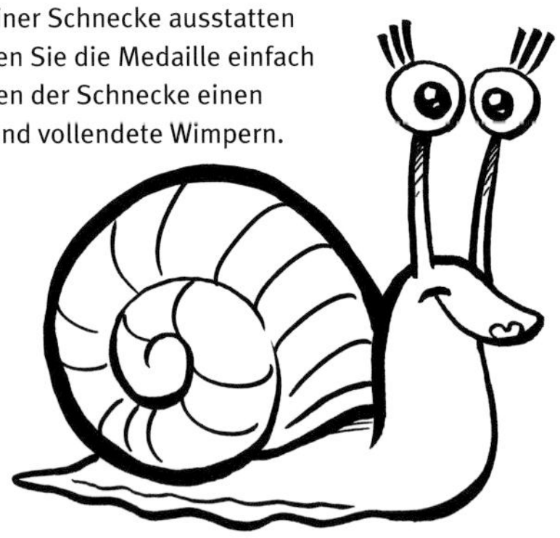

Kleider und Accessoires Kleider, Anzüge, Sonnenbrillen, Taschen, Schuhe, Orden, (Haar-)Schmuck – alles, was Mann oder Frau anzieht, steht auch einer Comic-Figur.

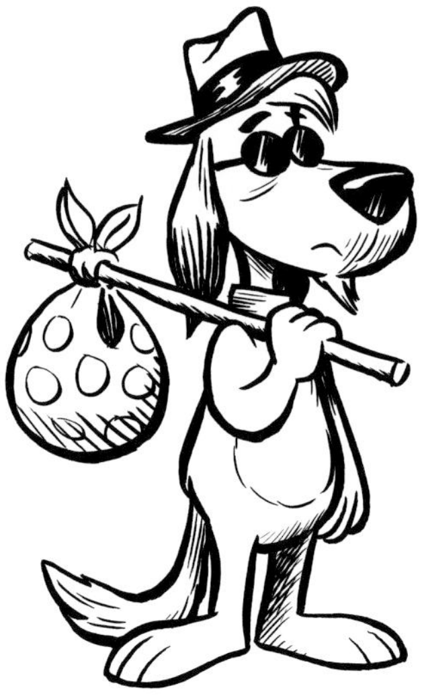

Gekonnt übertreiben Was ist das Herausragende an meinem Tier? Diese Frage müssen Sie sich stellen, sobald Sie sich für ein Tier entschieden haben. Wenn Sie die richtige Antwort finden, können Sie hemmungslos übertreiben – es wird ganz sicher funktionieren, wetten?

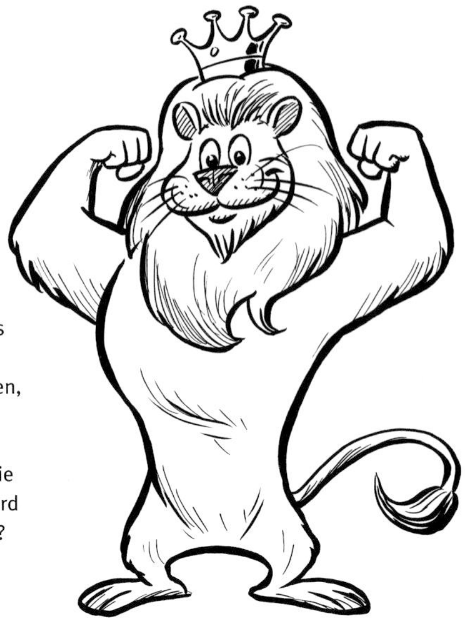

Eine Figur ausarbeiten

Wenn Sie eine Figur entworfen haben, die Sie mögen und die Sie in Zukunft öfter zeichnen wollen, dann sollten Sie sie auf einem Memo-Blatt für immer festhalten. Überlegen Sie, wie Ihre Figur in den wichtigsten Posen und aus den wichtigsten Blickwinkeln aussieht. Zeigen Sie ihre wichtigsten Gefühle. So haben Sie eine Vorlage für die meisten Situationen. Sie müssen sich nicht alles immer wieder neu ausdenken und haben eine gewisse Garantie, dass die Figur sich selbst treu bleibt – selbst wenn sie von einem ganzen Team gezeichnet wird.

Willkommen im Club! Wenn Sie Ihre Figur gerade neu erfunden haben, ist die beste Zeit, sie einmal in vielen Lebenslagen auszuprobieren. Lassen Sie sie laufen, gehen, rennen, weinen, lachen, sprechen … Freuen Sie sich beim Zeichnen an dem, was Ihr geistiges Kind so alles kann.

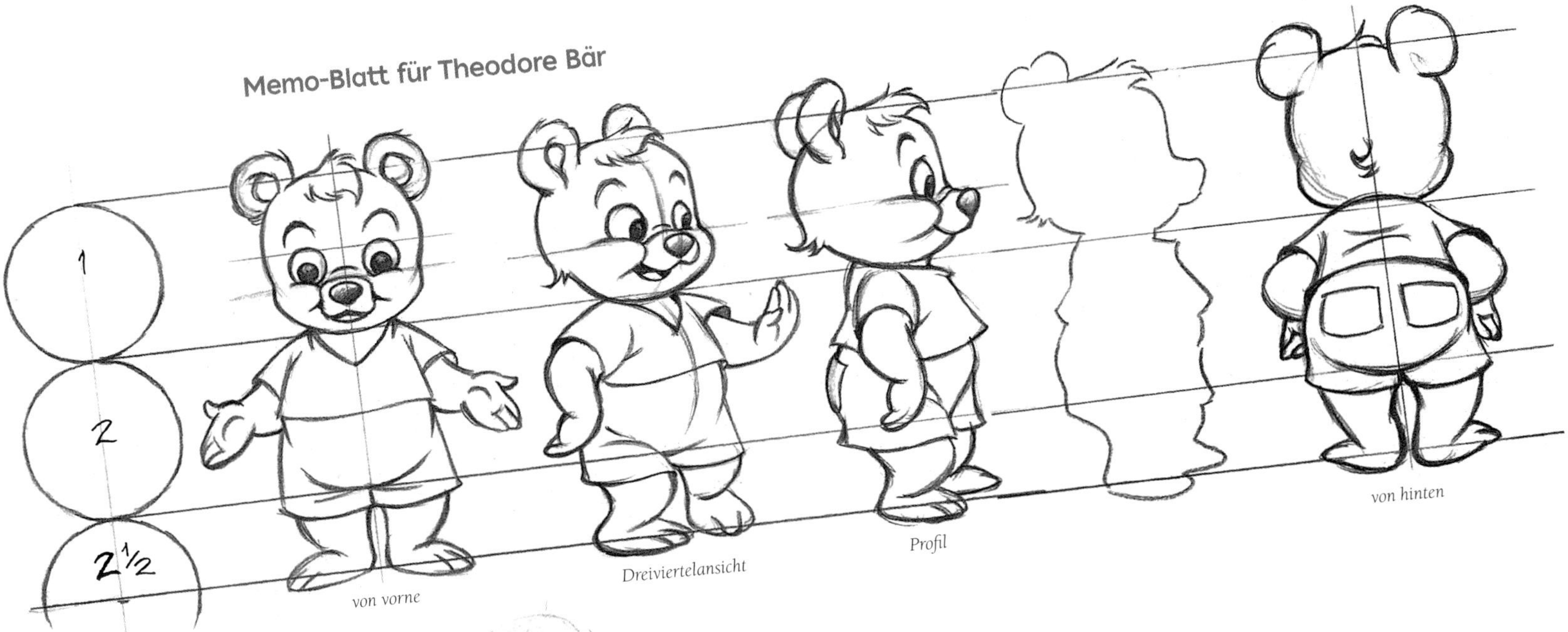

Theodore hat drei Finger und einen Daumen. Die Hände sind klein und kegel- oder herzförmig.

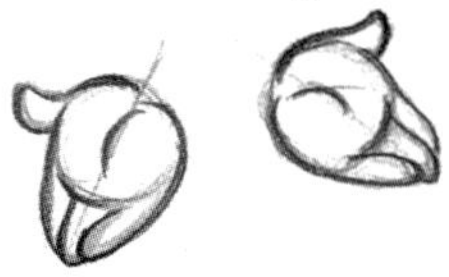

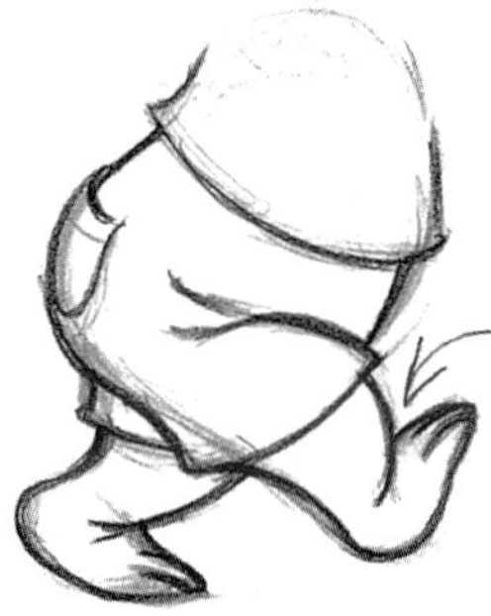

Theodore mag Schuhe nicht – er läuft am liebsten bär-fuß!

Die Füße haben die Form von Mandeln.

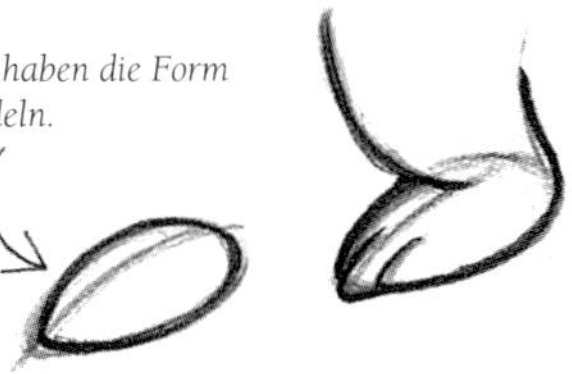

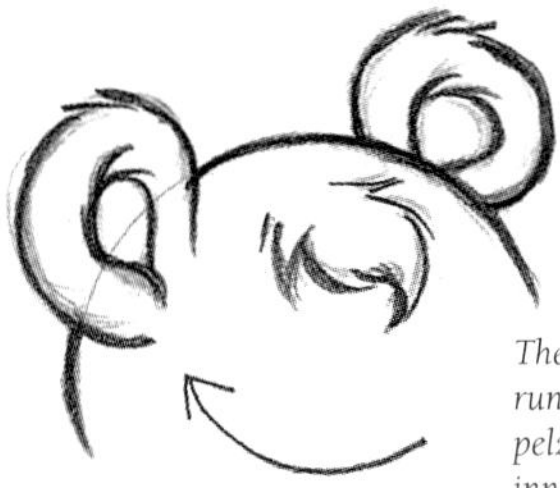

Theodores Ohren sind rund, kindlich weich und pelzig. Die Ohrmuschel innen ist tränenförmig.

Eine Babytolle und ein paar kleine Haarbüschel im Nacken – mehr Frisur braucht Theodore nicht.

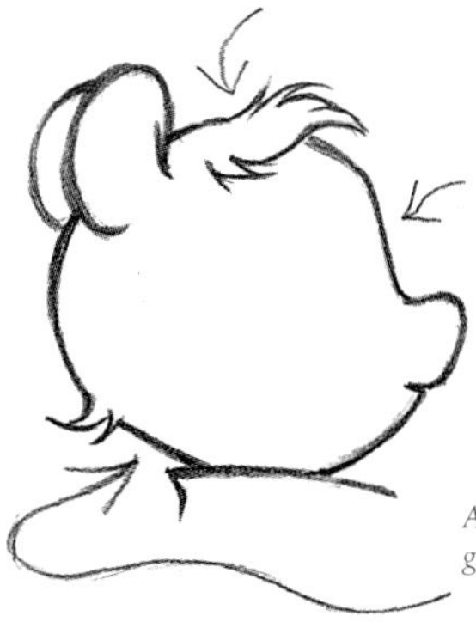

Wie jung der kleine Bär noch ist, zeigt schon das Profil mit der sehr hohen, flachen Stirn.

Auch der Nacken ist flach und nicht gerundet – ein wichtiges Detail.

Seine Mimik und Gestik

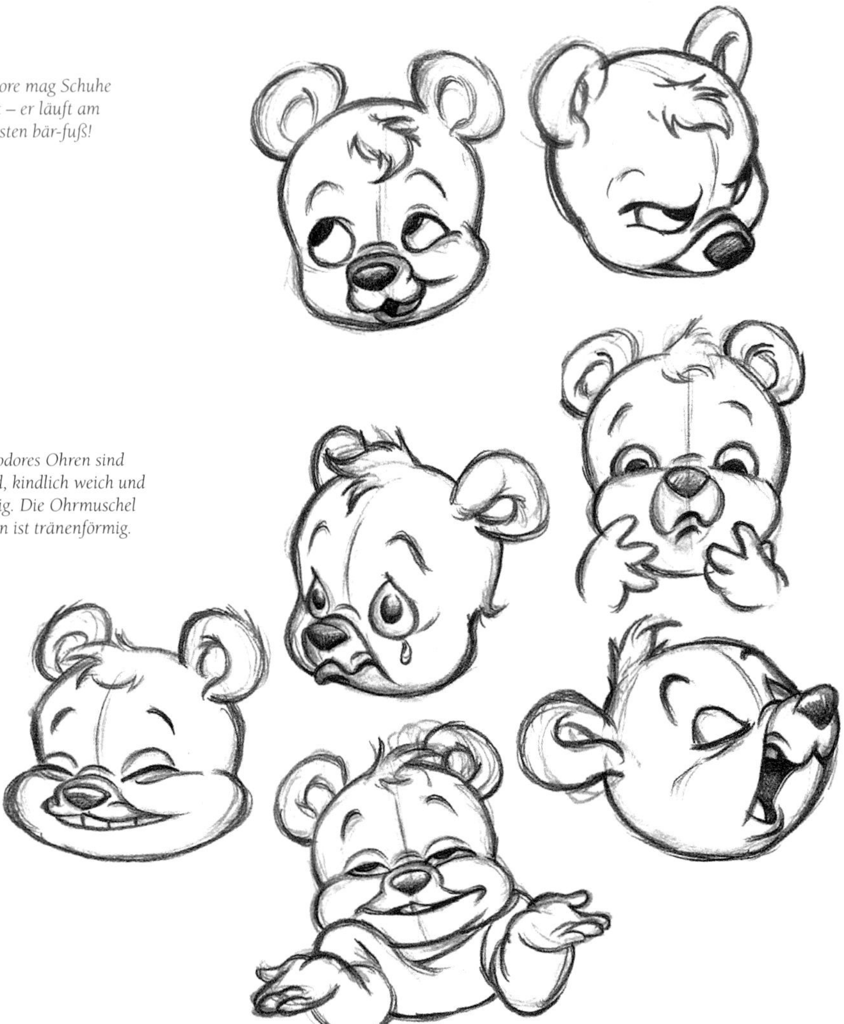

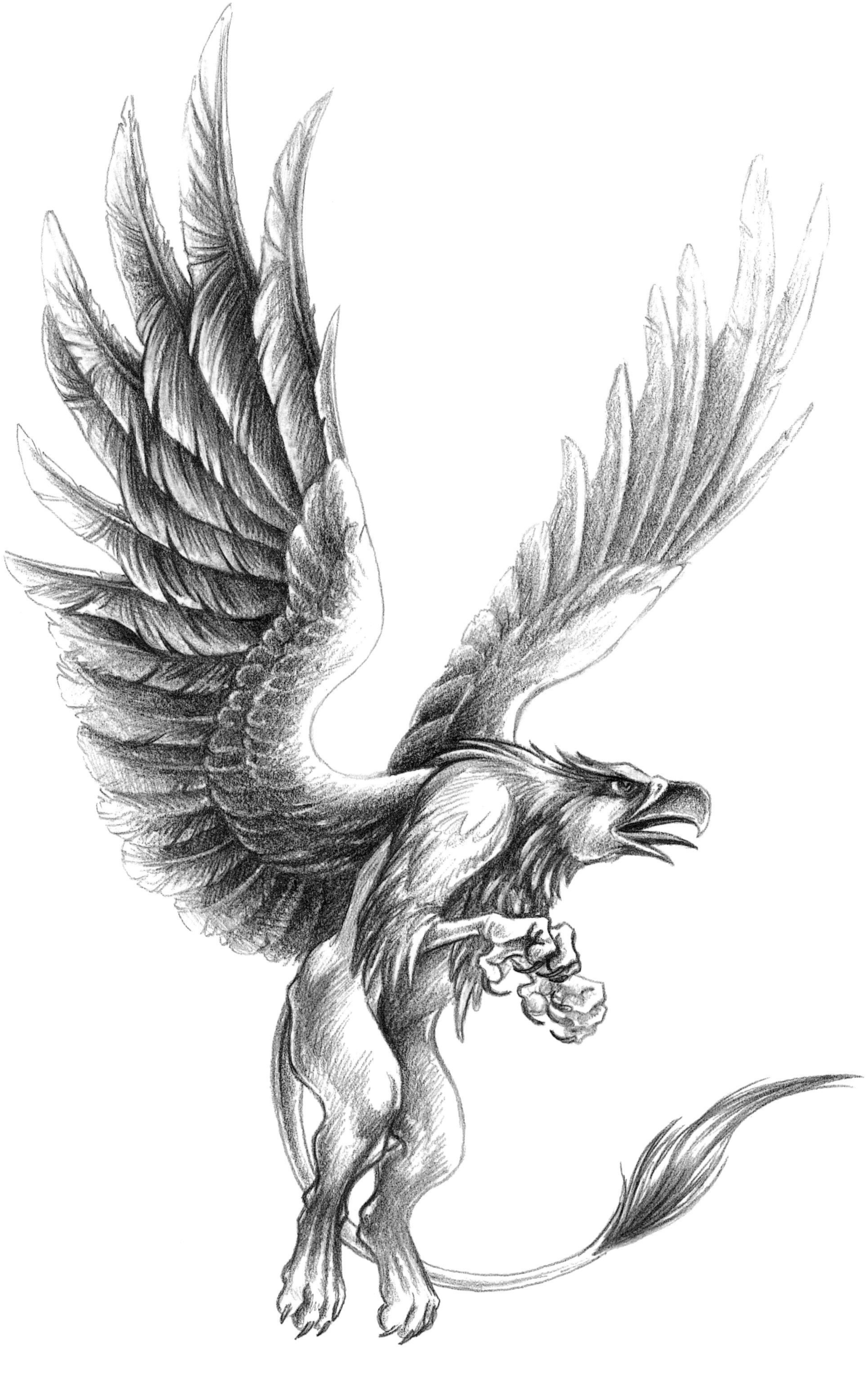

Fantastische TIERGESTALTEN

Die Welt der Fantasie wird nicht nur von menschlichen Helden und Schurken bevölkert. Viele dieser beeindruckenden Gestalten sind schon sehr alt und ihre geheimen Botschaften ans Unterbewusstsein sind vielleicht noch am besten zu spüren, wenn wir nachts einen einsamen Waldweg entlanggehen. Wenn auch Sie gerne fantastische Gestalten kreieren und zeichnen, finden Sie in diesem Kapitel genaue Anleitungen und hilfreiche Anregungen. Vom Anlegen der Grundformen und vom Skizzieren der ersten Ideen über das Kombinieren verschiedener realer Tiere zu einem neuen Wesen bis hin zum geschickten Einsatz von Details lernen Sie hier alles, was Sie brauchen, um die schrecklich schönen Wesen Ihrer inneren Welt überzeugend mit dem Zeichenstift zum Leben zu erwecken.

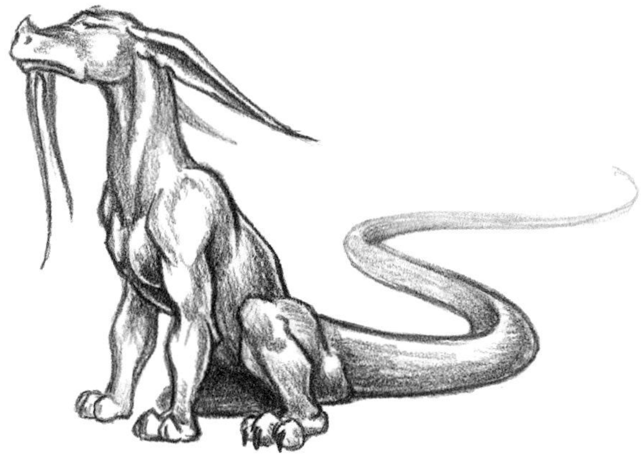

Fantasie-Tiere entwickeln

Das Zeichnen eines Tieres, das nur in Ihrer Fantasie existiert, wird leicht, wenn Sie einen kleinen Trick anwenden: Zeichnen Sie zunächst einmal die geometrischen Grundelemente zweidimensional auf. Aus ihnen lassen sich schnell dreidimensionale Elemente entwickeln und selbst die komplexesten Lebewesen aufbauen: So eignen sich Rechtecke wunderbar als Ober- und Unterschenkel jeder Figur. Wie bei jedem anderen Tier ist es also bei den Fantasiegestalten wichtig, zunächst die Grundformen zu zeichnen und daraus schrittweise die charakteristischen Details zu entwickeln.

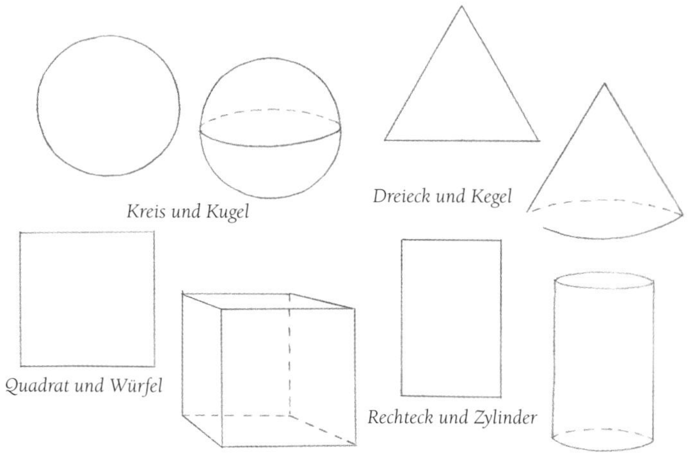

Grundaufbau Damit der Drachenfuß „funktionieren“ kann, muss er aus einem Gelenk, Zehen und Klauen bestehen und richtig mit dem Bein verbunden sein. Als Gelenk, das viel Gewicht trägt, wird eine Kugel gezeichnet, die Zehen sind kurze Zylinder, die Krallen Dreiecke – und das Bein ist ein großer Zylinder.

Die dritte Dimension ins Spiel bringen

Die Kunst beim Zeichnen ist es, die Formen von Dingen und Lebewesen richtig darzustellen. Wenn Sie also Ihre Fantasiegestalt mit dreidimensionalen Grundformen zu Papier gebracht haben, hauchen Sie ihr Leben ein, indem Sie sie so schraffieren, dass Licht und Schatten wie in der Wirklichkeit auf ihrer Gestalt spielen. Wie das geht, können Sie hier auf der Seite oben rechts sehen. Sie können sich auch auf Seite 14 ausführlicher informieren. Ebenso wie Sie zum Beispiel aus einem Kreis eine Kugel, eine Grapefruit oder ein Kugelgelenk machen können, können Sie auch aus einem Rechteck einen Zylinder entwickeln. Wenn Sie diese Grundfähigkeit erlernt haben, wird jedes Ihrer Lebewesen und jeder Gegenstand überzeugend real wirken.

Zuerst der Umriss So lässt sich das Fußgelenk eines Drachen komplett aus geometrischen Grundformen aufbauen: Zylinder als Beine, einen Kreis für den Knöchel und Dreiecke als Zehen.

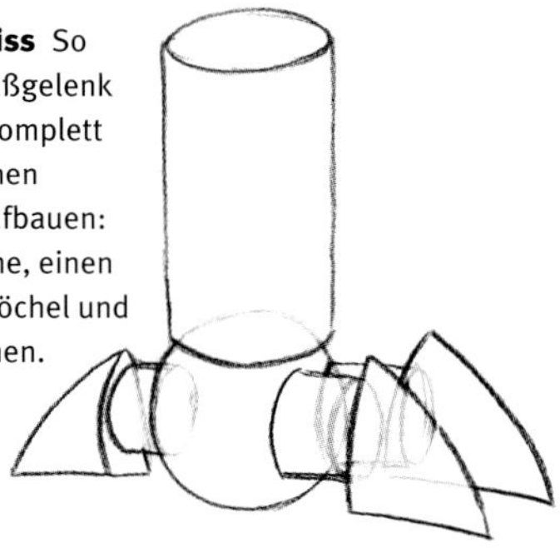

Formen schraffieren Durch das Zeichnen von Schraffuren dunkeln Sie bestimme Bereiche ab, andere lassen Sie hell und verteilen so Schatten und Licht. Man kann das auf der Abbildung rechts gut erkennen. Natürlich schraffieren Sie in diesem frühen Stadium Ihre Zeichnung noch nicht so ausführlich – aber hier kann man das Prinzip, wie man mit Schraffuren eine Form entwickelt, gut erkennen.

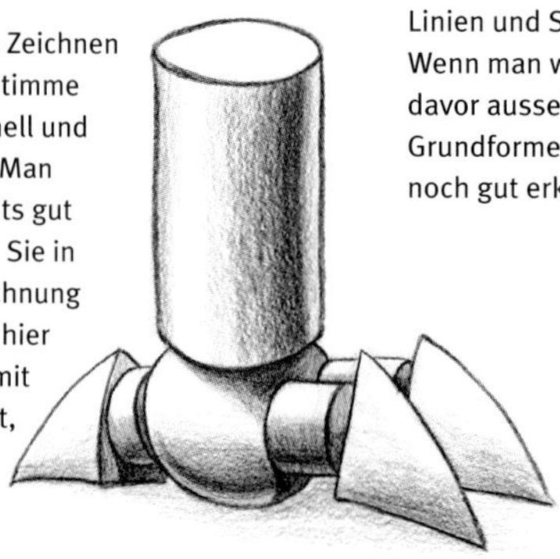

Der letzte Schritt Im letzten Schritt wird nur noch die Feinarbeit gemacht: Sie entwickeln die Details auf der Grundlage der Formen und arbeiten Hautstrukturen usw. durch Linien und Schraffuren weiter aus. Wenn man weiß, wie die Schritte davor aussehen, kann man die Grundformen selbst im fertigen Bild noch gut erkennen.

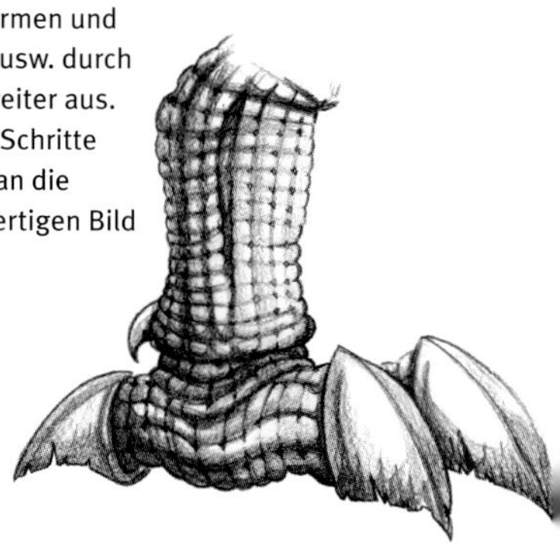

Der perfekte Drachenkopf

Vielleicht haben Sie es schon bemerkt: Aber die Gesichter von Drachen haben dieselben Proportionen wie Menschen. Das gilt für die Ansicht von vorne ebenso wie für die von der Seite (Profil). Wenn Sie also einen Drachen „erfinden“ möchten, können Sie sich an die Hilfslinien und Grundlagen halten, die Sie im Folgenden sehen.

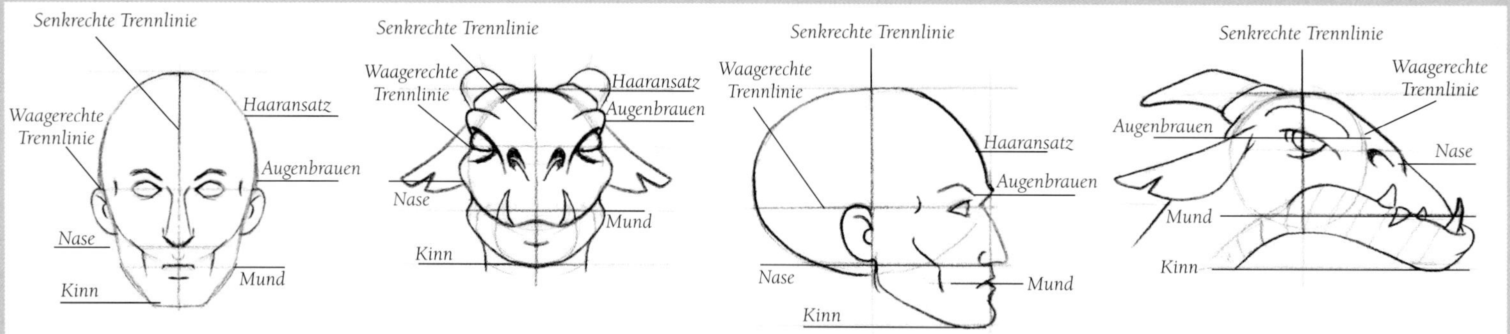

Hilfslinien für das menschliche Gesicht Das Gesicht einem senkrecht und einmal waagerecht teilen – dort beginnen die Ohren. Die untere Hälfte einmal halbieren (Ende der Nasenspitze) und einmal vierteln (Unterlippe). Für den Haaransatz die obere Hälfte dritteln. Die Augenbrauen liegen auf einer Linie, die über den Ohren verläuft. Die Augen stehen die Länge eines Auges auseinander.

Hilfslinien für das Drachengesicht Sie brauchen für die Proportionen des Drachengesichts dieselben Linien wie für das menschliche Gesicht. Allerdings liegt der Haaransatz beim Drachen fast auf der waagerechten Hilfslinien, und der Abstand zwischen der Nasenspitze und der waagerechten Hilfslinie ist deutlich geringer als beim Menschen. Trotzdem können Sie mithilfe der Linien die Gesichtselemente optimal verteilen.

Profillinien für das menschliche Gesicht Zeichnen Sie zuerst einen Kreis, der den Hinterkopf und den Großteil des Gesichts einschließt. Nase, Mund und Kinn liegen außerhalb des Kreises – Auge und Ohr innerhalb. Das Verhältnis zwischen den Hilfslinien ist beim Profil dasselbe wie bei der Frontansicht.

Profillinien für das Drachengesicht Für Drachen reicht ein kleinerer Kopf, denn sie sollen weniger Gehirn und Intelligenz besitzen als der Mensch. Doch auch hier ragen Nase und Mund aus dem Kreis heraus, während das Auge darin liegt. Das Ohr beginnt innerhalb des Kreises, endet aber außerhalb, da Drachen wesentlich besser hören als der Mensch und deshalb mit größeren Ohren ausgestattet werden.

Reale Vorbilder nutzen

Die Darstellungen der meisten Fantasiefiguren beruhen auf realen Tieren und Menschen – allerdings auf einer veränderten Darstellung. So kann ein Drache zum Beispiel Maul und Zähne eines Krokodils haben, den Schwanz einer Schlange und die Schwingen einer Fledermaus. Wichtig ist, dass Sie ein Konzept für Ihr Tier haben. Wenn Sie teilweise Fotovorlagen beim Zeichnen verwenden, wird das Tier, das Sie zeigen wollen, besonders real und überzeugend aussehen. Dabei müssen Sie sich nicht sklavisch an die Vorlagen halten, denn beim Zeichnen von Fantasy sind Sie völlig frei.

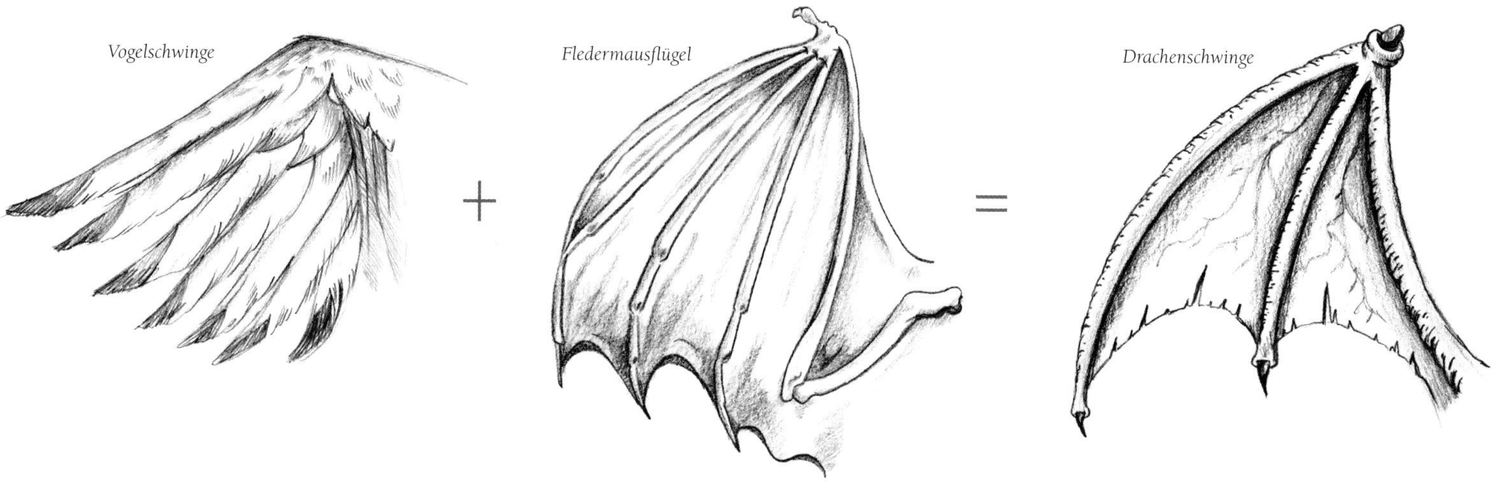

Flügel Für den Drachenflügel wurden Aspekte eines Vogel- und eines Fledermausflügels kombiniert. Frei dazu erfunden wurden die Klauen am Ende der Knochen und die Adern in der Haut.

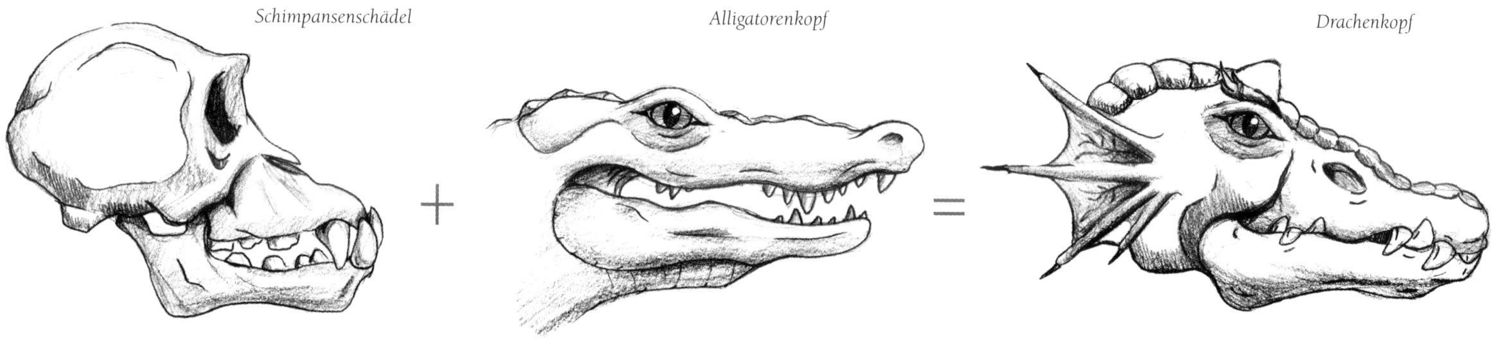

Kopf Der Kopf dieses Drachen entstand aus dem Schädel eines Schimpansen, der mit dem Kopf eines Alligators verschmolzen wurde. Man kann noch beide Grundelemente erkennen, wenn man genau hinsieht: die lange Schnauze und das Auge des Alligators sowie den Kiefer und die Schädelform des Schimpansen. Kombiniert mit dem Fantasieohr wird daraus ein vollkommen neues, wildes Gesicht.

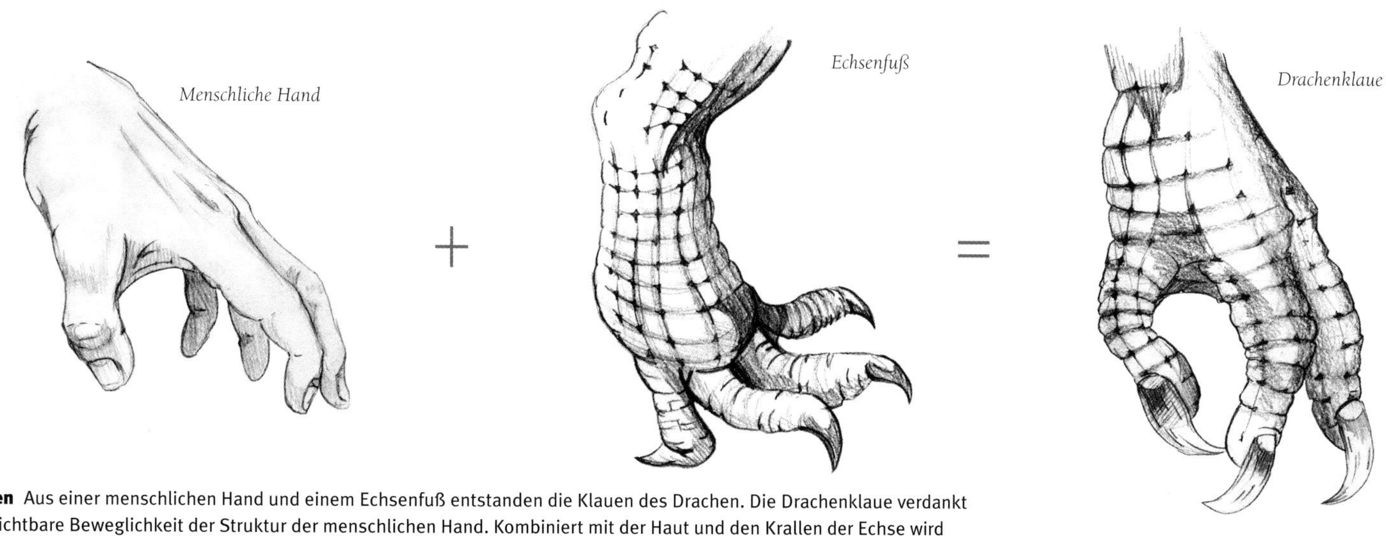

Klauen Aus einer menschlichen Hand und einem Echsenfuß entstanden die Klauen des Drachen. Die Drachenklaue verdankt ihre sichtbare Beweglichkeit der Struktur der menschlichen Hand. Kombiniert mit der Haut und den Krallen der Echse wird daraus eine Klaue, die der Drache sicher effektiv zu nutzen weiß.

Interessante Details

Wie sollen die Hörner, Flügel oder Krallen aussehen? Zeichnet man Schuppen oder Federn? Und wie beweglich sollen die Hände oder Klauen sein? All diese Fragen bewegen jeden, der eine eindrucksvolle Fantasiegestalt entwerfen will. Obwohl Fotos von realen Tieren beim Zeichnen helfen (▶ Seite 221) kommt es letztendlich darauf an, alles richtig zu kombinieren. Überlegen Sie am besten vorher, welche Elemente Sie für Ihr spezielles Tier kombinieren wollen, damit es wie aus einem Guss wirkt. Auch wenn Sie schon fertig sind, aber das Gefühl haben, dass irgendetwas fehlt, kann der folgende Baukasten Ihnen helfen, das berühmte Tüpfelchen auf dem i zu finden – meist ein wichtiges oder interessantes Detail.

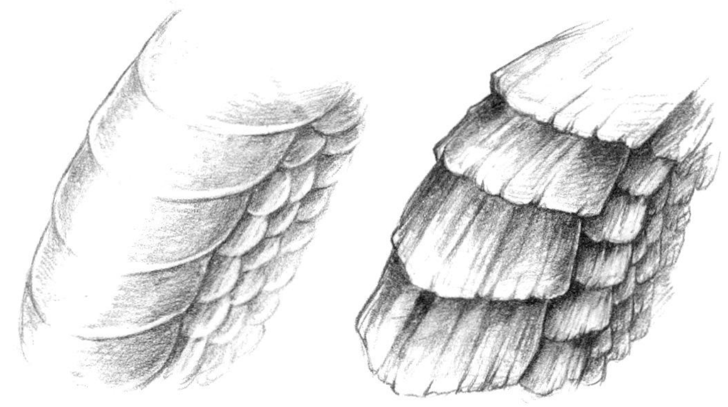

Schuppen Wundervolle Schuppen tragen Schlangen, Krokodile und Fische. Die Schuppen links stammen vom Bauch einer Schlange und sind weich und anschmiegsam. Wenn Sie solche Schuppen nicht mit leichten Schraffuren bedecken und die Stellen, an denen die Schuppen sehr hell schimmern, (fast) weiß lassen, wirken sie durchscheinend und zart wie die eines Fisches. Die Schuppen rechts wurden dagegen stark schraffiert. An den Kanten sind sie abgenutzt und eingerissen und sehen genauso aus, wie man sich den Panzer eines altgedienten Drachen vorstellt.

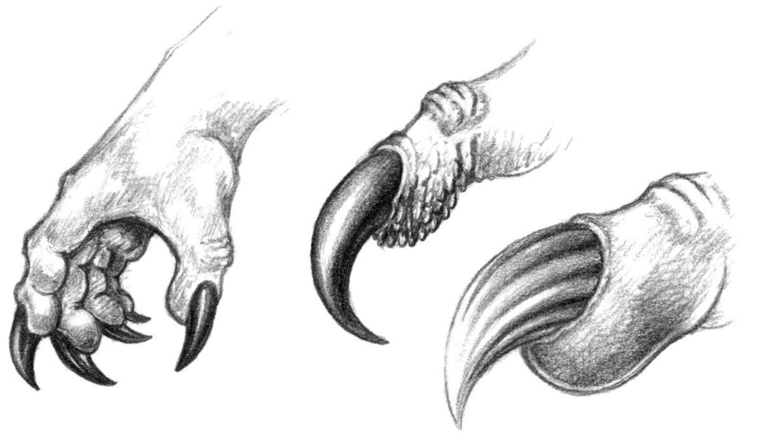

Krallen Krallen existieren im Tierreich in einer Fülle unterschiedlichster Formen, Größen und Variationen: Tiger und Löwen tragen sie, aber auch Adler, Eidechsen und sogar Hunde. Denken Sie beim Entwurf Ihrer Figur darüber nach, wozu sie ihre Krallen besitzt und wie sie eine solche Waffe einsetzen würde. Im Beispiel links wurde ein Gargoyle mit dicken, harten Krallen ausgestattet, die ideal für einen Angriff sind, aber auch zur Verteidigung und sogar beim Klettern gute Dienste tun. Die mittlere Kralle würde perfekt zu einem Drachen oder zu einer Harpyie passen. Sie wurde aus einer Adlerkralle entwickelt und ist ideal fürs Zupacken geeignet. Die Kralle rechts ist eine echte Vielzweckwaffe.

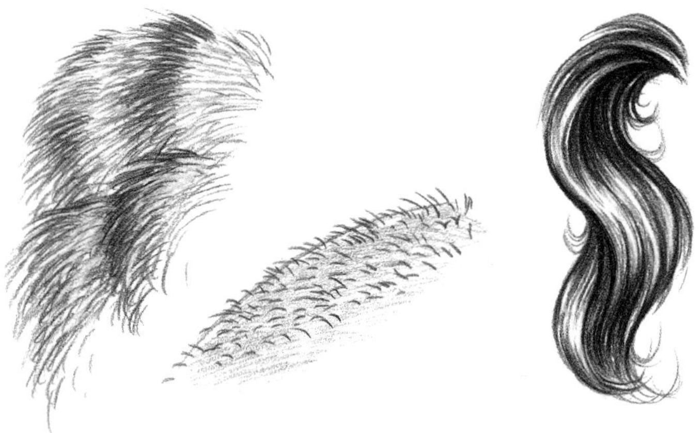

Fell und Haare Kurzes Haar (oben links) nie mit parallelen Strichen zeichnen. Verwenden Sie kurze, aber unregelmäßige Linien, die in dieselbe Richtung weisen. Dunklere Striche und Striche, die eng nebeneinanderliegen, brauchen Sie für die Darstellung von Streifen im Fell oder für Bereiche, die im Schatten liegen. Für Haarstoppeln setzen Sie kurze Striche schnell mit einigem Abstand nebeneinander. Solche Stoppeln sind perfekt für die Hände und Füße eines hässlichen Riesen. Mähnen und Schweif von Sagenpferden fallen locker, wenn Sie lange, weich fließende Bögen zeichnen. Damit solch langes Haar schimmert, lassen Sie an einigen Stellen das weiße Papier stehen. In der Natur ist Haar niemals gleich lang. Lassen Sie deshalb einzelne Haare oder einzelne Strähnen herausstehen.

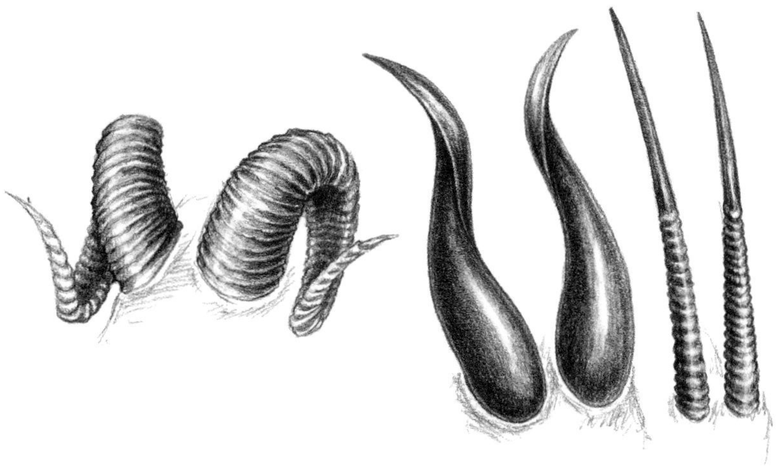

Hörner Da die Natur Tiere mit einer großen Vielfalt an unterschiedlichen Hörnern ausgestattet hat, lässt sich für jede Form von Hörnern ein gutes Vorbild finden: Es gibt erstaunliche Hörner in exotischen Formen ebenso wie die dicken gebogenen Widderhörner links. Alle lassen sich wunderbar für die Charakterisierung der unterschiedlichsten Lebewesen nutzen. Die schimmernden gebogenen Hörner in der Mitte passen zum Beispiel zu einem königlichen Wesen, das Hörnerpaar rechts außen wirkt immer elegant.

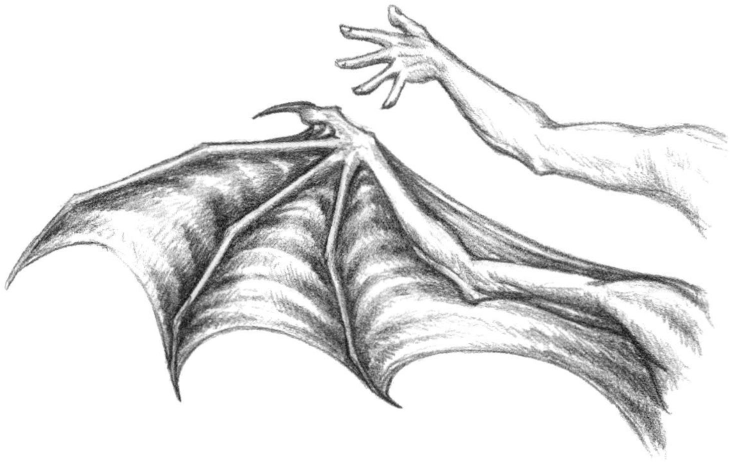

Ledrige Schwingen Im Grunde sind Flügel wie ein Paar Arme und Hände gebaut. Deshalb haben sie auch fingerähnliche Knochen, zwischen denen sich die Haut spannt. Man kann das gut am abgebildeten Flügel einer Fledermaus erkennen. Betrachten Sie dazu die Zeichnung oben, die einen menschlichen Arm und die Finger einer ausgestreckten Hand zeigt: Beide Gliedmaßen weisen Schulter, Ellbogen, Finger und sogar einen Daumen auf. Wenn Sie diese Struktur beim Zeichnen vor Augen haben, werden Ihre Flügel immer „funktionieren" – ganz gleich, wie exotisch die Form ist, die Sie ihnen geben.

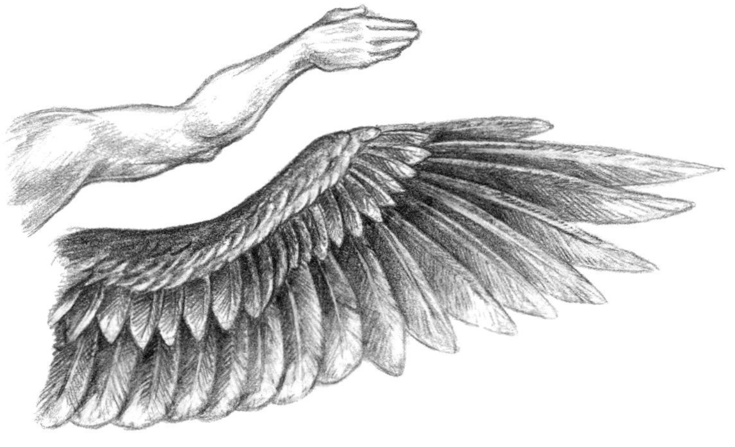

Gefiederte Schwingen Auch die Schwingen eines Vogels sind ähnlich aufgebaut wie Arm und Hand eines Menschen. Nur sind hier die Finger der Hand geschlossen und der Großteil des Flügels besteht aus Federn. Anfänger schrecken oft – zu Unrecht – vor dem Zeichnen einer Schwinge zurück. Doch man muss nicht jede Feder einzeln gestalten! Am wichtigsten sind die Federn außen, die an menschliche Finger erinnern: Sie sollten individuell und sorgsam ausgearbeitet werden. Die Federn der obersten Reihe brauchen dagegen sehr viel weniger Aufmerksamkeit.

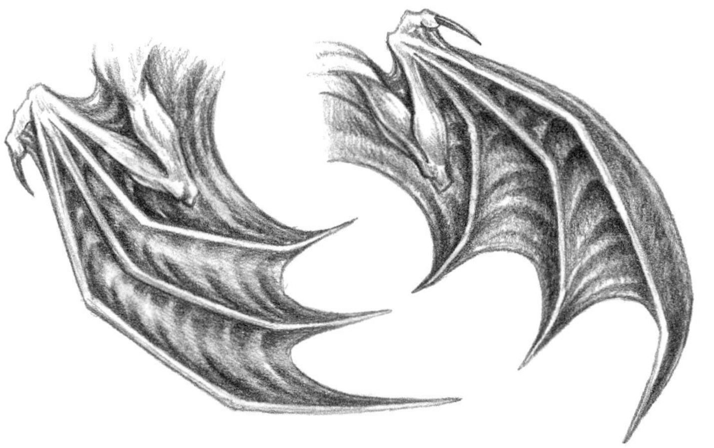

Gefaltete Flügel Wenn die Flügel nicht gebraucht werden, werden sie zusammengefaltet, damit sie keinen Schaden nehmen und nicht im Weg sind. Entweder werden sie nah am Körper verstaut oder sie hängen locker herab. Die Haut zwischen den Knochen ist elastisch wie bei einer Fledermaus und hängt nie schlapp herum.

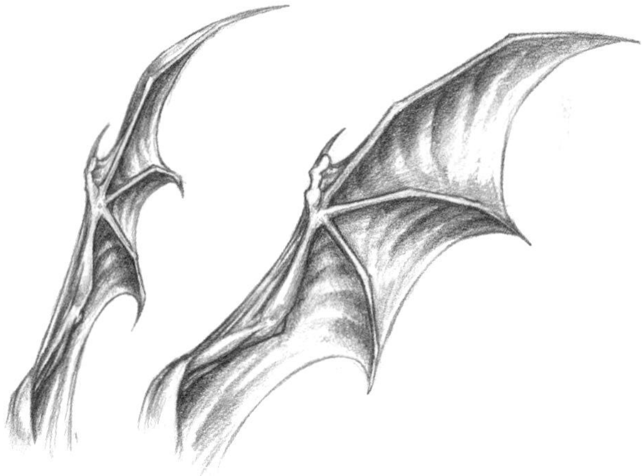

Geöffnete Flügel Öffnet das Tier seine Flügel, spannt sich die Haut zwischen den Knochen der Flügel, trotzdem bleiben einige kleine Falten bestehen. Der Bogen zwischen den Knochen ist wesentlich weiter als beim geschlossenen Flügel. Das Exemplar links zeigt, wie ein geöffneter Flügel aussieht, der vom Betrachter wegweist.

Flügel und Körpersprache Als wichtiger Bestandteil des Körpers spielen Flügel eine wichtige Rolle für die Körpersprache. Je größer die Flügel sind, desto deutlicher können sie die Gefühle und die Gedanken eines Lebewesens ausdrücken. Im Beispiel rechts zeigen die majestätisch ausgebreiteten Flügel, dass der Drache hochaggressiv ist: Seine Flügel lassen ihn größer und angriffslustiger erscheinen. Im Gegensatz dazu versteckt sich der andere Drache hinter seinen flach angelegten Flügeln – ein deutliches Zeichen seiner Angst und seiner Unterwerfung.

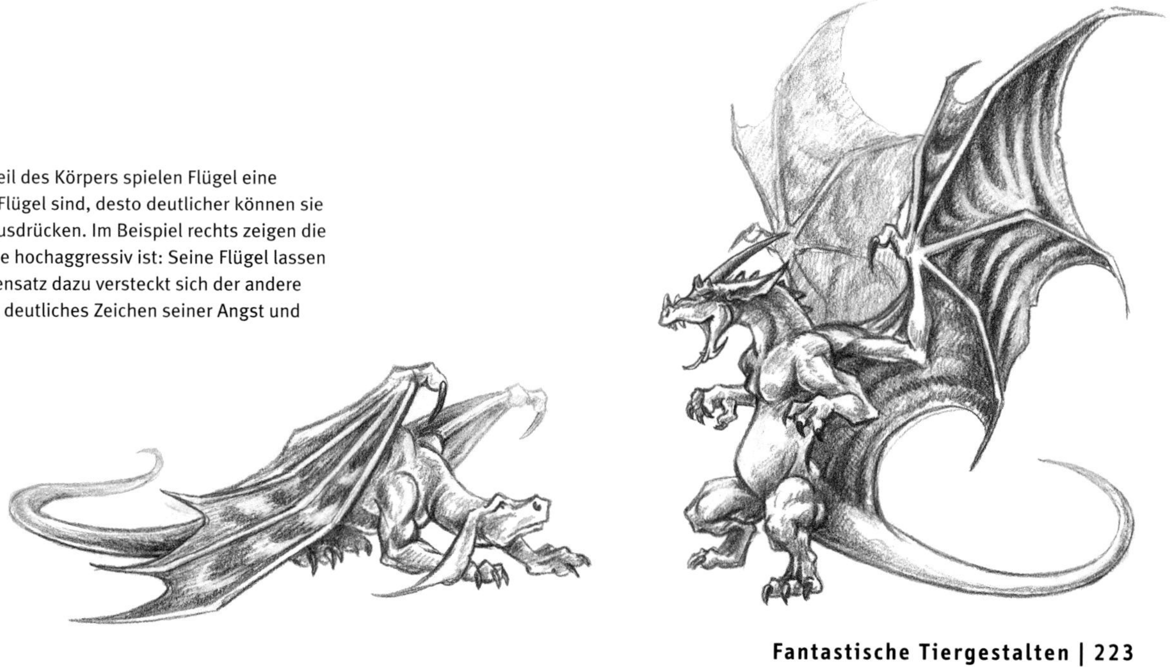

Körperteile verschiedener Wesen verbinden

Wenn man ein Wesen wie den Greif zeichnen will, ist es lohnend, die alten Beschreibungen zu lesen. Greife werden als geflügelte Wesen geschildert, die – halb Adler, halb Löwe – eine unheimliche Macht ausstrahlen und dem Menschen Furcht einflößen sollen. So liegt es nahe, einen Adler und einen Löwen zu kombinieren. Das geht am besten, wenn Sie die Vorderbeine des Löwen durch die Beine des Adlers ersetzen: Damit der Greif überzeugend wirkt, kommt es darauf an, die verschiedenartigen Körperteile anatomisch korrekt in Einklang zu bringen wie im Beispiel unten. Solche Parallelen erleichtern die Konstruktion glaubwürdiger Fabelwesen erheblich.

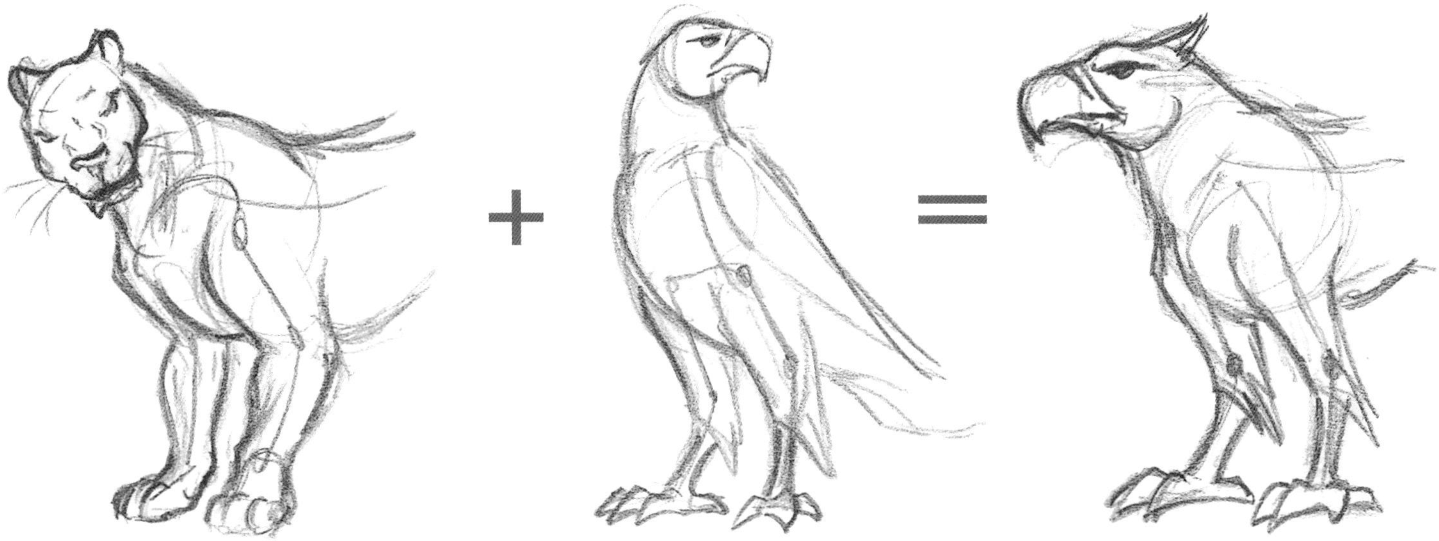

Schuppen und Panzer

Viele reine Fantasyfiguren, aber auch Wesen, die wir aus Sagen und vor allem aus der antiken Mythologie kennen, tragen Schuppen und Panzer. Es ist wichtig, diese Elemente so realistisch wie möglich zu zeichnen, da genau diese Details Ihrer Figur Glaubwürdigkeit verleihen – oder nicht. Wer oft Fantasyfiguren zeichnet, sollte Abbildungen sammeln, auf denen er die Hautoberfläche von geschuppten und gepanzerten Tieren wie Fischen, Schlangen, Echsen, Insekten, aber auch von Schildkröten, Krokodilen oder Alligatoren studieren kann. Am besten sind dazu natürlich Nahaufnahmen geeignet, aber auch alte Stiche und andere sorgfältig ausgearbeitete Zeichnungen sind ihr Geld wert.

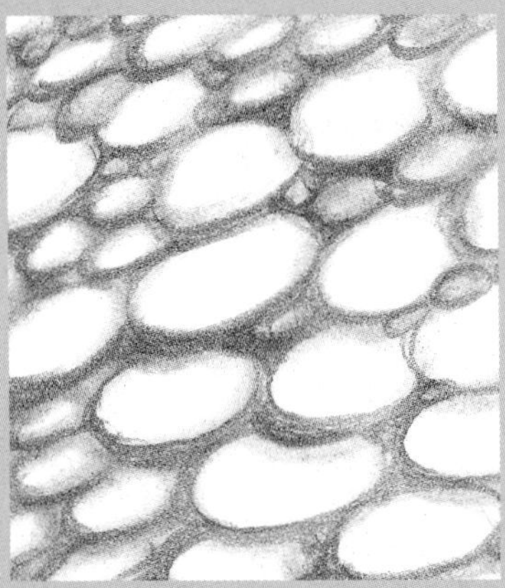

Weiche Schuppen Seeungeheuer können weiche Schuppen wie Fische tragen. Solche Schuppen entstehen, wenn Sie unregelmäßige Ovale zeichnen und die Zwischenräume dunkel schraffieren.

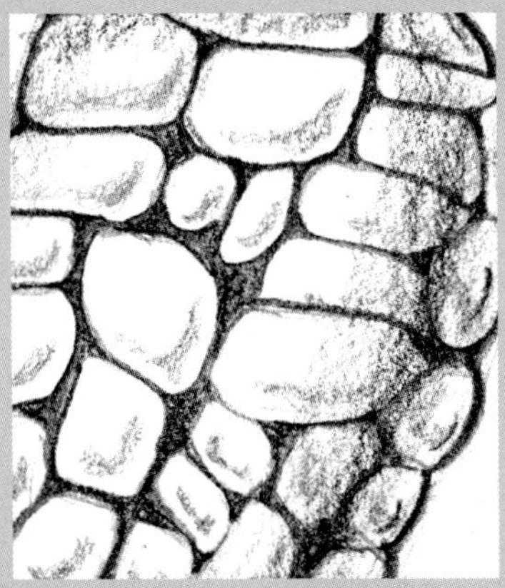

Reptilienschuppen Solche harten Schuppen entstehen aus unregelmäßigen Zellen, die leicht gekrümmt angeordnet werden. Füllen Sie zuerst die Zwischenräume dunkel aus, dann erhalten die einzelnen Zellen eine helle Schraffur aus feinen parallelen Strichen.

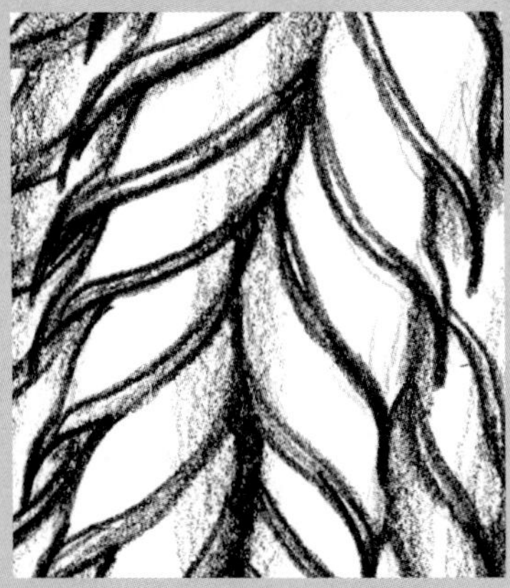

Knöcherne Schuppen Solche scharfrandigen Schuppen mit einem Bleistift in Härte 2H vorzeichnen, dann die dunklen Ränder mit einem schwarzen Buntstift nachfahren. Den Stift dabei locker halten, damit die Bögen der Schuppen weich ausgearbeitet werden können.

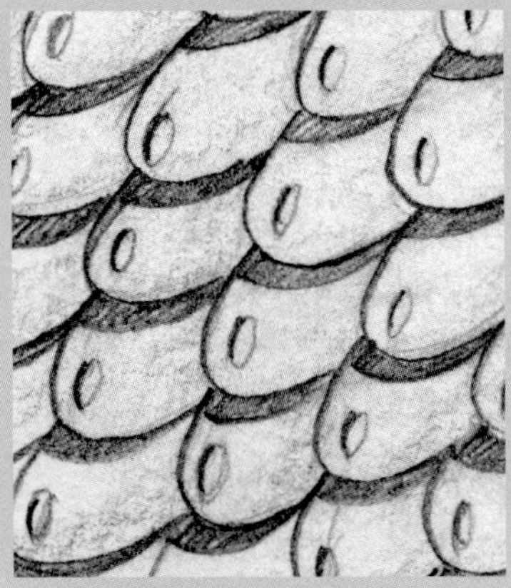

Fischschuppen Solche kleinen Platten sind typisch für Fischschuppen. Sie werden aus regelmäßig angeordneten Bögen unterschiedlicher Größe entwickelt. Dabei überlappen sich die Reihen ein wenig. Das zeigen Sie mit Schatten, die auf die untere Reihe fallen.

Hilfreiche Zeichentricks

Zaubern mit Schraffuren

Beim Schraffieren (▶ Seite 13) gibt es mehrere gute Methoden. Die meisten Künstler arbeiten von dunkel nach hell: Das heißt, sie tönen zuerst die Stellen ab, die im Schatten liegen, und gehen dann zu den helleren Partien des Motives über – dabei haben sie stets das ganze Bild in Arbeit. Es gibt aber auch den Weg, in Segmenten zu arbeiten und die Zeichnung Stück für Stück aufzubauen. Das hat den Vorteil, dass man sich sehr gut auf den Bereich konzentrieren kann, der gerade entsteht, wie der Kopf, die Brust oder die Beine. Ein weiterer Vorteil dieser Methode ist, dass man die Hand dabei relativ ruhig hält und so nicht Gefahr läuft, die Zeichnung zu verschmieren. Im Beispiel rechts wurden zunächst Kopf, Hals und Brust gezeichnet, ehe schrittweise der übrige Phönix entstand. Allerdings ist es ratsam, die ganze Figur in hell und dunkel zu tauchen und ganz zuletzt die Federn und andere Details wie die Füße in Ruhe zu gestalten.

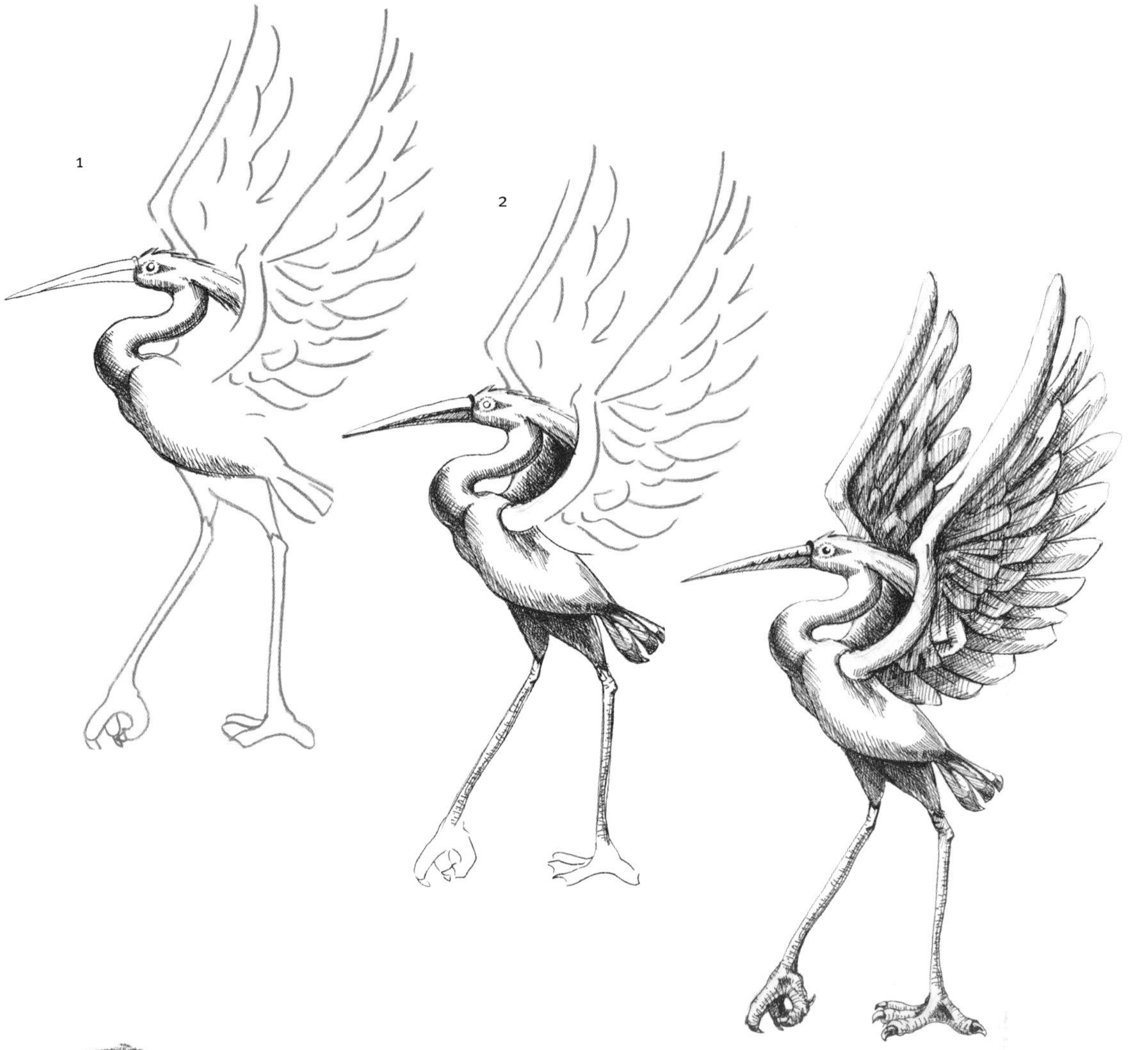

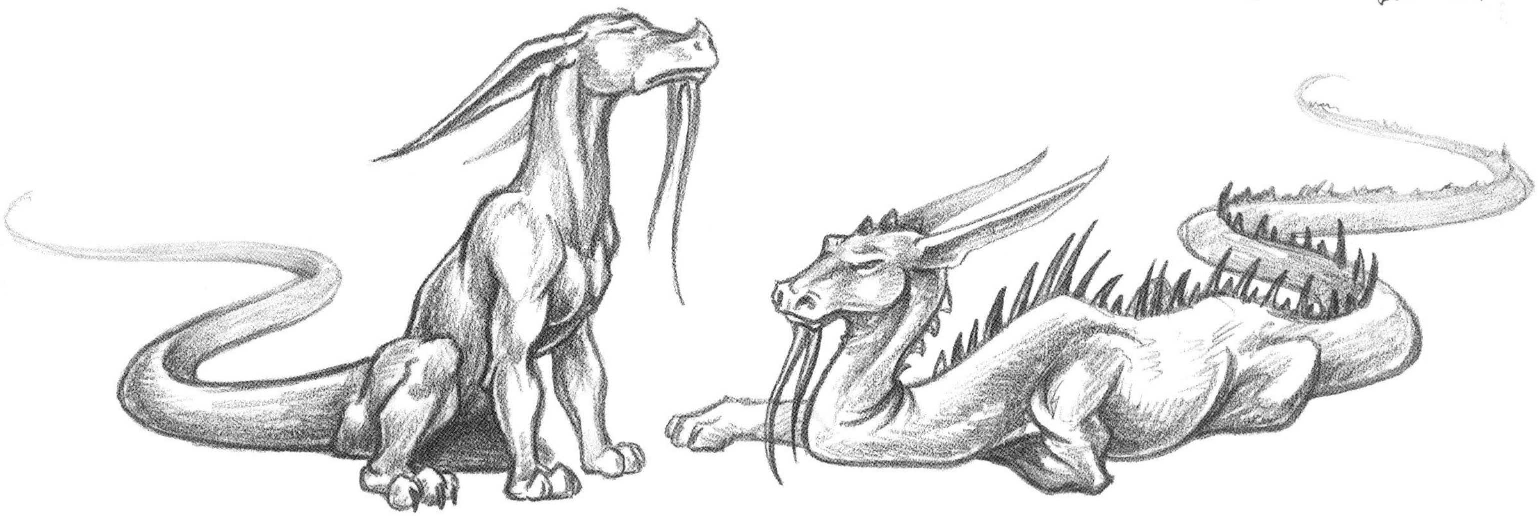

Atmosphärische Perspektive Viele Fantasyfiguren sind von beeindruckender Größe. Um dies darzustellen, sollten Sie eine einfache, aber sehr wirkungsvolle Technik anwenden, die atmosphärische Perspektive. Sehen Sie sich die Beispiele an. Beim Drachen links wird der Schwanz dem Ende zu immer heller, denn Objekte werden immer „durchsichtiger", je weiter sie vom Betrachter entfernt sind. Das können vor allem Menschen, die am Fuß eines Gebirges leben, gut beobachten: Je weiter Berge entfernt sind, desto heller werden sie, bis sie sich fast aufzulösen scheinen. Dieses Gesetz gilt allerdings nur bei Tageslicht. In der Nacht kehrt sich der Effekt ins Gegenteil – weit entfernte Dinge rücken (bedrohlich) näher. Auch die Details spielen eine Rolle: Bei beiden Drachen werden die Details immer weniger, je weiter der Schwanz vom Betrachter entfernt ist. Man kann zwar erkennen, dass die Zacken bis zum Ende laufen, aber sie sind immer weniger gut ausgearbeitet. So entsteht ein Eindruck von Entfernung, der den Figuren Größe verleiht.

Pegasus

Poseidon, der Gott des Meeres, und Medusa mit den Schlangenhaaren hatten ein Kind, das aus dem Leib der Mutter sprang, als diese von Perseus getötet wurde: Das geflügelte Pferd Pegasus wurde später von Zeus in ein unsterbliches Sternbild verwandelt.

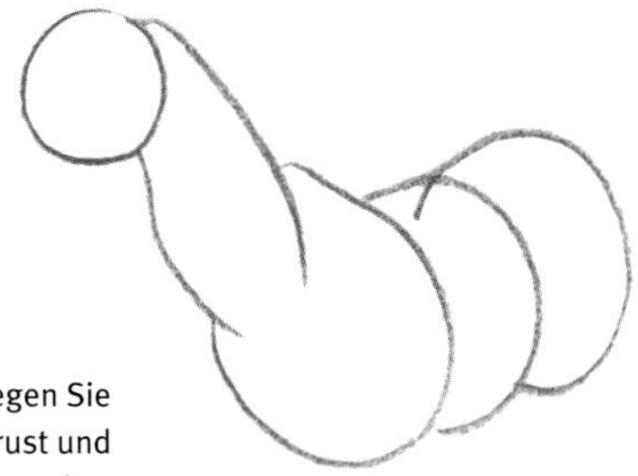

1 Mit einem Bleistift in Härte 3H legen Sie Kreise für Hinterbacken, Rumpf, Brust und Kopf des Flugpferdes an. Dann mit zwei geschwungenen Linien Kopf und Brust verbinden.

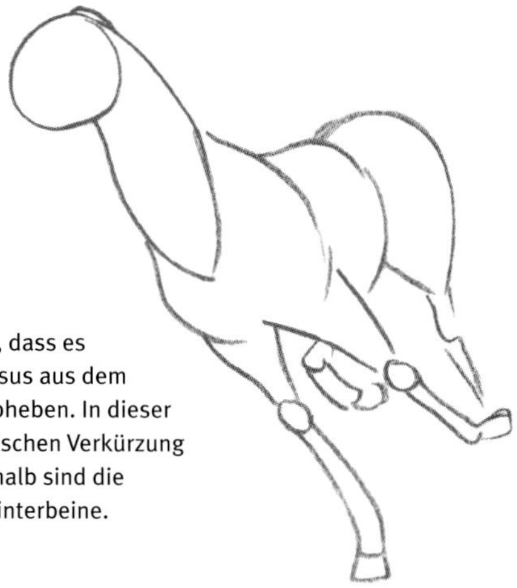

2 Die Beine so vorskizzieren, dass es aussieht, als würde der Pegasus aus dem Galopp heraus vom Boden abheben. In dieser Pose müssen Sie mit der optischen Verkürzung arbeiten (▶ Seite 169) – deshalb sind die Vorderbeine größer als die Hinterbeine.

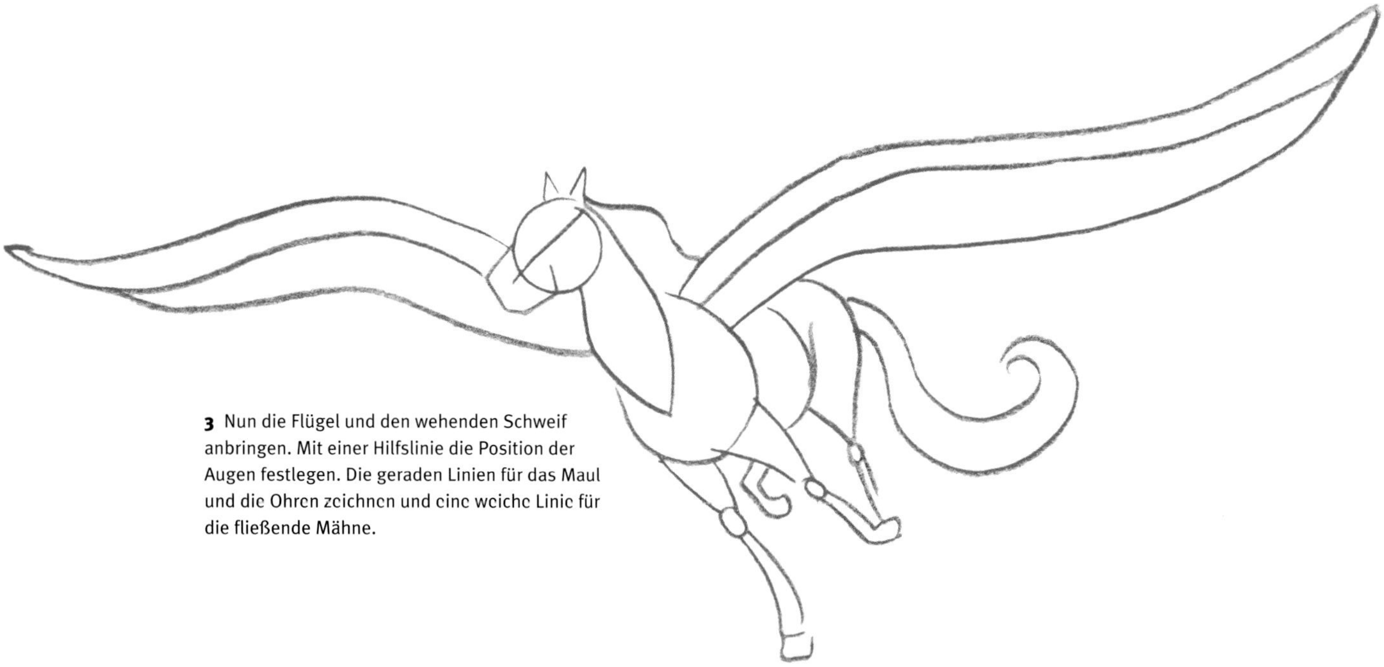

3 Nun die Flügel und den wehenden Schweif anbringen. Mit einer Hilfslinie die Position der Augen festlegen. Die geraden Linien für das Maul und die Ohren zeichnen und eine weiche Linie für die fließende Mähne.

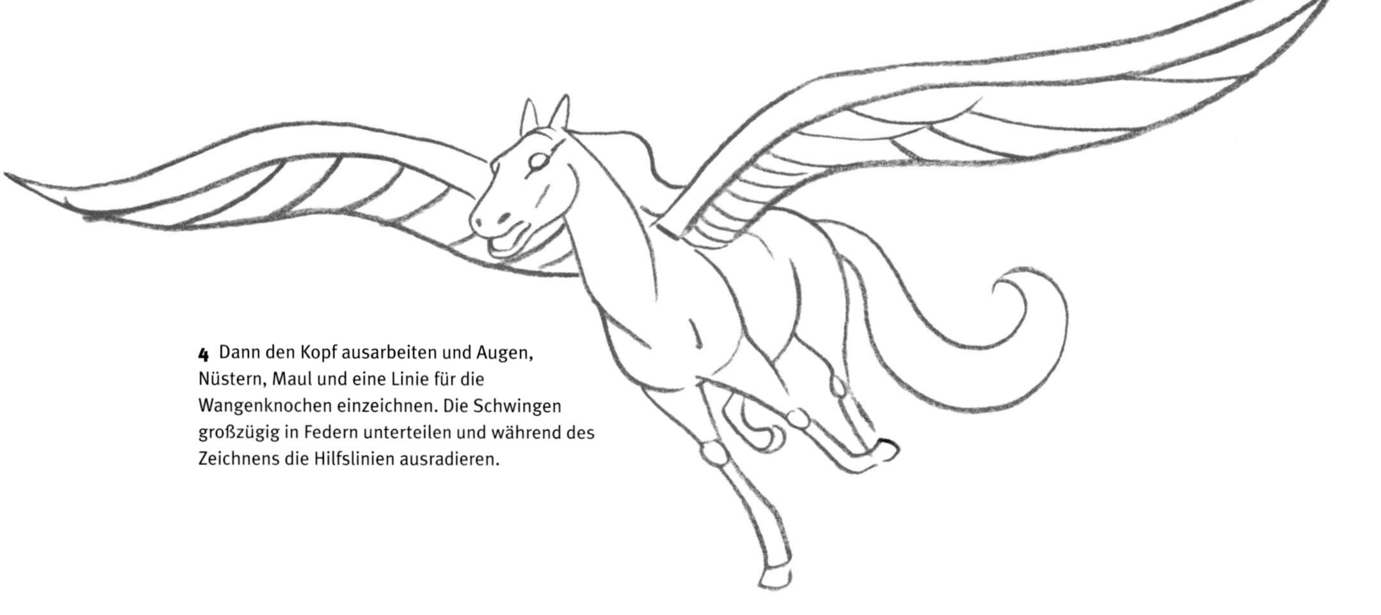

4 Dann den Kopf ausarbeiten und Augen, Nüstern, Maul und eine Linie für die Wangenknochen einzeichnen. Die Schwingen großzügig in Federn unterteilen und während des Zeichnens die Hilfslinien ausradieren.

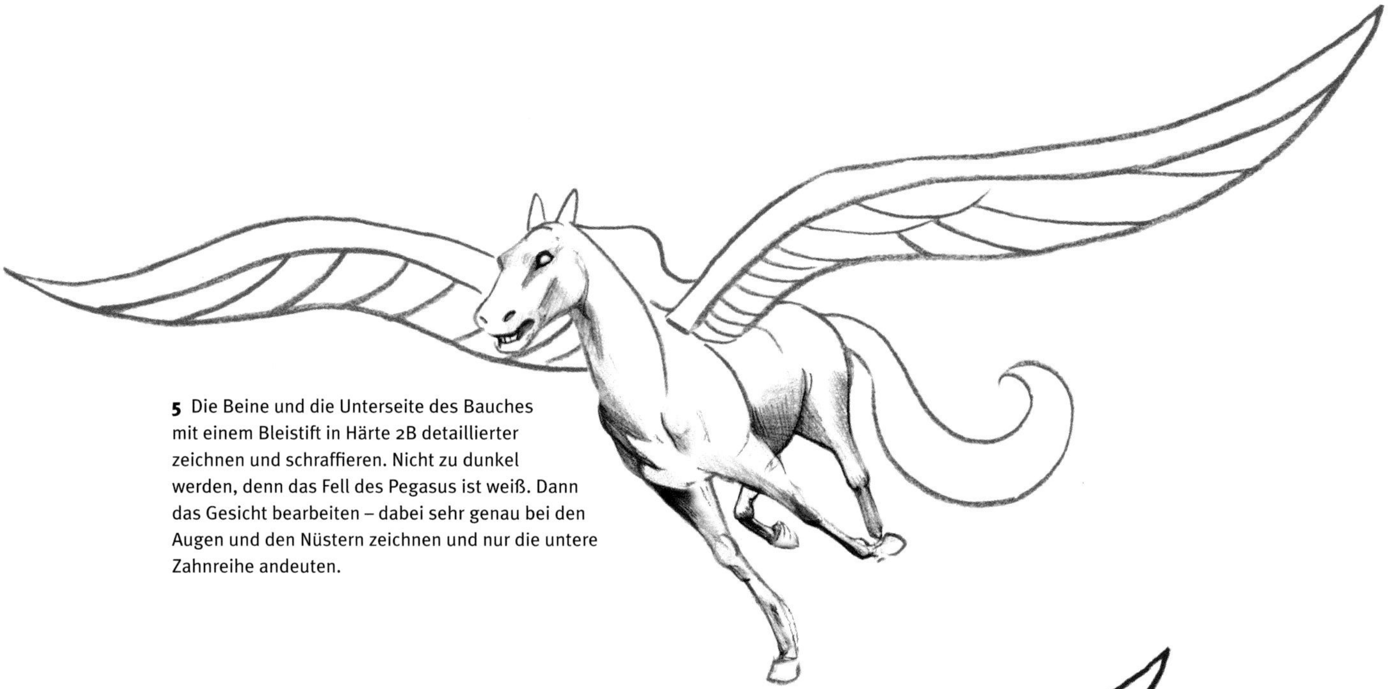

5 Die Beine und die Unterseite des Bauches mit einem Bleistift in Härte 2B detaillierter zeichnen und schraffieren. Nicht zu dunkel werden, denn das Fell des Pegasus ist weiß. Dann das Gesicht bearbeiten – dabei sehr genau bei den Augen und den Nüstern zeichnen und nur die untere Zahnreihe andeuten.

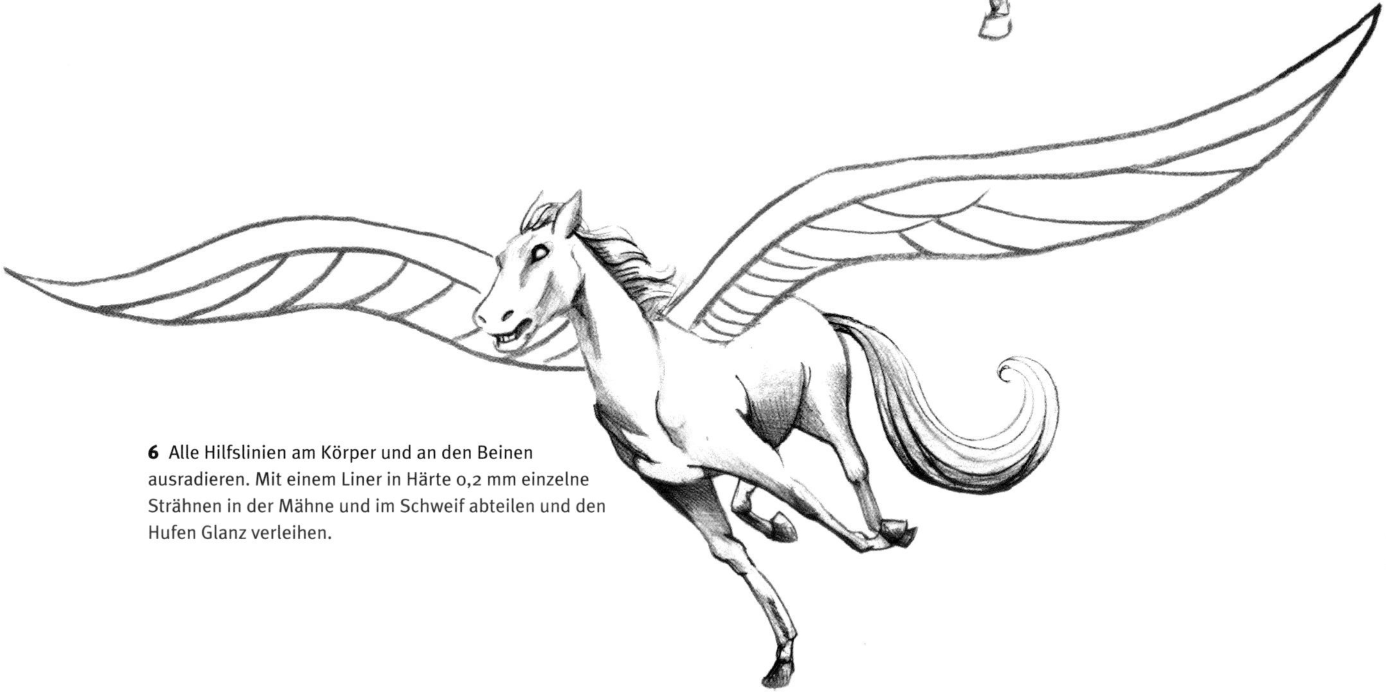

6 Alle Hilfslinien am Körper und an den Beinen ausradieren. Mit einem Liner in Härte 0,2 mm einzelne Strähnen in der Mähne und im Schweif abteilen und den Hufen Glanz verleihen.

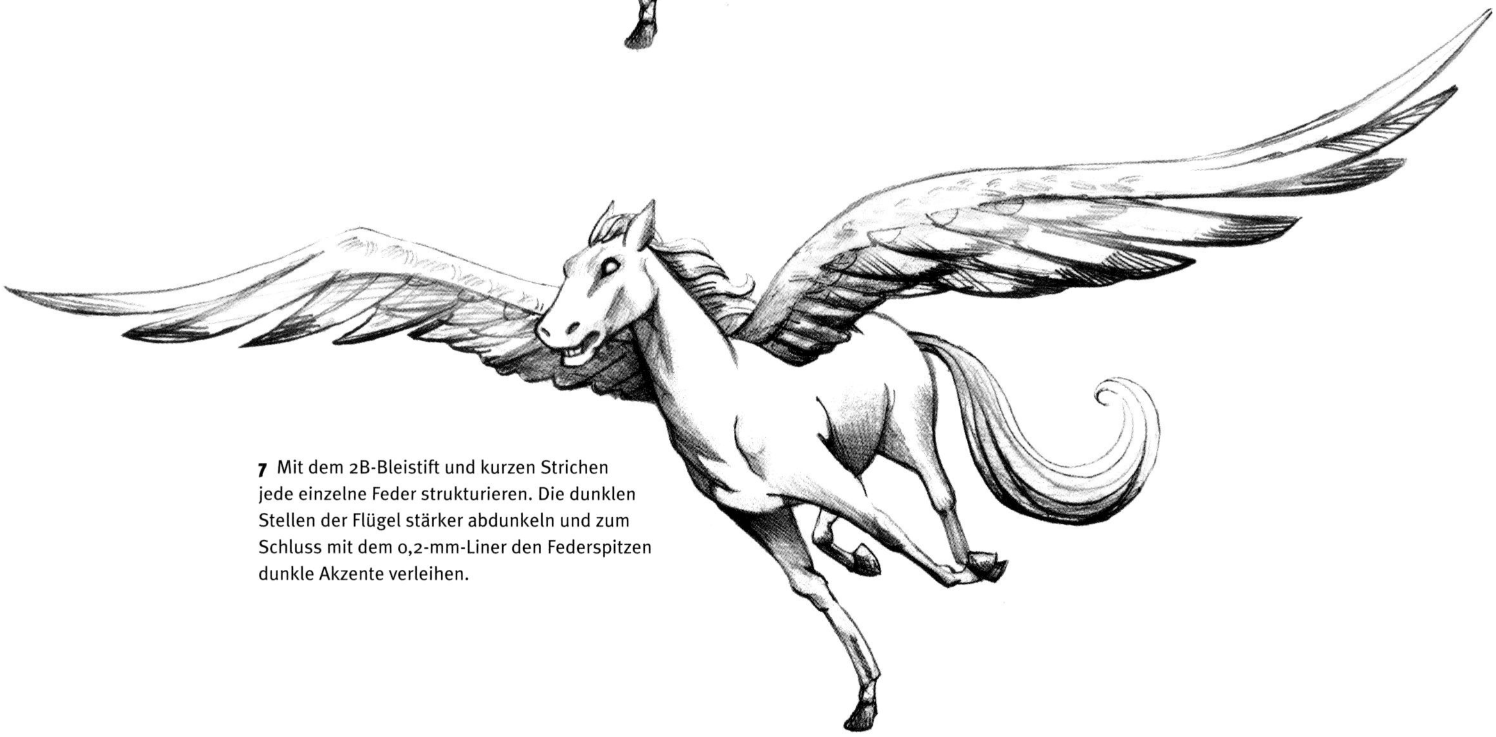

7 Mit dem 2B-Bleistift und kurzen Strichen jede einzelne Feder strukturieren. Die dunklen Stellen der Flügel stärker abdunkeln und zum Schluss mit dem 0,2-mm-Liner den Federspitzen dunkle Akzente verleihen.

Zerberus

Der vielköpfige Höllenhund Zerberus, eine uralte griechische Sagengestalt, bewacht den Hades, denn nur die Seelen Verstorbener dürfen die Unterwelt betreten – und niemand darf sie verlassen. Doch hin und wieder gelang es Helden wie Herkules und Orpheus oder dem Halbgott Hermes, die wilde Bestie zu übertölpeln.

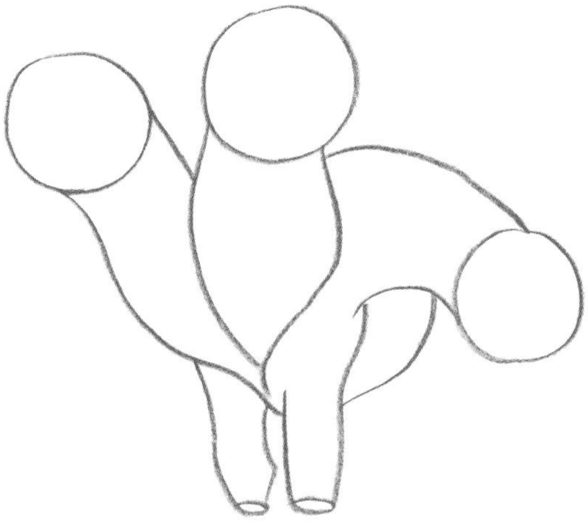

1 Bei solchen komplexen Figuren lohnt es sich immer, als Erstes eine Grobskizze anzulegen. Deshalb zeichnen Sie zunächst die Grundpositionen der drei Köpfe, die auf einem Rumpf sitzen.

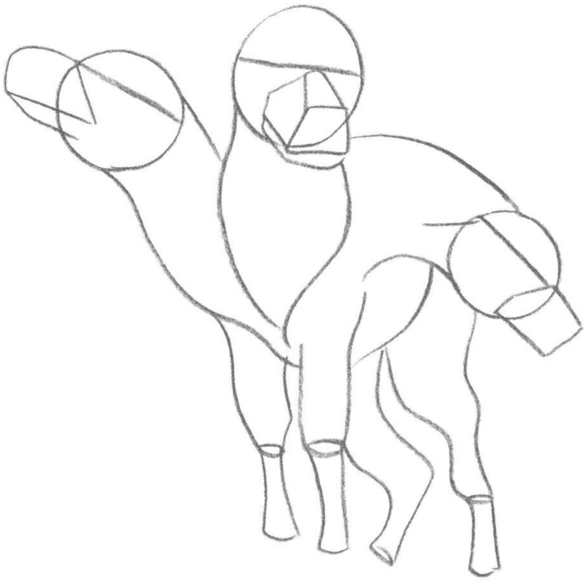

2 Dann die Schnauzen der drei Hundeköpfe als kantige Strukturen anlegen und die vier Beine zylindrisch aufbauen. Erst weiterarbeiten, wenn Sie mit den Proportionen zufrieden sind.

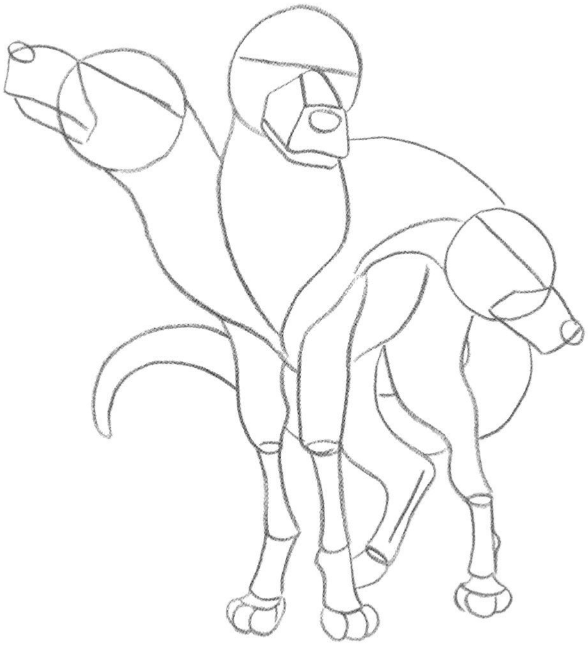

3 Die Beine und den Schwanz wie bei einem großen Hund ausarbeiten. Dann die Nasen und die Pfoten vorzeichnen. Jetzt sind alle Elemente der Bestie auf dem Blatt und Sie können nochmals überprüfen, ob die Proportionen stimmen.

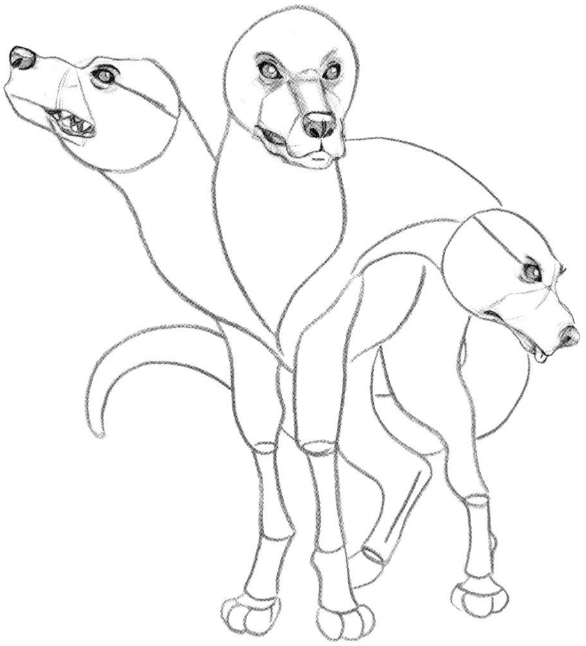

4 Mit einem Bleistift in Härte 2B die ersten Gesichtselemente fein einzeichnen. Das Motiv gewinnt sehr an Ausdruckskraft, wenn Sie jeden der Köpfe individuell ausarbeiten: Der Kopf links zeigt seine Zähne, der mittlere sieht so aus, als würde er den Betrachter anknurren, und der rechte blickt zur Seite. Jeweils Augen, Nase und Schnauze zeichnen. Die schwarze Betonung rund um die Augen sorgt für einen ungemein intensiven Blick.

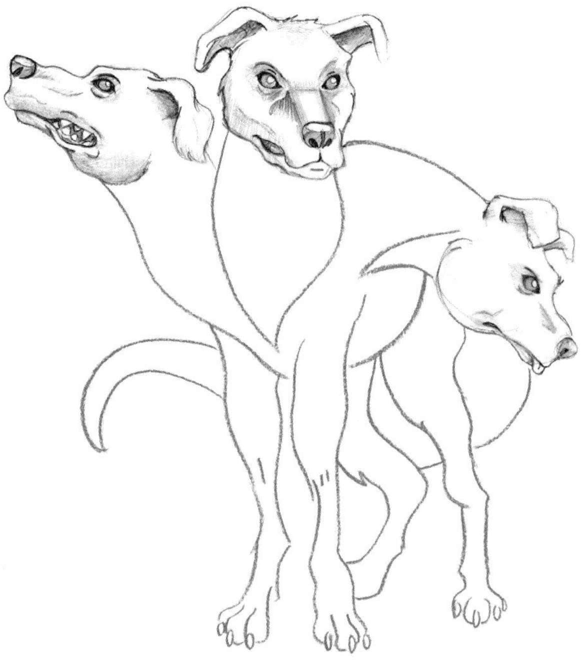

5 Mit dem 2B-Bleistift weiter an den Köpfen arbeiten. Erste Schraffuren an der Nase zeigen das Fell, dann folgen die Ohren. Die Beine weiterbearbeiten. Sie erhalten auf Höhe der Knie einen pelzigen Behang und die Pfoten tragen dunkle Nägel.

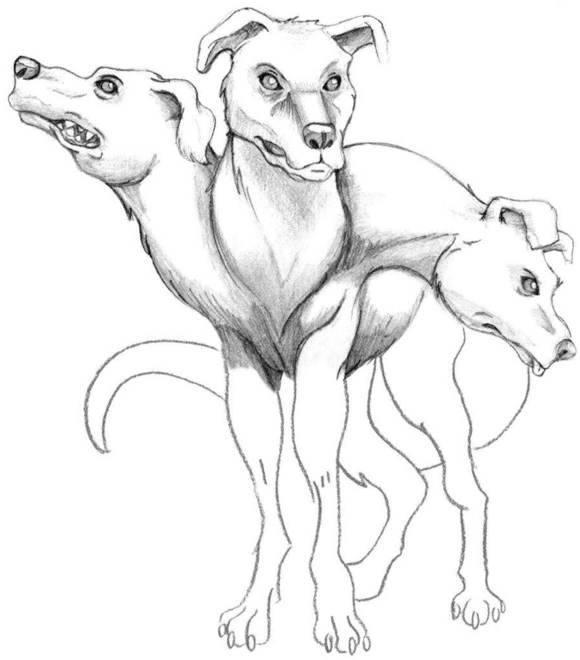

6 Vom Kopf in Richtung Nacken und dann die Brust schraffieren. Dabei mit dem Stift stärker aufdrücken, damit das Fell dunkel wirkt.

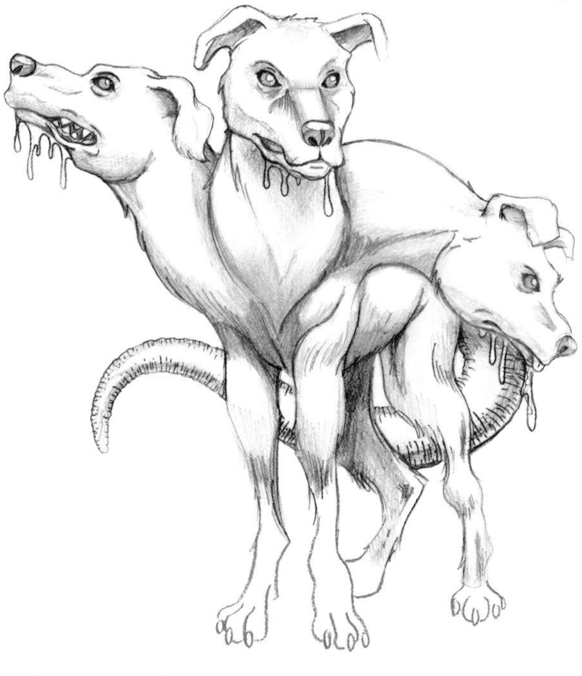

7 Nun wird das Ungeheuerliche des Tieres betont. Von jedem Maul dick Speichel tropfen lassen. Der Schwanz soll schuppig wirken: Dazu den Stift sehr gut spitzen und den Schwanz mit einem Muster überziehen. Die Linien sollen wesentlich härter wirken als die Striche, mit denen das Fell gezeichnet wurde.

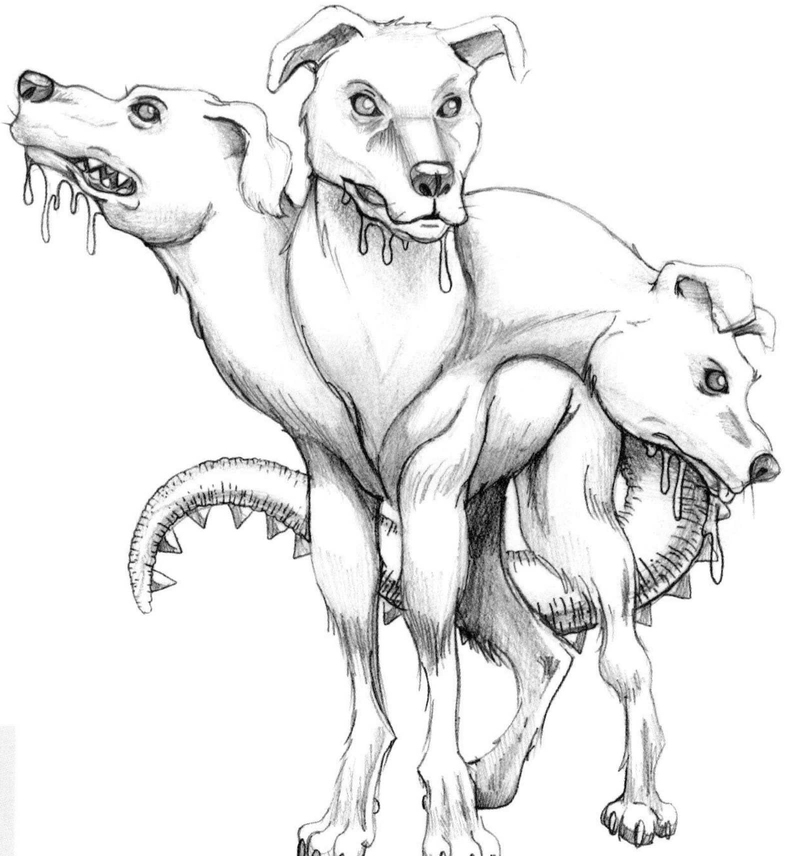

8 Jetzt müssen Sie nur noch die Beine detailliert ausarbeiten, die Nägel sollen scharf und gefährlich wirken. Der Schwanz erhält scharfe Drachenzacken. Die Gesichter sollen noch klarer und besser zu erkennen sein. Zum Schluss noch ein paar Schnurrbarthaare einzeichnen.

Hätten Sie's gewusst?

- Als letzte Arbeit sollte Herkules Zerberus fangen. Das gelang ihm nur, weil er Hades und Persephone, den Göttern der Unterwelt, fest versprach, dass dem Höllenhund nichts geschehen würde.
- Es gibt Darstellungen von Zerberus mit 50 und sogar solche mit 100 Köpfen.
- Der griechische Name des Tieres ist Kerberos, was so viel heißt wie „Dämon der Grube".

Fafnir

Der nordischen Sage nach war Fafnir der Sohn des Zwergenkönigs Hreidmar, den er tötete, um den sagenhaften Schatz der Zwerge zu rauben. Da ihm sein Bruder Regin dabei half, war es abgesprochen, das Gold zu teilen. Doch Fafnir versteckte es in einer Höhle. Seine Gier verwandelte Fafnir schließlich in einen Drachen. Regin aber nahm Rache, indem er seinem Sohn Sigurd auftrug, den Drachen zu töten.

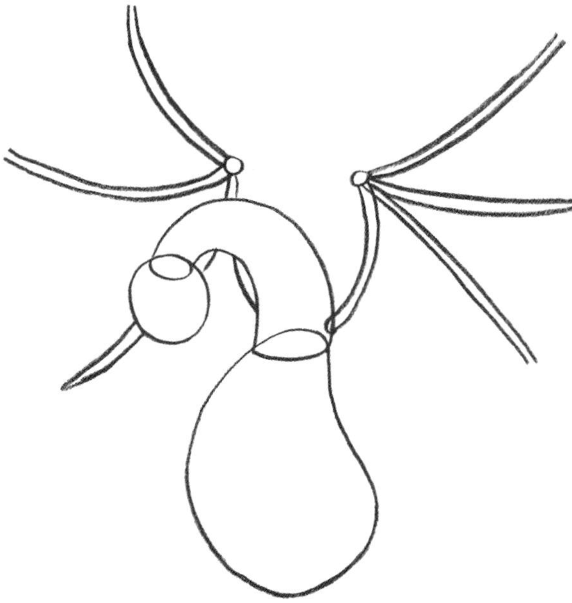

1 Mit einem Bleistift in Härte 3H die oberen Teile des Drachen vorskizzieren: Eine Tränenform für den Körper, einen gebogenen Zylinder als Hals und einen Kreis für den Kopf. Die Knochen der Flügel bestehen aus schwertförmig gebogenen Strukturen.

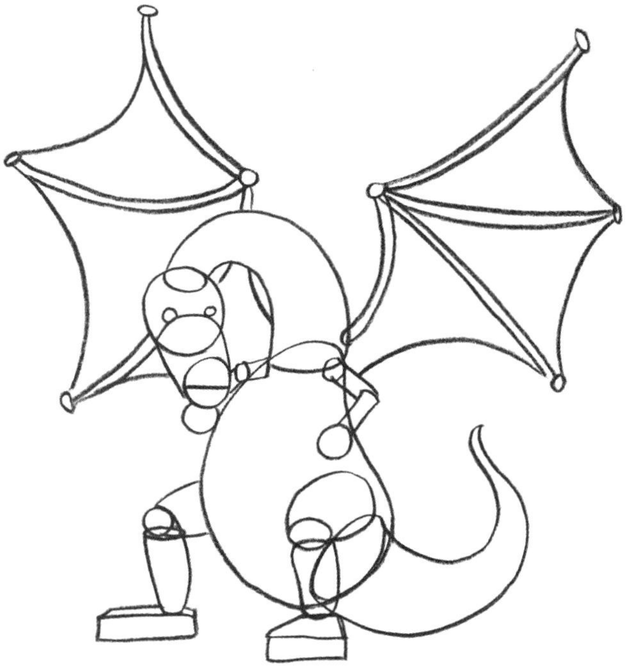

2 Die Knochen der Flügel mit geschwungenen Bögen verbinden, für die Schnauze eine Art Eimer vorzeichnen und für die Augen kleine Kreise. Die Arme und Beine als Zylinder und Kugeln skizzieren und den Schwanz als zornige Kurve festlegen.

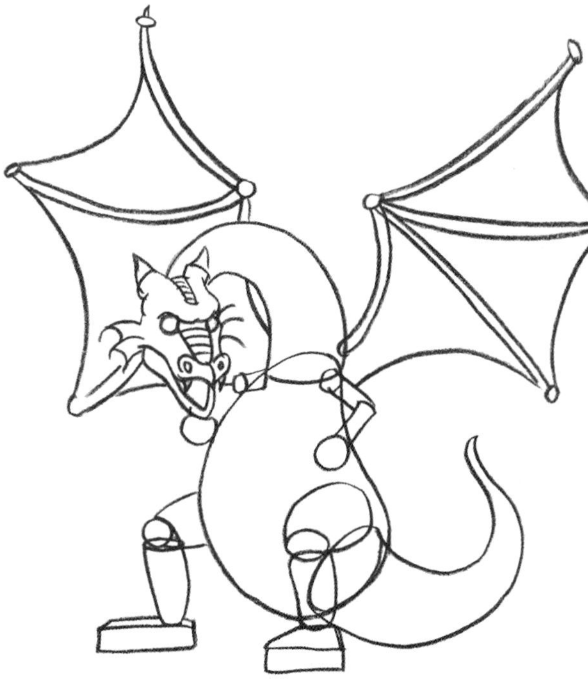

3 Mit den ersten Details des Gesichts beginnen: Die gebogenen Hörner und die Fortsätze seitlich am Kopf skizzieren. Dann die Wülste auf der Stirn und den gefurchten Nasenrücken einzeichnen. Es folgen die Nüstern und das geöffnete Maul mit den Fangzähnen. Anschließend die letzten Hilfslinien im Gesicht ausradieren.

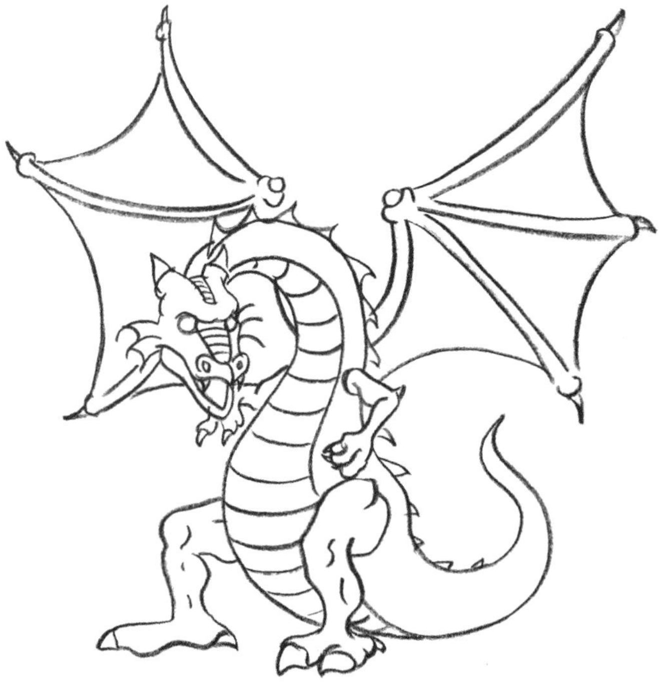

4 Auf der Basis der vorgezeichneten Formen die Arme und Beine detaillierter gestalten – mit Bögen die kräftige Muskulatur andeuten. Füße und Pranken erhalten Klauen mit scharfen Krallen. Der rechte Ellbogen erhält ebenfalls eine Kralle. Als Nächstes die Segmente des Panzers am Bauch als gebogene Linien vorzeichnen und am Rücken und entlang des Schwanzes die spitz zulaufenden Schuppen anbringen. Auch die Flügelknochen enden in scharfen Krallen. Zum Schluss alle übrig gebliebenen Hilfslinien ausradieren.

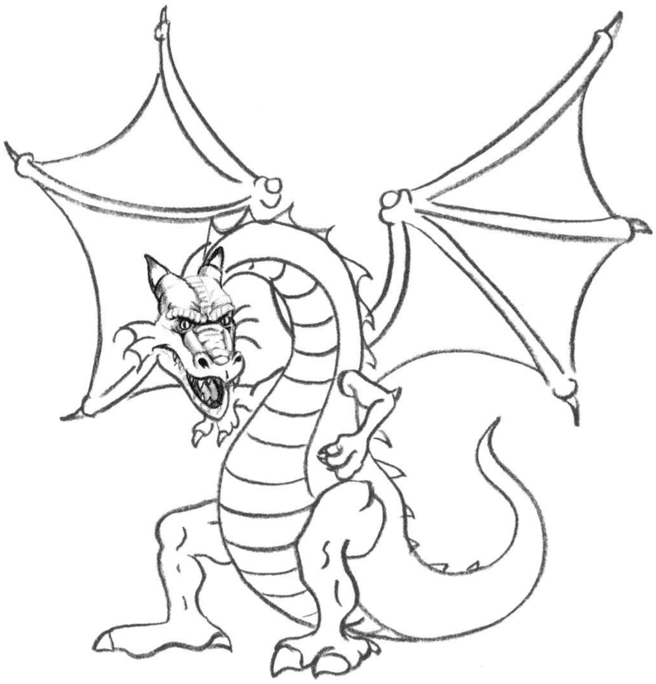

5 Um das Dunkle und Düstere der Kreatur besonders zu betonen, nehmen Sie für das Ausarbeiten der Details im Gesicht am besten einen schwarzen Buntstift. Halten Sie den Spitzer bereit, denn Sie werden oft spitzen müssen, damit Ihre Striche nicht zu dick ausfallen. Bauen Sie die dunklen Töne behutsam und nach und nach auf.

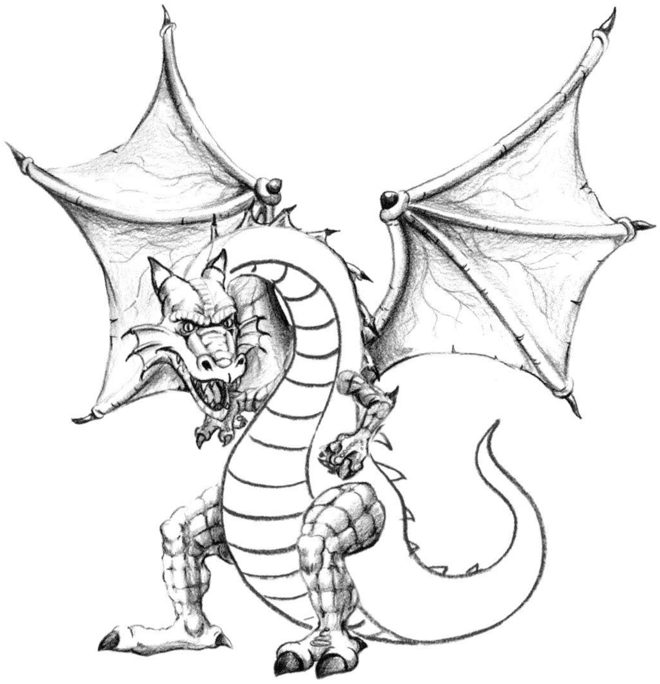

6 Um die Flügel zu gestalten, schraffieren Sie sie ganz leicht dunkel – vor allem dort, wo sie aus dem Körper wachsen, und entlang der Knochen. Einige Schrammen und Risse machen die Flügel authentischer – ebenso die verästelten Adern. Die Beine und die Arme erhalten einen Schuppenpanzer. Auch die Füße werden dunkel gestaltet – mit fast schwarzen Krallen.

7 Der Schuppenpanzer setzt sich am Hals fort, verläuft über den ganzen Rücken und hüllt den Schwanz ein. Es hat sich bewährt, bei so kleinteiligen Arbeiten Schritt für Schritt vorzugehen und jeweils nur eine Körperpartie zu gestalten, bis sie in sich fertig ist. Sobald die Schuppen den ganzen Körper komplett überziehen, betonen Sie die Zwischenräume des Panzers mit dunklen Linien. Dann noch die großen Panzerplatten am Bauch auf der linken Seite abdunkeln, denn das Licht fällt von rechts auf die Gestalt. Zum Schluss erhalten die Schuppen auf Rücken und Schwanz noch krallenartige Spitzen und das Schwanzende kleine Kugeln.

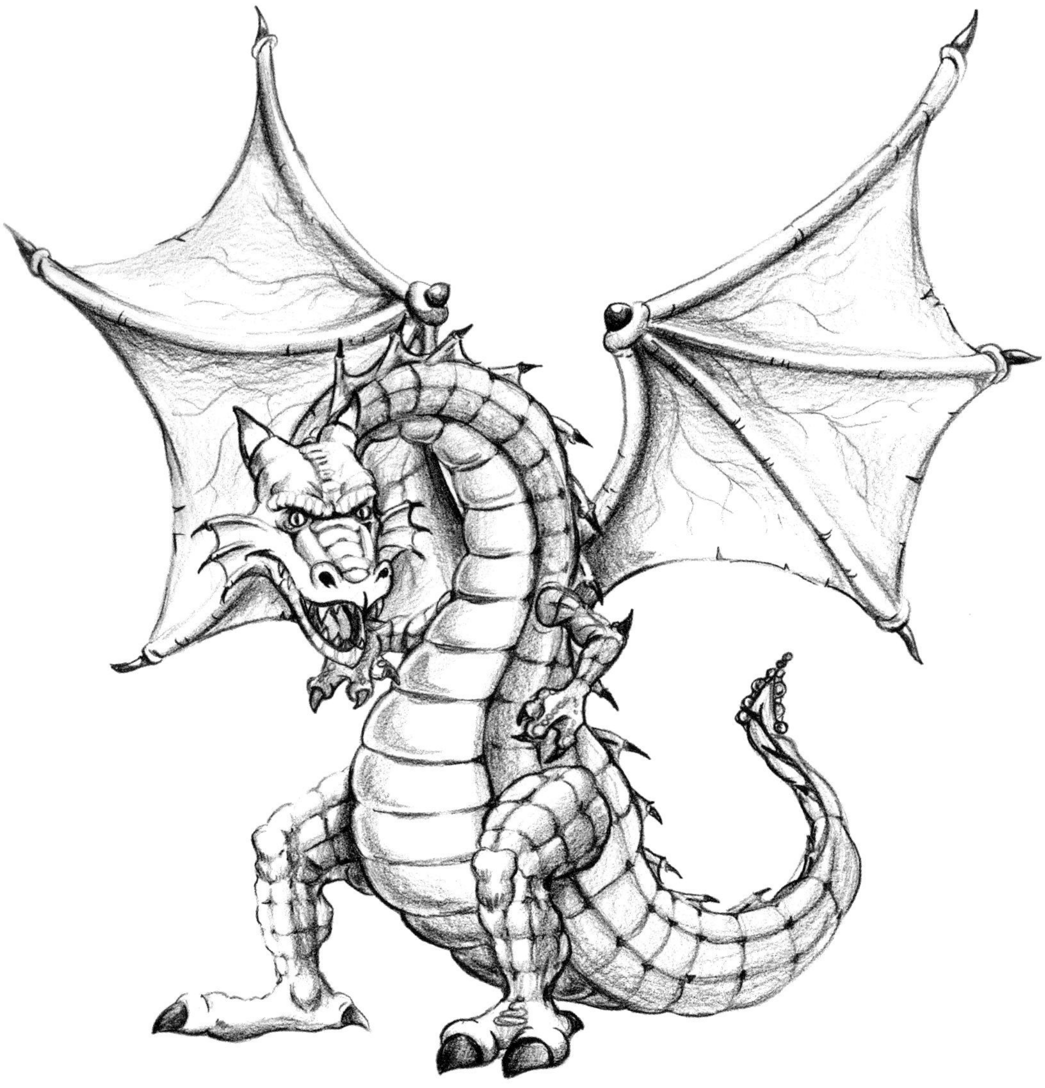

Hätten Sie's gewusst?

- Um Fafnir zu töten, versteckte sich Sigurd in einer Spalte im Boden. Als der Drache über ihn wegkroch, stieß er ihm sein Schwert ins Herz.
- In einer germanischen Fassung der Sage war Fafnir zunächst ein Riese.
- Nachdem er Fafnir getötet hatte, kochte Sigurd sein Herz, und als er davon gekostet hatte, konnte er die Sprache der Vögel verstehen.
- Was Fafnir nicht wusste: Auf dem Schatz, den er seinem Vater stahl, lastete ein schrecklicher Fluch.

Phönix

Wenn der sagenhafte Vogel Phönix 500 oder 1000 Jahre gelebt hat, baut er sich ein großes, hohes Nest aus Holz, setzt sich hinein und wartet, bis es brennt. Und wenn die letzte Flamme erloschen ist, erhebt sich ein neuer Vogel aus der Asche, denn es gibt immer nur einen einzigen lebenden Phönix.

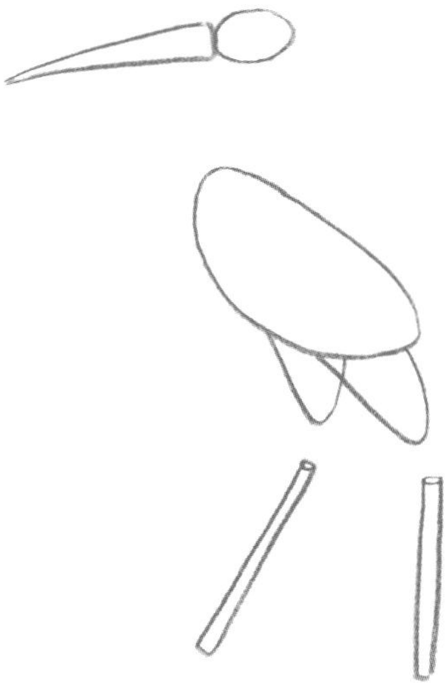

1 Mit einem Bleistift in Härte 2H die ersten einfachen Grundformen für den Kopf, den Schnabel, den Körper und die Beine des Phönix festlegen.

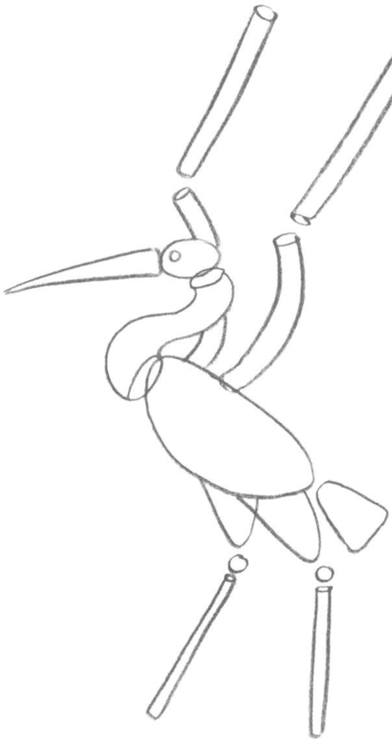

2 Jetzt kommen als weitere Grundformen die Flügel und die Federn, der Hals, das Auge und ein Dreieck für den Schwanz hinzu.

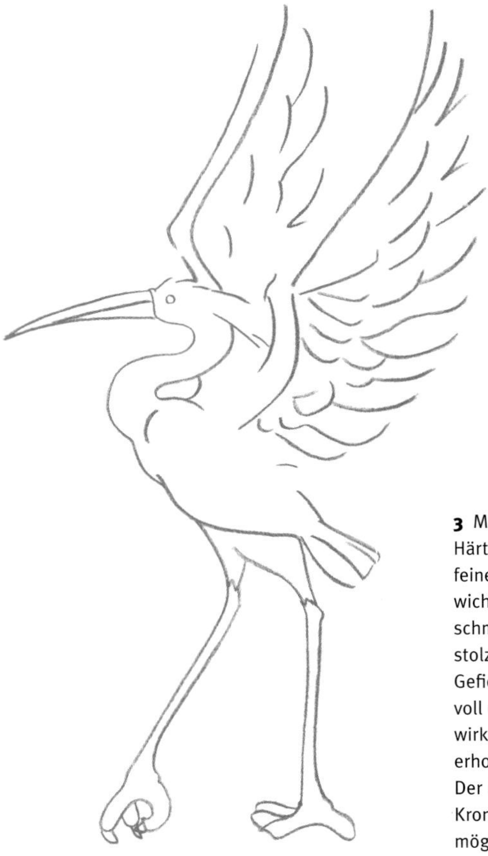

3 Mit einem Bleistift in Härte HB den Körper feiner ausgestalten – wichtig sind die langen schmalen Beine und der stolz gebogene Hals. Das Gefieder soll eindrucksvoll und majestätisch wirken, die Krallen am erhobenen Fuß scharf. Der Kopf erhält eine Art Krone aus Federn. Soweit möglich, die Hilfslinien ausradieren.

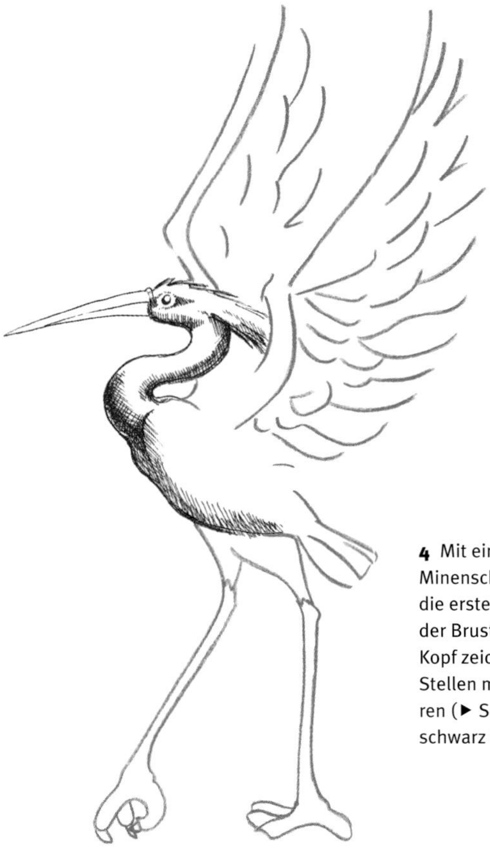

4 Mit einem dünnen Minenschreiber (0,3 mm) die ersten Schraffuren an der Brust, am Hals und am Kopf zeichnen. Sehr dunkle Stellen mit Kreuzschraffuren (► Seite 13) fast schwarz färben.

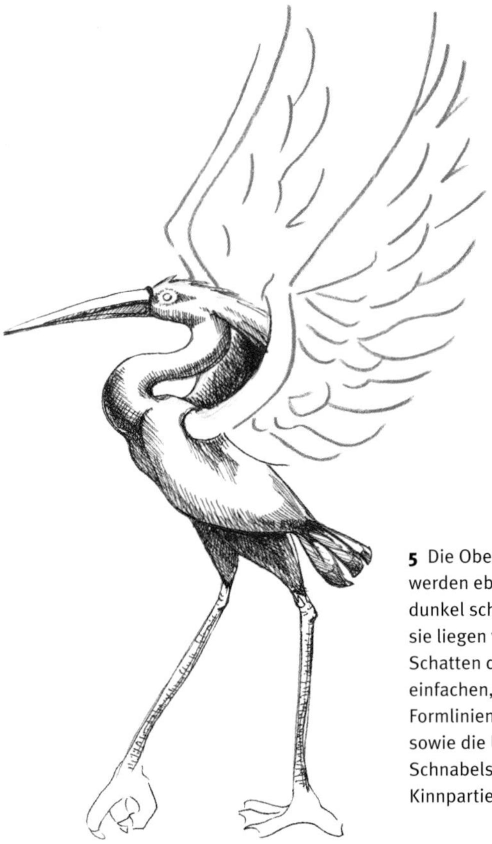

5 Die Oberschenkel werden ebenfalls sehr dunkel schraffiert, denn sie liegen vollständig im Schatten des Körpers. Mit einfachen, gebogenen Formlinien die Beine sowie die Unterseite des Schnabels und die Kinnpartie ausarbeiten.

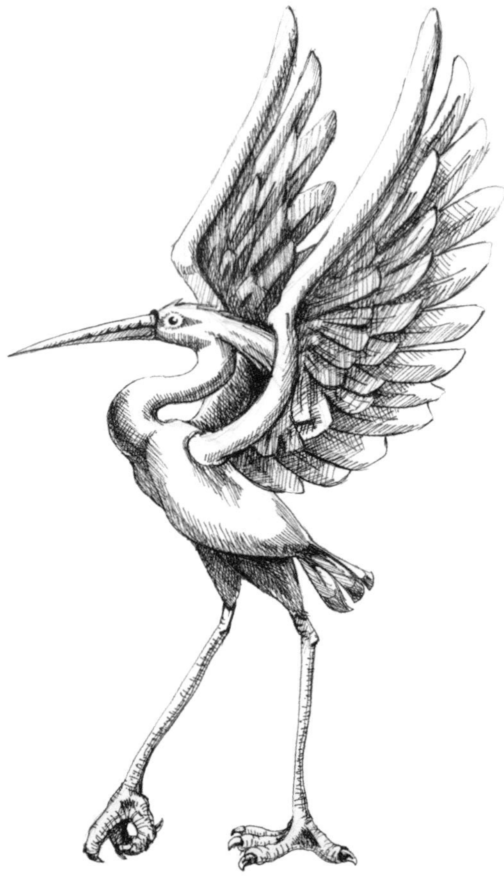

6 Mit den Formlinien auch die Füße gestalten. Dann werden die Schwanzfedern vorgezeichnet und schraffiert. Jetzt kommt der größte Schmuck des Phönix, sein fantastisches Federkleid: Die einzelnen Federn sollen übereinander liegen, dann die Federn einzeln schraffieren, sodass es aussieht, als würden sie sich überlappen. Die letzten kleinen Details am Schnabel und am Auge einfügen, dann auch die verbliebenen Hilfslinien ausradieren.

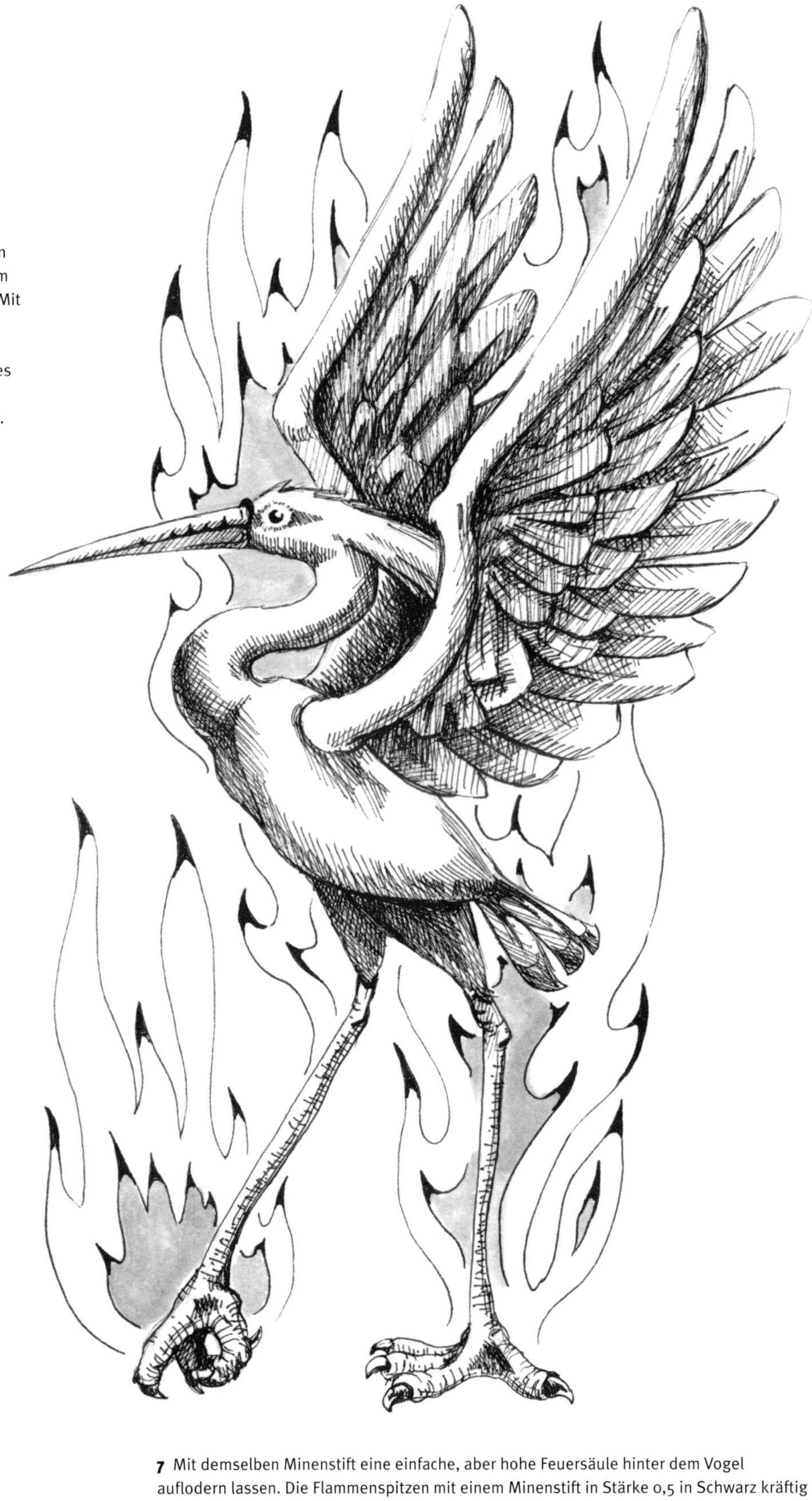

7 Mit demselben Minenstift eine einfache, aber hohe Feuersäule hinter dem Vogel auflodern lassen. Die Flammenspitzen mit einem Minenstift in Stärke 0,5 in Schwarz kräftig akzentuieren. Mit Tusche und Wasser Flammenherzen malen, vor denen der Phönix in seiner ganzen Schönheit erstrahlt.

Minotaurus

Der Minotaurus, ein grausames, menschenfressendes Ungeheuer, war der Sohn der kretischen Königin und eines Stiers, den ihr Mann, König Minos, dem Meeresgott Neptun gestohlen hatte. Um Minos zu bestrafen, sorgte Poseidon dafür, dass sich Minos' Frau in den Stier verliebte – was zu diesem Nachkommen führte. Weil das Ungeheuer auf der Insel Kreta Verwüstung anrichtete, beauftragte Minos den Baumeister Dädalus, ein kompliziertes Labyrinth zu bauen, um den Minotaurus gefangen zu halten. Dem griechischen Helden Theseus gelang es schließlich, den Minotaurus zu töten. In heutigen Geschichten und Spielen verkörpern Minotauren oft das Böse. Weil sie aber als sehr intelligent gelten, übernehmen sie manchmal auch die Rolle des Helden.

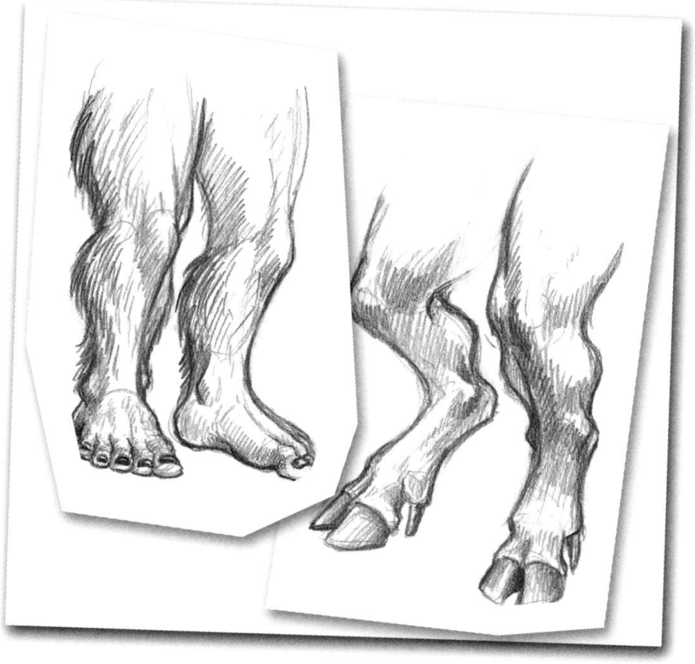

Füße und Vorderbeine Die Füße eines Minotaurus zeichnet man am besten als Menschenfüße, die in Rinderhufe übergehen. Anstelle einer menschlichen Ferse endet das Bein in einer Haxe, an die sich der Rinderfußknochen und der paarige Huf anschließen. Der Oberschenkel des Minotaurus ist relativ menschlich, der Unterschenkel ein Mittelding zwischen Mensch und Rind. Im Stand sind die Beine meist gebeugt.

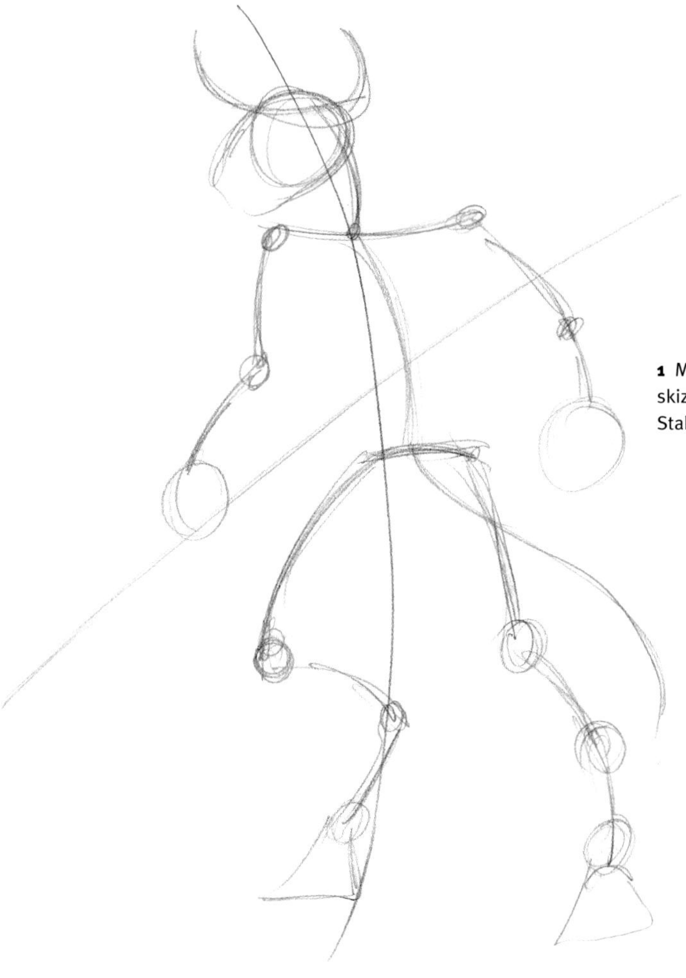

1 Mit einem Bleistift (HB) zuerst die Haltungsachsen zeichnen, dann die restliche Figur grob skizzieren. Schon jetzt wird dabei die leicht vornübergebeugte Haltung angelegt. Den langen Stab mit einer geraden Linie andeuten.

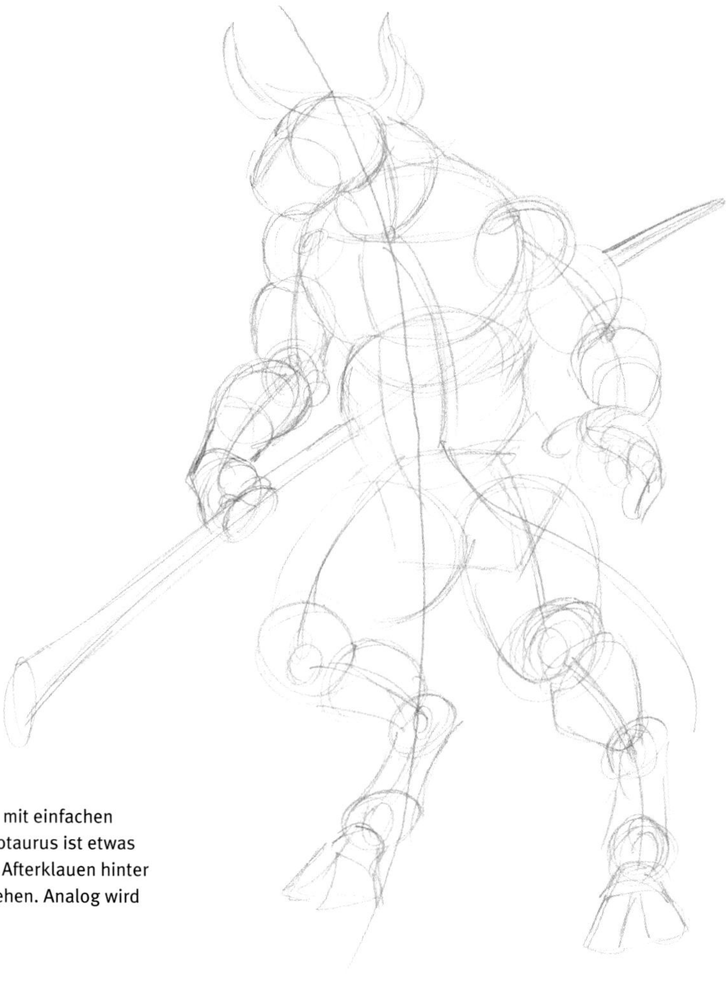

2 Nun werden – weiterhin mit dem Bleistift in Härte HB – die Körperteile mit einfachen Grundformen angedeutet. Die Formen sind recht kompakt, denn der Minotaurus ist etwas gedrungen. Ein typisches Merkmal von Huftieren sind die verkümmerten Afterklauen hinter den eigentlichen Hufen. Sie erwecken den Eindruck, das Tier habe vier Zehen. Analog wird die geöffnete Hand des Minotaurus mit vier Fingern ausgestattet.

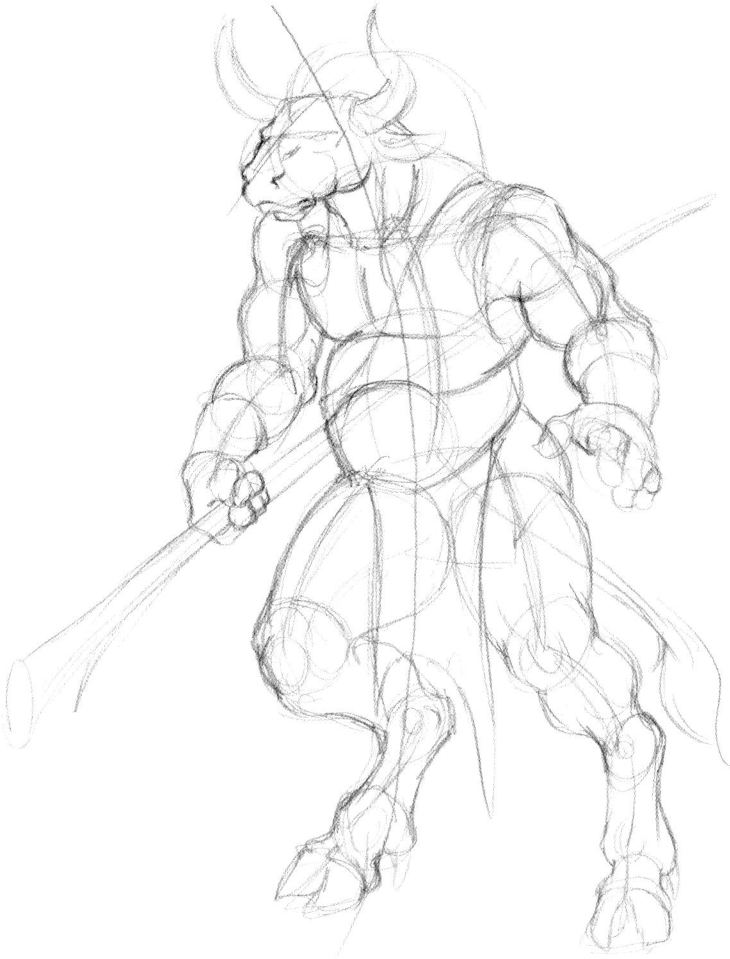

3 Im folgenden Arbeitsgang die Grundformen von Muskulatur, Knien, Knöcheln, Nase, Maul und Stirn weiter ausarbeiten. Die Haare andeuten und die Kleidung skizzieren, die aus einem breiten Gürtel über einem Lendenschurz und einer einseitigen Schulterschärpe besteht. Ein Ende des Stabes ist verdickt, das andere wird schlanker gezeichnet. Auch die Haarquaste am Schwanzende kann schon eingefügt werden. Beim Ausarbeiten der Hufe darauf achten, den vierzehigen Eindruck der Huftiere weiterhin zu wahren.

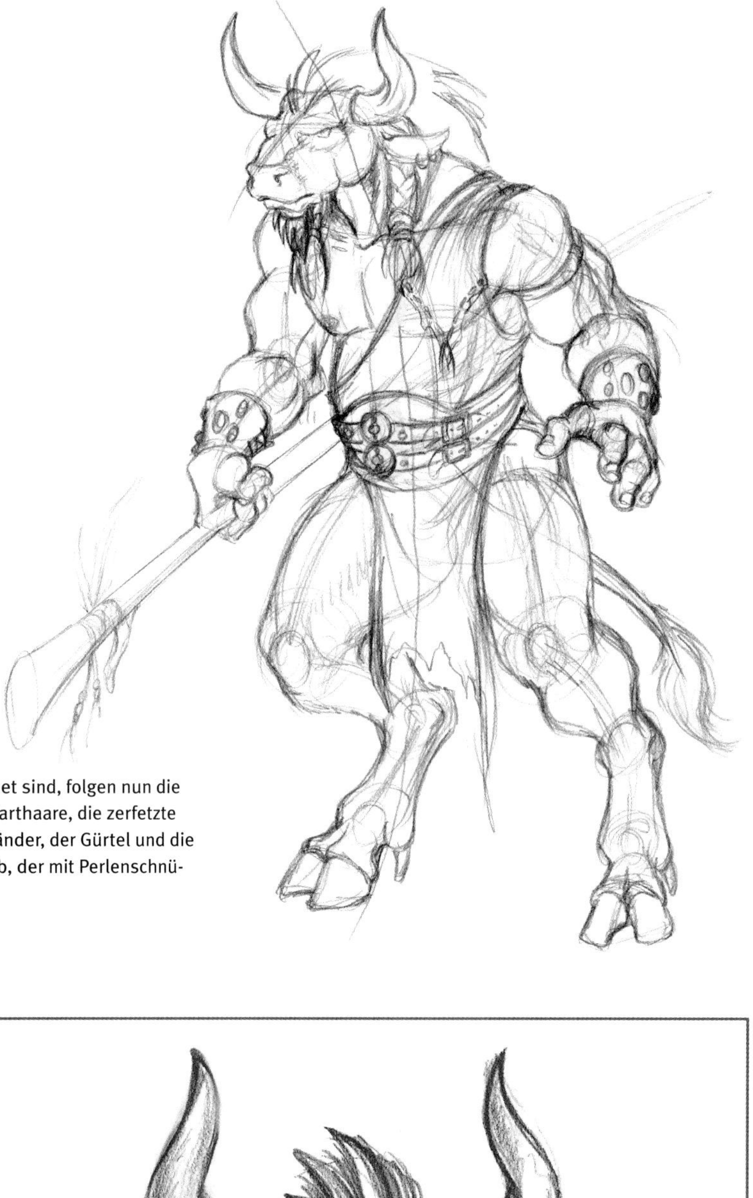

4 Nachdem alle Grundelemente gezeichnet sind, folgen nun die Details, darunter die zottigen Kopf- und Barthaare, die zerfetzte Kleidung und Details wie die Nietenarmbänder, der Gürtel und die Ohrringe. Auch der Federschmuck am Stab, der mit Perlenschnüren befestigt ist, wird nun gezeichnet.

Gesichtszüge harmonisieren

Weil der Minotaurus halb Mensch und halb Stier ist, müssen die unterschiedlichen Gesichtszüge fließend ineinander übergehen, damit das Geschöpf nicht wie zusammengestückelt aussieht. Ein Trick besteht darin, die Augen nicht wie bei einem Rind in weitem Abstand zu zeichnen, sondern näher zusammen. Dadurch wirkt das Gesicht menschlicher. Die Lippen betont voll und fleischig zeichnen, wie einen ausdrucksvollen Mund, der sprechen kann. Auch lange Kopfhaare verstärken die menschliche Ausstrahlung.

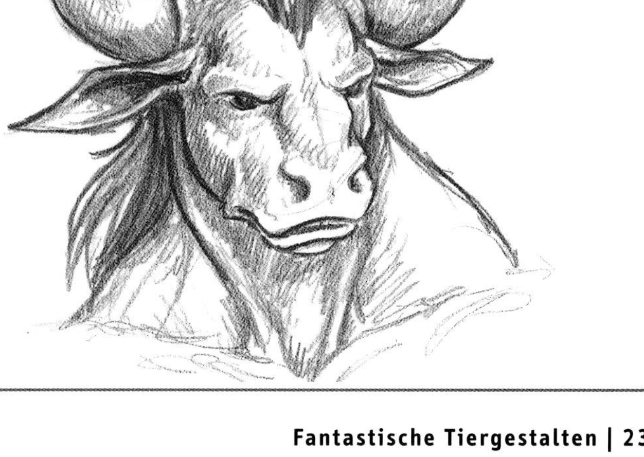

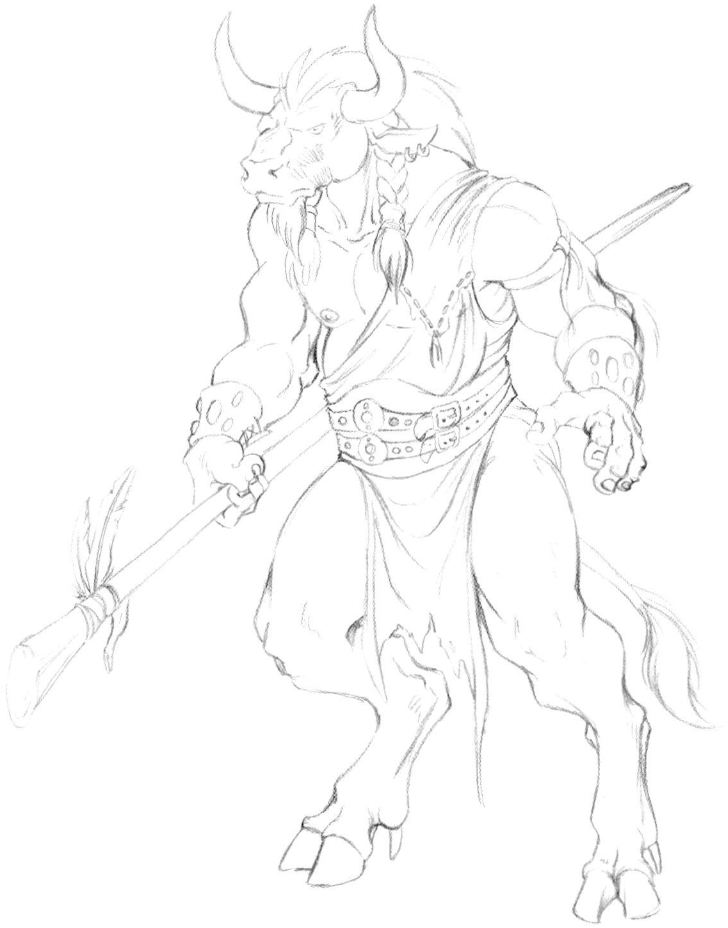

5 Nachdem die Details ausgearbeitet sind, die Zeichnung auf ein Leuchtpult legen und auf ein sauberes Blatt Papier übertragen. Dabei die Knöchel noch etwas stärker betonen. Die Perlen, die vom Stab herabhängen, können entfallen. Sie wirkten in der ersten Skizze etwas unmotiviert.

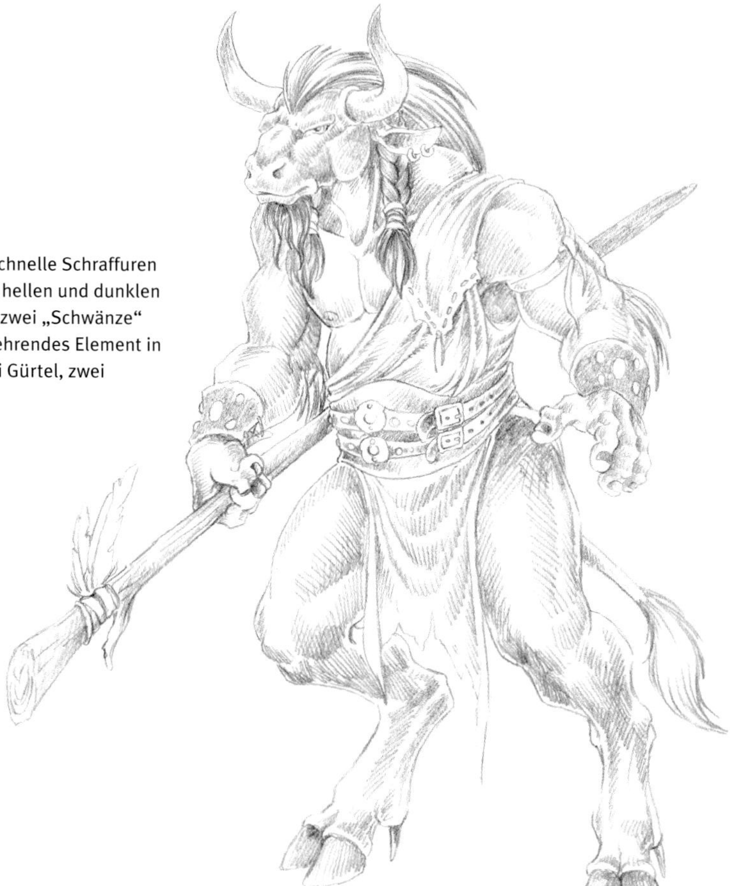

6 Mit dem Bleistift (HB) erste Schatten durch schnelle Schraffuren andeuten. Dann in der gesamten Zeichnung die hellen und dunklen Bereiche festlegen. Dabei wird auch der Bart in zwei „Schwänze" geteilt. Paare und Spaltungen sind ein wiederkehrendes Element in dieser Zeichnung: zwei Federn, zwei Zöpfe, zwei Gürtel, zwei Ohrringe und so weiter.

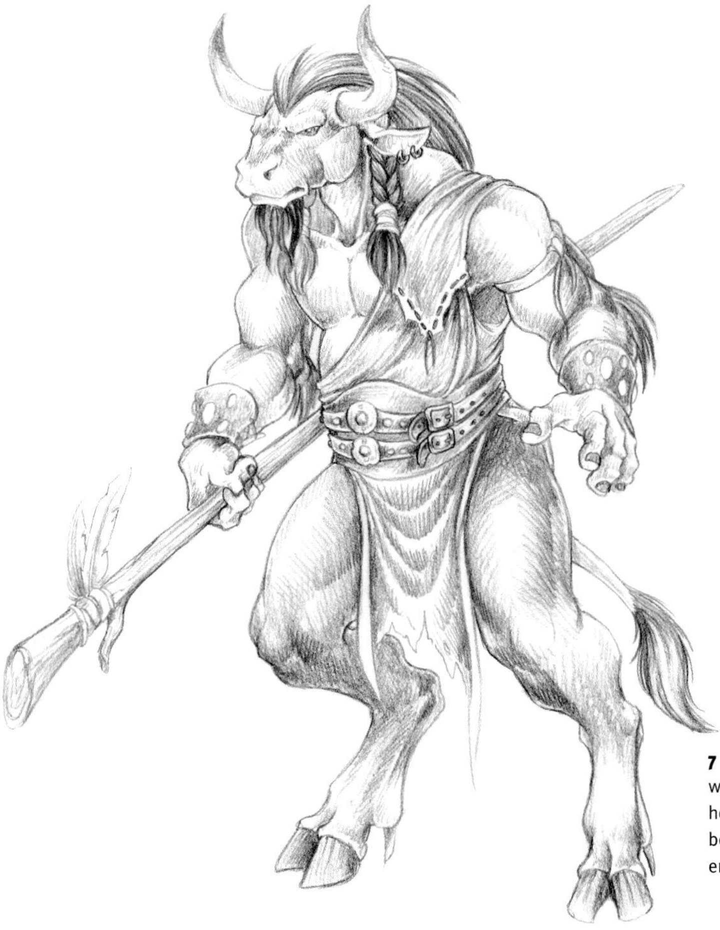

7 Nachdem die Grundverteilung der Schatten angelegt ist, die tiefen Schatten mit einem weicheren Bleistift (2B) abdunkeln und den Härtegrad HB für die Übergänge zu den helleren Flächen verwenden. Definiert werden die Schatten mit Schraffuren, in Übergangsbereichen sind die Striche leichter und zarter. Dennoch bleiben sie immer als Schraffuren erkennbar, denn so wird auch die raue Oberfläche von Haut und Kleidung angedeutet.

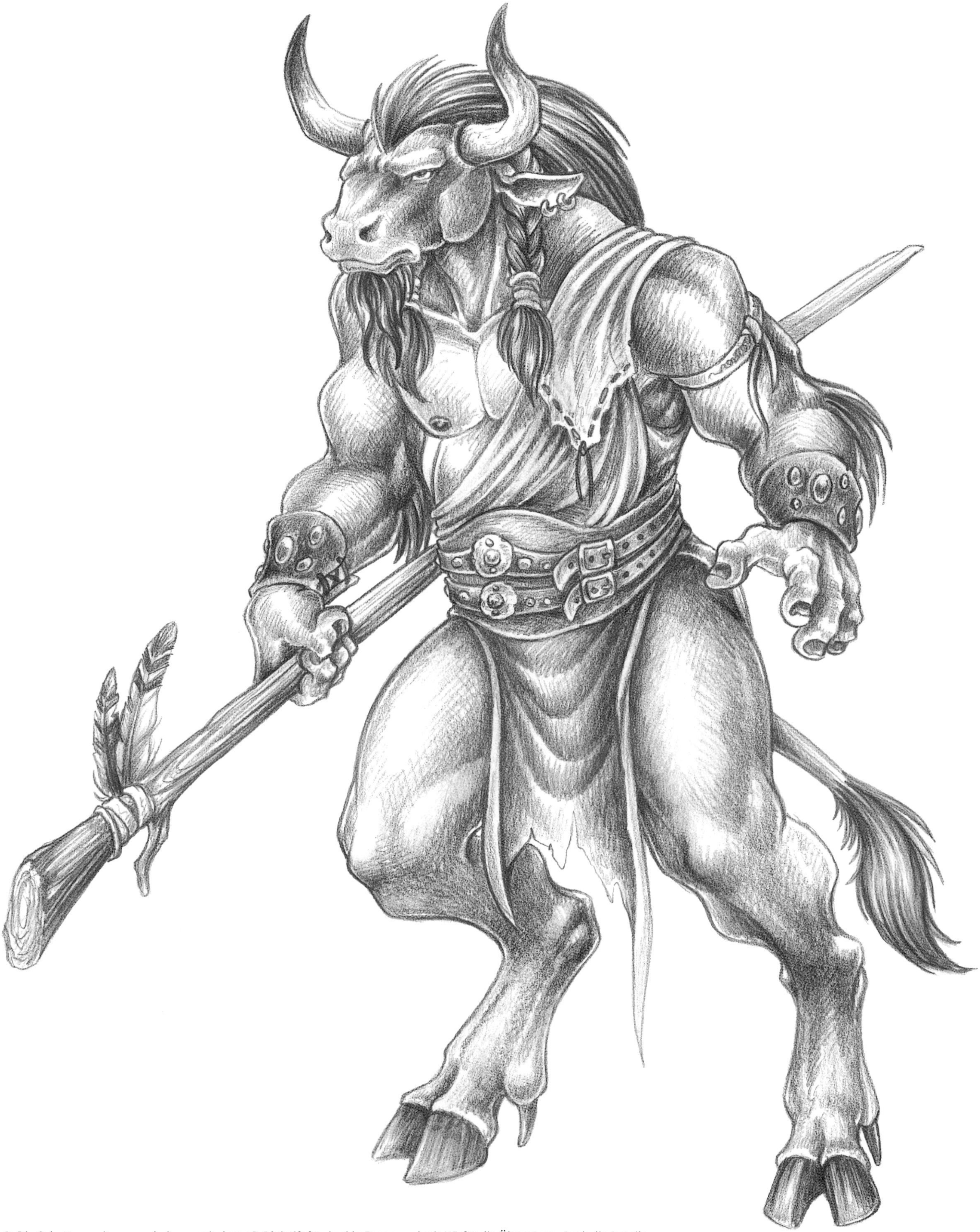

8 Die Schatten weiter ausarbeiten – mit dem 2B-Bleistift für dunkle Zonen und mit HB für die Übergänge. Auch die Details der Kleidung werden nochmals überarbeitet. Die Striche am Oberteil abdunkeln, damit sie sich gegen den helleren Stoff abheben, und die Nietenverzierung der Armbänder feiner ausarbeiten. Haare und Bart bekommen durch dunkle Strähnen mehr Ausdruckskraft und Lebendigkeit. Durch parallele Striche wirken die Hufe glänzend und gerillt. Zum Schluss bekommen die Federn dunkle Streifen und Spitzen, damit sie mit den dunklen Bereichen der Figur korrespondieren.

Register

Impressum

FOTOS INNENTEIL: Walter Foster Publishing, Inc.

KONZEPT UND LEKTORAT: Verena Zemme, punktum. Text- & PR-Agentur, Miesbach

ÜBERSETZUNG: Wiebke Krabbe und Verena Zemme

UMSCHLAGGESTALTUNG: Eva Hook

SATZ: WS – WerbeService Linke, Karlsruhe

PRINTED IN CHINA

Neuauflage von Best.-Nr. 8252

6. Auflage 2025

ISBN 978-3-7724-4752-5 • Best.-Nr. 4752

MIX Papier | Fördert gute Waldnutzung FSC® C016973

Penguin Random House Verlagsgruppe FSC® N001967

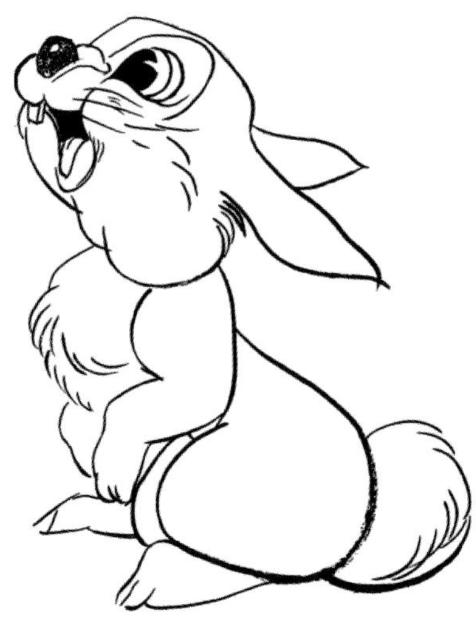

Die KUNST des ZEICHNENS

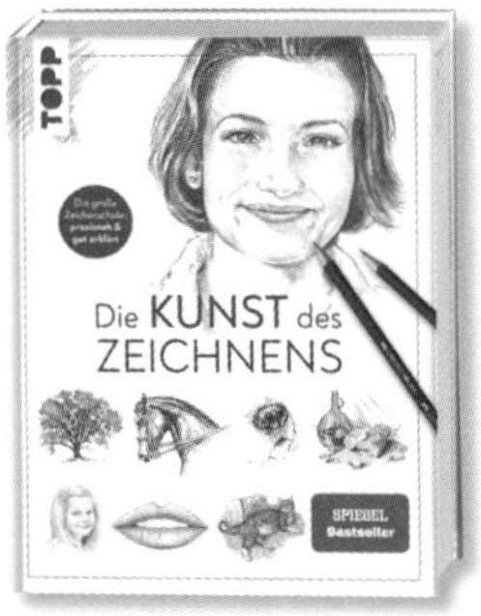

ISBN 978-3-7724-4750-1

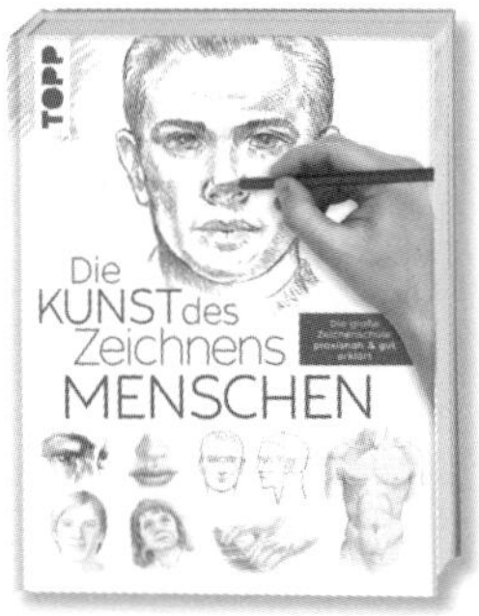

ISBN 978-3-7724-4751-8

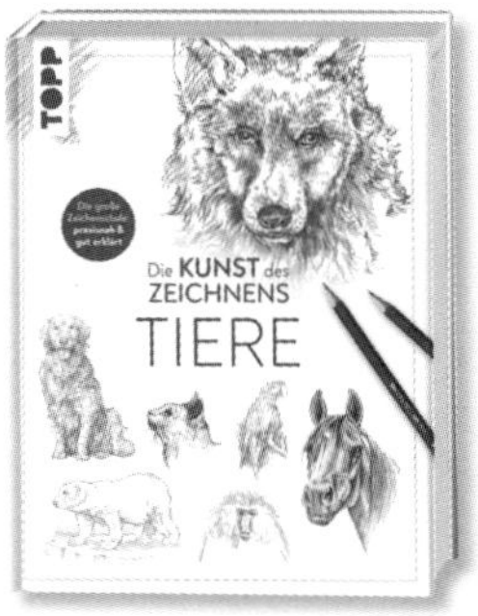

ISBN 978-3-7724-4752-5

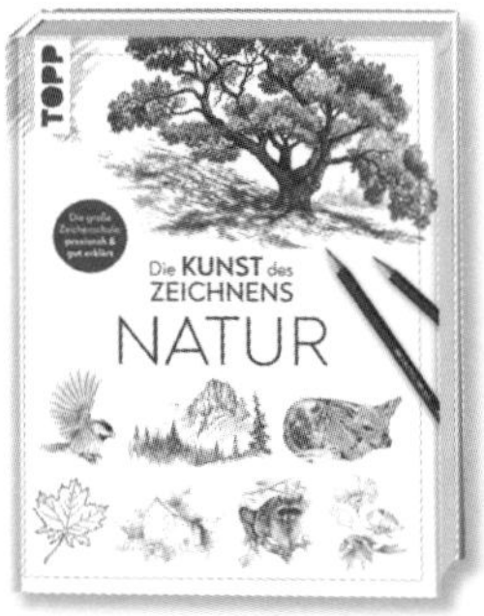

ISBN 978-3-7724-4753-2

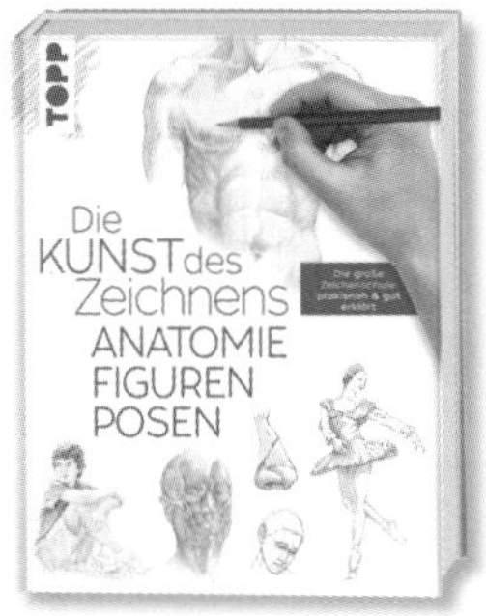

ISBN 978-3-7724-4757-0

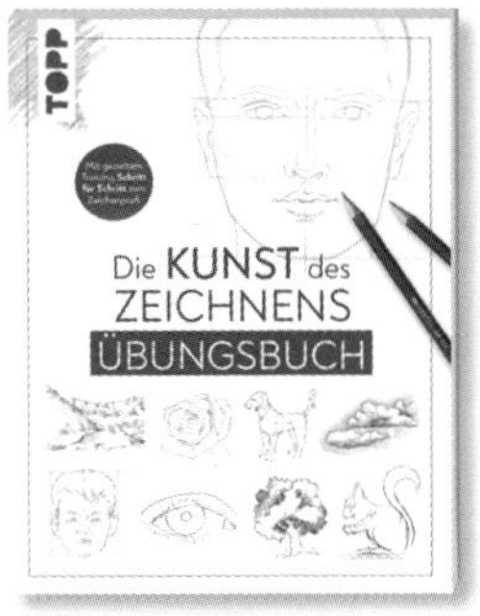

ISBN 978-3-7724-4760-0

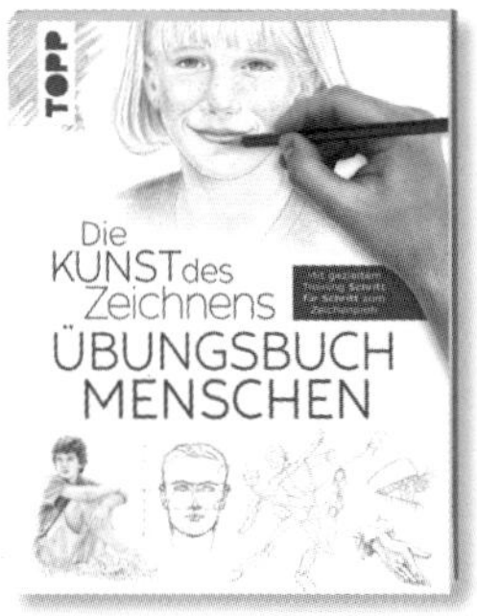

ISBN 978-3-7724-4761-7

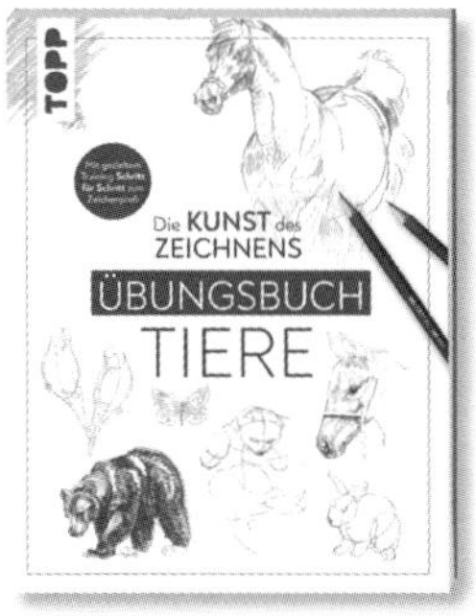

ISBN 978-3-7724-4762-6

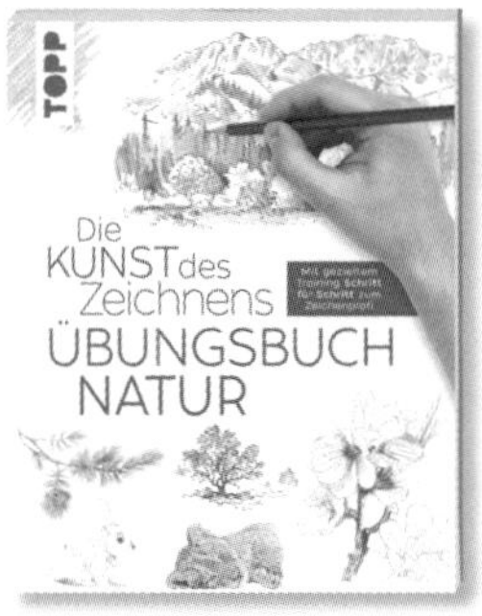

ISBN 978-3-7724-4763-1

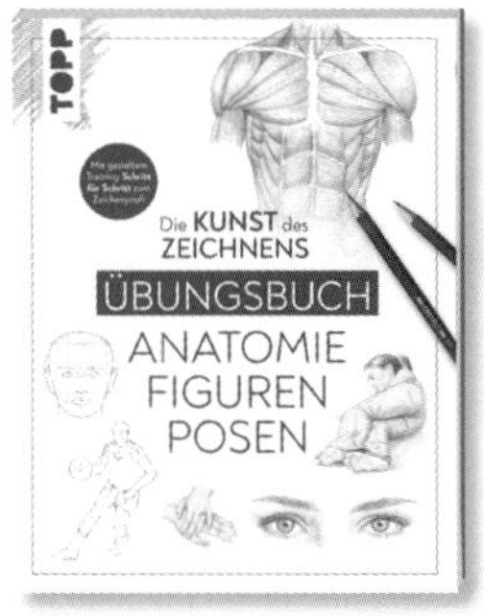

ISBN 978-3-7724-4767-9

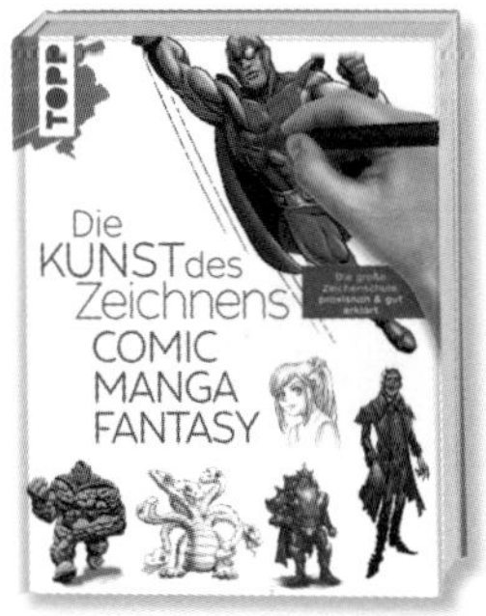

ISBN 978-3-7724-4755-6

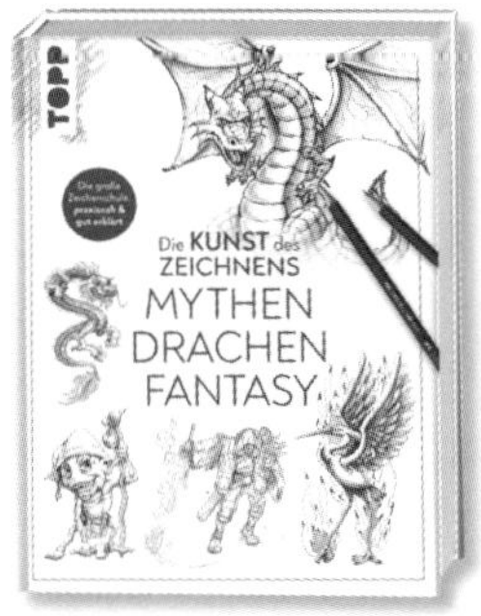

ISBN 978-3-7724-4758-7

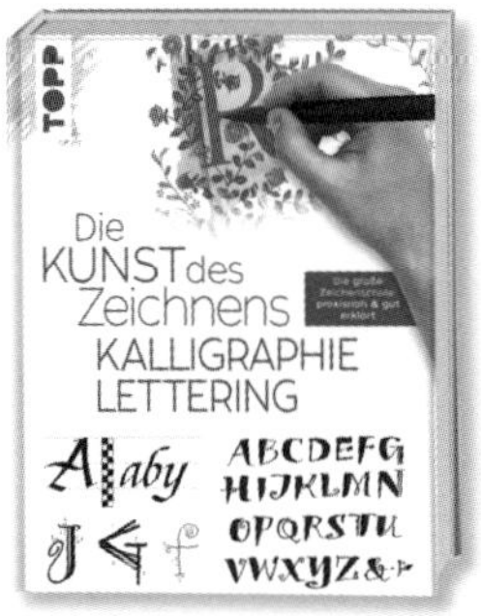

ISBN 978-3-7724-4756-3

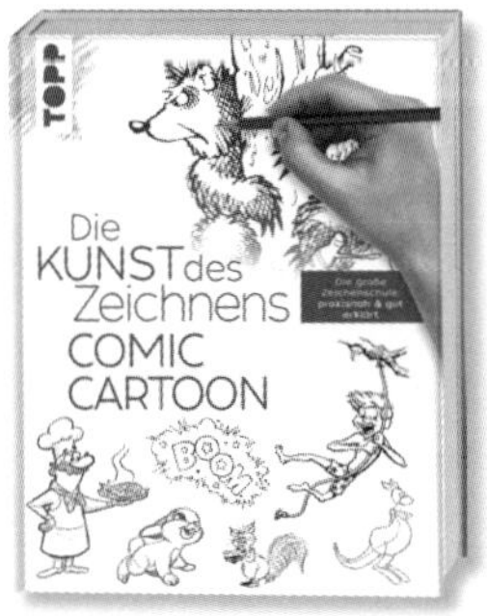

ISBN 978-3-7724-4759-4

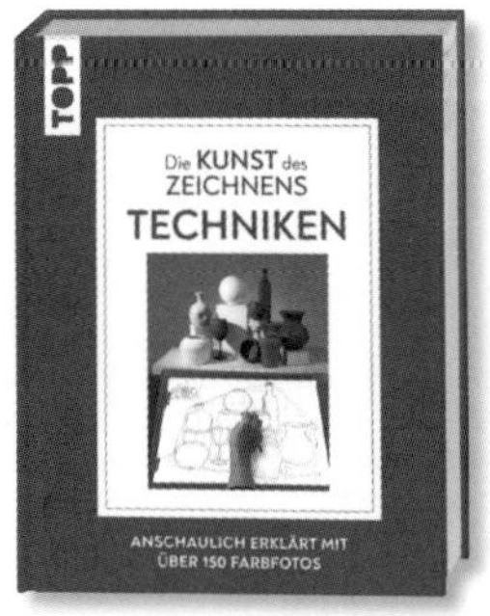

ISBN 978-3-7358-8157-1

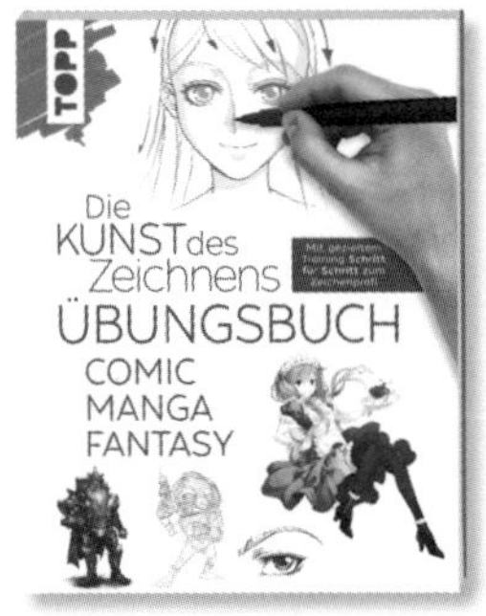

ISBN 978-3-7724-4765-5

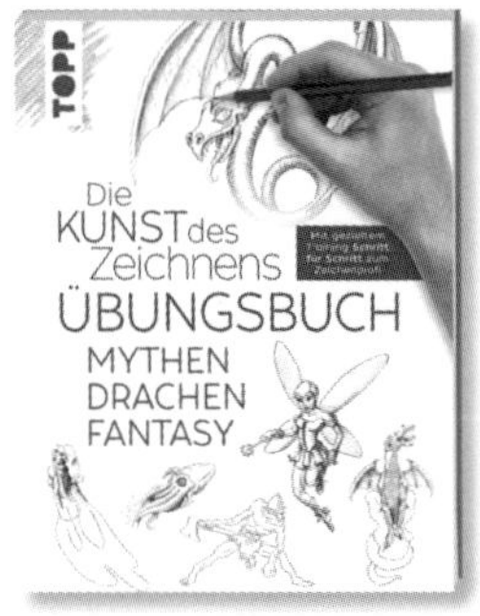

ISBN 978-3-7724-4768-6

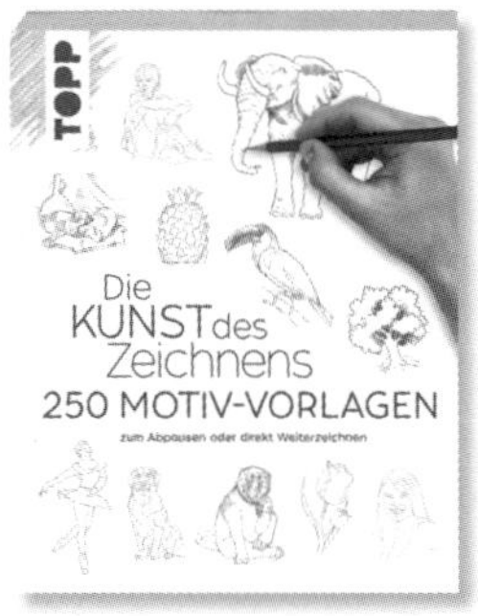

ISBN 978-3-7358-8013-0

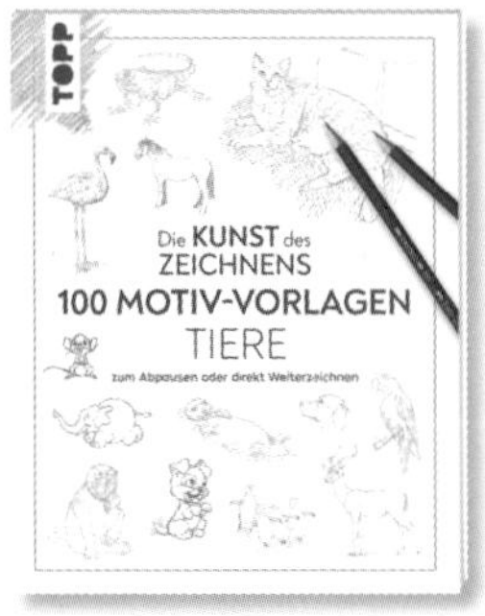

ISBN 978-3-7358-8170-0

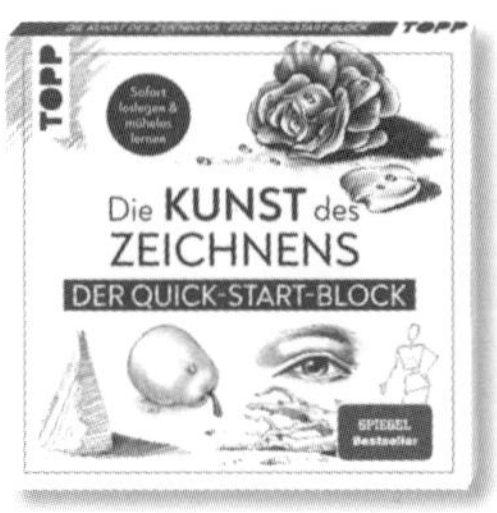

ISBN 978-3-7724-8264-9